Ariane Schorn
Männer im Übergang zur Vaterschaft

Reihe »Forschung psychosozial«

Ariane Schorn

Männer im Übergang zur Vaterschaft

Das Entstehen der Beziehung zum Kind

Psychosozial-Verlag

Bibliografische Information der Deutschen Nationalbibliothek
Die Deutsche Nationalbibliothek verzeichnet diese Publikation in der Deutschen
Nationalbibliografie; detaillierte bibliografische Daten sind im Internet über
<http://dnb.d-nb.de> abrufbar.

© 2003 Psychosozial-Verlag
E-Mail: info@psychosozial-verlag.de
www.psychosozial-verlag.de
Alle Rechte vorbehalten. Kein Teil des Werkes darf in irgendeiner Form (durch
Fotografie, Mikrofilm oder andere Verfahren) ohne schriftliche Genehmigung des
Verlages reproduziert oder unter Verwendung elektronischer Systeme verarbeitet,
vervielfältigt oder verbreitet werden.
Umschlaggestaltung: Christof Röhl
nach Entwürfen des Ateliers Warminski, Büdingen
Printed in Germany
ISBN 978-3-89806-233-6

An dieser Stelle möchte ich mich bei den Menschen bedanken, die mich auf verschiedene Weise dabei unterstützt haben, das vorliegende Buch realisieren zu können.

In besonderer Weise möchte ich meinen Interviewpartnern danken. Ohne ihre Bereitschaft zu kooperieren und sich mir so offen mitzuteilen, wäre die Untersuchung nicht zustande gekommen!

Bedanken möchte ich mich auch bei Dipl.-Psych. Jochen Ehlers, Dipl.-Psych. Jutta Fandler, Erika v.d. Vring, Grfn. Elisabeth v. Kerssenbrock, Dipl.-Psych. Insa Schulz, Prof. Dr. Thomas Leithäuser und bei Dr. Gabriele Göttsching-Krusche für die erfahrene Unterstützung, die vielfältigen Anregungen und nicht zuletzt für die »technische« Hilfe!

Bremen, im September 2002
Ariane Schorn

Inhaltsverzeichnis

Einleitung 11
Was ist ein Vater? 11 Krise und Chance der Väterlichkeit 15 Die Erforschung der Vater-Kind-Beziehung 18 Säuglingsväter 21 Die entwicklungspsychologische Bedeutung des frühen Vaters 23 Der werdende Vater als Gegenstand der Entwicklungspsychologie 26 Der Übergang zur Vaterschaft 29 Die phantasmatische Interaktion mit dem Kind 32 Erkenntnisinteresse und Aufbau der Untersuchung 34

Darstellung und Begründung der Untersuchungsmethode 36
Aufbau der Untersuchung 36 Erhebungsmethode 38 Auswertungsmethode 42 Gütekriterien 45

Darstellung und Interpretation einzelner Entwicklungsverläufe 47
1. Gespräche mit Herrn D. 47
1.1.»Ja, wenn man dann vielleicht das Kind dann im Arm hält zum ersten Mal oder so, wird das bestimmt noch ausbrechen dann, die verkappte Freude.« 47

Das kann doch nicht so an mir vorübergehen 47 Vielleicht ist dann ja alles aus 51 Schaffe ich es, ein guter Vater zu werden? 56 Die Macht der Mütter 59 Zusammenfassung und Diskussion 60

1.2.»Also, das ist schon so, es drängt so langsam aber sicher in die Realität.« 63

Das Vaterwerden hat an Realität gewonnen 63 Schritt für Schritt 66 Vorstellungswelten 67 Wann bringe ich mein Kind zur Welt? 69 Antizipierte Konflikte entschärfen sich 71 Auf der Suche nach Vorbildern 72 Kleine Fluchten 75 Kinder lassen einen realisieren, dass man älter wird 76 Zusammenfassung und Diskussion 77

1.3.»Ein entscheidender Moment war, als er mit zum ersten Mal in die Augen geguckt hat. (..) Da dachte ich: ›So, jetzt hat er mich erkannt, das ist schon mal geschafft!‹« 80

Vater zu sein gefällt mir 80 Als Vaterfigur erlebe ich mich noch nicht 82 Konstanten und Veränderungen 87 Vater zu werden, das kann ich nur empfehlen 90 Zusammenfassung und Diskussion 91

2. Gespräche mit Herrn K. 94
2.1.»Und wir versuchen auch, das gemeinsam zu erleben.« 94

Wann ist der richtige Zeitpunkt für ein Kind? 94 Die erste Zeit der Schwangerschaft 96 Erste Begegnungen 98 Phantasien und Wünsche 101 Leitbilder und Herkunftsfamilie 103 Was wird anders werden? 105 Zeiterleben 107 Zusammenfassung und Diskussion 108

2.2. »Das ist ja auch schon irgendwo was Besonderes. Man wird Vater, man freut sich darauf, aber es sieht halt keiner.« 110

Die Stunde X 110 Unser Kind soll nicht kleiner gemacht werden als es ist 113 Phantasien 115 Wer ist wie nahe am Zentrum des Geschehens 117 Darf man stolz darauf sein, Vater zu werden? 122 Zusammenfassung und Diskussion 123

2.3. »Ich hab so das Gefühl, (..) 'n bisschen rationaler an die Sache heranzugehen.« 125

Es ist schön, Vater zu sein 125 Es war wichtig, bei der Geburt dabei gewesen zu sein 127 Mutterliebe - Vaterliebe 129 Seine Majestät, das Baby 133 Der Dialog zwischen den Generationen 136 Die Verantwortung eines Vaters 138 Zusammenfassung und Diskussion 139

Auswertung ausgesuchter Themenbereiche
Teil 1: Die Zeit vor der Geburt 143
1. Der Wunsch Vater zu werden oder wie alles anfing 143

War es gewollt? 143 Voraussetzungen einer Vaterschaft 146 Wenn nicht jetzt, wann dann? 148 Motive des Kinderwunsches 152 Diskussion und weiterführende Überlegungen 156

1.1. Exkurs: Die frühkindliche Genese des männlichen Kinderwunsches 159

2. Überzeugungen, Wünsche und Ängste werdender Väter 161
2.1. Die affektive Resonanz der sich ankündigenden Vaterschaft 161

Die Gefühle, die schwanken eben 161 Es ist schwer, zu positiven Bildern zu kommen 165 Zusammenfassung 169

2.2. Dass ich Vater werde, beschäftigt mich eher praktisch 169

Zusammenfassung 174

2.3. Als Vater wird sich vieles in meinem Leben verändern 175

Was werde ich verlieren? 175 Schaffe ich das? 180 Zwischen Sorge und Aggression 183 Zusammenfassung 184

2.4. Eigentlich ist es mir egal, ob es ein Mädchen oder ein Junge wird 185

Zusammenfassung und Diskussion 192

2.5. Hoffentlich ist das Kind auch gesund 193
    Zusammenfassung und Diskussion 196
2.6. Interessanter wird es, wenn das Kind älter ist 198
    Zusammenfassung und Diskussion 202

3. Das pränatale Beziehungsdreieck 203
3.1. Die Triade beginnt sich zu entfalten 204
3.1.1. Herr A.: »Eigentlich ist da schon irgendwie 'ne Bindung« 204
3.1.2. Herr O.: »Im Vordergrund steht erst einmal die Pflege der Mutter« 207
3.1.3. Herr J.: »Ich möchte das natürlich auch gerne spüren« 209
3.1.4. Herr S.: »Ich muss mir um genügend andere Sachen 'nen Kopf machen« 211
3.1.5. Herr L.: »Man setzt sich eigentlich mehr mit seinen Ängsten auseinander« 213
3.1.6. Diskussion 214
3.2. Für meine Partnerin ist es anders als für mich 217
3.3. Als werdender Vater bleibt einem vieles verschlossen 221
3.4. Werde ich meinen Platz im postnatalen Beziehungsdreieck finden? 223
    Zusammenfassung und Diskussion 230
3.5. Triangulierungskonflikte im Übergang zur Vaterschaft 232

4. Es ist wichtig, die Existenz des Kindes auch sinnlich wahrnehmen zu können 238
4.1. Was das Vaterwerden gegenwärtig werden lässt 239
4.2. Die subjektive Bedeutung von Ultraschallaufnahmen 242
4.3. Die subjektive Bedeutung der Kindsbewegungen 246

5. Beziehungswünsche 248
    So, wie es zwischen mir und meinem Vater war, soll es nicht werden 249 Warum ist ein Vater für sein Kind wichtig? 252 Ich möchte ein Vater sein, der präsent ist 253 Mein Kind soll keine Angst vor mir haben, ich möchte ihm Freund und Vertrauter sein 256 Der Vater als Ernährer und Vorbild 260 Zusammenfassung 261

Teil 2: Die Zeit nach der Geburt 263

1. Pflicht und Kür - das väterliche Selbstverständnis 264

1.1. Die Verantwortung eines Familienvaters	264
1.2. Die Fähigkeit zur Sorge	267
1.3. Umgang mit belastenden Aspekten der Vaterschaft	270
Zusammenfassung 280	
2. Was einen Vater zum Vater macht	**282**
2.1. Erste Begegnungen	282
Die Geburt des Kindes 283 Die Magie des Lächelns 284 Einnehmende Momente 286	
2.2. Die Bedeutung des Kompetenzgefühls	290
Die Angst, das Kind anzufassen 290 Allein mit dem Kind 291 Die Sprache des Kindes verstehen 297	
2.3. Der Blick der Anderen	297
Zusammenfassung 300	
3. Der erlebte postnatale Trialog	**302**
3.1. Wie sich im Erleben der Väter die Mutter-Kind-Beziehung von der Vater-Kind-Beziehung unterscheidet	305
Zusammenfassung 315	
Zusammenfassender Ausblick und Schlussbetrachtung	**318**
Bibliographie	**342**

Einleitung

Die Beziehung zwischen Eltern und Kindern faszinierte PsychologInnen seit den Anfängen ihrer Wissenschaft. Im Mittelpunkt der Betrachtung stand dabei meistens das Kind, die Eltern interessierten vor allem unter der Perspektive, welchen Einfluss ihr Verhalten auf die Entwicklung des Kindes ausübt. Weiterhin lässt sich feststellen, dass sich die Erforschung der Eltern-Kind-Beziehung bis in die siebziger Jahre und zum Teil auch darüber hinaus vor allem auf die Untersuchung der Mutter-Kind-Beziehung konzentrierte.[1] Die vorliegende Arbeit untersucht die Anfänge der Vater-Kind-Beziehung, so wie sie sich für Männer, die Vater werden, darstellen. Dabei gehe ich davon aus, dass bereits während der Schwangerschaft Prozesse stattfinden, die für die Vater-Kind-Beziehung bedeutsam sind, sie gleichsam einfädeln und vorbereiten. Die Untersuchung fußt auf themenzentrierten Interviews, die ich mit werdenden Vätern im Zeitraum der Schwangerschaft und nach der Geburt des Kindes geführt habe. Die Leitfragen der Interviews sind: »Was bedeutet es für mich, Vater zu werden?/Was bedeutet es für mich, Vater zu sein?« Von besonderem Interesse sind die Phantasien, Vorstellungen und Überzeugungen, die sich auf das (entstehende) Kind und den (sich entfaltenden) familialen Trialog beziehen sowie die in diesem Zusammenhang relevanten Gefühle. Zunächst aber eine Einführung, die weitergehende Fragestellungen und Forschungsbefunde aufzeigt, die im Kontext meiner Fragestellung relevant sind. Besagte Ausführungen haben den Sinn, den Horizont des Themas deutlich zu machen und die vorliegende empirische Arbeit in Fragestellungen und Forschungsbefunde einzubetten, die gewissermaßen in der Nachbarschaft liegen. Das Erkenntnisinteresse sowie der Aufbau der Untersuchung werden abschließend noch einmal zusammenfassend dargelegt.

Was ist ein Vater?
Fragt man danach, was ein Vater ist und was einen Mann zum Vater macht, so zeigt sich, dass es nicht möglich ist, hierauf eine eindeutige Antwort zu geben. Dieser Umstand verweist sowohl auf die hohe kulturelle Plastizität der Vaterrolle als auch darauf, dass das Vater-Sein ein wesentlich gesellschaftlich determinierter Status ist. »›Vater‹ ist nicht primär eine biologische Festschreibung oder eine Position, die durch einen sexuellen Akt erreicht wird, sondern eine soziokulturelle Position« (Borens 1993,

---

[1] Sieht man einmal von der klassisch freudianisch orientierten und in gewisser Weise auch von der Psychoanalyse Lacans ab.

S. 21). Dies impliziert auch, dass sich sowohl Vaterbilder als auch Vaterrollen historisch wandeln und interkulturell unterscheiden. Sprechen wir mit einem Vertreter einer anderen Kultur von dem Vater eines Kindes, so ist mitnichten davon auszugehen, dass wir richtig verstanden werden. Dieser Umstand hat damit zu tun, dass sehr unterschiedliche Vaterschaftskonzepte existieren. Um im genannten Beispiel zu bleiben: In einem solchen Gespräch müssten wir uns erst einmal darüber verständigen, von wem und über was wir sprechen, wenn wir vom Vater reden (vom Erzeuger, von dem, der den Namen gibt, vom Lebensgefährten der Frau usw.). Im Folgenden möchte ich angelehnt an Delaisi de Parseval (1985) einige kulturelle Besonderheiten skizzieren, die sich im Hinblick auf die Frage, wer in einer Kultur als legitimer Vater angesehen wird, finden lassen. Die folgenden Beispiele machen die kulturelle Plastizität der Vaterrolle deutlich:
Bei den Todo (Tibet) teilen sich mehrere Brüder eine Frau. Der legale Vater ist der, der eine entsprechende Zeremonie durchlaufen hat. Er bleibt es, bis ein anderer sich entschließt, das Vaterrecht zu übernehmen. Die Wik Monkans (Nordostküste Australiens) hatten etwa zehn Wörter, die die unterschiedlichen Formen der Vaterschaft benennen. Als legitimer Vater galt derjenige, der ein Kind ernährte.[2] Bei den Guayaki Indianern schließlich bestimmt der eheliche Rang, wer Vater des Kindes ist. Als Vater wird der Hauptmann definiert, auch wenn ein Nebenmann das Kind gezeugt hat. Selbst das Geschlecht ist nicht in allen Kulturen notwendig mit dem Status der Mutter- oder Vaterschaft verknüpft. Ist bei den Bavenda (Südafrika) das einzige Kind eines Paares ein Mädchen, so kann dieses Vater werden. Das Mädchen heiratet dann andere Frauen, die von einem offiziell anerkannten Liebhaber schwanger werden. Auf diese Weise kann sie »ihren« Kindern im Rahmen eines patrilinearen Verwandtschaftssystems Namen, Stand und Besitztum vererben.
Kulturen entwickeln je eigene Theorien der Zeugung, der Empfängnis, der Schwangerschaft und Geburt. Sie haben manifeste und latente Theorien darüber, was Mann und Frau im Zusammenhang einer Elternschaft zu tun und welche Bedeutung sie jeweils für das Kind haben, denen wiederum ausgesprochene und unausgesprochene Theorien zugrunde liegen. In unserer Kultur konnte sich eine Sichtweise etablieren, die im Zusammenhang von Schwangerschaft, Geburt und Kinderpflege die Bedeutung dessen betont, was der weiblichen/mütterlichen Position zugeordnet wird. Der Stellenwert »väterlicher Elemente« hingegen wurde sowohl alltagspsy-

---

[2] In Ethnien mit maternaler Ordnung können biologische und soziale Vaterschaft auseinanderfallen. Kinder bleiben hier lebenslang der Familie mütterlicherseits zugehörig, die Familie ihres biologischen Vaters gilt sozial als nicht verwandt (vgl. Bleibtreu-Ehrenberg 1994).

chologisch als auch im wissenschaftlichen Diskurs lange als vergleichsweise marginal eingeschätzt. Fragt man beispielsweise nach dem Anteil, den ein Mann unserem kulturellen Selbstverständnis nach an der Entstehung eines Kindes hat, so wird dieser weitestgehend auf den befruchtenden Geschlechtsakt beschränkt. Im Zeitraum der Schwangerschaft wird dem werdenden Vater kein besonderer Status zuerkannt (währenddessen die Frau in »anderen Umständen« ist), hier und oft auch in der Stillzeit konzentriert sich die Aufmerksamkeit auf Frau und Kind. Dass nicht nur die werdende Mutter, sondern ebenfalls der werdende Vater gefragt wird, wie er sich fühlt bzw. welche Wünsche und Ängste das keimende Leben in ihm wecken, scheint zwar zunehmend häufiger vorzukommen, jedoch nach wie vor keineswegs selbstverständlich zu sein. Die Erfahrung, bis zur Geburt des Kindes und nicht selten auch weit darüber hinaus in eine Statistenrolle zu rutschen, haben viele (werdende) Väter gemacht. Delaisi de Parseval schreibt: »Nach dem befruchtenden Koitus öffnet sich für ihn eine gigantische Parenthese, die sich oft erst schließt, wenn das Kind das Kindergartenalter erreicht hat« (1985, S. 278). Sie fährt fort: »Unsere Gesellschaft blockiert das phantasmatische Erleben des Vaters, beschneidet (kastriert) ihn in seiner Vaterschaft. Unvorstellbar, daß sich das nicht in irgendeiner Form auf die Vater-Kind-Beziehung auswirkt« (ebd., S. 276). Neben der Frage, ob die hier sehr pointiert formulierte Position so haltbar ist (gerade in den letzten zwanzig Jahren scheint mir in diesem Zusammenhang einiges in Bewegung geraten zu sein), ruft die in ihr enthaltene Kritik möglicherweise Erstaunen oder sogar Widerspruch auf einer anderen Ebene hervor: Wieso, es ist doch die Frau, die das Kind in ihrem Leib trägt, es austrägt und schließlich zur Welt bringt. Was hat denn der Mann/Vater damit zu tun? – so könnte eine Frage lauten. Der Status eines Vaters und insbesondere die Bedeutung, die dem Vater im Zusammenhang von Generativität zugeschrieben wird, ist, wie gesagt, keineswegs einfach ein natürliches Phänomen.[3] Insbesondere historische und ethnologische Vergleiche relativieren unsere Wahrnehmungen und gegenwärtigen Deutungsmuster. Sie zeigen, dass das, was als naturhaft und allgemeingültig sich darstellt, historisch gewachsen und kulturell bestimmt ist: »Physiologie, Alter, Geschlecht usw. sind lediglich Parameter im Schmelztiegel des aktiven symbolischen Vorstellungssystems einer Kultur und in ihrem Stellenwert Veränderungen unterworfen. Ausschlaggebend sind nicht die biologischen Fakten, sondern der Gebrauch, den die Ideologie einer Gesellschaft von ihnen macht. Jede Kultur ist auch ein soziales Phänomen mit einer höchst komplexen Phantasmatik« (ebd., S. 56). Freud hat die Sexualtheorien von Kindern zum Thema gemacht. Es scheint nahe zu liegen, ihre Existenz

---

[3] Badinter (1984) zeigt dies eindrücklich für das Phänomen »Mutterliebe«.

mangelnder Aufklärung, sprich fehlendem Wissen zuzuschreiben. Erwachsene, die »aufgeklärt« sind, so ließe sich weiterhin schlussfolgern, brauchen sich also keine Sexualtheorien zu bilden. Eine solche Annahme trifft jedoch nur bedingt zu. Auch Erwachsene »übersehen« bestimmte Aspekte der Realität bzw. interpretieren das, was ihnen als physiologische Realität entgegentritt, in einer spezifischen Weise. Delaisi de Parseval zufolge spannt sich über die physiologische Realität ein ideologischer Schirm, der von den bewussten und unbewussten Ängsten sowie von den Zielen und Überzeugungen einer Kultur mitgeformt wird. Andere Kulturen weisen dem Vater im Zusammenhang von Zeugung und Heranwachsen des Fötus zuweilen eine unserem Verständnis nach irritierende und möglicherweise auch übergroße Bedeutung zu. Um das hier nur Angedeutete etwas plastischer werden zu lassen, ein kleiner Ausflug in Befunde der Ethnologie:
Der Ethnologe Lommel stieß bei der Frobeniusexpedition im Jahre 1937/1938 auf eine Ethnie (die Unambals), deren Überzeugung war, dass sie ein Kind nur zeugen können, wenn zuvor der »Seelenkeim« des Kindes in den Organismus des zukünftigen Vaters eintritt. Dies kann nur in der Nähe von Wasserlöchern geschehen. Der Seelenkeim tritt hier zuerst in das Herz und danach in den Kopf ein. Dort angelangt, wird dem Mann auch der Name des Kindes bewusst. Zeugungsfähig war der Überzeugung dieser Ethnie zufolge nur, wer besagten spirituellen Prozess durchlief. Der Stamm der Unambals wurde mit dem Einbruch der abendländischen Zivilisation dezimiert. »Die Zeugungskraft erlosch, obwohl die biologische Zeugungsfähigkeit weiter vorhanden und ihnen auch bekannt war« (Döhring/Kreß 1986, S. 171). Die Txicao (Indianer des Mato Grosso, Südamerika) glauben, dass der Embryo aus dem väterlichen Samen entsteht (vgl. Delaisi de Parseval 1985). Damit ist der Beitrag des Mannes jedoch keineswegs abgegolten: Durch häufigen Geschlechtsverkehr muss das Wachstum des Fötus unterstützt werden. Geschieht dies nicht, so besteht die Gefahr, dass das Kind sich nicht hält (Fehlgeburt).[4] Die Überzeugung, dass das Kind nur wächst, wenn Mann und Frau es durch den Geschlechtsverkehr nähren, findet sich bei verschiedenen Ethnien. Die Anthropologin Mead (1965) stieß auf diese Überzeugung beispielsweise bei den Arapesh in Neu-Guinea. Die Samo (Obervolta) glauben, dass es der zukünftige Vater ist, der als erster spürt, wenn ein Geschlechtsakt zur Befruchtung geführt hat: Müdigkeit und Schläfrigkeit, rheuma-ähnliche Schmerzen an Knien und

---

[4] Dies ist insofern eine interessante Theorie als sie diametral einer immer noch weit verbreiteten Theorie unseres Kulturkreises entgegensteht, die den Geschlechtsverkehr insbesondere während einer fortgeschrittenen Schwangerschaft eher als problematisch ansieht. Dieser Einschätzung liegt die Annahme zugrunde, dass Geschlechtsverkehr dem Kind schaden und sogar zu einem vorzeitigen Abgang des Fötus führen könnte.

Ellenbogen werden als Indikatoren betrachtet. Besagte Symptome werden als Folge eines besonderen Angesogenwerdens der männlichen Samenflüssigkeit verstanden (vgl. Delaisi de Parseval 1985). Bleibtreu-Ehrenberg (1994) berichtet von den Aborigines (Australien), die der Überzeugung waren, dass der Zeugungsakt allein kein Kind hervorbringen kann. Um Vater zu werden, muss ein Mann zuerst eine »Kinderseele« (ein »Geistkind«) finden, worunter sich ein kleines Wesen vorgestellt wurde, »das wie ein Tier aussah (Maus, Fischchen, Eidechse etc.), einen aber irgendwie menschlich anblickte und im nächsten Augenblick wie durch Zauberei verschwunden war« (ebd., S. 28). Es galt dann als auf geheimnisvolle Weise in den betreffenden Mann eingegangen, und erst ab diesem Zeitpunkt wurde es als möglich erachtet, dass der Akt ein Kind entstehen lassen könnte.

Der Umstand, dass der werdende Vater unserem kulturellen Verständnis zufolge nach der Zeugung keinen oder wenn, nur einen indirekten Einfluss auf das Wachsen und Gedeihen des Fötus hat, macht es ihm möglicherweise erheblich schwerer, das sich entwickelnde Kind phantasmatisch zu besetzen und ein Selbstverständnis als werdender Vater zu entwickeln. Delaisi de Parseval bemerkt hierzu, dass es nicht ohne Einfluss bleiben wird, ob sich ein Mann, ohne sich lächerlich zu fühlen, das Gefühl gestatten kann, dem Kind mit seinem Samen, seinen Gefühlen und Phantasien Halt zu geben und es zu vervollständigen oder ob er davon ausgeht, in diesem Zusammenhang bedeutungslos zu sein.

Das bisher Ausgeführte macht deutlich, dass die Ergebnisse der vorliegenden Untersuchung, in deren Mittelpunkt die subjektive Bedeutung einer sich ankündigenden Vaterschaft steht, einen Zeitkern haben und auf einen spezifischen soziokulturellen Kontext verweisen. Dieselbe Untersuchungsfrage zwanzig Jahre später gestellt, würde vermutlich andere Befunde zu Tage fördern. Die vorliegende Arbeit ist insofern auch ein Dokument, in dem sich Aspekte des aktuellen Zeitgeistes sowie Charakteristika der aktuellen gesellschaftlichen Situation spiegeln.

Krise und Chance der Väterlichkeit

Die Frage, was einen Mann zum Vater macht, was einen Vater oder gar einen guten Vater auszeichnet, ist mitnichten eine akademische Frage. Sie ist vielmehr eine, die gegenwärtig gerade für Männer, die Vater werden oder sind, eine hohe Brisanz zu haben scheint. Diese erklärt sich daraus, dass sich nicht mehr auf ein gesellschaftlich gültiges Vaterschaftskonzept bezogen werden kann, das Orientierung gibt. Die Leerstelle, die sich hier auftut, muss einerseits als etwas gesehen werden, das Unsicherheit und Irritationen zur Folge hat, sie kann andererseits aber auch im Sinne eines sich eröffnenden Freiraumes interpretiert werden, der die Chance eröffnet, historisch gesehen neue Vaterschaftskonzepte zu entwickeln und zu leben.[5] Wer hier und heute Vater wird (vermutlich stellt es sich für andere europäische Länder ähnlich dar), bewegt sich in besagter Ambivalenz und muss versuchen, für sich ein befriedigendes väterliches Selbstverständnis zu entwickeln. Der Umstand, dass dieses »Projekt« sich jeweils als ein Einzelunternehmen darstellt, macht es keineswegs einfacher. Um deutlicher machen zu können, warum ich von Krise und Chance der Väterlichkeit spreche, im Folgenden eine kurze Zusammenschau der jüngeren Geschichte der Väterlichkeit. Ausgehen möchte ich hierbei von dem Zeitalter der Industrialisierung bzw. von den mit diesem einhergehenden sozialen Umwälzungen. Die Trennung von Wohn- und Arbeitsstätte, die dadurch bedingte Teilung in ein Familien- und ein Arbeitsleben, eine zunehmende Fragmentierung der Arbeitsvorgänge und dadurch hervorgerufene Entfremdungsprozesse sowie die wachsende Polarisierung der Geschlechterrollen[6] sind hier zentrale Stichworte. Aigner spricht in diesem Zusammenhang von einer »autoritären Wende« (2001, S. 47) und vermutet, dass die spezifischen Bedingungen und Anforderungen jener Zeit ein Vaterschaftskonzept hervorgebracht haben, welches sich im Verhältnis zu den Kindern durch emotionale Distanziertheit, Strenge und durch die Einforderung von Gehorsam und Leistung auszeichnete. Trepp skizziert den Wandel wie folgt: »Während die Väter um 1800 einen ganz zentralen Platz in der Familie einnahmen und (...) wie selbstverständlich in die emotionalen Beziehungen mit eingeschlossen waren, traten sie im Laufe des 19. Jahrhunderts mehr und mehr an ihre Peripherie, bis sie als strenge, unnahbare Autoritäten im Hintergrund der Familie standen. Auch sie hatten natürlich Gefühle, aber sie zeigten sie nicht; gefühlvoll waren allein die Mütter, nicht aber die Väter und Männer – das hatte Folgen, bis heute« (1996, S. 47). Neuere Arbeiten zeigen, dass es dieses Bild (der bürgerliche Vater als autoritärdistanzierter Patriarch) zu differenzieren gilt. Auch wenn sich im viktorianischen Zeitalter eine zunehmende ideologische Polarisierung der Geschlechterrollen beobachten lässt, so belegen doch historische Zeugnisse wie Tagebuchaufzeichnungen, dass sich Männer keineswegs nur über ihre außerhäuslichen Aktivitäten definiert haben. Besagte Selbstzeugnisse sprechen vielmehr dafür, dass es auch in dieser Zeit »aktive« und zärtliche Väter gab, die zu ihren Kindern »bereits im Säuglingsalter eine enge emotionale Beziehung aufbauten« (vgl. v. Rhaden 2001, S. 20).

---

[5] In der Soziologie gibt es den Terminus der »Vaterkrise«, der einerseits auf ein Zerbrechen des traditionellen Vaterbildes als kollektive Idealvorstellung und andererseits auf die Funktionsdiffusion der Vaterrolle hinweist (vgl. Schneider 1989, S. 77).
[6] Die Frau wird zur »Haus-Frau«, der Mann zum Familienernährer.

Horkheimer (1985/1947) verwies darauf, dass der oben angesprochene väterliche Autoritätsanspruch zumeist keine Entsprechung in der sozialen, außerfamilialen Wirklichkeit hatte und darum den Charakter einer irrationalen Scheinautorität erhält. Der zunehmende Bedeutungsverlust des Vaters ist auch Thema eines zuerst im Jahre 1919 erscheinenden Aufsatzes von Federn, der den Begriff der »vaterlosen Gesellschaft« einführte (1988/1919). Mitscherlich griff diese Diagnose auf und machte sie mit seinem viel beachteten Buch »Auf dem Weg zur vaterlosen Gesellschaft« (1992/1963) zu einem Topos. Die »Unsichtbarkeit der Väter« sowie das seiner Meinung nach »Erlöschen des Vaterbildes« führt er auf die industriellen Arbeitsbedingungen zurück, die durch das Auseinanderfallen von Familienwelt und Arbeitswelt gekennzeichnet sind. Eine solche Struktur bewirke, dass das Arbeitsbild des Vaters verblasse, dass eine anschauliche Unterweisung des Kindes verhindert werde und damit eine, historisch gesehen, zentrale Aufgabe des Vaters entfalle. Weiterhin schränke sich damit auch die Möglichkeit des Kindes ein, durch identifizierende Nachahmung vom Vater zu lernen. Mitscherlich konstatiert eine Entleerung der väterlichen Autorität; der Vater verliert seine zentrale Funktion, nämlich die der Unterweisung. »Der Vater hat in dem Maße, in welchem seine ökonomische wie politische Macht und Funktion schwanden, auch als Sozialisationsinstanz sowohl Bedeutung als auch Konturen verloren. War früher der pater familias die zentrale Integrationsfigur der Familie, so ist heute sein Bild blaß und verwischt« (Schülein 1977, S. 103). Die traditionelle Vaterrolle hat Bedeutung und Funktionalität eingebüßt; sie definierte sich nicht zuletzt durch das, was ein Vater zu vererben hatte und weiterzugeben vermochte. Da Kenntnisse und Orientierungen jedoch immer schneller veraltern, kann genau dies immer weniger ausgemacht werden. In mancherlei Hinsicht scheinen sich hier sogar die Rollen zu vertauschen. So ist der Vater, der sich hilfesuchend an sein Kind wendet, um sich den Umgang mit neuen Technologien wie PC oder Handy erklären zu lassen, keineswegs nur eine Karikatur. Insgesamt lässt sich festhalten, dass herkömmliche Aufgaben und Funktionsbereiche eines Vaters, über die dieser sich eben auch definieren konnte, einen eklatanten Bedeutungsverlust erfahren haben. In diesen Zusammenhang gehört auch, dass im Verlauf des 19. Jahrhunderts zunehmend staatliche Institutionen die Erziehungsgewalt übernahmen und dass insbesondere nach dem zweiten Weltkrieg stärker »die Mutter und ihre ›natürliche‹ Liebe zum Kind (...) in die erzieherische Verantwortung« genommen wurde (Aigner 2001, S. 48). Die beiden Weltkriege führten schließlich zu einer weiteren Demontage der väterlichen Autorität: Die Erfahrung realer Vaterlosigkeit war das Schicksal vieler Kinder, die Erfahrung eines zerstörten, gebrochenen oder auch schuldig gewordenen Vaters dasjenige unzähliger weiterer. »Männer und dazu noch brauchbare oder sogar vorbildhafte gab es nach 1945 um mich herum kaum«, schreibt Radebold (2000, S. 82) und verweist damit auf die Not der Söhne, geeignete positive Identifikationsobjekte für die Entwicklung einer tragfähigen Männlichkeit/Väterlichkeit zu finden. Dass nach wie vor ein Mangel an Orientierung gebenden positiven Modellen für die Ausgestaltung der eigenen Vaterrolle besteht, dafür lassen sich verschiedene Hinweise finden. Aigner (2001) verweist in diesem Zusammenhang auf eine Untersuchung von Hite, die bei einer 1981 durchgeführten Befragung von mehr als 7000 Männern feststellen musste, dass kaum ein Befragter seine Vaterbeziehung als warmherzig und wichtig beschrieb (ebd., S. 30 u. 241). Männer, die heute Väter werden, müssen ihre Rolle in einem sozial veränderten Umfeld neu entwerfen, ihnen fehlt hierzu nicht nur ein klares Drehbuch, sondern meistens auch ein biographisches Hinterland, auf das sie sich *positiv* beziehen können. An dieser Stelle möchte ich etwas vorgreifen: Auch in meiner Untersuchung beschrieben nahezu alle Interviewpartner die Beziehung, die sie als Kind zu ihrem Vater gehabt haben, als unbefriedigend. Das Vaterschaftskonzept des eigenen Vaters wird mit großer Mehrheit in der Weise bewertet, dass es sich eben nicht zur Nachahmung eignet. Der Entwurf der eigenen Vaterrolle bezieht sich vielmehr negativ auf den Vater: So wie er möchte ich es nicht machen.

Die Erforschung der Vater-Kind-Beziehung
Untersucht man die psychologische Fachliteratur der 50er, 60er und 70er Jahre, so drängt sich der Eindruck auf, dass sich die von Mitscherlich postulierte Vaterlosigkeit auch in der Theoriebildung spiegelte bzw. sich in dieser wiederholte. Mit einem Verweis auf Kächeles Aufsatzsammlung der Zeitschrift »Psyche« von 1947 bis 1986 bemerkt Aigner, dass sich die mit dem Vater verbundenen Themen an einer Hand abzählen ließen (2001, S. 69). Vergegenwärtigt man sich, dass noch in Freuds Schriften dem Vater für den Prozess der psychischen Strukturbildung eine große Bedeutung zukam, so verwundert dieser Umstand umso mehr. Fragt man nach den Ursachen, so lässt sich zunächst einmal feststellen, dass sich mit den 50er Jahren das Interesse der klinischen Psychoanalyse zunehmend von der ödipalen auf die sogenannte präödipale Zeit verlagerte, d. h. auf die ersten drei Lebensjahre der kindlichen Entwicklung (vgl. Mertens 1998). Die Relevanz des Vaters wurde – bezogen auf diesen Entwicklungszeitraum – bestenfalls als marginal angesehen. Besagte Einschätzung kann nicht losgelöst von der gerade damals vorherrschenden Arbeitsteilung verstanden werden, der zufolge die Mutter für die Belange des Kindes und der Vater für die finanzielle Absicherung der Familie zuständig war. Cremerius

kommentierte die skizzierte Entwicklung folgendermaßen: »Was sich (...) ereignet, ist die Entthronung von Freuds König Ödipus. Auf den freiwerdenden Thron wird die Mutter gesetzt – eine Mutter, die nicht die Frau des Vaters ist.« (1979, S. 585). Dieser Thron, so unterstrich Bopp (1984), sollte sich jedoch immer mehr als Anklagebank herausstellen. Im Horizont präödipaler Trieb-, Objektbeziehungs-, Ich- und Selbstpsychologie interessierte vor allem die Psychodynamik der Mutter-Kind-Beziehung, die als eine dyadische konzipiert wurde. Sie wurde sowohl im Zusammenhang klinischer als auch im Zusammenhang entwicklungs- und sozialpsychologischer Konzepte zum zentralen Bezugspunkt der Erklärung defizitärer psychischer Strukturbildung: »Seit den sechziger Jahren erleben wir einen Siegeszug der Mütter durch die Theorien seelischer Störungen, aber auch durch die Sozialisationsforschung und die pädagogischen Konzepte« (Bopp 1984, S. 54, vgl. auch Fascher 2002). Als »mother hunting« oder »mother-blaming« haben kritische Kommentatoren den Trend bezeichnet, Müttern die Verantwortung für die als Frühstörungen bezeichneten Pathologien ihrer Kinder zuzuweisen. Nachdem der Vater so auch theoretisch verloren zu gehen drohte, weckten die Forschungsarbeiten von Mahler (1993/1975) zunächst im angloamerikanischen, später auch im deutschsprachigen Raum ein zunehmendes Interesse am präödipalen Vater. Abelin entwickelte das Konzept der »frühen Triangulation« (1986/1971), das im deutschsprachigen Raum von Rotmann (1978) aufgegriffen und im Hinblick auf die Bedeutung des Vaters in der »Wiederannäherungs-Phase« diskutiert wurde. Im psychoanalytischen Diskurs etablierte sich eine Sichtweise, der zufolge der frühe/präödipale Vater als bedeutsamer Dritter wichtig ist, der dem Kind die Lösung der symbiotischen Beziehung zur Mutter und damit auch die strukturbildende Trennung von ihr ermöglicht. Aigner merkt hierzu kritisch an, dass besagte Bedeutungsbestimmung des Vaters in der psychoanalytischen Entwicklungstheorie nicht auf dem Hintergrund konkreter patriarchalischer Arbeitsteilung analysiert wurde (2001, S. 71/77). Ich möchte im Folgenden nicht den Versuch machen, einen Überblick über jüngere bzw. aktuelle Theorien zur entwicklungs-, sozialpsychologischen und klinischen Relevanz der Vater-Kind-Beziehung zu geben. Da ein solches Unterfangen den Rahmen dieser Arbeit sprengen würde und zudem auch andere Autoren sich bereits daran gewagt haben (vgl. Aigner 2001, Fascher 2002, Schon 2000, Grieser 1998), an späterer Stelle ein eher stichwortgeleiteter Überblick. Wichtig ist mir hier der Hinweis, dass in den letzten Jahren ein zunehmendes Interesse an den Vater-Kind-Beziehung zu beobachten ist. Dieses zeigt nicht zuletzt der Zuwachs an (literarischen, populärwissenschaftlichen, journalistischen, psychoanalytischen und empirischen) Veröffentlichungen zu diesem Thema. Gemeinsam ist besagten Arbeiten, dass dem Vater bzw. einem »good enough fathering« (ohne dass im Einzelnen klar ist, was das genau ist) eine große Bedeutung für den gesunden Entwicklungsprozess des Kindes zugewiesen wird. Mit Giddens (1995) gehe ich davon aus, dass dieser Umstand nicht nur für die Fachwelt relevant ist, sondern sich – wie gebrochen auch immer – in alltagspsychologischen Theorien und damit auch in Erwartungshaltungen niederschlägt. Für diese These sprechen z. B. einige das Vater-Kind-Verhältnis betreffende gesetzliche Neuregelungen. Sie sind Ausdruck des Bedeutungszuwachses, den der Vater – nicht zuletzt auch durch psychologische Befunde – erfahren hat.[7] Der »engagierte«, »aktive«, »neue« Vater, so vermute ich, konnte zu einem neuen Leitbild avancieren. Ob und inwiefern dieses von den Vätern übernommen wird, diese Fragen beschäftigte mich auch in meiner Untersuchung. In den Gesprächen, die ich geführt habe, interessierte mich, welche Bedeutung sich meine Interviewpartner als Vater zuschreiben, welches Vaterschaftskonzept sie für sich entwerfen und welches Selbstverständnis sie für sich entwickeln.

Versucht man die Geschichte der Vaterforschung zu systematisieren,[8] so lassen sich Fthenakis (1988) zufolge vier Phasen unterscheiden: Nachdem sich den Auswirkungen manifester und latenter Vaterentbehrung zugewendet wurde – Petzold (1995) spricht davon, dass der Vater hier vorwiegend als Abwesender in Erscheinung getreten sei –, rückte zunehmend die Vater-Kind-Beziehung selbst in den Vordergrund. Die Betrachtung eines dyadischen Beziehungsmusters weitete sich schließlich, so dass das interaktive Zusammenspiel des Systems Familie in den Vordergrund trat. In der vierten Phase der Vaterforschung findet der Vater in Familien mit nichttraditioneller Rollenteilung Beachtung. Ob sich die hier aufgeführten Themenschwerpunkte gemäß der vorgeschlagenen Reihenfolge chronologisieren lassen, sei einmal dahingestellt (gerade aktuelle klinische Arbeiten – z. B. die von Grieser 2001 – interessieren sich für die Folgen einer Vaterentbehrung). Wichtiger für meine Untersuchung ist die Feststellung, dass sich die meisten Untersuchungen mit dem Vater aus der Perspektive des Kindes beschäftigen. Sie versuchen zu klären und aufzuzeigen, welche entwick-

---

[7] So ist seit 1998 das neue Kindschaftsrecht gültig, das u. a. auch unverheirateten Paaren die gemeinsame Sorge für ihr Kind zuweist. Ferner haben Kinder nun einen Rechtsanspruch auf ihren Vater (z. B. nach einer Trennung der Eltern). Nach einer Scheidung bleibt das gemeinsame Sorgerecht grundsätzlich erhalten. Zu erwähnen ist auch das seit dem 1.1.2001 geltende Bundeserziehungsgeldgesetz, das Vätern und Müttern erlaubt, den Erziehungsurlaub (jetzt Elternzeit genannt) flexibel untereinander aufzuteilen oder auch gemeinsam zu verbringen.
[8] Werneck (1998) zufolge lässt sich von einer systematischen Vaterforschung erst seit ungefähr Mitte der 70er Jahre (im angloamerikanischen Raum etwas früher) sprechen.

lungspsychologische und klinische Bedeutung dem Vater zukommt. Eine solche Blickrichtung, so meine ich, gilt es zu ergänzen um die Perspektive des Vaters, um sein Erleben und seine im Zusammenhang der Vaterschaft relevanten Konflikte, Wünsche und Ängste.

Säuglingsväter
In vielen entwicklungspsychologischen Theorien betritt der Vater gar nicht oder wenn, dann erst sehr spät das Kinderzimmer.[9] Der Vater der Säuglingszeit und die Beziehung zwischen Vater und Säugling imponieren hier als eine Leerstelle. In Anlehnung an die Attachment- bzw. Bindungstheorie, in die sowohl tiefenpsychologische als auch ethologische Vorstellungen einflossen, galt die Mutter als »die von der Natur dafür vorbestimmte primäre Bezugsperson von Säuglingen und Kleinkindern« (Petzold 1994, S. 63), der neben Pflege- und Betreuungsfunktionen die Aufgabe zugesprochen wurde, eine stabile emotionale Bindungsfähigkeit des Kindes zu fördern (vgl. Nickel 1986, Werneck 1998). Bowlby führte für die von ihm behauptete Exklusivität der Mutter-Kind-Beziehung den Begriff der »Monotropie« ein (1969/1975, S. 283). Das Monotropie-Konzept, demnach ein Säugling nur eine Bezugsperson – nämlich die Mutter – sucht und benötigt, hat auch im Alltagsbewusstsein großen Anklang gefunden; es scheint mit einer konservativen Familienideologie, die insbesondere die 50er und 60er Jahre bestimmte, hochkompatibel zu sein. Dem Vater wurde für die frühe Entwicklung des Kindes nur eine indirekte Bedeutung zugesprochen. Seine Funktion wurde vor allem darin gesehen, die Familie wirtschaftlich abzusichern, die Mutter emotional zu unterstützen und auf diese Weise die postulierte Mutter-Kind-Dyade zu schützen.
Insbesondere die Befunde der Säuglingsforschung haben das Postulat der ausschließlichen Beziehungsfähigkeit zur Mutter erschüttert. Das Kind wird als dazu fähig und von Geburt an dafür ausgestattet gesehen, zu verschiedenen Personen unterschiedliche Beziehungen aufzunehmen. Stork fordert dazu auf, das Konzept der Mutter-Kind-Dyade zu korrigieren. Er kommt zu dem Ergebnis, »dass der Säugling schon früh auf den Vater mit anderen Verhaltensmustern als auf die Mutter reagiert, neben der Mutter als primärem Kristallisationspunkt seiner inneren und äußeren Erfahrungen den Vater kennt (...), und daß der Vater in seiner Andersartigkeit gegenüber der Mutter frühzeitig wahrgenommen wird« (Stork 1983, S. 67). In dem Aufsatz »Die Vaterrolle als Gegenstand familienpsychologischer Forschung« resümiert Dunde: »Die vorliegenden Ergebnisse sprechen dafür,

---

[9] Unerwähnt bleiben soll hier nicht, dass man auch in namhaften, aktuellen Werken der Entwicklungspsychologie vergeblich im Sachregister das Stichwort »Vater« sucht (s. z. B. Stern 1996, Dornes 1997).

daß (...) Bindungsverhalten nicht eine Funktion des elterlichen Geschlechts, sondern der Qualität der Elter-Kind-Beziehung ist« (1986, S. 40). Sowohl die Mutter als auch der Vater können also unter entsprechenden Bedingungen eine enge Beziehung zum Kind entwickeln, das Kind seinerseits zu beiden Elternteilen. Es scheint in der bindungsbereiten Zeit diejenigen Personen als Bindungspersonen anzunehmen, die sich ihm hauptsächlich zuwenden und es versorgen. In verschiedenen Untersuchungen wurde ferner die Überzeugung in Frage gestellt, dass Mütter qua ihres biologischen Geschlechtes besser als Väter dazu geeignet seien, Kinder zu versorgen («tender years doctrine«). Die These vom – in dieser Hinsicht – biologisch benachteiligten Mann haben u. a. Frodi und Lamb untersucht. Nicht biologische Imperative, so ihr Fazit, sondern soziale Konventionen seien für die traditionelle Teilung elterlicher Verantwortung maßgeblich (Frodi/Lamb 1978 u. 1980, Lamb 1977). Winnicott prägte den Begriff der »primären Mütterlichkeit« (1997/1956) und verstand darunter einen Zustand erhöhter Sensibilität und Empathie, der sich während und insbesondere gegen Ende der Schwangerschaft entwickelt. Dieser erlaube der Mutter, sich ein- und mitfühlend dem Säugling zuzuwenden. Winnicott sah diese Fähigkeit biologisch verankert und an das weibliche Geschlecht gebunden.[10] Die neonatologische Forschung sieht Winnicotts »primäre Mütterlichkeit«[11] hingegen als eine biologisch verankerte Reaktionsbereitschaft, die potentiell bei beiden Elternteilen vorhanden ist (vgl. Papousek/Papousek 1981). Auch Väter scheinen über nicht gelernte, intuitive Verhaltensweisen zu verfügen, die es ihnen erlauben, die kindlichen Signale wahrzunehmen und angemessen zu beantworten.[12] Verschiedene analytisch wie nicht-analytisch orientierte Untersuchungen weisen darauf hin (in Augenschein genommen wurden z. B. Blickkontakt, Lächeln, »Babytalk«, Berührungsverhalten, mimisches und gestisches Adaptions- und Abstimmungsverhalten), dass auch Väter sensibel, empathisch und kompetent mit einem Säugling umzugehen vermögen (vgl. Bovensiepen 1987, Keller/Chasiotis 1991, Petzold 1994, Kallenbach 1996, Sohni 1991, Nickel/Köcher 1986, Papousek 1985, Werneck 1998). Auch

---

[10] »Wir können nunmehr sagen, warum wir die Kindesmutter als die zur Pflege ihres Säuglings geeignetste Person ansehen: Nur sie kann diesen Zustand primärer Mütterlichkeit erreichen, ohne sich dabei unwohl zu fühlen. Es ist jedoch möglich, dass auch einmal eine Adoptivmutter oder andere Frau, (...) ein solches Ausmaß der Anpassung erreicht, daß sie sich ein Stück weit mit dem Säugling identifizieren kann« (Winnicott 1997, S. 163).
[11] Seine Ausführungen legen nahe, dass es sich hier um eine tiefe Regression handelt, die der Entwicklung des Kindes dient.
[12] Väter zeigen z. B. die gleichen (autonomen) physiologischen Reaktionen auf ein weinendes/schreiendes Kind wie Mütter (vgl. Fthenakis 1985).

sie können Spiegel- und Echofunktionen, die für eine gesunde Entwicklung des Säuglings notwendig sind, ausüben (vgl. Papousek 1987). Die Annahme, dass die Mutter die natürliche, unersetzbare und ausschließliche Bezugsperson eines Säuglings ist und auch sein sollte, ist den genannten Untersuchungsbefunden zufolge fragwürdig. Rhode-Dachser (1990) interpretiert das Modell der dyadischen Mutter-Kind-Beziehung als Ausdruck tief im Unbewussten verankerter patriarchalischer Bilder. Papousek schreibt: »Die viel beschworene hormonelle Auslösung und Steuerung mütterlichen Verhaltens in Zusammenhang mit Schwangerschaft, Geburt und Laktation ist nicht conditio sine qua non für mütterliches Verhalten« (1987, S. 31). Der Umstand, dass auch Väter prinzipiell dazu in der Lage wären, feinfühlig mit einem Säugling umzugehen, sagt jedoch noch nichts darüber aus, ob und in welcher Weise sie dies auch tun. Hierfür scheinen vielmehr kulturelle Faktoren (ist ein väterliches Engagement gewollt, erwünscht?), persönliche/biographische Faktoren, Merkmale der Lebenssituation und des Kindes sowie die Partnerschaftsstruktur maßgeblich zu sein. Herausheben möchte ich in diesem Zusammenhang die Bedeutung der psychosexuellen Entwicklung und damit auch das »Schicksal« der frühen Identifikationen: Definiert sich Männlichkeit vor allem in Abgrenzung und Negation zu Weiblichkeit/Mütterlichkeit und werden Beziehungsqualitäten wie beispielsweise Fürsorglichkeit nicht zuletzt aufgrund biographischer Erfahrung mit dem weiblichen Geschlecht identifiziert, dann fällt es einem Mann vermutlich schwer, sich seinem Kind als »dyadischer Vater« anzubieten. Die hier nur angedeutete Problematik – sie wird an späterer Stelle ausführlicher Thema werden – spiegelt sich auch in unserer Sprache: »Männer, die eine emotionale Beziehung zum Säugling aufnehmen wollen, können im üblichen Sprachgebrauch nur als ›mütterlich‹ bezeichnet werden« (Sohni 1991, S. 215); sie leben in einer sprachlichen und definitorischen Grauzone. Hagemann-White wies darauf hin, dass unsere kulturelle Konzeption von Väterlichkeit wenig Platz »für den innigen und dennoch verantwortlich erwachsenen Bezug zur vollen Infantilität« hat, sondern vielmehr auf den »Gegenpol zur Verschmelzung, die Distanz und die Kommunikation mit dem schon ausgebildeten Ich des Kindes« ausgerichtet ist (1987, S. 26). Mich interessierte, ob und in welcher Weise sich die interviewten Männer als früher Vater anbieten und welche Faktoren sich erkennen lassen, die besagtes Engagement beeinflussen.

Die entwicklungspsychologische Bedeutung des frühen Vaters
In der öffentlichen und wissenschaftlichen Diskussion existiert ein widersprüchliches Bild über das, was Vaterschaft heute ausmacht. So ist zu-

gleich von »abwesenden« und von den sogenannten »neuen Vätern« die Rede. Ein geradezu polarisiertes Vaterbild zeichnen die Medien: Hier steht der missbrauchende, gewalttätige Vater, der Vater, der seine Kinder manifest oder emotional im Stich lässt, dem idealisierten »guten« Vater gegenüber. Jenseits der Schwierigkeit, hier ein klares Bild zu zeichnen, spricht einiges dafür, dass heutige Väter eine – im Vergleich zu ihren Vätern – alltäglichere und zugleich emotionalere Beziehung zu ihren (kleinen) Kindern haben (vgl. Matzner 1998, Fthenakis 1999). Geht man davon aus, dass Werbung darauf angewiesen ist, Beachtung zu finden, und weiterhin, dass Werbestrategen aus diesem Grund eine feine Nase für den »Nerv« der Zeit, d. h. auch für die Wünsche und Sehnsüchte ihrer potentiellen Adressaten haben, so sticht die auffällige Verbreitung von Werbung ins Auge, die den Vater bzw. die Vater-Kind-Beziehung in den Mittelpunkt stellt. Väter scheinen eine Personengruppe zu sein, die als Werbeträger attraktiv ist. Versicherungen, Banken oder Tankstellen werben mit der Institution Vater, wobei auffällt, dass hierbei ein bestimmtes Vaterbild favorisiert und inszeniert wird: In vielen Darstellungen wird ein junger Vater gezeigt, der sein Neugeborenes liebevoll in den Armen hält. Zärtlich und fürsorglich zugleich ruht dabei sein Blick auf dem Kind. Der Vater wird in einer Haltung abgebildet, die traditionell eher mit einer mütterlichen Position in Verbindung gebracht wird. Solcherart Bilder und Bildfolgen suggerieren eine starke Verbundenheit zwischen Vater und Kind, sie scheinen gegenwärtig eine hohe Attraktivität zu haben. Meiner Einschätzung nach ist besagte Attraktivität auch Ausdruck einer starken Vatersehnsucht. Eine Sehnsucht, die sich gerade auch auf einen zugewandten und liebevollen präödipalen Vater bezieht. Männer, so beschreibt es Schmidbauer, »dringen in die Höhle der frühen Mutter-Kind-Beziehung ein bzw. werden hineingerufen« (1986, S. 73). Nicht nur im Alltagsleben, sondern auch in der wissenschaftlichen Diskussion gewinnt der »frühe Vater« an Bedeutung.[13]

Erwähnt sei an dieser Stelle noch einmal, dass ein zentraler Gegenstand der Vaterforschung die entwicklungspsychologischen Folgen von Vaterdeprivation waren und sind. Im Mittelpunkt stehen dabei Aspekte der psychosozialen, psychosexuellen, kognitiven und moralischen Entwicklung. Auch wenn die Forschungsbefunde auf Beeinträchtigungen in all den genannten Bereichen verweisen (vgl. Stein 2000, Werneck 1998), muss angemerkt werden, dass diese mit der Ursache, Dauer, dem Ausmaß und dem Zeitpunkt der Vaterentbehrung variieren und dass es oft auch die ungünstigen

---

[13] Das schließt einen Mangel an Untersuchungen zur frühen Vaterschaft nicht aus. So resümiert Schon: »Über die besondere Beziehung zwischen Vater und Säugling ist nur wenig bekannt. Es fehlt eine den Vater konsequent einbeziehende Entwicklungstheorie für die ersten anderthalb Lebensjahre« (2000, S. 23f).

Rahmenbedingungen sind (Isolation, ökonomische Beeinträchtigungen Alleinerziehender usw.), die sich in ungünstiger Weise mit einer manifesten oder latenten Vaterlosigkeit verschränken.[14] Wichtig scheint ferner zu sein, ob und in welcher Weise Vatersurrogate vorhanden sind. Trotz dieser Vorbehalte kommt Mertens zu dem Schluss: »Es besteht in der heutigen Psychoanalyse weitgehend ein Konsens darüber, daß strukturelle Ich-Störungen und neurotische Konflikte auf die graduelle, libidinöse und aggressive Nichtverfügbarkeit des Vaters in den präödipalen Jahren des Kindes zurückzuführen sind« (1996, S. 93). Trotz der Schwierigkeit zu bestimmen, was genau ein »good enough father« ist, scheint heute klar zu sein, dass dem frühen Vater für den kindlichen Entwicklungsprozess eine große Bedeutung zukommt. Im Folgenden ein kurzer, stichwortgeleiteter Überblick über Arbeiten, die sich mit der entwicklungspsychologischen Bedeutung des frühen/präödipalen Vaters beschäftigen:

Stichworte	Funktion/Bedeutung d. frühen Vaters	Literatur
primäre Väterlichkeit, der haltende Vater, der dyadische Vater	– kann dem Überforderungsdilemma einer exklusiven Mutter-Kind-Beziehung entgegenwirken – bietet Alternativbeziehung, die gegebenenfalls auch kompensierende Funktion haben kann – ermöglicht das Erleben unterschiedlicher Beziehungsmodi (Väter und Mütter behandeln ihre Säuglinge von Anfang an verschieden) – Angebot einer alternativen und unterschiedlich reagierenden Bindungsperson – verleiht der Vater-Kind-Beziehung eine emotionale Qualität, die für spätere Vaterfunktionen eine günstige Matrix schafft	Aigner 2001, Schon 2000, Bürgin 1999, Grieser 1998, Frick-Bruder/Schütt 1992, Blos 1990, Papousek 1987
psycho-sexuelle Entwicklung,	– Kind wird durch einen weiblichen und einen männlichen Blick gespiegelt – Mädchen erfährt den »begehrenden Blick«	Seiffge-Krenke 2001, Grieser 1998, Mertens 1994,

---

[14] Insbesondere Delinquenz, mangelnde Affektkontrolle sowie aggressives/destruktives Verhalten bei Kindern und Jugendlichen werden mit Formen der Vaterentbehrung in einen Zusammenhang gebracht (vgl. Fthenakis 1992, Heinemann u.a. 1992).
[15] Steht der Vater nicht als verlässliches Beziehungsobjekt zur Verfügung, so kann sich dies auch auf die Mutter-Kind-Beziehung auswirken. Können aufgrund der Instabilität der Beziehung Aggressionen nicht gewagt werden, so verlagern sie sich u. U. in die Mutter-Kind-Beziehung (Herzog 1998).

Entw. der Geschlechts-(rollen)identität, Identifikation	des Vaters – Anwesenheit und emotionale Verfügbarkeit des Vaters als männliche Bezugsperson, die dem Jungen Vorbild und Modell seiner sich entfaltende Männlichkeit sein kann	Brazelton/Cramer 1994, Benjamin 1990, Fthenakis 1985, Olivier 1991
psychosoziale Entwicklung, väterlicher Spielmodus, Affektkontrolle	– Väter initiieren neue erregende Spiele im »action mode« und beeinflussen so die Fähigkeit, intensive Affekte zu organisieren und zu modulieren – die väterlichen Spiele vermitteln dem Kind eine entwicklungsfördernde Illusion von Stärke	Aigner 2001, Herzog 1998, 1982, 1982b, Streeck-Fischer 1992, Mertens 1996, Heinemann u.a. 1993, Gurwitt 1976, Greenacre 1969
Separation-Individuation, Selbst- und Objektgrenzen, frühe Triangulierung, Triade, Funktion des Dritten, (Übergang zur) triadischen Objektbeziehungsdynamik	– der Vater als bedeutsamer Dritter, der dem Kind die strukturbildende Trennung von der Mutter ermöglicht (Lösung der symbiotischen Beziehung zur Mutter wird erleichtert, wenn eine verlockende Alternative vorhanden ist) –Ausbildung einer Objektrepräsentanz des Vaters als Kontrastrepräsentanz hilft Selbstrepräsentanz klarer von der mütterlichen Objektrepräsentanz abzugrenzen – schützt vor der bedrohlichen Wiederauflösung des Ichs im symbiotischen Beziehungsmodus – erlebbares Modell eines von der Mutter tendenziell unabhängigen und weniger ambivalent besetzten Dritten – ermöglicht präödipale triadische Erfahrungen (neben dem »Selbst mit Mutter«/»Selbst ohne Mutter« gibt es das »Selbst mit Vater« sowie das »Selbst mit Mutter und Vater«)	Metzger 2000, Bürgin 1999, Bauriedl 1998, Herzog 1998, Britton 1998, Mertens 1996, Ermann 1995, 1985, Dammasch 1994, Sohni 1991, Bauers 1993, Buchholz 1991, 1990, Rhode-Dachser 1987, Stork 1983, Rotmann 1978, Abelin 1986/1971
Mutter als Liebesobjekt[15]	– entlastet die Mutter-Kind-Beziehung von Aggressionen (Identifikation ermöglicht mehr Unabhängigkeit und weniger Ambivalenz gegenüber der Mutter) – erlaubt, angstfreier in der Wiederannäherungsphase zur Mutter zurückzukehren und die regressive Versorgung unter anderen Vorzeichen zu genießen	Herzog 1998, Benjamin 1990, Rotmann 1978, Abelin 1986/1971

Der werdende Vater als Gegenstand der Entwicklungspsychologie
Bis Ende der 60er Jahre hat sich die Entwicklungspsychologie vorwiegend auf die Entwicklungsprozesse konzentriert, die in der (frühen) Kindheit

und im Jugendalter anzusiedeln sind. Das Erwachsenenalter ist somit ein vergleichsweise junger Gegenstand der Entwicklungspsychologie. Dieser Umstand hat möglicherweise nicht zuletzt mit der ungeheuren Dynamik von Entwicklungsprozessen zu tun, die für die Kindheit und Adoleszenz charakteristisch sind. Das Erwachsenenalter erscheint hierzu in ein Verhältnis gesetzt als »ruhiges« Lebensalter. Die Vorstellung, dass das Erwachsenenalter im Wesentlichen eine Zeit der Etablierung und Stagnation sei, in der keine nennenswerten Entwicklungsprozesse (mehr) stattfinden, ist mittlerweile obsolet geworden. Entwicklung wird von der modernen Entwicklungspsychologie als ein Prozess verstanden, der sich über das gesamte Leben erstreckt. Im Zuge dieser Ausweitung des Gegenstandsbereiches konnte das Erwachsenenalter als eine Lebensphase neben der Kindheit und Adoleszenz an Aufmerksamkeit gewinnen. Weiterhin wuchs das Interesse an Umbruchphasen und bedeutsamen Lebensereignissen im Erwachsenenalter (in der Literatur firmieren diese unter Begriffen wie »Übergänge im Lebenslauf«, »kritische Lebensereignisse«, »Statuspassagen« usw.). Als eine solche Umbruchphase, die auch in einer entwicklungspsychologischen Perspektive eine Herausforderung für das Subjekt ist, kann der Übergang zur Elternschaft bzw. der Übergang« zur Vaterschaft verstanden werden (vgl. Gloger-Tippelt 1988).

Entwicklungspsychologische Untersuchungen wenden sich Vätern vorwiegend aus der Perspektive des Kindes zu. Im Mittelpunkt steht hier die mögliche Bedeutung und Funktion des väterlichen Objektes. In der vorliegenden Arbeit wechsele ich die Perspektive. Die Frage lautet also nicht, welche Bedeutung Väter für den Entwicklungsprozess ihrer Kinder haben, sondern welche subjektive Bedeutung Kinder für ihre Väter haben. Mich interessiert, wie es Männer erleben, Vater zu werden, und was für sie in diesem Zusammenhang wichtig ist. Den Übergang zur Vaterschaft verstehe ich als einen Prozess, der sich in Anlehnung an Schülein auch als Geburt eines Vaters bezeichnen lässt. Er weist in seinem Buch »die Geburt der Eltern« (1990) darauf hin, dass das Elternwerden nicht einfach ein Faktum ist, das sich mit der Geburt realisiert, sondern eben auch als ein psychosozialer Aneignungsprozess verstanden werden muss. Biologische und soziale Vaterschaft – das Vater-Sein – stehen in keinem unmittelbaren Verhältnis. Wer ein Kind zeugt, wird nicht automatisch Vater. Borens erinnert in diesem Zusammenhang an eine alte, römische Tradition. Hier musste der Hausherr vor Zeugen das Neugeborene hochheben. Geschah dies nicht, so wurde das Kind ausgesetzt und damit dem Tode überantwortet. Durch diese Zeremonie, die als ein symbolischer Akt der Anerkennung verstehbar ist, wurde der, der das Kind ›aufhebt‹, zum Vater. Die Anerkennung des

Kindes und das Vaterwerden sind hier aufs Engste verknüpft. Borens spricht von einer impliziten wechselseitigen Anerkennung: »›Du bist mein Kind‹ bedeutet ja auch: ›Ich bin dein Vater‹ und umgekehrt« (1993, S. 19). Im Rahmen der von mir geführten Interviews interessiert mich, ob und vor allen Dingen wie sich meine Gesprächspartner ihren neuen sozialen Status als Vater emotional aneignen. Die Frage, was ihrem Erleben nach besagten Aneignungs- bzw. Anerkennungsprozess erleichtert oder erschwert, gehört ebenfalls in diesen Zusammenhang.

Die werdende Mutter ist mittlerweile Gegenstand zahlreicher Untersuchungen, der werdende Vater ist erst in jüngerer Zeit zu einem wissenschaftlichen Thema geworden. Mertens schreibt hierzu: »Jahrzehntelang wurde auch die Untersuchung des werdenden Vaters, seine Wünsche, Ängste und Konflikte vernachlässigt, was um so paradoxer ist, als der Druck auf Männer nach einer aktiveren Beteiligung an der Schwangerschaft, Geburt und Pflege des Kindes und stärkerer väterlicher Präsenz in der Gegenwart immer stärker wird« (Mertens 1994, S. 190). An anderer Stelle: »Die Psychodynamik der Vaterschaft stellt immer noch eine terra incognita dar« (Mertens 1994, 183). Shapiros (1985, zit. nach Diamond 1991) Sichtung der Literatur zur Elternschaft ergab, dass sich nur 5% der Beiträge ausdrücklich mit der Erfahrung von Vaterschaft auseinandersetzen. Er spricht von einem Mangel an Aufmerksamkeit, die dem inneren Erleben des Vaters geschenkt werde. Bullinger, Vater und Autor eines Ratgebers für werdende Väter, beschreibt 1983 die Situation von Männern, die Väter werden, folgendermaßen: »In unserer Gesellschaft gibt es den werdenden Vater allenfalls als eine Witzfigur. (..) Er kann nicht damit rechnen, daß er mit seinen Gefühlen, Erfahrungen und Schwierigkeiten wirklich ernst genommen wird. Schwangerschaft und Geburt sind nach wie vor in erster Linie Frauensache. Der werdende Vater kann auch nicht auf anerkannte Traditionen zurückgreifen. Bei der Gestaltung seiner Rolle erfährt er kaum Unterstützung oder Hilfe von Seiten der Gesellschaft. (..) Da der werdende Vater von seiner Umwelt nicht wirklich ernst und wichtig genommen wird, kann er sich und sein eigenes Erleben selbst auch nur schwerlich ernst und wichtig nehmen. Als ich selbst werdender Vater war, bin ich mir in vielen Situationen richtiggehend überflüssig vorgekommen« (ebd., S. 54f). Die hier geschilderten Erfahrungen liegen 20 Jahre zurück. Es wäre interessant zu klären, ob werdende Väter heute zu einer ähnlichen oder doch zu anderen Einschätzung kommen.
Der Anstieg an Veröffentlichungen, aber auch die Ausstrahlung verschiedener Fernsehbeiträge lässt darauf schließen, dass der werdende Vater mittlerweile ein Thema von öffentlichem Interesse ist. Sichtet man die

vorhandene Literatur, so fallen zum einen Bücher ins Auge, die sich an ein breites Publikum wenden: Männer, die selbst Väter sind und/oder mit (werdenden) Vätern zu tun haben (z. B. in psychotherapeutischen Prozessen), teilen hier ihre Erfahrungen mit (vgl. Osherson 1996, Shapiro 1992, Greenberg 1992, Bullinger 1983). Hervorheben möchte ich im Folgenden einige empirische Untersuchungen, die in der BRD, in Österreich, der Schweiz und Frankreich durchgeführt wurden. Zu nennen ist hier die von Fthenakis und Engfer geleitete, fragebogengestützte LBS-Familien-Studie »Übergang zur Elternschaft« (vgl. Fthenakis 1999), die darauf abzielt, Veränderungen zu erschließen, die mit der Übernahme der Elternrolle verbunden sind (z. B. Aufgaben- und Rollenverteilung zwischen Mann und Frau). 1998 veröffentlichte Werneck unter dem Titel »Übergang zur Vaterschaft« die Ergebnisse einer quantitativen Untersuchung, in deren Mittelpunkt Belastungen und Gratifikationen im Übergang zur Vaterschaft stehen. Hervorzuheben ist weiterhin eine Untersuchung von Gauda (1990), die mit zwei Paaren zwischen der zehnten Schwangerschaftswoche und dem vierten Lebensmonat des Kindes Interviews geführt hat. Der Focus liegt dabei auf der Entwicklung der Mutter- und Vateridentität. Hinweisen möchte ich ferner auf eine Arbeit von Gloger-Tippelt (1988). Sie unterscheidet auf der Basis psychologischer und soziologischer Untersuchungen acht Phasen der emotionalen und kognitiven Bewältigung des Übergangs zur Elternschaft. Eine in Frankreich durchgeführte, psychoanalytisch orientierte Studie legt Delaisi de Parseval vor (1981). Sie wertet Interviews aus, die sie mit Erstlingsvätern, Samenspendern, Vätern von »Inseminations-Kindern« sowie mit Männern, die eine Vasektomie beantragt haben, geführt hat. Die Arbeit zeigt, wie vielfältig und komplex sich Vaterschaft auch aufgrund neuerer medizinischer Technologien gestaltet. Aufmerksam machen möchte ich weiterhin auf eine Untersuchung, die an der Kinder- und Jugendpsychiatrischen Universitätsklinik und -poliklinik in Basel durchgeführt wird. Es handelt sich hierbei um eine von Bürgin und Klitzing (1998) geleitete, ebenfalls psychoanalytisch orientierte Längsschnittstudie zur Entstehung der Eltern-Kind-Beziehung.

Der Übergang zur Vaterschaft
Entwicklungspsychologen haben den Übergang zur Elternschaft unterschiedlich zu konzeptualisieren versucht: als Entwicklungschance, als normative Entwicklungskrise oder auch als Entwicklungsaufgabe (vgl. Gauda 1990, Osofsky/Osofsky 1984). Aller Differenzen zum Trotz lässt sich jedoch als eine Gemeinsamkeit festhalten, dass besagter Übergang als eine in psychologischer und sozialer Hinsicht bedeutsame Umbruchphase

verstanden wird.¹⁶ Fragt man danach, in welcher Hinsicht Umbrüche und Veränderungen zu erwarten sind, so lassen sich zunächst einmal folgende Ebenen unterscheiden (vgl. auch Bürgin 1993):
– intrapsychische Veränderungsprozesse (Neudefinition der persönlichen Identität, Veränderung des Selbstkonzepts und -gefühls),
– interpersonale Veränderungsprozesse (z. B. Veränderungen in der Paarbeziehung),
– intrafamiliale Veränderungsprozesse (Umbau der Beziehungen – die Beteiligten rutschen eine Stufe in der Generationenfolge weiter) und
– soziale Veränderungsprozesse (Statuswechsel, neue soziale Identität, Umbau des sozialen Netzes),
– Veränderungsprozesse, die den gewohnten Tagesablauf und die bestehende Lebenspraxis betreffen.

Die hier skizzierten Veränderungsprozesse, die bereits während der Schwangerschaft eingeleitet werden, können sehr unterschiedlich erlebt und bewertet werden. Ob und inwieweit sie angenommen werden können, sich als Chance oder auch als Bedrohung darstellen, hängt von verschiedenen Faktoren ab. Im Rahmen meiner Untersuchung war mir die Frage wichtig, welche Veränderungen die Interviewpartner auf sich zukommen sahen und was dies für sie bedeutete.

Verschiedene, meist psychiatrische Studien verweisen darauf, dass der Übergang zur Vaterschaft keineswegs so harmlos ist, wie es das Alltagsbewusstsein möglicherweise suggeriert. Belegt werden hier eine Vielzahl von psychosomatischen Symptomen, die als nicht-rituelle Äquivalente der Couvade verstanden werden. Der Begriff »Couvade«¹⁷ wurde als wissenschaftlicher Begriff zunächst in der Ethnologie verwendet. Er leitet sich aus dem französischen Begriff »couver« (brüten/ausbrüten) ab und heißt so viel wie Männerkindbett. Als Couvade werden aber auch eine Vielzahl von Verhaltensgeboten und -verboten bezeichnet, die (werdenden) Vätern gerade in traditionellen Gesellschaften vor, während oder kurz nach der Niederkunft ihrer Frauen auferlegt werden (z. B. Diätvorschriften, Jagdverbote usw.). Halten sie diese nicht ein, so gefährden sie ihr neugeborenes Kind. Außenstehenden Betrachtern muten die Couvadebräuche häufig bizarr und

---

¹⁶ In verschiedenen Arbeiten ist verallgemeinert vom »Übergang zur Elternschaft« die Rede (was den werdenden Vater ja mit einbezieht), auch wenn nur werdende Mütter Untersuchungsgegenstand waren.
¹⁷ Das Phänomen der Couvade war bereits in der Antike bekannt. Diodorus Siculus berichtet von den Einwohnern Korsikas, dass sich nicht um eine niedergekommene Frau gekümmert werde. Stattdessen lege sich ihr Mann nieder, so als wäre er krank oder in anderer Weise körperlich angeschlagen (vgl. Jettmar 1979, S. 144).

anstößig an: Ein Mann, der das Verhalten und die Beschwerden einer Gebärenden imitiert, sich bedienen und beglückwünschen lässt. An dieser Stelle lässt sich nach dem Sinn und der sozialen Funktion von Couvadebräuchen fragen. Rituale helfen einem Individuum und seiner sozialen Gruppe kritische Lebensperioden und insbesondere Übergänge von einer Lebensphase zu einer anderen zu bewältigen. Hinsichtlich ihrer im engeren Sinne psychosozialen Funktion gibt es unterschiedliche Theorien: So wird die Couvade als ein Brauch verstanden:[18]
– der dazu beiträgt, die elterlichen Beziehungen zum Kind zu festigen,
– der erlaubt, sich mit dem Kind und/oder der Mutter zu identifizieren,
– der eine enge Ehegattenbeziehung zum Ausdruck bringt,
– der der Abwehr von Angst, Aggressionen, Rivalität, Neid und Unterlegenheitsgefühlen (Gebärneid) dient[19],
– der unbewusste Schuldgefühle, die aggressive Strebungen gegenüber dem Kind hervorrufen, minimiert.

Bräuche wie die rituelle Couvade haben den Sinn, dem betroffenen Individuum den Schritt in eine neue Lebensphase zu erleichtern. Wird ein Mann heute Vater, so stehen ihm – jedenfalls in unserem Kulturkreis – keine kulturell verankerten und unterstützenden Riten zur Verfügung. An dieser Stelle noch einmal zurück zu den Studien, die im Zusammenhang mit dem Übergang zur Vaterschaft psychosomatische, neurotische und sogar psychotische Symptombildungen, die gerade Erstväter betreffen, aufzeigen konnten. Häufig genannt werden hier Zahnschmerzen, Magen-Darm-Störungen, Übelkeit, Rückenschmerzen, Gewichtszunahme und -abnahme, Herzphobien, Schwindel, Kopfschmerzen, Schlafstörungen, Sehstörungen sowie die »Couvade-Angina« (vgl. Kapfhammer/Mayer 1996, Bürgin 1998, Bräutigam 1976). Besagte Symptome werden als Ausdruck einer unbewussten Identifizierung mit der schwangeren Frau bzw. einer unbewussten Identifizierung mit dem Kind, aber auch als unbewusster Widerstand gegen die Vaterschaft verstanden. Trethowans (1965) Studien zufolge weisen viele Männer Angstsymptome auf, ohne jedoch eine Vorstellung davon zu haben, was die Gründe hierfür sein könnten. Die betroffenen

---

[18] Siehe hierzu Kapfhammer & Mayer 1996, Bleibtreu-Ehrenberg 1994, Kühler 1989, Bovensiepen 1987, Delaisi de Parseval 1985, Reik 1928.

[19] Der Neid auf die prokreativen Fähigkeiten der Frau entsteht Modena (1986) zufolge, wenn für den Jungen aufgrund der Kenntnis des anatomischen Geschlechtsunterschiedes deutlich wird, dass er keine Kinder wird gebären können. Gottschalch (1987) wirft den Gedanken auf, ob intellektuelle/künstlerische und technische Schöpfungen nicht auch als eine Form der psychischen Kompensation für die Unfähigkeit zu gebären verstanden werden können. Hierauf weist auch unsere Sprache hin: Man geht mit einem Gedanken schwanger, spricht von einem Geisteskind und bezeichnet eine mit Mühen verbundene Tat eine schwere Geburt.

Männer würden darüber hinaus meist sogar einen möglichen Zusammenhang zwischen der entsprechenden Symptomatik und der Schwangerschaft ihrer Frau verneinen. Ausdrucksformen der psychosomatischen Couvade werden häufig weder von dem Betroffenen selbst noch von ihrem sozialen Umfeld erkannt. Dass diesen anscheinend etwas Peinliches anhaftet, was mit dem in unserer Kultur gültigen männlichen Selbstverständnis nur schwer in Einklang zu bringen ist, zeigt auch eine von Borens geschilderte Begebenheit, die ich im Folgenden kurz wiedergeben möchte. Borens (1993) schildert, dass er mit einem Freund, der ebenfalls Vater ist, ein Fest besucht habe, das bei einem Paar stattfand, das vor kurzem Eltern geworden war. Sehr zur Belustigung der Anwesenden erzählte die junge Mutter, dass sich ihr Mann kurz nach der Geburt einige Tage ins Bett gelegt, schrecklich krank getan und ihr viel Arbeit gemacht habe. Auf der Rückfahrt äußerte sich besagter Freund sehr geringschätzig über den jungen Vater, worauf ihn seine Frau an die vage Erkältung erinnerte, die ihn nach der Geburt seines Kindes niedergestreckt habe. Zunächst sei der Freund entrüstet gewesen, habe von Verleumdung gesprochen, sich aber schließlich wieder an die von ihm verdrängte Couvade erinnert (ebd., S. 23). Deutlich wird an diesem Beispiel, wie tabuisiert und wie wenig sprachfähig Ängste und Konflikte sein können, die sich mit dem Übergang zur Vaterschaft verbinden. Sie müssen dann u. U. mittels einer psychosomatischen Symptombildung agiert werden.

Die phantasmatische Interaktion mit dem Kind
Der Zeitraum der Schwangerschaft ist nicht nur für das heranwachsende Kind von Bedeutung, er hat auch für die werdenden Eltern eine wichtige Funktion. Sie haben in den Monaten, die zwischen der Bestätigung der Schwangerschaft und der Geburt des Kindes liegen, die Möglichkeit, sich auf die neue Lebenssituation einzustimmen und sich mit dem Vater- bzw. Mutterwerden auseinander zu setzen. Dies eröffnet die Chance, das eigene Selbstverständnis sukzessive zu erweitern und umzugestalten.
Brazelton und Cramer charakterisieren den Zeitraum der Schwangerschaft als eine Zeit des »Erwachen(s) der Bindung« an das Kind (1990, S. 28). Auch andere Forschungsarbeiten – so die von Gloger-Tippelt (1988) oder Diamond (1991) – verweisen darauf, dass in diesem Zeitraum Prozesse stattfinden, die die spätere reale Eltern-Kind-Beziehung einfädeln und vorbereiten. Eine besondere Bedeutung kommt in diesem Zusammenhang den bewussten und unbewussten Vorstellungen und Phantasien zu, die sich auf das entstehende Kind bzw. auf das künftige Zusammenleben mit ihm richten. Sie ermöglichen Rückschlüsse auf Wünsche und Ängste der werdenden Eltern und können als ein Akt des Sich-in-Beziehung-Setzens ver-

standen werden. Die menschliche Entwicklung, so beschreibt es Buchholz, beginnt mit der »Triade der Phantasie« (1991). Er weist darauf hin, dass ein Kind bereits vor seiner Geburt, nicht selten sogar schon vor seiner Zeugung, als ein Phantasma existiert, das durch die bewussten und unbewussten Phantasien, Wünsche und Ängste seiner (künftigen) Eltern erschaffen wird. Indem die Eltern sich einen »passenden« Namen für das Kind überlegen, Babykleidung aussuchen oder das Kinderzimmer einrichten, beginnen sie, sich den Fötus als ein fertiges Kind vorzustellen und treten spätestens dann in eine imaginäre Interaktion ein.[20] Tagträume und Phantasien, die sich mit dem möglichen Aussehen oder Wesen des Kindes beschäftigen und das Zusammensein mit ihm ›ausmalen‹, sind Äußerungsformen besagten inneren Dialogs. Sie sowie Bedeutungszuweisungen, die sich z. B. auf Bewegungen des Fötus beziehen, werden Teil des imaginären Kindes. Die imaginäre Interaktion lässt nicht nur Wünsche und Ängste der werdenden Eltern erkennen, sie bestimmt zudem mit, wie sich eine Mutter bzw. ein Vater gegenüber dem Säugling verhält. Den Platz, den das Kind in der Innenwelt seiner (künftigen) Mutter und seines (künftigen) Vaters hat, wird durch historische, soziokulturelle, transfamiliale und individuelle Faktoren bestimmt. Festhalten lässt sich weiterhin, dass der zum Teil bewusste, zum Teil aber auch unbewusste Dialog, in dem die werdenden Eltern mit dem heranwachsenden Kind stehen, sich im Zeitraum der Schwangerschaft sowohl verändert als auch entfaltet. Die Entwicklung des Fötus bzw. seine zunehmende Präsenz scheinen hierfür die Ursache zu sein. »Das reale Kind trifft also auf mindestens zwei komplex aufgebaute, imaginäre Vor-Bilder, mit denen es spätestens nach der Geburt konfrontiert ist und zu denen es über lange Zeit bis zum Erwachsenenalter in einem wechselwirkungsartigen Verhältnis steht. (..) Im Kopf jedes Elternteils existiert aber nicht nur ein imaginäres Kind (..), sondern auch eine Art Modell, wie dieses virtuelle Kind zum anderen Elternteil und zu den eigenen Eltern in Beziehung steht. (..) Diesen ›vor-bildlichen‹ Beziehungsstrukturen tritt das reale Kind nach seiner Geburt und physiologischen Abtrennung von der Mutter mit seiner spezifischen genetischen Anlage und den in der Schwangerschaft vollzogenen ›Erfahrungen‹ entgegen.« (Bürgin 1997, S. 31/32).
Richter (1992) hat sich bereits in den 60er Jahren mit dem zuweilen pathogenen Einfluss bewusster und unbewusster elterlicher Erwartungsphantasien auf die kindliche Entwicklung beschäftigt. »Als Phantasieträger ist das Kind geradezu prädisponiert, irgendwo zwischen den Positionen ›Kind-als-Monster‹ und ›Kind-als-Erlöser‹ eingeordnet zu werden.« (Buchholz 1990, S. 121). Auch die klinische Psychologie ist vielfach mit den Folgen unan-

---

[20] Ein erster Konflikt zwischen dem realen und dem imaginären Kind kann sich entzünden, wenn das Geschlecht des Kindes bekannt wird.

gemessener, der Entwicklung des Kindes abträglicher Bedeutungszuweisungen konfrontiert. So beschreiben Brazelton und Cramer (1994), welche Probleme bereits in der frühen Eltern-Kind-Interaktion entstehen können, wenn Projektionen überhand nehmen und die Interaktion mit dem Kind bestimmen. Wie alltäglich und zugleich selbstverständlich Bedeutungszuweisungen aber auch sind, veranschaulichen sie u. a. an der Äußerung einer Mutter, die über ihren Säugling sagt: »Ich glaube, daß er ein dickköpfiges Bürschchen wird; wenn er nicht trinken will, dann will er nicht. (..) Ich war auch sehr stur, als ich klein war« (ebd., S. 160). Der projektiv aufgeladene innere Dialog mit dem Kind bzw. die Entwicklung eines imaginären Kindes hat auch eine wichtige Funktion für die positive Entwicklung des Eltern-Kind-Dialogs. Er ermöglicht eine Besetzung des Kindes und ist somit beziehungs- und bindungsstiftend. Auch Schleske (1993) verweist auf die positive Bedeutung der imaginären Interaktion. Sie hebt insbesondere auf Tagträume ab, die den Einklang von Mutter und Baby und die eigene Person als erfolgreiche Mutter imaginieren und betont, dass solche und andere Vorstellungen Voraussetzungen dafür seien, dass die Schwangere die Haltung der primären Mütterlichkeit entwickeln und nach der Geburt ihr Kind positiv besetzen könne.[21] Die Entwicklung des imaginären Kindes beim werdenden Vater beschreibt Bürgin als »nicht gut studiert« (1993, S. 283); ein Umstand, der mich dazu ermutigte, meine Aufmerksamkeit eben auch auf die Frage zu richten, ob und in welcher Weise die von mir interviewten werdenden Väter eine imaginäre Beziehung zum Kind aufnehmen.

Erkenntnisinteresse und Aufbau der Untersuchung
In diesem Buch geht es um die Anfänge der Vater-Kind-Beziehung, so wie sie sich für Männer darstellen, die in einer Lebensphase sind, die begrifflich als Übergang zur Vaterschaft gefasst wurde. Im Mittelpunkt steht dabei die Frage, wie es Männer erleben, Vater zu werden, und was sich für sie in diesem Zusammenhang als bedeutsam darstellt. Bezogen auf den Zeitraum vor der Geburt des Kindes interessieren insbesondere die Vorstellungen und Phantasien, die die Interviewpartner im Hinblick auf das Kind und auf das spätere Zusammenleben mit ihm entwickelten, sowie die Überzeugungen, die in diesem Zusammenhang geäußert wurden: Nehmen die interviewten Männer eine imaginäre Beziehung zum Kind auf? Wie

---

[21] Nach der Geburt des Kindes sind die elterlichen Bedeutungszuweisungen ein unerlässlicher Aspekt seiner gesunden Entwicklung. Wie soll ein Säugling sich kennen lernen, wenn er die Bedeutung seiner Äußerungen nicht in den Augen und Handlungen der Eltern gespiegelt bekommt? Die unverzichtbare Funktion der elterlichen Phantasien betont auch Pedrina (1992). Sie verweist auf den Vorsprung in der Symbolisierungsfähigkeit, den Eltern ihrem Kind in Form besagter Sinnzuschreibungen zur Verfügung stellen.

sieht diese aus, und gibt es »Anlässe«, die das, was als imaginäre Interaktion bezeichnet wurde, befördern? Welchen Raum nimmt das Ungeborene bzw. das vorgestellte Kind in der inneren Welt des werdenden Vaters ein, und welche Inhalte und Gefühle sind damit verbunden? Wie schließlich entwirft er seine Rolle als Vater, und welche Wünsche entwickelt er im Hinblick auf die Vater-Kind-Beziehung? Bezogen auf den Zeitraum nach der Geburt des Kindes interessiert die Frage, wie es die Interviewpartner erleben, Vater geworden zu sein, und was sich für sie in diesem Zusammenhang subjektiv als bedeutsam darstellt. Die Antworten, die besagter Fragehorizont erschließt, sollen Hinweise auf die Entstehung »väterlicher Gefühle« geben bzw. klären helfen, was dazu beiträgt, dass die ersten Bande zwischen Vater und Kind geknüpft werden. Daneben interessiert, in welchem Zusammenhang der vorgeburtliche innere Dialog mit dem Kind und die sich nach der Geburt des Kindes entfaltende Realität bzw. deren Interpretation und Erleben steht.

Im Folgenden wird zunächst die Untersuchungsmethode dargelegt und begründet. Es folgt ein Kapitel, in dem die vertikale Auswertung von zwei Interviewserien vorgestellt wird. Das sich daran anschließende Hauptkapitel gliedert sich in zwei Abschnitte, die eine horizontale Auswertungsperspektive haben und sich im Zuge dessen mit ausgewählten Themenbereichen beschäftigen. Gegenstand des ersten Abschnitts sind die Interviews, die vor der Geburt des Kindes mit den werdenden Vätern geführt wurden, Gegenstand des zweiten die, die im vierten Lebensmonat des Kindes stattfanden. Die Themen, die im ersten Abschnitt des zweiten Auswertungsteils relevant werden, lassen sich unter folgenden Stichworten zusammenfassen: Motive und Voraussetzungen der Vaterschaft, Vorstellungen über den postnatalen Alltag, Phantasien zum Kind (z. B. Geschlecht), die subjektive Bedeutung von Kindsbewegungen und Ultraschallaufnahmen, das sich entfaltende Beziehungsdreieck Vater-Mutter-Kind, Phantasien zur postnatalen Triade und schließlich die gewünschte bzw. imaginierte Vater-Kind-Beziehung. Die Hauptthemen des zweiten Abschnittes sind das väterliche Selbstverständnis, die erlebte Vater-Kind-Beziehung, das postnatale familiale Beziehungsdreieck sowie die Frage, was aus der Perspektive der Gesprächspartner dazu beigetragen hat, ihre Identität als Vater und ihre Bindung an das Kind zu stärken. Das Buch schließt mit einer synthetisierenden Schlussbetrachtung.

Darstellung und Begründung der Untersuchungsmethode

Aufbau der Untersuchung

Die Untersuchungsgruppe
An der Untersuchung nahmen insgesamt zehn werdende Väter teil, mit denen sowohl vor der Geburt als auch nach der Geburt des Kindes themenzentrierte Interviews geführt wurden. Die Mehrzahl der Interviewpartner konnte in Zusammenarbeit mit einer gynäkologischen Praxis gewonnen werden. Zwei Untersuchungsteilnehmer konnten durch die Vermittlung einer gynäkologischen Abteilung eines Bremer Krankenhauses gewonnen werden. Der Kontakt zu einem Interviewpartner kam durch die Vermittlung einer Kollegin zustande. Im Folgenden sind Alter, Beruf und Familienstand der Untersuchungsteilnehmer aufgeführt:
Herr U. (30), Ingenieur, verheiratet
Herr P. (28), Justizvollzugsbeamter, verheiratet
Herr F. (31), Bergbauingenieur, verheiratet
Herr D. (28), Agraringenieur, verheiratet
Herr L. (39), Psychologe, unverheiratet
Herr K. (33), Vertriebsleiter, heiratet im Laufe der Schwangerschaft
Herr O. (29), Schlossermeister, heiratet im Laufe der Schwangerschaft
Herr J. (34), Netzwerkadministrator, verheiratet
Herr S. (31), Geschäftsführer, verheiratet
Herr A. (30), Musiker in einer Band, heiratet in der Schwangerschaft

Alle Männer, die an der Untersuchung teilgenommen haben, sind das erste Mal Vater geworden. Auch wenn sich die Untersuchungsteilnehmer hinsichtlich des familiären Hintergrundes, der sozio-ökonomischen Lage, des sozialen Umfeldes sowie ihrer Orientierungen und Wertvorstellungen unterscheiden, so liegt doch eine Gemeinsamkeit in dem Umstand, dass sich eben alle – wenn auch aus unterschiedlichen Motiven – dazu bereit erklärt haben, an der Untersuchung teilzunehmen. Die darin implizit zum Ausdruck kommende Bereitschaft, über die subjektive Bedeutung des Vaterwerdens zu sprechen und sich mit dieser auseinander zu setzen, kann vermutlich als ein Merkmal beschrieben werden, das alle Gesprächspartner teilen. Das wiederum heißt jedoch nicht, dass in dieser »Gruppe« der Prozess des Vaterwerdens ohne Konflikte verlief. Festzuhalten ist in diesem

Zusammenhang ferner, dass die geführten Gespräche auch einen feldverändernden Einfluss hatten. Sie haben bei den an der Untersuchung beteiligten Männern reflexive Prozesse angeregt oder verstärkt. So gaben einige Interviewpartner die Rückmeldung, dass die Gespräche ihnen auch etwas »gebracht« hätten. Beispielhaft sei an dieser Stelle für besagte Einschätzung die folgende Äußerung genannt:

> Herr O.: »Das fand ich sehr gut, weil man selber sich Gedanken drüber machen konnte, bevor man herkommt oder nachdem man hier das bewerkstelligt hat. [Hier ist] vieles abgehandelt und besprochen worden, man konnte das loswerden. (...) Im Grunde genommen war das schon sehr umfassend, das Ganze, und man hat das selber dadurch, glaub ich, auch noch intensiver erlebt. Und das muss ich ganz klar sagen, vielleicht hätte man über gewisse Dinge gar nicht gesprochen mit irgendjemandem.« (3/26–27)

Untersuchungszeitraum und Untersuchungsrahmen
Die Erhebungsphase der Untersuchung begann 1998 und war 1999 abgeschlossen. Da sowohl das Vaterwerden als auch die Entstehung der Vater-Kind-Beziehung einen mehrdimensionalen, prozesshaften Charakter haben, war ein Untersuchungsdesign angezeigt, das über einmalige Kontakte hinausging. Längsschnittstudien haben den Vorteil, dass sie – neben den »Momentaufnahmen«, die einzelne Interviews immer auch sind – Einblicke in die Dynamik eines Gegenstandes ermöglichen. Mit den Gesprächspartnern wurden aus diesem Grund insgesamt jeweils drei Gespräche vereinbart. Das erste Interview fand um die 22. Schwangerschaftswoche,[22] das zweite um die 32. Schwangerschaftswoche und das dritte Interview im vierten Lebensmonat des Kindes statt. Die gewählten Interviewzeitpunkte orientierten sich an Entwicklungsprozessen des Fötus, an Erfahrungsberichten werdender Eltern sowie an Überlegungen und Befunden bereits vorhandener Untersuchungen. Das erste Interview sollte zu einem Zeitpunkt stattfinden, bei dem davon ausgegangen werden konnte, dass sowohl die ersten Ultraschalluntersuchungen bereits stattgefunden haben als auch erste Kindsbewegungen von außen spürbar sind. Dies trifft für die zweite Hälfte des fünften Schwangerschaftsmonats zu. Der zweite Interviewtermin sollte zu einem deutlich späteren Zeitpunkt der Schwangerschaft liegen, zugleich aber nicht so nahe an den Geburtstermin rücken, dass hiermit verbundene Gedanken oder Gefühle das Erleben der werdenden Väter dominieren oder sogar bestimmen. Das dritte Interview sollte nach der Geburt stattfinden und zwar zu einem Zeitpunkt, zu dem von einer gewissen Adaption an die neue Lebenssituation ausgegangen werden konnte.

---

[22] Da sich der Kontakt in zwei Fällen nicht rechtzeitig genug herstellte, fand das erste Interview hier zu einem späteren Zeitpunkt statt.

Erhebungsmethode

Da es sich bei der vorliegenden Untersuchung um eine explorative Studie handelt, deren Ziel es ist, eine empirisch begründete, gegenstandsbezogene Theorie zu entwickeln, war es sinnvoll, ein qualitatives Vorgehen zu wählen. Das Erkenntnisinteresse richtete sich auf die manifesten und latenten Vorstellungen, Phantasien und Gefühle, die im Zusammenhang mit der sich ankündigenden und schließlich faktisch gewordenen Vaterschaft relevant wurden. Es kam deshalb darauf an, eine Untersuchungsmethode auszuwählen, die den Interviewpartnern hinreichend »Raum« gab, dasjenige, was für sie jeweils wichtig war, auch schildern und entfalten zu können. Ein offenes, qualitatives Verfahren bot sich hier nicht zuletzt deshalb an, weil es den Gesprächspartnern erlaubt, auch Themenbereiche zu artikulieren, die für sie persönlich bedeutsam sind, von den Forschenden aber nicht als solche antizipiert werden können. Dies ist besonders bei Themen wichtig, die noch relativ wenig erforscht sind. Offene, qualitative Verfahren haben daneben den Vorteil, dass sie klärende Nachfragen erlauben. Sie lassen ebenfalls zu, dass sich Widersprüche, Ambivalenzen und Vieldeutigkeiten äußern können, was für einen Untersuchungsgegenstand, bei dem das subjektive Erleben bzw. die subjektive Wirklichkeit der Befragten im Mittelpunkt steht, unverzichtbar ist. Weiterhin wichtig ist hier, dass bedeutsame Momente wie Wiederholen, Verschweigen und Abbrechen von Themen erfasst und einer Auswertung zugänglich gemacht werden können.

Das »themenzentrierte Interview«
Die vorliegende Untersuchung arbeitet mit dem themenzentrierten Interview (vgl. Schorn 2000), das sich an das von Leithäuser und Volmerg (1979, 1988) entwickelte Verfahren der »themenzentrierten Gruppendiskussion« anlehnt. Es wurde im Bremer Institut für Psychologie und Sozialforschung entwickelt und kam bereits in verschiedenen Untersuchungen zur Anwendung (vgl. Schorn 1996, Löchel 1997). Leithäuser und Volmerg griffen das Gruppendiskussionsverfahren auf, das Pollock (1955) und Mangold (1960) am Frankfurter Institut für Sozialforschung entwickelt und durchgeführt haben, veränderten es jedoch u. a. im Hinblick auf das Selbstverständnis des Diskussionsleiters. Dieser definiert sich nicht – wie im Experiment – als neutraler Beobachter. Die herkömmliche Sozialforschung begreift die Subjektivität des Forschenden häufig als feldverändernden und somit die Objektivität der Untersuchung gefährdenden Störfaktor, den es mittels verschiedener methodischer Verfahren so weit wie möglich auszuschalten gilt. Der Versuch, als Person nicht in Erscheinung zu treten, kann jedoch eine vom Interviewpartner u. U. als künstlich erlebte Kommunikationssituation befördern, die wiederum ein starkes, nur für

bestimmte Untersuchungsthemen erwünschtes Übertragungsangebot herstellt. Ein solches Gesprächssetting kann daneben Unsicherheiten und Irritationen hervorrufen, die es dem Interviewpartner erschweren, seine Aufmerksamkeit auf den Gegenstand zu richten, um den es jeweils geht. Der Versuch hingegen, sich den Modi alltäglicher Kommunikation anzunähern, kann dazu beitragen, die Gesprächssituation zu entspannen. Den Einfluss des Forschenden sowie seine emotionale Verwicklung in den Forschungsgegenstand gilt es hierbei methodisch reflektiert zu nutzen, so wie dies auch die Sozialpsychologin Jahoda (1986) vorschlägt. Der Einfluss des Interviewers ist nur dann eine erkenntnisverzerrende und somit problematische Variable, wenn er nicht erkannt, reflektiert und verstanden wird. Gelingt dies jedoch, so können wichtige gegenstandsbezogene Daten gewonnen werden. Leithäuser und Volmerg beziehen sich in dem von ihnen begründeten Gruppendiskussionsverfahren ferner auf das von Cohn (1978) entwickelte Modell der »themenzentrierten Interaktion«. Der Gesprächsleitung kommt die Aufgabe zu, eine »›dynamische Balance‹ zwischen dem einzelnen, der Gruppe und einem explizit formulierten Thema« (Löchel 1997, S. 56) herzustellen und aufrecht zu erhalten. Das themenzentrierte Interview gibt den Interviewten die Möglichkeit, ausführlich ihre besondere Sichtweise zu entfalten. Stärker als in einer Gruppendiskussion tritt hier der Einzelne mit seinen im Kontext des Themas gemachten Erfahrungen, Gefühlen und Gedanken in den Blick. Ähnlich wie bei dem Gruppendiskussionsverfahren gilt es auch hier, das Interview als eine offene Gesprächssituation zu gestalten. Vom Interviewer ist in diesem Zusammenhang die Fähigkeit gefordert, eine Beziehung herzustellen und »mitzumachen«, die ein gemeinsames Erforschen des Themas möglich macht (vgl. Löchel 1997, Tietel 2000).

Das themenzentrierte Interview weist einige Parallelen zu dem von Witzel (1989) entwickelten Verfahren des »problemzentrierten Interviews« auf. Eine Differenz lässt sich jedoch z. B. im Hinblick auf das Erkenntnisinteresse ausmachen. Während es bei Witzel um eine qualitative Analyse subjektiver Sinnbezüge geht, zielt das themenzentrierte Interview darauf ab, neben manifesten auch abgewehrte und latente Sinngehalte des Kommunizierten zu entschlüsseln. Ein solches Anliegen macht es notwendig, in einem stärkeren Maße als dies Witzel tut, zwischen hermeneutischem Feld I (Erhebung) und hermeneutischem Feld II (Auswertung) zu differenzieren.

Vorgehen bei der Erhebung

Die Interviews wurden von mir selbst durchgeführt. Sie waren zwischen 60 und 120 Minuten lang und fanden entweder in Räumen des Forschungsinstituts oder in der bereits erwähnten gynäkologischen Praxis statt. Ein Gesprächspartner wünschte, dass die Interviews bei ihm zu Hause stattfinden sollten.[23]

Die Interviews begannen mit einer kurzen Erläuterung des Themas der Untersuchung sowie der Klärung des Interviewrahmens (Dauer, Ablauf, Zusage der Vertraulichkeit usw.). Die Gesprächsteilnehmer wurden darauf aufmerksam gemacht, dass sie nicht – wie möglicherweise erwartet – mit einem zuvor erstellen Fragenkatalog konfrontiert werden würden, sondern vielmehr die Möglichkeit haben, die Regie zu übernehmen und das, was ihnen persönlich im Hinblick auf das Thema wichtig ist, entfalten und darstellen zu können. Die Interviewerin bemühte sich, den Ausführungen und Einfällen der Gesprächspartner durch aktives Zuhören zu folgen. Die Rückspiegelung dessen, was verstanden wurde, Klärungs- und Vertiefungsfragen sowie die Äußerung von Hypothesen, die sich z. B. auf mögliche Zusammenhänge bezogen, sollten dazu beitragen, das Mitgeteilte zu verstehen. Die Interviews endeten mit der Frage, ob den Männern noch etwas einfällt, was noch nicht oder nur am Rande zur Sprache gekommen, ihnen aber gleichwohl im Zusammenhang des Themas wichtig ist. Dieses konnte dann ergänzt werden.

Fragestellungen im Interview
Die Interviews wurden mit einer Leitfrage eröffnet, die gut leserlich platziert[24] und damit präsent gehalten wurde. In den beiden ersten Interviews lautete sie: »Was bedeutet es für Sie, Vater zu werden?«, im dritten Interview: »Was bedeutet es für Sie, Vater zu sein?« Wenn das Gespräch zu versanden drohte, wurde der Gesprächsfluss durch die im Folgenden genannten Fragen unterstützt.

Interview I
Leitende Interviewfrage: »Was bedeutet es für Sie, Vater zu werden?«
Ergänzende oder vertiefende Fragen:
- Wie war es, als Sie erfahren haben, dass Sie Vater werden? Können Sie sich noch erinnern, wie Sie sich fühlten/was Ihnen durch den Kopf ging?
- Haben Sie sich gewünscht, Vater zu werden? Was erschien Ihnen daran reizvoll?

---

[23] An dieser Stelle kann die Frage gestellt werden, ob es sinnvoll war, die Interviews von einer Frau führen zu lassen. Da ich davon ausging, dass auch ein männlicher Interviewer einen das Gespräch und dessen Inhalte mitgestaltenden Einfluss hat (dieser sieht nur anders aus), war mir vor allem wichtig, dass die Führung und Auswertung der Interviews in einer Hand lag (vgl. auch Leithäuser & Volmerg 1979, S. 149ff).
[24] Die Fragestellung wurde notiert und für den Interviewpartner sichtbar auf den Tisch gelegt.

- Was war für Sie als werdender Vater in den letzten Wochen/Monaten besonders wichtig? Gab es bestimmte Situationen oder Momente, in denen Ihnen sehr gegenwärtig war, dass Sie Vater werden? Welche? Wie haben Sie diese erlebt?
- Malen Sie sich aus, wie es einmal sein wird, Vater zu sein? Welche Bilder und Vorstellungen kommen Ihnen dazu in den Sinn?
- Beschäftigen Sie sich in Ihren Gedanken und Phantasien mit dem Kind? In welcher Weise?
- Glauben Sie, dass ein Vater für ein Kind wichtig ist? In welcher Weise?

Interview II
Leitende Interviewfrage: »Was bedeutet es für Sie, Vater zu werden?«
Ergänzende oder vertiefende Fragen:
- Was ist für Sie als werdender Vater zurzeit wichtig?
- Was hat sich seit unserem letzten Gespräch verändert?

Interview III
Leitende Interviewfrage: »Was bedeutet es für Sie, Vater zu sein?«
Ergänzende oder vertiefende Fragen:
- Wenn Sie zurückblicken: Was war für Sie als werdender Vater in den Monaten der Schwangerschaft besonders wichtig? Gab es bestimmte Situationen oder Momente, in denen Ihnen sehr gegenwärtig war, dass Sie Vater werden? Welche? Wie haben Sie diese erlebt?
- Was war für Sie als Vater in den letzten Wochen und Monaten wichtig?
- Das erste Mal so richtig als Vater habe ich mich gefühlt als...
- Meinem Kind fühlte ich mich zum ersten Mal richtig nahe als...
- Glauben Sie, dass Vaterliebe etwas anderes ist als Mutterliebe? Inwiefern?
- Haben Sie das Gefühl, Ihre Frau unterstützt/ermutigt Sie, eine eigenständige Beziehung zu dem Kind aufzunehmen?

Unmittelbar nach dem Interview wurde ein Postskriptum erstellt (vgl. Flick 1995), in dem erste Eindrücke festgehalten wurden. Notiert wurden sowohl Einfälle und Gefühle, die sich auf den Interviewpartner bezogen, als auch solche, die die Interviewerin selbst betrafen. Von Interesse war aber auch das, was gewissermaßen »zwischen« den beteiligten Akteuren stattfand (unsere Interaktion, die Gesprächsatmosphäre und -dynamik, spezifische »Szenen« usw.). Weiterhin schloss sich den Interviews eine kollegiale Supervision an, in der Inhalte sowie Eindrücke und Gefühle, die mit dem Interview im Zusammenhang standen, thematisiert werden konnten. Die forschungsbezogene Supervision ist neben dem Postskriptum eine wichtige

Hilfe, um latente Aspekte des Forschungsthemas aufzuspüren. Sie kann dazu beitragen, das Geflecht von Übertragungen und Gegenübertragungen, das in einer Forschungsbeziehung wirksam wird, einer Reflexion zugänglich zu machen. Die forschungsbezogene Supervision kann als ein erster Auswertungsschritt verstanden werden.

Auswertungsmethode

Die Auswertung der themenzentrierten Interviews lehnt sich an das von Leithäuser und Volmerg (1979, 1988) entwickelte Verfahren der tiefenhermeneutischen Textinterpretation an.
Mit Einwilligung der Gesprächspartner wurden die Interviews auf Tonband aufgenommen. Diese Tonbandaufzeichnungen wurden transkribiert, wobei auf eine möglichst wortgetreue Transkription geachtet wurde. Das schließt die Kenntlichmachung von längeren Gesprächspausen, paraverbalen Zeichen (»ähm«, »hm«) und emotionalen Kommentierungen (z. B. Lachen) mit ein. Die so gewonnenen Texte waren das zentrale Datenmaterial, auf das sich die anschließende Auswertung bzw. Interpretation stützte. Eine tiefenhermeneutische Textinterpretation zielt darauf ab, mehr als die manifesten Sinngehalte eines Textes zu verstehen. Sie intendiert, auch Vorstellungen und Phantasien zu erschließen, die dem Bewusstsein des Sprechers nicht unmittelbar zugänglich sind. Es geht hier nicht zuletzt um die aus der expliziten Sprache ausgeschlossenen latenten Sinngehalte eines Textes, um die »psychosozialen Strukturen und Mechanismen, die das sprachliche Geschehen gleichsam als ihre Unterwelt bewegen« (Leithäuser/Volmerg 1988, S. 253).
In der vorliegenden Untersuchung geht es um die Frage, welche subjektive Bedeutung der Übergang zur Vaterschaft für Männer hat. Hierbei interessierten insbesondere die manifesten und latenten Gefühle, Phantasien, Vorstellungen und Überzeugungen, die sich auf das Kind und den sich entfaltenden familialen Trialog bezogen. Besagte Aspekte des Erlebens galt es zu erschließen und auf »verallgemeinerbare psychodynamische Dimensionen und Konfliktkonstellationen« (Löchel 1997, S. 63) hin zu überprüfen. Dabei wurde ein induktives Vorgehen angestrebt, dessen Ausgangspunkt das empirische Untersuchungsmaterial war. Es galt, neben Einzelfallanalysen auch interpersonelle Vergleiche zu ziehen, aus denen sich wiederum auf einer abstrahierenden Ebene signifikante, gegenstandsbezogene Gemeinsamkeiten und Differenzen ableiten ließen.
Leithäuser und Volmerg (1988) unterscheiden zwei Wege der Auswertung, die auch in der vorliegenden Arbeit zur Anwendung kamen. Eine Auswertungsperspektive ist die »vertikale Hermeneutik«. Hierbei handelt es sich

um Einzelfallanalysen, die auf die ausführliche und detaillierte Interpretation eines »Textes« abzielen und insofern in besonderer Weise auf die Komplexität und Dynamik einzugehen vermögen, die jedem Interview inhärent ist. Einzelfallanalysen haben den Vorteil, dass die im Zusammenhang des Forschungsthemas relevanten Gefühl, Erfahrungen, Sichtweisen und Vorstellungen eines Interviewpartners vergleichsweise ausführlich und auf die Dynamik des Interviews bezogen zum Gegenstand werden können (an welchen Stellen taucht ein bestimmtes Thema auf, was stößt dieses an, wie entwickelt es sich im Interviewverlauf usw.?). Dies macht es leichter, latente Sinnzusammenhänge zu erschließen und komplexe Interpretationsfiguren zu entfalten. Ein zweiter Auswertungsweg löst sich aus dem Kontext eines einzelnen Interviews. Aus der Gesamtheit aller Interviews werden hier ausgesuchte Themenfelder untersucht (»horizontale Analyse«). Eine horizontale Auswertungsperspektive ermöglicht, interpersonelle Gemeinsamkeiten und Differenzen herauszuarbeiten, die hinsichtlich bestimmter Erfahrungen, Phantasien, Sichtweisen und Deutungsmuster deutlich werden. Eine weitere Untersuchungsperspektive, die in der vorliegenden Arbeit zum Tragen kommt, ist die Verlaufsanalyse. Hierbei standen die Entwicklungen und Veränderungen im Mittelpunkt, die im Prozess des Vaterwerdens relevant waren.

Forschungspraktisches Vorgehen bei der Auswertung
Im Folgenden sollen die verschiedenen Auswertungsschritte einer vertikalen Hermeneutik, so wie sie in der vorliegenden Untersuchung zur Anwendung kamen, dargelegt und erläutert werden. Anschließend wird es um die verschiedenen Schritte einer horizontalen Hermeneutik gehen.
1. Praktisch stellt sich zunächst einmal die Frage, wie die Fülle des Textmaterials, das alleine ein Interview hervorbringt, verdichtet werden kann, ohne dass dadurch die Komplexität des Geäußerten sowie die expliziten und impliziten Sinnzusammenhänge verloren gehen oder entstellt werden. Zunächst wurde eine kurze, zusammenfassende Nacherzählung des Interviews erstellt. Dies gab einen Überblick über die Inhalte, die im Interview thematisiert wurden, und half, zentrale Themen und damit auch erste Interpretationsschwerpunkte identifizieren zu können.
2. In einem weiteren Schritt wurde der vorliegende Text sorgfältig auf für das Forschungsthema relevante Äußerungen und Gesprächssequenzen hin untersucht. Als relevant galten zunächst einmal die Textstellen, die sich in ihrem manifesten Gehalt auf das Erkenntnisinteresse der Untersuchung bezogen. Von Interesse waren aber auch Textstellen/Textpassagen, die nicht unmittelbar auf die Forschungsfrage Bezug nahmen. Einbezogen wurden diese dann, wenn sie auf eine starke emotionale Beteiligung der Gesprächspartner (damit sind Interviewerin und Interviewter gemeint)

hinwiesen oder Irritation auslösten. Die Äußerungen und Gesprächssequenzen, die bei dieser »Sichtung« hervortraten, wurden markiert, dem Text entnommen und zu einem neuen zusammengefügt. Hierbei wurde auch nach natürlichen Verallgemeinerungen im Text gesucht, die mit Leithäuser und Volmerg als Kernsätze bezeichnet werden können. Ein Kernsatz ist ein Satz, in dem sich zentrale Erfahrungen, Sichtweisen, Positionen und Handlungsmaximen zu einer markanten Begrifflichkeit verdichten. Die ausgewählten Textstellen wurden schließlich jeweils mit einem Stichwort überschrieben, welches das darin zum Ausdruck kommende Thema möglichst treffend bezeichnete.

3. Der »Text«, der durch den vorangegangenen Arbeitsschritt entstanden war, wurde anschließend weiter gegliedert. Hierzu wurden jeweils diejenigen Textstellen zusammengestellt, die hinsichtlich ihres manifesten und latenten Gehalts einem bestimmten Themenfeld zugeordnet werden konnten. Für dieses wiederum galt es ein Stichwort zu finden, das den thematischen Sinnzusammenhang verdeutlichte.

4. Im Weiteren ging es nun darum, die derart extrahierten Äußerungen und Textpassagen einer detaillierten Analyse bzw. Interpretation zu unterziehen. Alltagssprache – und mit der haben wir es in den Texten zu tun – zeichnet sich dadurch aus, dass sie fragmentarisch und mehrdeutig ist.[25] Das heißt, dass der Sinn einer Äußerung nur scheinbar sofort zugänglich ist, und somit auch, dass Verstehensanstrengungen notwendig werden. Im Alltag setzen wir unsere kommunikativen Kompetenzen intuitiv ein, um die spezifische, in der jeweiligen Situation geltende Bedeutung einer Äußerung herauszufinden. Wenn etwas unklar ist, versuchen wir, das Gesagte zu erschließen. Die wissenschaftliche (Text-)Interpretation knüpft an diesen alltäglichen, gewissermaßen intuitiven Verstehensweg an, setzt jedoch unser alltagspraktisches Regelwissen systematisch ein. Für die Forschungspraxis bedeutet dies, dass der Forscher Fragen an den Text stellt (Sinnerschließungsfragen), die die Aufmerksamkeit auf verschiedene Sinnschichten des Textes richten und deren Sinngehalt zu erschließen helfen (vgl. Leithäuser/Volmerg 1988, S. 259):

– Mit der interpretationsleitenden Fragestellung »Worüber wird gesprochen?« wird der sachliche Gehalt eines Textes erschlossen (logisches Verstehen).

---

[25] Eine auf den ersten Blick banale und unmissverständliche Äußerung wie »es ist kalt« kann über eine bloße Feststellung hinaus verschiedene Bedeutungen haben. Wer feststellt, »es ist kalt«, der möchte möglicherweise dazu auffordern, die Heizung anzumachen. Die Feststellung »es ist kalt« kann aber auch eine Beziehungsaussage enthalten (in deiner Nähe ist mir kalt).

– Mit der Frage »Wie wird miteinander gesprochen?« soll der Beziehungsgehalt des Gesprochenen ermittelt werden (psychologisches Verstehen).
– Im szenischen Verstehen richtet sich die Aufmerksamkeit auf die Art und Weise der Rede. »In welcher Art und Weise (wie) wird worüber gesprochen?«, heißt hier die interpretationsleitende Fragestellung.
– Das tiefenhermeneutische Verstehen schließlich fragt danach, warum in dieser Weise gesprochen wird. Mit der Sinnerschließungsfrage »Warum wird wie worüber gesprochen?« sollen die latenten, nicht bewussten Intentionen und Bedeutungen entschlüsselt werden.

Die horizontale Auswertung folgt den dargelegten Auswertungsschritten bis zum Punkt drei. An dieser Stelle wird ein weiterer Arbeitsschritt eingefügt (3b), dem sich dann das unter Punkt vier beschriebene Vorgehen anschließt:
3b. Es wurde ein Raster erstellt, in das – differenziert nach Untersuchungsteilnehmer und Untersuchungszeitpunkt (hier: Interview 1, 2 oder 3) – die Stichworte eingetragen wurden, die im dritten Arbeitsschritt herausgearbeitet worden waren. Dieses Raster gab einen Überblick über relevante Themenfelder (ein Stichwort war z. B. »Ich wünsche mir ein Mädchen, weil...«), die dann eingehender untersucht werden konnten (z. B. Phantasien und Wünsche, die das Geschlecht des Kindes betreffen.

Die Textinterpretationen wurden nicht an der Untersuchung beteiligten Kolleginnen und Kollegen (an der Mitarbeit männlicher Kollegen war mir im Zusammenhang dieses Themas besonders gelegen) vorgestellt. Sie befragten die Gültigkeit der erarbeiteten Interpretation. Diese Rückmeldungen waren ein wichtiges Korrektiv, sie gaben wichtige Anregungen für ergänzende oder alternative Lesarten.

Gütekriterien

Qualitative bzw. interpretative Forschungsmethoden bedeuten keine Absage an wissenschaftliche Kriterien, auch sie unterliegen einer Geltungsbegründung. Die klassischen Gütekriterien quantitativer Forschung (Reliabilität, Validität, Objektivität) sind hier jedoch nicht ohne weiteres übertragbar. Sie müssen den Besonderheiten qualitativer Forschung entsprechend modifiziert bzw. reformuliert werden. Ein offenes Interview beispielsweise ist nicht in dem Sinne wiederholbar, dass am Ende jeweils identische Daten vorliegen. Lamnek (1993) hebt diesbezüglich hervor, dass die höhere lebensweltliche Validität qualitativer Untersuchungen ihre möglicherweise bemängelte fehlende Reliabilität wettmache. Seit Mitte der 80er Jahre las-

sen sich zunehmend Bestrebungen erkennen, »eigene« Kriterien zur Beurteilung qualitativer Forschung zu entwickeln. Dieses Bemühen ist gerade auch dem Umstand geschuldet, dass qualitative und quantitative Forschung von unterschiedlichen Leitgedanken getragen werden. Als zentral für das qualitative Forschungsverständnis kann das Postulat der Gegenstandsangemessenheit angesehen werden (vgl. Flick 1995).
Erhebung und Auswertung lassen sich als zwei aufeinanderbezogene hermeneutische Felder beschreiben, denen jeweils spezifische Gütekriterien entsprechen. Für das hermeneutische Feld I ist ein zentrales Kriterium, ob ein tragfähiges Arbeitsbündnis zwischen Interviewer und Interviewtem zustande gekommen ist. Ein solches ist zwar kein Garant für die Aufrichtigkeit und den Wahrheitsgehalt des Geäußerten, gleichwohl aber eine Voraussetzung. Wichtig ist in diesem Zusammenhang die Reflexion der Interaktion und Beziehungsdynamik, so wie sie sich in dem Kontakt zwischen den beteiligten Akteuren hergestellt hat. Hilfreich sind hier das Postskriptum sowie das Wahrnehmen von (kollegialer) Supervision. Durch die praktische Teilnahme an der Erhebungssituation sowie durch die Herstellung eines alltäglichen Kommunikationsmodus wird die Sicherung des Kontextes gewährleistet. Bezogen auf das hermeneutische Feld II gilt es den Prozess der Erhebung und Auswertung darzulegen und die Regeln, die diesem zugrunde liegen, zu explizieren. Interpretationen werden möglichst durch wörtliche Interviewzitate belegt. Der Leser sollte diese nachvollziehen und auf ihre Plausibilität und Stimmigkeit hin überprüfen können. Die Interviewzitate sind so ausführlich, dass es dem Leser gegebenenfalls auch möglich ist, eigene Schlüsse zu ziehen und alternative Lesarten zu entwikkeln. Die Gültigkeit einer Interpretation wird im Forscherdiskurs überprüft. Hier geht es um die Plausibilität, Stimmigkeit und Nachvollziehbarkeit einer Interpretation. Die Realitätshaltigkeit der Forschungsergebnisse schließlich hängt nicht zuletzt davon ab, ob der gewählte methodische Zugang dem Gegenstand der Untersuchung angemessen ist. Reflektiert wird ferner der Geltungsanspruch und -bereich der Untersuchungsbefunde.

Darstellung und Interpretation einzelner Entwicklungsverläufe

Im Folgenden werden ausführliche vertikale Auswertungen von jeweils zwei Interviewserien vorgestellt. Hierbei handelt es sich zum einen um drei Gespräche, die mit »Herrn D.« geführt wurden, zum anderen um drei weitere Gespräche, die mit »Herrn K.« geführt worden sind. Die folgenden Ausführungen sollen dem Leser/der Leserin die Möglichkeit geben, den Weg, der für diese beiden Männer zwischen einer sich ankündigenden und einer faktischen Vaterschaft zurückzulegen war, nachvollziehen zu können. Nahezu alle der hier zur Sprache kommenden Themen werden, wenn auch in anderer Gestalt und mit anderen Pointierungen, im zweiten Auswertungsteil der Untersuchung erneut aufgegriffen werden. Dort wird dann die Perspektive der anderen Gesprächspartner im Kontext einer horizontalen Analyse hinzugezogen.

1. Gespräche mit Herrn D.

1.1. »Ja, wenn man dann vielleicht das Kind im Arm hält zum ersten Mal oder so, wird das bestimmt noch ausbrechen dann, die verkappte Freude.«

Herr D. ist zum Zeitpunkt des ersten Interviews 28 Jahre alt. Er ist seit zwei Jahren verheiratet, seine Frau hat er während seines Studiums zum Agraringenieur kennen gelernt. Herr D. hat eine befristete Stelle, die ihm die Möglichkeit zu promovieren eröffnet. Im Interview war ich immer wieder versucht, aus der Rolle der Interviewerin herauszutreten. Herr D. wirkte auf mich sehr angespannt und voller Sorge, was auf ihn wohl zukommen wird und ob er den von ihm antizipierten Anforderungen auch gewachsen sein würde. Ich meinerseits hatte den Wunsch, dass er von dem großen Druck, der auf ihm zu lasten schien, in unserem Gespräch etwas entlastet würde. Das Gespräch, das im Folgenden ausgewertet wird, fand statt, als Frau D. in der 22. Schwangerschaftswoche war.

Das kann doch nicht so an mir vorübergehen...
Einige zentrale Themen dieses Interviews kommen unmittelbar zur Sprache, nachdem ich die Eingangsfrage »Was bedeutet es für Sie, Vater zu

werden?« gestellt habe. Da diese erste Gesprächssequenz recht aufschlussreich ist, gebe ich sie in voller Länge wieder:

Herr D.: »Ja, das ist an sich 'ne schöne Sache, aber ich hab jetzt auch 'n schlechtes Gewissen, weil es für mich überhaupt nicht so allgegenwärtig ist, wie bei meiner Frau jetzt. Ich merk so wohl die ersten Bewegungen, die ich auch spüren kann, wenn ich auf den Bauch, das ist dann schon 'was anderes. Aber vorher ist es nicht so, dass alle Gedanken nur noch darum kreisen.«

I.: »Vorher ist das nicht so? Das habe ich noch nicht richtig verstanden.«

Herr D.: »Das ist im Moment nicht so, dass ich nur immer daran denke: ›Hurra, ich werd bald Vater!‹«

I.: »Denken Sie, das müsste man?«

Herr D.: »Äh, ich denk, man muss dann so die ganze Zeit euphorisch rumlaufen und sich freuen, dass man Nachwuchs kriegt. Aber ich kann mir das noch irgendwie gar nicht richtig vorstellen.«

I.: »Also eigentlich ist es ja auch einleuchtend, dass man nicht nur euphorisch ist, sondern dass da auch andere Gefühle mit im Spiel sind und nicht nur Freude wie in der Fernsehreklame oder so, nicht?«

Herr D.: »Ich mach mir da noch mehr Sorgen. Also wird das Kind gesund? Und dann hab ich mehr Phantasie, mir die Katastrophen auszumalen, als wie es schön sein könnte. Oder wenn wir Besuch haben von Bekannten und Freunden, die schon kleine Kinder haben, fällt mir dann immer auf, was man in der Erziehung da vielleicht besser machen könnte. Wenn man so denkt: ›Wenn ich was zu sagen hab, laufen ein paar Sachen anders.‹«

I.: »Sie sagen, also das beschäftigt mich noch ein bisschen, dass Sie fast ein schlechtes Gewissen haben, dass das nicht so einen großen Platz einnimmt im Leben...«

Herr D.: »Ja, weil ich mir das wahrscheinlich auch selbst so vorgestellt hab. D. h. immer schon so, wenn man mal selber Vater wird, dass denn wohl 'n Einschnitt ins Leben sein muss. Aber irgendwie so mit den zunehmenden Monaten ändert sich das doch nicht so krass. Dass ich denke, so jetzt ist bald der Höhepunkt erstmal erreicht. Aber da gehen mir eben andere berufliche Sachen also mehr eher noch näher.«

I.: »So dass es mehr so ein fließender Übergang ist, und irgendwann ist es dann soweit oder so?«

Herr D.: »Ja, wenn man dann vielleicht das Kind im Arm hält zum ersten Mal oder so, wird das bestimmt noch ausbrechen dann, die verkappte Freude.« (1/1–2)

Gleich zu Beginn des Interviews kommt dieser werdende Vater auf das zu sprechen, was ihn beschäftigt: Eigentlich ist es schön, Vater zu werden, wenn da nicht noch so viele Sorgen und Zweifel wären. Gefühle von Unsicherheit, Angst und Schuld sowie eine starke innere Anspannung bestimmen emotional diese erste Gesprächssequenz. Herr D. ist besorgt darüber, dass ihm das Vaterwerden nicht so nahe ist und ihn nicht so bewegt, wie er es erwartet hatte und immer noch von sich erwartet. Er vergleicht sich hierbei mit seiner Frau, der das Mutterwerden – wie er sich ausdrückt – »allgegenwärtig« zu sein scheint. Dass sich dies für ihn anders darstellt, scheint ihm ein »schlechtes Gewissen« zu machen. Herr D. hatte sich vorgestellt, dass das Vaterwerden ein Einschnitt in sein Leben sein würde, von einem solchen Einschnitt ist für ihn bisher jedoch noch nichts zu spüren. Der Umstand, dass ihn z. B. berufliche Angelegenheiten aktuell noch stärker beschäftigen, scheint ebenfalls Schuldgefühle zu evozieren. Herr D. erwartet von sich, dass er als werdender Vater glücklich sein müsste. Nicht nur, dass er dies nicht ist, Herr D. beobachtet darüber hinaus auch bei sich, dass sein Vorstellungsvermögen den potentiell negativen und belastenden Aspekten des Elternwerdens weitaus zugänglicher ist als den möglichen positiven. Der Umstand, dass er es sich aktuell nur schwer vorstellen und es emotional kaum realisieren kann, dass ein Kind »unterwegs« ist, beschäftigt Herrn D. Er zeigt sich beunruhigt darüber, dass es ihm noch nicht gelungen ist, eine innere Beziehung zu dem Kind herzustellen. Er hofft, dass sich dies spätestens dann ändern wird, wenn er erst das Kind im Arm halt. Dann, so hofft er, wird auch endlich die Freude, die er bisher als »verkappt« erlebt, ausbrechen können. Herr D. wünscht sich, dass der konkrete Kontakt mit dem realen Kind die Kraft haben wird, das zu befreien, was er in sich als festgehalten erlebt. Er wirkt buchstäblich erleichtert, als er diesen Wunsch ausspricht und sich damit auch einer Möglichkeit versichert, die noch offen ist. Die von ihm geschilderte Phantasie hat die Qualität einer Zuflucht, die ihm anscheinend etwas von dem Druck zu nehmen vermag, unter dem er vermutlich auch deshalb steht, weil er die Erwartungen, die er gegenwärtig an sich stellt, nicht erfüllen zu können glaubt.

Herr D. erzählt, dass ihn der Umstand, dass er Vater wird, eigentlich nur in dem Moment richtig berührt habe, als ihm seine Frau ihre Schwangerschaft andeutete. Nach etwa einer Woche, in der er – korrespondierend mit der Ungewissheit, ob seine Frau auch tatsächlich schwanger ist – sehr aufgewühlt gewesen sei, hätten sich dann die inneren Wogen geglättet und er sich beruhigt:

> Herr D.: »Nur ganz im Anfang, als sie dann zum ersten Mal gesagt hat, ›ich hab heute meine Tage nicht gekriegt‹, ist mir das ganz nahe gekommen. Und dann zog sich das ja noch 'ne Woche oder so, wo sie dann immer hin und her gerissen war, ist das gut oder ist das nicht gut. Aber eigentlich dachte ich mir, es ist super. Und danach ging es sofort fließend über. Bin nie nachts aufgewacht und hab gedacht: ›Oh je, was mach ich bloß, ich werde Vater.‹ Ich träum auch nie davon. Find ich auch komisch eigentlich.« (1/5)

Eigentlich, so glaubt Herr D., müsste er sich viel mehr mit seiner sich ankündigenden Vaterschaft beschäftigen oder anders formuliert, viel mehr davon beschäftigt werden. So wundert er sich auch, dass er noch nie von sich als Vater oder von einem Kind geträumt hat:

49

> Herr D.: »Na, ich denke mal, die Sachen, mit denen man sich wesentlich beschäftigt, verarbeitet man auch irgendwie im Traum, oder Sachen, die man nur ganz beiläufig tagsüber mal aufschnappt. (...) Meistens träum ich ja auch ziemlich bewusst, aber 'nen Kindertraum hatte ich noch nie (...).«
> I.: »Haben Sie denn Sorge, dass Sie sich zu wenig damit beschäftigen?«
> Herr D.: »Ja, manchmal mach ich mir schon Gedanken. Ich denke, das kann doch nicht so an mir vorbeigehen und warte darauf, wenn das Kind geboren ist, dann ist das bestimmt ganz anders. Dann wird es bestimmt, weil es dann eben allgegenwärtig ist dann eben zu Hause.« (1/5–6)

Herr D. beobachtet sich. Er befragt sein Verhalten und seine Gefühle kritisch daraufhin, ob sie auch den Idealen und Erwartungen entsprechen, die für ihn im Zusammenhang einer sich ankündigenden Vaterschaft eine normative Geltung haben. Die von ihm wahrgenommene Diskrepanz macht ihm zu schaffen und belastet ihn. Eine Entlastung ist auch hier der Gedanke, dass alles anders – und damit gut – werden wird, wenn erst das Kind geboren ist. Dann, so hofft er anscheinend, braucht er nicht weiterhin von sich zu fordern, dass er in sich dem Kind einen Platz zu geben und damit eine innere Realität zu schaffen vermag, sondern kann darauf setzen, dass das reale Kind mittels seiner leiblichen Präsenz und seiner konkreten Allgegenwart die gewünschte Veränderung bewirken wird.

Etwas greifbarer scheint für Herrn D. das Vaterwerden sowohl durch Ultraschallaufnahmen als auch durch die ersten für ihn wahrnehmbaren Kindsbewegungen zu werden. Die folgende Äußerung legt die Vermutung nahe, dass die Bewegungen des Kindes von ihm insofern als unterstützend erfahren werden, als sie ihm, wenn auch nur für eine kurze Zeit, gewahr werden lassen, dass im Bauch seiner Frau tatsächlich neues Leben heranwächst. In einem solchen Moment scheint es Herrn D. zu gelingen, eine innere Verbindung zu dem Kind herzustellen und mit ihm in Beziehung zu treten:

> Herr D.: »Das war schon ungewöhnlich, wenn man die Hand auf den Bauch legt und da stößt was gegen plötzlich. Und irgendwie auch, denn denkt man immer, wie kann das gehen, dass ich selber auch mal so im Bauch war irgendwo? Und denn kommt da 'was raus, was aufs Engste mit mir verwandt ist. Bis jetzt so, bin ich darauf gespannt.« (1/6)

In dieser Äußerung klingt an, dass das Ungeborene im Erleben von Herrn D. auf seine Annäherungsversuche »antwortet«: Wenn er die Hand auf den Bauch seiner Frau legt, dann, so vermutet er, macht es sich bemerkbar. Das, was im Bauch seiner Frau heranwächst, wird für Herrn D. auf diese Weise zwar als etwas Eigenes und Drittes erkennbar, den Status eines Subjekts hat es jedoch noch nicht. Dazu ist es in seinem Erleben noch zu diffus und unbestimmt (»da stößt *was* gegen«). Nichtsdestotrotz regen die für ihn wahrnehmbaren Eigenaktivitäten dieses »Etwas« seine Phantasie an: Herr D. stellt sich vor, dass auch er einmal so klein und im Bauch einer Mutter war. Er stößt so auf eine Gemeinsamkeit (»Ich-im-Bauch« wie dieses »›Etwas‹-im-Bauch« und umgekehrt), die eine Verbindung herzustellen vermag. Sich in der Vorstellung an die Stelle von diesem »Etwas« zu setzen, kann als ein Identifikationsschritt verstanden werden, der es Herrn D. erlaubt, in Beziehung zu treten. In ihm vermag sich so ein Beziehungsdreieck mit den Eckpunkten »Ich-im-Bauch«, »›Etwas‹-im-Bauch« und »›Etwas‹-im-Bauch-als-naher-Verwandter-von-Mir« aufzuspannen. Als hilfreich scheint Herr D. ferner die ersten Ultraschallaufnahmen erlebt zu haben:

> Herr D.: »Beim ersten Mal war das ja erst zehn Zentimeter groß. Und dann kommt da noch das ganze Bild, da war das Kind komplett abgebildet. Hat sich auch gedreht und war alles schon dran. Man konnte die Finger sehen und so. Das hat unwahrscheinlich was gebracht, um da überhaupt 'ne Vorstellung zu kriegen, dass das nicht nur ein Bauch ist, der immer dicker wird.« (1/6)

Die hier beschriebene Aufnahme des Kindes hat dazu beigetragen, dass die Existenz des Fötus für Herrn D. buchstäblich vorstellbar wurde und von ihm als real erfahren werden konnte. Dazu hat vermutlich besonders der Umstand beigetragen, dass die Ultraschallaufnahme eine geschlossene Gestalt, ein kleines, aber doch schon vollständiges Kind zeigte. Dieses in sich entstehen zu lassen, scheint für ihn zu diesem Zeitpunkt nicht möglich zu sein. Seine Schilderung macht deutlich, dass es ihn auch entlastet hat, vermittelt über die Ultraschalltechnologie einen Zugang zu der Tatsache bekommen zu haben, dass er Vater wird und ein Kind unterwegs ist.

Vielleicht ist dann ja alles aus...
Ich frage Herrn D., ob er sich denn gewünscht habe, jetzt Vater zu werden. Seine Antwort macht deutlich, dass die sich ankündigende Vaterschaft für ihn kein überraschendes Ereignis ist. Seine Frau und er, so erzählt er, hätten sich gewünscht »drei«, also eine Familie zu werden:

> Herr D.: »Also 'n Kind will ich auch haben, also das ist schon klar. Und wir wollen auch drei werden. Also da freue ich mich dann auch drauf.« (1/3)

Herr D. führt aus, dass es ihm wichtig ist, dass der Altersunterschied zwischen Eltern und Kindern nicht allzu sehr auseinander klafft. Er stellt sich vor, dass ansonsten die Eltern zu wenig Verständnis für ihre Kinder haben, ihre Leben zu weit voneinander entfernt sind und es ihnen deshalb nicht gelingt, »zusammenzukommen«. Um sich den Wunsch zu erfüllen, einmal ein – was das Alter betrifft – junges Elternpaar zu sein, war seiner Einschätzung nach die Zeit für ihn und seine Partner schließlich »reif«:

> Herr D.: »Ich wollte auch immer nicht, dass sie, dass die Kinder so alte Eltern haben und irgendwann ist man denn ja reif.« (1/2)

Die weiteren Ausführungen von Herrn D. weisen darauf hin, dass besagtes »reif sein« auch im Sinne von »fällig sein« verstanden werden kann. Ob er sich zu einer Vaterschaft auch tatsächlich »bereit« gefühlt hat, darf bezweifelt werden. Herr D., das soll im Folgenden deutlich werden, hat viele Ängste, die sich auf das Vaterwerden beziehen. In seinen Schilderungen fällt die große Bedeutung auf, die in diesem Zusammenhang seinem engsten männlichen Freundeskreis zukommt:

> Herr D.: »Ich hab da auch so 'ne Vorreiterrolle. Im engsten Freundeskreis sind wir so vier, fünf Leute, da war ich der erste, der geheiratet hat und jetzt auch noch Vater wird. Ich sag mal jetzt, die Ängste usw., die ich jetzt empfinde, die können die mir auch genauso widerspiegeln: ›Ich kann mir das überhaupt nicht vorstellen, erstmal heiraten und dann noch Kinderkriegen? Denn ist ja dies ganze jugendliche Studentenleben und so‹, was man bis jetzt hatte, vorbei und man kommt so in die Phase, wo man so ähnlich wird, wie seine eigenen Eltern, vom Status her.«
> I.: »Und wie ist Ihnen da so bei zumute?«
> Herr D.: »Na ja, ich versuche mal, mir also klarzumachen, dass sich eigentlich nichts geändert hat. Durchs Heiraten, hat sich ja im Leben nichts geändert, vorher waren wir auch schon berufstätig beide. Das ist 'n wesentlich größerer Einschnitt so in das Alltagsleben, als wenn man dann heiratet. Wo sowieso klar ist, dass wir zusammen bleiben wollten, kann man ja auch heiraten. Und ich hoffe, dass das mit dem Kind dann genauso reibungslos geht. Nicht, dass man auf einmal sagt, so jetzt kann ich alles das, was mir bis jetzt Spaß gemacht hat, nicht mehr machen, weil ich abends immer nur zu Hause bleiben muss und die Wiege schütteln.« (1/2)

Herr D. erzählt von seinen Freunden, die seiner Wahrnehmung zufolge mit Unverständnis auf seine Entscheidung reagieren. Eine Vaterschaft scheint für sie erst einmal mit Einschränkungen und Verlust sowie dem Aufgeben von Freiheiten und Möglichkeiten assoziiert zu sein. Herr D. macht deutlich, dass ihm die angedeuteten Bedenken nicht fremd sind. Während die Freunde jedoch eine mögliche Vaterschaft erst einmal zurückweisen (»Ich kann mir das überhaupt nicht vorstellen...«), ist er im Begriff, Vater zu werden. Für ihn gibt es kein Zurück. Die Äußerungen von Herrn D. lassen vermuten, dass er befürchtet, adoleszente Freiräume (das »jugendliche Studentenleben«) zu verlieren oder aufgeben zu müssen: Vater zu werden, erwachsen sein (zu müssen) und seinen Eltern deshalb ähnlich zu werden scheinen für ihn Schritte zu sein, die aufs Engste miteinander verbunden sind. Möglicherweise macht nicht nur diese »Perspektive« Angst; Herr D. weiß zudem nicht genau, was auf ihn zukommen wird. Er hat, wie er es formuliert, die »Vorreiterrolle« übernommen und reitet – um in diesem Bild zu bleiben – voraus in unbekanntes Neuland. Er selbst – darauf werde ich noch zu sprechen kommen – kann für sich dabei anscheinend niemanden ausmachen, dessen Spur er aufnehmen könnte. Herr D. weist im Folgenden darauf hin, dass er einen anderen lebensgeschichtlichen Einschnitt

– den Eintritt in das Arbeitsleben – bereits bewältigt hat. Er versichert, dass sich auch durch das Heiraten – ein Akt, der ihn dem Status seiner Eltern ebenfalls nähergebracht hat – weder sein Leben noch er selbst entscheidend verändert habe. Diese Ausführungen haben vermutlich auch die Funktion, beunruhigenden und beängstigenden Vorstellungsbildern etwas entgegenzusetzen. Herr D. hofft, an die genannten Erfahrungen anknüpfen zu können; er hofft ferner, dass auch mit einem Kind vieles so weiterlaufen kann und wird wie bisher. Die Vorstellung, dass dies nicht so sein könnte, scheint ihn – wie die zuletzt genannte Äußerung zeigt – auch ärgerlich zu machen. Sie kann als eine Form des inneren Protests gegen die antizipierten Einschränkungen verstanden werden: Aus einem Wiegen des Kindes wird in der Phantasie ein beziehungsloses Schütteln der Wiege.

Auch in der folgenden Äußerung kommt Herr D. noch einmal auf sich und seine Freunde sowie auf die Angst vor dem in der Vorstellung möglicherweise folgenschweren Schritt in die Vaterschaft zu sprechen:

> Herr D.: »Das war einmal so, wie ich erzählt habe, ich heirate: ›Ja das gibt's doch nicht‹. Und als ich dann verkündet hab, ich werde Vater, da war dann auch 'n Flattern. Und immer so nach dem Motto: ›Das könnt ich mir für mich jetzt nicht vorstellen‹. Obwohl die meisten auch schon ganz lange mit 'ner Freundin zusammen sind. Und da hab ich eben auch immer Angst, hoffentlich wird das nicht so, wie die das befürchten. Wo ich vielleicht auch Angst, wo ich auch Angst davor hab. Z. B. eine typische Situation ist, wo ich das zum ersten Mal richtig gedacht hab, so 'was ganz Banales am Samstagvormittag, meine Frau harkt Unkraut in unserem Garten, und ich mäh Rasen. Und da dacht ich, dieses typische Spießbürgerliche bricht jetzt also hier auch aus.« (1/2–3)

Mir war zunächst unklar, was genau Herrn D. an der zuletzt geschilderten Szene so ein Unbehagen bereitete, oder anders formuliert, was das von ihm als »spießbürgerlich« Identifizierte eigentlich repräsentiert. Ich werde an späterer Stelle darauf zurückkommen. Herr D. bringt die Sorge zum Ausdruck, dass er als Vater möglicherweise vieles aufgeben muss, was für ihn bisher eine gewisse Lebensqualität ausgemacht hat. So kommt er beispielsweise auf die Frage zu sprechen, ob er – wenn das Kind erst einmal auf der Welt ist – auch weiterhin mit seinen Freunden wird »losziehen« können. Die folgende Gesprächspassage weist auf weitere Aspekte dieses Themas hin:

> I.: »Und Ihre Freunde gucken sich das so an. Vielleicht ziehen die dann ja auch nach? Oft ist es ja so, nicht, wenn einer anfängt...«
> Herr D.: »Ich hoffe mal. Wir haben geheiratet und gesagt, im Laufe des nächsten Jahres will ich jetzt mal zur Hochzeit eingeladen werden, aber es war noch keine. (...) Ne, mach mir manchmal richtig Sorgen, man merkt da kriselt es jetzt so 'n bisschen oder so. Wenn plötzlich einer Junggeselle ist von den besten Freunden, verliert man schnell den Faden. Da geht der wieder auf Brautschau und so. So Sachen, mit denen man nicht mehr konfrontiert werden möchte. (...) Irgendwann denkt man vielleicht dann auch selber so:

›Ach, ich möcht auch mal wieder mit denen zusammen auf Tour gehen, aber ich muss jetzt zu Hause bleiben.‹« (1/10)

Herr D. ist seinem Erleben nach mit der Heirat und der sich ankündigenden Vaterschaft aus dem Kreis seiner Freunde getreten. Er ist, wie er es an anderer Stelle metaphorisch formuliert hat, »vorausgeritten« und hofft nun, dass seine Freunde ihm folgen können und werden. Seine Ausführungen weisen jedoch auf die Befürchtung hin, dass dies nicht geschehen wird und er dann gewissermaßen alleine weiterreiten muss. Herr D. befürchtet, dass es zu einer Entfremdung zwischen seinen Freunden und ihm kommen und dass der »Faden«, also das sie Verbindende, verloren gehen könnte. Dass sich ihre Verbindung lösen oder zumindest lockern könnte, droht in seiner Vorstellung einerseits aufgrund dann unterschiedlicher Lebensrealitäten zu »passieren«, scheint andererseits aber u. U. von ihm auch forciert werden zu müssen. Notwendig könnte den Überlegungen von Herrn D. zufolge ein solcher Schritt dann werden, wenn einer der Freunde wieder auf »Brautschau« gehen würde. Die hier angedachte Distanzierung kann auch als eine Maßnahme verstanden werden, mit der er sich gegebenenfalls vor einer möglichen Versuchung zu schützen versuchen würde.

Im weiteren Gesprächsverlauf führt Herr D. etwas genauer aus, was sich für ihn und seine Freunde mit einer Vaterschaft verbindet. Vater zu werden, so wird hierbei deutlich, bedeutet weitaus mehr, als ein Kind zu bekommen. Es scheint in der Vorstellung von Herrn D. einen Lebensabschnitt unwiderruflich zu schließen:

> Herr D.: »Da wird man gefragt: ›Bist du sicher? Sag mal ganz ehrlich, bist du sicher, dass das alles war im Leben jetzt so und damit jetzt die letzte Weiche gestellt? Das geht nur noch in eine Richtung, Familie und da bleibst du jetzt immer.‹«
> I.: »Ja und das verunsichert einen natürlich auch, wenn man dann mit solchen Fragen gelöchert wird.«
> Herr D.: »Mit so 'nem Fragezeichen richtig nach Hause geschickt wird. Bist du sicher, dass das alles war?«
> I.: »Haben Sie denn das Gefühl, dass dadurch soviel festgelegt ist? Das klingt ja so 'n bisschen so, als würde der Freund fragen, bist du dir sicher, dass du morgen sterben möchtest? Das klingt so danach, alles ist jetzt klar und alles läuft in eingefahrenen Bahnen. Kann man ja auch fragen, wie kommt jemand auf die Idee, dass es so sein muss?«
> Herr D.: »Na klar, also ich sehe das schon so, dass damit der restliche Lebensweg vorgezeichnet ist. Dass ich immer mit meiner Frau zusammengehören möchte, wusste ich ja vorher schon. Obwohl die Heirat da nicht irgendwie für mich da so Brief und Siegel ist, sondern nur so 'n formeller Schritt. Aber wenn man 'n Kind hat, dann ist das doch geregelt. Kann man nicht einfach abhauen, sondern da hat man richtig Verantwortung.«

I.: »Aber wenn man sich mal so die Statistik anguckt, ist es ja fast eher unwahrscheinlich. Es gibt ja sehr viele Ehen und sehr viele Familien, die sich trennen.«
Herr D.: »Da tut man dem Kind doch 'was an. Das ist 'ne ganz andere moralische Ebene.« (1/11)

In dieser Gesprächssequenz klingt an, dass die sich ankündigende Vaterschaft von Herrn D. seine Freunde irritiert und beunruhigt. Sie signalisieren ihm, dass es für sie schwer zu verstehen ist, wie er sich zu diesem Schritt entschließen konnte. Zwischen Herrn D. und seinen Freunden scheint es jedoch ein fragloses Einverständnis hinsichtlich der Frage zu geben, was besagter Schritt bedeutet. Vater zu werden, diese Überzeugung klingt in den genannten Äußerungen an, bedeutet, dass sich eine mögliche Vielfalt an Lebensentwürfen schließt, ohne dass sich eine neue Perspektive auftut oder irgendetwas öffnet. Das weitere Leben scheint dann vorgezeichnet zu sein, man selbst sich in einer Einbahnstraße zu befinden. In der Vorstellung der Freunde stellt sich eine Vaterschaft ferner als etwas dar, was einen auf die Familie (zurück-)verweist, eine Vorstellung wiederum, die mit Enge, Stillstand und letztlich Tod assoziiert zu sein scheint. Dieser Zusammenhang eröffnet einen weitergehenden Zugang zu der von Herrn D. geschilderten Samstagvormittag-Szene. Diese könnte als Metapher für ein Leben interpretiert werden, in dem die Weichen bereits gestellt sind und mögliche Abenteuer sich auf einen Garten, der in Ordnung gebracht werden muss, beschränken. Wer Vater wird, der scheint den Vorstellungen der Freunde zufolge das Leben hinter sich zu lassen. Wie kann man das wollen? Herr D. würde auf diese Frage gerne eine Antwort geben, er hat den kritischen Nachfragen seiner Freunde (»Bist Du sicher?«) jedoch wenig entgegenzusetzen. Er vermag aktuell nicht – das machen seine Äußerungen deutlich –, dieses Fragezeichen aufzulösen, und erlebt sich mit den Fragen, Zweifeln und Ängsten, für die es steht, alleine gelassen. »Richtig nach Hause geschickt«, so formuliert er es, würde er mit diesem Fragezeichen. In Frage stellen oder gar widerlegen kann er die Vorstellung, dass eine Vaterschaft einen lebensgeschichtlichen Endpunkt markiert, nicht. Dies hat möglicherweise auch damit zu tun, dass ihm zum Zeitpunkt dieses Interviews anscheinend keine positiven Phantasien zugänglich sind, die Möglichkeiten und Perspektiven einer Vaterschaft aufzeigen und »bebildern« (Was kann ich »gewinnen«?). Herr D. scheint so erst einmal nur die Möglichkeit zu sehen, sich mit dem von seinen Freunden angekündigten – oder vielmehr angedrohten – Zukunftsszenario abzufinden. Dass eine Elternschaft für Herrn D. etwas Unwiderrufliches hat, machen auch seine letzten Äußerungen deutlich: Sein Kind zu verlassen, »einfach abzuhauen«, das scheint für ihn nicht vorstellbar zu sein. Herr D. sieht sich hier in einer moralischen

Verantwortung, die ein solches Handeln ausschließt. Vaterwerden heißt in dieser Perspektive, sich entschieden zu haben.

Im Interview entwickelt Herr D. an einer Stelle auch die Vorstellung eines familiären Miteinanders, in der ihm auch Freiräume erhalten bleiben. Zwei Paare aus dem weiteren Freundeskreis stehen hierfür Modell:

> Herr D.: »Also sowohl Vater wie Mutter machen alles, Windeln wechseln oder gehen abwechselnd einzeln aus, jeder bleibt mal abends zu Hause dann. Und das sind so die Vorbilder: Jeder hat noch seine Freiheit, also ist nicht so diese Zwangsfamilie, die jeden Abend zusammen Fernsehen guckt, sondern dass man das flexibel handhabt dann, auch die Pflichten werden geteilt. (...) Ich will auf jeden Fall auch mal alleine auf Tour gehen und so, mit Freunden. Nicht, dass man da sagen muss, ich muss schön zu Hause bleiben.« (1/4)

Herr D. entwirft hier, angelehnt an die Lebensweise von Freunden, eine Perspektive des familiären Zusammenlebens, die ihm seinem Empfinden nach ausreichende Freiräume offen hält. Diese Perspektive hat für Herrn D. auch einen utopischen Charakter. Ob sie auch eine realisierbare Möglichkeit sein kann, steht noch in Frage. Die letzte Äußerung (»Nicht, dass man da sagen muss, ich muss schön zu Hause bleiben«) verweist darauf, dass ihm die Phantasie sehr präsent ist, dass es hier doch anders als gewünscht kommen könnte.

Schaffe ich es, ein guter Vater zu werden...?

Herr D. schildert, dass er sein Zuhause in guter Erinnerung hat und sein Elternhaus als Orientierungspunkt erlebt. Er erzählt, dass er den Freiraum hatte, sich auch anders als seine Eltern zu entwickeln, dass es seinen Eltern zugleich aber auch gelungen sei, ihm ein moralisches Empfinden zu vermitteln. Ob ihm dies auch gelingen wird, darüber scheint sich Herr D. nicht so sicher zu sein. Anerkennend bemerkt er:

> Herr D.: »Dass sie das so hingekriegt haben; so manche Sachen, die ich als gut empfinde und ganz automatisch nicht dagegen verstoße, schlechtes Gewissen auch habe, ohne dass das bewusst mir eingeprägt wurde. (...) Das ist so die Kunst der Erziehung. Und da ist eben auch die Sorge: Wie schaffe ich das, dass das so wird, dass man nicht nachher rechtsradikale Kinder hat oder so?« (1/4)

In einer weiteren Äußerung kommt Herr D. auf das Verhältnis zu seinem Vater zu sprechen:

> Herr D.: »Das Verhältnis zu meinem Vater war ziemlich gut. Also das war nie 'ne strenge Erziehung oder so von ihm. Aber irgendwie so 'n bisschen Kontakt, näherer Kontakt hat mir immer gefehlt. Aber das hat sich nie geäußert, so dass wir irgendwie 'ne kriselnde Beziehung hatten; das ist immer harmonisch alles. Aber so richtig für meine Sorgen und so hat er sich entweder nicht interessiert oder konnte damit auch nicht so richtig umgehen. Das war immer so typisch, wenn ich 'ne fünf oder so geschrieben hatte, dann hab ich das mittags meiner

Mutter erzählt. Denn gab es 'n Riesendonnerwetter, und wenn ich das meinem Vater erzählt hab, hat der gesagt: ›Was hat Mama gesagt?‹ ›Geschimpft.‹ ›Dann ist ja gut.‹« (1/8)

Das Verhältnis zu seinem Vater beschreibt Herr D. hier zunächst als »gut«. Diese Äußerung scheint sich jedoch vor allem auf den Umstand zu beziehen, dass es zwischen ihm und seinem Vater keine offenen Auseinandersetzungen gegeben hat. Neben dieser Abwesenheit von Streit und Konflikt, so erlebt es Herr D., sei es jedoch ein eher distanziertes Verhältnis gewesen. Sein erster Ansprechpartner – das führt er an anderer Stelle aus – war vor allem seine Mutter. Die Ursache für die von ihm wahrgenommene Nicht-Beziehung (den »fehlenden näheren Kontakt«) sieht er zum einen im mangelnden Interesse seines Vater an der Innenwelt seines Sohnes, zum anderen aber auch in einer gewissen Hilflosigkeit in der Konfrontation mit dieser (er »konnte damit auch so richtig nicht umgehen«). An dem Umstand, dass »Persönliches« zwischen Vater und Sohn nicht zur Sprache kommt, hat sich aus seiner Sicht bis heute nichts geändert. Anknüpfungspunkte für ein Gespräch zwischen Vater und Sohn scheinen vielmehr Themen und Gegenstände zu sein, die sich auf etwas Drittes richten:

Herr D.: »Wenn wir zusammen im Auto sitzen und 'ne längere Tour machen oder so, über so richtig persönliche Sachen unterhalten wir uns nie. Unterhält man sich über Fußball oder irgendwelche handwerklichen Sachen.« (1/8)

Herr D. bedauert, dass er und sein Vater sich so wenig nahe kommen. Er scheint jedoch nicht (mehr?) zu versuchen, hieran etwas zu ändern. Vater und Sohn haben sich mit diesem Beziehungsmodus anscheinend arrangiert. Die Beziehung zwischen sich und seinen Kindern stellt Herr D. sich jedoch anders vor:

Herr D.: »Wenn die irgendwie Sorgen haben und so, sollen die auch zu mir kommen, die Kinder, finde ich. Und dann würde ich nicht sagen: ›Was sagt Mama dazu?‹, sondern versuchen, da auch meine Meinung kundzutun.« (1/9)

Herr D. möchte, dass seine Kinder auch in ihm einen Ansprechpartner sehen. Er beabsichtigt, dann anders als sein Vater zu reagieren und sich nicht, wie er es vermutlich bei seinem Vater wahrgenommen hat, hinter seiner Frau zu verstecken. Er nimmt sich vor, in seinem Namen zu sprechen und Position zu beziehen. Herr D. möchte andererseits jedoch auch nicht, wie die nachstehende Äußerung zeigt, dass seine Kinder einmal vor ihm Angst haben und ihn deshalb nicht ins Vertrauen ziehen. Er wünscht sich, dass sie mit heiklen Angelegenheiten auch zu ihm kommen werden und sich hier eben nicht nur auf die Mutter beziehen:

Herr D.: »Dass sie sich auch trauen, denn mit bestimmten Sachen zu einem zu kommen – das ist dann auch 'n Vertrauensbeweis – und nicht sagen: ›Das kann ich Papa nicht erzählen, erzähl ich lieber Mama.‹« (1/9)

In beiden Äußerungen scheint die Beziehung zwischen Vater und Kind(ern) zur Disposition zu stehen, während die zwischen Mutter und Kind(ern) als selbstverständlich gesetzt ist. So impliziert der Satz: Es wäre schön, wenn die Kinder *auch* zu ihm kommen, die Vorstellung, dass sie sich ansonsten selbstverständlich an die Mutter wenden. Herr D. wünscht sich, dass seine Kinder sich auch an ihn wenden werden. Die Möglichkeit, dass ja auch er einen solchen Schritt machen und somit die Beziehung aktiv gestalten kann, wird von ihm nicht thematisiert. Herr D. imaginiert sich hier vielmehr in einer passiven Position (warten, dass die Kinder auf ihn zugehen). Während Herr D. in den zuletzt genannten Äußerungen seine Vaterrolle vor allem in Abgrenzung zu seinem Vater bzw. zu der erfahrenden Vater-Sohn-Beziehung entwirft – so wie es war und ist, soll es mit meinen Kindern nicht werden – verweist die folgende Äußerung auch auf einen positiven Anknüpfungspunkt:

> Herr D.: »Das Kind soll auch immer denken, mein Vater, letztendlich beschützt der mich auch immer. Das, was ich als Kind auch gesagt hätte. Wenn Papa da ist, hab ich keine Angst, so nach dem Motto. (...) Man weiß ja, Vater ist stark, also da brauche ich mir keine Sorgen machen, wenn er dabei ist. (...) Da freue ich mich natürlich auch, wenn ich merke, ich werde auch als Beschützer akzeptiert; macht ja einen auch stolz.« (1/10)

Herr D. ist auf der Suche; er versucht, seinen Platz zwischen »Mutter-« und »Vaterland« zu bestimmen. Gleichwohl hat er eine Vorstellung darüber, wie er von seinen Kindern einmal wahrgenommen werden und welches Vaterbild er für sie verkörpern möchte. So möchte er Ansprechpartner und Vertrauter seiner Kinder sein und als starker, mächtiger Vater wahrgenommen werden, ohne jedoch auf die eigenen Kinder beängstigend zu wirken. Ob es ihm gelingen wird, eine solche Beziehung herzustellen, darüber scheint sich Herr D. jedoch unsicher zu sein. Seine Äußerungen sprechen dafür, dass er seine Mutter als diejenige Person erlebte, die eine sehr starke Position innehatte, eine Position, der seiner Wahrnehmung zufolge der Vater wenig entgegenzusetzen hatte. Die Formulierung, dass er »versuchen« möchte, »auch« seine »Meinung kundzutun«, verweist darauf, dass er sich zwar wünscht, hier einmal eine andere Position zu haben, tatsächlich jedoch sehr im Zweifel ist, ob ihm dies auch gelingen wird.

Die Frage, ob Herr D. den Anforderungen, die er an sich als Vater gestellt sieht, auch entsprechen kann, wird in dem Interview noch einmal in einem anderen Zusammenhang Thema. Herr D. erzählt, dass er sich ein Mädchen wünscht. Seine Schilderung macht deutlich, dass dieser Wunsch auch aus der Vorstellung resultiert, dass er bei einer Tochter weniger als männliches Vorbild gefordert und somit auch nicht so schnell überfordert wäre:

Herr D.: »Ich glaub, ich find ein Mädchen besser. (...) Stell ich mir einfach nicht so schwierig vor. Beim Jungen würde ich immer denken, jetzt muss ich so richtig das perfekte Vorbild sein und gucken, dass der auch so gerät, wie ich mir das vorstelle. Dass er vielleicht sich auch 'n positives Beispiel an seinem Vater nehmen kann. (I.: Das ist anstrengend.) Ja (lacht). Ja, so stelle ich mir das vor, dass Vater-Tochter-Beziehungen vielleicht ein bisschen einfacher sind. War bei uns in der Familie auch so.« (1/7)

Auch in dieser Äußerung geht es um die Rolle eines »Vorreiters«. Herr D. sieht sich in der Pflicht, diese in einer möglichen Vater-Sohn-Konstellation einzunehmen: Würde er einen Sohn bekommen, dann, so beschreibt er es, sähe er sich als eine Art Modell gefordert, an dem sich sein Sohn in seiner Entwicklung positiv orientieren könnte. Ein Vorbild für ein Kind gleichen Geschlechts sein zu können, das scheint sich Herr D. aktuell nicht zuzutrauen. Dafür – so ließe sich vermuten – fühlt er sich im Moment in seiner eigenen Geschlechtsidentität sowie in der von ihm antizipierten Vaterrolle zu unsicher.

Die Macht der Mütter...

Gegen Ende des Gesprächs spricht Herr D. noch ein weiteres Thema an, was ihm anscheinend Sorgen macht: Es geht um seine Schwiegereltern oder genauer gesagt, um seine Schwiegermutter. Herr D. erzählt, dass seine Schwiegermutter »super mütterlich« (1/12) sei und skizziert ein Verhalten, dass seinem Empfinden nach ver- und umsorgend ist, dabei aber leicht die Grenzen des Gegenübers verletzt bzw. in dessen Privatsphäre eindringt. So kümmert sie sich seiner Schilderung zufolge z. B. ungefragt um den Garten von Herrn und Frau D. Die Ausführungen von Herrn D. machen deutlich, dass ihn solche und ähnliche »Aktionen« seiner Schwiegermutter auch ärgern, sie zeigen zugleich aber auch die Schwierigkeit, diesen etwas entgegenzusetzen. Herr D., darauf weist die folgende Äußerung hin, befürchtet, dass seine Schwiegermutter einmal einen zu großen und vor allen Dingen negativen Einfluss auf ihr Enkelkind haben könnte, wenn er und seine Frau es ihrer Obhut überlassen:

Herr D.: »Die verzieht das Kind, da wird man dann nicht mehr mit fertig mit. Dann sagt meine Frau immer: ›Ach Quatsch, einen Säugling kann man nicht verziehen‹. Und meine Mutter sagt: ›Was man in den ersten drei Jahren nicht anerzogen hat, kriegt man nicht mehr rein‹. Wenn es die ersten drei Jahre zu viel bei meiner Schwiegermutter ist, das Kind, dann sehe ich schwarz. Dann ist es zu Hause immer doof und bei denen toll.« (1/12)

Neben der Befürchtung, dass die Schwiegermutter ihr Enkelkind falsch erziehen oder es zu sehr verwöhnen könnte, klingt hier die Sorge an, dass sein Kind einmal derart in die schwiegermütterliche Einflusssphäre geraten könnte, dass sie als Eltern in ihrer emotionalen Bedeutung reduziert und in eine randständige Position verwiesen werden. Herr D. scheint zu befürchten, dass seine Partnerin und er ihr Kind womöglich nicht mehr erreichen (es würde sich nichts mehr von ihnen sagen lassen) und es sich bei ihnen nicht so wohl fühlen würde wie bei seinen Großeltern. In dieser Phantasie haben Herr und Frau D. ihre Elternposition eingebüßt, sie hätte sich zu den Schwiegereltern hin verschoben.

Herr D. hatte und hat es mit Müttern zu tun, die, zumindest in seinem Erleben, eine machtvolle Position innehaben. So beschreibt er seine Mutter als den Elternteil, der nicht nur für ihn, sondern eben auch für seinen Vater eine Autoritätsperson war. Seiner Wahrnehmung nach hat der Vater – aus welchen Gründen auch immer – seine väterliche Autorität an die Mutter abgetreten (»Was hat Mama gesagt?«) und selbst nur eine schwache, marginale Position im Familiengeschehen inne gehabt. Die Sorgen, die Herr D. sich im Hinblick auf seine Schwiegermutter macht, sind so auch verstehbar als eine Form der Thematisierung folgender Befürchtung: Was, wenn es (wiederum) dazu kommt, dass sich ein Szenario herstellt, innerhalb dessen die mütterliche Position die zentrale ist, während die väterliche Position als bestenfalls randständig bezeichnet werden kann? Auf die Schwiegermutter scheinen Herr und Frau D. jedoch angewiesen zu sein, da beide auch weiterhin ihren Beruf ausüben möchten. Herr D. erläutert, dass seine Partnerin plane, nach dem Mutterschutzurlaub wieder in das Berufsleben einzutreten. Seine Stelle würde zwar in einem halben Jahr auslaufen, auf Dauer könne er sich jedoch nicht vorstellen, zu Hause zu bleiben. Dafür, so formuliert er es, habe er zu viel »Sendebewusstsein«:

> Herr D.: »Aber dann will ich natürlich auch endlich mal 'nen richtigen Job haben, dass ich dann auch dran bin mit Jobsuche«. (1/5)

Zum Zeitpunkt des Gespräches ist offen, wie die Familie künftig ihren Lebensunterhalt bestreiten wird. Offen ist ferner, ob und wie sich die beruflichen Wünsche von Herrn und Frau D. realisieren und miteinander vereinbaren lassen (»Ich weiß nicht, wie das dann passt«, 1/13). Dieser Umstand scheint Herrn D. zum Zeitpunkt des Interviews jedoch wenig zu belasten. Trotz verschiedener Bedenken wird hier vermutlich u. a. auf das Engagement der Schwiegermutter gesetzt.

Zusammenfassung und Diskussion

Die Tatsache, dass er Vater wird, scheint Herr D. zum Zeitpunkt dieses Interviews als etwas zu erleben, was für ihn noch sehr weit weg ist. Er kann es sich, wie er es formuliert, noch »gar nicht richtig vorstellen.« Herr D. zeigt sich beunruhigt darüber, dass es ihm nur punktuell gelingt, wirklich zu realisieren, dass es »nicht nur ein Bauch ist, der immer dicker wird«, sondern dass im Bauch seiner Frau etwas Drittes, nämlich sein bzw. ihr gemeinsames Kind, heranwächst. Dass es ihm seiner Einschätzung nach bisher noch nicht gelungen ist, zu dem Kind eine Beziehung aufzunehmen, es in sich real und lebendig werden zu lassen, belastet ihn. Dieser Umstand kann m. E. besser verstanden werden, wenn berücksichtigt wird, wie Herr D. seine eigene Vaterbeziehung beschreibt (er spricht von einer gewissen Beziehungslosigkeit) und was er sich im Hinblick auf die Vater-Kind-Beziehung wünscht (dass es zwischen ihm und seinem Kind besagten »näheren Kontakt« einmal geben wird). Es liegt die Vermutung nahe, dass Herr D. befürchtet, hier werde sich womöglich etwas wiederholen. Die von ihm wahrgenommene Schwierigkeit, einen Zugang zum Kind zu finden, würde sich dann als ein erstes Zeichen dafür verstehen lassen, dass sich die Unmöglichkeit, andere Wege zu betreten, bereits ankündigt.

Herr D. zeigt sich nicht nur beunruhigt, er fragt sich auch, ob die Überlegungen und Empfindungen, die ihn als werdender Vater beschäftigen, angemessen und »normal« sind. Der große Druck, der meinem Eindruck nach in diesem Gespräch auf Herrn D. lastet, hängt möglicherweise auch hiermit zusammen. Herr D. hat anscheinend eine genaue Vorstellung darüber, was er als werdender Vater fühlen müsste. Unter dem Umstand, dass er diesen Vorstellungen und Idealen nicht entsprechen kann – er ist nicht so bewegt, wie er es erwartet hat, und er fühlt aus seiner Sicht nicht »das Richtige« – leidet er.[26] Seine Ausführungen lassen jedoch auch erkennen, dass ihn die Tatsache, dass er Vater wird, keineswegs unberührt lässt. Herr D. zeigt sich in innerlicher Aufruhr, die aber eine andere emotionale Färbung hat, als die erwartete und gewünschte: Nicht Freude oder gar Euphorie, sondern Besorgnis und Angst stehen hier aktuell im Vordergrund.

Herr D. wundert sich, dass er sich, obwohl es sich um ein Wunschkind handelt, so wenig auf das Kind freuen kann. Er spricht von einer »verkappten Freude«, ein für mein Empfinden recht treffender Ausdruck. Der Umstand, dass Herr D. sich Zweifel und Ängste, die sich auf die nahende Vaterschaft beziehen, nicht zugesteht, verstellt ihm – so paradox das klingen mag – möglicherweise auch die Vorfreude im Sinne von Vorstellungen und Phantasien, die sich positiv auf die Zeit nach der Geburt beziehen. Da Phantasien auch eine Eigendynamik inhärent ist und sich die Inhalte und die emotionale Färbung von Phantasien nicht wirklich kontrollieren lassen, ist mit ihnen auch die Gefahr verbunden, dass sie eben nicht nur die erwünschten »positiven«, sondern auch die unerwünschten und belastenden »negativen« Implikationen einer Vaterschaft lebendig werden lassen kön-

---

[26] Die in diesem Zusammenhang formulierten Selbstansprüche zeigen deutliche Anknüpfungspunkte an die Ideale, die mit den sogenannten »Neuen Vätern« assoziiert sind. Ich war und bin erstaunt darüber, dass ein – historisch gesehen – so junges Vaterbild bereits eine derartige normative Kraft entfalten konnte.

nen. Prospektive Phantasien müssen deshalb – so meine These – abgewehrt werden.

Betrachtet man das, was Herrn D. im Zusammenhang mit seiner sich ankündigenden Vaterschaft beunruhigt und ängstigt, einmal näher, so lassen sich verschiedene Aspekte der von ihm angesprochenen Themen unterscheiden: Herr D. befürchtet, sein Leben verändern zu müssen. Er scheint die Notwendigkeit auf sich zukommen zu sehen, vieles, was er gerne gemacht hat, aufgeben zu müssen. So fragt er sich beispielsweise, ob es weiterhin möglich sein wird, mit seinen Freunden »loszuziehen«, oder ob er in die Pflicht genommen wird und solchen und ähnlichen Aktivitäten »abschwören« muss. Hierbei geht es um weitaus mehr, als um den Verlust potentieller Vergnüglichkeiten. Herr D. befürchtet z. B., dass das Vaterwerden auch zu einer Entfremdung und Distanzierung zwischen ihm und seinen Freunden führen könnte. Ihm scheint es ferner unheimlich zu sein, dass er durch seine Vaterschaft denselben sozialen Status wie seine Eltern haben wird. Er ist dann nicht mehr länger nur Sohn und Kind-seiner-Eltern, sondern ebenfalls Vater und Teil eines Elternpaares. Es liegt die These nahe, dass für Herrn D. eine Vaterschaft mit der Notwendigkeit assoziiert ist, endgültig von der Adoleszenz Abschied zu nehmen. Ihn beschäftigt die Frage, ob es möglich sein wird, sich etwas dieser Lebensphase zu erhalten oder ob sich das Offene, dass dieser Lebensspanne z. T. real, z. T. illusionär inhärent ist, unwiderruflich schließen wird. Täte es das, so würde damit auch die Endlichkeit des eigenen Lebens bzw. der Tod, der am Ende eines jeden Lebensweges steht, stärker in das Blickfeld treten. Die letzte Weiche, die Herrn D. zufolge mit dem Vaterwerden gestellt wird, wäre hierfür eine Metapher. Dem Thema Adoleszenz kommt in diesem Zusammenhang noch eine weitere Bedeutung zu. In unserer Kultur besteht die Möglichkeit, sich dauerhaft in einem »postadoleszenten« Lebensstil einzurichten, sich damit auch familialen Strukturen im engeren Sinne zu entziehen und an ihrer statt Freundschaftsbeziehungen, die auf derselben Generationsebene liegen, zu pflegen. Elternschaft nimmt etwas dieser (häufig ja auch gewollten) Distanz zurück, sie bindet erneut in familiale Muster und Strukturen ein. Damit korrespondierend verringert sich nicht selten der Stellenwert, der sowohl der Freundesgruppe als auch dem mit dieser verbundene Lebensstil zukam. Die soziale Orientierung verschiebt sich dann zugunsten der nun eigenen Familie (und zugleich häufig auch wieder in Richtung Herkunftsfamilie). Elternschaft ist in dieser Perspektive auch mit Abschiednehmen verbunden. Die Freunde von Herrn D. scheinen dies zu ahnen. Ihre durchaus aggressiven Reaktionen, die penetranten und für Herrn D. auch quälenden Nachfragen, könnten so gesehen als Ausdruck von Ärger und Enttäuschung über das antizipierte »Ausscheren« von Herrn D. aus dem Kreise (noch) Gleichgesinnter verstanden werden. Die Sorge von Herrn D. wiederum, die enge Verbindung zu seinem männlichen Freundeskreis zu verlieren, kann auch als Sorge verstanden werden, die Versicherung einer eingespielten Männerwelt zu verlieren und somit einer mütterlich dominierten Familienwelt (wieder?) ausgeliefert zu sein bzw. einer solchen wenig entgegensetzen zu können.

Vaterschaft, diese Hypothese legt das Interview nahe, ist für Herrn D. aktuell vor allem mit Abhängigkeit assoziiert. Vater zu werden, so lässt es sich zuspitzen, scheint für ihn mit der Gefahr verbunden zu sein, u. U. wieder so abhängig zu werden, wie man es schon einmal, nämlich als Kind war. »Familie und da bleibst du jetzt immer«, so formuliert es ein Freund, da »kann man nicht einfach abhauen«, so drückt es Herr D. aus.

Das Interview fand zu einem Zeitpunkt statt, der ungefähr in der Mitte der insgesamt 40 Schwangerschaftswochen liegt. Die in diesem Interview so deutlich spürbare Verunsicherung und Irritation von Herrn D. hat möglicherweise auch hiermit zu tun. Herr D. befindet sich gewissermaßen in einem Niemandsland, das einerseits durch ein Nicht-Mehr und andererseits durch ein Noch-Nicht charakterisiert ist. Sich in einem solchen Raum zu bewegen, in dem vieles in der Schwebe und wenig definitiv ist, kann psychisch sehr belastend sein: Nicht zuletzt geht es darum, das bestehende Selbstkonzept und die soziale Identität »umzubauen« und mit einer, zu diesem Zeitpunkt noch nicht faktisch gewordenen, neuen sozialen Realität zu vermitteln.

1.2. »Also, das ist schon so, es drängt so langsam aber sicher in die Realität.«

Schon nach wenigen Minuten unseres zweiten Treffens hatte ich den Eindruck, dass sich etwas verändert hatte: Herr D. wirkte auf mich viel entspannter, der Druck, der zum Zeitpunkt des ersten Interviews auf ihm lastete, schien von ihm gewichen zu sein. Das zweite Gespräch, das ich mit Herrn D. führte, fand in der 32. Schwangerschaftswoche statt.

Das Vaterwerden hat an Realität gewonnen...

Dass ein Kind »unterwegs« ist und er in absehbarer Zeit Vater werden wird, scheint für Herrn D. inzwischen vorstellbarer geworden zu sein:

> Herr D.: »Es ist schon viel näher gekommen, zappelt ja auch wie verrückt. Man sieht das erstens und kann es auch fühlen dann. Auch unterscheiden, das ist 'n Arm, 'n Bein oder es tritt so, es boxt. Also, das ist schon so, es drängt so langsam 'aber sicher in die Realität. Ja, und das hat sich schon gewandelt.«
> I.: »Und wie erleben Sie das? Wie ist das für Sie?«

Herr D.: »Das ist schön. Man kann sich also jetzt schon richtig vorstellen, dass da so 'n kleiner Mensch drin ist, der irgendwann dann endlich raus kommt und nicht nur mehr so abstrakt. Also am Anfang war es ja immer nur, der Bauch wird nach und nach ein bisschen dicker. So richtig darunter vorstellen konnte man sich noch nichts. Und wir machen jetzt auch so einen Geburtsvorbereitungskurs und dann mit Männern (...). Dann steckt man ja auch mittendrin. Bei den anderen ist es ja dann auch irgendwie ähnlich. Man lernt dann zu fühlen usw., wo das Baby liegt und so. Doch, das ist schon richtig konkret, nicht mehr so abstrakt.« (2/4)

Herr D. beschreibt hier eine für sein Erleben wohl gravierende Differenz. Er betont, dass es nicht mehr so wie zum Zeitpunkt unseres ersten Gespräches sei, wo er es weitestgehend als eine abstrakte Realität erfahren habe, dass im Bauch seiner Frau ein Kind heranwächst. In seinem Erleben schien der dicker werdende Bauch nicht oder nur in bestimmten Momenten mit der Tatsache vermittelt gewesen zu sein, dass sich in diesem ein Kind entwickelt. Die obige Gesprächssequenz lässt darauf schließen, dass sich hier etwas verändert hat. Sprach Herr D. noch im letzten Interview davon, dass »etwas« gegen den Bauch stoßen würde, wenn er die Hand darauf lege – ohne diesen haptischen Kontakt schien der Bauch leer zu sein –, so spricht er hier von einem kleinen Menschen, den er sich im Bauch seiner Frau vorstellen kann. Aus einem eher diffusen »etwas« ist ein – zu diesem Zeitpunkt – nicht näher bestimmtes Subjekt geworden. So hat dieses »Menschenkind« weder ein Geschlecht noch kann es als »mein Kind« identifiziert werden. Ursache der genannten Differenz scheinen vor allem Wachstumsprozesse und Entwicklungsschritte des Fötus selbst zu sein. Vitale Bewegungen des Kindes werden zu diesem Zeitpunkt der Schwangerschaft auch für den außenstehenden Betrachter sichtbar, sie zeichnen sich buchstäblich ab. Dieser Umstand gibt dem Baby Kontur und unterstützt Herrn D. darin, sich über den Seh- und Tastsinn vermittelt der Realität des Kindes vergewissern zu können. Herr D. kann das Baby ertasten. Er glaubt sogar verschiedene Körperteile wie Arme oder Beine unterscheiden zu können, ein Umstand, der es möglicherweise auch zulässt, in solchen Momenten das Kind als ein von der Partnerin partiell unabhängiges bzw. getrenntes Objekt wahrzunehmen. Das Kind »drängt« seinen Äußerungen zufolge »langsam aber sicher« in die Realität, es macht sich bemerkbar. »Realität« scheint hierbei einen doppelten Charakter zu haben: Das Baby »schiebt« sich gewissermaßen in die äußere Realität und damit auch zunehmend, so lässt sich vermuten, in die psychische Realität von Herrn D. Sich dessen wiederum gewahr zu werden, beruhigt und entlastet ihn anscheinend. Auch die Teilnahme am Geburtsvorbereitungskurs wird in diesem Zusammenhang als etwas beschrieben, was von großer Bedeutung ist. Herr D. skizziert sich hier nicht mehr als ein Außenstehender, an dem Entscheidendes ohne erkennbare Zugangsmöglichkeit vorbeizieht, sondern als jemand, der nun »mittendrin steckt«, d. h. als jemand, der sich einbezogen und involviert fühlt. Hierzu trägt nicht zuletzt der Umstand bei, dass Herr D. im Rahmen dieses Vorbereitungskurses auf Männer trifft, die er in einer vergleichbaren Situation sieht.

Herr D. erzählt, dass er inzwischen auch (endlich!) vom Kind geträumt habe. Die Freude darüber ist ihm im Interview noch deutlich anzumerken. An einen Traum kann er sich noch gut erinnern:

> Herr D.: »Und zwar war das am Tag der Geburt. Ich hatte das Kind schon im Kinderwagen und bin mit irgendwie Freunden oder Verwandten unterwegs gewesen, und ich war selber erstaunt, dass es schon sprechen kann. Also, das war nachmittags, und morgens war die Geburt. Meine Frau kam gar nicht vor im Traum, und dann wollte ich immer, dass es Papa sagt. Aber es hatte immer ›nicht die Mama‹ gesagt, weiß nicht, ob Sie das kennen, (...) die Dinos aus dem Fernsehen, wo das Kind auch immer schreit ›nicht die Mama‹, wenn es den Papa sieht. Und dann aber 'n paar Stunden später konnte es schon Mama, Papa, Tante, Oma sagen. Am ersten Tag! Ich hab dann auch überlegt, es in der Hochbegabtenschule anzumelden, im Traum. (...) Und danach kamen dann so eher die Träume, dass mein Professor mir die Arbeit plus doppelt so dicker Korrekturanweisungen wiedergibt und solche Sachen. Das hat dann den Schwerpunkt im Kopf wieder 'n bisschen verschoben. Aber gleich hab ich meiner Frau sofort erzählt: ›Jetzt hab ich endlich mal vom Baby geträumt.‹« (2/5)

In diesem Traum kommen in verkleideter Form sowohl Wünsche als auch Befürchtungen zur »Sprache«, die Herrn D. bewegen. Im Traum ist das Kind bereits auf der Welt. Herr D. registriert erstaunt und voller Stolz, wie klug es ist (es kann am Tage der Geburt schon sprechen). Er wünscht sich, dass das Kind »Papa« sagt, ihn also anspricht und damit auch (an-)erkennt. Statt »Papa« sagt das Kind jedoch nur »Nicht-die-Mama«. Es spricht ihn hiermit als eine Art Leerstelle an, benennt die Abwesenheit der Mutter (Du bist nicht die Mama) und verweigert ihm, dem Vater, die symbolische Anerkennung. Diese Kränkung wird im Traum jedoch bald aufgehoben: Wenig später schon kann das Baby auch ihn (an-)erkennen. Herr D. ist begeistert. Er denkt daran, es in der Hochbegabtenschule anzumelden. Diese Phantasie scheint Herrn D. etwas peinlich zu sein. Die Ergänzung »im Traum«, die ja eine abschwächende Funktion haben soll, verweist hierauf. Herr D. erzählt dann von Träumen, in deren Mittelpunkt eine weitere Dreiecksbeziehung steht. Die Protagonisten sind hier sein Doktorvater, er selbst und etwas Drittes, das ebenfalls in absehbarer Zeit auf bzw. in die Welt kommen wird, nämlich seine Promotion. Herr D. schickt diese (bzw. eine vorläufige Fassung) seinem Doktorvater zu und bekommt sie doppelt so dick zurück. Eine psychoanalytisch orientierte Lesart legt den Gedanken nahe, dass die Promotion im Unbewussten ein Baby symbolisiert, mit dem Herr D. schwanger geht. Die Korrekturanweisungen könnten in diesem

Sinne für die bange Frage stehen, wie gelungen sein »Baby« ist und ob es neben dem seiner Partnerin bestehen kann.

Herr D. zeigt sich erleichtert darüber, dass er »endlich mal vom Baby geträumt« hat, und teilt diesen Erfolg sofort auch seiner Frau mit. Besagter Traum wird von Herrn D. anscheinend als ein Zeichen dafür gesehen, dass das Heranwachsen des Babys und damit auch das Vaterwerden etwas ist, das in ihm nicht länger nur als ein Wissen existiert, das eine eher abstrakte und kognitive Qualität, sondern nun eben auch eine emotionale hat. Und wenn er sagt: »Ich habe mich gefreut, dass ich überhaupt endlich mal so 'was geträumt hab. D. h., so jetzt ist es endlich bis ins Unterbewusstsein vorgedrungen« (2/6), dann klingt das so, als würde er sagen: Eigentlich glaube ich es erst jetzt, dass wir ein Kind haben werden.

Schritt für Schritt...

Gleich zu Beginn des Gespräches schildert Herr D., dass viele der Sorgen und Ängste, die ihn in unserem letzten Gespräch bewegten, an Brisanz verloren hätten. Er skizziert seine jetzige Perspektive folgendermaßen:

> Herr D.: »Ich mein so, die ganze Sache ist schon viel konkreter geworden. So große Gedanken über fernere Zukunftsaspekte oder so mach ich mir auch gar nicht mehr im Moment. Es ist einfach nur noch, dass 'n kleines Baby ins Haus kommt und man dann halt den Alltag entsprechend anders gestaltet bekommt durch das Kind eben. Das ist alles eben viel konkreter. Alle anderen Sorgen, die ich mir mal gemacht hab, das ist nicht mehr so akut.« (2/1)

Herr D. erzählt, dass er sich weniger Sorgen mache (er macht sich keine »großen Gedanken« mehr) und sich sein Blick nun stärker auf die nähere Zukunft richte. Das, was nach der Geburt des Kindes möglicherweise auf ihn zukommen wird, sei für ihn fassbarer und damit auch überschaubarer geworden. Dieser Umstand wiederum scheint einigen Befürchtungen, die ihn bisher beschäftigten, ihre Brisanz genommen zu haben. Herr D., so führt er es in der folgenden Äußerung aus, sorgt sich aktuell nicht mehr über das, was in ferner Zukunft sein könnte, sondern kann seinen Blick auf das lenken, was vermutlich in der näheren Zukunft anliegen wird:

> Herr D.: »Ja, wie gesagt, also jetzt (...) stell mir immer nur so die ersten zwei, drei Monate vor. Wo ich mir letztes Mal vielleicht noch mal Gedanken gemacht hab über schon Erziehungsaspekte und solche Sachen; was überhaupt nicht mehr vorkommt.« (2/6)

Der hier genannten Äußerung zufolge hat Herr D. einen Weg gefunden, mit der zunächst einmal offenen und damit auch unsicheren Zukunft zurechtzukommen. Es scheint fast so, als hätte er sich ein »step-by-step« verordnet, eine Herangehensweise, die Unabsehbares eingrenzt und auf diese Weise das Gefühl, künftige Anforderungen auch bewältigen zu können, stärkt.

An einer anderen Stelle des Interviews kommt Herr D. darauf zu sprechen, dass er und seine Frau sehr verschieden mit der nahen und doch in vielerlei Hinsicht nicht absehbaren Zukunft umgehen:

> Herr D.: »Dann die große Diskussion um den Stubenwagen, an der ich mich eigentlich wenig nur beteilige. Also meine Frau bewegen da, ganz großartig macht die sich Gedanken um Sachen, wo ich sagen würde: ›Ja und? Das können wir immer noch besser spontan entscheiden, wenn das Baby da ist‹. Man muss nicht jetzt schon wissen, wo irgendwie das Kinderbett steht und so. Findet sich alles. Und dann macht sie sich auch Gedanken: ›Ja, der H., der hat ja gesagt, das Kind soll nicht groß rum getragen werden, es liegt im Bett und fertig.‹ ›Ich will aber, dass das im Stubenwagen immer da ist, wo ich bin.‹ Und dann ihre Mutter hat das gesagt. Da mache ich mir gar keine Gedanken darüber, das sieht man dann ja, wie es ist.« (2/11-12)

Während Frau S. sich viele Gedanken um Fragen zu machen scheint, die den späteren Umgang mit dem Neugeborenen betreffen, zieht es Herr D. seiner Schilderung zufolge vor, erst einmal abzuwarten. Er nimmt die Diskussionen, die in der Familie bzw. im Freundeskreis geführt werden, sowie die damit verbundenen Gefühle anscheinend eher aus der Beobachterperspektive wahr. Herr D. ist der Ansicht, dass sich vieles finden wird und dass sich bestimmte Entscheidungen durchaus auch treffen lassen, wenn das Kind auf der Welt ist. Für ihn haben die Fragen, die seine Frau bewegen (darauf deuten Formulierungen hin wie »große« Diskussion, sich »großartig« Gedanken machen), noch keine Relevanz. Eine Erklärung hierfür könnte sein, dass er zu diesen Themen aktuell noch keinen (emotionalen) Zugang finden kann. Während es bei seiner Frau scheinbar einen fließenden Übergang gibt zwischen dem, was vor und was nach der Geburt des Kindes relevant ist, scheint sich die Zeit für Herrn D. deutlicher in ein »davor« und ein »danach« zu unterteilen. Eine anderen Lesart zufolge kann hier auch vermutet werden, dass ihn die von ihm wahrgenommenen Bemühungen seiner Partnerin, eine Struktur aufzubauen und dem Kind bereits jetzt einen Platz zu geben, beängstigen. Das vermeintliche Desinteresse kann dann als Bestreben verstanden werden, hier möglichst viel offen zu lassen und somit zu verhindern, bereits zu diesem Zeitpunkt festgelegt und auf die familiale Triade verwiesen zu werden.

Vorstellungswelten...

Ich frage Herrn D., an was er denn denke, wenn er sich die ersten zwei, drei Monate nach der Geburt des Kindes vorstellt. Seine Antwort:

> Herr D.: »Ja, einfach so der Umgang, so hoffentlich schreit das Kind nicht andauernd oder hat keine Koliken, und wie klappt das mit Wickeln und Tagesrhythmus und solche Sachen. Und können wir nachts auch durchschlafen? – so die ganz alltäglichen Probleme.« (2/6)

Wenn Herr D. an die Zeit nach der Geburt des Kindes denkt, dann scheint er vor allem mögliche Schwierigkeiten und Probleme vor Augen zu haben, die sich gerade in den ersten Monaten einstellen könnten: Was machen, wenn das Kind ein »Schreikind« sein wird oder Koliken bekommt? Wird es gelingen, einen annehmbaren Lebensrhythmus zu finden, sich dann zu dritt »einzuspielen«? In diesem Zusammenhang fiel mir eine Äußerung von Herrn D. aus dem ersten Interview ein. In dieser schilderte er, dass es ihm leichter falle, sich mögliche Katastrophen auszumalen, als Phantasien darüber zu entwickeln, was schön sein könnte. Ich frage ihn, ob es auch etwas gibt, worauf er sich besonders freut:

> Herr D.: »Ja also, ich freue mich überhaupt, wenn es da ist. Aber so Details oder irgendwie hab ich da nicht vor Augen.« (2/6)

Herr D. bringt zum Ausdruck, dass er sich auf den Zeitpunkt freut, wo sich das Kind faktisch in die Realität bzw. in die Welt »geschoben« haben wird. Vorstellungen und Phantasien, die im Einzelnen positive Zukunftsaspekte bzw. potentiell glückliche Momente im Zusammensein mit dem Kind vorwegnehmen, werden von ihm nicht genannt. Die Vorstellungen und Phantasien, die ihm bewusst zugänglich sind, haben anscheinend vor allem potentiell kritische Situationen bzw. die Frage, ob und wie diese von ihm zu bewältigen sind, zum Thema. Herr D. deutet an, dass ihm keine Tagträume – sei es in der Form eines aktiven Sich-Ausmalens oder in der Form eines passiven In-den-Sinn-Kommens – zugänglich sind, die das mögliche Aussehen oder Wesen des Kindes betreffen:

> I.: »Und stellen Sie sich manchmal so vor, wie das Kind vielleicht aussieht oder wie es vielleicht einmal sein wird?«
>
> Herr D.: »Och, so was Haarfarbe oder was so Äußerlichkeiten angeht, sag ich mal, hab ich mir eigentlich gar keine Gedanken gemacht. Auch Junge oder Mädchen; mir ist in der Hauptsache wichtig, dass es irgendwann überhaupt da ist, gesund. Und dann ist es auch egal, ob es 'n Junge oder 'n Mädchen ist.«
>
> I.: »Letztes Mal sagten Sie, beides ist schön, aber so 'n ganz kleines bisschen hätten Sie doch lieber ein Mädchen. Hat sich das verändert?«
>
> Herr D.: Ja, ich setz also keine Priorität mehr. Was auch mit Sicherheit 'n gesunder Prozess ist, weil man soll ja nicht auf ein Geschlecht fixiert sein, weil man dann so enttäuscht ist, wenn es 'was anderes wird.« (2/4–5)

In diesen Äußerungen klingt an, dass Herr D. keine (jedenfalls ihm bewusst zugänglichen) Vorstellungen und Phantasien über das mögliche Aussehen des Kindes entwickelt. Auch die Existenz möglicher Vorlieben und Wünsche, was z. B. das Geschlecht des Kindes betrifft, wird hier zurückgewiesen: Wichtig sei für ihn vor allem, dass das Kind erstens da und zweitens auch gesund sein möge. Mir bleibt unklar, inwieweit sich der im letzten Interview genannte Wunsch nach einer Tochter tatsächlich »überlebt« hat. Seine Formulierung legt die Vermutung nahe, dass dieser auch abgewehrt werden muss oder anders formuliert, dass sich Herr D. einen solchen Wunsch auch verbietet. Hierbei scheinen sowohl normative Aspekte eine Rolle zu spielen (man »soll« kein Geschlecht favorisieren) als auch der Wunsch, möglichen Enttäuschungen vorzubeugen. In diesem Zusammenhang ist auch interessant, was Herr D. an anderer Stelle zum Thema Namenswahl sagt. Er erzählt, dass das Kind »Sven« heißen soll, wenn es ein Junge werde, »Mathilde«, wenn es ein Mädchen wird. Den Jungennamen hätte seine Frau ausgesucht, den Mädchennamen er, wobei er durch einen Film inspiriert worden sei:

> Herr D.: »Und Mathilde kommt auch aus 'nem Film, den ich relativ gut finde. Das ist so 'n kleines Mädchen, was mit so 'nem Profikiller zusammenwohnt, Leon der Profi.« (2/12)

Herr D., so vermute ist, wünscht sich weiterhin eine Tochter. In dem von ihm vorläufig ausgesuchten Namen drückt sich möglicherweise nicht nur dieser Wunsch, sondern darüber hinaus auch eine unbewusste, sich an besagten Film anlehnende Beziehungsphantasie aus: Er selbst setzt sich dieser zufolge imaginär an die Stelle von Leon, das Kind an die Stelle der kleinen Mathilde, die mit ihm eine ganz besondere und exklusive Verbindung eingeht. Eine dritte Person – die Mutter – spielt in dieser Phantasie keine Rolle.

Wann bringe ich mein Kind zur Welt...?
Herr D. erzählt, dass der errechnete Geburtstermin der achtzehnte November ist. Nur einen Monat später, am siebzehnten Dezember, sei der offizielle Abgabetermin für seine Doktorarbeit. Sein Doktorvater habe ihm vorgeschlagen, diesen Termin zu verschieben, für Herrn D. scheint dies jedoch keine Perspektive zu sein. Er hat sich vorgenommen, den ursprünglichen Termin einzuhalten, »das will ich unbedingt schaffen.« (2/2) Auf meine Bemerkung, dass ich mir das zeitliche Aufeinandertreffen von Geburt, den ersten Wochen mit dem Neugeborenen und dem »Endspurt« der Doktorarbeit sehr anstrengend vorstelle, geht Herr D. nicht weiter ein. Er skizziert stattdessen Überlegungen, die sich auf die Frage beziehen, wie dann wohl am besten sein Arbeitstag zu organisieren sei:

> Herr D.: »Die Frage ist nachher auch, mach ich meinen ganz normalen Pflichtarbeitstag und verschiebe 'was auf zu Hause (...)? Entweder muss ich länger arbeiten oder 'was mit nach Hause nehmen. Und ich glaub, dann ist länger arbeiten immer noch besser als nach Hause kommen und ich muss dann am Schreibtisch sein. Und das ist auch für A. dann unangenehm.« (2/3)

Um seine Doktorarbeit zu dem geplanten Zeitpunkt abschließen zu können, muss Herr D. entweder länger an seinem Arbeitsplatz bleiben oder nach

Feierabend zu Hause ein paar Stunden »dranhängen«. Welche der von Herrn D. benannten Alternativen eher in Frage kommt, wird hier vor allem in Hinblick auf mögliche Präferenzen seiner Partnerin diskutiert. Was es für das Beziehungsdreieck Mutter-Vater-Kind bedeuten würde, dass Herr D. dann den größten Teil des Tages außer Haus und zudem sehr stark von etwas Drittem gefordert sein würde, wird nicht thematisiert. Herrn D. scheint vor allem die Frage zu beschäftigen, wie und unter welchen Voraussetzungen es möglich sein wird, seine Doktorarbeit auch zu dem geplanten Datum abzuschließen. Dieser Umstand verwundert, wenn man sich seinen ebenfalls in diesem Interview geäußerten Wunsch, eine enge Beziehung zum Kind aufzubauen, vor Augen hält:

> Herr D.: »Also das will ich natürlich schon versuchen, dass ich von vornherein so 'n engen Kontakt vom ersten Tag an aufbauen kann. (...) Ich weiß nicht, wie man es macht, aber das kriege ich ja raus.« (2/16)

Die genannten Ausführungen von Herrn D. werfen in mir die Frage auf, warum es ihm so wichtig ist, seine Doktorarbeit unbedingt zu dem geplanten Zeitpunkt abgeben zu wollen. Im Interview bemerke ich, dass in mir Phantasien lebendig werden, die sowohl Frau D. als auch Herrn D. in einem fortgeschrittenen Stadium der Schwangerschaft zeigen. Ich frage mich, wer sein Kind wohl eher auf die Welt bringen wird. Als ich versuche, den von mir wahrgenommenen Bedeutungsüberschuss zu thematisieren, entspinnt sich folgender Dialog:

> I.: »Hui, da überschlagen sich dann ja die Ereignisse, nicht? Also ich weiß nicht, ich denk manchmal, also so 'ne Doktorarbeit, die hat ja auch etwas von einem Kind, das man zur Welt bringt. Ich weiß nicht, ob Sie das auch so erleben?«
> Herr D.: »Doch, da bin ich dann auch tierisch stolz darauf. Das war schon bei der Diplomarbeit so. Wenn man das abgibt, vorne der Name darauf steht. Was man selbst produziert hat, das soll natürlich auch gut werden!«
> I.: »Ja, man fragt sich dann auch, wird das 'n schönes Kind oder kommt es bei den anderen auch gut an oder so, nicht?« (2/3)

Auch Herr D. ist dabei, etwas von ihm Geschaffenes auf bzw. in die Welt zu bringen. Er hofft, dass sein Kind, die Doktorarbeit, Anerkennung finden wird (dass sie gut ist) und er dann allen Grund haben kann, stolz zu sein. Mir stellt sich an dieser Stelle die Frage, ob Herr D. das Kind als etwas erlebt, das er und seine Frau »gemacht« haben, oder ob er es aktuell als etwas wahrnimmt, das wesentlich seiner Frau zugehörig ist. Mir scheint einiges dafür zu sprechen, dass es Herrn D. zu diesem Zeitpunkt schwer fällt, das Kind als das gemeinsame Dritte zu besetzen. Könnte er dies (was mit der Herausbildung einer Elternrepräsentanz korrespondiert), so müsste er möglicherweise weniger mit seiner Partnerin um ein »gelungenes« Produkt konkurrieren.

Antizipierte Konflikte entschärfen sich...

Herr D. erzählt, dass die im ersten Interview angesprochenen Sorgen und Befürchtungen, die sich auf seinen männlichen Freundeskreis bezogen, für ihn mittlerweile gegenstandslos geworden seien:

> Herr D.: »Och, da mach ich mir eigentlich auch überhaupt keine Sorgen mehr. Das ist auch von allen Seiten voll akzeptiert. Und dann fragen die auch immer als Erstes: ›Wie geht es A.? Wie dick ist der Bauch schon?‹. Aber sonst ist das kein Konfliktpotential mehr.« (2/8)

Herr D. sieht der Frage, wie sich die Beziehung zu seinen engsten Freunden verändern wird, inzwischen anscheinend gelassener entgegen. Er scheint ferner das Gefühl zu haben, dass seine Freunde den Umstand akzeptiert haben, dass er in absehbarer Zeit (Familien-)Vater sein wird. Ihre Nachfragen hinsichtlich des Befindens von Mutter und Kind werden von ihm als Bereitschaft interpretiert, den sich verändernden Status quo anzuerkennen. Der letzte Satz von Herrn D. lässt vermuten, dass sich das von ihm antizipierte Konfliktpotential deutlich verringert, aber doch keineswegs erledigt hat (»aber sonst ist das kein Konfliktpotential mehr«). An welcher Stelle dieses für ihn weiterhin existent ist, bleibt unklar. Könnte es sein, dass Herr D. den Umstand, dass das Dritte (seine Partnerin und das Kind) nun symbolisch in die Interaktion mit seinen Freunden eingeschlossen ist, einerseits begrüßt und andererseits doch ambivalenter erlebt, als ihm zugänglich ist? So ist es denkbar, dass er die symbolische Präsenz des Dritten hier auch als etwas erlebt, das die imaginäre Einheit der Freunde trianguliert. Jenseits dieser Frage scheint jedoch klar zu sein, dass die im ersten Interview genannten Befürchtungen ihre Brisanz verloren haben. Ich frage Herrn D., wie er sich dies erklärt:

> Herr D.: »Weiß nicht, da hat sich so nach und nach die Priorität einfach verschoben. Vielleicht weil es für mich ja auch klar ist, dass die Familie jetzt erstmal im Vordergrund steht.« (2/8)

Herr D. vermutet, dass sich etwas in ihm verändert hat. Fühlte er sich im letzten Interview gewissermaßen noch in einem Niemandsland, so hat sich das damalige »Einerseits-nicht-mehr-und-andererseits-noch-Nicht« in Richtung eines »Noch-nicht-aber-Bald« verschoben. Die nachstehende Äußerung weist darauf hin, dass die entstehende Familie nun im Verhältnis zum Freundeskreis stärker besetzt werden kann. Dass diese Veränderung auch von den Freunden gebilligt wird, scheint für Herrn D. wichtig zu sein:

> I.: »So, wie Sie das so beschreiben, klingt das so, dass Sie auch ein Stück unabhängiger jetzt von den Freunden sind und eher so ein bisschen die Orientierung zugunsten von Familie und...«
> Herr D.: »Doch. Und das akzeptieren die auch.« (2/8)

Herr D. zeigt sich inzwischen auch optimistischer, was die Frage einer möglichen Entfremdung zwischen ihm und den Freunden, die eine andere, nicht familiäre Lebenssituation haben, betrifft. Er glaubt nun, dass sich eine solche nicht zwingend einstellen muss. Herr D. erzählt, dass ihn vor kurzem sein bester Freund über das Wochenende besucht habe. Sehr zu seiner Erleichterung konnte er dabei feststellen, dass es trotz differenter Lebensentwürfe (die Freundin seines Freundes geht für zwei Jahre nach Afrika) noch zu keiner Entfremdung zwischen ihnen gekommen sei. Diese Erfahrung scheint ihm auch im Hinblick auf seinen hiesigen Freundeskreis Mut zu machen: »Deswegen mach ich mir da auch nicht so große Sorgen.« (2/8) Herr D. betont, dass der Eintritt in das Berufsleben seiner Meinung nach ein viel größerer Einschnitt ist als das Elternwerden und erzählt, dass für einige seiner Freunde dieser erste Schritt nun anliege. Er vermutet:

> Herr D.: »Und wenn die, manche jetzt zum ersten Mal, so richtig da reinkommen, da ist auch schlagartig so Ruhe angesagt. Und überhaupt nicht mal: ›Wann treffen wir uns, und wann machen wir 'ne Party?‹ Das ist 'n viel größerer Einschnitt.« (2/9)

Auf meine Bemerkung: »Das haben Sie ja schon hinter sich gebracht« (2/10), reagiert Herr D. mit einem zustimmenden Lachen. Er scheint darauf zu setzen, dass die Berufstätigkeit seiner Freunde auch eine Angleichung der Lebensrealitäten zur Folge haben wird und damit auch einer möglichen Entfremdung entgegenwirkt.

Erwähnt sei ferner, dass sich im Erleben von Herrn D. auch jene Konflikte entschärft haben, die er im Zusammenhang mit seiner Schwiegermutter auf sich zukommen sah:

> Herr D.: »Sie hat ja ganz vernünftige Ansichten. So wie sie uns bemuttert, wenn man das auf einen Säugling überträgt, ist das vielleicht wieder ganz angebracht.« (2/2)

Ergaben sich für Herrn D. zuvor aus der aus seiner Sicht besonders ausgeprägten Mütterlichkeit seiner Schwiegermutter handfeste Probleme, so spricht aus obiger Äußerung eine nun andere Einschätzung. Dem Bemuttern scheint hier – bezieht es sich auf einen Säugling – auch eine positive Qualität zuerkannt werden zu können.

Auf der Suche nach Vorbildern...

Herr D. erzählt, dass ihm einer seiner Kollegen sehr wichtig geworden sei. Mit diesem verbringe er nicht nur viel Zeit, sondern könne darüber hinaus auch über alles reden:

> Herr D.: »Sind auch oft dann zu zweit im Außendienst oder so, den ganzen Tag zusammen. Und da können wir alle Sorgen und Probleme so irgendwie besprechen. Wenn man so auf einer Wellenlänge ist, kann man auch über alles reden. Das ist schon super.« (2/15)

Herr D. vermutet, dass er und sein Kollege sich so gut verstehen, weil sie beide auf einer Wellenlänge liegen, sprich sich sehr ähnlich sind. Neben dem, was beide Männer im Erleben von Herrn D. teilen, scheint es aber auch etwas zu geben, was sie (noch) unterscheidet:

> Herr D.: »Als ich ihn kennen gelernt hab, wäre ich nie auf die Idee gekommen, dass der verheiratet ist und 'n Haus gekauft hat. Das sind Sachen, die man ihm, wenn man ihn sieht, niemals zutrauen würde. (...) Das fand ich immer schon super, das war für mich: ›Nun guck mal hier, der ist auch verheiratet und der ist auch Vater. Guck mal, wie gut der noch drauf ist.‹« (2/15)

Besagter Kollege ist Herrn D. zufolge Ehemann, Hausbesitzer und Vater und trotzdem »gut drauf«. Die genannten Attribute scheinen für Herrn D. zunächst einmal in einem unversöhnlichen Widerspruch zu stehen: Verheiratet zu sein, ein Haus zu besitzen und Vater zu sein – also all das, was auf eine bürgerliche Existenz verweist – korrespondiert für ihn anscheinend eher mit dem Nicht- bzw. mit dem Nicht-mehr-gut-drauf-Sein. Herr D. ist froh, jemanden kennen gelernt zu haben, der das, was sich aus seiner Sicht eigentlich ausschließt, in sich vereinen kann. Er hofft, so lässt sich vermuten, dass dies auch einmal für ihn selbst möglich sein wird:

> Herr D.: »Mein Arbeitskollege ist auch mein Freund mittlerweile, und der hat schon zwei Kinder. Sieht man ihm aber auch nicht an; und wenn wir zusammen irgendwie unterwegs sind, denn kommt da auch kein Mensch drauf, dass wir Väter sein könnten.« (2/13)

In dieser wie auch in anderen Äußerungen klingt an, dass es für Herrn D. kein Kompliment wäre, wenn man ihn als Vater erkennen könnte. Das, was er mit einem Vater verbindet, ist aktuell für ihn nur schwer in sein Selbstbild zu integrieren. Ich frage Herrn D., ob er mit einer Vaterschaft Begriffe wie »solide« oder »gesetzt« verbindet, was er bestätigt (»Na ja, eher doch«). Dass er ja auch stolz sein könnte, wenn er für andere als Vater identifizierbar ist (man es ihm also ansieht), dies scheint sich Herr D. zu diesem Zeitpunkt noch nicht vorstellen zu können. Im Interview wird in diesem Zusammenhang die Frage Thema, ob und inwiefern das Vaterwerden Veränderungsprozesse anstößt. Herr D. vermutet:

> Herr D.: »Vielleicht wird man dann mal 'n bisschen vernünftiger?« (2/13)

Herr D., das macht die nachstehende Äußerung deutlich, wünscht sich nicht, dass er sich in die genannte Richtung hin verändert. Er hat jedoch den Eindruck, dass andere – z. B. seine Mutter – eine solche Veränderung erwarten oder sich sogar erhoffen:

> Herr D.: »Meine Mutter sagt denn auch mal: ›Wann wirst du endlich mal vernünftig?‹ Vielleicht passiert das dann ja. Will ich nicht unbedingt, aber...« (2/13)

Herr D. führt aus, dass er sich wünscht, als Vater derjenige bleiben zu können, der er jetzt ist:

> Herr D.: »Dass ich genauso bin, wie jetzt auch. Also ich muss ja jetzt nicht irgendwie versuchen jetzt immer, wenn ich mit dem Kind unterwegs bin, ›jetzt muss ich ja auch 'nen bisschen seriösen Eindruck machen‹ oder so, sondern ganz normal. Da mach ich mir auch gar keine Sorgen, dass ich mich irgendwie meine verstellen zu müssen.« (2/15)

Herr D. will sich nicht verstellen müssen, sondern nimmt sich vor, ganz »normal« – also so, wie er sich aktuell erfährt – aufzutreten. Er identifiziert den Anspruch, ein Vater sollte seriös wirken und vernünftig sein, als etwas, was von außen an ihn herangetragen wird. Der zuletzt genannte Satz deutet jedoch darauf hin, dass er auch ein Selbstanteil ist. Der Umstand, dass vermutlich auch in Herrn D. etwas verlangt, als Vater »seriös« und »vernünftig« zu sein, während eine andere Seite seiner selbst hiergegen protestiert, ist ihm jedoch nicht zugänglich. Er thematisiert potentielle Konflikte, die in diesem Zusammenhang virulent werden könnten, als interpersonelle und eben nicht als intrapsychische:

> Herr D.: »Also ich wäre mit mir als Vater zufrieden. Aber man kriegt das ja so aufgedrückt dann. Meine Frau sagt das dann auch immer: ›Und trink nicht so viel, denk daran, dass du Vater wirst. Denk an mich und hier.‹ Aber das ist ja eben immer noch im Bauch, so konkret kann ich mir dann das nicht vorstellen. Irgendwie als schlechte Gewissensstütze wirkt das noch nicht. ›Aber wenn es jetzt da wäre, was würde jetzt wohl dein Kind denken, wenn es dich so mal sehen würde?‹« (2/14)

Herrn D. zufolge sind es vor allem zwei Frauen – seine Frau und seine Mutter – die eine bestimmte Vorstellung darüber haben, in welcher Weise er sich als Vater ändern soll. Er hat das Gefühl, dass seine Frau versucht, mit und über das Kind Veränderungen seines Verhaltens durchzusetzen. Das Kind wird dabei seiner Wahrnehmung nach von ihr als eine moralische Instanz bemüht, die sie in das Beziehungsgeschehen des Paares einzuführen versucht. Als eine »negative Gewissensstütze«, d. h. als eben diese moralische Instanz, kann und will Herr D. seinen Worten zufolge das Baby jedoch »noch nicht« anerkennen. Wie dies später aussehen wird, bleibt an dieser Stelle offen. In der folgenden Äußerung deuten sich jedoch Konflikte an, die sich innerhalb der Person von Herrn D. entzünden:

> Herr D.: »Das soll mich auch nicht mitkriegen, wenn man mal aus Versehen zu viel getrunken hat. Aber, ich weiß nicht, ich hab auch keine Lust, deswegen bei Spritztouren auf Sparflamme zu machen. Muss auch so gehen.« (2/14)

Herr D. möchte weder, dass sein Kind mitbekommt, wenn er zu viel getrunken hat, noch scheint er bereit dazu zu sein, auf die von ihm als »Spritztouren«(!) bezeichneten Unternehmungen zu verzichten. Diese können vermutlich auch im Sinne einer Metapher verstanden werden, die für

Lust und männliche Autonomie steht. Einer solchen Lesart zufolge wäre eine Vaterschaft ein Statuswechsel, der unbewusst mit der Notwendigkeit eines Triebverzichtes assoziiert ist und darum auch Ablehnung hervorruft.

Kleine Fluchten...
Gegen Ende des Interviews kommt Herr D. noch einmal auf die ersten Monate der Schwangerschaft zu sprechen:

> Herr D.: »Mehr so einschneidende, tiefere Gedanken, die mal so aufzuckten zwischendurch, die waren eher negativ. Vielleicht so nach dem Motto: ›Jetzt gibt es kein Zurück mehr, der Weg ist vorgezeichnet.‹ Man kann 'ner Frau abhauen, aber man kann nicht 'n Kind im Stich lassen. Nicht, dass das irgendwie 'ne akute Gefahr sein könnte, überhaupt nicht, aber so im Hinterkopf ist das schon 'was Endgültiges. Ist das Leben schon mal eine vorgezeichnete Bahn eingeschlagen. Dann denk ich mir, ich hab immer noch eine freie Jobauswahl, wenn ich Doktor bin. Kann mir immer noch von der Schiene her das Leben gestalten, wie ich will. Wobei die familiäre Sache ist gegessen, da gibt es kein Zurück.« (2/18)

Herr D. greift hier noch einmal auf, was bereits ein zentraler Gegenstand des ersten Gespräches war: Das Gefühl, sich festgelegt zu haben, oder anders formuliert, das Gefühl, mit der Vaterschaft festgelegt zu werden. Der bedrohliche Charakter, der von ihm als geschlossen antizipierten Zukunft, deutet sich auch in der von ihm gewählten Metapher an: Solche und ähnliche Gedanken »zuckten« in ihm auf, erschreckten ihn bzw. ließen ihn – um in der Metapher zu bleiben – zusammenzucken. Das, was dem familiären Bereich zuzuordnen ist, scheint Herr D. weiterhin als »endgültig«, »vorgezeichnet« bzw. als »gegessen« zu erleben. Die Möglichkeit, diesen Bereich seinen Vorstellungen entsprechend mitzugestalten, spricht er nicht an. Eine solche Möglichkeit kann er aber in anderer Hinsicht, nämlich in seinem Berufsleben ausmachen. Auch dieser Umstand bezeichnet eine Differenz zu dem ersten Gespräch. Zu jenem Zeitpunkt hatte Herr D. anscheinend noch das Gefühl, als wäre mit dem Vaterwerden die eine und letzte Weiche gestellt. Für Herrn D., so lässt sich vermuten, ist die Promotion auch ein Garant seiner Autonomie. Sie bzw. ihre Bewältigung hält die Zukunft, die sich zu schließen droht, jedenfalls in einem Segment offen. Der Wunsch, in naher Zeit promoviert zu sein, erklärt sich möglicherweise auch aus dieser Vorstellung.

Das Thema »Partys« bzw. das »Mit-Freunden-auf-Tour-Gehen« kommt auch in diesem Interview noch einmal zur Sprache. Herr D. erzählt, dass er nun öfter mal seiner Partnerin zuliebe eine Party absage. Partys oder Treffen, die für ihn gut zu erreichen sind, nimmt er jedoch weiterhin wahr. Diesen Lebensbereich aufrechtzuerhalten, ist für ihn wichtig: »Findet A.

nicht so toll, aber ab und zu muss man denn mal auf Tour gehen.« (2/8)
Das Kind, so überlegt Herr D., ist zukünftig möglicherweise nicht nur ein
Hindernis, sondern kann ihn indirekt sogar dabei unterstützen, seine Interessen durchzusetzen und seine Autonomie zu behaupten:

> Herr D.: »So 'n bisschen fies denk ich mir denn manchmal auch, dass wenn 'n
> Baby da ist, brauche ich mir auch keine Ausreden oder irgendwas einfallen zu
> lassen, wenn ich mal alleine auf Tour gehen will. Ja, einer muss ja beim Kind
> bleiben.« (2/8–9)

In dieser Äußerung teilt sich mit, dass es in diesem Fall Herr D. ist, der
dem Kind in seiner Phantasie eine bestimmte Funktion für das Paar zuweist. Das Kind wird hier nicht als moralische Instanz in das Beziehungsgeschehen des Paares einzuführen versucht, sondern als etwas vorgestellt,
das ihm kleine Fluchten und somit Separationsbewegungen von der Partnerin erleichtert.

Kinder lassen einen realisieren, dass man älter wird...
Gegen Ende des Interviews kommt Herr D. doch noch auf eine Veränderung zu sprechen, die er durch Kinder angestoßen sieht:

> Herr D.: »Mit Kindern fängt das an, dass man jeden Tag sieht, wie man älter
> wird. Wo man sich jetzt noch keine Gedanken drüber macht. Die Kinder werden nach und nach größer und halten einem den Spiegel vor. Man erinnert sich
> an seine eigene Kindheit und weiß dann erst, wie weit die schon zurück ist.
> Vielleicht wird man seinen Eltern immer ähnlicher. Und man rutscht so nach
> und nach, auch den Eltern gegenüber ist man nicht mehr der Sohn, und das Enkelkind steht im Vordergrund.« (2/18)

Herr D. vermutet, dass ein Kind den eigenen Alterungsprozess, den man
als Nicht-Vater noch gar nicht realisiere, ins Bewusstsein rücken wird. In
der genannten Äußerung kommt die Überzeugung zum Ausdruck, dass sich
mit einer Vaterschaft ein anderes Zeitbewusstsein etabliert. Kinder, so Herr
D., wecken Erinnerungen an die eigene Kindheit und bringen diese somit
einem auch wieder nahe. Besagtes Sich-Erinnern habe aber auch zur Folge,
dass die Zeit, die seitdem vergangen ist, stärker ins Bewusstsein trete. Dieser Umstand wiederum, so glaubt Herr D., kann dazu führen, dass einem
das aktuelle Lebensalter präsent wird. Vater zu werden, auch dies klingt in
der obigen Äußerung an, heißt in der Generationenfolge einen Platz weiterzurücken. Herr D. vermutet, dass er seine exponierte Position als Sohnbzw. als Kind-seiner-Eltern verlieren wird. Im Mittelpunkt würde dann
nicht länger er, sondern das Enkelkind stehen. Ich frage Herrn D., wie
dieser Gedanke für ihn sei:

> Herr D.: »Das akzeptiere ich so, so muss es sein. So viele Gefühle hab ich da
> nicht so dabei. (...) Was soll ich mich jetzt über irgendwas beschweren, wo ich
> es von Anfang an so wollte.« (2/18–19)

Vater zu werden, so klingt es hier an, bedeutet für Herrn D., eine Ereigniskette ausgelöst zu haben, die dann nicht mehr aufzuhalten ist. Der Versuch, sich dagegen aufzulehnen, scheint von Herrn D. als ein sinnloses Unterfangen erlebt zu werden. Die Bemerkung, dass er ja schließlich Vater werden wollte, lässt sich in diesem Zusammenhang auch als der Versuch verstehen, sich selbst wieder zum Akteur des Geschehens zu machen und damit aus der Position desjenigen, mit dem etwas geschieht, herauszukommen.

Zusammenfassung und Diskussion
Herr D. kann zum Zeitpunkt dieses Interviews seiner Zukunft anscheinend weitaus gelassener als im ersten Interview entgegensehen. Verschiedene Konflikte, die für ihn von großer Brisanz waren, scheinen sich entschärft zu haben oder sogar obsolet geworden zu sein. Herr D. wirkt entspannter und zeigt sich als jemand, der sich weniger Sorgen um Gegenwart und Zukunft als im ersten Gespräch macht. Wie lässt sich dieser Umstand erklären?
Wichtig ist in diesem Zusammenhang zunächst die Tatsache, dass zum Zeitpunkt dieses zweiten Gespräches die Schwangerschaft deutlich vorangeschritten ist. Herr D., der ja nicht wie seine Frau körperlich mit dem Baby verbunden ist, hat somit buchstäblich »zunehmend« die Möglichkeit, sich visuell und haptisch der Realität des Kindes zu vergewissern. Dass er Vater werden wird, scheint sich für ihn nunmehr nicht länger nur als eine kognitive Realität darzustellen, sondern als etwas, das erlebbar und damit auch emotional einzuholen ist. Hierdurch wiederum wird es für ihn möglich, wenigstens zeitweise die von mir als »Niemandsland« bezeichnete psychosoziale Lage des Nicht-mehr-und-noch-Nicht hinter sich zu lassen. Je stärker sich das Kind »bemerkbar macht«, desto leichter scheint es für Herrn D. zu sein, sich in ein Verhältnis zu der Zeit nach der Geburt des Kindes zu setzen. Nicht nur das Baby, sondern auch sein Leben als Familienvater bekommt dann eine erste Gestalt. Eine sich deutlicher konturierende Zukunft trägt daneben aber auch dazu bei, dass Ängste gebunden und damit begrenzt werden können. Je offener sich diese hingegen darstellt, je weniger sie »fassbar« ist, umso stärker bietet sie sich an, im Sinne einer Projektionsfläche wirksam zu werden. Die Zeit der Schwangerschaft, so ließe sich vermuten, ist somit in besonderer Weise dazu prädestiniert, werdende Väter auf ihre unbewussten Konflikte zu verweisen. Festzuhalten ist an dieser Stelle aber auch, dass das Kind aktiv werden muss, um in Herrn D. als Objekt lebendig zu werden. Seine Repräsentanz scheint zu diesem Zeitpunkt noch so fragil zu sein, dass es immer wieder einer Bestätigung in der Außenwelt bedarf, um sie aufrechterhalten zu können.

Herr D. hat verschiedene Wege gefunden, um mit den von ihm geschilderten Fragen und Problemen umzugehen. Die von mir als »step-by-step« bezeichnete »Strategie« (in den Blick tritt nur die nähere Zukunft) stellt sich so gesehen als eine nicht bewusste (Angst-)Bewältigungsstrategie dar, die dabei hilft, eine offene Zukunft nicht allzu beängstigend zu erleben. Das Gefühl, einer unüberschaubaren Zukunft ausgeliefert zu sein, kann hier dem Gefühl Platz machen, diese wenigstens partiell auch überblicken und kontrollieren zu können. Daneben hat Herr D. einen Mann kennen gelernt und mit diesem Freundschaft geschlossen, der bereits Vater ist und dennoch nicht das verkörpert, was für Herrn D. negativ mit dem Vaterwerden assoziiert ist. Dieser Freund scheint Vorbild und Modell in einem zu sein, Herr D. sucht und findet hier eine für ihn »brauchbare« Orientierungshilfe. Besagter Kollege erlaubt ihm, sich an seinem Beispiel zu vergewissern, dass es möglich sein kann, Vater zu sein, ohne sich oder allzu viel des »alten« Lebens aufgeben zu müssen. Herr D. scheint aber auch mehr Vertrauen in die Stabilität seiner Freundesbeziehungen gewonnen zu haben (wie im ersten Interview ausgeführt, haben diese ja eine wichtige Funktion für das eigene Selbstverständnis und die eigene Identität). Zugleich sind in dem Interview aber auch Hinweise dafür zu finden, dass er – vermutlich nicht zuletzt aufgrund seiner erstarkten Identifikation als künftiger Familienvater – an Unabhängigkeit gewonnen hat. Auch die im ersten Interview formulierte Sorge, »nicht mehr raus zu kommen«, wenn er erst Vater ist und eine Familie hat (also seine Autonomie zu verlieren),[27] hat anscheinend ihre Brisanz verloren. Hierzu trägt vermutlich der Umstand bei, dass sich Herr D. in Gedanken »kleine Fluchten« organisiert hat, die sich in seiner Vorstellung mit »Hilfe« des Kindes realisieren lassen.

In diesem Interview wird deutlich, dass bei der Bewältigung einer Statuspassage wie dem Vaterwerden gerade auch Identifikationsprozessen eine große Bedeutung zukommt. So ist Herr D. in dem geschilderten Traum, der von ihm ja auch als Ausdruck einer Beziehungsaufnahme erlebt wird, mit dem sich als klug erweisenden Kind identifiziert. Das Kind ist hier ein Selbstobjekt, das kluge Kind dieser Lesart zufolge auch er selbst. Diese Projektion, so lässt sich vermuten, erlaubt es Herrn D., mit dem Kind in Beziehung zu treten und es gefühlsmäßig zu besetzen. Wichtig scheint mir in diesem Zusammenhang auch der erwähnte Kollege und Freund von Herrn D. zu sein, der ja schon Vater ist. Mit diesem möchte Herr D. sich identifizieren. Dass dies bereits geschieht, deutet sich darin an, dass der

---

[27] Besteht die Sorge, dass es nicht möglich ist, seine Autonomie zu behaupten, wenn man erst Vater ist, dann ist der Wunsch, sich auf das Kind einzulassen und eine »Bindung« aufzubauen, nicht frei von Ambivalenz. Die Berufstätigkeit sowie der eigene Freundeskreis können hier als Garant einer gefährdeten Autonomie erlebt werden.

noch existierende Unterschied zwischen ihnen (einer ist schon Vater, der andere noch nicht) verschwimmt, wenn Herr D. von ihrem Zusammensein berichtet. »Der ist auch Vater«, »da kommt kein Mensch drauf, dass wir Väter sein könnten«, sagt er und nimmt hiermit etwas vorweg. In einem solchen Moment, so scheint es, ist Herr D. in seinem Erleben bereits Vater. Sich in der Ausgestaltung seiner Vaterrolle an seinem eigenen Vater zu orientieren, lehnt Herr D. ab; er möchte hier deutlich andere Wege beschreiten. Ob ihm dies gelingen wird oder anders formuliert, ob nicht doch auch unbewusste Identifikationen mit seinem Vater das Verhältnis und den Umgang mit seinem eigenen Kind in einer Weise mitgestalten werden, die den bewussten Intentionen zuwiderläuft, das wird die Zukunft zeigen. Herr D., so möchte ich behaupten, ist nicht zuletzt mit seiner schwangeren Frau identifiziert. Im übertragenen Sinne geht auch er schwanger, nämlich mit seinem Kind, der Promotion (etwas von ihm wird vom Doktorvater »geschwängert«, es ist doppelt so dick, als er es zurückbekommt). Die Doktorarbeit stellt sich für ihn möglicherweise unbewusst als etwas dar, das ihm dabei hilft, Neidgefühle abzuwehren und aufzufangen, die sich auf die augenfällige Produktivität seiner Frau richten. In diesen Zusammenhang gehört weiterhin, dass es für Herrn D. aktuell scheinbar nur sehr bedingt möglich ist, das Kind im Bauch seiner Frau auch als sein »Produkt« bzw. als etwas, das sie beide erschaffen, zu erfahren. Könnte er dies in einem stärkeren Maße, so müsste er vielleicht nicht mit einem eigenen Produkt »antworten« bzw. in eine unbewusste Konkurrenz treten.

Mir stellte sich auch in diesem Interview die Frage, welche Möglichkeiten Herr D. sieht, Einfluss auf sein familiales Beziehungsumfeld zu nehmen und dieses aktiv mitzugestalten. So spricht er beispielsweise davon, dass man durch das kleine Baby, das ins Haus kommt, »dann halt den Alltag entsprechend anders gestaltet bekommt«. Diese eher passive Haltung verweist möglicherweise auch auf Erfahrungen der Gegenwart: Die Schwangerschaft seiner Frau und all das, was damit verbunden ist, scheint Herrn D. als etwas entgegenzutreten, das sich weitestgehend unabhängig von ihm und seinem Wirken gestaltet. In diesen Kontext gehört vermutlich auch, dass Herr D. sich in diesem wie in dem letzten Interview wenig auf seine Frau bezieht. Sie bzw. ihre Realität als werdende Mutter wird nur am Rande Thema (auch im Traum kam sie nicht vor, wie Herr D. bemerkte). Herr D. spricht im Zusammenhang von Schwangerschaft und nahender Elternschaft nur an wenigen Stellen von »wir«. Dieser Umstand verweist zum einen darauf, dass er sich noch nicht auf eine Elternrepräsentanz beziehen kann, zum anderen aber möglicherweise auch darauf, dass es für ihn nur wenige Situationen gibt, in denen er sich im Hinblick auf die Schwangerschaft und nahende Elternschaft mit seiner Partnerin verbunden erlebt.

79

Interessanterweise spricht Herr D. von einem »wir«, als er erzählt, dass er und seine Frau an einem Geburtsvorbereitungskurs teilnehmen (»wir machen jetzt auch so einen Geburtsvorbereitungskurs«). Vermutlich nicht zufällig handelt es sich hier um eine Situation, in der er sich, wie er es formuliert, »mittendrin« und eben nicht außen vor fühlte.

1.3. »Also 'n entscheidender Moment war, als er mir zum ersten Mal in die Augen geguckt hat. (...) Da dachte ich: ›So, jetzt hat er mich erkannt, das ist schon mal geschafft!‹«

Das letzte Interview mit Herrn D. habe ich drei Monate nach der Geburt seines Sohnes geführt. In der Zeit zwischen dem zweiten und dritten Gespräch ist neben der Geburt eine Menge geschehen: Herr D. hat sein Promotionsverfahren erfolgreich abgeschlossen und eine neue Arbeit in der Nähe seines Wohnortes gefunden. Auch seine Frau arbeitet wieder, zunächst jedoch nur halbtags.

Vater zu sein gefällt mir...
Zu Beginn des Gespräches frage ich Herrn D., wie es ihm denn damit geht, nun Vater zu sein. Er antwortet:

> Herr D.: »Es gefällt mir gut. Aber wir haben auch 'n sehr pflegeleichtes Kind, wenn man das mal so vergleicht. Also meine Frau trifft sich noch mit drei Frauen aus dem Vorbereitungskurs, und da ist unserer der Liebste, würde ich mal sagen. (...) Er schläft auch nachts ganz gut, so von 11.00 bis 6.00 Uhr mittlerweile. Das hat auch nicht lange gedauert, da bin ich schon gar nicht mehr wach geworden, wenn er geschrien hat. Irgendwie konnte ich da trotzdem weiter schlafen. Weil das ist der Vorteil, wenn die Frau stillt, dass man ihr da leider nichts abnehmen kann.« (3/1)

Herr D. berichtet, dass es ihm gut gefällt, Vater zu sein. Erklärend fügt er hinzu, dass ihr Kind »aber auch« sehr pflegeleicht sei. Der Umstand, dass Herr D. seinen Sohn Sven als »lieb« erlebt und sich durch ihn, beispielsweise was seine Nachtruhe betrifft, nicht gestört oder gar beeinträchtigt fühlt, scheint für die positive Bewertung seiner Vaterschaft nicht unerheblich zu sein. Vaterwerden, zu dieser Einschätzung kommt er dann auch im Folgenden, sei schon ein Einschnitt, allerdings »ein Einschnitt, den man wohl im Nachhinein nicht so dramatisch sieht wie vorher.« (3/3)
Im Laufe des Interviews schildert Herr D. an verschiedenen Stellen, was ihm am Vatersein so gut gefällt. So führt er aus:

> Herr D.: »Diesen kleinen, gutgelaunten Jungen auf dem Arm zu haben. Und immer zu sehen, wie er sich weiterentwickelt, wie er wächst. Und dann guckt er einen an, zum ersten Mal richtig... Oder jetzt fängt er an, was zu greifen, das ist immer ganz spannend.« (3/3-4)

Herrn D. macht es Freude, die rasch fortschreitenden Entwicklungsschritte seines Sohnes zu beobachten und dabei festzustellen, dass immer wieder etwas Neues geschieht. Dass für ihn der Moment, in dem er das erste Mal das Gefühl hatte, vom Kind – wie er es formuliert – »richtig« angeschaut zu werden, in besonderer Weise wichtig war, macht er auch mit der folgenden Äußerung noch einmal deutlich:

> Herr D.: »Also 'n entscheidender Moment war, als er mir zum ersten Mal in die Augen geguckt hat, als ich ihn auf dem Arm gehalten hab. Irgendwie so nach anderthalb oder zwei Monaten. So richtig länger. Da dachte ich: ›So, jetzt hat er mich erkannt, das ist schon mal geschafft!‹« (3/18)

Aus den letzten Wochen und Monaten, die seit der Geburt seines Kindes vergangen sind, hebt Herr D. hier einen bestimmten Moment bzw. eine bestimmte Situation hervor. Er spricht von einem, aus seiner Sicht spezifischen Augenblick, den er sogar als »entscheidend« bezeichnet. Herr D. identifiziert eine bestimmte Art und Weise des Angesehenwerdens als ein Erkanntwerden. Indem er betont, dass sein Kind ihn »richtig« angesehen und zum ersten Mal »richtig« länger in die Augen geschaut habe, versucht er, den von ihm erlebten Unterschied zwischen besagtem und anderen »Augenblicken« deutlich zu machen. Für Herrn D. ist dieser Moment deshalb so bedeutsam, weil er sich gesehen und vom Kind erstmals als bedeutungsvollen Anderen erkannt und anerkannt gefühlt zu haben scheint. Die Aussage »das ist schon mal geschafft« legt die Vermutung nahe, dass Herr D. hier eine wichtige Hürde genommen sah: Vater und Sohn ist es seinem Erleben nach gelungen, in Kontakt zu kommen. Besagte Äußerung lässt sich so gesehen auch folgendermaßen übersetzen: Ein Anfang ist gemacht, das Kind tritt mit mir (und damit – so ließe sich weiterhin vermuten – auch ich mit ihm) in Beziehung.

Im weiteren Interviewverlauf kommt Herr D. noch einmal darauf zu sprechen, dass er sein Kind als in der Regel freundlich gestimmt und gut gelaunt erlebt. Dieser Umstand scheint auch alltäglichen Pflege- und Versorgungshandlungen eine lustvolle Seite zukommen zu lassen. Das Gefühl, beim Sohn gut »anzukommen«, trägt vermutlich weiterhin dazu bei, dass Herr D. diese seinen Aussagen zufolge auch gerne übernimmt:

> Herr D.: »Wenn er gute Laune hat, macht alles Spaß. Sobald er auf dem Wickeltisch liegt, lacht er auch. Da haben wir so 'ne Spieluhr, die guckt er dann immer schon an, ob man sie endlich anschmeißt. Und dann pinkelt er im hohen Bogen und so, das ist lustig.« (3/13)

Das als freundlich interpretierte Lachen des Kindes ist noch in einer weiteren Hinsicht bedeutsam. Herr D. hat den Eindruck, dass Sven hiermit die

Herzen anderer gewinnen und für sich einnehmen kann. Scheint dies zu gelingen, so ist das auch für Herrn D. eine Freude. Stolz erzählt er:

> Herr D.: »Er lächelt auch alle an, alle sind begeistert.« (3/18)

Herrn D. ist es anscheinend wichtig, dass sein Kind gut »ankommt«. Als er auf die erste Begegnung zwischen Uroma und Urenkel zu sprechen kommt, wird deutlich, dass er auch in diesem Zusammenhang das Lachen seines Kindes als Schlüssel zum Herzen derjenigen, die mit ihm zu tun haben, betrachtet:

> Herr D.: »Aber 'n paar Sachen muss er einfach bringen. Z. B. meine Oma, zweiundachtzig, da waren wir Weihnachten zum ersten Mal mit ihm, und da habe ich auch gehofft: Bitte, lach sie wenigstens einmal an! Hat er dann auch gemacht, damit hat er das Herz erobert gehabt.« (3/14)

Als Vaterfigur erlebe ich mich noch nicht...
Herr D. erzählt, dass auch er sich um die Versorgung und Pflege des Kindes kümmert. Er unterstreicht hierbei:

> Herr D.: »Das ist komplett gleichberechtigt, das ist nicht so, dass sie sagt, ›gib ihn mir jetzt mal lieber‹ oder so. Sie sagt so, dann nach dem Stillen: ›Geh mal zu Papa Bäuerchen machen.‹ Oder ich nehme ihn dann schon selber. Oder ich wickele ihn freiwillig. Das ist komplette Arbeitsteilung. Sie wird nie sagen, dass sie irgendwas besser mit ihm kann.« (3/9)

Wenn es um die Versorgung des Kindes geht, dann erlebt Herr D. sich und seine Frau als gleichermaßen kompetent. Herr D. ist es wichtig, das in diesem Zusammenhang Gleiche zu betonen; er spricht von einer »kompletten« Arbeitsteilung (das heißt nicht, dass sich dies auch tatsächlich so darstellt). Abgesehen vom Stillen gibt es seinen Schilderungen zufolge keine Aufgabe oder Tätigkeit, die ausschließlich von einem der beiden Elternteile wahrgenommen wird. Der Umstand, dass Frau D. das Kind nach dem Stillen ihrem Mann »übergibt«, kann in diesem Zusammenhang auch als ein unbewusster Versuch verstanden werden, das zu kompensieren, was sich hier als Differenz offenbart. In dieser Perspektive hat besagter Akt auch die Bedeutung einer Art Wiedergutmachung dafür, dass Herr D. hier etwas nicht vermag und von etwas ausgeschlossen ist. Herr D. fühlt sich wertgeschätzt. Er unterstreicht, dass seine Frau ihm nicht das Gefühl vermittele, dass er als Vater irgendetwas nicht so gut könne wie sie als Mutter. Diese Einschätzung scheint mit seinem Selbstverständnis überein zu stimmen. Herr D. beschreibt sich als im Umgang mit dem Baby kompetent. So erzählt er, dass es auch keine Probleme geben würde, wenn er mit dem Kind alleine sei. Betont burschikos schildert er, dass er sich auch dann, wenn das Kind schreien würde, nicht unsicher oder gar hilflos fühlen würde:

> Herr D.: »Wenn er dann mal schreit, muss man den Schnuller reinstopfen oder ihn ein bisschen rumtragen. Das geht gut. Ich hab nie so das Gefühl: ›Oh nein, was mach ich jetzt, das Kind schreit.‹« (3/4)

Das Einzige, was Herr D. im Umgang mit dem Kind definitiv nicht vermag, ist das Kind zu stillen. Dieser Akt bleibt Frau D. vorbehalten. Auf meine Frage, wie es denn für ihn ist, wenn er sieht, wie seine Frau das Kind stillt, antwortet er:

> Herr D.: »Wir haben meinen alten Schaukelstuhl vom Boden geholt und dann sitzt sie da im Wohnzimmer und stillt. Ich guck Fernsehen oder so. Macht mir überhaupt nichts aus. Finde ich total praktisch. Braucht man nicht die Flaschen anmixen und warm machen.« (3/17)

Herr D. hebt die praktische Seite des Stillens hervor: Wenn seine Frau stillt, so führt er aus, erspare das letztlich auch ihm Arbeit:

> Herr D.: »Finde ich ganz normal und 'ne alltägliche Sache und hab mir nie Gedanken darüber gemacht, ob er jetzt mir was von meiner Frau wegnimmt oder so. Zumal ich dann überhaupt keine Arbeit mit der Fütterung habe.« (3/18)

Herr D. beschreibt das Stillen als eine »normale und ganz alltägliche Sache«, die – so ließe sich vielleicht ergänzen – eigentlich nicht weiter erwähnenswert sei. Ob dem hier zum Ausdruck kommenden betont sachlichen und nüchternen Umgang mit dem Thema Stillen auch die Funktion zukommt, die emotionale Dimension dieses Geschehens abzuwehren (z. B. die Kränkung hier etwas nicht zu können und aus einem Beziehungsgeschehen ausgeschlossen zu sein), das lässt sich an dieser Stelle nur vermuten.

Auch wenn Herr D. zunächst das Gleiche betont (er und seine Frau übernehmen dieselben Aufgaben und erweisen sich dabei seiner Einschätzung zufolge als gleichermaßen kompetent), so sieht er doch in einer Hinsicht einen Unterschied im Erleben von Müttern und Vätern und damit auch zwischen sich und seiner Partnerin. Er vermutet, dass Mütter es besser als Väter aushalten können, wenn sich ihre Kinder über eine längeren Zeitraum nicht beruhigen lassen, und glaubt, dass sie in einer solchen Situation gelassener und mit weniger Aggressionen reagieren:

> Herr D.: »Mutterliebe muss intensiver sein. Also wenn er mal richtig schlecht drauf ist, war er bis jetzt nur ganz selten, wenn er auch schreit und schreit, dann kriege ich auch so richtige Aggressionen manchmal. (...) Er kann da ja auch nichts dafür, aber wo man so denkt: ›Verdammte Scheiße, jetzt hör auf zu schreien.‹ Und wenn ich dann denke, dass man den ganzen Tag, und dann dabei ruhig bleiben, wäre ich überfordert. Wenn er manchmal die ganze Nacht geschrien hat, war ich auch viel einmal froh, als ich zur Arbeit fahren konnte. Und die Mütter halten das aus. Oder meine Kollegin, die ja auch Doktorandin ist und 'n halbes Jahr altes Kind hat, das schläft nur anderthalb Stunden am Stück und schreit immer und ist krank. (...) Würde ich wahnsinnig wer-

den. Weiß nicht, da müssen Mütter irgendwie 'n Instinkt mehr haben, dass sie das aushalten können.« (3/5)

Herr D. vermutet, dass die mütterlichen Gefühle für das Kind letztlich tiefgehender als die väterlichen sind. Zu dieser Einschätzung kommt er, weil er bei sich beobachtet, dass in ihm »richtige«, vermutlich also massive Aggressionen entstehen, wenn sich sein Sohn nicht beruhigen lässt. Herr D. bringt zum Ausdruck, dass er froh sei, sich dann auch entziehen zu können. Seine Arbeit scheint er in diesem Kontext als etwas zu erleben, was ihm erlaubt, Abstand von dem schreienden Kind und damit auch von seinen Aggressionen zu gewinnen. Dieser Abstand fungiert für ihn als eine Art Sicherheitsabstand, der auch dazu notwendig ist, ihn und das Kind zu schützen. Herr D. befürchtet anscheinend, dass es ihm nicht gelingen würde, ruhig zu bleiben (d. h. Wut und Ärger bei und in sich zu behalten), wenn er eine solche Rückzugsmöglichkeit nicht hätte. Dass Mütter seiner Überzeugung nach besser dazu in der Lage sind, ein schreiendes Kind auszuhalten, schreibt er nicht ihrer psychischen Verfasstheit oder sozialen Verhältnissen zu, sondern ihrer biologischen Ausstattung. Eine solche Sichtweise kann entlasten. Sie hat z. B. den Vorteil, dass sich die Frage, ob es für Mütter bzw. die eigene Partnerin tatsächlich leichter ist, ein Kind auszuhalten, das sich nicht beruhigen lässt, gar nicht erst stellt. Besagte Sichtweise kann aber auch potentielle Schuldgefühle (diese könnten aus dem Gewahrwerden der eigenen Aggressionen resultieren oder auch aus dem Umstand, dass man sich entziehen kann, während der Partner diese Möglichkeit nicht hat) sowie die mögliche Kränkung mildern, dass Mütter/die Partnerin in diesem Zusammenhang vermögender als man selbst erlebt werden. Dass die von Herrn D. empfundene Wut auch etwas mit Gefühlen von Hilflosigkeit und Ohnmacht zu tun haben könnte (ich kann das Kind nicht erreichen, es reagiert nicht und schon gar nicht so positiv und freundlich wie sonst, wenn ich mich ihm zuwende), wird von ihm nicht thematisiert.

Herr D. kommt auf weitere Situationen zu sprechen, die für ihn ebenfalls »nervenaufreibend« sein können. Diese haben jedoch eine andere Qualität und nehmen einen anderen Verlauf als die zuvor geschilderte Szene (das Kind schreit und schreit):

> Herr D.: »Das Einschlafen ist manchmal etwas nervig, muss man den Schnuller fünfmal wieder reinstecken. Und (...) bis er dann mal eingeschlafen ist, kann schon nervenaufreibend sein. Aber irgendwann schläft er dann ganz lieb, das ist dann der Ausgleich.« (3/13)

Auch, wenn es für Herrn D. manchmal unendlich lange dauert, bis Sven eingeschlafen ist, scheint er hier doch in dem Vertrauen oder sogar der Gewissheit dabeibleiben zu können, dass es irgendwann aber doch so weit sein wird. Herr D., so ist zu vermuten, erlebt sich hier vergleichsweise weniger ausgeliefert. Das ihn anrührende Antlitz des Kindes, der Umstand, dass es »so ganz lieb schläft«, scheint von ihm als eine Art Belohnung für die Mühen empfunden zu werden, die für die vorausgegangene Anstrengung entschädigt.

Herr D. erzählt, dass er es für den Aufbau seiner Beziehung zum Kind als hilfreich erlebt hat, bei der Geburt seines Sohnes dabei gewesen zu sein:

> Herr D.: »Mir war von vornherein klar, da bin ich jetzt für zuständig, da hab ich Verantwortung. Da hatte ich keine Probleme mit vom ersten Moment an. Das hatte auch was gebracht, dass ich bei der Geburt dabei war.[28] So 'n bisschen mit rausgekämpft war es schon. Wenn ich einfach ins Krankenhaus irgendwann gekommen wäre und dann: Hier, das ist dein Sohn...«
> I.: »Das ist dann doch 'n bisschen fremd auch?«
> Herr D.: »Ja, so ist es praktisch fertig, man kriegt es in die Hand gedrückt. Und so war ich dabei, wie es gemacht wird sozusagen, wie es rauskommt.« (3/15)

Herr D. hat dem Moment, in dem sein Kind auf die Welt kam, nicht nur beigewohnt, er hat darüber hinaus anscheinend das Gefühl gehabt, aktiv an der Geburt mitgewirkt zu haben. Wenn auch anders als seine Frau, sieht auch er sich daran beteiligt, das Kind, wie er es formuliert, »rausgekämpft« zu haben. In seinem Erleben scheint die Geburt weniger ein Akt gewesen zu sein, bei dem ein Kind »einfach« den mütterlichen Schoß verlässt. Seine Schilderung legt nahe, dass er diese vielmehr als eine Art Schöpfungsakt erlebt hat. Bei diesem nicht nur Zeuge gewesen zu sein, sondern an diesem aktiv mitgewirkt zu haben, erfährt Herr D. als etwas, was sein Gefühl der Verantwortlichkeit und Zugehörigkeit stärkt.

In der folgenden Gesprächspassage spricht Herr D. darüber, wie er sich aktuell als Vater wahrnimmt. Anknüpfungspunkt ist die Frage, ob es schon einmal einen Moment oder eine Situation gegeben habe, in der er sich so »richtig« als Vater gefühlt bzw. so etwas wie Vatergefühle empfunden habe:

> Herr D.: »Weiß ich nicht. Bei der Geburt stand ich ja so 'n bisschen doof daneben, da stand die Mutter voll im Mittelpunkt. Und auch für das Baby gibt es erst einmal nur die Mutter und noch einen, der daneben steht. Aber danach hat sich das schon relativ schnell so entwickelt. Aber so richtig so als Vaterfigur fühle ich mich noch nicht, weiß ich nicht. Das kommt wahrscheinlich erst, wenn man auch Erziehungsaufgaben wahrnimmt. Bis jetzt ist es ja nur Betreuung und bei Laune halten.«
> I.: »Und was meinen Sie mit Vaterfigur?«

---

[28] Herr D. ist auch von seiner Frau beeindruckt, wie die folgende Äußerung verdeutlicht: »Meine Frau war super hart im Nehmen. War ich auch stolz auf meine Frau. (...) Und bei der Geburt dachte ich auch, Männer könnten das nicht, viel zu wehleidig.« (3/16)

Herr D.: »Ja, so als einer, der einem sagt, wo es langgeht. Aber das spielt ja jetzt noch keine Rolle.«

I.: »Also dass man jetzt auch als Vater mehr so ›mütterliche‹ Funktionen mit übernimmt?«

Herr D.: »Ja, wir machen beide das Gleiche. Außer die Fütterung, die kann ich ja nicht übernehmen, aber sonst ist da kein Unterschied.« (3/4–5)

Während Herr D. sich in einer vorangegangenen Äußerung als jemand beschrieben hat, der sich als aktiv am Geburtsgeschehen beteiligt erlebt hat, so beschreibt er sich hier als jemand, der sich – im Verhältnis zu Mutter und Kind – als tendenziell ausgeschlossen und entbehrlich erfahren hat. Herr D. bringt weiterhin zum Ausdruck, dass er sich noch nicht als eine »Vaterfigur« erlebt. In dieser Funktion (der Vater, der das Gesetz repräsentiert, der Vorbild ist und sagt, »wo es langgeht«) sieht er sich zum aktuellen Zeitpunkt aber auch noch gar nicht gefordert. Herr D. erzählt, dass sich das Gefühl, nur eine randständige Position inne zu haben (die werdende Mutter steht im Mittelpunkt) bzw. Dritter neben einer Dyade zu sein (Mutter und Kind sind mit sich beschäftigt), schon nach kurzer Zeit verändert habe. Dann, so sagt er und wird hierbei nicht deutlicher, habe sich »das« relativ schnell entwickelt. Es ist vielleicht kein Zufall, dass Herr D. in diesem Zusammenhang von »das« spricht und nicht genauer benennt oder benennen kann, was genau sich denn dann entwickelt hat. Dieser Umstand hat möglicherweise auch damit zu tun, dass es keinen Begriff gibt, der das, was Herr D. im Verhältnis zu dem Baby erlebt, angemessen zu bezeichnen vermag. In der Sicht von Herrn D. definiert sich das, was einen (guten) Vater ausmacht, je nach Lebensalter des Kindes verschieden. Aktuell scheint er sich als jemand gefordert zu sehen, der als Vater dieselben Aufgaben wie seine Partnerin übernimmt und übernehmen kann; Aufgaben und Tätigkeiten, die noch vor gar nicht langer Zeit selbstverständlich einer Frau (der Mutter eben) zugeordnet wurden. Herr D. scheint stolz darauf zu sein, seiner Frau hier seiner Einschätzung nach in nichts nachzustehen, wünscht er sich doch auch, zu seinem Sohn eine Beziehung aufbauen zu können, die – zieht man das hinzu, was er über seine Kindheit berichtet hat – sich an Erfahrungen anlehnen, die er mit seiner Mutter gemacht hat. Gleichwohl ist fraglich, ob er die Tätigkeiten, die er selbst als »nur Betreuung und bei Laune halten« charakterisiert, auch als väterliche sehen und anerkennen kann. »Aber so richtig als Vaterfigur fühle ich mich noch nicht«, sagt Herr D., und deutet hiermit an, dass für ihn noch etwas aussteht. Herr D. ist Vater geworden, erlebt sich auch als solcher, aber, so ließe sich vielleicht einschränkend hinzufügen, noch nicht so »richtig«. Das, was er aktuell tut, hat hierfür möglicherweise zu wenig mit den Funktionen und Aufgaben zu tun, die er einem »richtigen« Vater, einer Vaterfigur eben, zuschreibt. Der Umstand, dass es in der Wahrnehmung von

Herrn D. keinen wesentlichen Unterschied zwischen ihm und seiner Frau und damit auch zwischen mütterlichen und väterlichen Qualitäten gibt (»wir machen beide das Gleiche, da ist kein Unterschied«), scheint einerseits mit Stolz verbunden zu sein, es andererseits aber auch schwer zu machen, sich als ein Vater zu erleben, der etwas anderes darstellt als die Mutter. Die Äußerungen von Herrn D. legen die Vermutung nahe, dass er das, was er mit einer »richtigen Vaterfigur« verbindet, einerseits für sich ablehnt (ein solcher Vater will er nicht sein), andererseits besagtem Vaterbild aber auch verpflichtet ist. Ein solcher (unbewusster) Zwiespalt kann es schwer machen, seinen Platz als Vater zu finden und eine tragfähige Vateridentität zu entwickeln.

Konstanten und Veränderungen...
Dass sich das Vaterwerden für Herrn D. nicht als ein derart drastischer Einschnitt darstellt, wie zuvor von ihm angenommen, schließt nicht aus, dass sich sein Leben in mancherlei Hinsicht deutlich verändert hat:

> Herr D.: »Weiß nicht, total häuslich wird man dann. Nicht mehr so oft auf Tour gehen, dass ich auch mal sag, ne, nächsten Samstag bleiben wir mal zu Hause. Und wenn man ihn dann mal mitnimmt irgendwohin, dann ist er am nächsten Tag auch schlecht gelaunt von den ganzen Eindrücken. Überfordert. Aber das Positive überwiegt eigentlich.« (3/3–4)

Wenn Herr D. sein Leben als Vater mit dem Leben vergleicht, als er noch nicht Vater war, so kommt er zu dem Schluss, dass das Positive doch überwiege. Negative Aspekte, die hierzu den Gegenpol bilden, benennt er nur indirekt als solche, etwa dass man als Vater »total häuslich« werde. Herr D. scheint dies als eine Einschränkung zu erleben, eine Einschränkung, die vermutlich allerdings nicht so schwer wiegt, wie er es eigentlich befürchtet hatte. Festzuhalten ist in diesem Zusammenhang aber ebenfalls, dass es für Herrn D. wichtig ist, sich auch Zeiträume organisieren zu können, die gewissermaßen »kinderfrei« sind:[29]

> Herr D.: »Wenn man ihn immer um sich hat, ist man dann auch mal ganz froh, wenn man ihn abgeben kann.« (3/10)

Auch in diesem Gespräch werden die Freunde von Herrn D. noch einmal Thema. Herr D. erzählt, dass sie sich zwar Mühe geben, letztlich jedoch dem Kind etwas hilflos und distanziert gegenüberstehen würden. Herrn D.

---

[29] In diesem Zusammenhang haben die Großeltern eine wichtige Funktion. Herr D. schildert, dass er so manches hinnehmen würde, um besagte Freiräume wahren zu können: »Das würde ich auch sofort in Kauf nehmen, auch wenn ich denken würde, das ist nicht so toll, die verziehen den oder so. Nur um ihn mal abgeben zu können, dass man das in der Hinterhand hat, wir können auch mal Samstagabend ins Kino gehen.« (3/10)

macht dies scheinbar nichts aus, er signalisiert, wie die folgende Gesprächspassage zeigt, Verständnis:

> Herr D.: »Die [Freunde] haben den alle schon gesehen. Aber so richtig konnte keiner damit umgehen, glaube ich. Sind mehr so distanziert. Ist ja auch so eine Sache, die man sich selbst für sich nicht vorstellen kann, bis es einem nicht passiert.«
> I.: »Und wenn Sie so sagen, die waren so 'n bisschen distanziert, wie war das für Sie?«
> Herr D.: »Hat mir nichts ausgemacht, hatte ich Verständnis für. Kann man ja nicht erwarten, dass die auf einmal super väterlich oder was weiß ich wie zu dem Kind sein können. Die geben sich dann so Mühe, so: ›Dubi dubi‹, und so Sachen; aber auf den Arm nehmen wollte ihn auch keiner.« (3/6)

Etwas später kommt Herr D. erneut auf seine Freunde zu sprechen:

> Herr D.: »Sonst, wenn ich mit denen telefoniere oder so, steht das auch überhaupt nicht im Mittelpunkt, sondern die Gespräche laufen wie immer dann so. Fragen höchstens: ›Wie geht es Sven?‹. ›Gut!‹, aus, das Thema durch. Also ich glaub, das ändert sich erst, wenn sie selber soweit sind. Aber das macht mir auch nichts aus. Und wenn die mich besuchen, will ich natürlich dann auch alleine mit denen auf Tour gehen. Da leg ich dann schon Wert drauf.« (3/7)

Herr D., so klingt es hier an, lebt gewissermaßen in zwei Welten. Wenn er mit seinen Freunden telefoniert, dann verlaufen diese Gespräche ihm zufolge »wie immer«, also wie zu der Zeit, als Herr D. noch nicht Vater war. Der Frage, die die Freunde »höchstens« stellen, nämlich wie es Sven geht, scheint hierbei ebenso etwas Floskelhaftes anzuhaften wie der knappen Antwort, die Herr D. gibt. Eigentlich, so teilt es sich hier mit, soll weder Sven noch die Vaterschaft von Herrn D. in diesen Gesprächen Thema werden (die Frage, wie es ihm denn in dieser neuen Lebenssituation geht, scheint gar nicht aufzutauchen). »Aus, das Thema durch«, bemerkt Herr D. und unterstreicht hiermit noch einmal, dass dieser Teil seines Lebens hier wenig Platz und kaum eine Bedeutung hat. Für Herrn D. scheint es zwei Welten zu geben: die Welt der Nicht-Väter und die der Väter. Diese stellen sich als völlig voneinander geschieden dar, Brücken scheint es zwischen ihnen nicht zu geben. Erst wenn es einem selbst »passiert« (das Vaterwerden), erst wenn die Freunde soweit sind, sie also – um in der Metapher zu bleiben – in die Welt der Väter übergewechselt sind, erst dann, so glaubt Herr D., kann dasjenige, was im Moment einen anderen Teil seines Lebens ausmacht, auch in der Beziehung zu seinen Freunden seinen Ort finden. Dass die Gespräche unter den Freunden in der Wahrnehmung von Herrn D. »wie immer« verlaufen, lässt sich auch als ein unbewusstes Arrangement verstehen: Dieser Lesart zufolge verneinen Herr D. und seine Freunde in ihrem Zusammensein, dass sich in seinem Leben etwas verändert hat, dass etwas hinzugekommen oder vielleicht sogar dazwischengetreten ist. Dass seine Vaterschaft und all das, was damit verbunden ist, im Austausch mit seinen Freunden nur eine sehr geringe Bedeutung zukommt, scheint Herrn D. auch entgegenzukommen. Möglicherweise kann er sich so etwas des vorherigen Lebens und Selbstverständnisses erhalten – was wiederum nicht ausschließt, dass ihn die distanzierte Haltung seiner Freunde auch enttäuscht. Die Bemerkung, »aber auf den Arm nehmen wollte ihn auch keiner«, weist darauf hin.

Während Sven im Freundeskreis seines Vaters nur eine geringe Bedeutung zukommt, ist er in der Wahrnehmung von Herrn D. im Kontext familialer Beziehungen in den Mittelpunkt des Geschehens gerückt:

> Herr D.: »Man fährt zu zweit ins Krankenhaus und kommt zu dritt wieder, das ist echt 'n Einschnitt. Und der steht immer im Mittelpunkt, egal, wo man hinfährt, zu meinen Eltern oder so. Ich brauche eigentlich gar nicht mitkommen (Lachen). Ich kann ihn so abgeben und wieder fahren. Aber es ist auch schön, wenn man sieht, wie die sich freuen dann.« (3/8)

Es klingt noch ein gewisses Erstaunen an, wenn Herr D. erzählt, wie er es erlebt hat, als aus einer Zweierkonstellation »plötzlich« eine Dreierkonstellation wurde und dieser Dritte (also Sven) ins Zentrum des Geschehens rückte. Trotz des scherzhaften Untertones lässt sich vermuten, dass Herr D. auch ein bisschen darüber gekränkt ist, dass sich seiner Wahrnehmung zufolge die Aufmerksamkeit seiner Eltern nunmehr nahezu ausschließlich auf das Baby konzentriert. Diese Kränkung scheint jedoch durch eine andere Erfahrung wettgemacht zu werden (»aber es ist auch schön«): Herr D. rührt die Freude seiner Eltern auch an. Es ist eben nicht ein Fremder, der da nun plötzlich im Mittelpunkt steht und ihn somit von dieser Position verdrängt, sondern sein Sohn, der, so lässt sich vermuten, eben auch als eng mit ihm verbunden erfahren wird. Herr D. erzählt weiterhin, dass sich – sehr zu seiner Verwunderung – gerade auch sein Vater in besonderer Weise Sven zuwenden würde:

> Herr D.: »Wie ich es erwartet hab, Oma ist total verrückt. Aber wider Erwarten auch Opa. Was er bei seinen Kindern zurückgehalten hat, lässt er jetzt an seinem Enkel aus. Das ist schon herzallerliebst.« (3/10)

Möglicherweise kann Herr D. sich über die Begeisterung seines Vaters auch deshalb freuen, weil sein Sohn stellvertretend etwas bekommt bzw. für ihn nachholt: Herr D. scheint vermittelt durch die Identifikation mit seinem Sohn an der (groß-)väterlichen Zuwendung partizipieren zu können. Die Zuwendung, die Sven erfährt, würde dieser Interpretation zufolge indirekt so auch ihm zugute kommen und hätte damit auch den Charakter einer Wiedergutmachung.

Im Interview frage ich Herrn D., ob es auch schon Situationen gab, in denen es ihm gefallen hat, als Vater erkennbar zu sein. Ich frage dies vor dem

Hintergrund des zweiten Gespräches, innerhalb dessen Herr D. unterstrich, dass man seinem Kollegen gar nicht ansehen würde, dass er Vater ist – ein Umstand, den Herr D. positiv bewertete. Mit scherzhaftem Unterton bezieht sich Herr D. auf einen Freund, der ebenfalls Vater ist:

> Herr D.: »Klar. Ein Freund von uns hat gesagt, wenn man als Vater mit 'nem Kinderwagen durch die Fußgängerzone schiebt, liegen einem die Frauen zu Füßen. Das zieht unwahrscheinlich.«
> I.: »Und, haben Sie es schon versucht?«
> Herr D.: »Ne, aber das war so 'n Gag, den ich auch aufbauend fand.« (3/6)

Die obige Gesprächspassage verweist darauf, dass eine Vaterschaft für Herrn D. möglicherweise auch mit der Phantasie verknüpft war, seine Attraktivität als Mann einzubüßen. Als »aufbauend« erlebt Herr D. folglich die Versicherung seines Freundes, dass dem nicht so sei, er als Vater vielmehr an Anziehungskraft gewinne.

Vater zu werden, das kann ich nur empfehlen...
Zum Abschluss des Interviews frage ich Herrn D., ob es noch etwas gibt, was er gerne ergänzen möchte. Hieraus entspinnt sich folgender Dialog:

> Herr D.: »Ist schön, [Vater zu sein,] kann ich nur empfehlen. Und wir machen bestimmt noch eins.«
> I.: »Und wenn ich jetzt einer Ihrer Freunde wäre und ganz erstaunt fragen würde: ›Wie, du empfiehlst mir das? Warum?‹ Was würden Sie diesem Freund antworten?«
> Herr D.: »Ja, also nur empfehlen, wenn man auch (...) die Frau gefunden hat, wo man meint, mit der kann ich Kinder kriegen, weil ich mit der auch zusammenbleiben will. (...) Also dann, wenn man sowieso 'ne super Beziehung hat, dann ist ein Kind noch die Krönung. Sonst bringt das nichts.«
> I.: »Und wenn ich dann als Ihr Freund sagen würde: ›Ja doch, das ist okay mit meiner Frau. Aber warum ein Kind?‹«
> Herr D.: »Ja, das ist eine Erfüllung mehr, die man sich zulegen kann. Letztendlich macht es glücklich. Man hat so 'ne neue Aufgabe, 'n ganz neuer Bereich, der sich einem da erschließt. Das ist gut.« (3/19–20)

Herr D. unterstreicht noch einmal, dass er es für sich als schön erlebt, nun Vater zu sein. Mit der Ergänzung »kann ich nur empfehlen«, nimmt er eine eindeutig positive Position ein. Er teilt hiermit auch mit, dass die Zeit der Zweifel hinter ihm liegt und dass er den Schritt in die Vaterschaft aktuell nicht – wie manchmal zuvor befürchtet – bereut. Fast euphorisch fügt er hinzu, dass er ihn bestimmt noch einmal wiederholen werde. Herr D. kommt dann auf etwas zu sprechen, was er als eine basale Voraussetzung bezeichnet, um den Schritt in die Vaterschaft empfehlen zu können: Die Beziehung zur Partnerin müsse so gut sein, dass man sich wirklich vorstellen könne, mit ihr zusammenzubleiben. In diesem Zusammenhang ist sicher von Bedeutung, dass Herr D. das Zusammenleben zu dritt zum Zeitpunkt des Interviews als positiv bewertet:

Herr D.: »Doch, ich find das schön, zu dritt zu sein. (...) Also zwischen meiner Frau und mir hat sich auch so groß nichts geändert.« (3/9)

Herr D. versucht zu beschreiben, was er am Vatersein so empfehlenswert findet. Wenn er sagt: »ein ganz neuer Bereich erschließt sich da«, dann weist dies drauf hin, dass sich für ihn mit dem Vaterwerden nicht nur etwas geschlossen, sondern gleichzeitig auch etwas Anderes, zuvor nicht Antizipierbares geöffnet hat.

In der folgenden Äußerung klingt noch einmal an, dass es für Herrn D. die Welt der Väter und die der Nicht-Väter gibt und dass man seiner Überzeugung nach letztlich nur als Vater verstehen kann, dass und warum sich nach der Geburt eines Kindes die eigenen Orientierungen und Wertmaßstäbe verschieben. Herr D. bezieht sich hier auf einen ehemaligen Kommilitonen, der schon etwas länger Vater ist. Besagter Kommilitone hätte aufgrund einer Erkrankung seines Kindes kurzfristig die Teilnahme an einer Party mit Freunden abgesagt und diese Absage wie folgt kommentiert:

Herr D.: »Und dann hat er gesagt: ›Ja, ist Scheiße, ich weiß. Aber wenn man ihn so auf dem Schoß sitzen hat, würdest ihn auch nie wieder abgeben wollen.‹ Und das ist 'ne Sache, die kann man so nicht verstehen. Warum soll ich 'ne Party sausen lassen, nur um meinen Sohn auf dem Schoß sitzen zu haben?« (3/21)

Zusammenfassung und Diskussion

Herrn D., so stellt es sich im Interview dar, geht es gut damit, nun Vater zu sein. Wenn er bemerkt, »kann ich nur empfehlen, wir machen bestimmt noch eins«, dann scheinen die Zweifel, Fragen und Ängste, die ihn auf dem Weg in die Vaterschaft beschäftigt haben, nicht nur in den Hintergrund, sondern fast schon in Vergessenheit geraten zu sein. Die positive und scheinbar nahezu unambivalente Haltung, die hierbei zum Ausdruck kommt, ist sicherlich auch eine Momentaufnahme. Daneben kann sie möglicherweise aber auch als Ausdruck der Erleichterung darüber verstanden werden, dass der Einschnitt, den seiner Vorstellung zufolge eine Vaterschaft mit sich bringt, nicht so tief bzw. nicht so »dramatisch« ist, wie befürchtet. Nicht unbedeutend scheint mir in diesem Zusammenhang der Umstand zu sein, dass Herr D. sein Kind als »sehr pflegeleicht« erlebt. Herr D. bringt hiermit auch zum Ausdruck, dass er sich in seinem gewohnten Lebensrhythmus wenig beeinträchtigt fühlt. Ob er auch zu einer vergleichbaren positiven Bewertung seines neuen Status käme, wenn sich dies anders darstellen würde, bleibt offen. Herrn D. scheint es wichtig zu sein, den Eindruck zu vermitteln, dass er und seine Frau dieselben Aufgaben bei der Versorgung Svens übernehmen bzw. sich die hier anfallende Arbeit teilen. Interessanterweise spricht Herr D. in diesem Zusammenhang von Gleichberechtigung; ein Umstand, der möglicherweise darauf hinweist, dass es seinem Erleben nach hier die Männer sind, deren Teilhabe an diesem traditionell weiblichen Aufgabenbereich nicht selbstverständlich ist und deren »Eignung« nicht fraglos akzeptiert wird. Herr D. unterstreicht ebenfalls, dass seine Frau ihm eben nicht zu verstehen gebe, dass er irgendetwas, was mit der Pflege und Versorgung Svens zu tun hat, schlechter als sie könne. Sich als ein Vater erfahren zu können und wahrgenommen zu werden, der sich auch im Hinblick auf diese »mütterlichen« Qualitäten als kompetent erweist, scheint für ihn wichtig zu sein. In diesen Zusammenhang gehört weiterhin, dass Herr D. betont, sich nicht unsicher oder gar hilflos zu fühlen, wenn er mit dem Kind alleine ist. Was Herr D. jedoch definitiv nicht kann, ist, das Kind zu stillen. Den »Vorteil«, den seine Frau hier hat, muss sie jedoch, so möglicherweise eine dem Bewusstsein nicht zugängliche »Denkfigur« von Herrn D., mit dem »Nachteil« bezahlen, in ihrer Nachtruhe gestört zu werden. »Leider«, so bemerkt er nicht ohne Ironie, kann er ihr hier als Vater ja nichts abnehmen. Auch wenn Herr D. sich als Vater im Umgang mit dem Kind als ebenso kompetent wie seine Frau erlebt, so sieht er doch hinsichtlich der Fähigkeit, ein über einen längeren Zeitraum weinendes oder schreiendes Kind zu ertragen, Differenzen zwischen Müttern und Vätern und somit auch zwischen sich und seiner Partnerin. Diese Differenz verdankt sich seiner Ansicht zufolge jedoch der Natur, also etwas, worauf man und somit auch er keinen Einfluss hat. Herr D. zeigt sich in diesem Zusammenhang froh, seine Arbeit und damit auch eine Möglichkeit zu haben, die Abstand zwischen sich und dem Kind herstellt. Festzuhalten ist hier ferner, dass Herr D. sich aktuell noch nicht als »Vaterfigur« gefordert fühlt. Möglicherweise ist dieser Umstand entlastend, entzündete sich doch seine Sorge, ob er den Anforderungen und Aufgaben, die er mit einer Vaterschaft assoziiert, auch gewachsen ist, gerade auch in diesem Zusammenhang.

Herr D. bringt zum Ausdruck, dass es für ihn als Vater wichtig war, bei der Geburt von Sven dabei gewesen zu sein. Dass er ihn seinem Erleben nach »mit rausgekämpft« hat, hat es ihm möglicherweise leichter gemacht, sich Sven anzunehmen bzw. für ihn Sorge zu tragen. Das Gespräch vermittelt den Eindruck, dass Herr D. sich nicht länger »draußen« oder – wie er es ausdrückt – »daneben« fühlt, ein Umstand, der es ihm vermutlich erleichtert hat, sich mit seinem neuen Status als »Familienvater« zu identifizieren. Wichtig scheint in diesem Zusammenhang auch zu sein, dass Herr D. sich von Sven gesehen oder vielmehr (an)erkannt fühlt. Wenn er erleichtert feststellt, »das ist schon mal geschafft«, dann wird deutlich, dass es hier nicht nur um die sich entwickelnde Sehfähigkeit des Kindes geht, sondern um weitaus mehr. Herr D. scheint diesen Augenblick vielmehr als einen Moment zu erleben, der belegt, dass er und seine Bemühungen ankommen, und zeigt, dass sein Sohn zu ihm in Beziehung tritt. Zu vermuten ist weiterhin, dass jener Moment von Herrn D. als ein Hinweis darauf wahrgenommen wird, dass sich zwischen Vater und Sohn besagter »näherer Kontakt«, den er in seiner Kindheit vermisste, sich aber für die Beziehung zu seinem Kind wünscht, durchaus entwickeln kann.

Deutlich wird in diesem Gespräch aber auch, dass Herr D. sich in verschiedenen Milieus bewegt, Milieus, in denen die Tatsache, dass er nun (Familien-)Vater geworden ist, einen unterschiedlichen Niederschlag findet. Während im Kontext seiner Familie Sven in den Mittelpunkt des Geschehens gerückt zu sein scheint, findet seine neue Lebenswirklichkeit seinen eigenen Schilderungen zufolge im Freundeskreis wenig Aufmerksamkeit. Dieser Umstand kommt Herrn D. vermutlich aber auch entgegen. Möglicherweise versucht er auf diese Weise, Aspekte seines »alten« Lebens und seiner »alten« Identität aufrechterhalten zu können. Naheliegend ist für mich weiterhin, dass besagte »familienfreie Zonen« von ihm als Garant männlicher Autonomie erlebt werden. Sie – bzw. die Möglichkeit, für sich solche und andere »Fluchtpunkte« ausmachen zu können – haben in dieser Perspektive sowohl für die eigene Befindlichkeit als auch für die (positive) Bewertung der Vaterschaft eine große Bedeutung. Der Umstand, dass sich in diesem wie im vorherigen Gespräch auch eine Verschiebung von Orientierungen und Wertmaßstäben andeutet, dürfte daran wenig ändern.

Abschließend sei noch erwähnt, dass Herr D. sich in diesem Gespräch ausgesprochen positiv auf seine Frau bzw. auf die Beziehung mit ihr bezieht. Herr D. bezeichnet ein Kind als potentielle »Krönung« einer Beziehung zwischen Mann und Frau. Das Kind stellt sich hier als etwas dar, was das Paar verbindet bzw. das Verbindende symbolisiert. Diese positive Einschätzung hängt möglicherweise auch damit zusammen, dass Herr D. sich innerhalb des familiären Gefüges nicht an den Rand gedrängt zu fühlen, sondern vielmehr das Empfinden zu haben scheint, er könne sich (im Unterschied zu seinem Vater) in eben diesem behaupten. Wenn Herr D. zum Ausdruck bringt, dass er sich im Umgang mit Sven sicher fühlt, dann teilt er hiermit möglicherweise auch mit, dass er sich nun auch in der Welt sicher fühlt, die sich in seiner Kindheit vor allem als eine Frauenwelt darstellte. Herr D. knüpft die Empfehlung zu einer Vaterschaft, an die Voraussetzung, dass man sicher sein solle, mit der Frau, mit der man das Kind bekommt, auch zusammenbleiben zu wollen. Nur unter dieser Voraussetzung, so lässt sich weiterdenken, stellt sich für ihn der Schritt in die Vaterschaft eben nicht als ein Schritt in ein »Gefängnis« dar, aus dem es nur schwerlich ein Entrinnen gibt (die letzte Weiche, die gestellt wird).

Der Weg, den Herr D. vom Vaterwerden zum Vatersein zurückgelegt hat, scheint mir kein leichter gewesen zu sein. Zum Zeitpunkt des ersten Gespräches, als Fragen, Zweifel und Sorgen im Vordergrund standen, brachte er die Hoffnung zum Ausdruck, dass das Gefühl der Freude vielleicht dann mehr Raum bekommen würde, wenn er erst das Kind im Arm halten wird. Dieser Wunsch scheint sich erfüllt zu haben. Die im ersten Gespräch zum Ausdruck gekommene (unbewusste) Befürchtung, den Wechsel von der Welt der Nicht-Väter in die Welt der Väter womöglich mit dem sozialen und psychischen Tod bezahlen zu müssen, scheint sich nicht bewahrheitet zu haben. Herr D. hat – um in dieser Metapher zu bleiben – überlebt oder anders formuliert, der erwartete Einschnitt stellte sich für ihn eben doch nicht als so tief dar wie befürchtet.

2. Gespräche mit Herrn K.

2.1. »Und wir versuchen auch, das gemeinsam zu erleben.«

Herr K. ist zum Zeitpunkt des Interviews 33 Jahre alt. Er plant, in absehbarer Zeit zu heiraten. Mit seiner Freundin (Frau P.) ist er seit acht Jahren zusammen. Beruflich ist Herr K. als Vertriebsleiter für Straßenbaustoffe tätig. Er ist das mittlere von insgesamt drei Geschwistern. Das erste Gespräch mit ihm fand in der 20. Schwangerschaftswoche seiner Partnerin statt.

Wann ist der richtige Zeitpunkt für ein Kind...?
Herr K. erzählt, dass für ihn relativ früh klar gewesen sei, dass er einmal Kinder haben möchte. Wirklich bereit dazu hätte er sich aber erst in der zweiten Hälfte des dritten Lebensjahrzehntes gefühlt:

> Herr K.: »Also, dass ich irgendwann mal Kinder haben wollte, war relativ früh klar. Ich sag mal so selbst mit zwanzig oder zweiundzwanzig, wenn ich dann Vater geworden wäre, dann wäre es auch so gewesen, aber..
> I.: »Lieber ein bisschen später?«
> Herr K.: »Ja, später. Gut, ich sag mal so mit fünfundzwanzig, sechsundzwanzig, siebenundzwanzig hätte das losgehen können.« (1/4)

Herr K. schildert weiterhin, dass seine Partnerin und er schon lange den Wunsch hatten, einmal ein Kind miteinander zu haben. Die Realisierung dieses Wunsches sei dann aber noch aufgeschoben worden:

> Herr K.: »Der Wunsch nach Kindern oder nach einem Kind, besser zwei, ist schon da, und der war auch relativ früh da. Wobei der Wunsch als solches ja ruhig erst einmal da sein kann, aber ich gesagt hab, noch nicht. Also ich sag

mal, mit zwanzig hätte ich noch nicht Vater werden wollen, denn irgendwo zuerst mal Erfahrung sammeln oder wie es so schön heißt, erst einmal festigen, gehörte schon dazu.« (1/3)

Herrn K. betont hier, dass es für ihn wichtig gewesen sei, nicht zu jung Vater zu werden. Er begründet dies mit der Notwendigkeit, vor einem solchen Schritt Lebenserfahrung gesammelt und seine Persönlichkeit gefestigt zu haben. So wie diese Kriterien den »richtigen« Zeitpunkt für eine Vaterschaft anscheinend nach hinten verschoben, so sprach der Vergleich mit dem eigenen Vater einem weiteren Aufschub jedoch entgegen. Wenn Herr K. anerkennend bemerkt, dass dieser in seinem Alter bereits einen schulpflichtigen Sohn gehabt hätte, dann klingt es fast so, als wäre es mit nunmehr dreiunddreißig Jahren aber auch wirklich Zeit, Vater zu werden:

> Herr K.: »Man rechnet dann mal zurück, wie alt war dein Vater, als du geboren wurdest, und dann sagt man, ja Mensch, hoppla, als der dreiunddreißig war, bin ich schon lange zur Schule gegangen.« (1/4)

Herr K. erzählt, dass er und seine Freundin nicht einfach irgendwann ein Kind in die Welt gesetzt, sondern sehr genau überlegt hätten, ob sie auch auf das setzen können, was ihm zufolge beide als eine elementare Voraussetzung ansehen, nämlich dass die Eltern eines Kindes zusammenbleiben und eine intakte Beziehung haben:

> Herr K.: »Es ist letztendlich auch irgendwo 'n Wunschkind. Also wir wollten beide Kinder haben, haben uns das irgendwann sicher sehr, sehr reiflich überlegt, ob wir überhaupt auch zusammen bleiben werden, weil eigentlich beide die gleiche Grundeinstellung haben, dass man sagt, wenn schon, denn intakte Beziehung, in die das Kind dann reingeboren werden soll.« (1/17)

Herr K. unterstreicht:

> Herr K.: »Mir ist es wichtig, dass das also wirklich auch gefestigt ist. Dass es [das Kind] in, wie es so schön heißt, sichere Verhältnisse reinkommt. Nicht finanziell, aber doch so, ich sag mal, in eine Familie reinkommt.« (1/18)

Wenn Herr K. davon spricht, wie wichtig es ihm ist, dass sein Kind in »sichere« Verhältnisse kommt, dann bezieht er sich hierbei vor allem auf das familiale Beziehungsgefüge. Eine stabile und dauerhafte Paarbeziehung sowie eine gefestigte Persönlichkeit des Vaters (ergänzen lässt sich vermutlich, der Mutter) sind für ihn der haltende Rahmen, den er sich für sein Kind wünscht und den er zugleich für eine Vaterschaft als notwendig erachtet. Der im Interview mitgeteilte Entschluss, nun auch bald heiraten zu wollen, lässt sich in dieser Perspektive auch als ein Akt der Besiegelung und Bezeugung der von ihm angestrebten Verbindlichkeit verstehen. Herr K. erzählt, dass schließlich der Zeitpunkt gekommen sei, an dem er sich bereit gefühlt habe, Vater zu werden: »Wenn, dann können sie jetzt ruhig kommen.« (1/17) Die innere Sicherheit, dass ein Kind jetzt gut passt, wurde zu einem späteren Zeitpunkt jedoch wieder kurzfristig in Frage gestellt. Herr K. erzählt, dass er drei Wochen nachdem er erfahren hat, dass er Vater wird, für eine kurze Zeit arbeitslos wurde. Diese Situation – so wird im Folgenden deutlich – verunsicherte ihn und ließ erneut Zweifel aufkommen, ob der Zeitpunkt für ein Kind gut gewählt war:

> Herr K.: »Da stellt man sich schon die Frage, ist jetzt der richtige Zeitpunkt, hätte es nicht noch 'n bisschen früher oder später kommen können?« (1/2)

Herr K. führt aus, dass gerade die ersten Monate nach dem Absetzen von Verhütungsmitteln für ihn sehr aufregend gewesen waren. Die angespannte Erwartungshaltung habe sich dann jedoch im Laufe der Monate »abgeschliffen«:

> Herr K.: »Nur irgendwann ist der Gewöhnungseffekt. Die ersten drei, vier Monate ist man noch ganz fürchterlich aufgeregt (...). Nur im Laufe der Zeit lässt das dann ganz schnell nach.« (1/3)

Als er schon gar nicht mehr damit rechnete, so berichtet Herr K. weiterhin, wurde seine Partnerin schließlich schwanger. Seine ersten Reaktionen auf diese Nachricht beschreibt er folgendermaßen:

> Herr K.: »Man hat früher schon mal darüber nachgedacht, aber plötzlich sitzt die Freundin oder Frau, zukünftige Frau, dann da und sagt: ›Ich habe 'nen Schwangerschaftstest gemacht und der ist positiv.‹ Soll man sich jetzt freuen, ist er sicher, ist er nicht sicher?« (1/1)

Herr K. wurde von der Nachricht der Schwangerschaft überrascht und – so deutet es sich in der genannten Äußerung an – durch sie auch etwas erschreckt. Wie er die Schwangerschaft seiner Partnerin bewerten soll, darüber scheint er sich zunächst unsicher gewesen zu sein. Die Frage »Soll man sich jetzt freuen?« lässt auf ambivalente Gefühle schließen.
Auf die eingangs von mir gestellte Frage »Was bedeutet es für Sie, Vater zu werden?« antwortet Herr K. sehr spontan: »Bedeutender Einschnitt ins Leben.« (1/1) Diese Antwort weist darauf hin, dass eine Vaterschaft als eine bedeutsame Zäsur imaginiert wird, für die es, wie ausgeführt, in verschiedener Hinsicht günstige Ausgangsbedingungen zu schaffen gilt.

Die erste Zeit der Schwangerschaft...
Nach der ersten emotionalen Aufregung, die die Nachricht der Schwangerschaft auslöste, änderte sich schließlich die Stimmung:

> Herr K.: »So, und dann ist erstmal ein großes Loch. Dann überlegt man, was passiert jetzt als Nächstes? Natürlich die Fragen, gesund, nicht gesund, rächen sich jetzt die Sünden der Vergangenheit?« (1/1)

Herr K. spricht von einem »Loch«, das sich für ihn auftat, ein Begriff, der möglicherweise als Metapher für das seinem Erleben nach Unfassbare und Ungreifbare der ersten Zeit der Schwangerschaft verstanden werden kann.

Der Begriff des Lochs deutet an, dass es für ihn in dieser Zeit nichts zu sehen und nichts zu tun gab; ein Umstand, der anscheinend einen inneren Raum schuf, in dem sich gerade auch Sorgen und Ängste entfalten konnten, die sich z. B. auf die Gesundheit des Babys bezogen. Herr K. bringt die Befürchtung zum Ausdruck, für mögliche Verfehlungen in der Vergangenheit bestraft zu werden (die Sünden, die gerächt werden). An was genau er hierbei denkt, bleibt unklar. Interessant ist jedoch, dass Herr K. hier einen Zusammenhang zwischen seinem früheren Handeln und der Entwicklung des Fötus herstellt, für die er sich mitverantwortlich zu fühlen scheint. Wäre das Kind nicht gesund, so würden sich in dieser Perspektive Entwicklungsstörungen des Fötus nicht als unvermeidbarer Schicksalsschlag darstellen, sondern als Folge eines »falschen« Handels seinerseits bewertet werden müssen – ein Umstand, der wiederum das Thema Schuld aufwirft. Herr K. schildert, dass es ihm jedoch immer wieder gelungen sei, diese Angst und Sorge beiseite zu schieben.

An einer späteren Stelle des Interviews beschreibt Herr K. noch einmal die Situation, als seine Freundin ihm von dem positiven Ergebnis des Schwangerschaftstests erzählte:

> Herr K.: »Wobei die Momente des Bekanntgebens und oder auch so, wie sie mir das sagte, hat sie sich etwas anders vorgestellt. Ich bin also spätabends nach Hause gekommen, und sie war nun schon ungeduldig. Und dann klingelte das Telefon. ›Ph‹, sagt sie, ›jetzt sag ich dir das so‹, und wedelt mir mit irgend so 'nem bunten Plastikding unter der Nase 'rum: Der Schwangerschaftstest. (...) Ich soll erstmal 'n bisschen dumm aus der Wäsche geguckt haben, ich hab mit allem möglichen gerechnet, aber nicht damit.« (1/17)

Anscheinend hatte es sich Frau P. anders vorgestellt, ihrem Freund mitzuteilen, dass sie schwanger ist. Enttäuschung schwingt mit, wenn sie sagt: »Ph, jetzt sage ich dir das so«. Eine ähnliche Szene, so wird dann deutlich, hat sich ebenfalls zugetragen, als es darum ging, den Eltern mitzuteilen, dass das Paar im Begriff ist, selbst Eltern zu werden:

> Herr K.: »Wir haben es uns etwas anders ausgemalt. Es war eigentlich 'n fürchterlicher Flop. Wir haben uns dann überlegt, unsere Eltern einzuladen und denen das dann auch schon mal vorsichtig auf die Nase zu binden. Die Frage ist, was für 'n Vorwand? Und da hatten wir dann endlich einen gefunden und keiner hatte Zeit. Ja, dann sind wir da rumgefahren und haben, telefonisch wollten wir es auch nicht machen, dann letztendlich unseren Eltern gesagt, dass sie nun endlich Oma und Opa werden. Und die Sprüche: ›Man wartet ja schon lange drauf, in der Nachbarschaft, da sind die ja alle schon, haben die schon Enkelkinder, und die laufen ja alle schon.‹ Nicht böse gemeint, aber...« (1/3)

Frau P. und Herr K., so klingt es hier an, haben es sich in ihrer Phantasie ausgemalt, wie es sein könnte, ihren Eltern die freudige Nachricht zu überbringen. Sie haben sich vorgestellt, die Eltern zu überraschen, und haben sich dafür einen Rahmen gewünscht, der feierlich bzw. und dem in ihrem Erleben Besonderen der Situation angemessen wäre. Hieraus wurde jedoch nichts. Herr K. schildert, dass seine Partnerin und er die Neuigkeit nicht länger für sich behalten wollten oder konnten, gleichzeitig aber auch keine Möglichkeit sahen, einen Rahmen zu schaffen, der eine entsprechende Würdigung versprach. Schließlich, so erzählt er, hätten sie es ihren Eltern – so lässt sich möglicherweise ergänzen – »einfach nur« mitgeteilt. Frau P. und Herr K. scheinen sich gewünscht zu haben, dass ihre sich ankündigende Elternschaft als etwas Besonderes in der Außenwelt gespiegelt und anerkannt werden sollte. Dieser Wunsch nach einer Würdigung hat sich, wenigstens im Hinblick auf die eigenen Eltern, nicht erfüllt. Er wurde vielmehr enttäuscht. Herr K. betont, dass die »Sprüche« der Eltern nicht böse gemeint gewesen seien, gleichwohl klingt an, dass sie von ihm dennoch auch als kränkend erlebt wurden (»nicht böse gemeint, aber...«). Nicht Anerkennung zu erfahren, sondern auf andere verwiesen zu werden, die das schon lange erreicht haben, worauf Frau P. und Herr K. sehr wahrscheinlich auch stolz sind (sie mussten schließlich lange warten, bis sich eine Schwangerschaft einstellte), ließen besagte Szene im Erleben von Herrn K. vermutlich weiterhin zu dem werden, was er als »fürchterlichen Flop« bezeichnet.

Erste Begegnungen...
Herr K. erklärt, dass inzwischen die »Halbzeit« der Schwangerschaft erreicht ist. Hiermit verbunden sei auch, dass sie zunehmend eine optische Präsenz bekomme. Vergleichsweise undeutlicher gestalte sich hingegen für ihn die Möglichkeit, sich haptisch der Existenz des Kindes zu versichern:

> Herr K.: »Also man sieht deutlich was, und wir meinen auch was zu spüren. Kann natürlich auch was anderes sein. Kann der Puls sein oder Verdauung oder einfach nur Bewegung des Fruchtwassers. Aber man meint, manchmal was zu spüren. Also wenn man die Hand ganz vorsichtig drauflegt.« (1/1)

In dieser Äußerung klingt es so, als würden Frau P. und Herr K. aus derselben Position heraus das Kind »suchen« und aufmerksam auf mögliche Veränderungen, die als Lebensäußerungen des Fötus interpretiert werden können, achten. Versucht Herr K., das Kind zu fühlen, dann glaubt er, dies vorsichtig tun zu müssen. Vermutet er, dass sich das Kind ihm bei einem weniger behutsamen Annäherungsversuch entziehen würde? Auf meine Frage, wie es denn für ihn sei, wenn er etwas fühle, dass eine Kindsbewegungen sein könnte, antwortet er:

> Herr K.: »Ist noch ganz komisch, das Gefühl. Irgendwo schön, aber es ist komisch, dass im Bauch plötzlich im Prinzip 'n fast fertiger Mensch ist. Im sechsten Monat ist zwar noch alles klein, aber eigentlich alles schon dran.« (1/2)

Herr K. sieht sich mit zwei Realitäten konfrontiert. So erklärt er einerseits, dass im Bauch seiner Freundin bereits ein kleiner, aber doch »vollständiger« Mensch herangewachsen sei, ein Umstand, der für ihn andererseits jedoch nur sehr begrenzt sinnlich nachvollziehbar und somit erfahrbar ist. Das, was er wahrnehmen kann und was sich ihm zeigt, hat für ihn einen eher flüchtigen und unbestimmten Charakter und weist, wie die folgenden Äußerungen zeigen, eben nicht auf einen »im Prinzip fast fertigen« Menschen hin. Dies gilt auch für die ersten Ultraschallaufnahmen, die Herr K. wie folgt kommentiert:

> Herr K.: »Gut, die ersten Fotos natürlich auch gesehen, mit viel Phantasie irgendwo was rausgeguckt: Sechs helle Punkte, Kopf, Körper und Extremitäten.« (1/2)

Nur mit Anstrengung und mit viel Phantasie, so beschreibt es hier Herr K., sei es ihm möglich gewesen, etwas aus den Ultraschallaufnahmen »rauszugucken«. Seine Ausführungen legen nahe, dass es sich für ihn eher um ein »Reingucken« gehandelt hat. Die Aufnahmen, so lässt sich vermuten, waren für ihn nicht zuletzt deshalb enttäuschend, weil sie eben nicht das zeigten, was er sich gewünscht hat: Das Abbild eines »vollständigen« Kindes. Dieses muss vielmehr in den Aufnahmen gesucht und mit Hilfe der eigenen Vorstellungskraft erschaffen bzw. zusammengesetzt werden.

Herr K. bringt im Interview den Wunsch zum Ausdruck, dass er und seine Partnerin die Schwangerschaft als etwas Gemeinsames und Verbindendes erleben können. Hierzu gehört auch das Bemühen, diese Zeit »wirklich bewusst zu gestalten.« (1/7) Gleichwohl scheint dieses Anliegen jedoch nur bedingt realisierbar zu sein:

> Herr K.: »Es wird viel darüber gesprochen, und wir versuchen auch schon, das gemeinsam zu erleben. Wobei das natürlich für, ja ich sag mal, für 'n Außenstehenden, der biologisch nichts damit zu tun hat oder nichts mehr damit zu tun hat, sehr, sehr schwierig ist.« (1/6)

Herr K. beschreibt sich in dieser Äußerung als ein Außenstehender. Dabei wird deutlich, dass er dem »materiellen« Bezug zum Kind (also der körperlichen Verbindung zu ihm) eine entscheidende Bedeutung zuschreibt. Dem, was für die Frau und künftige Mutter vermeintlich selbstverständlich die Biologie leistet, glaubt er als Mann und künftiger Vater »nur« seine Phantasie und seine Vorstellungskraft entgegenzusetzen zu haben:

> Herr K.: »Ein Vater, der muss dann schon mehr in seiner Phantasie leben und sagen, was passiert, wenn das Kind dann da ist? Kann ich das dann wieder ausgleichen, die Zeit, oder kann ich das wieder aufholen dann? Versteht das Kind schon die Stimme, hört es schon was, merkt es was? Dass man also auch dasitzt, ich sag mal, den Bauch fühlt und versucht, das Kind zu spüren.« (1/6)

Herr K. beschäftigt sich mit der Frage, wie präsent er aktuell für das Kind ist und welche Bedeutung er einmal für es haben wird. Beide Fragen scheinen für ihn in einem Zusammenhang zu stehen. In seiner Äußerung klingt die Überzeugung und zugleich Sorge an, dass die Zeit der Schwangerschaft einen Einfluss auf die Beziehung hat, die das Kind später einmal zu seinen Eltern haben wird. Wenn er im Hinblick auf das postnatale familiale Dreieck von Ausgleich und Aufholen spricht, dann scheint er seine Partnerin hier im Vorteil zu sehen. Der ihr zugeschriebene (Beziehungs-)Vorsprung wird dabei als etwas gesehen, dass sich gerade auch der Zeit der Schwangerschaft verdankt und sich nach der Geburt des Kindes womöglich verstärken wird. Herr K., das klingt in obiger Äußerung weiterhin an, hat vermutlich die Befürchtung, ins Hintertreffen zu geraten. Die Antwort auf die Frage, ob das Kind aktuell in der Lage ist, ihn und seine Annäherungsversuche wahrzunehmen, ist für ihn insofern nicht harmlos, sondern auch zukunftsweisend.

Herr K. erzählt, dass sich seine Freundin sehr bemüht, ihn einzubeziehen:

> Herr K.: »Ich werde dann auch gerufen: ›Komm mal ganz schnell, gleich kannst du jetzt was spüren.‹ Also auch so, dass sie versucht, mich daran teilhaben zu lassen. Das soll auf jeden Fall. Oder sie animiert mich regelrecht dazu, auch mal mit dem Kind zu sprechen, um auch dort... Also sie merkt das schon, dass ich meine, dass sie 'nen Vorsprung hat.« (1/15)

Herrn K. zufolge macht ihn seine Partnerin nicht nur darauf aufmerksam, wenn das Kind sich für sie bemerkbar macht, sondern ermutigt ihn auch dazu, von sich aus zu dem Kind in Beziehung zu treten. Das von ihm geschilderte Verhalten von Frau P. scheint Herr K. auch als ein Handeln zu interpretieren, das einen Ausgleich zwischen ihnen befördern will bzw. zu vermeiden sucht, dass er sich womöglich »abgehängt« fühlt. Der Versuch, zu dem Kind in Kontakt zu treten, das zeigt die folgende Äußerung, scheint sich für ihn jedoch gar nicht so einfach zu gestalten. Herr K. erzählt, wann er sich dem Kind sehr nahe gefühlt habe:

> Herr K.: »Als ich meinte, es das erste Mal gespürt zu haben. Wobei ich mir heute nicht sicher bin, ob es das nun wirklich war. Aber ich meinte, dass also der erste Tritt oder der erste Boxhieb doch schon zu spüren war durch die Bauchdecke. Denn im Moment ist es mehr eher so eine einseitige Beziehung. Das Kind kann mich vielleicht hören und vielleicht auch fühlen, nur ich kann von dem Kind noch nichts fühlen oder hören.« (1/14)

Nähe, so stellt es sich hier dar, entsteht für Herrn K. dann, wenn das Kind sich bemerkbar macht und für ihn als Objekt wahrnehmbar wird. Herr K. beschreibt die Beziehung zwischen dem Ungeborenen und ihm als »einseitig«. Das Kind – so vermutet er – kann bestenfalls ihn wahrnehmen, eine Möglichkeit, seinerseits von dem Kind etwas zu erfahren, sieht er nicht. Während die Partnerin in der vorangegangenen Äußerung als eine Person wahrgenommen wurde, die die Beziehung zwischen Vater und Kind unterstützt, so erscheint sie in der nachstehenden als eine, die sich (wenn auch nicht intentional) zwischen Vater und Kind schiebt, diese gewissermaßen trennt. Der Bauch der Partnerin, die – wie Herr K. es formuliert – »paar Zentimeter dazwischen« scheinen in seinem Erleben wie ein unüberwindbares Hindernis zwischen ihm und dem Kind zu stehen:

> Herr K.: »Es antwortet nicht oder macht sich mir nicht bemerkbar, weil ich es noch nicht spüren kann. So bei meiner Partnerin ist es anders,[30] die kann auch ganz anders in sich hineinhorchen. Nur ich sag mal, da sind ja noch 'n paar Zentimeter dazwischen.« (1/15)

Phantasien und Wünsche...
Herr K. erzählt, dass es ihm aktuell gut gehe und dass er im Grunde genommen optimistisch sei, was die Zukunft betreffe. Wenn er an die Zukunft denkt, das zeigt die folgende Äußerung, dann werden in ihm Bilder lebendig, die sich nicht auf einen Säugling, sondern auf ein deutlich älteres Kind beziehen – auf ein Kind, mit dem er bereits etwas unternehmen kann:

> Herr K.: »Viel Freude oder Vorfreude dabei. Phantasie geht natürlich schon durch, Kind ist natürlich (...) schon drei oder vier, man sieht sich schon irgendwo in Dänemark am Strand spazieren gehen. Das geht dann sehr, sehr schnell.« (1/2)

Herr K. freut sich daneben insbesondere auf soziale Ereignisse wie beispielsweise Geburtstagsfeiern, an denen er zukünftig ebenfalls als Vater auftreten und mitwirken kann:

> Herr K.: »Man freut sich auf die nächsten Geburtstage, ob nun von den Eltern oder sonst wem, wenn alle mit ihren Kindern kommen. (...) Ist eigentlich das, wo man früher schon mal von geträumt hat, und nun ist es endlich soweit. Es fängt was Neues an. (...) Das Kind ist noch nicht geboren, aber man freut sich schon drauf.« (1/12)

In diesem Interview kommt Herr K. zweimal darauf zu sprechen, dass sein Kind den Nachteil hätte, im Winter Geburtstag zu haben, was auch bedeute, dass man »nie 'n Kindergeburtstag draußen auf dem Rasen machen kann.« (1/12) Ein Umstand, den Herr K. sehr bedauert. Ich frage ihn, ob es auch andere Wünsche oder Phantasien gebe. Er verneint dies mit dem Hinweis, dass er ja noch gar nicht wisse, ob das Kind ein Mädchen oder ein Junge werden wird:

---

[30] Herr K. erzählt, dass er bei der Geburt seines Kindes dabei sein möchte. Er geht davon aus, dass sich das Kind zunächst auf die Mutter beziehen wird. Er selber sieht sich als Außenstehender, der als solcher an dem Geschehen partizipieren möchte: »Und wenn das Kind dann geboren ist, gut, dann ist der erste Kontakt eh zur Mutter. Ja, wird dann so sein, aber trotzdem möchte ich das dann beobachten und zugucken.« (1/20)

Herr K.: »Sonst so Phantasien, also die sind eigentlich noch nicht vorhanden, weil ich nicht weiß, was es wird, ob 'n Junge oder 'n Mädchen.« (1/5)

Als ich nachfrage, welches Geschlecht er sich denn wünschen würde, deutet Herr K. vorsichtig den Wunsch nach einem Mädchen an:

Herr K.: »Beides. Ich glaube im Moment erst einmal 'n Mädchen.« (1/5)

Herr K. verweist im Folgenden auf seinen Freundeskreis, innerhalb dessen bisher wohl ausschließlich Söhne geboren wurden:

Herr K.: »Bei uns im Freundeskreis gibt es kein Mädchen, nur Jungen, dass wir gesagt haben, müsste mal so 'ne kleine Henne in den Korb.« (1/5)

Für Herrn K. ist die Vorstellung reizvoll, mit einer Tochter eine »kleine Henne in den Korb« und damit in den Kreis der Söhne seiner Freunde setzen zu können. Die von ihm gewählte Metapher lehnt sich an den sprichwörtlichen Hahn im Korb an, stellt jedoch ein weibliches Wesen in den Mittelpunkt. An einer späteren Stelle des Interviews greift Herr K. das Thema Mädchen oder Junge noch einmal auf. Vorsichtig deutet er an, dass der Wunsch nach einer Tochter auch mit der Hoffnung zu tun haben könnte, dass diese sich stärker als ein Sohn auf den Vater beziehen wird:

Herr K.: »Ein Junge ist eigentlich mehr der Mutter, ich will nicht sagen zugeordnet, aber hängt doch mehr an der Mutter. Vielleicht sagt mir auch irgendwas tief in mir drin, ein Mädchen orientiert sich vielleicht doch 'n bisschen mehr zum Vater.« (1/9)

Zu einem späteren Zeitpunkt frage ich Herrn K., ob er sich manchmal vorstelle, wie sein Kind wohl aussehen oder sein würde. Er antwortet:

Herr K.: »Vorstellungen? Ich denke, es wird relativ groß werden. Wir wissen heute schon, dass es sehr große Hände und sehr lange Finger hat. Ja gut, man hat Wünsche, dass es mit der Optik nicht unbedingt zum Gespött in einer Klasse wird. Klein und dick (...) oder doch groß und kräftig, da hab ich also noch nicht bewusst oder konkret darüber nachgedacht.« (1/9)

Herr K. bezieht sich in den hier zum Ausdruck kommenden Vorstellungen zunächst auf das, was er weiß bzw. als Information erhalten hat. Das, was er als Wunsch ausspricht, ist negativ formuliert: Das Kind soll nicht unangenehm auffallen. Da mir in diesem Zusammenhang einfällt, dass Herr K. mit dem Kind spricht, frage ich ihn, wie er sich das Kind im Mutterleib vorstellt:

Herr K.: »Da bin ich 'n bisschen benachteiligt, weil ich Rettungsassistent gelernt habe. (...) Und da fehlt mir irgendwo vielleicht auch die Phantasie, von der realen Vorstellung da wegzukommen. Insofern stell ich mir das einfach gar nicht vor.« (1/9–10)

Herr K. bewegt sich in den Phantasien und Vorstellungen, die ihm bewusst zugänglich sind, vorwiegend auf der Ebene des Faktischen. Er hält sich seinen Ausführungen zufolge zum einen an das, was er bereits erfahren hat, sowie zum anderen an das, was qua wissenschaftlicher Erkenntnis als abgesichert gelten kann. Herr K. begründet diese Orientierung an dem, wie er es ausdrückt, »realen« mit seiner Ausbildung zum Rettungsassistenten. Mir stellte sich trotz dieser Begründung die Frage, welche Bedeutung dem Umstand zukommt, dass Herrn K. scheinbar keine Vorstellungen und Phantasien zugänglich sind, die das Kind »beleben« bzw. ihm eine psychische Existenz zuschreiben (das Kind, das zufrieden im Mutterleib ruht; das Kind, das sich in dunkler Enge bewegt o.ä.). Das Kind wird von ihm als (physisch) »fast fertiger Mensch« beschrieben, gleichzeitig bleibt das imaginierte Kind hinsichtlich möglicher weiterer Attribute blass. In diesen Zusammenhang gehört vermutlich ebenfalls, dass Herr K. aktuell, wie die nachstehende Äußerung zeigt, noch keine Kleidungsstücke oder andere Utensilien für das Kind aussuchen möchte. Möchte er damit möglicherweise auch verhindern, dass besagte Utensilien ihn zu weiterführenden Vorstellungsbildern und Imaginationen »verführen«?:

> Herr K.: »Wobei mir persönlich das immer noch 'n bisschen früh ist, jetzt schon loszugehen. Also ich kann dem noch nichts abgewinnen, wenn ich mir jetzt die Baby-Klamottchen oder Baby-Strampelanzüge da angucke. Ich denke, das hat noch 'n bisschen Zeit.« (1/19)

Leitbilder und Herkunftsfamilie...
Herrn K. ist es wichtig, dass sein Kind in einem intakten Familienverband aufwächst. Er bringt diesen Wunsch in Zusammenhang mit seinen eigenen Erfahrungen und schildert, dass er auch heute noch eine sehr enge Beziehung zu seinen Eltern habe:

> Herr K.: »Vielleicht auch daher, weil ich aus 'ner relativ großen Familie komme und mich eigentlich dann immer freue, wenn andere um uns herum sind. Beim Geburtstag, da sind die Eltern da. Das sind die Ersten, die kommen, und die Letzten, die gehen. Die waren auch bis auf eine Phase, vielleicht im Alter von fünfzehn, sechzehn, eigentlich immer wieder gerne auf den Geburtstagen gesehen und kennen alle Freunde mit Vornamen und wissen, wer zu wem gehört und wo die herkommen.« (1/18)

In der folgenden Äußerung bringt Herr K. zum Ausdruck, dass seine Herkunftsfamilie für ihn auch ein Vorbild ist. Seinen Vater klammert er hier – zumindest was die frühe Kinderzeit betrifft – jedoch aus:

> Herr K.: »Ein Vorbild als Familie auf jeden Fall. Ich sag mal, in jungen Jahren war mein Vater sicherlich nicht das Paradebeispiel für einen Vater, weil es einfach auch nicht anders ging. Vielleicht hat man sich auch nicht so viele Gedanken darum gemacht. Wobei er das später irgendwann sicherlich wieder aufgeholt hat, er war dann auch immer da.« (1/18)

Sein Vater, so berichtet er an anderer Stelle, habe ihm nahe legt, es anders als er selbst zu machen. Er hätte ihm empfohlen, mehr Zeit als er es getan habe, mit seinem Kind zu verbringen:

> Herr K.: »Es gab dann mal dieses Vater-Sohn-Gespräch, wo er dann erzählte, wie er sich auch darauf freut. Er gab mir dann Tipps, was ich gefälligst anders zu machen habe, nämlich mehr beim Kind zu sein als er. Weil das beruflich bei ihm ja nicht ging. Also ich denke, insofern nicht unbedingt 'n Vorbild. Alles, was sich darum abspielt, ist das Elternhaus schon 'n Vorbild.« (1/8)

Herr K. teilt hier mit, dass er den Vater seiner frühen Kindheit als wenig präsent erlebt hat. Er bringt dabei weder Bedauern noch Ärger oder eine andere Emotion zum Ausdruck, sondern schützt seinen Vater, indem er betont, dass es diesem damals gar nicht möglich gewesen sei, anders zu handeln, als er es tat. In obiger Äußerung taucht ein Begriff auf, der bereits an anderer Stelle schon einmal relevant wurde: Herr K. schildert, dass es seinem Vater gelungen sei, das wieder gut- oder wett zu machen, was zwischen Vater und Sohn zunächst nicht stattgefunden hat. Er spricht in diesem Zusammenhang von »aufholen«. Wenn Herr K. seinerseits die Frage thematisiert, ob es ihm wohl gelingen wird, den (vermeintlichen) Vorsprung seiner Partnerin aufzuholen, dann setzt er sich zu seinem Vater und zu der familialen Interaktion seiner Herkunftsfamilie in Beziehung.

Ein Vater, der seinem Sohn die Empfehlung mit auf den Weg gibt, mehr für sein Kind da zu sein, als er es vermochte, teilt diesem indirekt noch etwas anderes mit: Er gibt ihm auf diese Art zu verstehen, dass er es bedauert, so wenig als Vater der frühen Kindheit zur Verfügung gestanden zu haben. Vielleicht ist auch dies ein Grund dafür, warum Herr K. sich so versöhnt mit seinem Vater und so zufrieden mit der aktuellen Vater-Sohn-Beziehung zeigen kann, wie er es in diesem Interview tut. Die Frage, wie sich die frühe familiale Triade der Herkunftsfamilie in der Erinnerung von Herrn K. gestaltete, hat, wie die folgende Äußerung zeigt, noch eine weitere Dimension. Neben dem Vater, der den Erinnerungen seines Sohnes zufolge wenig präsent war, beschreibt sich Herr K. als ein Kind, das sich – vermutlich nicht davon unabhängig – in besonderer Weise mit seiner Mutter verbunden fühlte:

> Herr K.: »Ich hab da natürlich 'nen ganz anderen Draht auch zu meiner Mutter gehabt. (...) Also ich vermisse nichts in meiner Kindheit, so dass ich sage, mein Vater war nicht da oder so. Nur er sagte mir das so richtig schön: ›Mach das etwas anders.‹« (1/18)

Herr K. bemerkt, dass er nichts in seiner Kindheit vermisst habe. Seine Formulierung legt jedoch die Überlegung nahe, dass er unbewusst der Überzeugung ist, dass sein Vater etwas in dieser Zeit vermisst hat – und zwar mehr, als in der Aufforderung »mache es anders als ich« zum Ausdruck kommt. In dieser Perspektive könnte der Wunsch nach einer Tochter auch den Wunsch enthalten, nicht das Schicksal des Vaters der frühen Kindheit zu teilen (einen Sohn zu haben, der einen besseren Draht zur Mutter als zum Vater hat). Dieser Lesart zufolge würde er sich aus dem Grund ein Mädchen wünschen, weil sich dieses seiner Vorstellung nach vermutlich stärker dem Vater und damit ihm zuwenden würde. Dass Herr K. sich als eng mit seinem Vater verbunden erlebt, zeigt sich ebenfalls in dem Perspektivenwechsel, den er in der folgenden Überlegung vornimmt. Er stellt sich die Frage, wie sein Kind wohl später einmal ihn beurteilen wird, wobei die Frage anklingt, ob es ihm gelingen wird, von seinem Kind so positiv bewertet zu werden wie sein Vater von ihm:

> Herr K.: »Da denkt man natürlich dann auch wieder daran, was sagt dein Kind dann irgendwann mal über dich?« (1/8)

Herr K. erzählt, dass er und seine Freundin gedanklich verschiedene Familienmodelle durchgespielt, sich dann aber »für die traditionelle oder konventionelle Art und Weise« (1/7) entschieden hätten. Gemeint ist hiermit, dass Herr K. derjenige ist, der im Wesentlichen für die finanzielle Versorgung der Familie zuständig sein wird. Herr K. möchte »versuchen, so schnell und so oft wie möglich zu Hause zu sein.« (1/7) Es ist zu vermuten, dass diesem Vorsatz auch der Wunsch zugrunde liegt, den »Vorsprung« der Mutter und damit auch das Gefälle, das er zwischen seiner Partnerin und ihm im Hinblick auf die jeweilige Beziehung zum Kind sieht, nicht zu groß werden zu lassen.

Was wird anders werden...?

Die Überzeugung, dass eine Vaterschaft ein bedeutsamer Einschnitt ins Leben ist, brachte Herr K. ja bereits zu Beginn des Interviews zum Ausdruck. Die Frage, ob und inwiefern sich durch ein Kind das bisherige Leben verändern wird, wird zu einem späteren Zeitpunkt Thema. Wenn Herr K. an mögliche Veränderungen denkt, dann scheinen diese positiv konnotiert zu sein:

> Herr K.: »Das Leben wird sich auf jeden Fall verändern, weil, was sagte 'n guter Freund zu mir?: ›Jetzt fängt das Leben erst richtig an.‹« (1/11)

Als ich nachfrage, was denn mit der Äußerung seines Freundes gemeint sei, kommt Herr K. auf das Thema Verantwortung zu sprechen. Er zeigt sich davon überzeugt, dass er als Vater deutlich vorsichtiger und bedachter handeln wird:

> Herr K.: »Ich glaube, man wird ja bei vielen Sachen deutlich vorsichtiger und sich überlegen, macht man das, macht man das nicht. (...) Wegen der Verantwortung. Man wird nicht mehr so risikofreudig sein, ob das nun im Straßenverkehr ist oder finanziell 'ne Absicherung schaffen. Man wird sich überlegen, ist

das jetzt sinnvoll und richtig, was du tust, weil plötzlich ist da, ich sag mal, 'n kleiner Wurm, der ist auf uns beide angewiesen.« (1/11)

Herr K. beschreibt hier ein Handeln, dass nicht nur auf die eigene Person ausgerichtet ist, sondern weiterhin auf einen anderen Menschen, für den man Sorge trägt. Ob sich die hier antizipierte Veränderung des eigenen Handelns tatsächlich so vollziehen wird, muss an dieser Stelle offen bleiben. Deutlich werden in diesen Ausführungen aber Ansprüche und Ideale, die Herr K. an Väter und damit auch an sich selbst stellt. Das, was Herr K. als verantwortliches Handeln eines Vaters zu umschreiben versucht, hat für ihn anscheinend nicht den Charakter eines einschränkenden Diktates. Stattdessen – und darauf verweist auch die zitierte Äußerung des Freundes – weist er besagten Handlungsmaximen eine für das eigene Leben sinnstiftende Bedeutung zu. Die obigen Ausführungen bringen so gesehen einen Wunsch zum Ausdruck: Wenn ich Vater bin, dann werde ich (erst richtig) sein. Oder anders formuliert: Die Verantwortung, die ich als Vater haben werde, möge meinem Leben und meiner Existenz einen neuen Sinn verleihen. Neben der Vorstellung, dass man als Vater vorsichtiger und bedachter handeln wird, bringt Herr K. den Willen zum Ausdruck, sich darum zu bemühen, dass die Paarbeziehung erhalten bleibt:

> Herr K.: »Sicher, es gibt alleinerziehende Mütter, es gibt alleinerziehende Väter. (...) Nur ich denke, wir arbeiten beide daran, dass es dann auf jeden Fall vermieden wird. Dass also auch so 'ne gewisse Konstanz, ja wie in ihrem Elternhaus und auch in meinem Elternhaus noch vorherrscht.« (1/11)

Als ich bemerke, dass man das, was er als Verantwortung-Tragen beschreibt, ja sehr verschieden erleben könne und es auch vorstellbar wäre, dass hiermit Gefühle der Angst oder die Sorge, etwas zu verlieren, einhergehen könnten, antwortet er folgendes:

> Herr K.: »Ja gut, was kann man nicht mehr machen, wenn man ein Kind hat? (...) Stell ich mal so die Frage. Also sicher, viele haben gesagt: ›So, jetzt ist das vorbei mit abends weggehen.‹ Gut, ganz fürchterlich schlimm. Und sind wir abends fürchterlich weggegangen in letzter Zeit? Gut, abgehakt, fällt flach. So auf der anderen Seite, wenn ich irgendwo hingehe und wir irgendwo eingeladen werden, dann ist das klar, dass wir als Familie eingeladen werden, zumindest für mich.« (1/11–12)

Herr K. verneint die Möglichkeit, dass er sich als Vater auch als eingeschränkt erleben oder etwas verlieren könnte. Er zeigt sich in dieser Hinsicht eindeutig, mögliche Zweifel an dieser Einschätzung kommen nicht zur Sprache bzw. werden zurückgewiesen. Ob dieser Umstand auch als ein Sich-Versagen derartiger Gedanken und damit auch als (unbewusste) Schutzmaßnahme gegen die mit diesen korrespondierenden Gefühlen (z. B. Trauer, Angst, Ärger) zu verstehen ist, muss eine Vermutung bleiben. Für diese scheint mir jedoch gerade besagte Eindeutigkeit zu sprechen.

Zeiterleben...

In dem Gespräch mit Herrn K. geht es immer wieder um das Thema Zeit bzw. um das erlebte Spannungsverhältnis von objektiven Zeitabläufen und subjektiven Zeitbedürfnissen. Für Herrn K. ist die Zeit, die bis zur Geburt des Kindes verbleibt, anscheinend nur schwer mit seiner »inneren Uhr« in Einklang zu bringen. Der Umstand, dass die Zeit bis zur Geburt zuweilen einerseits etwas lang zu werden droht, sie andererseits aber auch wieder nicht hinzureichen scheint, wird in der folgenden Äußerung Thema:

> Herr K.: »Meinetwegen kann das so nächste Woche losgehen. (...) Gut, nun sind halt neun Monate oder zehn Monate dazwischen und dummerweise erfährt man das heute sehr, sehr früh, so dass die Wartezeit vielleicht 'n bisschen länger wird.« (1/16)

Während in dieser Äußerung anklingt, dass Herr K. nicht mehr lange warten möchte und den Zeitraum der Schwangerschaft lieber abkürzen würde, klingt in der nachstehenden eher das Gegenteil an. Die noch verbleibenden Monate scheinen hier als ein tendenziell zu kurzer Zeitraum erlebt zu werden. Dem Gedanken, dass in absehbarer Zeit der Geburtsvorbereitungskurs beginnt und sich damit auch das Ende der Schwangerschaft ankündigt, kommt hier etwas Erschreckendes zu:

> Herr K.: »Wobei ich mir das noch nicht vorstellen kann, dass ich dann irgendwann zum, ja, ich sag mal scherzhaft, zum Elefantenturnen mit hingehen muss, dass es dann plötzlich doch schon wieder soweit ist.« (1/7)

Ob und wann eine Schwangerschaft eintritt, lässt sich mittels moderner Verhütungsmittel beeinflussen. Liegt eine Schwangerschaft vor, dann hat diese ihre Zeit, der die werdenden Eltern und somit auch der werdende Vater unterworfen sind. Herr K. scheint es zu bedauern, dass es heutzutage schon so früh möglich ist, eine Schwangerschaft festzustellen. Dieses frühe Wissen verlängert die Wartezeit und damit eben auch – so ließe sich vermuten – die Zeit, in der man sich als werdender Vater in einer mehr oder weniger passiven und ohnmächtigen Position erlebt. Die folgende Äußerung weist darauf hin, dass es (unausgesprochene und vermutlich nicht bewusstseinsfähige) Erwartungsphantasien sind, die den Zeitpunkt der Geburt jeweils vorverlegen oder herausschieben wollen. Wenn positive Erwartungsphantasien dominieren, so ist zu vermuten, dann könnte es für Herrn K. schon morgen soweit sein, wenn negative oder angstbesetzte Erwartungsphantasien überwiegen, die, das sei hier betont, Herrn K. anscheinend nicht zugänglich sind, dann könnte es bis zur Geburt des Kindes ruhig noch etwas dauern:

> Herr K.: »Also irgendwo schon so 'n Zwiespalt. Irgendwo freut man sich, dass es gar nicht schnell genug gehen kann, auf der anderen Seite ist es dann doch noch ganz, ganz weit weg.« (1/7) Wenn der Termin nächste Woche wäre, wür-

de ich wahrscheinlich sagen, der könnte auch noch zwei Wochen länger rausgezögert werden oder noch 'n Monat.« (1/16)

Zusammenfassung und Diskussion

Herr K. hat es sich nicht leicht gemacht. So hat er sich seinen Äußerungen zufolge beispielsweise sehr genau überlegt, wann für ihn der richtige Zeitpunkt für ein Kind ist. Vor der Realisierung des Kinderwunsches galt es zunächst bestimmte Voraussetzungen zu schaffen bzw. kritisch zu prüfen, ob die Bedingungen, die ihm zufolge gegeben sein sollten, auch gegeben sind. In den von Herrn K. skizzierten Überlegungen klingt an, dass es ihm sehr wichtig war und ist, den Schritt in die Vaterschaft abgesichert zu wissen. Im Vordergrund steht für ihn hierbei die Stabilität der Paarbeziehung. Im Weiteren wird deutlich, dass Herrn K. aber auch eine finanzielle Absicherung der Familie wichtig ist. Herr K. formuliert ein eher traditionelles Vaterbild, demzufolge der Mann erwerbstätig ist und die ökonomische Basis der Familie sicherstellt. In diesen Zusammenhang gehört auch, dass für ihn eine Vaterschaft eng mit dem Begriff der Verantwortung assoziiert ist. Das, was er seinen Ausführungen zufolge einer möglichen Vaterschaft voranstellen wollte (eine gefestigte Persönlichkeit und Lebenserfahrung), ist insofern auch verstehbar als dasjenige, das es überhaupt erst möglich macht, die Verantwortung zu übernehmen, die ihm zufolge genuin zu einer Vaterschaft gehört. Herr K. freut sich darauf, Vater zu werden. Er zeigt sich überzeugt davon, dass eine Vaterschaft eine bedeutsame Zäsur ist. Im bewussten Erleben von Herrn K. ist der von ihm antizipierte »Einschnitt« vor allem mit positiven Gefühlen verbunden. Nicht die Last der Sorge, sondern das Geschenk der Sorge als sinnstiftende Aufgabe wird von ihm zum Thema gemacht. Der Umstand, dass er mögliche Einschränkungen oder auch die Sorge, etwas zu verlieren, so eindeutig zurückweist und keinen Raum für Zweifel lässt, legt die Überlegung nahe, dass derartige Phantasien abgewehrt werden.

Den Schilderungen von Herrn K. zufolge haben seine Partnerin und er den Wunsch, die Schwangerschaft gemeinsam zu erleben. Sie bemühen sich, diese Zeit, wie er es formuliert, »wirklich bewusst zu gestalten.« Allen Bemühungen zum Trotz scheint sich Herr K. aber dennoch auch als ein Außenstehender zu erleben. Der von ihm als intensiv bezeichnete Austausch zwischen ihm und seiner Partnerin, die Bemühungen seiner Freundin, ihn einzubeziehen, sein Bemühen, das Kind zu ertasten und damit auch wahrzunehmen, sowie der Versuch, es mit seiner Stimme vertraut zu machen, vermögen an dem Eindruck, dass bereits jetzt schon ein eklatanter Unterschied zwischen der Mutter-Kind-Beziehung und der Vater-Kind-Beziehung besteht, nichts zu ändern. Für Herrn K. scheint dieser Eindruck insofern beunruhigend zu sein, als mit ihm die Frage verbunden ist, ob er den »Vorsprung«, den seine Freundin während und nach der Schwangerschaft zu gewinnen »droht«, von ihm je wieder einzuholen sein wird. Herr K. thematisiert nicht, was daran so schlimm wäre. Vermuten lässt sich jedoch, dass für ihn die Befürchtung im Raum steht, »abgehängt« zu werden bzw. sich auch langfristig als Außenstehender erleben zu müssen. Träfe dies zu, so würde Herr K. zu einem Vater werden, der – was die ersten Jahre betrifft – unfreiwillig in die Fußstapfen seines eigenen Vaters treten würde. Der Wunsch, eine Tochter zu bekommen, ist in dieser Perspektive auch als eine Art »Gegengift« verstehbar. Mit der vermeintlich naturwüchsigen Zuwendung einer Tochter zum Vater scheint sich die (Wunsch-)Phantasie zu verbinden, der ebenfalls als naturwüchsig gedachten Anziehung zwischen Mutter und Kind etwas entgegensetzen zu können.

Beziehungsphantasien, die sich auf das Kind oder das Zusammenleben mit ihm richten, werden in diesem Interview nur am Rande Thema. Die Vorstellungen und Phantasien, die Herr K. äußert, beziehen sich auf ein älteres Kind bzw. auf ein Kind, mit dem man – wie er es ausdrückt – etwas »machen« kann. Gemeint – so lässt sich vermuten – ist hiermit ein Entwicklungsstand des Kindes, der es erlaubt, Aktivitäten zu entfalten, innerhalb derer sich gemeinsam auf etwas Drittes bezogen werden kann.

Herr K. bringt die Überzeugung zum Ausdruck, dass ein werdender Vater vor allem in seiner Phantasie leben müsse. Er kann sich nicht wie die werdende Mutter auf Körpersensationen beziehen, sondern muss sich mittels Vorstellungen und Phantasien eine Brücke zum Kind bauen.[31] Dieser Umstand scheint von Herrn K. weitestgehend negativ bewertet zu werden. Möglicherweise hat dies auch damit zu tun, dass es ihm anscheinend schwer fällt, für sich den damit verbundenen Spielraum zu entdecken und in positiver Weise für sich geltend zu machen.

Die Geburt eines Kindes wird von Herrn K. als ein lebensgeschichtlicher Wendepunkt imaginiert, der für ihn nicht mit Abschied und Verlust assoziiert ist. Die Frage, ob nicht auch etwas des alten Lebens verloren geht oder sogar »stirbt«, wird von ihm verneint. Herr K. scheint vielmehr davon auszugehen bzw. sich zu wünschen, dass mit einer Vaterschaft etwas Wesentliches »hinzukommt«. Nicht zufällig bezieht er sich positiv auf die Äußerung eines Freundes, in der die Hoffnung zum Ausdruck kommt, dass das Leben mit dem Vatersein eine neue Qualität gewinnen wird (»jetzt fängt das Leben an«). Diese Perspektive gilt scheinbar auch im Hinblick auf seine bestehenden sozialen Kontakte. Die Überlegungen, die er bei-

---

[31] Wobei auch das, was eine Frau »erfährt«, erst bedeutsam wird, wenn es »übersetzt« und den wahrgenommenen Körpersensationen eine spezifische Bedeutung zugeschrieben wird.

spielsweise im Hinblick auf künftige Geburtstagsfeste zum Ausdruck bringt, legen nahe, dass er sich darauf freut, dann – so lässt sich vermuten – endlich zur Gruppe der Väter bzw. Eltern dazuzugehören. Vater zu sein würde dieser Lesart zufolge auch bedeuten, sich des »Makels« der Kinderlosigkeit (wann ist es endlich bei euch soweit?) entledigt zu haben.

2.2. »Das ist (...) ja auch schon irgendwo was Besonderes. Man wird Vater, man freut sich darauf, aber es sieht halt keiner.«

Das zweite Gespräch mit Herrn K. wurde in der 33. Schwangerschaftswoche seiner Partnerin geführt. In der Zeit, die zwischen dem ersten und zweiten Interview lag, haben Herr K. und Frau P. geheiratet.

Die Stunde X...

Verschiedene Äußerungen von Herrn K. deuten darauf hin, dass für ihn die Schwangerschaft und damit auch die sich ankündigende Vaterschaft eine andere Qualität bekommen hat. Der näher rückende Geburtstermin setzt eine Zäsur, die auch im Denken und Empfinden von Herrn K. ihren Niederschlag findet:

> Herr K.: »Es wird immer ernster, und man weiß nicht, worauf man sich vorbereitet. (...) Der Termin rückt näher, aber das ist noch so abstrakt. (...) Es rückt also wirklich ja immer näher, das große Ereignis, und man weiß nicht genau, was dann ist. Gut, Geburt ist klar, Kind. Nur, wie verändert es wirklich dann den Tagesablauf, (...) wie ist es nachts?« (2/1)

In diesem Zitat klingt an, dass der errechnete Geburtstermin zunehmend die Aufmerksamkeit von Herrn K. bindet. Eine wachsende (An-)Spannung und auch Angst schwingt mit, wenn er davon spricht, dass es nun ja »immer ernster« werden und das »große Ereignis« immer näher rücken würde. Der »Termin« scheint von ihm als ein Fluchtpunkt erlebt zu werden, auf den sich alles hin bewegt. Der Umstand, dass die Geburt in greifbare Nähe rückt, zugleich damit aber nicht verbunden ist, dass das, was dann geschieht, sich aufklärt und somit ebenfalls greifbarer wird, wird von Herrn K. als irritierend und beunruhigend erfahren. An einer späteren Stelle des Interviews greift Herr K. dieses Thema noch einmal auf. Er bezeichnet es als »komisch«, »fast irrwitzig schon«, dass er sich auf etwas vorzubereiten und einzurichten versucht, was für ihn noch gar nicht zu antizipieren ist:

> Herr K.: »Das ist ganz komisch. Das ist ja auch so diese irreale Situation, fast irrwitzig schon, dass man plant für die Stunde X oder nach der Stunde X, und man weiß gar nicht, was man da eigentlich macht. Also wirklich schon dieses Vorbereiten und (...) Kinderzimmer hier und Kinderwagen da. Der Verstand sagt einem, gut, das ist dann soweit, aber irgendwo das Gefühl sagt, das Kind ist ja noch im Bauch, und das wissen wir noch gar nicht.« (2/16)

Herr K. unterstreicht dass seine Erregung positiv gefärbt ist. Er erklärt sich diese aus dem für ihn nicht fassbaren und (be-)greifbaren Umstand, dass er bald Vater eines Kindes sein wird. Dass seine Anspannung und Aufregung auch etwas mit Angst bzw. mit Befürchtungen zu tun haben könnte, wird von ihm verneint:

> Herr K.: »Das ist ja auch was Positives, nichts Schlimmes oder sonstwas, was auf einen zukommt. Nur ist es halt auch irgendwas, ja, nicht Greifbares, und plötzlich ist da 'n lebendiges Wesen. Ich will nicht sagen, zack, mit 'nem Donnerschlag ist es da, aber es ist dann ein selbständig denkendes und handelndes Wesen. Zwar nicht sofort, es wird kommen.« (2/17)

Herr K. weiß seit mehreren Monaten, dass im Bauch seiner Frau ein Kind heranwächst. Gleichwohl scheint ihm dieses Wissen abstrakt geblieben zu sein und ihm wenig dabei geholfen zu haben, sich psychisch auf die Geburt des Kindes einstellen zu können. Wenn er davon spricht, dass demnächst »plötzlich«, »zack, mit 'nem Donnerschlag« ein kleiner Mensch auf der Welt sein wird, dann klingt das so, als würde er sich mit diesem Ereignis überraschend und unvermittelt konfrontiert sehen. Schwangerschaftstest und Geburtstermin – das klingt in einer weiteren Äußerung an – machen etwas faktisch, was auf einer anderen Ebene, nämlich der Ebene der psychischen Realität, erst einzuholen ist:

> Herr K.: »Das ist also wirklich ja aus der Vorstellungskraft geboren, erstmal. D. h. die Schwangerschaft beginnt ja, man sieht noch nichts. Dann gibt es irgendwo 'nen Schwangerschaftstest, dann ist man plötzlich schwanger. Von jetzt auf gleich und gut.« (2/20)

Ein Schwangerschaftstest kennt nur zwei Realitäten: Schwanger oder nicht schwanger. Ein bisschen schwanger gibt es nicht, in der psychischen Realität, darauf deutet die obige Äußerung hin, gleichwohl. Sie verweist ferner darauf, dass die Inkongruenz zwischen dem Erleben und dem, was beispielsweise mittels eines Schwangerschaftstestes als faktisch kommuniziert wird, auch etwas Irritierendes an sich haben kann: »Plötzlich« ist man schwanger, »von jetzt auf gleich und gut«, so formuliert es Herr K. Das nachstehende Zitat lässt vermuten, dass Herr K. sich dem näher rückenden Geburtstermin und damit auch all dem, was dieses Datum symbolisiert, ausgeliefert fühlt. Dieser Umstand scheint belastend für ihn zu sein. Seine aktuelle emotionale Situation skizziert er wie folgt:

> Herr K.: »Hilflos erwartend. Man muss abwarten und warten, was jetzt wirklich passiert.« (2/17)

Seine Situation als werdender Vater beschreibt Herr K. hier als eine, die sich durch das Gefühl der Ohnmacht und durch ein hohes Maß an Unsicherheit auszeichnet (was wird passieren?). Er hat anscheinend das Gefühl, dass es nichts gibt, was er tun könnte, um dies zu ändern, so dass ihm nichts anderes übrig bleibt, als eben abzuwarten und das, was immer auch geschehen mag, auf sich zukommen zu lassen. Es aushalten zu müssen, sich derart ohnmächtig und unfreiwillig in die Passivität gedrängt zu erfahren, so lässt sich vermuten, fällt Herrn K. schwer. Der in der folgenden Interviewpassage zum Ausdruck kommende Wunsch, nun möge es aber endlich soweit sein und Fakten geschaffen werden (hierfür steht die Geburt des Kindes), ist insofern auch verstehbar als der Wunsch, die ungewisse Spannung aufzulösen und selbst wieder in eine aktive Position zu gelangen. Die große Unsicherheit, von der Herr K. zu Beginn dieser Interviewauswertung sprach, wird in diesem Zusammenhang zu einem »Tick Unsicherheit« und damit zu etwas, was sich verglichen mit der gegenwärtig bedrängend offenen Situation als das kleinere Übel darstellt:

> Herr K.: »Da ist sicher 'n Tick Unsicherheit dabei. Was ist dann wirklich, wenn? Also von mir aus, ich bin jetzt soweit. Es kann jetzt morgen losgehen und dann machen!«
> I.: »Also es bewegt sich immer stärker in Richtung: Jetzt soll es aber auch?«
> Herr K.: »Ja. Jetzt ist (...) so 'ne Ungeduld wie beim Geschenke auspacken: Jetzt wollen wir.«
> I.: »Jetzt wollen wir wissen, was drin ist?«
> Herr K.: »Genau.« (2/3)

Herr K. greift die Metapher vom »Geschenke auspacken« noch einmal an einer anderen Stelle des Interviews auf. Er erzählt, dass seine Frau und er nun wüssten, dass sie »relativ wahrscheinlich« einen Jungen bekommen würden. Ein befreundetes Pärchen sei in einer ähnlichen Situation gewesen, bei der Geburt habe sich dann aber herausgestellt, dass es doch ein Mädchen ist. Ich frage, wie es für ihn ist, auch im Hinblick auf diese Frage noch keine definitive Gewissheit zu haben:

> Herr K.: »Irgendwo schon ernüchternd. Nach dem Motto, man weiß immer noch nicht, was in dem Paket drin ist. Bleiben wir bei dem Vergleich mit Weihnachten, man reißt es auf und sagt: ›Hm, wusste ich es doch, wusste ich 's nicht.‹ Auf der anderen Seite, man hat ja nur mal geguckt durch so 'n kleinen Spalt da beim Papier: ›Aha, das und das ist jetzt da drin, also das und das Geschenk‹. Ich weiß aber wirklich nicht, was da ist, und darum sag ich jetzt, gut, jetzt warten wir mal ab, lassen uns da nicht verrückt machen.« (2/12)

Um zu verdeutlichen, wie er sich aktuell fühlt, bezieht sich Herr K. auf das Weihnachtsfest und damit auf ein emotional hoch besetztes Datum. So wie am Heiligen Abend viele voller Ungeduld und Spannung auf den Moment warten, an dem sie die Geschenke, deren Inhalte noch unbekannt sind, endlich auspacken dürfen, so scheint es auch ihm zu gehen. Bleibt man in diesem Bild, so wird der Bauch der Frau anscheinend ähnlich erlebt wie das Geschenkpapier: Er verhüllt etwas, auf das sich Phantasien und Erwartungen richten. Die hier aufgespannte Metapher bietet aber noch die Ziehung einer weiteren Parallele an: So, wie das Kind sich irgendwann auf die Suche macht und die Orte aufzuspüren sucht, an denen die Geschenke möglicherweise verborgen werden, dann der Verführung nicht widerstehen kann und sich verbotenerweise einen kleinen Einblick verschafft, so erlauben es moderne Technologien wie das Ultraschall, vor der Zeit einen kleinen Blick auf das Verborgene zu werfen (der kleine Spalt, durch den er geguckt hat). Wenn es nach Herrn K. ginge, dann würde er den »Heiligen Abend« (den Geburtstermin) vorverlegen. Er möchte nun endlich wissen, was in dem großen Paket ist, das seine Frau vor sich herträgt. Er – so lässt sich vermuten – möchte endlich mehr, als nur durch einen kleinen Spalt den einen oder anderen Blick zu erhaschen. Dabei ist es für ihn durchaus vorstellbar, das klingt in obiger Äußerung an, dass das, was dann enthüllt wird, u. U. nicht den Erwartungen entspricht. Die Gefahr einer damit einhergehenden Ernüchterung oder sogar Enttäuschung (»Hm, wusste ich es doch«) würde Herr K. aktuell vermutlich jedoch lieber auf sich nehmen, als ein Fortbestehen des auch belastenden Ungewissen (die Ungewissheit, von der er sich nicht verrückt machen lassen will).

Unser Kind soll nicht kleiner gemacht werden als es ist...
Herr K., das machen die folgenden Äußerungen deutlich, scheint inzwischen recht konkrete Wünsche und Vorstellungen zu haben, die den Umgang und das Zusammenleben mit dem Kind betreffen:

> Herr K.: »Ich möchte a) nicht die Baby-Sprache, das ›eititei‹, und b) wird nicht geflüstert oder leise gesprochen, sondern es wird ganz normal gesprochen, auch wenn das Kind da ist. Und auch wenn es schläft, muss man nicht plötzlich auf Zehenspitzen überall rumschleichen. Es wird sich noch ganz normal unterhalten. Es soll mit in die Gemeinschaft und nicht 'ne Extrawurst gebraten (kriegen) und nicht aus Zucker und nur aufpassen, es ist ja so klein und zerbrechlich. Das ist irgendwann nicht mehr klein und zerbrechlich. Was ich auch sagte, ist, es heißt dann nicht, ›oh, das Baby‹, sondern irgendwann hat es einen Namen. (...) Und auch nicht so diese verniedlichenden Namen. Jan, der heißt plötzlich nur Janni. Janni ist mittlerweile zwölf Jahre alt und heißt immer noch Janni. Also dann hätte ich das Kind auch gleich Janni nennen können.« (2/5–6)

Herr K. wendet sich hier gegen Verhaltensweisen, die im Umgang mit Babys vielfach zu beobachten sind. Er möchte, dass mit seinem Kind »normal« – d. h. so wie unter Erwachsenen üblich – gesprochen wird, er wünscht sich, dass sein Kind mit seinem Namen und nicht einer verniedlichenden Variante desselben angesprochen wird. Daneben möchte er nicht, dass ein – aus seiner Sicht – übertrieben vorsichtiger Umgang mit dem Baby gepflegt wird und dass aus falsch verstandener Rücksichtnahme dem Baby ein Sonderstatus (die Extrawurst) zuerkannt wird. Auch in der folgenden Äußerung geht es noch einmal um die Frage, welche Position das Kind im familialen Geschehen einnehmen und welche Bedeutung im zukommen sollte:

Herr K.: »Das wird sicher im Mittelpunkt stehen die erste Zeit. Nur ich möchte eigentlich schon, dass es integriert, aber nicht der Mittelpunkt ist. Also wenn das Kind dann einmal hustet, dass es dann gleich zum Arzt geschleppt wird und jetzt jeder dann nur noch guckt, ach was ist mit dem Kind? (...) Aber erstmal soll es schon 'nen zentralen Punkt haben, aber nicht die zentrale Stellung. D. h., es wird irgendwann auch nicht mehr soviel Rücksicht auf das Kind genommen werden müssen. Oder ich möchte es eigentlich von vornherein vermeiden. D. h., auch wenn wir dann hinterher Essen gehen wollen, gut, wir werden uns keine verräucherten Kneipen aussuchen, aber dann kommt das Kind mit. (...) Also schon, dass das normale Leben dann weitergeht. Also nicht, dass wir zum Sklaven vom Kind werden.« (2/6–7)

Herr K. bringt hier den Wunsch zum Ausdruck, dass das »normale« Leben, d. h. das Leben, das er bisher führte, auch nach der Geburt des Kindes fortgesetzt werden kann. Er möchte nicht, dass das Kind dauerhaft in den Mittelpunkt des Geschehens rückt und sich dann ein Großteil der Aufmerksamkeit auf das neue Familienmitglied richtet bzw. das eigene Handeln auf dieses hin ausgerichtet wird. Herr K. kontrastiert zwei Leben: Er spricht von dem »normalen«/bisherigen Leben und einem Leben, das die Gefahr in sich birgt, zum »Sklaven« der Ansprüche und Befindlichkeiten eines anderen – eben des Babys – zu werden. Eine solche Mächtigkeit will Herr K. seinem Kind nicht zukommen lassen. Die Verhaltensweisen, die er hier im Hinblick für das künftige Umgehen mit dem Kind entwirft, lassen sich als das Bemühen verstehen, einer solchen Entwicklung vorzubauen. In diesen Zusammenhang gehört vermutlich auch, dass Herr K. sich vornimmt, von der Möglichkeit Gebrauch zu machen, auch anderen Personen das Kind anvertrauen zu können (Babysitter, Krabbelgruppe, Großeltern, Freunde):

Herr K.: »Ich möchte also nicht, dass es dann irgendwann heißt, dass das Kind fremdelt. Es wird Bezugspersonen haben, zwei sehr enge Bezugspersonen und – so stell ich es mir jetzt vor – einen erweiterten Kreis von Bezugspersonen. Dass man sagen kann, gut, wenn was ist, das müssen nicht unbedingt nur Verwandte sein, das können auch gute Freunde sein. (...) Ich möchte schon, dass unser Kind auch Kontakt mit anderen kriegt. Und auch nicht von den Eltern und der Mutter entwöhnt wird, aber schon so 'n bisschen Rüstzeug mitkriegt, dass es dann auch irgendwann mal alleine im Sportverein oder in der Schule oder im Kindergarten bleiben kann.« (2/7)

Ein Kind, das »fremdelt«, drückt aus, dass es auf seine Eltern bezogen ist. Es zeigt sich abhängig und demonstriert, dass es die Nähe seiner Eltern wünscht und braucht, ja auf ihr besteht. Von den relevanten Bezugspersonen kann dies unterschiedlich erlebt und somit auch bewertet werden. Ein dermaßen »gebundenes« Kind kann als Fessel erlebt werden, die den eigenen Bewegungsradius einzuschränken droht. Eine solche Perspektive – so meine ich – klingt auch in obiger Äußerung an. Herr K. scheint verhindern zu wollen, dass sein Kind einmal fremdelt, nicht zuletzt, so ließe sich vermuten, weil besagtes Fremdeln geradezu als eine Metapher für das verstanden werden kann, was einer Kontinuität der bisherigen Lebenspraxis entgegensteht. Bereits im Interview kam mir die Frage in den Sinn, warum es für Herrn K. so wichtig ist, dass im Umgang mit seinem Kind nicht auf die Babysprache zurückgegriffen wird, und was ihn in so sehr daran stört, wenn dessen Name verniedlicht bzw. »nur« von »dem Baby« gesprochen würde? Herr K., so lässt sich erst einmal vermuten, scheint daran interessiert zu sein, all das zu unterstützen, was Separations- und Individuationsprozesse des Kindes (also das Größer-, Unabhängiger- und Selbständigerwerden) befördern könnte. Ihm liegt weiterhin viel daran, wie auch die folgende Äußerung zeigt, dem Baby keinen Sonderstatus zukommen zu lassen:

> Herr K.: »Also ich hab es mir vorgenommen, oder wir haben uns das eigentlich vorgenommen und sind uns da einig, (...) dass man auch versucht normal, wie mit 'nem normalen Menschen zu sprechen. Es ist ja ein fertiger Mensch, nur 'n bisschen kleiner.« (2/6)

Dass ein Baby kein »fertiger« Mensch in »Miniaturausgabe« ist, ist entwicklungspsychologisch betrachtet evident. Ein Baby unterscheidet sich, es ist qualitativ anders als ein ausgewachsener Mensch und diesem zuweilen auch fremd. Was könnte die Ursache dafür sein, dass Herr K. diese Differenz negiert? Ein Baby lebt – in der Sprache der Psychoanalyse formuliert – in der Welt der Primärprozesse. Es kann sich nicht »vernünftig« auf andere beziehen, sondern ist vielmehr seinen Bedürfnissen und seinen primären Bezugsobjekten ausgeliefert. Erwachsene, die sich auf ein Baby beziehen, treten notwendigerweise auch ein Stück weit in diese archaische Welt, die früher auch einmal die ihre war, ein. Sie regredieren. Die Babysprache – das »heiteitei« – ist hierfür nur ein Beispiel. Der Gedanke liegt nahe, dass solche und ähnliche adaptiven regressiven Prozesse Herrn K. unheimlich sind. Anzunehmen ist weiterhin, dass ihm die Abhängigkeit und das Angewiesensein des Kindes, das eben auch die Eltern in den Bannkreis der Abhängigkeit zieht, Angst machen.

Phantasien...

Herr K. erzählt, dass es eine Wende gegeben habe. Bis vor einer Woche seien Phantasien, die das Kind oder das Zusammenleben mit ihm betreffen, »noch 'n bisschen auf spätere Lebensabschnitte noch gerichtet« (2/3) gewesen. So sei es – beispielsweise wenn er sich im künftigen Kinderzimmer aufhielt – zu Tagträumen gekommen, bei denen er ein drei- bis vierjähriges Kindes imaginiert habe, das in einer Wald- und Wiesenlandschaft agiere. Sein Gesicht, so führt er aus, sei nicht zu erkennen gewesen, das Kind hätte insgesamt eher etwas »Schattenhaftes« an sich gehabt. Ferner könne er sich

115

noch daran erinnern, dass es einen sehr lebhaften Eindruck gemacht habe. Das Äußere des Kindes beschreibt Herr K. folgendermaßen:

> Herr K.: »Also man sieht den Kopf nicht, also man weiß nicht, ob lange Haare, kurze Haare, dunkle Haare, helle Haare. Könnte auch nur 'ne ausgestopfte Puppe sein mit Kinderkleidung. (...) Aber man erkennt die Kleidung. Das ist 'ne Jacke, was ich so vor Augen habe. Vielleicht auch, weil jetzt neulich Besuch da war mit so 'ner ganz bunten, schrägen Jacke. Aber nicht, ob nun Männlein oder Weiblein.« (2/4)

Herrn K. fällt zu besagtem Tagtraum ein, dass er den Wunsch hat, seinem Kind einmal die Stätten seiner Kindheit zu zeigen. Er möchte es gerade auch an die Orte führen, an denen er selbst einmal als Kind gespielt hat:

> Herr K.: »Vielleicht auch so, wo die Wurzeln sind. Ich hab ja gesagt, wir werden wahrscheinlich demnächst ganz wegziehen. Also dann schon zeigen, guck mal, da ist deine Mutter aufgewachsen, und da ist dein Vater mal aufgewachsen. (...) Es wird ja dann auch immer wieder Erzählungen geben: ›Weißt du noch?‹, dass es auch so das Umfeld dann sieht.« (2/13)

Seit ein paar Tagen nun, so erzählt Herr K., habe sich etwas verändert:

> Herr K.: »Wobei sie [die Phantasien] jetzt langsam immer konkreter werden. Und man versucht, sich jetzt vorzustellen, wie ist es denn mit einem ganz kleinen Kind, also mit einem Neugeborenen zu Hause?« (2/4)

Der nahende Geburtstermin, der ja »wirklich«, wie Herr K. an anderer Stelle betont, immer näher rückt, scheint seine Vorstellungen und Phantasien zunehmend auf die Zeit nach der Geburt zu lenken und dies insbesondere in Gestalt von Fragen:

> Herr K.: »Also die Phantasien oder auch die Vorstellungen ändern sich, oder mir kommt es zumindest so vor. Werden immer konkreter, immer mehr auf den praktischen Alltag, also die Alltagsbewältigung zugeschnitten.« (2/20)

Auf eine Fülle von immer stärker in den Vordergrund drängenden Fragen, die sich auf die Bewältigung des künftigen Alltags beziehen, weisen auch die nachstehenden Äußerungen hin. Sie nehmen anscheinend sowohl im konkreten Handeln als auch in Form von Probehandlungen (Vorstellungen und Phantasien) in Herrn K. einen immer größer werdenden Raum ein:

> Herr K.: »Ich entdecke mich plötzlich dabei, dass ich nach Windelsystemen gucke. (...) Also das merkt man dann schon, dass man auch anders durch die die Stadt läuft.« (2/3) »Mittlerweile werde ich wahrscheinlich bald zum Kinderwagenfachmann mit verschiedenen Reifen und Fahrgestellen und Winterschlafsack und Fußschlafsack, weicher und harter Tasche und was es da nicht alles gibt.« (2/20) »Die [Vorstellungen] sind praktisch. Wie ist es mit Wickeln, wer wickelt wann? Ich sehe mich dann nachts auch schon aufstehen um drei oder um fünf, weil dann plötzlich so Geräusche da waren. Aber schon mit Freude auf die Zeit, wo man dann sagt, jetzt bin ich auch länger wieder bei dem Kind, in der Nähe vom Kind, fürs Kind da. (...) Und solche Phantasien kommen jetzt mehr in den Vordergrund. Also wirklich schon so, als ob das Kind schon

da wäre oder morgen kommt oder nächste Woche kommt. Wirklich so praktisch, wie ist es dann, wie funktioniert das? (...) Schläft das Kind die erste Zeit im Kinderzimmer, wird es ins Kinderzimmer abgeschoben oder lässt man es doch wieder im Schlafzimmer mit stehen? Weil plötzlich nach neun Monaten im Bauch ganz alleine Einzelhaft, muss auch nicht sein.« (2/5)

Es ist zu vermuten, dass die hier genannten Handlungen, Vorstellungen und Phantasien die sich ankündigende Vaterschaft greifbarer machen und ihr eine stärkere Realität zukommen lassen. Dieser Umstand wiederum scheint weitere Vorstellungen und Überlegungen anzuregen und umgekehrt. Ein Schlaglicht auf die Situation, wie sie sich aktuell im Erleben von Herrn K. darstellt, wirft auch die folgende Äußerung:

> Herr K.: »Es wird immer, immer präsenter. Was schön ist. Ich sagte das ja schon mit den Steckdosen, dass man ja schon überall durchgeht und diese Dinger darauf klebt, obwohl es sicher viel zu früh ist. Hilfloser Aktionismus.« (2/20)

Herr K., so teilt es sich hier mit, versucht sich auf die neue Situation, so weit es ihm eben möglich ist, vorzubereiten. Ironisch kommentiert er sein Bemühen, die Wohnung – wie er an anderer Stelle bemerkt – »kindersicher« zu machen, als hilflosen Aktionismus. Vielleicht ist der Doppelcharakter dieses Wortes kein Zufall. Das Installieren einer Kindersicherung soll ein Kind vor einem möglichen Stromschlag schützen. Solche und andere Aktivitäten haben daneben möglicherweise aber auch gleichzeitig die Funktion, sich selbst als werdender Vater auf das Leben mit einem Kind einzustimmen und sich – bzw. das, was einem lieb und teuer ist, vor einem »Zugriff« des Kindes zu schützen. Dem Versuch, sich auf eine solche Art vorzubereiten, haftet im Erleben von Herrn K. etwas Hilfloses an. Gleichwohl scheint es für ihn besser auszuhalten zu sein, etwas zu tun, dessen Sinn ihm selbst auch fragwürdig vorkommt, als eben nichts zu tun und – wie er es formuliert – »hilflos abzuwarten.«

Wer ist wie nahe am Zentrum des Geschehens...?
In dem Gespräch entfaltet Herr K. eine Art Soziometrie des pränatalen familialen Beziehungsnetzes. Im Mittelpunkt steht dabei die Frage, welches Familienmitglied sich in welcher Entfernung zum imaginierten Zentrum des Geschehens befindet:

> Herr K.: »Ich bin Zuschauer in der ersten Reihe, aber nicht Hauptakteur. Und andere sind halt nur Zuschauer in der zweiten Reihe. Ja und die Familie, die dürfen also nicht in den Hauptsitzen oder sie dürfen nicht in der Loge sitzen. Die sitzen dann nicht auf den billigen Plätzen, aber schon 'n bisschen zurück. Das ist 'ne Geschichte, die also unsere Partnerschaft dann angeht, und der Rest darf daran teilnehmen, aber nur, wenn wir das möchten.« (2/2)

Herr K. vergleicht das interaktive Geschehen in der Schwangerschaft mit einer Theateraufführung. Er scheint dabei eine relativ genaue Vorstellung davon zu haben, welchem Familienmitglied welche Position und Rolle zukommt, auch wird ein fein abgestuftes System von Nähe und Distanz zum imaginierten Mittelpunkt des Geschehens deutlich. Seine Frau ist in dieser Metapher der Hauptakteur, genauer genommen der einzige Akteur, der auf der Bühne agiert. Herr K. weist sich als werdendem Vater eine Zuschauerrolle zu. Er sieht sich an einem privilegierten Platz (die erste Reihe oder Loge), der für andere tabu ist. Weitere Familienmitglieder werden etwas zurückversetzt platziert, sie können ihre Augen nur aus einer etwas größeren Distanz auf das Geschehen richten. Auch wenn Herr K. seiner Frau symbolisch hier einen Platz auf der Bühne und sich selbst einen im Zuschauerraum zuweist, so scheint es in seinem Erleben doch einen von beiden geteilten Bereich zu geben, zu dem andere nur mit ausdrücklichem Einverständnis Zugang haben sollten. Herr K. benennt aber auch eine deutliche Differenz, die er zwischen sich und seiner Frau sieht. So gibt es Bereiche, die er für sich als werdender Vater als weder einsehbar noch zugänglich erfährt:

> Herr K.: »Ich kann nicht immer hinter die Kulissen gucken. Ich kann zwar sicherlich weiter gucken als manch anderer, aber ich bin halt selbst nicht schwanger. Ich bin – in Anführungsstrichen – nur der Vater.« (2/16)

Die nachstehende Äußerung legt nahe, dass Herr K. sich als ein Außenstehender erlebt, dem im Unterschied zu seiner Frau Lebensäußerungen des Babys nur vermittelt zugänglich sind:

> Herr K.: »Es ist ja was anderes, wenn ich das mit der Hand spüre, mit 'ner schützenden Bauchdecke noch dazwischen, oder direkt von innen, wenn ich in die Eingeweide getreten werde.« (2/15) »Ich selbst merke es nicht, wenn das Kind plötzlich tritt. Man muss es mir sagen und, ja gut, das ist sehr, sehr schön, nur auch dieses sehr, sehr schöne Gefühl flaut ja irgendwo ab. Das ist für einen von außen, weil die Bauchdecke ja als Dämpfungsfaktor noch dazwischen ist, immer die gleiche Bewegung.« (2/16)

Der Weg des werdenden Vaters zu dem Kind stellt sich für Herrn K. als ein über die werdende Mutter vermittelter dar. Herr K. erzählt, dass es für ihn schön sei, die Bewegungen des Kindes zu spüren, macht jedoch auch deutlich, dass diese Erfahrung für ihn im Laufe der Zeit an Attraktivität verloren hat. Als Grund dafür nennt er die Vermitteltheit dieser Erfahrung sowie den Umstand, dass sich die Bewegungen des Kindes immer gleich anfühlen. In der folgenden Äußerung geht es noch einmal um das Thema Kindsbewegungen:

> Herr K.: »Irgendwann sagt man auch, so jetzt ist gut, scheinbar klappt das heute nicht mit dem Fühlen, oder ich hab heute genug gefühlt. Ja, weil man jedes Mal noch von anderen Sachen wieder losgerissen wurde, so: ›Komm mal

eben schnell, es ist wieder‹. Und das ist so ähnlich wie: ›Komm mal, das Telefon klingelt‹. Man rennt hin, und es hört auf zu klingeln. Macht man zweimal mit, beim dritten Mal geht man nur noch langsam hin und beim vierten Mal wartet man drei Klingeln ab. Beim fünften Mal sagt man, gut, das hört gleich wieder auf. Und ähnlich verhält es sich wirklich auch beim Fühlen. Ich sag mal, es fühlt sich auch jeden Tag irgendwo gleich an. So, und das haben wir aber dann auch in der Partnerschaft geklärt, und wenn wir zusammen dann irgendwo abends noch sitzen, dann hab ich auch kein Problem, oder auch im Bett, meine Hand eben auf den Bauch zu legen. Teilweise auch wirklich, um Ruhe zu geben oder wenn sich die Bewegungen ändern.« (2/15)

Neben dem Umstand, dass das Fühlen der Kindsbewegungen für ihn an Faszination verloren hat, macht Herr K. mit dieser Äußerung auf eine Schwierigkeit aufmerksam, die sich ihm als werdendem Vater stellt: Nur mittelbar der Kindsbewegungen gewahr werden zu können verweist in eine abhängige Position. Herrn K. scheint es nicht nur zu ärgern, dass er gewissermaßen Gewehr bei Fuß stehen müsste, sondern auch, dass seine Bemühungen sich dann u. U. als vergebens erweisen. Herr K. vergleicht die Kindsbewegungen mit dem Läuten eines Telefons. Er scheint des Öfteren die vermutlich frustrierende Erfahrung gemacht zu haben, dass das Kind – um in der genannten Metapher zu bleiben – den Hörer bereits wieder aufgelegt hat, als er das Telefon (den Bauch seiner Frau) erreicht hat. Der von ihm gewählte Vergleich scheint mir für diese Annahme zu sprechen. Herr K. sieht sich in die Position des Reagierenden verwiesen, ein Umstand, den er als ärgerlich und kränkend zu empfinden scheint. Sein sukzessiver Rückzug (macht man zweimal mit, dann..) ist insofern auch verstehbar als der Versuch, sich Gefühlen wie Abhängigkeit und Ohnmacht, die diese Position virulent werden lassen können, nicht weiter auszusetzen.

Die folgende Äußerung gibt darüber Auskunft, wie Herr K. sich aktuell als werdender Vater fühlt. Schon an einer früheren Stelle des Interviews wurde deutlich, dass er sich hierbei in ein Verhältnis zu seiner Partnerin setzt (sie als die Hauptakteurin, er als der Zuschauer, der »nur« der Vater ist) bzw. seinen Status mit dem ihrigen vergleicht:

> Herr K.: »Gut, man wird Papa, aber man sieht das nicht. Ich sag mal, auf der Straße werde ich nicht angesprochen. Ich hab kein Schild auf dem Rücken: ›Ich werde Papa und noch so und so viele Tage.‹ Wobei die Frau das ja immer sichtbar für alle mit sich rumträgt. Das ist eigentlich nicht das Gleiche, aber ja auch irgendwo was Besonderes. Man wird Vater, man freut sich drauf, aber es sieht halt keiner. Muss auch nicht unbedingt jeder sehen, weil, das ist dann auch so 'n bisschen für mich Privatsphäre.« (2/14–15)

Auch wenn es Herr K. zum Ende seiner Ausführungen hin wieder verneint, etwas kränkend scheint der Umstand, dass sich seine Frau als werdende Mutter heraushebt, man ihm das Vaterwerden jedoch nicht ansieht und er somit auch weniger Aufmerksamkeit zu erfahren glaubt, sehr wohl erfahren zu werden. Herr K. betont, dass es durchaus einen Unterschied mache, ob man Vater oder Mutter werden würde, nichtsdestotrotz sei aber auch eine sich ankündigende Vaterschaft etwas Besonderes. Dass dies seiner Erfahrung zufolge vom sozialen Umfeld nicht gesehen und anerkannt wird, scheint Herr K. nicht nur zu bedauern, sondern ihn ferner, wie die folgende Äußerung zeigt, auch ärgerlich zu machen. Er erzählt, dass er sich auf die obligatorische Frage »Wie geht's der Frau?« angewöhnt habe zu antworten: »Danke, dem Vater geht es auch gut.« (2/19) Er erläutert:

> Herr K.: »Das ist ja wirklich auch wieder schon so 'n Mittelpunkt. Es dreht sich, dabei ist ja auch nicht die Frau unbedingt das Entscheidende, sondern eigentlich das ungeborene Kind. Was sich ja hinterher auch fortsetzt, meistens. Und das ist ja das, was wir dann verhindern wollen. Und mittlerweile sagt auch meine Frau: ›Danke, und dem Vater geht es auch gut.‹« (2/19)

Herr K. spricht es nicht aus, und dennoch klingt an, dass es ihn kränkt und ärgert, als werdender Vater nicht in der Weise, wie er es sich wünscht und vermutlich auch für angemessen hält, gesehen zu werden. Es ist zu vermuten, dass Herr K. auch etwas neidisch auf die Aufmerksamkeit ist, die er seiner Partnerin zukommen und ihm selbst vorenthalten sieht. Seinen Wunsch, ebenfalls als jemand wahrgenommen zu werden, der in einer besonderen Situation ist und einen besonderen Status hat, teilt Herr K. seinem Umfeld deutlich mit (er beantwortet die Frage, die er seinem Gegenüber stellt,. selbst). Er zieht sich nicht zurück, sondern versucht vielmehr aktiv, sein Umfeld in seinem Sinne zu beeinflussen. Dass Herr K. nicht einverstanden ist mit der Rolle, die werdenden Vätern zugewiesen und seinen Beobachtungen zufolge von ihnen eingenommen wird, zeigt sich ebenfalls, als Herr K. von dem Geburtsvorbereitungskurs berichtet, an dem er teilgenommen hat. Das, was er dort sowohl im Hinblick auf das Verhalten der werdenden Väter als auch im Hinblick auf die Interaktion zwischen werdenden Müttern und werdenden Väter erlebt hat, charakterisiert er als »bezeichnend«:

> Herr K.: »Haben sich nur die Frauen vorgestellt (...), und die Männer saßen dann daneben, da kam gar nichts. Es ging wirklich Frau eins, die war alleine da, dann Pärchen eins und dann ging es gleich zur Frau von Pärchen zwei nahtlos über. Der eine [Mann] lehnte sich zurück nach dem Motto, ich muss ja nichts sagen, meine Frau hat alles gesagt. (...) Und ich hab mich dann auch vorgestellt, und dann haben die anderen sich auch noch einmal vorgestellt. Also wirklich so diese Zweiklassengesellschaft.« (2/10)

Herr K. bezeichnet das, was er im Geburtsvorbereitungskurs im Verhältnis von werdenden Müttern und werdenden Vätern erlebt hat, als eine Zweiklassengesellschaft. Eine solche zeichnet sich dadurch aus, dass es eine privilegierte und eine benachteiligte Gruppe gibt. Im Hinblick auf das Geschlechterverhältnis werden in der Regel die Frauen als diskriminiert hervorgehoben, im Zusammenhang von Schwangerschaft und Geburt sind es dem Erleben von Herrn K. nach jedoch die Männer, die hinter den Frauen zu verschwinden drohen. Dass diese das scheinbar einfach so hinnehmen und sich nicht behaupten, empört ihn. Um die Präsenz und um die Aufmerksamkeit, die einer schwangeren Frau zukommt, geht es auch in der folgenden Äußerung:

> Herr K.: »Es kam von meiner Frau auch gar nicht so auf, dass sie jetzt (...) jedem sagen möchte, wie es jetzt ist. Nicht nur immer dieses Permanente. Es gibt auch noch ein Leben nach der Schwangerschaft oder auch neben der Schwangerschaft. Das ist sicherlich zentral, es ist verändert und ist auch optisch 'ne Veränderung. D. h., man sieht es auch, man kann es auch nicht übersehen. Und gut, ich stell es jetzt immer wieder fest, es scheint immer schlimmer zu werden zum Ende der Schwangerschaft. Wenn man irgendwo hinkommt, meint jeder sofort, er müsste den Bauch anfassen und sagen: ›Och, ist das niedlich.‹ (...) Ich mein, ich fass ja auch nicht jeden sofort an, von dem ich meine, oh, der hat aber 'n komisches oder hat 'n muskulösen Oberarm oder was auch immer: ›Sind das Muskeln? Darf ich mal drücken? Sind die alle echt?‹« (2/9)

Herr K. zeigt sich empört über das seinem Empfinden nach distanzlose und übergriffige Verhalten einiger Mitmenschen. Er bringt seinen Ärger darüber zum Ausdruck, dass fremde Menschen sich einfach herausnehmen, den Bauch seiner Frau und damit auch sie anzufassen. Herr K. wählt in diesem Zusammenhang eine interessante Metapher. Er setzt den (prallen) Bauch seiner Frau in ein Verhältnis zu dem muskulösen Oberarm eines Mannes. Diese Parallelisierung lässt vermuten, dass er den Bauch einer Schwangeren auch als ein Symbol für Kraft und Potenz erlebt. Der Gedanke liegt nahe, dass es auch das ist, worum er seine Frau möglicherweise heimlich beneidet: die Möglichkeit, besagtes Signum für alle sichtbar vor sich »herzutragen« und es von eben diesen anderen auch als solches bestätigt zu bekommen.

Der Umstand, dass Herr K. sich in gewisser Hinsicht als Außenstehender erfährt, wird von ihm anscheinend jedoch nicht nur als nachteilig, sondern auch als mit Vorteilen verbunden erlebt. Herrn K. fällt es seinen Schilderungen zufolge leichter als seiner Partnerin, sich von (Zukunfts-)Ängsten distanzieren zu können. Er erzählt, dass es gerade zu Beginn der Schwangerschaft Anlass gegeben hätte, sich um die Gesundheit des Kindes zu sorgen. In dieser Zeit hätte er ganz bewusst versucht, »negative Gedanken und Phantasien« von sich und seiner Frau fernzuhalten:

> Herr K.: »Zu verdrängen und zu sagen: ›Gut, da passiert schon nichts.‹ (...) Für mich ging das problemlos. Wo es 'n bisschen schwieriger war, als ich dann auch für meine Frau versucht habe, so 'n positives Umfeld zu schaffen. Gerade als dann die Verdachtsmomente kamen und dann die abklärende Untersuchung doch 'n paar Tage auf sich warten ließ (...). Das 'n bisschen freizuhalten, das fand ich schwieriger, als für mich persönlich das wegzudrängen. (...) Ich denk

dann einfach an andere Sachen, auch bewusst nicht an das Kind. Also ich versuch da nicht irgendwo die negativen Vorstellungen in positive umzuwandeln, sondern denk an was ganz anderes.« (2/13–14)

Darf man stolz darauf sein, Vater zu werden...?
Im Interview frage ich Herrn K., ob das Vaterwerden für ihn auch mit einem Gefühl von Stolz verbunden sei. Vorsichtig bestätigt er diese Frage:

> Herr K.: »Doch schon, doch. Also ja Stolz, worauf kann man stolz sein? Also eher Freude oder freudige Erwartung. Also nicht stolz im Sinne von, ich gehöre jetzt auch zu dem Kreis der erlauchten Väter. Vielleicht aber auch einfach so Erleichterung, dass man trotz aller Lebensumstände (...), die nicht unbedingt immer gesund waren, trotzdem noch zeugungsfähig ist. Und dass man sich auch irgendwo sagt, okay, das ist schön und jetzt 'ne neue Aufgabe. Also schon so 'ne Mischung vielleicht aus Freude und Stolz.« (2/17)

Nachdem Herr K. meine Frage zunächst spontan bejaht, stellt er die geäußerte Zustimmung dann doch wieder in Frage. Er betont, dass es nicht der Stolz sei, nun selbst zum Kreis der – wie er ironisch bemerkt – »erlauchten« Väter zu gehören, sondern wenn überhaupt, dann ein Stolz auf die eigene Zeugungsfähigkeit bzw. Potenz.[32] Herr K. greift das Thema Stolz noch einmal zu einem späteren Zeitpunkt auf. Er bringt es hier in einen Zusammenhang mit dem Thema Verantwortung:

> Herr K.: »Man entdeckt sich immer häufiger dabei: Muss das sein, was ich jetzt gerade mache? Man ist nicht mehr alleine, man hat nicht nur eine Partnerin, sondern man hat unheimlich viel Verantwortung, die dann plötzlich da ist. Ob das nun überbewertet ist, weiß ich nicht, aber mir kommt das so vor. Dass das manchmal auch richtig quer im Magen liegt, was da jetzt alles kommt. ›Schaffen wir das alles, oder schaffe ich das alles? Haben wir uns jetzt übernommen?‹ Aber gut, auf der anderen Seite sagt man sich denn auch, ich weiß nicht, wie viel Millionen Väter täglich, wöchentlich werden es immer mehr, und auch die schaffen es. Also, das ist schon so, ja, Stolz kann man ruhig sagen.« (2/18)

Vaterschaft und Verantwortung imponieren hier als zwei Begriffe, die, wie ja auch im ersten Gespräch deutlich wurde, für Herrn K. sehr nahe beieinander zu liegen scheinen. Wer Vater wird, der bekommt nicht nur ein Kind, sondern zugleich auch – wie er es hier formuliert – »unheimlich« viel Verantwortung. Während im ersten Gespräch das Thema Verantwortung als eindeutig positiv konnotiert vorgestellt wurde, deutet sich hier eine zwiespältige Bewertung an: Das obige Zitat legt nahe, dass Herr K. die Verantwortung, die er auf sich zukommen sieht, zum Zeitpunkt dieses Gespräches

---

[32] Die Reaktion seiner Eltern auf die Nachricht der Schwangerschaft, die Herr K. im ersten Interview beschrieb, lässt sich in dieser Perspektive auch als eine symbolische Kastration verstehen. Übersetzt könnte ihre »Antwort« dann lauten: Es besteht kein Grund stolz zu sein, andere haben das auch und zwar schon lange vor dir »gebracht«.

als etwas erlebt, das sich zwischen Herausforderung und drohender Überforderung bewegt. Die Vorstellung, sich dieser Herausforderung gewachsen zu erweisen, scheint mit dem Gefühl von Stolz zu korrespondieren, der Zweifel daran mit Unsicherheit und Angst (»schaffe ich das?«). Wenn Herr K. darüber nachdenkt, inwiefern er sich wohl als Vater verändern wird, dann denkt er, wie die folgende Äußerung zeigt, gerade auch an Attribute, die dazu beitragen könnten, dem Anspruch, verantwortlich zu handeln, gerecht zu werden. Besagter Anspruch scheint mit der Imago eines idealen Vaters verschmolzen zu sein:

> Herr K.: »Man betrachtet viele Sachen aus anderen Blickwinkeln und überlegt sich das noch einmal. (...) Überlegt sich die Entscheidung nochmal aus 'nem anderen Blickwinkel, vielleicht aus dem Blickwinkel Vater, was auch immer Vater dann in dem Moment heißt. Ich will nicht sagen 'ne Spur gewissenhafter. Das würde ja bedeuten, dass man sonst nichts gewissenhaft gemacht hat, aber [man sieht] viele Sachen wirklich noch anders, einfach anders.« (2/18–19)

Zusammenfassung und Diskussion

Stellte es sich zum Zeitpunkt des letzten Gespräches noch so dar, dass Herr K. einen inneren Zwiespalt formulierte, demzufolge er den errechneten Geburtstermin manchmal gerne vorverlegt, manchmal aber auch gerne hinausgeschoben hätte, so scheint er sich nun zu wünschen, dass der besagte Tag bald kommen möge. Herr K. zeigt sich in diesem Gespräch deutlich angespannter als im letzten, ein Umstand, der vermutlich mit dem näher rückenden Geburtstermin und – damit korrespondierend – mit den zunehmend ins Bewusstsein drängenden offenen Fragen zusammenhängt. Diese Fragen werden von ihm nicht oder vielmehr nur in einer sehr verallgemeinernden Art und Weise thematisiert (wie wird es dann sein?), ihre konkreten Inhalte lassen sich zumeist lediglich indirekt erschließen. Dieser Umstand weist darauf hin, dass neben der Vorfreude eben auch Ängste virulent sind, die nicht dem bewussten Erleben zugänglich werden (dürfen). Herr K. hat nicht das Gefühl, sich als werdender Vater in sinnvoller Weise auf die Zeit nach der Geburt des Kindes vorbereiten zu können; dass er bald Vater sein wird, scheint für ihn emotional einerseits an Realität gewonnen zu haben, zugleich aber auch noch als wenig greifbar erfahren zu werden. Herr K. teilt mit, dass er seine Position als werdender Vater aktuell als notgedrungen passiv und ohnmächtig erfährt. Er spricht davon, dass seinem Erleben nach wenig mehr bleibe, als eben »warten und abwarten zu müssen, was jetzt wirklich passiert«. Diese Situation, vor allem aber die damit verbundenen Gefühle von Hilflosigkeit und Ausgeliefertsein, möchte Herr K. hinter sich lassen. Er möchte endlich wissen, was genau in dem Paket (dem Bauch seiner Frau) enthalten ist und was nach der Bescherung (der Geburt) auf ihn zukommen wird.

In diesem zweiten Interview wird deutlich, dass in der inneren Welt von Herrn K. inzwischen auch zunehmend Überlegungen und Phantasien Raum gewinnen, die sich auf die erste Zeit mit dem Neugeborenen beziehen. Inhaltlich geht es seinen Schilderungen zufolge hierbei vor allem um Fragen, die sich auf die praktische Alltagsbewältigung und -organisation beziehen. Herr K. entwickelt in dem Interview dezidierte Vorstellungen und Wünsche, die sich auf den Umgang mit dem Kind bzw. auf das Zusammenleben zu dritt beziehen. So möchte er, dass die Verwendung einer Babysprache unterlassen, übermäßige Rücksicht vermieden sowie ein Kontakt zu potentiell anderen Bezugspersonen als den Eltern gefördert wird. Herr K. bringt zum Ausdruck, dass er das Kind integriert, aber eben nicht im Mittelpunkt des familialen Geschehens positioniert wissen will. Seine Ausführungen legen die Vermutung nahe, dass er eine familiale Struktur anstrebt, die sich mit der eines gleichschenkeligen Dreiecks vergleichen lässt. Bleibt man im Kontext dieser Metapher, so könnte man jedes Familienmitglied als einen Eckpunkt des Dreiecks sehen, die Verbindung zwischen diesen als gleich lange, im übertragenen Sinne ausgewogene Beziehungsachsen. In einer solchen Konstellation gibt es niemanden, der einen Mittelpunkt ausmacht, auf den hin die jeweils anderen sich orientieren, in einer solchen Konstellation – so ließe sich weiter denken – gibt es ebenfalls niemanden, der ausgeschlossen zu werden droht. Herr K. scheint das Baby als eine potentiell mächtige Figur zu imaginieren, vor der es sich und die etablierte Lebenspraxis auch zu schützen gilt. Die von ihm formulierten »Spielregeln« lassen sich als prophylaktische Maßnahmen verstehen, die hierzu beitragen sollen. Der von ihm propagierte Umgang mit dem Kind scheint ferner unbewusst darauf abzuzielen, die Autonomie des Kindes zu stärken und dieses dabei zu unterstützen, möglichst schnell »groß« zu werden. Dies wiederum dient vermutlich dazu, die in der Vorstellung von Herrn K. durch ein Kind bedrohte eigene Autonomie zu verteidigen (vs. Eltern, die – wie er es formuliert – zu »Sklaven« des Kindes werden). Die spezifischen Bedürfnisse und die spezifische Konstitution eines Babys konfrontieren das erwachsene Ich mit fremden, manchmal vielleicht auch befremdlichen Aspekten. Der (adaptive) regressive Sog, den der Umgang mit einem Baby entfalten kann (die Verwendung der »Babysprache« ist hierfür ein Indikator), scheint Herrn K. zu irritieren und vermutlich auch zu ängstigen. Die von ihm propagierten Verhaltensregeln lassen sich in diesem Zusammenhang als der unbewusste Versuch verstehen, sich (bzw. das erwachsene, männliche Ich) vor einem solchen regressiven (die erwachsene, männliche Identität bedrohenden) Sog zu schützen.
In diesem Interview werden die innere und äußere Welt eines werdenden Vaters als deutlich von der einer werdenden Mutter unterschieden vorge-

stellt. Der im letzten Gespräch geäußerte Wunsch, die Zeit der Schwangerschaft gemeinsam zu erleben, mag noch Gültigkeit haben; die Äußerungen von Herrn K. weisen jedoch darauf hin, dass er sich noch deutlicher als zum Zeitpunkt des ersten Gespräches als Zuschauer erlebt, dem ein eigener Zugang zum Kind letztlich verschlossen bleibt. Der Umstand, dass er sich in diesem Zusammenhang auf die Vermittlung seiner Partnerin angewiesen und in den von ihm unternommenen Bemühungen frustriert zu erleben scheint (er macht sich – metaphorisch gesehen – auf den Weg zum Kind, dieses lässt ihn »abblitzen«), bestärkt vermutlich obige Einschätzung. Herr K. bringt in diesem Interview weiterhin zum Ausdruck, dass er sich als werdender Vater und im Verhältnis zur werdenden Mutter nicht so gesehen und gewürdigt fühlt, wie er es sich wünscht und auch für angemessen hält. Seine Ausführungen legen die These nahe, dass es ihn dabei unterstützen würde, sich als werdender Vater zu identifizieren und diesen Status emotional zu besetzten, wenn das soziale Umfeld diese Transition als bedeutsam erachten und entsprechend spiegeln würde.

2.3. »Ich hab so das Gefühl, (...) 'n bisschen rationaler an die Sache heranzugehen.«

Das dritte Gespräch mit Herrn K. wurde zehn Wochen nach der Geburt seines Kindes geführt.

Es ist schön, Vater zu sein...

Als wir telefonisch einen Termin für das letzte Gespräch vereinbaren, erfahre ich, dass Herr K. einen Sohn bekommen hat. Paul ist, dies berichtet mir Herr K. im Interview, »'n gesunder, kräftiger Junge, etwas größer als normal.« (3/1) Auf diesen, von ihm anscheinend als wichtig empfundenen Umstand weist er im Laufe des Gespräches mehrfach hin. Meine einleitende Frage, wie es ihm denn jetzt als Vater gehen würde, beantwortet er folgendermaßen:

> Herr K.: »Schön. Völlig anders, völlig neu, aber wirklich schön. Wobei das Schönste ist immer, wenn er lächelt oder wenn dann plötzlich ja wirklich so die ersten Reaktionen kommen. Das sind wahrscheinlich noch keine Reaktionen, aber man denkt ja, das ist so bewusst so 'n Erkennen, und ich glaube, es ist auch schon so 'n bisschen Erkennen dabei. So langsam, dass wenn er 'ne Stimme hört oder 'n Gesicht sieht, dass er dann sofort sein Strahlen aufsetzt und sagt: ›Halt, hier bin ich wieder!‹« (3/1)

Herr K. bezeichnet seine neue Lebenssituation spontan als schön. Als besonders angetan zeigt er sich von dem Lächeln bzw. »Strahlen« seines Kindes, das von ihm – seinen intellektuellen Einwänden zum Trotz – als ein erstes Sich-in-Beziehung-Setzen erlebt wird. An einer anderen Stelle betont Herr K. noch einmal, dass es besonders die deutlichen Reaktionen sowie die sich ihm mitteilende Vitalität Pauls sind, die ihn beeindrucken und begeistern:

> Herr K.: »Ich sag mal seine Reaktionen generell. Das ist einmal das Kinderlächeln. (...) Wenn ich nach Hause komme, dann ist sofort einmal Strahlemann. Oder morgens, wenn wir ihn aus dem Bett holen, (...) sofort ein kurzes, kräftiges Lächeln. So moin, hallo hier bin ich, hallo Papa oder Mama, hallo Tag, kann wieder rund gehen. Oder wenn er gewickelt wird auf dem Wickeltisch, das ist so sein erkorener Lieblingsplatz, er kann noch so schlechte Laune gehabt haben, auf dem Wickeltisch erwacht das neue Leben. Er strampelt und macht und grinst und erzählt und findet das besonders toll mit ihm zu turnen (...). Und das ist dann einfach so 'n Ausdruck, Augen und Mund, wie die dann lächeln, das ist also einfach schön. Und wenn er denn mal Bauchschmerzen hatte, da ist er eigentlich sofort wieder mobil, wenn man irgendwo was macht. Dass er dann also wirklich ja Antworten, Reaktion zeigt: ›Okay, jetzt kommt wieder einer von den beiden und hilft mir.‹« (3/5)

Wichtig, so klingt es hier an, ist für Herrn K. das Gefühl, dass sein Kind ein zufriedenes Kind ist, das auf ihn und seine Bemühungen positiv reagiert. Diese Einschätzung, so lässt sich vermuten, trägt dazu bei, sich positiv als Vater identifizieren zu können. Erfahrungen, wie die oben genannten, scheinen Herrn K. ferner das befriedigende Gefühl zu vermitteln, beim Kind »anzukommen«. Herr K. betont, dass es auch ganz alltägliche und unspektakuläre Augenblicke sind, die ihm als Vater Freude machen:

> Herr K.: »Jeder Moment ist eigentlich irgendwo schön. Ob es nun das Lächeln ist, wenn er 'ne frische Windel hat und denn wieder so richtig aus vollem Herzen so 'nen richtig schönen Schiss da rein lässt und sich hinterher freut: ›Hei, das war gut.‹ Das sind also alles schöne Momente. Ja eigentlich jeder Moment, der da ist. Oder wenn er auf dem Bauch liegt und so den Kopf hebt und dann plötzlich ja völlig aus dem Zusammenhang so grinst und dann wieder völlig entkräftet zusammenfällt.« (3/14)

Herr K. vermittelt in dem Interview den Eindruck, dass er mit seiner neuen Lebenssituation sehr zufrieden ist. Seine Befindlichkeit sowie die der anderen Familienmitglieder schätzt er folgendermaßen ein:

> Herr K.: »Rundum zufrieden. Ich denke mal, Mutter und Kind auch. Mutter kann ich fragen, die sagt ja. Kind kann es eigentlich nur zeigen. Aber wenn man sieht, wie entspannt er da teilweise schläft und mit welchem Vertrauen er sich dann auch fallen lässt...« (3/16)

Zu dieser äußerst positiven Einschätzung trägt sicherlich auch der Umstand bei, dass Herr K. das Zusammenleben mit dem neuen Familienmitglied anscheinend als ausgesprochen unproblematisch erlebt. So weist er darauf hin, dass sich für ihn wenig verändert hat. Nach wie vor – so führt er aus – habe er beispielsweise im Gegensatz zu seiner Frau die Möglichkeit, den Tag gemäß den Erfordernissen oder entsprechend seinen Vorstellungen zu gestalten. Weiterhin sei es bei gemeinsamen Aktivitäten am Wochenende bisher immer gut gelungen, zu einem vereinbarten Zeitpunkt aufzubrechen. Greift man das hier Mitgeteilte aus einer anderen Perspektive auf, so liegt der Gedanke nahe, dass Herr K. auch deshalb so zufrieden ist, weil er aktuell das Gefühl zu haben scheint, durch seine neue Lebenssituation als Vater nicht eingeschränkt zu werden und seine Autonomie wahren zu können. Herr K. zeigt sich erleichtert darüber, dass sich einige Sorgen, die er sich vor der Geburt Pauls gemacht hat, bisher als unbegründet erwiesen haben:

> Herr K.: »Hätte man das gewusst, dass es so unproblematisch laufen kann, dann hätte man sicher den einen oder anderen Gedanken weniger daran verschwendet.« (3/10)

Es war wichtig, bei der Geburt dabei gewesen zu sein...
Als ich Herrn K. frage, ob es schon einmal eine Situation gegeben hätte, in der er sich seinem Kind besonders nahe gefühlt habe, kommt er auf das Thema Geburt zu sprechen. Er erzählt, dass er, obwohl es sich um einen Kaiserschnitt handelte, bei der Geburt seines Kindes dabei gewesen sei. Stolz schwingt mit, wenn er anmerkt: »War auch mit im OP drin und war neben der Hebamme der Erste, der ihn auf den Arm gekriegt hat.« (3/11) Herr K. schildert weiterhin, dass er seinen Sohn in die Kinderstation begleitet habe. Dort, so formuliert er es, »hatte« er die »erste halbe Stunde mit ihm alleine.« (3/11) Herr K. zeigt sich froh darüber, bei der Geburt von Paul dabei gewesen zu sein. Was seine Frau betreffe, so habe er sich persönlich zwar manchmal etwas überflüssig gefühlt, von ihr jedoch das seinem Empfinden nach deutliche Signal bekommen, dass seine Gegenwart für sie wichtig sei. Empört berichtet Herr K. von einem Bekannten, dessen Frau ebenfalls mit einem Kaiserschnitt entbunden hat. Dieser sei im Wartezimmer vergessen worden, zwei Stunden hätte er dort gesessen und weder gewusst, wie es seiner Frau noch wie es seinem Kind ginge. Eine solche Erfahrung (die ja auch die implizite Mitteilung enthält, als entbehrlich angesehen zu werden), so betont Herr K., habe er sich ersparen wollen. Ihm sei es besser ergangen, der zugegen gewesene Anästhesist hätte sogar seinen Platz am Kopf der Frau geräumt und ihn aufgefordert, jenen einzunehmen. Herr K. scheint es sehr wichtig gewesen zu sein, wahrgenommen zu werden und einen Platz zuerkannt bekommen zu haben. Auch aus diesem Grund, so lässt sich vermuten, kommt er zu der positiven Einschätzung: »Also ich würde es jederzeit wieder machen und würde es auch nicht missen wollen.« (3/13) Das, was für ihn im Kontext der Geburt wichtig war, zeichnet Herr K. folgendermaßen nach:

> Herr K.: »Ich muss sagen, dass also mit dem Schrei, dem ersten Schrei, das ist also ich will nicht sagen noch das schönste Gefühl, aber so noch das intensiv-

ste, was noch da ist. So dieser Schrei und gucken, kommt es jetzt? Und dann kriegt man so was Eingewickeltes in Handtüchern, in dem Moment eigentlich unglücklich dreinschauendes Wesen in die Hand gedrückt: So, das ist er jetzt. (...) Ich sagte ja, dass ich schon mehrfach ganz Neugeborene gesehen hatte über den Rettungsdienst, und das ist schon deutlich was anderes. Da ist schon 'ne ganz, ganz andere Bindung da. Es ist also nicht irgendein Kind, es ist mein oder unser Kind. Wobei dieses Umsetzen, das dauerte sicherlich noch 'n paar Stunden. Also ich sag mal, man schwebte dann auf Wolke sieben, hat den Tag nochmal Revue passieren lassen, und dann hab ich auch die Zeit für mich ganz allein in der Nacht genossen (...) und hab mich aber auch schon auf den nächsten Morgen gefreut, wo ich dann also auch vor dem Frühstück wieder im Krankenhaus war.« (3/11)

Für Herrn K., darauf weisen diese aber auch andere Äußerungen hin, scheint es wichtig und bedeutsam gewesen zu sein, die Geburt miterlebt haben zu können. Wenn er davon spricht, dass er in den folgenden Stunden »auf Wolke sieben schwebte«, dann bringt diese Metapher einen Zustand des positiv Entrücktseins zum Ausdruck. Gut in Erinnerung ist Herrn K. die erste (Lebens-)Äußerung des Kindes (sein erster Schrei), dieser Moment hat ihn besonders beeindruckt. Herr K. führt aus, dass er sich Paul sofort verbunden gefühlt und ihn als ein besonderes Kind erlebt habe. Gleichwohl habe es aber noch etwas Zeit gebraucht, bis für ihn das Wissen – das ist mein Kind, ich bin der Vater dieses Kindes – auch emotional einzuholen gewesen sei. Wie Herr K. die ersten Begegnungen mit dem Kind erlebt hat, dies schildert er im Folgenden:

Herr K.: »Als er noch ganz in Tüchern eingewickelt war, muss ich sagen, gut, fühlte ich mich ja noch 'n bisschen ganz arg fremd, weil ich ihn auch noch nicht richtig fassen konnte. Ich hab ihn also gleich auf den Arm gekriegt (...), und irgendwann wurde er mir dann auch zu schwer, weil ich ihn natürlich ganz verkrampft gehalten hab. Aber spätestens am nächsten Tag (...) hatte ich ihn dann wieder auf dem Arm, und dann war auch nichts mehr Unvertrautes daran, sondern es klappte dann. Weil, ich sag mal, weil man auch keine Angst hatte, weil es ja vielleicht auch sein Kind ist, da irgendwas falsch zu machen oder kaputt zu machen. Das lief dann so wie angeboren ab. Also ob das nun das Halten oder das Wickeln ist. Wobei wahrscheinlich dann auch das zugute kam, dass er so groß ist und nicht mehr so zerbrechlich wirkte wie die anderen Kinder, die nebenan lagen. Also schon richtig massiv oder stabil gebaut aussah.« (3/11–12)

In der Schilderung der ersten Begegnung zwischen Vater und Kind wird deutlich, dass Herr K. sich und das Kind zunächst als fremd erlebt hat. Die von ihm angedeutete Unbeholfenheit im Umgang mit dem Kind ist vermutlich auf eben diese Fremdheitsgefühle zurückzuführen. Um emotional an die neue Situation assimilieren zu können, scheint gerade auch der Zeitraum zwischen der ersten und zweiten Begegnung mit dem Kind wichtig gewesen zu sein, den Herr K. dazu nutzte, die vergangenen Ereignisse »Revue passieren« zu lassen und reflexiv einzuholen. Herr K. deutet einen positiven Rückkoppelungsprozess an: Je vertrauter Paul ihm wurde, umso sicherer fühlte er sich im Umgang mit dem Kind und umgekehrt. Herr K. weist ferner darauf hin, dass ihm in diesem Zusammenhang auch die seiner Meinung nach ungewöhnlich robuste Konstitution seines Kindes zu Hilfe gekommen sei. Diese scheint die Scheu, sich dem Kind zu nähern, bzw. die Angst, ein zartes Neugeborenes durch Ungeschicklichkeit oder Grobheit zu schädigen, verringert zu haben. Dafür, dass sich Herr K. bereits nach kurzer Zeit als sehr vertraut und kompetent im Umgang mit dem Baby erlebte, spricht die von ihm gewählte Formulierung, dass das Halten oder Wickeln des Kindes dann von ihm wie »angeboren«, also wie etwas, dass man immer schon kann, ausgeführt werden konnte.

Mutterliebe – Vaterliebe...
Eine zentrale Stellung nimmt in diesem Interview der Vergleich zwischen der Mutter-Kind-Beziehung und der Vater-Kind-Beziehung bzw. zwischen mütterlichem und väterlichem Verhalten ein. Herr K. kommt zu der Einschätzung, dass er und seine Frau ein jeweils unterschiedliches Verhältnis zu dem Kind haben:

> Herr K.: »Es würde jetzt fast gemein klingen, aber ich unterstelle einfach mal, ich hab auch häufiger mal mit Bekannten und Freunden drüber gesprochen (...), ich hab so das Gefühl, das mag täuschen, mag auch arrogant klingen, 'n bisschen rationaler an die Sache ranzugehen. Nicht so emotional wie Frauen. Das hat nichts mit weniger Gefühl fürs Kind zu tun, sondern einfach rationaler.« (3/10)

Herr K. schreibt sich selbst eine vernunftgeleitete Haltung im Umgang mit dem Kind zu, Frauen – und damit implizit auch seiner Partnerin – weist er hingegen eine stärkere Emotionalität zu. Darauf, dass mit dieser Einschätzung auch eine Wertung verbunden ist, weist nicht nur hin, dass Herr K. diese sehr vorsichtig, fast schon entschuldigend einführt und zugleich versichert, dass sie ebenfalls von anderen geteilt werde, sondern weiterhin das folgende Beispiel, das er zur Erläuterung anführt:

> Herr K.: »Das beste Beispiel: Bauchschmerzen. Das kommt bei Jungen, soll wohl häufiger vorkommen. (...) Meine Frau hat sofort ein schlechtes Gewissen, weil er schreit. Sie will ihm auch helfen, aber sofort mit Tränen in den Augen. Da muss ich vielleicht keine Tränen haben. Es tut mir zwar auch leid, dass er 'n bisschen mit Bauchschmerzen kräht, aber ich denke vielleicht eher schneller drüber nach, was machen wir, wie kriegen wir das jetzt hin?« (3/10)

Herr K. hat den Eindruck, dass seine Frau im Hinblick auf Paul stärker ihren Emotionen ausgeliefert ist als er. Sie kann sich seinen Schilderungen zufolge weniger als er von negativen Stimmungslagen des Kindes distanzieren, ist scheinbar mit der Stimmungslage des Kindes identifiziert. Herr K. beobachtet hier nicht nur eine Differenz. Implizit und explizit klingt an, dass er sich in dieser Hinsicht seiner Frau überlegen zu fühlen scheint und seine Haltung als die angemessenere betrachtet. Die folgenden Äußerungen zielen in eine ähnliche Richtung. Sie zeigen, dass es den Beobachtungen von Herrn K. zufolge seiner Frau viel schwerer als ihm fällt, zu dem Kind eine emotionale oder körperliche Distanz herzustellen und aufrecht zu halten:

> Herr K.: »Also insofern fiel ihr das verdammt schwer, auch das erste Mal zu sagen, gut, wir gehen jetzt beide ohne Kind weg, um dieses Fremdeln, was dann irgendwann kommt, vielleicht abzuschwächen, indem wir jetzt schon klären, es gibt dann auch noch andere Bezugspersonen. Wo es dann weiß, okay, die lassen mich nicht im Stich, die kommen dann auch wieder. Das fiel ihr schon deutlich schwerer. (...) Und ich sehe, wie schwer es meiner Frau fällt, auch mal ›nein‹ zu sagen.« (3/6)

Herr K. teilt mit, dass er es nachvollziehen und verstehen kann, dass es für seine Frau scheinbar soviel schwerer als für ihn ist, besagte Distanz einzunehmen.[33] Die folgende Äußerung zeigt, dass er es aber gleichwohl für notwendig erachtet, dass sie sich innerlich und äußerlich von dem Kind auch trennen zu können lernt. Herr K. scheint einen solchen Prozess forcieren zu wollen, ihm ist an einer frühen Triangulierung der Mutter-Kind-Beziehung gelegen:

> Herr K.: »Ja gut, (...) acht, neun Monate, auch schon vom Spüren her, tagein, tagaus, fast vierundzwanzig Stunden rund um die Uhr, das Kind eigentlich nicht verlassen. Ich kann das wohl nachvollziehen, aber da muss sie jetzt auch durch.« (3/6–7)

Herr K., das zeigt eine weitere Äußerung, geht weiterhin davon aus, dass sich neben dem mütterlichen und väterlichen Verhalten auch die Bindung unterscheidet, die Paul seinerseits zum mütterlichen bzw. väterlichen Objekt hat:

> Herr K.: »Wobei solange gestillt wird, ja immer noch 'ne ganz andere Bindung an die Mutter da ist. Ich sag mal, beim Füttern kann ich daneben stehen und zugucken und Händchen halten und sagen, ist das schön, aber letztendlich ist die Muttermilch für ihn ja doch noch Mittelpunkt.« (3/5)

»Liebe«, so lässt sich die hier geäußerte Überzeugung möglicherweise übersetzen, geht im Leben eines Säuglings vor allem zunächst einmal durch den Magen. Wer diesen füllen kann, hat demzufolge nicht nur eine exponierte Position, sondern in gewisser Weise auch den Schlüssel zum Herzen des Kindes. Herr K. bringt diese Überzeugung ausgesprochen sachlich zum Ausdruck. Gleichwohl scheint es ihn aber auch zu kränken,

---

[33] Die Beobachtungen von Herrn K. könnten dafür sprechen, dass möglicherweise nicht nur im kindlichen Erleben die Subjekt-Objekt-Grenze verwischt (vgl. Mahler 1978), sondern eben auch - wenigstens temporär - im Erleben der frühen Bezugsperson.

dass das Kind sich seiner Wahrnehmung nach zuweilen so eindeutig auf die Mutter bezogen zeigt. Er erzählt, dass Paul, wenn er morgens aufwacht, einmal kurz lächeln würde und dann vor allem eines habe, nämlich Hunger. In dieser Situation sei er als Vater »abgemeldet« und könne das Kind nicht mehr erreichen:

> Herr K.: »Dann macht er die Schotten dicht, dann interessiert ihn auch nichts mehr. Kann ich bis zum, eigentlich sehr gut nachvollziehen. Nur, wenn er dann satt ist, dann bin ich meist auch schon wieder weg.« (3/9)

Auf meine Frage, wie es denn für ihn sei, dass seiner Einschätzung nach Paul eine stärkere Bindung an seine Mutter als an ihn habe, antwortet er:

> Herr K.: »Hm, wie ist das? Sicherlich mittlerweile 'n bisschen Alltag, weil man weiß, woran es liegt.« (3/6)

Herr K., so klingt es hier an, musste sich erst einmal daran gewöhnen, dass sein Kind zwischen ihm und seiner Partnerin Unterschiede macht. Der Umstand, dass es für ihn anscheinend hilfreich gewesen ist, eine Erklärung dafür zu haben, warum Paul auf ihn zuweilen anders als auf seine Partnerin reagiert (sie hat die Brust), lässt vermuten, dass ihn dieses Verhalten auch irritiert oder verunsichert hat (liegt es vielleicht an mir?). Die von ihm gefundene Erklärung hat in dieser Perspektive eine entlastende Funktion. Herr K. belässt es jedoch nicht hierbei. Er erzählt, dass auch er ein Interesse daran hat, das Kind zu füttern:

> Herr K.: »Wir haben jetzt neulich mal abgepumpt und haben gesagt: ›Gut, jetzt gibt's Flasche vom Papa.‹ Mit viel Geschrei, wollte er erst nicht, weil ich hatte ihn ja sonst noch nicht gefüttert. Das war wohl auch dort so 'n Lernprozess. Das zweite Mal klappte das nun schon deutlich besser, und jetzt gucken wir mal am Wochenende, ob wir das nicht noch 'n bisschen reibungsloser hinkriegen.« (3/5)

Herr K., darauf weist auch die folgende Äußerung hin, ist nicht damit zufrieden, wie sich das familiale Beziehungsnetz aktuell gestaltet:

> Herr K.: »Also ich existiere für ihn oder existierte bislang eigentlich nur neben der Mutter, und er soll auch wissen, es gibt den Vater oder den Mann alleine. Und wenn er sich dann erschreckt, wenn ich morgens mit 'nem weißen Rasierschaumgesicht reinkomme und zwei Minuten später wieder nicht da bin, dann ist das auch 'n Moment, den ich mit ihm allein erleben möchte, aber auch genauso gut beim nächsten Mal teilen möchte. Aber ich möchte es irgendwann auch mal alleine für mich mit ihm dann haben.« (3/8)

Herr K., dies wird hier deutlich, möchte für das Kind eine andere und größere Bedeutung haben. Ihn scheint es zu kränken, seiner Wahrnehmung zufolge als Vater bisher nur neben der Mutter einen Platz zu haben. Herr K. bringt den Wunsch zum Ausdruck, auch eine von der Mutter unabhängige Beziehung zum Kind etablieren zu können. Hierzu gehört für ihn, mit dem Kind Begegnungen zu haben, die ausschließlich Vater und Sohn einschließen. Um die von ihm geäußerten Vorstellungen realisieren zu können, wird Herr K. aktiv. So wirkt er, wie die nachstehenden Schilderungen zeigen, darauf hin, Zeiträume zu »erobern«, die ausdrücklich seinem Sohn und ihm vorbehalten sind und die Mutter ausschließen:

> Herr K.: »Ich hab sie auch einmal zum Einkaufen geschickt und das relativ früh. Und ich hab die Zeit mit ihm genossen, denn letztendlich ist es vielleicht generell für Frauen so, dass sie, wenn der Vater das macht, immer gucken müssen. So nach dem Motto: Macht er das jetzt richtig, macht er das falsch? Oder auch letztlich an der Vater-Sohn- oder Vater-Kind-Beziehung auch dran teilhaben möchten. Da haben wir neulich mal ein paar klärende Worte drüber verloren, und ich hab gesagt, das möchte ich dann auch für mich oder für uns beide dann alleine haben. Wo es auch sicherlich 'ne Zeit gibt, wo die Familie zusammen sein sollte. Genauso, wie es auch Phasen gibt, wo die Mutter mit dem Kind allein ist, gibt's auch ab sofort Phasen, wo ich mit ihm alleine bin.« (3/6)

Herr K. vermutet, dass es nicht nur seiner Frau, sondern möglicherweise Frauen im Allgemeinen schwer fällt, darauf zu vertrauen, dass Väter auch ohne sie mit ihren Kindern zurechtkommen. Das von ihm wahrgenommene »Immer-gucken-Müssen« sieht er hierbei anscheinend sowohl durch Sorge als auch durch Kontrollwünsche sowie den Wunsch der Teilhabe motiviert. Nicht zuletzt um derartige Blicke ausschließen zu können, hat Herr K. vermutlich seiner Frau nahegelegt, zeitweise das Haus zu verlassen und einkaufen zu gehen. Für die nähere Zukunft plant er, zusammen mit Paul einen Babyschwimmkurs zu besuchen. Die geplante Unternehmung charakterisiert er als Vater-Sohn-Zeit:

> Herr K.: »Und nun haben wir uns auch entschieden, dass Babyschwimmen irgendwann jetzt stattfindet. (...) Und das ist dann Vater-Sohn-Zeit.« (3/7–8)

Warum es für Herrn K. so wichtig ist, sich im Umgang mit dem Kind auch räumlich von seiner Partnerin distanzieren zu können, wird im Folgenden deutlich. Herr K. erläutert an einem Beispiel, was für ihn so problematisch daran ist, wenn seine Frau »mal eben guckt«, was Vater und Sohn so machen:

> Herr K.: »Es ärgert einen ganz schön irgendwo. Es gab eine Situation, wo wir dann auch rumgeturnt hatten und wo er dann lächelte und sofort, da kommt die Mutter und: ›Na, was macht er jetzt?‹, daneben war. Dass er also dann wieder nur das erste Gesicht sieht. Haben wir eben gesagt, gut, das ist jetzt Vater-Sohn-Zeit. Und die haben wir dann auch für uns alleine. (...) Das ist dann jetzt schon eingerichtet, dass das auf mehreren Schultern liegt. Und sie soll die Zeit dann auch für sich nutzen und genießen.« (3/7)

Die Vermutung liegt nahe, dass neben dem hier explizit benannten Ärger auch Eifersucht im Spiel ist. Kaum guckt die Mutter herein, scheint Paul nur noch – wie Herr K. es ausdrückt – das »erste Gesicht«, also sie zu sehen. Seiner Wahrnehmung zufolge verliert er in einem solchen Moment die Aufmerksamkeit des Kindes, dieses scheint sein Interesse am väterlichen

Spiel schlagartig zu verlieren. Der Umstand, so ließe sich vermuten, dass Herr K. in einer solchen Situation wenig Chancen sieht, erfolgreich zu konkurrieren, erklärt möglicherweise auch, warum es ihm so wichtig ist, Zeiträume einzurichten, die ihm und Paul vorbehalten sind. Herrn K., das macht auch die folgende Äußerung deutlich, möchte von Paul als eine Person wahrgenommen und anerkannt werden, die eigenständig und von der Mutter unabhängig existiert:

> Herr K.: »Ich denke mal, ich bin groß genug und kann auch mit 'nem Kind entsprechend umgehen. Und dann wirklich zu sagen, so, das eine ist die Mutter und das andere ist nicht der Vater mit der Mutter, sondern wirklich der Vater als Einzelperson.« (3/8)

An einer späteren Stelle des Interviews macht Herr K. noch einmal deutlich, wie selbstverständlich und vertraut ihm mittlerweile das Zusammenleben mit Paul ist:

> Herr K.: »Also ich glaube, da [von einer Bindung] konnte man spätestens nach ein paar Stunden oder Wochen oder Tagen von sprechen. Er ist zwar erst 'n paar Wochen alt, aber das ist schon 'ne sehr intensive oder lange Zeit gewesen, und ich weiß gar nicht, es klingt lächerlich, aber wie es eigentlich war, als er noch gar nicht da war. Das ist also schon so was von weit weg wieder. (...) Man hat sich eigentlich schon so dran gewöhnt, wenn man irgendwo hinfährt, dass man Kinderwagen, zweite Garnitur, (...) Windeln mitnimmt, Schnuller noch dabei hat für alle Fälle.« (3/16)

Herr K. teilt mit, dass er Paul mittlerweile als festen, nicht mehr wegzudenkenden Bestandteil seines Lebens erfährt. So könne er sich schon gar nicht mehr vorstellen, wie es einmal ohne ihn war. Die Überzeugung, dass von seiner Seite aus zu Paul ein festes Band entstanden ist, das deutlich als Bindung bezeichnet werden kann, bringt Herr K. in der nachstehenden Äußerung zum Ausdruck:

> Herr K.: »Auch, wenn die Bindung über die paar Wochen oder die paar Stunden am Tag, (...) die ich mit meinem Sohn bis jetzt erst zusammen verlebt habe, sicherlich nicht so eng ist wie die meiner Frau mit ihrem Sohn – den sie ja nun zehn Monate im Mutterleib getragen hat, von denen hat sie ihn vielleicht vier gespürt, plus die zweieinhalb jetzt – dann ist da sicherlich 'ne deutlich engere Bindung. (...) Ich könnt es mir auch nicht vorstellen, zu sagen, so, ich breche jetzt die Beziehung ab, und seht mal zu, wie ihr alleine klarkommt. Und selbst wenn meine Frau mich jetzt verlassen würde und sagen würde, ich nehme Paul mit, ich glaube, dann hätten wir 'n massives Problem.« (3/17–18)

Seine Majestät, das Baby...

Als ich Herrn K. frage, an was er denke, wenn er davon spricht, dass nach der Geburt Pauls alles anders geworden sei, gibt er folgende Antwort:

> Herr K.: »Das kann man sich dann letztendlich doch nicht vorstellen, weil der gute Kerl ist immer dabei. Gut, er steht natürlich nun schon, was wir eigentlich

nicht wollten, immer im Mittelpunkt, und mittlerweile ziehen wir auch ganz massiv die Handbremse an. Dass wir sagen, so, der ist dabei, er kommt auch mit, aber bitte, es dreht sich nicht alles um ihn. Und wenn wir Essen gehen, dann kommt er mit, und wenn er schreit, gut, dann muss das Kind versorgt werden, oder wir gucken, was los ist. Aber er muss sich da auch schon mal unterordnen und, ich sag mal, kann uns nicht seinen Rhythmus aufzwingen, sondern miteinander.« (3/2)

Herr K. bringt hier einen gewissen Unmut zum Ausdruck. Er hat anscheinend das Gefühl, dass das neue Familienmitglied zu viel Raum einnimmt und dass das familiäre Gefüge in keiner guten Balance ist. Daran will er etwas ändern. Herr K. nimmt sich vor, die seinem Erleben und seiner Wahrnehmung nach mächtige und dominante Position Pauls einzuschränken. Dieses Anliegen bezieht sich, wie die folgende Äußerung zeigt, nicht nur auf den innerfamiliären Bereich, sondern ebenso auf außerfamiliäre Kontakte:

Herr K.: »Dann will jeder und Strampelmann hier und fass mal da an. Wir haben dann auch gesagt: ›Gut, das war es jetzt, das ist kein Zirkuskind oder kein Affe.‹ Jeder möchte dann ja mal gucken. Iag mal, das dreht sich dann nur noch um Paul. Oder drehte sich um Paul nach dem Motto: ›Ruhe jetzt, das Kind schläft!‹ Der schläft auch, wenn hier gesprochen wird.« (3/2)

Meine Nachfrage, ob Erfahrungen wie die hier geschilderten (alles dreht sich nur noch um Paul) auch kränkend sind, bestätigt Herr K. vorsichtig:

Herr K.: »Ja gut, das ist sozusagen der Standardspruch: ›Dem Kind geht's gut und den Eltern auch.‹« (3/3)

War es den Schilderungen von Herrn K. zufolge während der Schwangerschaft seine Frau, die im Mittelpunkt stand und auf die sich die Aufmerksamkeit und Sorge anderer bezog, so scheint es nun Paul zu sein, dem diese Position zukommt. So wie er vor der Geburt auf sich, den werdenden Vater verwies, so teilt Herr K. hier dem Besuch indirekt mit, dass auch er und seine Frau gesehen und als Eltern beachtet werden wollen. Als ich bemerke, verstanden zu haben, dass es ihm sehr wichtig sei, dass sich auch Paul anpasse und einfüge, kommt Herr K. auf Regeln zu sprechen, die er und seine Frau mittlerweile eingeführt haben:

Herr K.: »Wir haben jetzt also auch feste Regeln eingeführt, dass er zwischen sieben und neun, also feste Regeln mit Spielraum, ins Bett geht, d. h. in sein Bett kommt und dann auch weiß, das war's für den Tag halt.« (3/4)[34]

Diese und andere Regeln begründet Herr K. mit der Notwendigkeit, Paul dabei unterstützen zu wollen, einen Rhythmus zu finden, der ihm hilft, zur

---

[34] Herr K. erzählt, dass es mittlerweile auch wieder Raum für die Paarbeziehung geben würde: »Das klappt eigentlich ganz gut wieder« (3/9). Er vermutet, dass hierzu auch die besagte Zu-Bett-geh-Regel beiträgt.

Ruhe zu kommen. Der Kontext, in dem Herr K. auf das Thema »feste Regeln« zu sprechen kommt, verweist jedoch darauf, dass es hier nicht nur darum geht, Paul zu unterstützen, sondern eben auch darum, seine Präsenz einzugrenzen und darauf hinzuwirken, dass sich ein familiäres Gefüge entwickeln kann, innerhalb dessen auch die Interessen der Eltern bzw. des Paares wieder mehr Platz haben.

Herr K. greift in diesem Gespräch noch einmal einen Themenkomplex auf, der bereits im letzten Gegenstand war. In jenem äußerte er den Wunsch, dass der Name des Kindes nicht verniedlicht werden soll und dass im Umgang mit ihm keine Babysprache verwendet wird. Herr K. erzählt, dass gerade dem ersten Wunsch im Freundes- und Familienkreis nicht immer entsprochen werde. Wie die folgende Äußerung zeigt, hat er den Eindruck, dass Paul besagtes Verhalten stört und dass dieser versucht, sich gegen die Verniedlichung seines Namens zu wehren:

> Herr K.: »Den Name Paul, den hatten wir uns ja ausgesucht, weil ich oder wir hatten eigentlich die irrsinnige Hoffnung, dass man den nicht verniedlichen kann. Nun ist ›Pauli‹ daraus geworden (...). Meistens passt es dann auch, wahrscheinlich unbewusst, wenn einer Pauli sagt, dass er dann sofort anfängt zu krakelen, was er sonst eigentlich selten macht. Bis jetzt hat er jedes Mal, hoffentlich nicht zufällig, 'ne Fratze gezogen und dann auch noch richtig laut geblärt. Und der heißt Paul, und mit ihm wird normal gesprochen!« (3/4)

Dass sich ein knapp drei Monate altes Baby gegen eine Verniedlichung seines Namens wehrt, ist entwicklungspsychologisch betrachtet äußerst unwahrscheinlich. Naheliegender ist die Vermutung, dass Herr K. hier dem Verhalten von Paul eine Bedeutung zuschreibt, die seinen eigenen Wünschen entspricht. Erwähnt sei in diesem Zusammenhang noch einmal, dass Herr K. mehrfach im Interview darauf zu sprechen kommt, wie ungewöhnlich groß sein Kind sei und dass es deshalb für älter gehalten werde als es ist. Herr K., so ist zu vermuten, begrüßt diesen Umstand. Er stellt sich für ihn insofern als hilfreich dar, als er andere scheinbar davon abhält, sich im Kontakt mit Paul der »Babysprache« zu bedienen:

> Herr K.: »Gut, man merkt dann schon ab und zu mal so Kinderreime oder so was, die jetzt kommen, aber nicht diese richtige Babysprache. Vielleicht liegt es auch daran, weil er ja nicht mehr so aussieht wie 'n Kleinkind oder wie 'n Baby. Denn die Hebamme, die ihn neulich gesehen hat, hat ihn, wo er im Kinderwagen lag, auf sechs Monate geschätzt. D. h., er hat nicht mehr dieses, dieses Würmchendasein, dieses ganz Niedliche. Niedlich schon, aber nicht mehr dieses Babyhafte. Wirkt eigentlich schon durch die Größe und das Gewicht sehr robust, so dass man da vielleicht gar nicht mehr so mit dieser ganzen krankhaften Babysprache anfängt.« (3/3–4)

Diese Gesprächssequenz vermittelt den Eindruck, dass sich Herr K. auch nach der Geburt von Paul mit dem, was er als »babyhaft« bezeichnet, schwer tut. Ihm scheint es ausgesprochen recht zu sein, dass Paul seiner Meinung nach nicht mehr wie ein Baby aussieht. Ob er tatsächlich größer und schwerer als andere Kinder seines Alters ist, ist hier genauso wenig zu klären wie die Frage, ob er auch von anderen in ähnlicher Weise wie von Herrn K. wahrgenommen wird. Wichtiger als diese Frage ist mir der Umstand, dass Herr K. den von ihm wahrgenommenen optischen Entwicklungsvorsprung (er sieht aus wie ein sechs Monate altes Kind und eben nicht wie eines, das in der elften Woche ist) sehr zu begrüßen scheint. Herr K. zeigt sich froh darüber, dass Paul bereits kurz nach der Geburt auf ihn nicht so – wie er es formulierte – »zerbrechlich« wie andere Kinder, sondern eben »stabil« und »robust« wirkte. Diese Wahrnehmung scheint es ihm leichter gemacht zu haben, sich Paul zu nähern und mit ihm umzugehen. Herr K. zeigt sich ebenfalls erleichtert darüber, dass Paul kein – wie er es bezeichnet – »Würmchendasein« mehr hat. Diese und andere Äußerungen lassen vermuten, dass ein Baby für Herrn K. eine vergleichsweise geringe Anziehungskraft hat bzw. wenig Attraktion besitzt. Es verwundert so nicht, dass es wesentlich die vergleichsweise reifen oder besser gesagt intersubjektiven Äußerungen des Kindes sind (Paul reagiert, lächelt, bezieht sich auf ihn...), die ihn faszinieren und ansprechen.

Der Dialog zwischen den Generationen...
Im Laufe des Interviews kommt Herr K. erneut auf seine Eltern zu sprechen. In diesem Zusammenhang werden auch Aspekte der Beziehungsdynamik zwischen der Generation, die jetzt Eltern wird, und derjenigen, die somit Großeltern werden, thematisiert. Herr K. erzählt, dass Paul das erste Enkelkind seines Vaters ist. Er hat den Eindruck, dass Pauls Geburt für seine Eltern und insbesondere auch für seinen Vater ein bedeutsames und ausgesprochen positives Ereignis ist:

> Herr K.: »Und es ist wohl für ihn auch so 'n Traum in Erfüllung gegangen. (...) Er ist das erste Enkelkind, und da ist ja fast 'ne Sicherung durchgebrannt vor Freude. Die überschlagen sich und machen und tun. Sofort auf den Arm bei denen, auch wenn die bei uns sind.« (3/14)

Herr K. hat seine Eltern zu Großeltern gemacht. Seine Äußerung macht deutlich, dass er sich über das Engagement seiner Eltern freut. Wenn er davon spricht, dass für seinen Vater ein Traum in Erfüllung gegangen sei, dann liegt die Vermutung nahe, dass es ihn auch mit Stolz erfüllt, hierfür der Urheber zu sein (in dieser Perspektive hat er seinen Eltern gewissermaßen ein Enkelkind geschenkt). In den Worten von Herrn K. schwingt jedoch ferner mit, dass er das Engagement seiner Eltern gleichwohl auch etwas übertrieben findet. Mit der folgenden Äußerung wird dieser Aspekt noch deutlicher:

Herr K.: »Ich kann es nicht verstehen, dass wir da 'ne halbe Stunde vorm Kinderwagen stehen und sagen: ›Oh guck mal, jetzt hat er sich wieder bewegt‹. Wo wir denn auch gesagt haben: ›Also jetzt reicht es, ihr kriegt ihn demnächst zum Babysitten.‹« (3/14)

Herr K. zeigt sich befremdet von der Begeisterung seiner Eltern. Ob ihn hierbei der Umstand, dass Paul seine Eltern derart zu fesseln vermag, auch eifersüchtig macht, das kann nur vermutet werden.

Herr K. schildert, dass er sich im Hinblick auf seinen Umgang mit dem Kind von Männern der Generation seines Vaters beobachtet fühlt:

Herr K.: »Aber eigentlich alle, die etwas älter sind, fragen denn auch so, jetzt wollen wir mal gucken, ob der Vater denn auch mit dem Kind umgehen kann? (...) ›Ja kann denn der Vater auch den Sohn halten?‹« (3/15)

So wie Herr K. die Blicke der Älteren beschreibt, bringen diese nicht nur Interesse am Tun eines jungen Vaters zum Ausdruck. Seinem Eindruck zufolge steht er gleichsam als Repräsentant einer neuen Generation auf dem Prüfstand. Mit einer gewissen Skepsis verbunden sieht er Männer der Generation seines Vaters ihn dabei beobachten, ob er als Mann in der Lage ist, mit einem so kleinen Kind umzugehen. Der Umstand, dass hier auch indirekt seine eigene Kompetenz in Frage gestellt wird, wird von Herrn K. im Weiteren nicht thematisiert. Er interpretiert das von ihm wahrgenommene Verhalten vielmehr als Ausdruck des Bedauerns, ehemals eben nicht den Verhaltensspielraum gehabt zu haben, die ein junger Vater heute hat:

Herr K.: »Weil die durften es früher nicht. Das war wohl verpönt, 'n Kind zu wickeln oder auch auf den Arm zu nehmen. Sie sind fürchterlich überrascht über die Selbstverständlichkeit, wie Kinder auf den Arm genommen werden oder angezogen werden. (...) Das hat früher nur die Frau gemacht. (...) So nach dem Motto, was haben wir früher auch versäumt, das schwingt da so 'n bisschen mit.« (3/15)

Herr K. hat das Gefühl, dass er heute als Vater Möglichkeiten hat, die der vorangegangenen Generation versagt geblieben sind. Er hat ferner den Eindruck, dass er von den Älteren auch darum beneidet wird, sich als Mann und Vater dem Kind in einer Weise zuwenden zu können, die früher wesentlich den Müttern vorbehalten war. Folgt man den Schilderungen von Herrn K., so wird deutlich, dass ein solches verändertes oder vielmehr erweitertes Rollenverständnis auch Folgen für das Verhältnis zwischen den Generationen haben kann: Nicht der Vater gibt sein Wissen und seine Kompetenzen an den Sohn weiter, sondern der Sohn weist den Vater in etwas ein, was dieser eben noch nicht lernen konnte. So schildert Herr K. in der nachstehenden Äußerung, wie er im übertragenen Sinne seinen Vater an die Hand genommen und ihm das Wickeln gezeigt hat. Sich hier als kompetenter als sein eigener Vater ausweisen zu können, macht Herrn K. vermutlich nicht nur stolz, sondern szenisch auch zum Vater seines Vaters:

> Herr K.: »Jetzt gehen wir mal hoch, jetzt kannst du deinen Enkel mal wickeln. Das hätte er wohl gern gemacht, sich aber nicht getraut. ›Mein Gott, ich kann das gar nicht!‹ ›Nun mach mal.‹ ›Ich guck erstmal zu.‹ Es juckte ihn aber schon in den Fingern. So nach dem Motto, ich möchte auch was nachholen.« (3/15)

Die Verantwortung eines Vaters...
Herr K. bezeichnet seine Vaterschaft als einen großen Einschnitt in das Leben. Als zentral bestimmt er hier die Verantwortung, die man als Vater in ökonomischer Hinsicht wie auch aus dem Umstand heraus habe, dass das Kind auf seine Eltern angewiesen ist:

> Herr K.: »Plötzlich ist dann da 'n ganz hilfloser Mensch da. (...) Aber dass dann plötzlich da zwei Leute abhängig sind. Nicht abhängig im ursprünglichen Sinn, aber dass man ja die Verantwortung für deren Auskommen und Sicherheit irgendwo trägt. Das ist 'n massiver Einschnitt. (...) Ein Erwachsener könnte sich zur Not selbst helfen, auch selbst versorgen, aber das Kind zeigt eigentlich die Abhängigkeit von den Eltern immer wieder. Ob das nun im Kinderwagen liegt und plötzlich kalt ist oder die Mütze, wie üblich, über die Nase gerutscht und denn wieder nichts mehr sieht. Es kann noch nicht alleine. (...) Da sieht man richtig an Kleinigkeiten, wie abhängig dieser kleine Wurm da noch von uns ist. Das ist 'n massiver Einschnitt. Wobei nicht unangenehm.« (3/17)

Herr K. sieht sich als Versorger der Familie in der Verantwortung. Diesen Status beschreibt er als neu und von großer Tragweite (»einschneidend«). An anderer Stelle schildert er, dass es in diesem Zusammenhang auch einen starken sozialen Druck gebe, dem manche Väter nicht gewachsen seien. Für sich selbst scheint Herr K. hier jedoch wenig Probleme zu sehen. Er hat anscheinend das Gefühl, von der neuen Verantwortung als Vater auch profitieren zu können, so charakterisiert er seine neue Lebenssituation als »nicht unangenehm«. Ein Mensch, der mich braucht und der – so wie es Herr K. beschreibt – auf mich angewiesen ist, verleiht mir und meinem Handeln eine große Bedeutung. Möglicherweise ist es nicht zuletzt dieser Aspekt, der die Last der Verantwortung zu einem Gepäck macht, das auch gerne getragen wird. Herr K., darauf weist die folgende Gesprächssequenz hin, hat daneben das Gefühl, sich in Folge seiner Vaterschaft positiv verändert zu haben oder anders formuliert »gewachsen« zu sein:

> Herr K.: »Ich für meinen Teil denke, man sagt es mir auch nach, ich wäre deutlich ruhiger geworden. Wie sagt man so schön? Besonnener und reifer.«
> I.: »Und ist das ein Kompliment für Sie?«
> Herr K.: »Also so, wie er das sagte, ja. Also nicht mehr so hitzköpfig und übereilt, sondern schon überlegener.« (3/18)

Ob die hier beschriebene Selbsteinschätzung zutreffend ist, muss offen bleiben. Die genannten Attribute (überlegt, besonnen, reif) sind unabhängig von dieser Frage aber insofern interessant, als sie Aspekte seines (väterlichen) Ich-Ideals zum Ausdruck bringen. Herr K., darauf weist die nächste Äußerung hin, hat den Eindruck, dass nicht nur er sich verändert hat, sondern dass er aufgrund seines neuen Status nun auch von anderen anders wahrgenommen wird:

> Herr K.: »Also man wird schon anders angeguckt. Es spricht sich relativ schnell rum. (...) Man ist auf jeden Fall fürchterlich stolz, auch wenn man mit dem Kinderwagen rumfährt. Es ist zwar erstaunlich, (...) dass wildfremde Leute plötzlich am Bauch von Schwangeren rumfassen müssen, und beim Kind gibt's scheinbar so 'nen ähnlichen Reflex, gerade von älteren Damen, die da nun plötzlich meinen, sie müssten das Kind mal anfassen. Oder völlig paradoxe Fragen kommen da, ob sie auch mal 'n paar Meter den Kinderwagen schieben dürften? Das erstaunt mich denn doch schon.« (3/14)

Sprach Herr K. im letzten Interview nur ganz vorsichtig von Stolz, so bringt er nun zum Ausdruck, dass es ihn »fürchterlich stolz« mache, mit Paul in die Öffentlichkeit zu gehen und sich als Pauls Vater zu zeigen. War es im letzten Interview vor allem Empörung, die Herr K. darüber zum Ausdruck brachte, dass sich Fremde herausnehmen, den Bauch seiner Frau anzufassen, so deutet sich hier noch ein anderer Aspekt an. Herr K. bringt das Anfassen des Bauches in einen Zusammenhang mit dem Anfassen des Kindes bzw. mit dem Wunsch, sich wenigstens für ein paar Momente jenem nähern zu dürfen. Auch wenn er sich über das Verhalten dieser Leute wundert, scheint er das besondere Interesse, das Paul und vermittelt auch ihm hier geschenkt wird, genießen zu können. Es ist zu vermuten, dass Herr K. sich in den geschilderten Szenen als aufgewertet erlebt. Ohne eine Identifikation mit dem Kind wäre dies nicht möglich.

Zusammenfassung und Diskussion
In diesem Interview teilt Herr K. mit, dass er es ausgesprochen positiv erlebt, nun Vater zu sein. Er hatte sich den Übergang in diese neue Lebensphase (den »Einschnitt«) wohl kritischer vorgestellt.
Herr K. folgt einerseits einem eher traditionellen Vaterbild, demnach der Mann für die ökonomische Absicherung der Familie zuständig ist. In diesen Zusammenhang gehört auch, dass er mit der Vaterposition den Begriff der Verantwortung, die Aufgabe, die Familie abzusichern, sowie Attribute wie Besonnenheit, Reife und nicht zuletzt Rationalität verbindet. Gleichzeitig legt er seinen Ausführungen zufolge aber auch Wert darauf, sich dem Kind auf eine Art und Weise zuwenden zu können, die traditionell dem mütterlichen Aufgabenbereich zugeschrieben war (das Kind versorgen, wickeln, füttern, »halten«). Herr K. scheint sich hierbei als nicht weniger

kompetent als seine Frau zu erleben, bringt aber auch zum Ausdruck, dass ihm diese Kompetenz von anderen nicht selbstverständlich zuerkannt wird. Er hat den Eindruck, dass Mütter – und damit auch seine Frau – zuweilen »gucken«, respektive kontrollieren müssen, ob Väter (er) tatsächlich dazu in der Lage sind, mit einem Säugling »richtig« umzugehen. Von einer gewissen Skepsis diesbezüglich berichtet er auch im Kontakt mit Männern, die der Generation seines Vaters zugehören – einer Generation, in der mütterliche und väterliche Aufgabenbereiche vergleichsweise strikt getrennt waren. Gibt es eine Angleichung bezüglich dessen, was Mütter und Väter im Umgang mit dem Kind zugestanden wird, so bietet es sich auch stärker an, Vergleiche zu ziehen und miteinander in Konkurrenz zu treten. Dieser Zusammenhang deutet sich in den Äußerungen von Herrn K. an. Er vergleicht, wie sich seine Frau auf Paul bezieht und wie er selbst; er vergleicht aber auch, in welcher Weise sich Paul auf seine Frau bzw. auf ihn bezieht. Hierbei stellt er fest, dass er eine andere Haltung zu Paul einnimmt als sie. Seiner Einschätzung nach fällt es Frau K. schwerer, sich gerade auch emotional vom Sohn zu distanzieren. Herr K. glaubt, dass er sich im Umgang mit Paul vergleichsweise weniger von Emotionen bestimmen lässt, er schreibt sich selbst vielmehr eine rationale Haltung zu, eine Haltung, die er als angemessener und vermutlich auch erstrebenswerter bewertet. In dem Interview kommt Herr K. auf seinem Erleben nach potentiell konflikthafte triadische Interaktionssequenzen zu sprechen: Beschäftigt er sich mit Paul und kommt dann Frau K. hinzu, so wendet sich jener seinem Eindruck nach dem – wie er es formuliert – »ersten« bzw. mütterlichen Gesicht zu. Für Herrn K. scheint sich hier eine Konkurrenzsituation herzustellen, in der er selbst wenig Chancen zu haben glaubt. Es ist zu vermuten, dass Herr K. sich nicht zuletzt deshalb dafür einsetzt, mit Paul auch räumlich getrennt von seiner Partnerin zusammen sein zu können, um besagte Konkurrenz zu vermeiden und damit auch die Gefühle, die mit dieser ihn kränkenden Erfahrung einhergehen.

Im ersten Interview stellte Herr K. die Frage, ob es ihm wohl möglich sein wird, den »Vorsprung« wieder aufzuholen, den seiner Überzeugung nach Mutter und Kind im Verhältnis zur Vater-Kind-Beziehung haben. Sein Wunsch, Zeiträume einzurichten, die ausschließlich Vater und Sohn vorbehalten sind, sein Anliegen, auch exklusive Erfahrungen mit dem Kind zu teilen, sowie sein Wunsch, ebenfalls das Kind zu füttern, lassen sich möglicherweise auch als das Bestreben verstehen, hier – metaphorisch formuliert – Strecke gutzumachen. In diesen Zusammenhang gehört auch, dass Herr K. versucht, triangulierend einzugreifen: Auch gegen einen gewissen Widerstand seiner Frau scheint er sich dafür stark zu machen, Mutter und Sohn – um einen Begriff des zweiten Interviews aufzugreifen – voneinander zu »entwöhnen«. Herauszuheben ist weiterhin, dass Herr K. deutlich den Wunsch äußert, Paul möge ihn als Vater, der unabhängig von der Mutter existiert, wahrnehmen und anerkennen lernen. Negativ formuliert möchte er nicht, dass er dem mütterlichen Objekt zugeschlagen wird (es gibt die Mutter und die Mutter mit dem Vater). Bemerkenswert scheint mir der Umstand zu sein, dass dieses Thema für ihn bereits zu so einem vergleichsweise frühen Zeitpunkt wichtig ist. Eine Erklärung könnte hierfür sein, dass Herr K., mehr als ihm bewusst zugänglich ist, Angst davor hat, in die Position des »randständigen« oder »eliminierten« Dritten (der Dritte, der im Zweiten aufgeht) zu geraten.

Herr K. bringt die Überzeugung zum Ausdruck, bereits eine starke Bindung zum Kind entwickelt zu haben. In seinen Ausführungen wird deutlich, dass es gerade auch Momente und Begebenheiten im alltäglichen Zusammensein sind, die ihn ansprechen und einbinden. Eine besondere Faszination und damit auch Bindungskraft scheint hierbei Pauls Lächeln zuzukommen. Immer wieder kommt Herr K. darauf zu sprechen. Deutlich wird daneben auch, dass Herr K. das Gefühl hat, Paul reagiere sehr positiv auf seine Versuche und Bemühungen, in Beziehung zu treten. Dieser Eindruck wiederum bestärkt das Gefühl, ein kompetenter Vater zu sein und als solcher auch anerkannt zu werden und damit das Interesse, sich Paul zuzuwenden. Dass diese sich wechselseitig verstärkenden Phänomene dazu beitragen, die Vaterrolle positiv besetzen zu können und sich mit ihr zu identifizieren, liegt nahe. Herr K. nimmt Paul als ein großes und kräftiges Kind wahr, das älter wirkt als es eigentlich ist. Dieser Umstand scheint von ihm in verschiedener Hinsicht als hilfreich erlebt zu werden und es ihm vergleichsweise leicht gemacht zu haben, sich Paul gerade auch körperlich – ohne die Angst, ihm wehzutun, etwas falsch zu machen oder ihn zu schädigen – zuwenden zu können.

Herr K. teilt mit, dass sich für ihn durch Pauls Geburt einerseits weniger verändert hat, als er zuvor vermutet hatte. Was er andererseits in seiner Bedeutung jedoch nicht antizipieren konnte, ist der Umstand, dass mit Paul eine dritte Person in das bestehende Beziehungsgeschehen »eingeführt« wurde, die, wie er es erlebt, »immer dabei« ist und zudem als Person und mit seinen Bedürfnissen im Mittelpunkt steht. Herr K. will daran etwas ändern (die Handbremse ziehen). Spielregeln, die Formulierung von Grenzen, aber auch das Sich-Abgrenzen sollen dabei helfen, das von ihm wahrgenommene Ungleichgewicht innerhalb der bestehenden Dreierkonstellation auszubalancieren.

Abschließend sei bemerkt, dass Herr K. aktuell das Gefühl zu haben scheint, den Anforderungen, die er mit einer Vaterschaft verbindet, auch gewachsen zu sein. Er hat ferner den Eindruck, als Vater anders als zuvor gesehen und wahrgenommen zu werden. So verweist er beispielsweise darauf, dass ihm mehr Reife attestiert und er eine besondere Aufmerksamkeit erfahren würde. Nun Vater zu sein, so lässt sich schlussfolgern, wird von Herrn K. als eine Aufwertung des Selbst erlebt.

Betrachtet man die hier ausgewerteten Interviews in ihrer Gesamtheit, so werden verschiedene manifeste und latente Themen deutlich, die sich durch alle drei Interviews ziehen. Eine gewisse Kontinuität gibt es auch im Hinblick auf die sich in den Interviews mitteilende Stimmungslage: Herrn K. ist es – folgt man seinen Aussagen – sowohl während der Schwangerschaft als auch nach der Geburt vergleichsweise gut gegangen. Manifeste innere oder äußere Konflikte, die im Zusammenhang mit dem Übergang in die Vaterschaft stehen, hat es in diesem Zeitraum scheinbar nur andeutungsweise gegeben. Dies schließt jedoch – wie dargelegt – die Latenz angstbesetzter und konfliktträchtiger Themen nicht aus (kann die eigene Autonomie behauptet werden, gefährdet die coenästhetische Kommunikation[35] mit dem Baby das erwachsene, männliche Ich, kann es ertragen werden, zeitweilig in den Status des randständigen oder ausgeschlossenen Dritten versetzt zu werden?). Herr K. schildert, dass er in seiner Kindheit einen »ganz anderen Draht« zu seiner Mutter als zu seinem Vater gehabt habe. Diesem ist es seinem Erleben nach jedoch im Laufe der Zeit gelungen, den »Vorsprung« seiner Frau aufzuholen, so dass Herr K. aktuell seine Beziehung zu beiden Elternteilen als gut beschreibt. Was seine eigene Familie betrifft, so beobachtet Herr K. anscheinend sehr genau, ob sich eine asymmetrische Triade herauszubilden droht. Deutet sich für ihn ein deutliches Ungleichgewicht an, so versucht er, regulierend einzugreifen. Seine Äußerungen legen nahe, dass die Maßnahmen, die er im Hinblick auf die Gestaltung des Zusammenlebens mit Paul ergreift, die Spielregeln, die er für den Umgang mit ihm formuliert, aber auch die Art und Weise, wie er seine Vaterrolle ausgestaltet, gerade auch in dieser Perspektive zu verstehen sind.

---

[35] Spitz (1996) prägte den Begriff der coenästhetischen Kommunikation für den frühen Mutter-Kind-»Dialog« (die Mutter nimmt die ganzheitlichen Reaktionen des Säuglings ganzheitlich wahr und umgekehrt). Ein solcher Dialog ist nur möglich, wenn von Seiten des Erwachsenen eine adaptive Regression zugelassen werden kann.

Auswertung ausgesuchter Themenbereiche

Teil 1: Die Zeit vor der Geburt

Gegenstand des folgenden Auswertungsteils sind die Interviews, die mit den werdenden Vätern vor der Geburt ihrer Kinder geführt worden sind. Einbezogen werden hier also die Gespräche, die in der 22. und in der 32. Schwangerschaftswoche stattfanden. Vertieft werden dabei fünf Themenbereiche: Zunächst wird es darum gehen, was für die Gesprächspartner eine Vaterschaft reizvoll macht und welche Voraussetzungen hierfür als erforderlich angesehen werden. Gegenstand des zweiten Kapitels sind die affektive Resonanz der sich ankündigenden Vaterschaft sowie die in diesem Zusammenhang relevanten Phantasien und Vorstellungen, die sich auf das Kind oder auch auf den postnatalen Alltag beziehen. Weiterhin wird es um die Frage gehen, welche subjektive Bedeutung die ersten Ultraschallaufnahmen und die Kindsbewegungen für die werdenden Väter haben. Im vierten Kapitel steht das Erleben des sich entfaltenden Beziehungsdreiecks Vater-Mutter-Kind im Mittelpunkt der Betrachtung. Unter der Überschrift »Beziehungswünsche« wird es abschließend um die Frage gehen, wie die Interviewpartner die Beziehung zu ihren Kindern entwerfen und welche Rolle sie sich selbst in diesem Zusammenhang zuweisen.

1. Der Wunsch Vater zu werden oder wie alles anfing

In diesem Kapitel werden zunächst Aspekte der »Vorgeschichte« der Schwangerschaft Thema. Hierbei wird es zum einen um die Frage gehen, ob es sich bei den Interviewpartnern um eine gewünschte oder sogar angestrebte Vaterschaft handelt, und zum anderen um die Frage, welche Motive in diesem Zusammenhang von ihnen geäußert wurden. Gegenstand wird ferner dasjenige sein, was als Voraussetzung einer Vaterschaft thematisiert wurde. Das Kapitel schließt mit einem Exkurs, in dem psychoanalytische Theorien zur Genese des männlichen Kinderwunsches dargelegt werden.

War es gewollt...?
Untersucht man die Interviews auf die Frage hin, ob die einzelnen Gesprächspartner es sich denn gewünscht haben, Vater zu werden, so wird schnell deutlich, dass diese Frage weitaus komplexer ist, als es möglicher-

weise zunächst einmal den Anschein hat. Auf der Ebene der expliziten Äußerungen lässt sich feststellen, dass alle Gesprächspartner das Kind willkommen heißen. Fast ausnahmslos erklären sie, dass sie sich das Kind gewünscht hätten und dass seine Zeugung geplant gewesen sei. Schaut man sich die verschiedenen Äußerungen, die in diesem Zusammenhang gemacht wurden, jedoch genauer an, so treten neben den hier angesprochenen Gemeinsamkeiten bedeutsame Differenzen hervor.
Einige Gesprächspartner sprechen davon, dass in ihnen schon sehr lange der Wunsch lebendig gewesen sei, einmal Kinder zu haben. Am deutlichsten wird hier ein werdender Vater, dem bereits als Jugendlicher klar gewesen zu sein scheint, dass er einmal eine eigene Familie haben möchte. Dieser Wunsch, so erklärt er, habe dann auch Einfluss auf seine weitere Lebensplanung genommen:

> Herr O.: »Ein Wunsch war es auf jeden Fall oder ist es auf jeden Fall. (...) Ich hab selbst als Jugendlicher schon den Gedanken gehabt: Familie (...) und dahingehend geplant.« (1/1) »Ich selber hab immer den Wunsch gehabt, Kinder zu haben und für Kinder zu sorgen.« (1/2)

Auch andere Interviewpartner äußern sich dahingehend, dass es in ihnen eine grundsätzliche Zustimmung für ein Leben mit Kindern gegeben habe:

> Herr K.: »Also dass ich irgendwann mal Kinder haben wollte, war relativ früh klar.« (1/4)

> Herr P.: »Irgendwann wollte ich. Irgendwie war das schon klar.« (2/11)

Woher die hier angesprochene Klarheit rührt und was den Wunsch, einmal Kinder zu haben, motiviert, bleibt an dieser Stelle unklar. Klar scheint lediglich zu sein, dass eine Vaterschaft als integraler Bestandteil der Zukunft gedacht wurde. Während in den genannten Äußerungen der Zeitpunkt einer möglichen Vaterschaft zunächst unbestimmt blieb, so war dieser in den Vorstellungen und Phantasien des folgenden Gesprächspartners in einem höheren Lebensalter verortet:

> Herr L.: »Im Prinzip hab ich mir immer eine Vaterschaft gewünscht und vorgestellt und zwar in dem Sinne, wenn ich später einmal alt und grau bin – oder älter, dann würde ich gerne; und dann kamen so die typischen, eher kitschigen Bilder, so Frau, Familie und ein Kind springt da rum.« (1/1)

In den bisher genannten Äußerungen scheint die Genese des Kinderwunsches weit zurückliegende, biographische Wurzeln zu haben, in den folgenden Äußerungen wird sie in einen Zusammenhang mit der Paarbeziehung gestellt. So antwortet beispielsweise Herr J. auf meine Frage, ob er sich gewünscht habe, Vater zu werden: »Ja. Ja, sehr konkret.« (1/3) Der Wunsch selbst, so fährt er fort, »der ist so in der Beziehung gewachsen.« (1/4) Dieser Gesprächspartner sieht die Paarbeziehung als »Geburtsstätte« seines Kinderwunsches. Wenn er davon spricht, dass dieser in der Beziehung mit seiner Partnerin »gewachsen« sei, dann weist er damit auf ein sich verstärkendes Moment hin, das in der Paarbeziehung seinen für ihn wahrnehmbaren Ausgang nahm. Auch der folgende Gesprächspartner greift auf die Metapher des »Wachsens« zurück. Er erzählt, dass er sich das Kind gewünscht habe und dass dieser Wunsch »so gewachsen« (2/14) sei. Eine weitere Äußerung seinerseits macht deutlich, dass auch er an dieser Stelle seine Frau als Impulsgeberin erlebt hat. Sie weist ferner darauf hin, dass eine mögliche Vaterschaft auch als etwas gesehen wird, dass in einem Spannungsverhältnis zu bzw. in Konkurrenz mit beruflichen Orientierungen steht:

> Herr F.: »Der Wunsch nach 'nem Kind, der kam sicher anstoßmäßig wahrscheinlich eher von ihr. Also sehr viel intensiver. Also ich hatte mir immer vorgestellt, ja, Kinder und so, aber ich hab natürlich auch immer meinen Beruf im Hintergrund.« (2/14)

Eine interessante Differenzierung führt Herr S. ein. Er spricht davon, dass er sich ein Leben ohne Kinder nicht so recht vorstellen könne. Die folgende Äußerung macht deutlich, dass aus diesem Umstand jedoch nicht umstandslos der positive Umkehrschluss (ich wünsche mir ein Kind) gezogen werden kann:

> Herr S.: »Was heißt gewünscht? Also, ich sage mal, wir haben es drauf angelegt. Wir üben ja auch schon 'n bisschen länger, dass es jetzt kommt. Also das ist nicht so, dass es 'n Unfall ist. Nein, nein, das war schon gewollt irgendwo. (...) Ich sage mal, ganz ohne Kinder kann ich mir eigentlich nicht vorstellen. Ich komme selber, ich hab vier Brüder, und da ist immer was los.« (1/3)

Auch für Herrn U. scheint es nie wirklich zur Disposition gestanden zu haben, ob er und seine Frau einmal Kinder haben wollen oder nicht. Elternschaft scheint für ihn etwas zu sein, das zum Leben einfach dazugehört. Herr U. bezieht sich hierbei auf seine Eltern, von denen er annimmt, dass sie auf ihre Kinder angewiesen sind:

> Herr U.: »Weil das für mich einfach dazugehört, ich kenne es gar nicht anders. Also meine Eltern haben vier Kinder, und ich könnte mir das gar nicht vorstellen, wie die jetzt komplett ohne die nächste Generation da sein sollten.« (1/11)

Nur ein Interviewpartner spricht davon, dass die Zeugung nicht geplant, sondern mehr oder weniger »passiert« sei. Überraschend scheint aber auch hier nicht die Tatsache an sich gewesen zu sein, dass sich eine Schwangerschaft einstellte, sondern vielmehr der Umstand, dass sie sich so schnell einstellte. Herr A. schildert, dass seine Freundin und er »schon mit dem Gedanken gespielt [hätten], das auch in absehbarer Zukunft« (1/1) umzusetzen. Kinder – so Herr A. – wären in ihrem Umfeld nie ein Problem gewesen, sie seien immer integriert worden. Zudem bestehe ein familiäres Netzwerk, auf das Verlass wäre, wenn Unterstützung oder Hilfe benötigt würde. Besagtes Wissen scheint dazu beizutragen, dass dieser Gesprächspartner seiner sich für ihn zunächst einmal überraschend angekündigt habenden Vaterschaft gelassen entgegensehen kann und – so lässt sich ferner vermuten – dass er diese nicht in der Weise planen musste, wie es von anderen Interviewpartnern beschrieben wurde.

Gemeinsam scheint allen Gesprächsteilnehmern zu sein, dass sie das Kind wollen. Inwiefern es sich hier auch um eine nachträgliche Zustimmung handelt, lässt sich in diesem Zusammenhang nicht klären. Einige Gesprächsteilnehmer sprechen von einem expliziten, schon sehr lange währenden Kinderwunsch, andere sehen die Paarbeziehung als Geburtsstätte ihres Kinderwunsches. Insbesondere die Äußerungen von Herrn S. verweisen darauf, dass die aktive Zustimmung, ein Kind zu zeugen, nicht einfach mit dem Begriff »Kinderwunsch« bezeichnet werden kann. Dieser legt eine gewisse Emphase (ich will...) nahe, die nicht notwendig mit der Zustimmung, ein Kind in die Welt zu setzen, verbunden sein muss.

Voraussetzungen einer Vaterschaft...
In den Schilderungen der Interviewpartner fällt auf, dass die Frage des »Timings« einer möglichen Elternschaft eine große Rolle spielt. Vielfach ist die Rede davon, dass mit dem Versuch der Zeugung eines Kindes so lange gewartet wurde, bis verschiedene »Voraussetzungen« erfüllt gewesen seien bzw. bis das Gefühl vorhanden war, eine »solide Basis« für das Projekt Familie zu haben. Eine besondere Bedeutung wird hierbei der Frage der späteren ökonomischen Absicherung gegeben, wie exemplarisch die nachstehenden Äußerungen zeigen:

> Herr S.: »Ich bin da schon sehr konservativ in dieser Richtung, dass ich dann was aufbaue und versuche, eben halt das auch finanziell abzusichern.« (1/9)
>
> Herr J.: »Den Entschluss haben wir schon mal relativ früh gefasst, aber wir wollten auch erst 'ne gewisse finanzielle Unabhängigkeit erreichen und haben einfach solange auch gewartet.« (1/3)
>
> Herr O.: »Ich möchte meinen Kindern dann auch was bieten können, sei es in Sachen Urlaub oder Hobbys. (...) Und ich denke, das macht man schon an finanziellen Eckpunkten fest. Zwar nicht hundertprozentig, aber so der Gedanke: ›Kind oder kein Kind?‹, da guckt man schon ins Portemonnaie.« (1/7)

Die folgende Aussage weist darauf hin, dass einer angestrebten finanziellen Sicherheit auch die Funktion zugewiesen wird, die Beziehung zum Kind zu schützen:

> Herr U.: »Und wenn man dann tatsächlich sein Leben mit einem Kind nochmal von Grund auf ändern möchte oder vielleicht auch ändern muss, dann muss man solche Dinge [die berufliche und wirtschaftliche Situation] bedenken, um nicht in irgendeine Situation hereinzukommen, in die man nicht reinkommen

wollte, und aus der es dann vielleicht kein Zurück mehr gibt. Oder das Wunschkind u. U. zur Last wird und dann nicht die Freude bereitet, die man sich vielleicht wünschen würde.« (1/3)

In der hier zitierten Überlegung klingt die Sorge an, dass man durch ein Kind in eine problematische ökonomische Situation kommen könnte, die sich dann u. U. auch negativ auf die Beziehung zum Kind bzw. auf die Wahrnehmung des Kindes auswirkt (es wird zur Last). Umgekehrt formuliert klingt an, dass man vorsorgen muss, um wirklich Freude an dem Kind haben zu können. Auch die folgenden Äußerungen weisen darauf hin, wie wichtig eine finanzielle Absicherung angesehen wird. Dass dieser Umstand auch mit einem bestimmten Konzept von Vaterschaft zu tun hat, demzufolge sich gerade die werdenden Väter für diesen Bereich verantwortlich fühlen, darauf werde ich näher eingehen, wenn es um das Thema Vaterschaftskonzepte geht.

Herr P. erzählt, dass er und seine Frau sich bereits zum Zeitpunkt ihrer Eheschließung vor zwei Jahren für ein Kind bereit gefühlt haben. Da ihm jedoch ihre ökonomische Situation noch zu unsicher schien, hätten sie eine Realisierung ihres Kinderwunsches aufgeschoben:

> Herr P.: »'96 haben wir geheiratet. Da haben wir gesagt: ›Jetzt könnten wir ja mal‹, aber da war mir das mit der Arbeit noch zu unsicher.« (1/10)

Drei Jahre später stellte sich die Situation anders dar. Herr P. hatte inzwischen die Voraussetzungen geschaffen, die er sich für eine Elternschaft wünscht. Stolz erzählt er:

> Herr P.: »Ja, ich hab alles vorbereitet. Ich hab den Job vorbereitet, sag ich mal, ich hab immer gesagt: ›Nee, solange ich so 'nen unsicheren Arbeitsplatz hab, lieber noch keine Kinder und so.‹ Jetzt ist alles geregelt und jetzt.« (2/5)

Neben dem Wunsch, eine – ökonomisch betrachtet – solide Basis für die Familie geschaffen zu wissen (metaphorisch formuliert: die Materialien für ein Nest zusammengetragen zu haben), wird in den Interviews mehrfach der Wunsch geäußert, sich auf eine stabile Paarbeziehung verlassen zu können. Dieser Wunsch wiederum scheint nahe zu legen, die Paarbeziehung auch offiziell zu befestigen, sprich eine Ehe einzugehen:

> Herr O.: »Das ist das, was man dann im realen Leben dann so als Hintergedanke dann hat, wenn man sich entscheidet: Kind. Dass es finanziell auch abgesichert ist und dass wir dann dementsprechend auch uns finanziell absichern und auch unser Leben dementsprechend auch einordnen und 'ne feste Bindung eingehen, sprich heiraten.« (1/2)

In diesem Zusammenhang sei erwähnt, dass drei der zehn interviewten Männer während der Schwangerschaft heiraten. Sechs Interviewpartner waren bereits zum Zeitpunkt der Schwangerschaft verheiratet und lebten zum überwiegenden Teil in langjährigen Partnerschaften. Mehrere Gesprächspartner wiesen explizit darauf hin, dass es ihnen sehr wichtig gewesen sei zu prüfen, ob ihre Beziehung auch mit Kindern Zukunft hat. So spricht Herr O. davon, dass schließlich »die Richtige« (1/1) gekommen sei. Ein werdender Vater, Herr L., heiratet nicht. In seinen Ausführungen – die im Folgenden Gegenstand sind – wird jedoch deutlich, dass für ihn eine Vaterschaft mit seiner aktuellen Lebenspartnerin zum ersten Mal wirklich vorstellbar wird oder anders formuliert, dass für ihn eine Vaterschaft das Vertrauen voraussetzt, dass die Partnerschaft trägt.

Wenn nicht jetzt, wann dann...?
Ein weiterer Aspekt, der das von den meisten Gesprächspartnern als notwendig erachtete »Timing« einer möglichen Elternschaft betrifft, ist das Alter der Erstvaterschaft. Im Folgenden hierzu zunächst einmal einige Gesprächssequenzen, die dem ersten Interview mit Herrn L. entnommen sind:
Herr L. schildert, dass er sich eigentlich schon immer eine Vaterschaft gewünscht hat. Lange Zeit jedoch habe er diese auf ein imaginäres »Später« verschoben. Er betont, dass es für ihn nicht primär darum ging, sich erst einmal eine bürgerliche Existenz aufzubauen oder einen bestimmten Status quo zu erreichen. Wie Herr L. in seinem alltäglichen Leben mit der Möglichkeit umging, Vater zu werden, beschreibt er folgendermaßen:

> Herr L.: »Ich bin eigentlich so von Haus aus erst einmal ein totaler Verhütungsfanatiker gewesen, einfach, weil mich das auch geängstigt hat mit Kindern. Und zwar nicht so sehr direkt auf die Kinder bezogen, sondern auf die Frau bezogen. Ich dachte, ein Kind ist ein Grund, längerfristig zusammenbleiben zu müssen. Das war für mich irgendwie miteinander gekoppelt: Kind bedeutet Zusammenbleibzwang. (...) Und dieser Zwang (...), der ist mir im Prinzip 'n Gräuel und war mir damals auch 'n Gräuel; und deswegen hab ich die Vermeidung von Kindern erst einmal ziemlich hoch geschrieben, hatte aber gleichzeitig das Bild im Hintergrund: Später.« (1/1)

Herr L. bezeichnet sich als einen »totalen Verhütungsfanatiker«. Kinder zu haben, so führt er aus, würde für ihn bedeuten, mit der Partnerin zusammenbleiben zu müssen oder anders formuliert, sich nicht trennen zu können. Um nicht in eine solche Zwangslage zu geraten, scheint es für Herrn L. äußerst wichtig gewesen zu sein, eine potentielle Schwangerschaft zu verhüten. Diesem Interesse, so lässt sich vermuten, stand jedoch das Interesse gegenüber, einmal Familienvater zu sein. Konflikte, die sich aus diesen gegenläufigen Interessenslagen ergeben könnten, so lässt sich weiterhin vermuten, konnten anscheinend eben dadurch entschärft werden, dass Herr L. das Vaterwerden auf einen imaginären späteren Zeitpunkt verschob. Auf diese Weise bestand weiterhin die Möglichkeit, sich als Vater zu imaginieren, ohne dass das, was für ihn negativ mit einer Vaterschaft verbunden war, einzutreten drohte. Herr L. erzählt, dass sich für ihn in den letzten Jahren die unmittelbare Verknüpfung von »ich habe Kinder – ich muss in einer elterlichen Zwangsgemeinschaft leben« gelöst hat. Hierzu habe vor allem die Beziehung zu seiner jetzigen Freundin beigetragen:

> Herr L.: »Das Ganze hat sich dann konkretisiert mit meiner jetzigen Freundin. Wir sind jetzt zweieinhalb Jahre zusammen, und es war auf einmal nicht mehr ein Problem für mich. (...) Ich konnte mir das auch sehr gut mit der Frau, mit meiner Freundin vorstellen, und die Rationalität setzte ein. Ich hab mir gesagt: ›Ich bin jetzt knapp vierzig, will ich bis fünfzig warten?‹« (1/1)

Nicht Kinder an sich scheinen Herrn L. Angst gemacht zu haben, sondern vielmehr die Vorstellung, dass sich die Beziehung zu der jeweiligen Frau/Freundin so negativ entwickeln könnte, dass eine Trennung angezeigt wäre, zugleich aber nicht realisiert werden könnte. Herr L. säße dann gewissermaßen in der Falle. Die Beziehung zu seiner jetzigen Freundin scheint ihm jedoch Mut gemacht zu haben. Durch die hier erstmals in die Vorstellung gerückte Möglichkeit, dass es im Hinblick auf das Paar ja auch gut gehen könnte, ist für ihn anscheinend die Möglichkeit, nicht mehr zu verhüten, sondern ein Kind zu zeugen, zum ersten Mal annehmbar geworden. Herr L. erwähnt, dass er und seine Freundin das Gefühl hätten, »die Partnerschaft stimmt.«[36] Er ergänzt: »Entsprechend haben wir das Gefühl, wir kriegen das auch über längere Zeit gut in den Griff.« (1/4) An diesem Punkt, so beschreibt es Herr L., setzte die Rationalität ein. Zu diesem Zeitpunkt, so könnte man es auch formulieren, ist es für Herrn L. möglich geworden, seinen bisher eher abstrakten Kinderwunsch in die Gegenwart zu holen und zu seiner konkreten sozialen Realität in Beziehung zu setzen. Hierdurch wiederum rückte sein aktuelles Lebensalter in den Blick, was schließlich die Entscheidung herbeiführte, jetzt ein Kind zu zeugen. Auf diesen Zusammenhang weist auch die folgende Äußerung hin:

> Herr L.: »Bis ich dann irgendwann mal zu der Frage kam, auch durch meine Freundin angeregt: ›Wann ist denn eigentlich später?‹ Und ich hab festgestellt, dass ich mittlerweile auch schon älter geworden bin (...) und dass der Zeitpunkt eigentlich jetzt gekommen ist. Wenn nicht jetzt, wann dann?« (1/1)

Während bei seiner Freundin, wie Herr L. sich ausdrückt, die »biologische Uhr« tickt und somit einer möglichen Mutterschaft Grenzen setzt, sind es für Herrn L. soziale und psychologische Momente, die gegen eine weitere

---

[36] Herr L. verweist an anderer Stelle auf seine Eltern: »Ich hab die Ehe von meinen Eltern nie als irgendeine Liebesgemeinschaft erlebt. (...) Es hat sich sehr viel so als Zweckgemeinschaft dargestellt.« (1/11) Dieser Umstand ist möglicherweise insofern bedeutsam, als ihm somit ein positives, Mut machendes Vorbild fehlt und die Vorstellung, dass es ihm auch einmal so ergehen könnte, abschreckend ist.

Aufschiebung der Entscheidung für oder gegen ein Kind sprechen. Dieser Umstand, so teilt es sich mit, hat zu der Entscheidung, in naher Zukunft ein Kind zeugen zu wollen, erheblich beigetragen. Die Frage »Wenn nicht jetzt, wann dann?« enthält in dieser Perspektive die Feststellung »Wenn nicht jetzt, dann nie«. Herr L., das macht auch die folgende Äußerung deutlich, bezieht sich nicht auf den Umstand, dass er – jedenfalls biologisch gesehen – ja auch noch in einigen Jahren Vater werden könnte. Neben der Tatsache, dass es dann vermutlich für seine Freundin und damit auch für sie beide als Paar für eine Elternschaft zu spät sein würde, ist für Herrn L. die Überlegung wichtig, dass er dann womöglich definitiv zu alt wäre, um für sein Kind eine in seinem Sinne adäquate Vaterfigur zu sein:

> Herr L.: »Wenn ich dann fünfzig bin, ist das Kind zehn. Und wenn ich dann fünfundfünfzig bin, ist es fünfzehn, und dann geh ich mit ihm auf den Fußballplatz oder was weiß ich wohin, und das kann man sich dann ganz schwer nur vorstellen, mit knapp sechzig dann noch irgendwie solche Unternehmungen zu machen. (...) Ich merke halt (...) mein Aktionspotential nimmt einfach ab, und ich hab auch immer mehr das Bedürfnis, irgendwas zu Hause zu machen. Und ich denke, wenn man sich noch mehr in diese Richtung weiterentwickelt, dass man immer ruhebedürftiger wird, dann wird 'n Kind 'n immer größerer Aufwand, psychischer Aufwand.« (1/5)

Herr L. rechnet. Er überlegt, in welchem Verhältnis potentielle Interessen des Kindes und seine eigene Verfassung stehen könnten. Hätte er noch lange mit dem Vaterwerden gewartet, dann, so glaubt Herr L., müsste er damit rechnen, dass es einfach nicht mehr passt und er zu unbeweglich wäre, um sich auf sein Kind einlassen zu können.

Die Frage, ob es irgendwann möglicherweise auch für sie als Männer »zu spät« für Kinder sein könnte, beschäftigt auch andere Gesprächspartner. So äußert sich beispielsweise Herr A. (30) folgendermaßen:

> Herr A.: »Irgendwann drückt das Alter dann auch.« (1/1) »Ich möchte nicht mit irgendwie siebenunddreißig, achtunddreißig noch 'n Kind bekommen, wo dann der Altersunterschied so heftig wird.« (1/5) »Wir haben ja schon mit dem Gedanken gespielt, das irgendwann mal in die Tat umzusetzen, bevor der Tag X kommt, wo es nicht mehr geht, oder nicht mehr klug ist, das zu machen.« (1/2)

Umgekehrt zeigt sich dieser Gesprächspartner froh darüber, nicht schon vor einigen Jahren Vater geworden zu sein:

> Herr A.: »Bei uns ist der Vorteil, dass wir unsere Sturm- und Drangphase durch haben. (...) Also ich denke schon, das ist auch das richtige Alter, was wir haben, um mit dem Kinderkriegen anzufangen (...), weil wir sind nicht mehr zweiundzwanzig oder dreiundzwanzig, wo man unbedingt irgendwie was erleben muss, wo dann 'n Kind auch 'n Hindernis ist vielleicht.« (1/6–7)

Ein weiterer Aspekt des Themas »Was ist ein günstiges Alter für eine Erstelternschaft?« klingt in der folgenden Äußerung an. Die Vorteile einer sehr jungen Elternschaft ins Verhältnis gesetzt zu den möglichen Nachteilen einer solchen (z. B. das Fehlen einer wirtschaftlichen Grundlage), kommt Herr U. zu dem Ergebnis, dass der Zeitpunkt für ihr Kind gut gewählt ist:

> Herr U.: »Das Kind hat dann vielleicht relativ junge Eltern, was ich mir immer gewünscht habe, weil ich ältere Eltern hatte. Dreißig, sag ich mal, ist ein gutes Alter.« (2/2)

Auch in dieser Äußerung klingt die (Wunsch-)Vorstellung einer spezifischen Vater-Kind-Beziehung an. Ich werde dieses Thema zu einem späteren Zeitpunkt eingehender aufgreifen. An dieser Stelle soviel: Eine große Altersdifferenz zwischen Vater und Kind ist nur dann ein Problem, wenn der Wunsch besteht, dass es eine Schnittmenge zwischen den väterlichen und den kindlichen Interessen geben möge. Ein weiterer Aspekt, der in der obigen Äußerung anklingt, ist der folgende: Das, was man dem eigenen Kind wünscht – in diesem Fall junge Eltern –, scheint sich neben normativen Aspekten gerade auch an den eigenen Kindheitserfahrungen zu orientieren. Die Formulierung: »Das Kind hat dann vielleicht relativ junge Eltern, was ich mir immer gewünscht habe«, weist darauf hin, dass das werdende Kind auch als ein Ich-als-Kind imaginiert wird. Es ist so gesehen auch ein Alter Ego.

Zusammenfassend lässt sich sagen, dass aus vielen Äußerungen der Wunsch spricht, gut vorbereitet in die Vaterschaft zu gehen, oder anders formuliert, das Bemühen, sich gute Start- und Ausgangsbedingungen zu schaffen. Hierzu gehören die finanzielle Absicherung, eine stabile Paarbeziehung und das »richtige« Alter, welches von den meisten Gesprächspartnern in den frühen Dreißigern angesiedelt wird. Dieses Bemühen ist auch ein Versuch, das verunsichernde und beängstigende Moment einer vorgestellten Vaterschaft zu reduzieren und kontrollieren zu können (Vater zu werden, das ist ein Einschnitt in das Leben, als Vater wird sich das Leben grundsätzlich verändern, so wird von vielen Gesprächspartnern vermutet). Dass der Vorstellung, alles gut vorbereitet zu haben, auch die Funktion der Angstabwehr zukommt, spiegelt sich beispielsweise in dem, was ein werdender Vater erlebt, als er von seiner sich ankündigenden Vaterschaft erfuhr. So erzählt Herr U., dass er – obwohl das Kind ein Wunschkind und geplant gewesen sei – einen richtigen Schreck bekommen habe, als der Schwangerschaftstest ein positives Ergebnis zeigte. In diesem Moment habe er sich gefragt:

> Herr U.: »Hab ich wirklich alles bedacht? Weil ich jemand bin, der eigentlich sehr rational an alle Dinge rangeht und versucht zu planen. Und dann wirklich die Frage aufkommt: ›Ist alles einkalkuliert?‹« (2/1)

Motive des Kinderwunsches...
Das, was einen möglichen Kinderwunsch ausmacht, ist keine stabile Größe. Vor oder im Verlauf einer Schwangerschaft können jeweils verschiedene Motive Bedeutung gewinnen und entsprechend hervor- oder zurücktreten. In den Interviews wird Thema, welche Phantasien und Vorstellungen den Kinderwunsch befördert haben. Immer wieder geht es hierbei um die eigene Kindheit. Mit einem Kind – so beispielsweise Herr S. – habe man die Möglichkeit, so etwas wie eine zweite Kindheit zu durchleben. Mit dieser Phantasie wiederum kann sich die Vorstellung verknüpfen, auf diese Weise das, was man selbst versäumt zu haben glaubt, nachholen und somit wieder gutmachen zu können:

> Herr S.: »Und eben bedingt auch dadurch, dass wir zu Hause mit fünf Jungs waren, war es eben halt auch so, dass wir auch nicht großartig was als Kinder erleben konnten, sag ich jetzt mal so vorsichtig. War früher ja auch gar nicht das Geld da usw., um großartig durch die Gegend zu turnen. Und viele Bekannte sagen eben halt auch, das ist nochmal so 'ne zweite Kindheit, die man selber durchlebt dadurch, dass man mit den Kindern Dinge tut, die man früher als Kind machen wollte, aber nicht konnte. (...) Und da freue ich mich schon drauf.« (1/3)

Vater zu werden, Kinder zu haben, so klingt es hier an, wird von diesem Gesprächspartner auch als eine – im Hinblick auf die eigene Kindheit – zweite Chance antizipiert. An anderer Stelle weist er darauf hin, dass das Reizvolle einer zweiten Kindheit für ihn nicht zuletzt in dem Umstand liege, dass man sich dann in einer Weise verhalten könne, die Erwachsenen normalerweise nicht mehr zugestanden werde. Man könne dann, so hofft Herr S., wieder das tun, was man selbst als Kind gerne gemacht hat, ohne dafür belächelt oder in anderer Weise negativ sanktioniert zu werden:

> Herr S.: »Und, was weiß ich, da wieder 'n büschen auf den Knien rutschen, mit den Autos spielen, ohne dass man blöd angelacht wird oder so. Einfach wieder 'n bisschen mehr Kind sein, weil das Leben ist schon ernst genug.« (1/3)

Der Wunsch, mittels einer Vaterschaft wieder einen Zugang zu der eigenen Kindheit zu bekommen, drückt sich auch in der folgenden Äußerung aus. Explizit wird hier die Möglichkeit, diesen Wunsch zu realisieren, jedoch an ein bestimmtes Geschlecht des Kindes gebunden. Herr P. glaubt, dass ein Sohn seine Kindheit wieder aufleben lassen könnte:

> Herr P.: »Vielleicht, wenn ich einen Jungen kriegen sollte (...), dann sehe ich meine eigene Kindheit wieder. Ich versteif mich auch nicht auf 'nen Jungen, ich würde mich auch über zwei Mädchen freuen oder eines. Aber ich würde es schön finden, wenn ich die Kindheit wieder sehen würde.« (2/20)

Auch der folgende Gesprächspartner vermutet, dass seine Vaterschaft eine Brücke zu seiner Kindheit schlagen wird. Im Zusammenhang mit seiner sich ankündigenden Vaterschaft bewegt ihn die Vorstellung, »jetzt bald selber ein Kind zu haben und einmal Kind gewesen zu sein.« (2/5) Dass das Kind auch als ein Jungbrunnen imaginiert wird, darauf weist die nachstehende Äußerung hin:

> Herr F.: »Da entstehen natürlich schon ein paar Bilder, (...) so jetzt in den Laden zu gehen und da zu wissen, in drei, vier Jahren musst du so kleine T-Shirts kaufen. Solche, die du früher selber auch angehabt hast. Einfach so wieder diese Verbindung für sich selber zurückzubringen. (...) Und so bleibt man selber dann auch noch, versucht noch einmal jung zu bleiben oder zu werden.« (2/6)

Während sich bei Herrn S. zum einen der Wunsch mitteilte mit und durch das Kind nachholen zu können, was früher versäumt wurde, und zum anderen die Hoffnung zum Ausdruck gebracht wurde, sich als Vater nun wieder »kindliche« Verhaltensweisen erlauben zu können, so klingt hier stärker das Motiv des Wiedererlebenwollens an. Herr F. vermutet, dass ein Kind die Erinnerung an sich als Kind wieder lebendig werden lassen könnte. Träfe dies zu, so hätte er dann wieder eine – wie er es formuliert – stärkere »Verbindung« zu diesem Teil seines Selbst; ein Umstand, der das eigene Alter zurückzunehmen scheint. Ein weiteres Motiv, das mit dem genannten verbunden ist, ist das des Weitergebenwollens:

> Herr F.: »Wenn ich so manchmal im Auto sitze und unterwegs bin, sage ich mir schon: ›Mensch, wenn du jetzt nach Hause kommst und dein Kind ist da‹ und so, man freut sich halt drauf. Und das ist also etwas, was man selber in seiner eigenen Kindheit so vielleicht fünfzehn, achtzehn Jahre mitgemacht hat, im trauten Familienleben sozusagen. Ja, und das jetzt wiederzugeben an den eigenen Nachwuchs.« (2/2)

Für Herrn F. ist die Vorstellung, vieles von dem, was er als Kind erfahren hat, an sein Kind weitergeben zu können, vermutlich nicht zuletzt deshalb reizvoll, da er für sich erfahren hat, »dass Kindheit eben etwas sehr Schönes sein kann!« (2/5) An anderer Stelle unterstreicht er:

> Herr F.: »Ich sehe das auch so ein bisschen aus meiner eigenen Kindheit heraus. (...) Also da ist schon viel, womit ich mich auch selber identifizieren kann.« (2/5)

In verschiedenen Äußerungen der Interviewpartner klingt die Vorstellung an, dass durch eine Vaterschaft Aspekte der eigenen Kindheit wieder lebendig werden. Es deutet sich zudem die Vorstellung an, dass es einen positiven Zusammenhang zwischen der Bewertung der erfahrenen Kindheit und dem eigenen Kinderwunsch gibt. Charakteristisch hierfür sind die beiden folgenden Äußerungen:

> Herr O.: »Weil man selber auch Kind gewesen ist und auch das eigentlich sehr positiv erlebt hat, das ist, glaub ich, auch mit ein Grund dann zu sagen, ich möchte auch Kinder. Wenn ich jetzt 'ne schlechte Kindheit gehabt hätte oder so, wäre meine Entscheidung vielleicht anders gefallen.« (1/1)

Herr A.: »Ich empfand es als sehr angenehm, wenn wir als Familie irgendwas unternommen haben, irgendwelche Sachen ins Auto gepackt, losgefahren, irgendwas getan haben, Pilze sammeln, was auch immer. Und das sind so Dinge, die ich mir ausmale, und die ja dann hoffentlich irgendwie Realität werden, und die stell ich mir halt sehr schön vor.« (2/16)

Wenn Herr A. sich sein künftiges Leben als Vater vorstellt, dann scheint er vor allem Szenen vor Augen zu haben, die sich als Familienleben bezeichnen lassen. Er knüpft hierbei in seiner Phantasie an Erfahrungen und Erlebnissen an, die er in seiner Herkunftsfamilie als positiv erlebt hat und sich nun für seine eigene Familie wünscht.

In den Interviews werden auch Motive des eigenen Kinderwunsches genannt, die sich im stärkeren Maße als die bisher genannten auf das Kind selbst und das Zusammenleben mit ihm beziehen. Beispielsweise stellt es sich Herr O. spannend vor, »an der Entwicklung des Kindes teilzuhaben.« (1/18) Auch Herr P. freut sich darauf, die Entwicklung seines Kindes/seiner Tochter mitzuerleben; vor seinem geistigen Auge hat er dabei eine große Zeitspanne vor Augen:

Herr P.: »Das Kind aufwachsen zu sehen, von der Geburt über die Taufe zur Einschulung und dann erster Freund« (2/7)

Auch für den folgenden Gesprächspartner liegt ein Reiz einer Vaterschaft in der Möglichkeit, miterleben zu können, wie das eigene Kind heranwächst:

Herr J.: »Was ist reizvoll? Also das erleben zu dürfen, wie das Kind dann heranwächst, und dass man selber auch 'ne ganze Menge Verantwortung mit diesem Kind übernimmt oder für dieses Kind übernimmt. Dieser Aspekt halt, dass man selber Verantwortung trägt, spielt 'ne große Rolle.« (1/4)

Die Entwicklung des Kindes erleben zu können scheint für Herrn J. nicht zuletzt deshalb interessant zu sein, weil er sich für den Verlauf dieser Entwicklung verantwortlich fühlt bzw. sich und seine Frau hier als richtungweisend imaginiert. Die folgende Äußerung macht diesen Aspekt noch deutlicher:

Herr J.: »Das ist 'ne große persönliche Herausforderung, ob man dieser Verantwortung denn auch gewachsen ist. Man prägt das Kind ja auch. Darüber sind wir uns schon völlig klar. Das Kind wird natürlich letztendlich 'n Produkt unserer Lebensauffassung und unserer Ansichten.« (1/5)

Ein etwas anders gelagerter Gesichtspunkt des Themas »Verantwortung übernehmen« wird in der nachstehenden Äußerung angesprochen:

Herr D.: »Dass man die Verantwortung eben noch dazu bekommt, auch gern übernimmt und sich vielleicht doch in der Erziehung dann so 'n bisschen verwirklichen kann noch. So gucken, was hat bei mir nicht so gut geklappt, was kann ich vielleicht besser machen. Und was hat bei mir gut geklappt, wie kann ich das schaffen, dass meine Kinder manche Sachen auch so verinnerlichen?« (1/3)

Wenn Herr D. davon spricht, sich in der Erziehung ein »bisschen verwirklichen« zu können, dann schwingt hier eine doppelte Bedeutung mit: Reizvoll ist für ihn zum einen die Vorstellung, als Vater in spezifischer Weise Einfluss auf das Kind ausüben und es »formen« zu können. In diesem Tun sieht Herr D. eine Möglichkeit, sich selbst zu verwirklichen. Reizvoll scheint für ihn zum anderen aber auch die Phantasie zu sein, sich in dem Kind verwirklichen zu können. Würde es ihm gelingen, dasjenige in das Kind zu »implementieren«, was er sich wünscht und für wichtig erachtet (bestimmte Eigenschaften, Verhaltensweisen, Denkstrukturen), dann würde dieses sein Ich-Ideal verkörpern, es Realität werden lassen. Herrn D. wäre es dann nicht nur gelungen, ein gewissermaßen optimiertes Alter Ego zu erschaffen, er hätte es zudem (noch) besser als seine Eltern gemacht – so die latente Wunschlogik.

In diesem Zusammenhang sei auch erwähnt, dass zwei Interviewpartner explizit von konkreten Erfahrungen mit Kindern berichten, die ihren Wunsch auf ein eigenes Kind geweckt und bekräftigt haben:

> Herr O.: »Ich hab selber Jugendarbeit gemacht, ich war Jugendgruppenleiter, und hab immer was mit Kindern und Jugendlichen zu tun gehabt, und von daher fand ich das schon immer sehr schön, 'ne Familie zu gründen.« (1/1)
>
> Herr P.: »Wir haben es jetzt immer noch 'n bisschen geübt mit dem Patenkind von meiner Frau. Da kommt man denn schon mal auf den Geschmack, ob es nun mit dem Wickeln ist oder mit dem Füttern. Spätestens, wenn der kleine Wurm einen anlacht, da wird man schon schwach.« (2/11)

Vermutlich nicht zufällig spricht Herr P. hier davon, dass ihn das Zusammensein mit dem Patenkind sowie die mit diesem probeweise eingegangene Elternschaft (das Üben) »auf den Geschmack« gebracht hat: Wer auf den Geschmack von etwas gekommen ist, der möchte diesen auch öfter haben und genießen können. Als besonders verführerisch erlebt Herr P. das Lachen des Kindes bzw. das Angelachtwerden. Gerade dieses scheint seinen Kinderwunsch zu bestärken:

> Herr P.: »Dadurch wächst denn irgendwo der Gedanke daran.« (2/11)

Abschließend möchte ich noch ein weiteres Motiv hervorheben, das im Zusammenhang mit der Frage der Genese des Kinderwunsches genannt wurde: In einer bereits zitierten Äußerung verweist Herr U. auf seine Eltern und bemerkt, dass er sich gar nicht vorstellen könne, wie deren Leben im Alter wohl ohne ihre Kinder aussähe. Er fügt hinzu:

> Herr U.: »Und wenn ich dann mal so am Wochenende so ein bisschen als Beobachter auch mal dasitze, das könnte ich mir nicht vorstellen, dann auch im Alter alleine zu sein.« (1/11)

Wenn Herr U. seine Eltern beobachtet, dann wird für ihn klar, dass er im Alter nicht allein – oder wie er an anderer Stelle bemerkt »ohne die nächste Generation« – leben möchte. Auch dies kann ein Motiv für Kinder sein.

Diskussion und weiterführende Überlegungen
Das Thema »Kinderwunsch« ist ein modernes Thema. Es stellt sich erst, wenn das Elternwerden reflexiv geworden ist, oder anders formuliert, wenn das Kinderkriegen nicht länger etwas ist, was selbstverständlich zum Leben dazugehört. Bedingung hierfür ist, dass Sexualität und Fortpflanzung auseinander fallen können, was auf der pragmatischen Ebene die Zugänglichkeit sicherer Verhütungsmittel voraussetzt. Vaterschaft ist so gesehen heute eine Option und nicht länger Schicksal. Wann Kinder, ob überhaupt Kinder, wie viele, mit wem und unter welchen Voraussetzungen, dies sind Fragen, die sich – zumindest in der westlichen Welt – Frauen und Männer zu Beginn des 21-igsten Jahrhunderts stellen können. Dass das Leben zur »gestaltenden Aufgabe« geworden sei, betonen insbesondere Soziologen (vgl. Beck-Gernsheim 1998, S. 61). Sie unterstreichen, dass es immer mehr Optionen gebe, verbindliche Vorgaben hingegen brüchig geworden seien und dass immer mehr Fragen aufbrechen würden, die Entscheidungen verlangten bzw. Entscheidungskonflikte erzeugten. So schreibt Beck: »In der individualisierten Gesellschaft muß der einzelne (...) sich selbst als Handlungszentrum, als Planungszentrum in bezug auf seinen eigenen Lebenslauf, seine Fähigkeiten, Orientierungen, Partnerschaften usw. begreifen« (1986, S. 217). Vorausschauendes Denken, Prävention und Planung werden in dieser Perspektive zu Absicherungsstrategien, die helfen sollen, die Zukunft kalkulierbar und kontrollierbar zu machen. Elternschaft bleibt von dieser Dynamik nicht unbeeinflusst. So notiert Beck-Gernsheim: »Was einst die natürlichste Sache der Welt war, wird immer mehr zu einem Unternehmen, das langfristiger Überlegungen und Abwägungen bedarf« (1998, S. 70). Das Planungsdenken, das sich in den Interviews zeigte und von mir auch im Sinne einer Angstabwehr interpretiert wurde, ist in dieser Perspektive nicht nur als Ausdruck einer persönlichen Verfassheit zu verstehen. Es enthält daneben einen soziologischen Kern, der auf die historisch vergleichsweise junge Möglichkeit, den eigenen Lebenslauf zu gestalten, zurückverweist und damit auch auf die darin angelegten Chancen, Zwänge und Zumutungen. Aus der Tatsache, dass es möglich geworden ist, »Familienplanung« zu betreiben, lässt sich jedoch nicht einfach ableiten, dass eine solche auch in der Weise, wie es die skizzierten soziologischen Überlegungen nahe legen, unternommen wird. Nimmt man die in den Interviews gemachten Äußerungen ernst, so scheint für die meisten Gesprächspartner nicht die Frage »ob oder ob nicht« maßgeblich gewesen zu

sein, sondern vielmehr die Frage »wann und unter welchen Voraussetzungen«. Elternschaft, so lässt sich vermuten, ist einerseits reflexiv geworden und scheint andererseits zugleich nicht selten ein selbstverständlicher Bestandteil des eigenen Lebensentwurfes geblieben zu sein. Fraglich bleibt dabei, in welchem Zusammenhang dasjenige, was auf der bewussten Ebene in einen Reflexionsprozess einbezogen wird bzw. einbezogen werden kann, mit demjenigen steht, was faktisch getan wird (ich zeuge ein Kind oder versuche, eine mögliche Zeugung zu verhüten). Es darf bezweifelt werden, dass hier von einer einfachen Entsprechung ausgegangen werden kann.[37]
Ein solcher Zweifel speist sich nicht zuletzt aus dem Umstand, dass viele Aspekte des generativen Verhaltens nicht verbalisiert werden können, da ihre Triebfedern psychoanalytischen Einsichten zufolge im Unbewussten liegen und somit einem eher kognitiv ausgerichteten Reflexionsprozess (was spricht dafür, was dagegen?) nicht zugänglich sind.
Über den männlichen Kinderwunsch weiß man bisher noch sehr wenig. Kühler, der in seinem Buch »Zur Psychologie des menschlichen Kinderwunsches« den Stand der Forschung nachzeichnet, resümiert, dass es »keine einzige größere Veröffentlichung zu diesem Thema« gibt (1989, S. 14), wohl aber eine Vielzahl von Untersuchungen, die den weiblichen Kinderwunsch zum Gegenstand haben. Ein Grund dafür, warum der männliche Kinderwunsch bisher vergleichsweise wenig Aufmerksamkeit fand, könnte in der nicht bewussten wissenschaftlichen Tradierung eines kulturellen Selbstverständnis liegen, demzufolge der Kinderwunsch als ein genuin weibliches Motiv angesehen wird. Anders formuliert: Es ist keineswegs selbstverständlich, das Thema Kinderwunsch in seinen verschiedenen Ausgestaltungsmöglichkeiten als einen Aspekt der weiblichen und männlichen psychosexuellen Entwicklung zu reflektieren.
Das Thema Kinderwunsch, das zeigen die hierzu gemachten Äußerungen, ist vielfältig bestimmt. Fasst man die genannten Motive zusammen, so treten vor allem selbstbezogene Motive hervor (Vaterschaft als Herausforderung und Lebensaufgabe, der Wunsch, die eigene Kindheit wieder zu sehen...). Paarbezogene Motive werden zwar vereinzelt genannt (der von der Paarbeziehung ausgehende Wunsch nach dem gemeinsamen Dritten), aber nicht weiter ausgeführt.[38] Partnerbezogenen (der Frau eine Aufgabe

---

[37] »Der scheinbar eindeutige Entschluss ›ich will kein Kind‹ schließt keineswegs das untergründige Verlangen nach einem Kind aus. Umgekehrt schließt der scheinbar eindeutige Wunsch nach einem Kind keineswegs die Wirksamkeit untergründiger Ängste und Befürchtungen aus« (Molinski 1978, S. 83).
[38] Interessanterweise formuliert kein Interviewpartner die Vorstellung, dass die Paarbeziehung durch ein Kind an Intensität und Emotionalität gewinnen könnte. Ebenso wenig

geben, ihr ihren Kinderwunsch erfüllen...), normativen (zu einer richtigen Familie gehören Kinder...) oder auf die soziale Umwelt bezogenen Motiven (die Eltern wünschen sich einen Enkel, die meisten Freunde haben Kinder...) scheint eine eher marginale Bedeutung zuzukommen. Mehrere Interviewpartner sprechen von einem expliziten Kinderwunsch, der weit in ihre Lebensgeschichte zurückweist. In den Interviews wurde vielfach das Bedürfnis zum Ausdruck gebracht, sich gut vorbereitet und abgesichert zu wissen, bevor eine Vaterschaft eingegangen wird. Dies betrifft ökonomische Aspekte, aber auch die Partnerschaft. Verschiedene Äußerungen zeigen, dass auch die Frage des »richtigen« Alters bedeutsam ist. Der Wunsch, ein junger Vater zu sein, und das Bedürfnis, etabliert bzw. finanziell abgesichert zu sein, können hierbei in einen konflikthaften Widerspruch treten. Die in den Interviews gemachten Äußerungen weisen darauf hin, dass es einen Zusammenhang zwischen dem Kinderwunsch und den eigenen Kindheitserinnerungen gibt. Eine positiv erfahrene Kindheit befördert anscheinend den Wunsch, selbst einmal Vater zu werden. Sie scheint es zudem leichter zu machen, positive Vorstellungsinhalte zu imaginieren, die sich auf die Zeit nach der Geburt des Kindes beziehen. Dieser Zusammenhang soll an anderer Stelle ausgeführt werden. Vergegenwärtigt man sich noch einmal die genannten selbstbezogenen Motive des Kinderwunsches, so lassen sich folgende – z. T. dem Bewusstsein zugängliche, z. T. nicht zugängliche – Aspekte differenzieren:

– Der Wunsch, dem Kind, das man einmal war, wieder begegnen zu können, es gewissermaßen auferstehen zu lassen (der Wunsch, ein einigermaßen junger Vater zu sein, hängt vermutlich auch mit diesem Aspekt des Kinderwunsches zusammen). Dies scheint die Möglichkeit zu eröffnen, positive Kindheitserfahrungen in einer neuen Konstellation wiederholen und die (verlorene) Geborgenheit der eigenen Kindheit qua Identifikation mit dem eigenen Kind erneut durchleben zu dürfen. Die Erfüllung besagten Wunsches beinhaltet der Vorstellung der Interviewpartner zufolge weiterhin die Möglichkeit, Versäumtes oder Nichtgelebtes nachholen zu können. Eine Vaterschaft erschließt in dieser Perspektive nicht nur eine zweite Kindheit, sie gibt dieser auch eine zweite Chance.

– Der Wunsch, über das eigene Leben hinaus Verantwortung zu übernehmen und in dem Kind einen sinnstiftenden Lebensinhalt zu finden. Eine Vaterschaft ist in dieser Perspektive auch ein Versuch, sich in der Realität zu verankern und in das Generationenverhältnis einzuschreiben.

– Der Wunsch, das (erwachsene) Selbst durch und mit dem Kind zu erweitern und zu vervollständigen.

---

wird der Wunsch geäußert, dass ein Kind ein im positiven Sinne unzertrennbares Band zwischen den Partnern knüpfen möge.

- Der Wunsch, durch eine Vaterschaft das Weiter- und Überleben des Selbst zu bewirken.
- Der Wunsch, durch das Kind Stimulation, Unterstützung und Bestätigung zu erfahren.

Betrachtet man die selbstbezogenen Motive des Kinderwunsches, so wird deutlich, dass das Kind unbewusst auch als ein Alter Ego imaginiert wird. Delaisi de Parseval (1985) ist in ihrer Untersuchung auf ein vergleichbares Phänomen gestoßen. Sie schreibt: »Ich habe zuweilen den Eindruck, als komme ein Mann, der sein erstes Kind erwartet, in gewisser Weise mit sich selber nieder. Ganz gleich, wie er sein Kind erlebt, (...) es ist immer irgendwie sein Zwilling, sein Doppelgänger« (ebd., S. 174).

1.1. Exkurs: Die frühkindliche Genese des männlichen Kinderwunsches

Freud zufolge ist die Genese des Kinderwunsches in der frühen Kindheit anzusiedeln. Seine Erkenntnisse über die unbewussten Motivationen für den Kinderwunsch gewann er aus Kinderbeobachtungen und Kinderanalysen. In der »Analyse der Phobie eines fünfjährigen Knaben« (Freud 1975/1909) diskutiert er zwei verschiedene Ausformungen des männlichen Kinderwunsches. So wünsche sich der präödipale Junge in der Identifikation mit der Mutter, so wie sie einmal Kinder zu bekommen. Er kann zu diesem Zeitpunkt die Differenz zwischen dem männlichen und weiblichen Geschlecht bzw. das, was diese impliziert (ich bin ein Junge und kann keine Kinder bekommen), noch nicht verstehen. Diese Form des (frühen männlichen) Kinderwunsches kann im Spiel agiert werden (mit Kissen eine Schwangerschaft simulieren, eine Puppe zum Baby nehmen usw.), muss Freud zufolge aber im Zuge der Ausbildung der Geschlechtsidentität aufgegeben bzw. modifiziert werden. In der ödipalen Phase habe der Junge die Phantasie, seiner Mutter ein Kind zu machen und sich an die Stelle des Vaters zu setzen.[39] Der Kinderwunsch der ödipalen Phase ist in dieser Perspektive ein Bestandteil inzestuöser Phantasien, die schließlich der Verdrängung unterworfen werden (müssen). Die Auslassung des Ödipuskomplexes führt schließlich zu einer weiteren Modifikation des Kinderwunsches: Der kleine Junge entwickelt den Wunsch, einmal so zu sein, wie es der Vater ist. Für Freud ist dies eine Voraussetzung dafür, dass sich der

---

[39] So vermerkt er: »Der Wunsch, mit der Mutter ein Kind zu haben, fehlt nie beim Knaben (...) und dies bei völliger Unfähigkeit, sich Klarheit über den Weg zu schaffen, der zur Erfüllung dieser Wünsche führen kann. (...) Allein es kommt die Zeit, zu der diese frühe Blüte vom Frost geschädigt wird; keiner dieser inzestuösen Verliebtheiten kann dem Verhängnis der Verdrängung entgehen« (Freud 1975/1919, S. 239).

erwachsene Mann Kinder wünscht. Die Intensität und Ausgestaltung dieses aus der Identifikation mit dem Vater entstammenden Kinderwunsches sieht er davon abhängig, wie die eigene Beziehung zum Vater erlebt wurde (vgl. Kühler 1989, S. 142). In der Schrift »Über infantile Sexualtheorien« kommt Freud auf die so genannte »Kloakentheorie« zu sprechen (1975/1908). Dieser zufolge entwickeln Kinder in der analen Phase die Vorstellung, dass das Kind so wie der Kot den menschlichen Körper verlässt: »Dann war es aber nur konsequent, daß das Kind das schmerzliche Vorrecht des Weibes, Kinder zu gebären, nicht gelten läßt. Wenn Kinder durch den After geboren werden, so kann der Mann ebenso gut gebären wie das Weib. Der Knabe kann also auch phantasieren, daß er selbst Kinder bekommt« (ebd., S. 179).[40] Klein (1979) postuliert eine »Weiblichkeitsphase« in der psychosexuellen Entwicklung des Jungen, die sie um das zweite Lebensjahr datiert. In dieser Zeit wünsche sich der Junge vom Vater ein Kind. Diese Form des männlichen Kinderwunsches wird Klein zufolge aufgegeben, wenn der Junge eine phallische Orientierung entwickelt und seine Geschlechtsidentität ausbildet. Auch Jacobson berichtet von Schwangerschafts- und Geburtsphantasien kleiner Jungen. Sie schreibt: »The wish for a baby is historically older than the wish for or pride in the penis« (1950, S. 141). Jacobson erachtet es als notwendig, dass der kleine Junge seinen originären Kinderwunsch aufgibt, macht – im Unterschied zu Freud – zugleich aber auch auf die Kosten dieses Verzichtes aufmerksam, der nur durch eine aufwendige psychische Abwehrleistung zustandegebracht werden kann: Verdrängt werden müsste nicht nur der Kinderwunsch selbst, sondern auch der Neid auf die reproduktiven Fähigkeiten der Frau. Abschließend sei in diesem Zusammenhang noch auf Ross (1982) verwiesen. Er führt den Kinderwunsch des kleinen Jungen auf eine Identifikation mit der (im Erleben des Kindes) mächtigen Mutter zurück.
Die hier vorgestellten Positionen eingehender zu diskutieren, würde den Rahmen dieser Arbeit sprengen. Wichtig ist mir jedoch eine mir zentral erscheinende Gemeinsamkeit: Die genannten Theorien postulieren einen originären Kinderwunsch des kleinen Jungen, der dann jedoch im Laufe der frühkindlichen Entwicklung aufgegeben oder vielmehr verdrängt werden muss. Kühler spricht in diesem Zusammenhang von einer »zweimaligen Abwehr« des männlichen Kinderwunsches (1989, S. 142). So müsse

---

[40] Diese Phantasie kann im Unbewussten fortbestehen. So berichtet Groddeck (1998) von einem Bekannten, der in der Nacht der Geburt seines Kindes träumte, »daß er selbst das Kind bekäme, träumte es in allen Einzelheiten, wie er sie bei früheren Geburten kennengelernt hatte, wachte im Moment, als das Kind zur Welt kam, auf und hatte, wenn auch nicht ein Kindchen, doch etwas Lebenswarmes aus sich herausbefördert, wie er es seit seiner frühen Knabenzeit nicht mehr getan hatte« (ebd., S. 25).

sowohl der frühe Kinderwunsch, einmal selbst Kinder gebären zu können, aufgegeben und abgewehrt werden als auch der ödipale Kinderwunsch, der Mutter ein Kind zu machen bzw. mit der Mutter ein Kind zu haben. Kühler vermutet, dass in diesem Umstand die Ursache dafür zu finden ist, dass erwachsenen Männern ihr Kinderwunsch nicht selten unzugänglich ist. Festhalten möchte ich an dieser Stelle, dass der Kinderwunsch des Mannes Wurzeln hat, die weit in die Kindheit zurückreichen und in einem engen Zusammenhang mit der (frühen) Beziehung zur Mutter stehen. Welches Schicksal diese frühen Identifikationen erfahren, bzw. ob und in welcher Weise sie möglicherweise im Prozess des Vaterwerdens aktualisiert werden, diese Fragen sollen an späterer Stelle ausführlicher Thema werden.

2. Überzeugungen, Wünsche und Ängste werdender Väter

Der Fokus dieses Kapitels liegt auf den in den Interviews zum Ausdruck kommenden Wünschen und Befürchtungen, die sich auf das Kind sowie auf das Zusammenleben mit ihm beziehen. Bevor es um die Frage geht, wie der postnatale Alltag imaginiert wird, soll darauf eingegangen werden, welchen emotionalen Widerhall die sich ankündigende Vaterschaft auslöst. Im Weiteren wird es um Vorstellungen und Phantasien gehen, die sich auf das mögliche Geschlecht des Kindes beziehen. Jungen und Mädchen, das wird hierbei deutlich werden, evozieren jeweils andere Beziehungsphantasien. Das nächste Unterkapitel hat eine Sorge zum Gegenstand, die in allen Interviews thematisiert wurde: Die Befürchtung, dass das Kind nicht gesund sein könnte. Dass sich ein älteres Kind interessanter vorgestellt wird als ein Baby und darum auch für die werdenden Väter attraktiver ist, das ist das Thema des letzten Unterkapitels.

2.1. Die affektive Resonanz der sich ankündigenden Vaterschaft

Im Folgenden wird es zunächst um das Phänomen gehen, dass es für die Interviewpartner nicht einfach zu sein scheint, sich im Hinblick auf ihre Vaterschaft ambivalente Gefühle sowohl zu- als auch einzugestehen. Danach wird der Umstand thematisiert, dass es für sie anscheinend schwierig ist, positive Bilder zu entwerfen, die sich auf die Vaterschaft und das Zusammenleben mit einem Kind beziehen.

Die Gefühle, die schwanken eben...

In den meisten Interviews, die vor der Geburt durchgeführt wurden, kommen hinsichtlich der sich ankündigenden Vaterschaft sowohl positive als auch negative Gefühle zum Ausdruck. Charakteristisch für die Dynamik und den Zwiespalt der in und zu der Schwangerschaft sich äußernden Gefühle sind beispielsweise die beiden folgenden Äußerungen:

> Herr F.: »Also das habe ich eigentlich durchweg immer auch gehabt, diese Zweisamkeit zwischen der Freude und eben auch den Ängsten, die damit verbunden sind.« (2/6)
>
> Herr J.: »Das ist, wie gesagt, sehr zwiespältig. Einerseits war es ein gewisses Bedauern [zu realisieren, dass man seine Flexibilität verliert] und andererseits aber auch die Spannung darauf, dass man dann ja eigentlich jemanden Drittes hat.« (1/3)

Sich einen solchen Zwiespalt der Gefühle ein- und zuzugestehen ist jedoch scheinbar gar nicht so einfach, wie auch die nachstehende Äußerung zeigt:

> Herr F.: »Zehn Monate sind ja nun auch eine lange Zeit, die Gefühle schwanken halt. Ich weiß nicht, ob das alle so machen oder ob es wirklich Menschen gibt oder Väter, die also total euphorisch zehn Monate rumlaufen und nur noch rosa Elefanten sehen.« (2/2)

Dieser Interviewpartner fragt sich, ob es werdende Väter gibt, die nicht mit ambivalenten Gefühlen konfrontiert werden, sondern eben durchweg positiv gestimmt sind. Wenn er in diesem Zusammenhang von »rosa Elefanten« spricht, dann bringt dies auch eine Abwertung zum Ausdruck (rosa Elefanten sieht man umgangssprachlich im Alkoholdelirium, also in einem Zustand, in dem man den Kontakt zur Realität verloren hat). Eine solche Abwertung wird möglicherweise deshalb notwendig, weil das Bild des glücklichen werdenden Vaters das Ideal ist, auf das sich einerseits (unbewusst) bezogen wird und dem andererseits doch nicht zu entsprechen ist. Auch andere Gesprächspartner beziehen sich auf dieses Bild, das im Gespräch als unrealistisches Klischee entlarvt wird. Dies ermöglicht, sich kognitiv zu distanzieren. Emotional scheint der »glückliche werdende Vater« jedoch im Sinne eines Idealbildes, an dem sich orientiert und gemessen wird, weiterhin wirksam zu sein. Als ich Herrn L. zum Ende des ersten Interviews frage, ob es noch etwas gibt, was ihm wichtig sei, zugleich aber noch nicht zur Sprache gekommen wäre, reflektiert dieser in bezeichnender Weise noch einmal den Gesprächsverlauf und die von ihm gemachten Äußerungen:

> Herr L.: »Ich hab nur nach wie vor 'n ungutes Gefühl, weil ich denke, ich hab so die negativen Seiten also favorisiert hier und mich nicht auf die positiven, die nicht so exploriert. Aber die sind ja einfach auch nicht so präsent.« (1/23)

Eigentlich, so klingt es hier an, hätte Herr L. es besser gefunden, wenn er in dem Interview die »positiven« Seiten seiner sich ankündigenden Vaterschaft hätte stärker herausstellen können. Das Bild, das er mir und damit auch einer potentiellen Öffentlichkeit von sich zu geben glaubt, macht ihm ein »ungutes« Gefühl. Der Umstand, dass das, was er erzählt hat, seinem Erleben und seiner subjektiven Wirklichkeit entspricht, vermag wahrscheinlich einen Teil seines Unbehagens aufzuheben. Zwar, so ist zu vermuten, entsprechen die von ihm gemachten Äußerungen nicht dem, wie er sich gerne dargestellt hätte, sie sind jedoch authentisch und entsprechen so (»wenigstens«) dem Ideal eines redlichen Interviewpartners. Auch im zweiten Interview geht es noch einmal um dieses Thema. Herr L. verweist in diesem Zusammenhang auf Filme, die keine Ambivalenz, sondern eindeutig glückliche werdende Väter in Szene setzen. Derartige Szenen scheinen für ihn Vorbildcharakter und insofern auch eine gewisse normative Gültigkeit zu haben, von der sich nur schwer zu distanzieren ist:

> Herr L.: »Ich denke eigentlich, und da kommen wieder die Kitschvorstellungen, man müsste sich freuen. Oder in diesen alten Filmen, da ist der Mann immer überglücklich. Die Frau sagt ihm: ›Ich bin schwanger‹, und er tanzt dann um sie herum. Das sind ja so die Bilder, die man jetzt durch die Filme und so vermittelt kriegt, und das war also nicht so. Klar, im ersten Moment haben wir uns beide gefreut. Aber denn kam auch gleich: ›Huch, wie wird das nun werden?‹ Und diese Sorglosigkeit, wie das im Film immer vorgegaukelt wird, da sind wir einfach meilenweit von entfernt.« (2/23–24)

Dass die eigene Befindlichkeit und die durch die Schwangerschaft ausgelösten Gefühle beobachtet und kritisch befragt werden, darauf weist auch die folgende Äußerung hin:

> Herr O.: »Das empfand ich aber nachher auch als sehr positiv, dass bei mir keine Angstgefühle hochkamen oder so. Das hätte ja sein können. (...) Ist schon toll, dass man das dann zu 99 % positiv abwickeln kann.« (1/17)

Fragen lässt sich an dieser Stelle, warum es diesen Interviewpartner so erleichtert, bei sich keine Angstgefühle festgestellt zu haben. Dass Angst kein angenehmes Gefühl ist, ist eine Sache; in diesem Umstand scheint mir die obige Äußerung jedoch nicht aufzugehen. Angst, so ist zu vermuten, wird hier als ein negatives Gefühl bewertet, weil sie vermeintlich offenbart, dass der Vaterschaft und dem Wunschkind eben nicht die eindeutig positive Haltung entgegengebracht wird, die (der unbewussten Überzeugung zufolge) eigentlich wünschenswert wäre.[41] Ein Gesprächspartner verweist in diesem Zusammenhang auf die soziale Umwelt, von der er sich nicht nur beobachtet, sondern in seinem Verhalten als werdender Vater auch bewertet fühlt:

---

[41] Zwei Gesprächspartner betonen, dass es ihnen als werdende Väter ausgesprochen gut gehe. Herr A.: »Also gut. Zurzeit super. Überhaupt keinen Stress mit.« (1/19) Herr O.: »Vater zu werden, das bedeutet 'n Glücksgefühl. Sich mit jemandem dieses dann zu wünschen und auch umsetzen zu können.« (1/1)

Herr L.: »Es gibt auch ganz klare Rollenerwartungen, wie sich so ein werdender Vater verhalten soll, und demzufolge fühle ich mich auch bewertet. Erfülle ich diese Erwartung oder nicht? Und natürlich, wenn ich die nicht erfülle, dann hab ich mit Sanktionen zu rechnen. (...) So im wahren Leben ist man schon auf dem Prüfstand als Vater. (...) Es ist nicht nur von außen, es sind auch die eigenen, und das macht es natürlich viel schwieriger, sich zu distanzieren.« (2/22)

Die folgenden Äußerungen zeigen, dass sich die werdenden Väter nicht nur mit dem Ideal des freudestrahlenden Vaters konfrontieren und konfrontiert sehen. Sie haben darüber hinaus auch den Eindruck, dass von ihnen starke Gefühle erwartet werden. Der nachstehende Interviewpartner verweist auf die Medien und stellt eine Diskrepanz fest zwischen dem, was dort gezeigt wird, und dem, wie er sich fühlt:

Herr S.: »Ich denk mal schon, dass einige Leute da wer weiß was erwarten oder 'ne gewisse Erwartungshaltung haben (stöhnt); und wenn man das jetzt im Fernsehen sieht oder so, da ist ja auch immer gleich Friede, Freude, Eierkuchen und immer nur 'n Lächeln im Gesicht oder was weiß ich. Ich denk mal, die Realität ist anders oder zumindest für mich, dass das nicht so extrem ist.« (2/14)

Entspricht das, was persönlich erlebt und gefühlt wird, nicht den wahrgenommenen Erwartungshaltungen, so ist dieser Umstand anscheinend erklärungsbedürftig. Herr S. bringt in diesem Zusammenhang folgende Überlegungen zum Ausdruck:

Herr S.: »Also ich bin nicht unbedingt der Mensch, der wahnsinnig viel Gefühle so zeigt oder so, sondern eben halt alles 'n bisschen nüchterner betrachtet. Vielleicht auch beruflich bedingt oder so. (...) Ich bin selbständig und bin Geschäftsführer, und ich kann nicht wegen jeder Kleinigkeit 'n Freudensprung machen oder so was. Ich hab eben halt auch Mitarbeiter usw., und wenn die was gut machen, dann kann ich ja auch nicht gleich immer ›hurra‹ schreien, weil ich ja auch austeilen muss, sag ich mal. Und letztendlich kriegen sie ja auch ihr Geld dafür, dass sie das tun. Und das spielt sicherlich auch noch 'ne Rolle mit, das am Anfang relativ nüchtern zu sehen.« (1/1)

Herr S. rechtfertigt sich. Er versucht zu begründen, warum er seiner sich ankündigenden Vaterschaft zunächst »relativ nüchtern« gegenübersteht und gibt hierfür seinen Beruf bzw. die Haltung, die er für diesen als erforderlich erachtet, als Ursache an. Während Herr S. hier einen für ihn sachlichen Zusammenhang aufzuzeigen versucht, teilt er zugleich etwas über diesen hinaus mit: Herr S. bemerkt, dass er in seinem Beruf nicht wegen jeder Kleinigkeit einen Freudensprung machen könne. Ist das entstehende Kind in seinem Erleben möglicherweise zu diesem Zeitpunkt eben eine solche Kleinigkeit, bei der man nicht gleich »hurra« schreien kann? Wenn dem so ist, dann dürfte dies im Hinblick auf die formulierten Erwartungshaltungen nur schwerlich auszusprechen oder auch wahrzunehmen sein.

Solche und ähnliche Phantasien müssten dann aufgrund ihrer vermeintlichen Anstößigkeit verkleidet und damit unbewusst gemacht werden.

Es ist schwer, zu positiven Bildern zu kommen...
In den Interviews werden im Übergang zur Vaterschaft Gefühle wie Freude, Stolz, Neugier, Hoffnung, Ohnmacht, Angst und Traurigkeit zum Ausdruck gebracht. Trotz dieser breiten Gefühlspalette fällt auf, dass die Interviewpartner gerade auch Vorstellungen und Fragen bewegen, die beunruhigend sind oder sogar Angst machen. Dies wird an vielen Stellen explizit deutlich und kommt an anderen indirekt zum Ausdruck. In dem Kapitel »Das pränatale Beziehungsdreieck« wird es u. a. um Befürchtungen gehen, die im Zusammenhang mit der sich konstituierenden familialen Triade stehen; in den folgenden Kapiteln werden weitere Themenkomplexe deutlich werden, die in der genannten Weise affektiv besetzt sind. Zunächst aber Auszüge aus einer Interviewserie, in der zum einen die Sorgen und Ängste eines werdenden Vaters Thema werden und zum anderen die Schwierigkeit angesprochen wird, positive Phantasien zu entwickeln, die sich auf die Zeit nach der Geburt des Kindes beziehen. Das Kapitel schließt mit einer Zusammenschau der in den Interviews explizit genannten »positiven« Vorstellungsbilder, also solchen, die primär angenehme Gefühle wie beispielsweise Stolz oder Freude evozieren.

Offen wird in den folgenden Äußerungen angesprochen, dass die sich ankündigende Vaterschaft gerade auch Ängste und Befürchtungen mobilisiert:

> Herr L.: »Das sind auch so ganz viele Sorgenaspekte. Sorgen um die eigene Zukunft, Sorgen um die Gesundheit des Kindes, die ganze Diskussion pränatale Diagnostik, das ist sehr im Vordergrund.« (1/2) »Von der Persönlichkeit des Kindes ist das erstmal ganz weit weg. (...) Das ist so die Ansammlung der ganzen ungünstigen Umstände, die das hervorrufen kann, oder der Probleme, die es gibt.« (1/18)

Der Umstand, dass die hier nur kurz angerissenen Ängste und Sorgen aktuell einen so großen Raum einnehmen und als etwas wahrgenommen werden, was die Schwangerschaft dominiert, scheint diesen werdenden Vater noch zusätzlich zu beunruhigen:

> Herr L.: »Manchmal verunsichert mich das auch, dass es auch so ganz viele ängstliche Aspekte hat. Schaffen wir das, oder sind wir völlig entnervt? Bleibt noch 'n Platz für die Beziehung? Kommt man zur Ruhe? Kommt man überhaupt dazu, sich mal 'n Abend zu leisten, auch finanziell gesehen? Aber kann man überhaupt das Kind mal alleine lassen? Was ist mit Hobbys, dem Beruf? (...) Das Ganze hat sehr viele ängstliche Aspekte.« (1/16)

Deutlich klingt hier die Sorge an, dass ein Kind das gegenwärtige Leben aus den Angeln heben könnte. Der Umstand, dass Herr L. derartige Überlegungen anstellt und sich auch vor der Zukunft fürchtet, wirft weiterhin für ihn die ihrerseits wiederum belastende Frage auf, ob dies auch sein darf. Herr L. erzählt, dass in den Schilderungen von Freunden und Bekannten »natürlich auch eher so Horroraspekte zum Tragen« (1/16) kommen. Derartige Schilderungen, dies zeigen seine Ausführungen, verstärken die vorhandenen Ängste (»was kommt da auf uns zu?«). Herr L. schließt aber auch nicht aus, dass ihm in diesem Zusammenhang seine Wahrnehmung einen Streich spielt und er für Hiobsbotschaften besonders empfänglich ist:

> Herr L.: »Komischerweise setzen sich natürlich bei uns die unangenehmen Dinge viel stärker im Bewusstsein fest. Und gut, von den anderen, das kommt dann meistens so: ›Ich bin so fertig, aber ich würde es auch nicht mehr hergeben wollen‹. Dann kriegt man natürlich schon mit, das Kind gibt irgendwas. Wobei was, kriegt man eben nicht mit. (...) Unterm Strich ist 'was auf der positiven Seite übrig geblieben. Aber es ist ganz schwer greifbar, was das nun eigentlich ist.« (1/17)

Herr L. macht sich ein Bild davon, was die Freunde, die Kinder haben, so erschöpft. Ihm scheint es leicht zu fallen, sich vorzustellen, welche Belastungen auf ihn und seine Freundin zukommen könnten. Was ein Kind jedoch seinen Eltern geben, er also als Vater bekommen könnte, auf diese Frage wüsste Herr L. gerne ein Antwort, kann sie aber aktuell nicht finden. Seine Freunde, das zeigt die nachstehende Äußerung, können ihm hierbei nur wenig helfen:

> Herr L.: »Und ich frag mich dann immer: Wie komme ich denn auch mal zu positiven Visionen, was das Kind angeht? Und man fragt irgendwelche Leute und dann: ›Ja, man schläft nicht durch, das Kind hat die Allergie und Neurodermitis‹, und stöhnt hier und was weiß ich. Also man kriegt auch nicht so das Gefühl, es ist toll. Das kommt dann so zum Schluss: ›Aber ich würde es nicht wieder hergeben‹. Aber dann frage ich mich auch: Und wo liegt das Tolle da dran, außer dass man sich ständig Sorgen macht um irgendwelche Allergien oder Krankheiten oder was weiß ich?« (2/3)

Herr L. bedauert den Umstand, dass die Schilderungen seiner Freunde ihm offensichtlich nur wenig Anreize für die Bildung positiver Vorstellungsinhalte zu geben vermögen. Die Frage, was das Schöne an einem Kind bzw. am Elternstatus sein kann, bleibt weiterhin – so möchte man ergänzen – quälend offen. Herr L. erlebt sich hier auf seine Phantasie verwiesen, die ihm in diesem Zusammenhang aber ihre Dienste verweigert:

> Herr L.: »Ich frage mich natürlich, wo sollen diese positiven Aspekte herkommen, wo kriegt man sie her? Die müssten ja wirklich rein aus der Phantasie geboren werden.« (2/8)

Positive Vorstellungsbilder, das sei hier angemerkt, können sich u. a. aus den eigenen bewussten und unbewussten Kindheitserfahrungen speisen.

Unabhängig davon kann ein Wunsch eine entscheidende Antriebsquelle positiver Vorstellungen und Phantasien sein. Festhalten möchte ich an dieser Stelle, dass es Herrn L. anscheinend schwer fällt, positive Zukunftsbilder im Hinblick auf seine Vaterschaft zu entwerfen. Festhalten möchte ich aber auch, dass ihm dies nicht alleine so geht. Im Folgenden eine Äußerung, die ahnen lässt, wie unterstützend und damit auch hilfreich Vorstellungsbilder sein könnten, die Aspekte der Zukunft positiv aufgreifen und bebildern:

> Herr L.: »Es hat diese Schwere, (...) und andererseits ist auch wieder alles gut (...), und dann kommt auch so 'n Funken von Glücksstimmung auf. Aber es ist halt sehr, sehr verhalten, weil wenig mit Bildern versehen.« (2/16) »Wir haben schon auch die Zuversicht, es wird ganz gut, bloß völlig schwammig. Und wir wissen eigentlich nicht, was gut wird, aber wir wissen vielleicht, dass es gut wird. (...) Man kann es ganz schwer konkretisieren im Vergleich zu diesen anderen Dingen.« (2/17–18)

In den Interviews werden nur sehr vereinzelt konkrete Vorstellungen und Phantasien zum Ausdruck gebracht, die sich positiv auf die Zeit nach der Geburt des Kindes beziehen. Einige wurden bereits im Zusammenhang mit dem Thema Kinderwunsch vorgestellt.[42] Im Folgenden nun weitere Äußerungen, die weitere Wunschphantasien zum Ausdruck bringen.

Ein Gesprächspartner stellt sich vor, wie er sich als Vater mit seinem Kind der Familie präsentieren und damit auch als erfolgreicher »Produzent« zeigen wird:

> Herr F.: »Das Kind ganz süß anzuziehen und dann auf den Arm zu nehmen und sich dann in die Haustür zu stellen und, was weiß ich, die Familie zu begrüßen. Und man steht dann da halt mit dem Kind auf dem Arm. Und, ja gut, ich sag mal, dann schwellt die Brust wahrscheinlich, nicht? Das ist ja sozusagen, so, es ist jetzt geschafft!« (2/23)

Herr F. freut sich darauf, sein Kind der Familie zu zeigen. Er stellt sich vor, diese mit dem Kind auf dem Arm an der Haustür zu empfangen und damit auch seinen neuen Status als Familienvater deutlich zu machen. Dieses Bild erfüllt ihn mit Stolz. Die Vorstellung, das eigene Kind schließlich in den Armen zu halten, ist auch für andere Interviewpartner attraktiv. So vermutet beispielsweise Herr P., dass er wohl stolz wäre, wenn er »so 'n kleines, eigenes Kind auf dem Arm hätte.« (2/18) Als ein ganz besonderer Moment, ja geradezu als ein Lebenshöhepunkt wird weiterhin das Miterleben der Geburt des Kindes imaginiert:

---

[42] In einem folgenden Kapitel wird es um Vorstellungsbilder gehen, die einen harmonischen Trialog zum Thema haben.

> Herr O.: »Also es kommt schon Spannung auf, weil Freunde das erzählt haben, das ist das I-Tüpfelchen des Lebens, wenn du siehst, dass dein Fleisch und Blut da kommt, und du das gleich im Arm halten darfst und so. Das soll schon 'n tolles Gefühl sein, und das möchte ich erleben. Das ist 'ne Sache, da möchte ich dabei sein, und da freue ich mich darauf.« (23)

Eine andere als schön empfundene Phantasie ist die Vorstellung, als Vater angesprochen und vom Kind willkommen geheißen zu werden:

> Herr F.: »Ein Freund sagte neulich auch: ›Mensch, das ist schön, wenn man dann abends nach Haus kommt, (...) und der kommt einem entgegengelaufen und schreit: Papa, Papa!‹ Ich meine, klar, das ist dann dieses Stolzgefühl, das da schon auch kommt, ist ja ganz klar.« (2/5)

Vorfreude wird weiterhin im Hinblick auf das Miterleben von bestimmten Entwicklungsschritten des Kindes zum Ausdruck gebracht (das erste Wort, die ersten Schritte). Daneben werden sich gerne Momente vorgestellt, in denen sich das Baby zufrieden zeigt:

> Herr F.: »Oder mit dem Lütten dann zu Hause bei uns im Wohnzimmer zu sitzen, und der liegt dann auf der Decke, und man sitzt davor und blubbert mit den Lippen.« (2/5)

> Herr U.: »Die stell ich mir eigentlich auch immer vor, diese strahlenden Augen, weil so die Augen sprechen unheimlich beim Kind.« (2/11)

Ebenfalls gerne vorgestellt werden sich Situationen, die eine innige und vertraute Vater-Kind-Interaktion zum Ausdruck bringen. Solche Vorstellungen scheinen jedoch, wie die zweite Äußerung vermuten lässt, insofern zwiespältig zu sein, als sich hier auch schnell Vorstellungsinhalte beimischen, die das gewünschte Szenario in Frage stellen:

> Herr U.: »Oder auch dem Kind dann abends 'ne Gute-Nacht-Geschichte vorzulesen und dass es dann vielleicht so auf dem Arm einschläft.« (2/7)

> Herr J.: »Und freuen tue ich mich halt einfach auch auf solche Sachen wie: Ich hab das Kind im Arm und hoffe dann, dass es sich auch wohl fühlt und nicht die ganze Zeit rumschreit, weil es irgendwelche Problemchen hat oder Schmerzen oder was auch immer. Klar, auf so was freue ich mich schon.« (1/9)

Dass es – auch im Sinne eines Gegengewichtes zu angstbesetzten Vorstellungen – sehr hilfreich sein kann, sich auf positive Vorstellungsbilder beziehen zu können, das zeigt die folgende Äußerung, in der ein Interviewpartner von einem Traum erzählt, der ihm Mut zu machen vermochte:

> Herr F.: »Von da an ging es mir auch gut. Da war auch so 'n bisschen dieses: Oh, bald hast Du das auch. Das war 'n ganz kleines Kind irgendwie mit Schnuller. Hatte mich ganz lieb angeguckt, und dann bin ich irgendwie aufgewacht. Und da fühlte ich mich auch ziemlich gut bei.« (2/24)

Zusammenfassung

Auch wenn den interviewten Männern kognitiv klar ist, dass das Bild des freudestrahlenden werdenden Vaters ein Klischee ist, scheint es für sie doch ein Ideal zu sein, von dem sich emotional nur schwer zu distanzieren ist. Darauf weist u. a. die Beobachtung hin, dass es den Interviewpartnern schwer fällt, sich im Hinblick auf die Vaterschaft ambivalente Gefühle sowohl zu- als auch einzugestehen.[43] Verschiedene Äußerungen legen die These nahe, dass zwiespältige Gefühle von ihnen als etwas erlebt werden, das erklärungsbedürftig ist und u. U. sogar Schuldgefühle hervorruft. Interessant ist weiterhin (dieser Aspekt klingt in diesem Kapitel nur an, wird in den folgenden aber offenkundiger werden), dass Gefühle der Angst und Sorge anscheinend noch kommunizierbar sind, während im weitesten Sinne ablehnende Gefühle der Vaterschaft oder auch dem Kind gegenüber nicht ausgesprochen werden. Die Frage, ob dieser Umstand so zu interpretieren ist, dass besagte Gefühle bei den Interviewpartner nicht vorhanden sind oder ob er vielmehr darauf hinweist, dass derartige Gefühle so verpönt sind, dass sie aus dem Erleben und aus dem Erzählen ausgeschlossen werden, dies soll im Weiteren geklärt werden. Festhalten lässt sich ferner, dass es für die werdenden Väter z. T. schwierig ist, positive Vorstellungsbilder zu entwickeln, die sich auf ihre Vaterschaft und das Zusammenleben mit ihrem Kind beziehen. In den Interviews werden solche nur sehr vereinzelt zum Ausdruck gebracht.

2.2. Dass ich Vater werde, beschäftigt mich eher praktisch

Fragt man danach, ob und inwiefern die sich ankündigende Vaterschaft etwas ist, mit dem sich die Gesprächspartner in ihrem Alltag beschäftigen, so fallen deutliche interpersonelle Differenzen ins Auge. Die Spanne der in diesem Zusammenhang gemachten Äußerungen reicht von »ganz bewusst« bis »kaum«. Mit »beschäftigen« ist hier die aktiv in der Phantasie vorweggenommene Ausgestaltung möglicher Zukunftsszenarien, d. h. eine Form

---

[43] Der nachstehende Vater ermutigt andere werdende Vätern dazu, sich auch die Gefühle zuzugestehen, die sich eben nicht positiv auf das Kind oder die neue Lebenssituation beziehen: »Ich glaube, man muss einfach nur Geduld haben und vor allen Dingen sich der eigenen Gefühle nicht schämen. Ich glaub, dass in dem Moment, in dem man sich an das Kind ›gewöhnt‹ hat, dass man dann in jedem Fall die Gefühle für das Kind entwickelt, wie Liebe und Herzlichkeit.« (Herr U. 3/17) Wenn hier von Geduld die Rede ist und anderen werdenden Vätern Mut gemacht wird, darauf zu vertrauen, dass sich positive Gefühle zum Kind schon einstellen werden, dann deutet sich hiermit auch an, was es vermutlich so schwer macht, ambivalente oder sogar »negative« Gefühle zuzulassen: Die Angst, dass diese nicht normal sind und einer positiven Entwicklung der Vater-Kind-Beziehung im Wege stehen könnten.

des Tagträumens gemeint, die sowohl »handfeste« Fragen berühren kann (z. B. die der Ausstattung) als auch solche, die mit dem Kind selbst oder mit dem Zusammenleben mit ihm zu tun haben.

In den Interviews betonen die werdenden Väter, dass sie sich, wenden sie sich innerlich der Zeit nach der Geburt des Kindes zu, vor allem mit »praktischen« Fragen beschäftigen würden (was muss noch angeschafft, bedacht, in der Wohnung verändert oder hergerichtet werden?):

> Herr A.: »Ich denk da auch sehr praktisch. Im Gegensatz zu meiner Partnerin, die dann vielleicht mehr emotionell damit umgeht. (...) Zu praktischen Dingen kommen bei mir eben die meisten Gedanken, weil das sind auch die Dinge, wo für mich eben die Verbindung am schnellsten geht.« (1/16) »Ich spiele schon irgendwie die Möglichkeiten durch, die dann ab dem 1.9. irgendwie auf uns zukommen oder auch nicht. Rein von unserem täglichen Lebensablauf her, der dann doch noch mal komplett auf den Kopf gestellt wird.« (1/6)

Dieser Gesprächspartner skizziert eine Form der pränatalen Arbeitsteilung. Während er sich für das, was er als das Praktische bezeichnet, prädestiniert zu fühlen scheint, weist er seiner Partnerin den emotionalen Part zu, den er implizit als Gegenpart beschreibt und somit vermutlich auch als etwas erlebt, das von vergleichsweise geringerer praktischer Relevanz ist. Das Durchspielen des künftigen Tagesablaufes, das klingt hier ebenfalls an, scheint in diesem Zusammenhang auch die Funktion zu haben, sich mögliche Aspekte des antizipierten Umbruchs zu vergegenwärtigen und diese im Sinne eines Probehandelns zu bewältigen. Die folgende Äußerung weist in eine ähnliche Richtung. Auch hier werden Vorstellungen, die Fragen des »Handlings« betreffen, als praxisbezogen definiert und solchen Phantasien gegenübergestellt, die sich im weiteren Sinne auf das Leben als Vater oder aber auch auf das Kind beziehen:

> Herr O.: »Ich bin sehr praxisbezogen. So richtig auseinandergesetzt, dass man jetzt sagen kann, wie wird es mal, gar nicht so unbedingt. Eher, dass man sich drauf vorbereitet, dann auch da zu sein bzw. dann auch alles machen zu können. Auch falls was schief geht. Also ich wollte jetzt mit 'nem Kollegen zusammen 'nen Erste-Hilfe-Kurs machen für Säuglinge und Kinder. (...) Also es ist mehr das Praktische, was man dann vorbereitet.« (2/14–15)

In den im ersten wie auch im zweiten Interview genannten Überlegungen und Vorstellungen, die sich auf die Zeit nach der Geburt beziehen, geht es häufig entweder direkt oder indirekt um das Thema Sicherheit. Exemplarisch hierzu eine weitere Äußerung:

> Herr J.: »Man denkt halt auch immer an die vielen Ecken und Kanten in der Wohnungseinrichtung. Dinge, die auf der Erde stehen, wo man jetzt schon weiß, das muss ich irgendwie auf jeden Fall vor dem Kind abschirmen. Die Musikanlage und solche Sachen, und darüber fängt man an, sich jetzt Gedanken zu machen. (...) Dann haben wir Abdeckungen für Steckdosen gekauft,

und, wie gesagt, im Moment sind das sehr praktische Dinge, an die man in erster Linie mal anfängt, konkret zu denken.« (1/14)

Das Thema Sicherheit oszilliert hier zwischen zwei Bezugspunkten. So scheint bereits zu diesem Zeitpunkt der Schwangerschaft die Frage wichtig zu sein, wie man das Kind zukünftig vor möglichen Gefährdungen durch die aktuelle Einrichtung der Wohnung schützen kann, während gleichzeitig die Frage im Raum steht, wie das persönliche Hab und Gut und damit wohl auch das, was das bisherige Leben repräsentiert und in diesem eine Bedeutung hat, vor dem Kind zu schützen ist. In dem nachstehenden Zitat geht es ebenfalls um Vorstellungen und Phantasien, die sich auf die Zeit nach der Geburt des Kindes richten:

Herr L.: »Es gibt auch schon so Vorstellungen, also irgendwann wird es durch die Wohnung rennen. (...) Man muss sich darüber auseinandersetzen, was für Sachen wird es dann zum Anziehen haben. Und dann hat man schon das Kind vor Augen, wie passt es da rein, und wie zieht man es an, und wie wird es gebadet. Das sind schon so konkrete Vorstellungen, wo auch so 'n Kind so vor dem geistigen Auge erscheint. So 'n Kind ohne direkt persönliche Züge. Und später rennt es denn durch die Gegend und denn fehlt auch irgendwie.. Ich kann das gar nicht sagen, es ist noch nicht so konkret. Es rennt da einfach etwas durch die Gegend und zieht alles aus den Schränken, und wir überlegen uns jetzt schon, wo wir 'n Sicherheitsschloss anbringen müssen.« (2/4)

Wie in einem Kaleidoskop wechseln hier die Bilder. In schneller Abfolge werden unterschiedliche Altersstufen, Orte, Aktivitäten und Anforderungen angedeutet, die das Zusammenleben mit dem Kind betreffen. Die Schilderung wirkt distanziert und unbezogen, so als falle es schwer, zu dem in den angedeuteten Szenen agierenden Kind eine Beziehung herzustellen. Das Kind hat – wie dieser werdende Vater selbst anmerkt – noch keine persönlichen Züge, es ist gewissermaßen gesichtslos. Zugleich wird es aber auch als jemand imaginiert, der die bestehende Ordnung zu destruieren droht. Latent scheint es für diesen werdenden Vater um die Frage zu gehen, wie er sich vor dem antizipierten Chaos schützen kann.

Auch wenn die bereits genannten Äußerungen von der Beschäftigung mit (möglichen) praktischen Fragen und Problemen zeugen, so machen doch weitere deutlich, dass die Interviewpartner es auch ablehnen, sich gedanklich mit dem Kind oder mit Fragen, die das Zusammenleben mit ihm betreffen, zu beschäftigen. Charakteristisch hierfür ist beispielsweise die folgende Äußerung:

Herr O.: »Also es ist nicht so, dass man sich das schon bildlich vorstellt, das Kind. Also es ist noch gar nicht so. (...) Ich sag, lieber erst, wenn es da ist. Können wir dementsprechend auch handeln und entscheiden und fühlen und machen.« (2/15)

Auch der nachstehende Gesprächspartner führt aus, dass er sich aktuell vor allem mit praktischen Vorbereitungen wie der Einrichtung des Kinderzimmers oder der Anschaffung von Babykleidung befasse. Die Frage, ob das Vaterwerden etwas sei, das ihn innerlich beschäftigen würde, beantwortet er wie folgt:

> Herr A.: »Für mich ist das noch nicht so akut, würde ich mal sagen, ich mache mir das aber auch nicht so akut. Vielleicht bin ich da sehr komisch, ich lass das halt auf mich zukommen, ich mach mich da nicht wild. Ich weiß, da kommt irgendwas, das kann auch ziemlich nervig werden die ersten Monate, aber ich mach mich da nicht wild.« (1/5)

In der Äußerung dieses Gesprächspartners klingt an, dass er es auch ablehnt, sich mit seiner Vaterschaft in dem Sinne zu beschäftigen, dass er Phantasien entwickelt, die sich auf die Zeit nach der Geburt des Kindes beziehen. Wenn er betont, »ich mach mich da nicht wild«, dann kommt darin eine bestimmte Verknüpfung und somit auch implizite Überzeugung zum Ausdruck, nämlich die, dass ein solches Sich-Beschäftigen die potentiell belastenden Aspekte der Vaterschaft hervorheben würde. Dass dies ja keineswegs zwingend ist und die Beschäftigung mit der Zukunft auch potentiell schöne Momente und Situationen näher rücken lassen kann, diese Möglichkeit bleibt unerwähnt. Die Strategie, »es auf sich zukommen zu lassen«, kann als eine Schutzmaßnahme verstanden werden, die dazu dient, sich eben nicht in vorwegnehmenden Befürchtungen zu verlieren.

Im Folgenden die Perspektive eines weiteren werdenden Vaters, die in ihrer Deutlichkeit nicht repräsentativ für die Position der interviewten Männer ist. Da in ihr aber etwas offenkundig wird, was auch für andere bedeutsam zu sein scheint, soll sie nachstehend etwas ausführlicher Thema werden. Auf die Frage, ob die sich ankündigende Vaterschaft für ihn im Alltag oder in der Phantasie eine Rolle spielen würde, antwortet besagter Interviewpartner:

> Herr S.: »Eigentlich noch nicht so massiv, ist dann einfach so. Gut, okay, man macht sich 'n paar Gedanken, welches Zimmer nehmen wir denn dann fürs Kind und so, aber dass man jetzt oder speziell ich? (...) Ich persönlich mach mir da noch nicht so viele Gedanken drum.« (1/6)

Der Umstand, dass er Vater wird, beschäftigt Herrn S. zum Zeitpunkt des ersten Interviewtermins auf der bewussten Ebene wenig. Im Vordergrund, das zeigt die sich anschließende Äußerung, stehen für ihn gegenwärtig vielmehr Fragen, die mit der beruflichen Tätigkeit verbunden sind. Die Ursache hierfür erklärt sich Herr S. wie folgt:

> Herr S.: »Das ist präsenter, das ist greifbarer, und da werde ich gebraucht. Und ja, das muss ja irgendwo laufen, man hat die Verantwortung für die Mitarbeiter (...), und da sind jetzt vorrangig meine Gedanken. Ist vielleicht nicht richtig, weiß ich nicht, aber das ist einfach so bei mir jetzt.« (1/6)

Berufliche Belange stellen sich aktuell für Herrn S. gegenwärtiger und greifbarer dar. Er äußert Zweifel daran, ob die von ihm beschriebene Gewichtung angemessen ist, gleichwohl stellt sie sich für ihn so dar. In der nachstehenden Äußerung versucht er zu begründen, warum es ihm aber auch sinnvoll erscheint, sich zu diesem Zeitpunkt noch nicht so viele Gedanken zu machen:

> Herr S.: »Dass man sich im vornherein so, also ich zumindest mache mir da nicht so viele Gedanken, weil ich denke, das kann man auch gar nicht so wahnsinnig planen. Es kommt dann ja sowieso anders, und wenn man sich so 'nen festen Plan legt, was weiß ich, dann kommt das Kind früher (...) oder irgendwelche anderen Geschichten passieren. Also ich denk, das muss man einfach auf sich zukommen lassen.« (1/6–7)

Sich Gedanken zu machen und etwas zu planen werden hier in eins gesetzt. Da Letzteres nur sehr begrenzt möglich sei, lohne Ersteres nicht, so lautet in etwa die Argumentationsfigur von Herrn S. Das nachstehende Zitat zielt in eine ähnliche Richtung. Daneben deutet sich in diesem ein Konflikt mit der Partnerin an, die es, der Einschätzung des Interviewpartners zufolge, lieber sehen würde, wenn er sich in einem stärkeren Maße, als er es jetzt tut, gedanklich mit der Zeit nach der Geburt auseinandersetzen würde:

> Herr L.: »Ich denk sowieso, es ist ganz wenig planbar. Oder man kann alles planen, aber es passiert eh anders. Und sie entgegnet daraufhin, lass es halt laufen und denn entwickelt es sich auch ganz anders.« (1/19)

Die Argumentation, dass es sinnlos ist, sich in Gedanken und Phantasien mit der Zeit nach der Geburt zu beschäftigen, weil diese sich nicht planen lasse und damit der Möglichkeit entziehe, gezielt Einfluss zu nehmen, hat mich zunächst überrascht. Überrascht deshalb, weil der hier beschriebene »praktische Wert« von in die Zukunft gerichteten Gedanken und Phantasien ja nur eine ihrer denkbaren Funktionen ist. Prospektive Phantasien, die Aspekte einer gewünschten Zukunft vorwegnehmen, können subjektiv auch insofern einen Wert haben, als ihnen bzw. der dadurch entstehenden Als-ob-Wirklichkeit befriedigende und sogar lustvolle Qualitäten zu Eigen sind. Was also hindert die Interviewpartner daran, Aspekte der Vaterschaft bzw. des Zusammenlebens mit dem Kind »rosarot«, d. h. im Sinne besagter Wunschlogik zu imaginieren? Die folgenden Äußerungen geben wichtige Hinweise für eine mögliche Beantwortung dieser Frage. Zunächst ein Interviewpartner, der auf sein soziales Umfeld zu sprechen kommt:

> Herr A.: »Wir mussten teilweise ganz schön bremsen mit irgendwelchen Dingen zu kaufen (...). Bevor drei Monate rum sind oder vier müssen wir erstmal gar nichts tun. Wer weiß, was da noch alles kommt. Nicht erst groß alles da reinstecken, kann immer irgendwas passieren, und dann bricht so 'ne Welt zusammen.« (1/9)

Babykleidung oder andere Utensilien schaffen eine symbolische Präsenz des Kindes. Diese wiederum lädt dazu ein, das Kind zu besetzen und eine Beziehung zu ihm aufzubauen. Eben davor scheint dieser Gesprächspartner sich schützen zu wollen; Herr A. versucht in die Schwangerschaft, die er in den ersten Monaten als sehr unsicher erlebt, (emotional) noch nicht zu viel »rein zu stecken«. Er befürchtet, dass ansonsten eine Welt zusammenzubrechen drohe, wenn in dieser Zeit etwas – wie er es ausdrückt – passiere. Dass er hierbei an einen möglichen Abgang des Fötus denkt, bleibt unausgesprochen. Dem Versuch, (noch) nicht zu viel »rein zu stecken« und damit auch eine emotionale Distanz zu dem Kind aufrechtzuerhalten, ist insofern nicht zuletzt das Motiv unterlegt, sich vor der genannten bzw. antizipierten Katastrophe zu schützen. Im Sinne einer Enttäuschungsprophylaxe argumentiert auch ein anderer werdender Vater:

> Herr F.: »Man weiß ja auch gar nicht, was einen so erwartet. Ich war ja noch nicht Vater (...). Und das hätte ich, glaube ich, auch nicht so gut gefunden. Dann steigerst du dich in irgendwas rein.«
> I.: »Hm, also dann lieber das abwarten, bis es so konkret kommt?«
> Herr F.: »Ja, man kann sich natürlich drauf freuen, und man sollte da nicht zu große Brücken bauen, die dann, dass dann, wo das dann schnell in Luftschlösser ausartet, das halte ich, weiß ich nicht, muss nicht sein.« (3/22)

In dieser Äußerung klingt an, dass Wünsche etwas Gefährliches sind. Sich vorzustellen, wie es sein könnte, diesen Wunschphantasien Raum zu geben, sie auszumalen – eben Luftschlösser zu bauen, davon rät dieser Gesprächspartner ab. Kommt es schließlich nämlich doch anders als vorgestellt, dann, so lässt sich vermuten, könnte die erfahrene Diskrepanz zwischen vorgestellter und tatsächlicher Realität zu schmerzhaft sein.

Zusammenfassung

Die Interviewpartner beschäftigen sich vor allem mit Fragen, die ihrem Empfinden nach eine »praktische« Relevanz haben. Gegenüber Überlegungen und Vorstellungsbildern, die das Kind oder Aspekte des möglichen Miteinanders betreffen, scheint es hingegen Vorbehalte zu geben. »Lieber erst, wenn es da ist«, so formulierte es ein werdender Vater und weist damit auf die subjektiv als in Teilen gefährlich erlebte Dynamik von (Wunsch-)Bildern hin. Der Versuch, sich dieser Dynamik zu entziehen, ist somit auch dem Bemühen geschuldet, sich zu schützen. Die Interviewpartner warnen in gewisser Weise davor, sich prospektiven Phantasien hinzugeben. Sie betonen, dass man nicht planen könne bzw. dass es vermutlich eben doch anders als vorgestellt kommen werde, was dann wiederum (schwerwiegende) Enttäuschungen nach sich ziehen könnte. Prospektive Wunschphantasien werden anscheinend auch deshalb als gefährlich erlebt, weil mit ihnen die Überzeugung verknüpft ist, dass sie – einmal »gerufen« – nur schwerlich wieder zu verabschieden sind.

2.3. Als Vater wird sich vieles in meinem Leben verändern

Im Weiteren werden Veränderungen angesprochen, die die Gesprächspartner im Hinblick auf die Zeit nach der Geburt des Kindes erwarten. Ein Schwerpunkt liegt dabei auf den antizipierten Belastungen.

Was werde ich verlieren...?
In den Interviews teilt sich mit, dass die werdenden Väter die Geburt des Kindes als ein Ereignis imaginieren, das eine deutliche Zäsur setzen wird:

> Herr P.: »Das ganze Leben musst du umstellen. Alles.« (2/3)
>
> Herr J.: »Ja, das Leben wird halt mächtig umgekrempelt. Der ganze Tagesablauf, der gesamte Tagesrhythmus wird sich dann völlig ändern.« (2/12)

Die Überzeugung, dass ein Kind das Leben, so wie es sich bisher gestaltete, nicht nur verändern, sondern – wie es ein Interviewpartner ausdrückt – geradezu »umkrempeln« wird, löst, wie im Folgenden deutlich werden wird, viele Ängste aus. Der Umstand, dass für die werdenden Väter nicht abzusehen ist, wie ihr Leben als Vater sein und was genau auf sie zukommen wird, scheint hierzu ebenso beizutragen wie der Umstand, dass sie sich dem Lauf der Dinge mehr oder weniger ausgeliefert erfahren:

> Herr J.: »Und da ist dann diese Ungewissheit, die da auch 'ne große Rolle spielt. Weil wir einfach gar nicht wissen, was da auf uns zukommt.« (1/16)
>
> Herr A.: »Das ist ja auch halt was in irgendwie unbekannte Regionen. (...) Da passiert irgendwas, verhindern kann ich es jetzt nicht mehr, das hätte ich mir vor diversen Monaten überlegen müssen.« (2/20)
>
> Herr S.: »Man weiß ja nicht. Die Katze im Sack kaufen, man weiß ja nicht, wie sich das entwickelt und was aus dem Kind wird.« (3/20)

Keiner der Gesprächspartner hat die Vorstellung, dass das Baby so ohne weiteres in den elterlichen Tagesablauf zu integrieren ist oder zu integrieren sein müsste. Das Kind wird vielmehr als jemand imaginiert, der zunächst einmal im Mittelpunkt des Geschehens steht und den Tagesablauf bestimmt. Die werdenden Väter schildern zahlreiche Szenarien, die ihre Vorstellungen von dem sie erwartenden Alltag zum Ausdruck bringen. Im Vordergrund steht hierbei die Antizipation einer belastenden Zeit, in der dem Kind zuliebe persönlich in vielerlei Hinsicht Abstriche gemacht werden müssen:

> Herr J.: »Man muss sich da ja erstmal völlig auf das Kind versuchen zumindest einzustellen.« (2/12)

> Herr F.: »Ich sag mal – so sagen es mir eben auch Freunde – im ersten Jahr hat man eigentlich nicht viel vom Kind, außer dass man es fast nur versorgt, also fürs Kind nur da zu sein und selber, sag ich mal, ist das sicher eine anstrengende Geschichte. Also, ähm, jetzt habe ich den Faden verloren.« (2/1)
>
> Herr P.: »Man lebt nur noch für das Kind oder mit dem Kind dann eben, indem man schon nachts aufsteht. Und auch die Partnerschaft wird da ja sicherlich im Anfang darunter leiden oder schwerer, nicht? Dass das dann nicht so ist, wie es früher mal gewesen ist.« (2/3)

In den genannten Äußerungen wird das Baby als ein Familienmitglied imaginiert, das mit seinen Bedürfnissen im Zentrum stehen wird. Für das Kind da zu sein, es zu versorgen und den vermuteten Erfordernissen dieser ersten Zeit gerecht zu werden, wird als etwas vorgestellt, das den Alltag bestimmen wird. Eigene Bedürfnisse oder aber auch die Partnerschaft werden dem Anspruch der Gesprächspartner zufolge, erst einmal zurückstehen müssen. Vielleicht ist es kein Zufall, dass ein Interviewpartner den Faden verloren zu haben glaubt, als er nach sich fragt: Der Anspruch oder vielmehr das Ideal, das Kind in den Mittelpunkt zu stellen (»nur fürs Kind da sein«), kann in der Tat den Faden im Sinne einer guten Verbindung zu sich selbst verloren gehen lassen, zumal wenn das Versorgen des Kindes, wie hier beschrieben, als etwas imaginiert wird, von dem man selber wenig hat. Geht es um die Frage, welcher Art die Belastungen sind, die mit der frühen bzw. ersten Zeit der Vaterschaft verbunden werden, so ist die Unterbrechung des Schlafes bzw. der Schlafentzug ein wichtiges Thema:

> Herr J.: »Von dem Kind hab ich schon geträumt. Aber das waren nun genau solche Träume, die ich eigentlich nicht erleben möchte; solche Situationen, die einen denn schon eher belasten, wo man denn weiß, das Kind fühlt sich nicht wohl oder das Kind macht einen da nachts wach.« (1/15)
>
> Herr L.: »Es ist also eher, ich muss nachts aufstehen und das Kind irgendwie hinholen, oder ich werde einfach wach, wenn meine Freundin aufsteht und das Kind herholt. Oder das Kind raubt mir den Schlaf.« (2/15)

Die Gesprächspartner beziehen sich mehrfach auf Äußerungen von Freunden oder Bekannten, in denen besonders die belastenden Aspekte des Zusammenlebens mit einem Baby hervorgehoben werden:

> Herr J.: »Viele schildern das einfach in so grässlichen, gräulichen Farben.« (2/12) »Das sind sicherlich auch 'n ganzes Stück weit die Erzählungen, die man jetzt so von den ganzen Bekannten bekommt. Die einem immer mit solchen regelrechten Horrorszenarien diese Bilder malen, dass sie dann nachts um drei noch mit dem Kind durch die Gegend gelaufen sind, weil es nicht schlafen wollte.« (1/15)

Ob bzw. inwieweit solche Schilderungen realitätshaltig sind und insofern auch einen Aussagewert für die eigene Zukunft haben werden, dies bewerten die Gesprächspartner unterschiedlich. Abgesehen von dieser Frage scheinen solche Erzählungen jedoch zu verunsichern und die eigenen, bereits vorhandenen Ängste zu verstärken. In der folgenden Äußerung wird sich auf mitgeteilte Erfahrungen des sozialen Umfeldes bezogen, die sich positiver gestalten und insofern auch Mut machen:

> Herr F.: »Das sind eben die Ängste, weil man es noch nicht weiß oder nicht kennt; und da muss ich mich ja auch so 'n bisschen auf das stützen, was eben aus dem Freundeskreis kommt. Die sagen, also diese Gefühle werden nachher so übermannt von den Vatergefühlen und äh ja, diesen tollen Momenten eben, 'n Kind heranwachsen zu sehen. Das glaube ich auch, und das muss auch im Vordergrund stehen, nicht?! Und da wir auch hinter dem Kind als solchen stehen und das haben wollten, denk ich, ist das schnell verloschen.« (2/13)

Gerne, so lässt sich vermuten, würde dieser Interviewpartner der Versicherung seiner Freunde Glauben schenken, dass sich mögliche negative Gefühle durch dasjenige verlieren werden, was hier mit dem Begriff Vatergefühle bezeichnet wird. Besagte Versicherung scheint jedoch nur bedingt die hier lediglich angedeuteten Ängste beruhigen zu können. Der Nachsatz, dass eine positive Perspektive (sich an der Entwicklung des Kindes zu freuen) »auch« im Vordergrund stehen müsse, verweist ebenso wie das rhetorische »nicht?!« am Satzende auf den Zweifel und das Bemühen, diesen zu beenden. Besagter Nachsatz verweist zudem auf einen normativen Anspruch; eben den, dass eine positive Haltung wünschenswert ist. Sich hinsichtlich dieses Anspruches in die Pflicht zu nehmen, scheint u. a. die Funktion zu haben, »negative« Gefühle und Gedanken in Schach zu halten (das Kind als Belastung). Besagter Zusammenhang klingt ebenfalls in der nachstehenden Äußerung an:

> Herr O.: »Man sollte es nicht als Belastung sehen. Wer A sagt, muss auch B sagen können, und es ist ja nicht nur das Kind kriegen, sondern auch für das Kind da sein. Aber klar, man entbehrt schon.« (1/17)

Im Folgenden werden weitere Äußerungen werdender Väter zu der Frage genannt, welche Veränderungen sie im Hinblick auf das Leben mit ihrem Kind erwarten:

> Herr J.: »Wir waren halt völlig flexibel, und diese Flexibilität geht klar verloren. Man kann jetzt nicht mehr mal eben irgendwo so hinfahren.« (1/3) »Ich denk halt schon, mein persönlicher Freiraum wird dadurch eingeengt werden. Also ich muss klar Abstriche machen von (...) persönlichen Interessen und Hobbys.« (1/9)

> Herr S.: »Es sind doch so gewisse Einschränkungen da, die man da in Kauf nehmen muss. Bisher war mein Lebenslauf sehr stark arbeitsgeprägt, dass ich nicht viel Zeit hatte für mein Privatleben. Und jetzt, wo die berufliche Zukunft einigermaßen gesichert ist, wo wir uns vorgenommen haben, jetzt reisen wir 'n bisschen, (...) ja da kommt dann der Schnitt mit dem Kind.« (1/3)

> Herr L.: »Ich hab jahrelang auch sehr intensiv Musik gemacht (...) und stell eigentlich so fest, in meiner Perspektive kann das also gar nicht mehr vorkommen. Das bedrückt mich auch 'n bisschen. Einerseits natürlich die Angst,

mir geht ein wichtiger Teil meiner bisherigen Persönlichkeit verloren, merke aber gleichzeitig, es nimmt auch immer mehr an Bedeutung ab.« (1/15) »Man ist auch total fremdbestimmt mit so 'nem Kind, und das ist, glaub ich, das Nervige, dass man ständig präsent sein muss.« (2/14)

Herr O.: » Ich zieh mich aus der Jugendarbeit auch heraus und nehme nicht die ganzen Vorstandsämter an, die man mir anbot. Auch, wenn man manchmal so Punkte hatte: ›Mensch, das würdest du ja noch gerne machen.‹« (1/14)

In all diesen Äußerungen wird die Überzeugung zum Ausdruck gebracht, dass mit einem Kind ein nicht unerhebliches Maß an Verzicht und Einschränkung verbunden sein wird. Relevante Stichworte, die in diesem Zusammenhang genannt werden, sind hierbei: der vermutete Verlust der Flexibilität, die Begrenzung des persönlichen Freiraumes, das Zurückstellen eigener Wünsche (z. B. mit der Partnerin zu verreisen), das Aufgeben oder zumindest die Einschränkung von persönlichen Interessen und Anliegen (z. B. Hobbys) und anderes mehr. In den genannten Zitaten kommt ferner zum Ausdruck, dass derartige »Abstriche« als notwendig erachtet und gewissermaßen als Preis einer Vaterschaft gesehen werden. Solche Abstriche hinzunehmen, wird dabei als Anspruch formuliert. Die Vorstellung, das Leben, so wie es sich bisher gestaltete, zugunsten einer unklaren Perspektive aufgeben zu müssen, die zudem – der Überzeugung der Gesprächspartner zufolge – einen gewissen Altruismus erfordert und mit einem nicht unerheblichen Verlust an Autonomie einhergeht, lässt das Gefühl entstehen, mit und durch ein Kind auch etwas zu verlieren:

Herr L.: »Das ist natürlich auch 'ne Auseinandersetzung, die auch durch Verluste gekennzeichnet ist. Wir haben also Angst, ganz viel zu verlieren, und wissen noch gar nicht, was wir dafür kriegen. Das ist so 'ne Katze im Sack.« (2/3)

Die folgende Äußerung zielt in eine ähnliche Richtung. Hier klingt im Unterschied zu der oben genannten Äußerung jedoch an, dass der imaginierte Verlust nicht nur als etwas gesehen wird, das es hinzunehmen und zu betrauern gilt, sondern dem auch etwas entgegenzusetzen ist:

Herr F.: »Ein Kind ist in meinen Augen eine Ergänzung. Anfänglich natürlich die Bedürfnisse zu decken, ist ganz klar, aber letztlich ist es ein Drittel. Ich denke, es ist nicht alles. Ein Kind muss das auch merken (...), verstehen, dass es zwar das bekommt, was es haben will, aber sich natürlich auch einfügen in eine Gemeinschaft. Und so, hoffe ich, können wir auch mit dem Kind frühzeitig das Leben, was wir bisher gelebt haben, zwar mit Einschränkungen auch, aber so auch weiterleben. Das ist mir wichtig, aber da entstehen natürlich auch Ängste für mich raus, das gebe ich offen zu. Und ich hab mich auch nicht immer leicht getan, weil, aus dem heraus, wie mein Leben bisher war, gebe ich da natürlich erst einmal eine Menge von weg.« (2/2)

Dieser Gesprächspartner versucht deutlich zu machen, welchen Platz ein Kind seiner Meinung nach im familialen Gefüge einnehmen sollte. Wenn er in diesem Zusammenhang von »Ergänzung« bzw. von einem »Drittel«

spricht, dann drückt sich darin auch das Bestreben aus, den imaginierten Raum des Kindes zu beschränken. Dies wiederum scheint als notwendig erachtet zu werden, um nach der Geburt an das Leben, so wie es bisher geführt wurde, anknüpfen zu können bzw. um einen Gutteil dieses Lebens »retten« zu können. Mit der nachfolgenden Äußerung wird implizit eine weitere Strategie benannt, die mit der Angst umzugehen hilft, aufgrund des Kindes möglicherweise zu viel Eigenes aufgeben zu müssen:

> Herr A.: »Bei uns ist der Vorteil, dass wir unsere Sturm- und Drangphase so durch haben (...). Wir sind nicht mehr zweiundzwanzig oder dreiundzwanzig, wo man unbedingt irgendwie was erleben muss, wo dann 'n Kind auch 'n Hindernis ist vielleicht.« (2/6–7)

Zu einem späteren Zeitpunkt Vater zu werden, so die hier zum Ausdruck kommende Hoffnung, schützt davor, dass mögliche Einschränkungen als derart gravierend erfahren werden, dass dadurch u. U. auch aggressive Impulse gegenüber dem Kind entstehen könnten (ein Kind, das ein Hindernis ist, steht im Wege).

Geht es um die Frage, welche Veränderungen ein Kind in der Vorstellung der Interviewpartner mit sich bringt, so wird hierbei auch an das bestehende soziale Umfeld gedacht. In den beiden folgenden Äußerungen wird ein Umbau des bestehenden Beziehungsnetzes antizipiert:

> Herr O.: »Damit muss man sich wirklich auseinandersetzen. Es bleiben nachher nur die wirklichen Freunde über, denn diese Clique, wo man vorher drin war (...), aus 'ner großen Clique fällt man aus dem Raster (...). Du hast keine Zeit mehr, gehst nicht mehr in die Disco mit und machst dies nicht mehr mit und das nicht mehr mit, da fällst du raus.« (1/14–15)

> Herr A.: »Wir haben kaum Freunde mit Kindern, und da selektiert sich das schon, weil wir zurzeit. auch nicht mehr präsent sind in irgendwelchen Kneipen. (...) Und da bleiben wirklich nur einige wenige über. Das ist vollkommen okay, (...) ich find das auch spannend, wie es so passiert. Und da sind halt wieder einige dazu gekommen, die halt dann ganz genau die gleichen Probleme haben.« (2/18–19)

Die Umgestaltung des sozialen Umfeldes wird hier als etwas beschrieben, was einem einerseits widerfährt (man fällt raus), was andererseits aber auch aktiv betrieben wird (man sucht sich neue Freunde, die ebenfalls Kinder haben). Die angesprochenen Veränderungen, die ja keineswegs nur Personen, sondern auch Strukturen betreffen (Clique vs. Kontakte zu Paaren, die ebenfalls Eltern sind) werden insbesondere von den Interviewpartnern zum Thema gemacht, die sich in einem Freundeskreis bewegen, der weitestgehend kinderlos ist. Für einige werdende Väter stellen sich die hier antizipierten Veränderungen als bedrohlich, für andere ein als positiver Möglichkeitsraum dar.

Abschließend sei in diesem Zusammenhang noch erwähnt, dass auch Veränderungen antizipiert werden, die die eigene Person betreffen. So erzählt ein Interviewpartner von einem Freund, der ebenfalls Vater geworden ist und von ihm nun als geradezu verwandelt erlebt wird. Die Geburt des Kindes hat dem Eindruck dieses Interviewpartners nach besagten Freund nicht nur zum Vater, sondern es darüber hinaus auch möglich gemacht, dass sich eine bisher unbekannte Seite seiner Persönlichkeit zeigen konnte:

> Herr F.: »Ich hab es irgendwie gar nicht geglaubt. Saß der da im Wohnzimmer, die Kleine lag auf der Decke und er, er hockte so davor, so den Kopf aufgestützt und krault ihr so den Bauch. Ich sag: ›Das ist doch nicht der F.?‹ (...) Ist also schon was dran, wie die Menschen sich dann total umstellen. (...) Das ist so, als wenn 'n Zweimetermensch, der sehr gewalttätig aussieht, da nun plötzlich 'ner alten Oma über die Ampel hilft. Einfach so, dass dieser menschliche, innere weiche Kern dann eben plötzlich durchkommt.« (2/13–14)

Herr F. zeigt sich fasziniert von der von ihm beobachteten Veränderung. Vater zu werden scheint für ihn das Versprechen in sich zu tragen, dass ein wichtiger, bisher versteckter Anteil der eigenen Persönlichkeit (der Kern) befreit wird. Versteht man die genannte Aussage auch als Wunsch, so würde in dieser Perspektive ein Kind Persönlichkeitsanteilen, die zuvor nicht gelebt werden konnten, »zur Geburt« verhelfen.

Schaffe ich das...?

Dass eine Vaterschaft eine anspruchsvolle Aufgabe ist, davon scheinen die Interviewpartner überzeugt zu sein. Charakteristisch für diese Überzeugung ist beispielsweise die folgende Äußerung:

> Herr O.: »Das ist bestimmt keine leichte Rolle, aber 'ne Rolle, die zu meistern ist. Und das nimmt einem schon 'ne gewaltige Angst davor auch. Wenn man von Angst überhaupt sprechen kann. Man setzt sich so mit den negativen Dingen auch gar nicht so auseinander (...). Das Hauptthema war eigentlich nur die Absicherung: Wollen wir das, passen wir zusammen?« (1/3)

In den Interviews wird die sich ankündigende Vaterschaft und der Begriff der »Verantwortung« in einen engen Zusammenhang gestellt, wie auch die nachstehenden Äußerungen zeigen:

> Herr F.: »Also ich sehe das erstmal als sehr verantwortungsvoll an.« (2/1) »Da es sich selber eben in seiner Entwicklung schwer tut, weil es das eben nur über die Zeit kann, muss man sich da eben voll integrieren und da versuchen, dem Kind das zu geben, was man meint, was im Leben wichtig ist. Und das ist natürlich auch die Verantwortung.« (2/5)

> Herr O.: »Ich find es auch sehr schön, (...) einfach dieses Gefühl, Verantwortung zu übernehmen und auch für ein Kind zu übernehmen, was eben halt neu auf die Welt kommt.« (1/1) »Das ist 'ne große persönliche Herausforderung, ob man dieser Verantwortung denn auch gewachsen ist.« (1/5)

Während im letzten Zitat die mit einem Kind assoziierte Verantwortung positiv konnotiert ist (der Gesprächspartner spricht von einer Herausforderung und verweist damit implizit auch auf den sinn- und identitätsstiftenden Aspekt des Themas Verantwortung), tritt in der nächsten Äußerung stärker die Sorge in den Vordergrund, ob man der Verantwortung denn auch gewachsen sein wird:

> Herr S.: »Und die Verantwortung, die man dann ja auch übernehmen muss für das Kind, da sind auch gewisse Ängste. (...) Bin ich reif dafür irgendwo? Bringe ich das, was ich von meinen Eltern erwartet habe (...) und schafft man das selber?« (1/1–2) »Das ist eben halt die Frage, kommt man selber damit klar? (...) Kann ich so abschalten dann, dass ich Frust in der Arbeit nicht am Kind ablasse? Und wenn es denn auch noch anfängt zu quaken, ob es dann nicht auch in der Arbeit dadurch schlimmer wird mit den Mitarbeitern oder so.« (2/4)

Dieser Gesprächspartner fragt sich, ob das, was er an persönlichen Ressourcen mitbringt, eigentlich ausreicht, um seiner Verantwortung als Vater gerecht zu werden. Als potentiell spannungsreich und konfliktträchtig wird dabei insbesondere das Verhältnis von Arbeit und Kind imaginiert: Belastungen in einem Bereich, so die Sorge, könnten u. U. Belastungen und Probleme in dem jeweils anderen nach sich ziehen.

Die nachstehenden Äußerungen zeigen, dass der Übergang zur Vaterschaft als ein lebensgeschichtlicher Wendepunkt gesehen wird, der nicht nur eine andere Position in der Generationenfolge bedeutet (man ist zugleich Sohn und Vater eines Kindes), sondern darüber hinaus auch dazu verpflichtet, eine im weitesten Sinne adoleszente Lebenshaltung aufzugeben:

> Herr F.: »Dass diese Lockerheit so 'n bisschen wegfällt und eben diese Verantwortung im Vordergrund ist. (...) Und wenn man sich hinstellt und sagt: ›Okay, wir wollen 'n Kind‹, und denn kommt eins, denn muss man sich natürlich auch dieser Verantwortung annehmen.« (2/16)

> Herr A.: »Dann eben geguckt, was wir noch alles in unserem Leben verändern müssen, weil da noch 'ne dritte Person kommt. Für mich war das halt auch so, das geht erstmal nicht so weiter mit dem luschigen Leben, so immer so in den Tag hinein und mal gucken, ob es weitergeht und wenn nicht, dann mach ich halt was anderes. Das geht halt nicht so weiter. Da muss man sich schon überlegen, oder ich musste mir überlegen, da irgendwie 'n bisschen Grund reinzubringen.« (1/1)

Die Interviewpartner sprechen von »Lockerheit« und »Luschigkeit« und spielen hiermit auf eine Lebenshaltung an, die der Gegenwart und vor allem sich selbst verpflichtet ist. Eine solche Haltung scheint ihrer Auffassung nach für einen Vater unangemessen zu sein und dementsprechend wird die Selbstverpflichtung zum Ausdruck gebracht, hier einen Kurswechsel vollziehen zu wollen. Dass sich in diesem Zusammenhang vor allen Dingen normative Aspekte der antizipierten Vaterrolle Geltung verschaffen, darauf weisen die »Hintertörchen« hin, die den Strebungen offen gehalten werden (z. B. in den Tag hineinzuleben), die scheinbar dem Verhalten eines guten Vaters zuwiderlaufen (»das geht *erst* einmal nicht so weiter«, die Verantwortung, die »*erst* im Vordergrund ist«). In der folgenden Äußerung reflektiert ein Interviewpartner noch einmal die Frage, warum er und seine Partnerin sich erst vor kurzer Zeit für ein Kind entschieden haben. Seine Antwort macht deutlich, dass es nicht nur der Wunsch war, sich zunächst einmal finanziell abzusichern, sondern ebenfalls die Angst davor, dann auch die mit einem Kind verbunden gesehene Verantwortung übernehmen zu müssen:

> Herr J.: »Ja, würde ich sagen, dass es da noch andere Gründe gab. Man hat ja doch immer auch 'n bisschen einfach Angst, diese Verantwortung zu übernehmen. (...) Weil man weiß, dass man in dem Moment, wenn man denn so 'n Kind hat, auch 'ne große Verantwortung übernimmt für dieses Kind. Selber ja doch auch 'n ganzes Stück der eigenen Freiheit aufgibt.« (2/7)

Ein weiterer Aspekt der Sorge, ob man einer Vaterschaft und den damit in Verbindung gebrachten Anforderungen wohl auch gewachsen ist, kommt in der folgenden Äußerung zum Ausdruck:

> Herr U.: »Für mich war es eigentlich so, dass ein Kind generell irgendwo was Heiliges, was Unantastbares ist. (...) Und dann die Frage, kommt man wirklich damit klar? Ist man wirklich schon selbst innerlich soweit auch, dass man, wie ich schon am Anfang gesagt habe, das Kind anziehen kann? Alleine so banale Dinge, dass man ihm nicht die Finger bricht oder nicht die Angst hat, dem Kind beim Pulloveranziehen die Finger zu brechen, weil es vielleicht in irgendeiner Masche hängen bleibt. Und solche Dinge gehen einem blitzartig durch den Kopf (...). Ja wirklich so auch 'ne Panik, das Kind zu wickeln, und dass es vielleicht vom Wickeltisch fallen könnte oder dass irgend etwas durch meine Ungeschicklichkeit, wo ich ja nun wirklich ungeübt bin mit Kindern, dem Kind irgendetwas passieren könnte, weil ich mich vielleicht selbst noch nicht genügend drauf vorbereitet hab.« (2/15) »Für mich ist erst einmal 'ne große Unsicherheit vor dem zerbrechlichen Wesen. (...) Da hab ich wirklich 'n bisschen Angst davor, dem Kind irgendwie weh zu tun!« (2/3)

Dieser werdende Vater nimmt kleine Kinder als heilige und unantastbare, zugleich aber auch als ganz zerbrechliche Wesen wahr. Er bringt große Angst davor zum Ausdruck, sein Kind durch unachtsames oder zu grobes Verhalten zu schädigen. Die kleinen Hände und Zehen eines Kindes scheinen ihm so zart und empfindsam zu sein, dass sie beispielsweise beim Ankleiden nur allzu leicht durch ihn verletzt werden könnten. Sich selbst sieht Herr U. anscheinend als eine Person, die dem Kind, wenn auch unbeabsichtigt, leicht Schaden zufügen kann bzw. als eine Person, die auch eine potentielle Gefahr für das Kind ist.

Abschließend sei erwähnt, dass im Hinblick auf die Geburt des Kindes für die werdenden Väter das Gefühl wichtig ist, all das getan und erledigt zu haben, was möglich war:[44]

> Herr O.: »Man hat alles soweit vorbereitet (...), und man kann sagen: ›So, jetzt kannst du eigentlich kommen. Wenn es jetzt kommt, macht es nichts.‹« (2/10)
> Herr F.: »Klar, man will schon alles bis vor dem Termin abgeschlossen haben. Viele wichtige Dinge will man abgeschlossen haben.« (2/28)

Die Überzeugung, sich gut vorbereitet zu haben, das zeigen auch die nachstehenden Äußerungen, scheint Gefühlen der Unsicherheit und Angst entgegenzuwirken. Vorbereitungen sind in dieser Perspektive auch als eine Bewältigungsstrategie verstehbar, die das eigene Sicherheitsgefühl stärken und insofern als hilfreich erlebt werden, als sie dem Gefühl des Ausgeliefertseins etwas entgegenzusetzen vermögen:

> Herr O.: »Ich sitze also nicht mit Schweißperlen irgendwo (...) und denke nach oder so. Also mehr so, ich vertraue auf das Organisatorische, was wir so geregelt haben, und hoffe natürlich (...), dass wir en gros das eigentlich geschaffen haben, was man als Voraussetzung schaffen kann, so dass wir da einigermaßen positiv bei wegkommen, bei der ganzen Geschichte.« (1/16) »Das ist wirklich so, dass man sich auch irgendwo sicher fühlt, weil man vieles schon abgehakt hat. Das Gefühl der Sicherheit ist schon sehr viel wert.« (2/24–25)
> Herr J.: »Wir haben im Prinzip alle Vorbereitungen abgeschlossen, alles ist vorbereitet, alles soweit fertig. Nun müssen wir das einfach mal auf uns zukommen lassen, und wir denken halt, dass wir von unserer Seite her alles getan haben.« (2/1) »Das ist so 'n bisschen Genugtuung einfach. Man weiß, das hab ich jetzt, jetzt kann das Kind dann kommen.« (2/5–6)

Zwischen Sorge und Aggression...

In den Interviews thematisieren die werdenden Väter, dass sie mit der Geburt des Kindes Veränderungen erwarten, die für sie mit z. T. erheblichen Einschränkungen und Verzichtleistungen verbunden sind. Auffällig ist, dass in den Interviews explizit keine negativen Gefühle wie Groll, Ablehnung oder Ärger zum Ausdruck gebracht werden. Dies ist insofern erstaunlich, als dass solche Gefühle einem Objekt gegenüber, das eben auch als fordernd, einschränkend und beschneidend imaginiert wird, nahe liegen würden. Wie also lässt sich der Umstand verstehen, dass in den Interviews dem Kind gegenüber explizit keine »negativen« Gefühle zum Ausdruck

---

[44] Eine nicht unerhebliche Bedeutung kommt den Ausführungen einiger Interviewpartner in diesem Zusammenhang auch dem Geburtsvorbereitungskurs zu: »Das würde ich jedem empfehlen, weil man Verständnis dafür entwickeln kann, was auf einen zukommt. Man verliert die eigene Unsicherheit so 'n bisschen« (Herr U. 2/18). Auch wird der Austausch mit anderen werdenden Eltern als hilfreich beschrieben: »Man hat die gleichen Probleme, kann sich austauschen« (Herr A. 2/9).

kommen? Erste Hinweise gibt möglicherweise die folgende Gesprächspassage. Unmittelbar voraus ging dieser eine Sequenz, in der Herr S. gegen Ende des Interviews noch einmal zusammenfassend erläutert, warum er seine sich ankündigende Vaterschaft aktuell als unwirklich erlebt:

> Herr S.: »Es hat sich eigentlich wenig verändert, nur eben halt der Gedanke, dass 'n Kind kommen wird, wie auch immer. Das Einzige ist eben halt, wir haben uns jetzt letztes Jahr 'n Gartenteich angelegt oder sind noch dabei (lacht). Und, na gut, jetzt ist natürlich die Überlegung, was tun dann mit dem Teich?
> I.: »Kann was zum Reinfallen sein, nicht?«
> Herr S.: (lacht) »Ich mein, jetzt ist das erste Jahr ja sowieso noch nicht so entscheidend. Da kann er ja noch nicht so großartig dann krabbeln oder so, und da haben wir es ja noch gut im Griff. Aber dann müssen wir uns auch mal eben halt was überlegen.« (1/15)

Als ich den transkribierten Text durchlese, stolpere ich über meine, wie es mir in diesem Moment vorkommt, unangemessen flapsige Bemerkung. In der Forschungssupervision überlege ich, diese Sequenz auszusparen. Unangenehm sind mir weniger die besagten Worte, als die aggressiven Phantasien, die mir offenbar in dem Moment in den Sinn kamen, als dieser werdende Vater auf seinen Gartenteich zu sprechen kommt (der Gartenteich, der aus drei wieder zwei werden lässt). Besagter Phantasieraum, so wird mir im Nachhinein deutlich, scheint nicht allein durch das Thema Gartenteich aufgespannt worden zu sein, sondern vielmehr durch das mit diesem Thema verbundene Lachen von Herrn S. In der Forschungssupervision wird mir klar, dass sich hier und an anderen Stellen Aspekte meines Forschungsmaterials andeuten, die mich erschrecken und die ich lieber verbergen würde. Ich möchte nicht, dass andere solcherart aggressive Strebungen und Impulse mit meinen Interviewpartnern in Verbindung bringen. Wird hier ein soziales Tabu offenbar, das unbewusst eben auch von meinen Interviewpartnern und mir geteilt wird? Sind aggressive Phantasien, die sich auf das entstehende Kind richten, sozial dermaßen anstößig, dass sie nicht empfunden und gedacht werden dürfen, verborgen oder sogar unbewusst gemacht werden müssen? Ich werde auf dieses Thema zurückkommen.

Zusammenfassung

Zusammenfassend lässt sich festhalten, dass die werdenden Väter die Geburt ihres Kindes als einen bedeutsamen lebensgeschichtlichen Wendepunkt imaginieren. Sie wird als Zäsur vorgestellt, die das bisherige Leben grundlegend verändern wird. Fragt man nach den antizipierten Veränderungen, so wird deutlich, dass in diesem Zusammenhang gerade auch die möglichen »Kosten« einer Vaterschaft eine mit Ängsten verbundene Präsenz haben. Die Interviewpartner bringen die Befürchtung und zum Teil auch Überzeugung zum Ausdruck, dass sie als Vater eigene Bedürfnisse und Interessen zurückstellen sowie Verzicht üben und Einschränkungen (z. B. hinsichtlich ihrer Autonomie) erleiden müssen. Mit einer Vaterschaft ist in dieser Perspektive das Thema Verlust assoziiert. Die Interviewpartner kommen noch auf zwei weitere Bereiche zu sprechen, innerhalb derer sie Veränderungen erwarten oder für möglich halten. Es handelt sich hierbei um den antizipierten Umbau des bestehenden Beziehungsnetzes sowie um mögliche Veränderungen der eigenen Persönlichkeit. Im Verhältnis zu dem zuvor benannten Themenkomplex scheint diesen Aspekten aber eine vergleichsweise geringe Bedeutung zugeschrieben zu werden.[45] In den in diesem Unterkapitel genannten Äußerungen werden verschiedene Vorstellungen und Assoziationen deutlich, die sich mit einem Kind verbinden und somit Aspekte des imaginären Kindes bzw. der imaginierten Interaktion aufzeigen. Folgende Stichworte lassen sich hier nennen: Das Kind als jemand, der die bestehende Ordnung zu destruieren droht, der raumgreifend und verletzlich ist und dessen Bedürfnisse Priorität haben sollten, den man und vor dem man sich schützen muss. Deutlich wird ferner, dass die Interviewpartner eine Vaterschaft als eine anspruchsvolle Aufgabe sehen: Verantwortung ist für sie anscheinend ein basaler Bestandteil einer Vaterschaft. Der Zuwachs an Verantwortung wird im Spannungsfeld von Herausforderung und Überforderung erlebt (schaffe ich das?).

2.4. Eigentlich ist es mir egal, ob es ein Mädchen oder ein Junge wird

Die Frage, ob werdende Väter sich eher eine Tochter oder eher einen Sohn wünschen, ist weitaus schwerer zu klären, als es zunächst den Anschein hat. Dies hat verschiedene Gründe. Ein zentraler ist, dass sich diese Frage als überdeterminiert darstellt: Je nach vorgestelltem Alter des Kindes können z. B. jeweils andere Aspekte an Bedeutung gewinnen, die dann u. U. eben auch unterschiedliche Antworten nahe legen. Daneben ist davon auszugehen, dass dem Bewusstsein nur Aspekte der (Beziehungs-)Phantasien zugänglich sind, die sich jeweils mit einer Tochter oder einem Sohn verbinden. Dies wiederum heißt aber nicht, dass es sich nicht lohnt, nach den dem Bewusstsein zugänglichen Phantasien zu fragen. Die interviewten werdenden Väter haben in der Regel den Wunsch nach einem bestimmten Geschlecht verneint: Tochter oder Sohn werden von ihnen als gleichermaßen willkommen beschrieben. Eine solche Antwort ist sicherlich auch im Kontext geltender gesellschaftlicher Wertmaßstäbe zu sehen, denen zufolge Mädchen und Jungen als gleichwertig erlebt werden sollten. Befürchtet

---

[45] Dies trifft für einen Interviewpartner nicht zu (vgl. »Gespräche mit Herrn D.«).

werden könnte, dass der Wunsch nach einem bestimmten Geschlecht als Diskriminierung des jeweils anderen (miss-)verstanden wird. In dieser Perspektive handelt es sich bei den genannten Antworten auch um Antworten, die im Sinne der sozialen Akzeptanz gegeben wurden. Wichtig ist mir jedoch, dass die in diesem Zusammenhang gemachten Äußerungen der Interviewpartner nicht nur einem vermeintlichen oder tatsächlichen äußeren Wertmaßstab entsprechen wollen, sondern dass diese auch von den Gesprächspartnern selbst getragen werden. Sie wollen eine Tochter oder einen Sohn gleichermaßen willkommen heißen:

> Herr O.: »Man versucht schon, wenn 'n Kind da ist, das Kind zu 100% zu lieben. Egal, was es ist, Junge oder Mädchen.« (1/5)

Die Befürchtung, dass Wünsche Weichen stellen und es somit schwer machen könnten, so offen wie gewünscht und von sich selbst gefordert auf das Neugeborene zuzugehen, scheint es heikel zu machen, ihnen in sich Raum zu geben und sie auszusprechen.[46] Viele der folgenden Äußerungen zeigen dies. Wird vorsichtig der Wunsch nach einem bestimmten Geschlecht angedeutet, so wird dieser zumeist im nächsten Moment wieder zurückgenommen und versichert, dass es eigentlich doch gleich sei. Überraschend war für mich in diesem Zusammenhang auch, dass sich von den Interviewpartnern, für die als Laien nicht klar ersichtlich war, welches Geschlecht das Kind denn nun hat, drei dagegen entschieden, es vom Arzt zu erfahren. Als Grund für das Nicht-wissen-Wollen wurde genannt, dass man sich womöglich auf die entsprechende Auskunft »versteifen« würde und dann u. U. enttäuscht sei, wenn es schließlich doch anders käme. Weiterhin wurde die Befürchtung zum Ausdruck gebracht, dass es dann vielleicht schwierig werden würde, sich plötzlich umstellen zu müssen.

In den Interviews wird immer wieder betont, dass es egal sei, ob das Kind ein Mädchen oder ein Junge werde und dass die Frage des Geschlechts »eigentlich« nachrangig sei. Die Interviewpartner heben hervor, dass sie ja sowieso keinen Einfluss auf das Geschlecht des Kindes nehmen könnten. Dieser Umstand lässt es dem nachstehenden werdenden Vater sinnlos erscheinen, sich ein bestimmtes Geschlecht zu wünschen. Die von ihm genannte Strategie, es einfach auf sich zukommen zu lassen, ist in dieser Perspektive auch ein Umgang, der dem Gefühl der eigenen Ohnmacht geschuldet ist und vor Enttäuschungen schützen soll:

> Herr S.: »Das lass ich einfach auf mich zukommen. Kann man ja eh nicht dran drehen.« (1/5) »Wenn es ein Mädchen wird, wird es 'n Mädchen, wenn es 'n Junge wird, wird es 'n Junge. Fertig. Kann man eh nichts mehr dran ändern.« (2/10)

---

[46] Das trifft keineswegs nur im Hinblick auf die Präferenz für ein bestimmtes Geschlecht zu, sondern auch im Hinblick auf andere Vorstellungen und Wünsche.

Die Frage, ob sich die interviewten Männer eher ein Mädchen oder eher einen Jungen wünschen, ist nicht zuletzt deshalb so schwer zu klären, weil zu unterschiedlichen Zeitpunkten und in unterschiedlichen Zusammenhängen für ein und dieselbe Person jeweils andere Kriterien bedeutsam werden können. So erzählt Herr P., dass er geträumt hat, dass er eine Tochter bekommen würde, die seiner Frau, so wie er sie von Kinderbildern kennt, ähnlich sieht. Sein Kommentar: »Sah ganz gut aus, so 'n kleines, süßes Mädchen da. Ich will das jetzt nicht fixieren, das ich 'nen Jungen nicht will.« (2/6) Deutet sich hier der Wunsch nach einer Tochter an, so rückt an anderer Stelle das Reizvolle eines Sohnes in den Vordergrund:

> Herr P.: »Vielleicht, wenn ich einen Jungen kriegen sollte (...), dann sehe ich meine eigene Kindheit wieder. (...) Ich versteif mich auch nicht auf 'nen Jungen. Ich würde mich auch über zwei Mädchen freuen oder eines.« (2/20)

Beide Äußerungen, das sei hier noch bemerkt, haben etwas gemeinsam. Betont wird (man könnte vermuten: betont werden muss), dass der ausgemachte Reiz des einen Geschlechtes nicht mit der Ablehnung des jeweils anderen korrespondiert. Verhindern kann dies dennoch nicht, dass der Anspruch, sich gleichermaßen über ein Mädchen wie über einen Jungen zu freuen, unfreiwillig durch eine Fehlleistung konterkariert wird (zwei Mädchen anstelle eines Jungen).

Im Folgenden möchte ich näher auf die in den Interviews genannten Überlegungen und Vorstellungen eingehen, die sich positiv auf eine Tochter beziehen. Zunächst sei in diesem Zusammenhang an die dargelegten Einzelauswertungen erinnert, in denen zwei Motive genannt wurden, die eine Tochter besonders attraktiv erscheinen ließen. So wurde die Vorstellung zum Ausdruck gebracht, dass sich ein Mädchen mehr zum Vater hin orientiert, während ein Junge eine engere Beziehung zur Mutter entwickeln würde. Bezogen auf den familialen Trialog heißt dies, dass von Seiten des Vaters aus im ersten Fall weniger befürchtet werden müsste, in die Position des randständigen oder gar ausgeschlossenen Dritten zu geraten. Eine weitere Vorstellung war die, dass man es als Vater mit einer Tochter leichter hat, weil man dieser als Mann ja kein Vorbild sein müsse. Im Folgenden soll die Perspektive eines Gesprächspartners dargelegt werden, der sich ebenfalls eher eine Tochter zu wünschen scheint. Besagter Gesprächspartner erläutert zunächst, warum er nicht glaubt, mit einem Sohn besser auszukommen, und warum er weiterhin nicht glaubt, mit einem Sohn mehr anfangen zu können:

> Herr L.: »Ich hab es nicht so ganz klar, dass ich sage, ich möchte auf alle Fälle 'n Mädchen. Aber ich bin auch nicht so scharf darauf, dass es 'n Junge wird. Ich hab auch nicht das Gefühl, dass ich mit 'nem Jungen besser klarkommen würde als mit 'nem Mädchen. Also ich kenne das so aus anderen Berichten,

dass natürlich die Männer immer gern auf Jungen abfahren, weil die natürlich die gleichen Interessen wahrnehmen können und gemeinsam auf den Fußballplatz, und das ist mir schon 'n Gräuel. Und ich denke einfach, so spezifische Männerinteressen hab ich einfach gar nicht, dass ich sage, das muss unbedingt 'n Junge sein.« (1/7)

Herr L. unterstreicht, dass für ihn die Phantasie, später einmal mit dem Sohn gemeinsamen (Männer-)Interessen nachzugehen, keine Attraktivität besitzt. Er vermutet, dass er sich in dieser Hinsicht von anderen Männern unterscheidet, die seiner Einschätzung nach in der Regel aus eben diesem Grund einen Sohn favorisieren würden. Nachdem Herr L. indirekt deutlich gemacht hat, warum er sich keinen Sohn wünscht, führt er aus, was ihm für eine Tochter zu sprechen scheint. Die folgende Äußerung macht deutlich, dass er sich den Umgang und das Zusammenleben mit einem Mädchen leichter vorstellt:

Herr L.: »Warum ein Mädchen? (...) Ich denke einfach, die Vorstellung, wie ein Mädchen oder eine Frau werden sollte, die ist klarer bei mir. Ich finde diese ganze Identität des Mannes, die ist noch 'n bisschen wuselig und unklar. Sei es, dass die generell unklar ist in dieser Gesellschaft, oder sei es, dass die bei mir unklar ist. Und es macht sich da auch so ein bisschen 'ne Unsicherheit breit, wie man nun einen Jungen – nicht erzieht, aber was man so sich für Leitbilder nun setzen sollte. Diese Unsicherheit verspüre ich noch. Und es ist auch 'n ganz emotionaler Aspekt. Jungen in einem bestimmten Alter finde ich eher unangenehm, wenn sie in dieser Selbstbewusstseinsausbildung so Machoattitüden an den Tag legen. Und das, ja erschreckt. Ich weiß, das gehört irgendwie zur Entwicklung dazu, und es muss gar nichts heißen, aber es gehört auch nicht zu den Leitbildern, die ich mir für 'nen Jungen vorstellen würde. Und ich finde Mädchen, da hab ich zumindest so in der Entwicklung keine adäquate Phase feststellen können, wo ich sage, das nervt mich. Und diese Geschichte bei Jungen, die finde ich 'n bisschen verunsichernd. Aber ich denke, ich würde mich mit dem Kind genauso einlassen, wenn es denn ein Junge wird.« (1/7)

Herr L. nennt zwei im Zusammenhang stehende Aspekte, die es in seiner Vorstellung schwieriger machen, Vater eines Sohnes als der einer Tochter zu sein. Zum einen sieht er sich als Mann und Vater gefordert, seinen Sohn bei der Entwicklung einer männlichen Geschlechtsidentität zu unterstützen. Der Anspruch, diesem ein positives Leitbild anbieten zu können, scheint von ihm aktuell als eine tendenziell überfordernde Aufgabe erlebt zu werden. Herr L. hat zum anderen die Adoleszenz seines Kindes im Blick. Für ihn ist die Vorstellung erschreckend, in dieser Entwicklungsphase u. U. mit den aggressiven Selbstbehauptungsstrategien eines Heranwachsenden konfrontiert zu werden. Den Umgang und das Zusammenleben mit einem Mädchen scheint sich Herr L. vergleichsweise unkompliziert vorzustellen, mit ihr verbinden sich keine vergleichbaren Befürchtungen bzw. keine vergleichbar negativ gefärbten Phantasien. Dass ein Mädchen weniger anstrengend als ein Junge ist, diese Vorstellung und Überzeugung haben auch andere werdende Väter. Im Folgenden die Perspektive eines weiteren Gesprächspartners, der ebenfalls zunächst davon spricht, dass er weder einem Mädchen noch einem Jungen den Vorzug geben würde:

> Herr J.: »Da hab ich keine feste Präferenz. Also beide haben sie ihre Vor- und Nachteile.« (1/6)

Herr J. betont, dass er keine »feste« Vorliebe hat. Dies kann bedeuten, dass die Präferenz wechselt, es kann aber auch heißen, dass eine solche, wenn auch nur schwach ausgeprägt, dennoch vorhanden ist. Die sich hieran anschließende Äußerung macht die zweite Lesart wahrscheinlicher. Herr J. spricht in dieser über das, was er mit einem Mädchen und was er mit einem Jungen verbindet:

> Herr J.: »Also bei Mädchen würde ich immer sagen, die sind als kleine Kinder, als Babys, immer die ruhigeren und umgänglicheren Kinder. (...) Was verbinde ich sonst damit? Tratscherei, Streiterei, Schreierei, das verbinde ich viel mehr mit einem Mädchen. Während ich 'nen Jungen eher so einschätze, das ist dann immer jemand, der sehr viel mehr Energie entwickelt, der immer viel anstrengender ist, auch als Kleinkind oder ganz besonders als Baby erheblich anstrengender.« (1/6)

Mit Mädchen und Jungen, so wird hier deutlich, werden verschiedene Herausforderungen und je spezifische Belastungen verbunden. Insgesamt aber scheint sich Herr J. den Umgang mit einem weiblichen Kind gerade in der ersten Zeit als einfacher und angenehmer vorzustellen.

Nur ein Interviewpartner bringt explizit zum Ausdruck, dass er sich einen Jungen wünscht. Seine Ausführungen zu diesem Thema sollen im Weiteren dargestellt und näher betrachtet werden.

Herr F. schildert, dass er und seine Frau sich überraschen lassen wollen, was das Geschlecht des Kindes betrifft. Auf die Frage, ob er diesbezüglich einen bestimmten Wunsch hat, antwortet er wie folgt:

> Herr F.: »Ja, ich sag mal, als gestandener Bergmann hofft man natürlich, es wird ein Junge. Aber es muss gesund werden. Also ich bin genauso glücklich über ein Tochter wie über einen Jungen, da hätte ich überhaupt keinerlei Probleme.« (2/8)

Herr F. bringt zunächst spontan zum Ausdruck, dass er sich einen Jungen wünscht. Diesen Wunsch führt er auf seine berufliche Identität zurück, die auf einen klassischen Männerberuf verweist. Besagter Wunsch wird jedoch kurz darauf relativiert, um dann ganz zurückgenommen zu werden: Wichtiger sei die Frage der Gesundheit und selbstverständlich würde er sich genauso über eine Tochter wie über einen Sohn freuen. Die beiden folgenden Äußerungen machen noch einmal zum Thema, warum es Herrn F. lieber ist, von ärztlicher Seite keine Auskunft über das vermutliche Geschlecht des Kindes zu erhalten:

Herr F.: »Wir wollten ja auch nicht wissen, was es wird. Und wissen es auch bis heute nicht, und das wollten wir uns auch so bewahren. Also ich für mich, ich wollte auch gar nicht so in die Verlegenheit kommen, dass ich mir sag, das ist ja nun doch die Nabelschnur.« (2/8)

Herr F. scheint eine spezifische Situation vor Augen zu haben, die er gerne vermeiden möchte. Er will bei der Geburt seines Kindes nicht in die Verlegenheit kommen, plötzlich entdecken zu müssen, dass das, was auf einer Ultraschallaufnahme zunächst als Penis imponierte, doch – so lässt sich vielleicht ergänzen – »nur« eine Nabelschnur ist. Herr F. wäre dann unversehens mit der Tatsache konfrontiert, dass er eben nicht wie erwartet Vater eines Sohnes, sondern doch Vater einer Tochter ist. Er müsste dann, darauf weist auch die folgende Äußerung hin, mit der Enttäuschung umgehen, dass das, was er sich gewünscht und worauf er sich innerlich eingestellt hat, nun doch nicht ist:

Herr F.: »Ich finde es eigentlich nicht so glücklich, wenn ich mich jetzt darauf einstelle oder sag, der Doktor hat gesagt, es wird ein Junge. Man bereitet sich doch mental darauf vor, man entwickelt vielleicht andere Gedanken, als wenn man sagt, man kriegt eine Tochter. Ja und wenn man dann doch eine Tochter kriegt, denke ich, ist das vielleicht im ersten Moment irgendwie so eine kleine Schockwirkung. Man stellt sich total auf einen Jungen ein, und dann wird es ein Mädchen. Oder umgekehrt, ist ja egal wie. Und allein um auch diese Diskrepanz auszuräumen, hab ich gesagt, mir ist es egal, völlig egal, ich komme mit beidem gut zurecht.« (2/8–9)

Der Wunsch, das Geschlecht des Kindes nicht vor seiner Geburt zu erfahren und sich auf diese Weise auch den Status der Ungewissheit zu erhalten, scheint sich aus verschiedenen Quellen zu speisen. So soll auf diese Weise vermieden werden, dass das phantasmatische Kind mit geschlechtsbezogenen bzw. mit geschlechtsspezifischen Phantasien und Beziehungswünschen besetzt wird, die dann, erweist sich die Prognose bei der Geburt als falsch, zurückgenommen werden müssten. Relevant ist in diesem Zusammenhang aber auch die Sorge, dass dies nicht so ohne weiteres möglich ist. Das phantasmatische und das reale Kind würden dann in einem konflikthaften Verhältnis zueinander stehen, wobei sich besagter Konflikt (die »Schockwirkung«) in einem Gefühl der Enttäuschung sowie in der antizipierten Schwierigkeit, für das reale Kind offen zu sein, spiegeln würde. Der Versuch, den Status der Ungewissheit aufrechtzuerhalten, hat anscheinend nicht nur die Funktion, sich eine mögliche Enttäuschung bei der Geburt des Kindes zu ersparen, sondern soll daneben auch aktuell vor eben dieser schützen: Wer nicht weiß, welches Geschlecht das Kind hat, der kann die (unbewusste Größen-)Phantasie aufrechterhalten, es könne beides sein bzw. er könne beides haben. Herr F. erläutert nicht näher, was genau ihn an einem Sohn reizen würde. Schaut man jedoch in das Interview, das nach der Geburt seines Kindes mit ihm geführt wurde, so deuten sich hier einige

Motive an. Herr F. schildert, dass er tatsächlich Vater eines Sohnes geworden ist. Die folgende Äußerung gibt darüber Auskunft, wie er dies erlebt:

> Herr F.: »Als Mann ist man natürlich immer stolz, 'n Stammhalter zu zeugen. Ich hätte mich natürlich über alles gefreut, solange es gesund ist. Das ist in dem Moment das Allerwichtigste. Also klar, es hat für mich nur eine sekundäre Bedeutung, was es nun letztlich ist. Ist natürlich schön, 'n Sohn zu haben. Ich meine, das Vater-Sohn-Verhältnis ist halt wahrscheinlich dann doch etwas anderes als 'n Vater-Tochter-Verhältnis. Und wenn wir denn später mal irgendwie zusammen angeln gehen oder so, das hat dann...« (3/20)

Auch in diesem Gespräch vergisst Herr F. nicht zu unterstreichen, dass für ihn die Frage des Geschlechts sekundär ist. Wichtiger, so betont er, sei die Gesundheit des Kindes. Herr F. bemerkt aber auch, dass er als Mann »natürlich« stolz sei, einen Stammhalter gezeugt zu haben. Während er im ersten Gespräch den Wunsch nach einem Sohn mit seiner beruflichen Identität begründete, so begründet hier das Geschlecht seine Präferenz scheinbar aus sich selbst. Gemeinsam ist beiden Erklärungen, dass sie das Motiv der Tradierung aufgreifen, das sich für Herrn F. anscheinend leichter mit einem Kind gleichen Geschlechts verbinden lässt. In der genannten Äußerung klingt ferner an, dass sich für ihn mit einem Sohn auch andere Beziehungsphantasien verknüpfen. Vermutlich nicht zufällig fällt Herrn F. in diesem Zusammenhang als erstes ein Hobby ein (das Angeln), das vor allem vom männlichen Geschlecht ausgeübt wird. Herr F., darauf soll an anderer Stelle noch einmal genauer eingegangen werden, bezieht sich im Gegensatz zu vielen anderen Gesprächspartnern ausgesprochen positiv auf seinen Vater. Auf diesen, so erklärt er, sei er stolz, auch hätten sie beide an derselben Bergbauakademie studiert. Herr F. erzählt, dass aus dieser Zeit noch viele Kontakte fortbestehen würden. Gäbe es Feste, dann sei auch sein Vater häufig zugegen. Die Vermutung liegt nahe, dass Herr F. sich nicht nur in beruflicher Hinsicht wünscht, in die Fußstapfen seines Vaters zu treten. Ein Sohn würde Herrn F. auch in anderer Hinsicht seinem Vater näher bringen: So wie dieser wäre er nicht länger nur Sohn, sondern ebenfalls Vater eines Sohnes und damit seinerseits in der Lage, seinem »Stammhalter« etwas weiterzugeben.

In diesem Zusammenhang möchte ich noch auf einen anderen Gesprächspartner hinweisen, der ebenfalls sehr positiv von der Beziehung zu seinem Vater spricht. Im Gegensatz zu Herrn F. scheint bei ihm jedoch keine Priorität für ein bestimmtes Geschlecht auf:

> Herr A.: »Also, wie gesagt, mir war das vollkommen egal, ob es nun 'n Mädchen wird oder 'n Junge.« (1/9)

Herr A. schildert, dass er vermutlich Vater einer Tochter werden wird. Eine Ultraschallaufnahme hätte dies gezeigt. Er schildert in diesem Zusammenhang weiterhin, dass es in seiner Familie »nicht so die große Trennung«

(1/9) zwischen Mädchen und Jungen gegeben hat. So habe er mit dem Spielzeug seiner Schwester und seine Schwester mit seinem Spielzeug gespielt. Herr A. berichtet ferner, dass er in seiner Familie »nicht so 'ne Rollenfestlegung erfahren« (1/10) hat, und macht damit indirekt einen Vorschlag, wie es zu erklären ist, dass er keine Präferenz für ein bestimmtes Geschlecht hat. Herr A., darauf soll an anderer Stelle ebenfalls näher eingegangen werden, hat ein deutlich anderes »Vaterschaftskonzept« als Herr F. In diesem, das sei hier vorausgeschickt, gibt es keine klaren Differenzen zwischen den Aufgaben, die einem Vater und denen, die einer Mutter zukommen.

Zusammenfassung und Diskussion
Zusammenfassend lässt sich festhalten, dass die Interviewpartner es zu vermeiden trachten, sich ein bestimmtes Geschlecht des Kindes zu wünschen. Viele versagen es sich anscheinend auch, das Kind – jedenfalls in den Phantasien, die dem Bewusstsein zugänglich sind – mit einem bestimmten Geschlecht auszustatten. Motiviert ist dieses sowohl durch den Versuch, sich Enttäuschungen zu ersparen, als auch durch das Bestreben, das reale Kind vor einer möglichen Benachteiligung – tritt es in Konflikt oder in Konkurrenz zum imaginierten – zu schützen.[47] Die im Alltagsleben, aber auch in der Wissenschaft kursierende Annahme, dass sich werdende Väter eher einen Sohn als eine Tochter wünschen (vgl. z. B. Schon 2000[48], Brazelton/Cramer 1990, Jürgens/Pohl 1978), kann durch die Aussagen der Interviewpartner nicht bestätigt werden. Fünf Interviewpartner brachten eine vorsichtige Präferenz für eine Tochter zum Ausdruck (ein Gesprächspartner wünscht sich explizit einen Sohn, bei einem weiteren deutet sich dieser Wunsch an). Diese Präferenz wurde negativ begründet. So stellt sich die Vater-Tochter-Beziehung in der Vorstellung der werdenden Väter z. B. von der Anforderung entlastet dar, als Vorbild fungieren und bei der Entwicklung der Geschlechtsidentität Orientierung geben zu müssen. Mit einem Sohn hingegen verbinden sich eben dieser Anspruch sowie die Befürchtung, das nicht leisten zu können. Diese Befürchtung wiederum resultiert nicht zuletzt aus der Unsicherheit, was eigentlich man als Vater und

---

[47] Der Anspruch, Mädchen und Jungen gleichermaßen willkommen heißen und ihnen in derselben Weise begegnen zu können, schließt eine sich anders gestaltende Realität nicht aus. So scheinen Väter weibliche und männliche Babys bereits kurz nach der Geburt unterschiedlich wahrzunehmen. Laut Rubin (1974) schätzen Väter ihre Söhne, noch bevor sie diese auf dem Arm gehalten haben, als stabiler, kräftiger, wacher und besser koordiniert ein, ihre Töchter hingegen als sanfter, zarter und schwächer.
[48] »Es ist jedoch eine Tatsache, daß ein überwiegender Teil aller Männer (...) sich eher einen Sohn wünscht als eine Tochter« (Schon 2000, S. 26).

Mann seinem Sohn weiterzugeben versuchen sollte. Für eine Tochter scheint weiterhin zu sprechen, dass sie im Hinblick auf die Beziehungsdynamik innerhalb der familialen Triade vergleichsweise weniger als ein Sohn als potentielle Konkurrentin imaginiert wird. Da ihr zugeschrieben wird, sich stärker zum Vater hin zu orientieren, verknüpft sich mit ihr weniger die Befürchtung, in die Position des randständigen oder ausgeschlossenen Dritten zu geraten. Der (unbewusste) Wunsch, die eigene geschlechtliche Identität über einen Sohn zu stärken und sich in dessen Ebenbild zu spiegeln, klingt insbesondere bei einem Gesprächspartner an. Von einigen Interviewpartnern wird weiterhin die Vorstellung zum Ausdruck gebracht, dass Mädchen in verschiedener Hinsicht »pflegeleichter« als Jungen sind. Sie werden als »ruhiger«, weniger aggressiv und eben insgesamt »umgänglicher« imaginiert.

2.5. Hoffentlich ist das Kind auch gesund

Eine Befürchtung, die in den Interviews, die während der Schwangerschaft stattfanden, immer wieder angesprochen wurde, ist die Sorge und nicht selten auch Angst, dass das Kind nicht gesund sein könnte. In vielen Äußerungen unterstreichen die werdenden Väter, ihnen wäre es egal, welches Geschlecht das Kind hätte, wichtig sei vor allem die Gesundheit des Kindes:

> Herr S.: »Also ich hab da nicht irgendwie 'ne Vorliebe. Wichtig ist nur, dass das Kind wirklich gesund auf die Welt kommt.« (1/4)
>
> Herr O.: »Junge oder Mädchen ist nicht wichtig, Hauptsache gesund und munter.« (2/20) »Wir haben eigentlich ja immer nur die ganze Zeit einen Gedanken, Hauptsache das Kind ist in Ordnung und gesund. Mädchen oder Junge ist für uns im Moment überhaupt völlig unwichtig.« (2/3)

Die Frage nach der Gesundheit des Kindes wird aber auch unabhängig von der Frage des Geschlechts thematisiert. Hierbei wird deutlich, dass dies ein Thema ist, das die Gesprächspartner stark beschäftigt:

> Herr U.: »Das ist natürlich auch immer 'n Gedanke, der einen irgendwo hält, und wo man sich sagt: ›Mein Gott, hoffentlich ist es wirklich gesund.‹« (2/6)
>
> Herr P.: »Man macht sich Gedanken darüber, ob das Kind gesund ist und was das Kind alles haben könnte.« (2/20)

Die folgende Äußerung verdeutlicht, dass besagtes Thema und die in diesem Zusammenhang angestoßenen Phantasien als sehr belastend erfahren werden können:

> Herr J.: »Und immer ständig diese, so ein bisschen die Angst, die im Hinterkopf sitzt, ist denn auch alles in Ordnung? Ist das Kind gesund, und hat es denn nachher auch zehn Finger und zehn Zehen, und ist dann auch hoffentlich alles

in bester Ordnung? Das ist so das, was man im Augenblick sich immer wieder durch den Kopf gehen lässt.« (1/1)

Der Wunsch, dass alle Finger und Zehen vorhanden sein mögen, kann hier im Sinne eines pars pro toto verstanden werden: Die Vollständigkeit besagter Gliedmaßen steht für die Unversehrtheit des Kindes. Auch weitere Äußerungen der Interviewpartner verweisen auf den Wunsch, dass das Kind vor allem »heil« und »ganz« sein möge:

> Herr K.: »Und auch, wie gesagt, erstmal die Ängste, dass alles gesund und dran ist vor allen Dingen.« (1/2)

Dass die Phantasie, das Kind könnte krank oder gar behindert sein, auch unterschwellig die gesamte Schwangerschaft belasten kann, darauf weist die folgende Äußerung hin:

> Herr O.: »Das ist so eine Sorge, die untergründig da mitläuft. Wo man immer wieder sagt, egal, Hauptsache gesund. Egal, ob es rote Haare hat oder gelbe Haare, ist egal. Hauptsache gesund. Das sind kleine Details, ob das Ohr ein Knickohr ist, Hauptsache, es ist 'n Ohr dran, und es kann hören, und es kann sehen, es kann schreien!« (2/21)

Deutlich teilt sich hier die Angst mit, dass das Kind beschädigt bzw. missgebildet sein könnte. Ein möglicherweise hässliches Aussehen des Kindes oder auch kleinere Blessuren scheinen angesichts dieser Bedrohung vergleichsweise nebensächlich zu werden. Die folgenden Äußerungen weisen darauf hin, dass es gerade auch das Gefühl der Ohnmacht und Hilflosigkeit ist, das dieses Thema so belastend macht: Als werdender Vater kann man sich noch so gut vorbereiten und noch soviel planen, in dieser Hinsicht werden keine Möglichkeiten gesehen, positiv Einfluss zu nehmen:

> Herr D.: »Da ist man ausgeliefert.« (1/6)

> Herr J.: »Man muss das so erleiden, wie es kommt. Tun kann man da nichts. Wir versuchen halt irgendwie, das Beste daraus zu machen, aber es belastet einen trotzdem halt die ganze Zeit. Das setzt einem schon schwer zu.« (2/15)

> Herr O.: »Man ist wirklich der Sache ausgeliefert. Das ist eben halt noch das Stück Natur da dran, ganz klar. Man kann nicht alles voraussehen und auch nicht alles bestimmen oder lenken.« (2/21)

Bedenkt man, wie wichtig es für einige Gesprächspartner war, eine mögliche Vaterschaft gut vorzubereiten und sich für diese gute Ausgangsbedingungen zu schaffen, so lässt sich erahnen, wie bedrohlich es ist, sich in dieser so wichtigen Frage als ausgeliefert und ohnmächtig zu erfahren. Die Möglichkeiten pränataler Diagnostik scheinen hieran wenig zu ändern. Letztlich, so drückt es ein Gesprächspartner aus, bliebe wenig anderes als eben zu vertrauen. Erwähnt sei hier auch, dass der Fötus, wie auch die folgende Äußerung zeigt, als äußerst verletzlich und leicht zu gefährden imaginiert wird:

> Herr O.: »Sie [die Partnerin] muss immer darauf Acht geben. Sie muss immer aufpassen, jeder Schritt zu viel kann Schaden bringen.« (2/26)

Im Folgenden eine längere Interviewpassage, in der ein weiterer Interviewpartner über die Sorgen spricht, die er sich um die Gesundheit seines Kindes macht:

> Herr L.: »Was ich festgestellt hab, dass ich auch schon ganz schön Sorge um das Kind hab. (...) Wir bauen zurzeit ein Haus aus, und wir beschäftigen uns viel mit Wohngiften und Bauschäumen und was es da alles gibt. Auch so, was atmet I. jetzt ein? Und wenn wir dann das Material X verwendet haben und drei Wochen später gibt es einen Ökotest dazu, dann sind wir erst einmal ganz geschockt, und dann kommt auch so 'ne richtige konkrete Sorge auf. Und das überrascht mich dann schon sehr. Das fährt mir so durch Mark und Bein. So 'ne Art Schock ist das natürlich nicht, aber so 'n Zusammenzucken schon: ›Oh, was haben wir da jetzt gemacht?‹ Wer weiß, was da jetzt daraus entsteht oder was für Auswirkungen das hat. Wo ich merke, da sind ganz konkrete Sorgen schon. Erschreckenderweise schon. Was ich bei meinen Eltern also immer nicht gemocht habe, diese übertriebene Fürsorge und Ängstlichkeit, die kriege ich jetzt auch schon mit.« (1/21)

Mit Erstaunen registriert Herr L., dass er sich schon jetzt, also vor der Geburt um sein Kind sorgt. Dieser Umstand scheint ihn auch deshalb zu erschrecken, weil er hier etwas wieder zu erkennen glaubt, was ihm, allerdings aus einer anderen Perspektive, bereits in seinem Elternhaus begegnete. Da sich für ihn die Sorge seiner Eltern als übertrieben darstellte, lässt sich vermuten, dass Herr L. sich in dieser Hinsicht lieber von seinen Eltern unterscheiden würde. Herr L. scheint die Befürchtung und zugleich die Phantasie zu haben, dass er sein Kind ungewollt durch sein Handeln schädigt. Seine Äußerungen machen deutlich, dass er – beispielsweise wenn es um die Auswahl von Baumaterialien geht – sehr vorsichtig ist und alles zu vermeiden bemüht ist, was dem Kind schaden könnte. Erfährt er, dass sich ein Baustoff wider besseren Wissens dennoch als schadstoffbelastet erweist, so scheint dies große Ängste und vor allen Dingen Schuldgefühle (»oh, was haben wir da jetzt gemacht?«) auszulösen. Zum Ausdruck kommen hier weiterhin ein starkes Verantwortungsgefühl sowie die Überzeugung, dass das eigene Handeln für das Wohl und Wehe des Kindes entscheidet ist. Ergänzend das Erleben eines anderen Gesprächspartners:

> Herr J.: »Das sind ja quälende, bohrende Fragen, die man sich stellt: Ist denn wirklich alles in Ordnung und ob das auch wirklich alles so klappt, ob es den beiden denn hinterher immer noch gut geht? – das sind so die Fragen, die man sich ständig stellt (...) Auch jetzt schon bin ich ständig besorgt.« (2/10)

Auch dieser Gesprächspartner bringt zum Ausdruck, dass er sich starke Sorgen um Mutter und Kind macht. Herr J. erzählt, dass es ihn beunruhigt, wenn er beispielsweise zu Hause anruft und seine Frau nicht erreicht. In diesem Moment dränge sich ihm die Phantasie auf, dass womöglich etwas passiert sei. Herr J. schildert weiterhin, dass es seiner Frau aktuell mit der Schwangerschaft nicht gut gehen würde. Welche Folgen dies für ihn hat, das beschreibt er folgendermaßen:

> Herr J.: »Ich bin immer müde. Wie gesagt, ich schlaf ja auch nicht richtig. Ich hab seit mehreren Wochen (...) keine Nacht mehr so richtig ganz durchgeschlafen. (...) Immer wieder wach geworden, geguckt und ist denn auch alles okay? Eigentlich ist das völlig irrational, nur, es beschäftigt einen eben.« (2/11)[49]

Der Umstand, dass es aktuell seiner Frau nicht gut geht, scheint die Ängste von Herrn J. zu verstärken. Es ist zu vermuten, dass er sehr stark mit ihr verbunden oder auch identifiziert ist, so dass es ihm auch aus diesem Grund schwer fällt, sich von seiner Angst, dass Mutter oder Kind etwas zustoßen könnte, zu distanzieren. Für Herrn J. stellt sich seine Besorgtheit als etwas dar, was er so an sich nicht kennt und was ihm deshalb zunächst als etwas Fremdes gegenübertritt:

> Herr J.: »Das ist eigentlich ganz was Neues. Das ist irgendwie in der Schwangerschaft erst entstanden.« (2/11)

Zusammenfassung und Diskussion

Die genannten Äußerungen machen deutlich, dass sich fast alle interviewten werdenden Väter Sorgen bis sehr große Sorgen um die Gesundheit ihres Kindes machen. Die Vorstellung, dass das Kind krank oder behindert sein bzw. im Laufe der Schwangerschaft Schaden nehmen könnte, scheint ihnen nicht nur sehr präsent zu sein, sondern sie zuweilen auch erheblich zu belasten. Es fällt auf, dass diese Angst häufig nicht explizit ausgesprochen, sondern indirekt mitgeteilt wird. Begriffe wie »Krankheit« oder »Behinderung« fallen nicht, so als könnte ihre Vermeidung die Gefahr bannen. Die vorgeburtliche medizinische Versorgung vermag offensichtlich nicht zu beruhigen; möglicherweise trägt sie sogar ungewollt dazu bei, das Bewusstsein für das, was alles passieren könnte, zu schärfen. Die geschilderten Ängste sind zweifellos nicht unbegründet, auch, wenn es statistisch gesehen eher wahrscheinlich ist, ein gesundes Kind zu bekommen. Außer Frage steht weiterhin, dass sich wohl alle Eltern ein gesundes Kind wünschen. Gleichwohl lässt sich aber die Frage stellen, ob die zum Ausdruck gebrachte Angst nicht auch einen Bedeutungsüberschuss hat. In den Interviews wird deutlich, dass sich die werdenden Väter mit der Frage beschäftigen, wie viel ihres bisherigen Lebens sie wohl aufgeben müssen und was sie von diesem bewahren können. Kann bei einem gesunden Kind die von

---

[49] Laut der LBS-Familien-Studie (vgl. Report 3/1997) gibt es einen positiven Zusammenhang zwischen der angegebenen Zufriedenheit mit der Partnerschaft und der Sorge um Mutter und Kind. Männer in vergleichsweise glücklichen Partnerschaften haben demzufolge beispielsweise in einem höheren Maße geburtsbezogene Ängste.

den Gesprächspartnern formulierte Hoffnung aufrechterhalten werden, nach der Geburt wieder in das »alte« Leben zurückzufinden, so stellt ein krankes/behindertes Kind dies grundsätzlich in Frage. Weiterhin sei in diesem Zusammenhang erneut darauf hingewiesen, dass das imaginierte Kind immer auch ein Selbstobjekt ist. Das bedeutet, dass Aspekte des eigenen Selbst in das Kind hineinprojiziert werden. Wird sich ein Kind gewünscht, so sind es gerade Aspekte des idealen Selbst, mit denen das Kind ausgestattet wird. Die Phantasie eines vollkommenen Babys (das schönste, klügste, reizendste Baby) und die damit einhergehende Idealisierung des Kindes machen es möglich, es positiv zu besetzen, und tragen somit zur Bindungsgenese bei. Erweist sich ein Kind als krank oder behindert, so werden die genannten elterlichen Phantasmen zerstört und die normale Idealisierung des Kindes bricht zusammen. Ein Kind, das nicht gesund ist, ist immer auch eine Kränkung. Brazelton und Cramer (1994) sprechen in diesem Zusammenhang von einer traumatischen Erschütterung des elterlichen Selbstwertgefühls, die sich eben aus der unbewussten Hoffnung erklärt, mit einem wunderschönen Baby ein Abbild ihres idealen Selbst zu erschaffen. Ein Kind ist immer auch ein Hoffnungsträger.[50] Ist es gesund, so bestätigt es seinen Eltern, dass sie die Fähigkeit haben, Leben zu geben, und dass sie etwas »Vollständiges« hervorzubringen vermögen.[51] Ein Kind, das nicht gesund ist, vermag dies nicht. Es gibt u. U. zunächst einmal wenig Anlass zu Stolz, sondern löst vielmehr Gefühle wie Enttäuschung, Scham oder auch Ablehnung aus. Eltern können eine Behinderung ihres Kindes unbewusst so wahrnehmen, als offenbarten sich in ihr die eigenen verborgenen Mängel und Unzulänglichkeiten. Auch in dieser Perspektive stellt sich die Frage, was es zu bedeuten hat, dass die Interviewpartner scheinbar nur sehr gebrochen das Vertrauen haben, ein »heiles« Kind »erzeugen« zu können. Fragt man danach, woraus sich die in den Interviews zum Ausdruck kommende Angst um die Gesundheit des Kindes speist, so liegt die Überlegung nahe, dass besagte Angst auch als eine Art container für die Ängste fungiert, die diffuser oder sozial weniger akzeptabel und darum auch nicht so ohne weiteres wahrzunehmen und auszusprechen sind.[52] In diesem Zusammenhang sei eine weitere Überlegung vorgestellt.

---

[50] Kiepenheuer geht hier noch einen Schritt weiter. Er schreibt: »Das Kind ist Heilsbringer. Das ist hier im Sinne von heil, unversehrt und ganz zu verstehen. Das Kind ist ein Sinnbild der Ganzheit und des Vollkommen-Werdens« (1991, S. 43).
[51] Das heißt nicht, dass es hier keine Enttäuschungen gibt. Eine zentrale Aufgabe der Eltern besteht nach der Geburt des Kindes darin, sich mit dem realen Baby zu versöhnen und den Verlust des vollkommenen imaginären Babys zu betrauern.
[52] So kann die Angst, die Partnerin durch Komplikationen in der Schwangerschaft oder auch bei der Geburt zu verlieren, möglicherweise auch für die Angst stehen, sie als Mutter an das Kind zu verlieren.

»Gesund, nicht gesund, rächen sich jetzt die Sünden der Vergangenheit?« (Herr K. 1/1), so eine Äußerung eines werdenden Vaters. In ihr drückt sich die unbewusste Überzeugung aus, die Verantwortung für eine mögliche »Beschädigung« des Kindes zu haben, und somit auch die Phantasie, an dieser schuld zu sein. Greift man den Begriff der Rache auf, so legt dieser nahe, dass ein krankes Kind auch als eine Bestrafung für ein hier nicht näher definiertes Vergehen (die Sünden) erlebt werden kann. Auf der Ebene unbewusster, magischer Überzeugungen können nicht nur konkrete Handlungen (die Verwendung von Giftstoffen, übermäßiger Alkoholkonsum etc.) das Ungeborene schädigen, sondern eben auch »negative« Gedanken und Gefühle (der Wunsch beispielsweise, das Kind möge nicht da sein). Vergegenwärtigt man sich die zahlreichen Befürchtungen, die die Gesprächspartner im Hinblick auf das Zusammenleben mit einem Kind bewegen, so ist zu vermuten, dass nicht nur der nahenden Vaterschaft, sondern eben auch dem Kind selbst wenigstens zeitweise ambivalente Gefühle entgegengebracht werden. Diese dürfen jedoch nur sehr bedingt zum Ausdruck kommen, wie das Interviewmaterial zeigt. Ambivalente oder gar ablehnende Gefühle dem Kind gegenüber sind anscheinend so verpönt, dass sie dem Bewusstsein nicht zugänglich werden dürfen. Sie rufen Schuldgefühle hervor und sind mit der angstbesetzten Phantasie verknüpft, das Kind könnte durch sie beschädigt werden. In dieser Perspektive lässt sich die Angst um die Gesundheit des Kindes auch als Ausdruck einer unbewussten Vergeltungsangst verstehen.

2.6. Interessanter wird es, wenn das Kind älter ist

In den Interviews wird deutlich, dass sich die werdenden Väter in den ihnen zugänglichen prospektiven Vorstellungen und (Wunsch-)Phantasien häufig auf ein älteres Kind und eben nicht auf einen Säugling beziehen. Dieses Phänomen teilt sich manchmal direkt, oft aber auch indirekt mit, so beispielsweise, wenn die Gesprächspartner erzählen, dass für sie der Gedanke reizvoll ist, mit dem Kind den Zoo zu besuchen, ins Kino zu gehen oder ihm Stätten der eigenen Kindheit zu zeigen. Als ein typisches Beispiel für die These, dass das imaginierte Kind häufig bereits dem Säuglingsalter entwachsen ist, kann die folgende Äußerung angesehen werden:

> Herr K.: »Phantasie geht natürlich schon durch, Kind ist natürlich (...) schon drei oder vier, man sieht sich schon irgendwo in Dänemark am Strand spazieren gehen.« (1/2)

Zentral scheint mir an dieser positiv gefärbten prospektiven Phantasie zu sein, dass Vater und Kind etwas zusammen tun: Das Kind ist bereits alt genug, um einen gemeinsamen Spaziergang am Strand machen zu können.

Dieser Aspekt kommt auch in anderen Interviews zum Tragen, wie auch die folgende Äußerung zeigt:

> Herr S.: »Ich sag mal, 'n Kind, was noch nicht anderthalb Jahre hat, da kann man ja auch noch nicht soviel mit anfangen. Essen, schlafen, viel mehr ist da ja nicht. Interessant wird's ja erst so ab anderthalb Jahren, wenn sie denn eben halt anfangen zu laufen, die ersten Sprechversuche bringen usw. Das geht dann ja auch erst los, wo man mehr mit den Kindern tun kann.« (1/13)

Dieser Gesprächspartner vermutet, dass der Umgang mit einem Kind erst dann richtig interessant wird, wenn das Kind älter als achtzehn Monate ist. Dann nämlich kann es laufen und beginnt zu sprechen. Diese beiden Dimensionen der kindlichen Entwicklung scheinen für die Interviewpartner eine große Bedeutung zu haben, sie werden als eine Art Wendepunkt imaginiert: Sind sie gegeben, dann werden Beziehungsmodi möglich, die subjektiv als attraktiver erfahren werden. Auch die nächste Äußerung zielt in eine ähnliche Richtung. Der Interviewpartner, der hier zu Wort kommt, schickt voraus, dass er seit vielen Jahren eine ganz bestimmte Phantasie habe. Diese zeige ihn als Vater eines vier- bis fünfjährigen Kindes:

> Herr L.: »Es ist bei mir auch so, dass das 'n interessanteres Alter ist im Vergleich zum Säugling. Also ich denke auch, dass ich mit einem frisch Neugeborenen, dass ich das erst einmal nicht so spannend finde, wie 'n Kind, was schon etwas größer ist. Weil einfach doch schon mehr 'ne Beziehung möglich ist, die auch richtig als Beziehung abläuft. Das andere sind dann ja mehr so Sachen, wo man wenig Rückmeldung kriegt oder undeutliche Rückmeldung halt. Und später kann man denn schon irgendwas machen.« (1/15)

Sowohl Herr S. als auch T. scheinen aktuell wenig Reizvolles an einem Säugling entdecken zu können. Das Zusammensein mit einem Baby imaginieren sie als vergleichsweise wenig interessant und spannend. Beide Gesprächspartner beziehen sich positiv auf den Zeitpunkt, wenn Vater und Kind etwas zusammen »machen« können. Dieser Umstand hat auch damit zu tun, dass ein Baby als fremd erfahren wird und eine Unsicherheit darüber besteht, wie man sich diesem fremden Wesen nähern und ihm begegnen kann (wie es anfassen?). Herr L. stellt sich ein älteres Kind auch deshalb attraktiver vor, weil es andere Möglichkeiten hat, sich zu artikulieren und sich ihm verständlich zu machen. Im Interview wird deutlich, dass diese Überlegung auch dem Umstand geschuldet ist, dass Herr L. bisher wenig Erfahrungen mit kleinen Kindern hat. Gleichzeitig berichtet er, dass in Erzählungen von Freunden und Bekannten, die schon Kinder haben, häufig die Schwierigkeiten im Umgang mit einem Säugling betont werden. So gesehen ist der Wunsch, deutliche Rückmeldungen zu bekommen, auch als Ausdruck einer Unsicherheit oder Angst zu verstehen: Eine klare Rückmeldung erlaubt, mich rückzuversichern; sie spiegelt mein Verhalten und vermag mir so Sicherheit darüber zu geben, wie es ankommt. In der obigen Äußerung klingt jedoch noch ein weiterer Aspekt an. Wenn Herr L. von einer »richtigen« Beziehung spricht, dann scheint darin ein spezifisches Beziehungsverständnis auf. Eine »richtige« Beziehung setzt für ihn anscheinend zwei Subjekte voraus, die sich auch als Subjekte begegnen können, sprich den Loslösungs- und Individuationsprozess weitestgehend bewältigt haben. An dieser Stelle vertiefend eine weitere Perspektive, in der ebenfalls entfaltet wird, warum sich ein etwas älteres und damit auch selbständigeres Kind attraktiver vorgestellt wird:

> Herr A.: »Weil auch der ganze Bewegungsablauf schon geht. Gut, da wird auch viel Mist passieren, aber es ist schon eigenständiger. Also da kann es schon ganz klar seinen Willen durchsetzen und seine Persönlichkeit. Irgendwie auch so 'nen Löffel in die Ecke feuern, wenn es keine Lust hat, was zu essen (...). Das ist ja in den ersten Monaten nicht so (...), da findet halt nicht soviel statt. Gut, Schreien ist wahrscheinlich auch ein Mittel, aber das ist so ziemlich das einzige Mittel, um auf sich richtig aufmerksam zu machen. (...) Und dass es da ja auch noch nicht so individuell ist. Es geht ja nicht auf mich ein oder auf die Mutter, sondern eher generell, dass es bekümmert werden möchte oder Hunger hat oder wie auch immer. Ich mein, das ist okay, bloß für mich ist diese Phase, glaub ich, schwieriger als die, die danach kommt.« (2/5–6)

Dieser werdende Vater bezieht sich positiv auf die größere Eigenständigkeit, die ein etwas älteres Kind im Gegensatz zu einem Baby hat. Dieses könne sich kontrolliert bewegen, zeigen, was es will, und seine Persönlichkeit zum Ausdruck bringen. Herr A. bemerkt weiterhin, dass sich ein Baby noch nicht zu seinem Gegenüber und damit auch nicht zu ihm in Beziehung setzen kann. In seiner Vorstellung scheint es darüber hinaus leichter zu sein, sich auf ein Gegenüber zu beziehen, das auch als Gegenüber erfahrbar ist (eine »Persönlichkeit«). Hierzu gehört, dass das eigene Handeln eine Resonanz erfährt:

> Herr A.: »Die erste Phase ist sicherlich schwierig für mich, (...) weil da muss man halt pflegen, und es kommt ja noch nicht soviel wieder. Jedenfalls nicht direkt, das wird ja erst aufgebaut. Ich kenne das nur von irgendwelchen Tieren, die wir irgendwann mal gekriegt haben, da war es ja auch so. Zuerst ist das komisch, und nach ein, zwei Jahren ist dann dieses Verhältnis aufgebaut worden. (...) Nee, aber ich kann da eigentlich mehr mit anfangen, wenn es schon mal zwei, drei Jahre alt ist. Also für mich wäre es einfacher. Für mich ist die Phase auch nicht schlimm, die ist auch wichtig, um überhaupt bis dahin zu kommen, dass man in irgendeiner Form zu einer Interaktion kommt, die vertraut ist.« (2/5)

Herr A. vermutet, dass es nach der Geburt des Kindes eine Zeit geben wird, in der er gewissermaßen vorlegen muss und erst einmal wenig zurückbekommen wird. Besagten Zeitraum antizipiert er als schwierig. Seine Ausführungen machen deutlich, dass er in seiner Vorstellung zunächst einmal von einer großen Fremdheit zwischen Vater und Kind ausgeht (»zuerst ist das komisch«). Obwohl sich Herr A. diese erste Zeit wenig attraktiv vorstellt und er der Überzeugung ist, dass sich das Verhältnis von Geben und Nehmen zu seinen Ungunsten gestalten wird, erachtet er es dennoch für wichtig, hier präsent zu sein. Herr A. vermutet, dass hier die Grundsteine für die spätere Beziehung gelegt werden und dass ein Engagement auch aus diesem Grund eine sinnvolle und notwendige Investition in die Zukunft darstellt. Die Vorstellung, dass man als Vater von einem Baby wenig (zurück-)bekommt, drückt sich auch in der folgenden Äußerung aus:

> Herr F.: »Und ich sag mal – so sagen es mir eben auch die Freunde – im ersten Jahr hat man eigentlich nicht viel vom Kind, außer dass man es fast nur versorgt, also fürs Kind nur da zu sein.« (2/1)

In der nachstehenden Gesprächspassage scheint ein weiterer Aspekt auf, der zu erklären hilft, warum sich in den positiven prospektiven Phantasien, die den werdenden Vätern zugänglich sind, zumeist auf ältere Kinder bezogen wird:

> Herr L.: »Dieser Säuglingsbereich, da fehlen mir so die positiven Bilder. (...) Ein Kind, was man nicht beruhigen kann, was Krämpfe hat, wo man nicht weiß, was man tun soll, das u. U. die ganze Nacht schreit.«
> I.: »Und das ist dann so was, was Du vor Augen hast?«
> Herr L.: »Wie ich mit dem Kind da in der Wohnung auf und ab gehe, oder ich muss nachts aufstehen. Ja, das sind Bilder, die ich habe.«
> I.: »Das sind Bilder von potentiell anstrengenden und schwierigen Situationen, und was ist mit denen, meinetwegen das Kind lächelt Dich an?«
> Herr L.: »Die sind erstmal nicht so da.« (2/14–15)

Deutlich wird hier, dass sich für diesen Interviewpartner mit dem Säuglingsalter insbesondere belastende Situationen verbinden. Diese scheinen so präsent zu sein, dass die innere Ausgestaltung von potentiell schönen und wünschenswerten Szenarien keinen Platz findet. Abschließend in diesem Zusammenhang eine kurze Interviewsequenz, in der es ebenfalls um die Frage geht, warum ein älteres Kind als interessanter und somit auch als attraktiver imaginiert wird:

> Herr S.: »Ich denk mal, dann wird es erst interessanter, wenn man 'nem Kind was beibringen kann, irgendwelche Dinge erklären und zeigen kann. Wenn es irgendwie das alles aufnimmt, bewusst aufnimmt.«
> I.: »Das geht mit so 'nem ganz kleinen Kind ja nicht.«
> Herr S.: »Nicht so gut, nee. (...) Wir hatten neulich grade auch mit 'ner anderen Bekannten das Thema, dass wir uns im Prinzip an unsere Kindheit, so die ersten Jahre kaum erinnern können (...). Und das ist eigentlich erschreckend auch, wenn man sich das überlegt, dass ja eigentlich sicherlich viel Zeit und Entbehrungen der Eltern da waren, und man weiß nichts mehr davon. Auch 'n büschen schade.«
> I.: »Und dieses Schicksal wird einen sozusagen umgekehrt möglicherweise auch ereilen?«
> Herr S.: »Ja genau, genau (lacht).« (2/12–13)

Herr S. vermutet, dass die Vater-Kind-Beziehung für ihn an Reiz gewinnen wird, wenn das Kind in der Lage ist, bewusst das aufzunehmen, was er diesem mitteilen, erklären und zeigen möchte. Ihm fällt in diesem Zusammenhang ein, dass das, was die Eltern in der ersten Zeit für ihr Kind tun, nicht erinnert und demzufolge auch nicht honoriert werden kann. Die Vorstellung, dass das, was die Eltern – auch im Hinblick auf das Thema Verzicht – hier leisten, vom Kind gar nicht realisiert wird, scheint für Herrn S. auch etwas Erschreckendes und Enttäuschendes an sich zu haben. Ob diese Überlegung auch Konsequenzen im Hinblick auf sein Engagement als früher Vater haben wird, bleibt offen.

Zusammenfassung und Diskussion
Zusammenfassend lässt sich festhalten, dass sich die werdenden Väter zunächst einmal ein Kind attraktiver vorstellen, das in seiner Entwicklung bereits so weit fortgeschritten ist, dass es laufen kann, zu sprechen beginnt, seinen Bezugspersonen klare Rückmeldungen geben kann und deutlich als ein Gegenüber in Erscheinung zu treten vermag. Ein Säugling scheint demgegenüber vergleichsweise wenig (positiv) besetzt zu sein, mit ihm verknüpfen sich nur vereinzelt (Beziehungs-)Phantasien, die als interessant oder sogar reizvoll antizipiert werden. Dass in den Interviews relativ wenig Neugier, Interesse an oder gar Vorfreude auf ein Baby zum Ausdruck kommt, lässt sich m. E. nicht allein aus dem Umstand erklären, dass die interviewten werdenden Väter hier zumeist auf wenig konkrete Erfahrungen zurückgreifen können. Ein Baby, so meine These, wird von den Interviewpartnern nicht nur als fremd und unbekannt, sondern darüber hinaus auch als irritierend empfunden. Ein Interviewpartner spricht davon, dass er mit einem Säugling erst einmal wenig anzufangen wisse. Eine solche Einschätzung speist sich vermutlich auch aus der Unsicherheit darüber, wie ihm begegnet und wie sich ihm angenähert werden kann. Diese wiederum scheint mir jedoch nicht nur auf mangelnde Erfahrungen zurückzuführen zu sein, sondern darüber hinaus auch auf die Schwierigkeit, zu besagtem Tun ein Selbstverständnis zu entwickeln. In einem späteren Kapitel wird deutlich werden, dass sich im Hinblick auf diese frühe Zeit weder positiv auf den eigenen Vater bezogen noch an einem kulturellen Leitbild orientiert werden kann. Deutlich wird Letzteres bereits in der Unmöglichkeit, für das, was zwischen Vater und Säugling stattfindet, eine angemessene Sprache zu finden. Der frühe Vater lebt in einer definitorischen Grauzone: Eine Mutter »bemuttert« ihr Baby, was aber tut ein Vater? Wie eingangs ausgeführt, sind auch Väter potentiell dazu in der Lage, das zu entwickeln, was Winnicott »primäre Mütterlichkeit« nennt. Es ist jedoch zu vermuten, dass ihnen die damit einhergehende adaptive Regression weitaus mehr

Angst als den Frauen macht. Jungen sind in ihrer Entwicklung genötigt, einen grundlegenden Orientierungswechsel im sozialen Raum nachzuvollziehen (vgl. Brandes 1990, Schmauch 1987). Bilden sie ihre primäre Identität in der Regel in der Beziehung und in Bezug auf ein weibliches Objekt aus (Mutter), so gilt es sich im Zuge der Entwicklung einer männlichen Geschlechtsidentität von eben dieser Orientierung zu lösen. Das wiederum bedeutet, dass frühe Identifizierungen mit der Mutter aufgegeben werden (müssen?):[53] »Der kleine Knabe jedoch lernt, daß er beginnen muss, sich von der ihm nächsten Person zu unterscheiden, daß er niemals ganz er sein wird, wenn er das nicht tut« (Mead 1985, S. 142). Der Umgang mit einem Säugling – und sei es nur der imaginierte – aktiviert eben diese verdrängten frühen (weiblichen) Identifikationen, was wiederum die männliche Geschlechtsidentität bedrohen kann (vgl. Badinter 1997). Die von Winnicott beschriebene Fähigkeit der Mutter, sich mit dem Kind zu identifizieren und zu erspüren, was es braucht, knüpft nicht nur an eigene Erfahrungen und präverbales Wissen an, sondern setzt auch eine gewisse Durchlässigkeit der Grenzen zwischen Säugling und Bezugsperson voraus. Da Abgrenzung und Getrenntheit auch Säulen der männlichen Identität sind, kann dies ebenfalls Ängste auslösen (vgl. Bürgin 1993). Vor diesem Hintergrund ist die in den Interviews zum Ausdruck kommende Distanz zum Säugling auch als Angstabwehr zu verstehen: Das, was an einem Baby irritiert, verweist in dieser Perspektive auf das verdrängte Eigene.

3. Das pränatale Beziehungsdreieck

In diesem Kapitel werden zunächst diejenigen Erfahrungen, Sichtweisen und Gefühle der Interviewpartner thematisiert, die im Zusammenhang mit dem sich entwickelnden Beziehungsdreieck Vater-Mutter-Kind stehen. Hierbei geht es um folgende Fragen: Welche Bedeutung geben sich die werdenden Väter im Zeitraum der Schwangerschaft, welche Funktion schreiben sie sich zu, wie sehen sie ihre Position und wie setzen sie sich zu dem heranwachsenden Kind in Beziehung? Daran anschließend werden zwei Themen vertieft, die anscheinend für die Interviewpartner eine besondere Relevanz haben: Die werdenden Väter bringen die Überzeugung zum Ausdruck, dass es für ihre Partnerin leichter sei, sich auf das Kind einzustellen und eine Beziehung zu ihm aufzubauen. Zudem äußern sie das Ge-

---

[53] Definiert sich Männlichkeit – z. B. weil eine männliche Bezugsperson fehlt – vor allem negativ (nicht so sein wie Mutter), dann muss sich umso rigider vom mütterlichen Objekt abgegrenzt werden. Dies kann implizieren, dass der Junge die frühen Identifizierungen mit den »mütterlichen« Qualitäten des Versorgens, Haltens und Nährens aufgibt.

fühl, dass ihnen als Mann vieles verschlossen bleibt, bzw. den Eindruck, dass sie in verschiedener Hinsicht ausgeschlossen sind. Im Anschluss daran wird es um die Frage gehen, welche Vorstellungen und Phantasien die werdenden Väter im Hinblick auf das postnatale Beziehungsdreieck haben. Das Kapitel schließt mit der Diskussion von Triangulierungskonflikten, die im Übergang zur Vaterschaft relevant werden können.

3.1. Die Triade beginnt sich zu entfalten

Thema dieses Unterkapitels ist die Frage, wie die Interviewpartner die sich entfaltende Triade erleben. Um einen Eindruck davon vermitteln zu können, wie verschieden das sich in der Schwangerschaft konstituierende triadische Beziehungsgeflecht wahrgenommen und interpretiert wird, soll zunächst exemplarisch die Perspektive von fünf Interviewpartnern vorgestellt und entfaltet werden.

3.1.1. Herr A.: »Eigentlich ist da schon irgendwie 'ne Bindung«

Das erste Gespräch macht deutlich, dass sich für Herrn A. und seine Partnerin bereits durch die Nachricht, dass sie ein Kind bekommen werden, etwas verändert hat. Herr A. bemerkt: »Ja, das ist das Komische, dass man sich innerlich drauf einstellt.« (1/6) Er führt aus, dass seine Frau und er häufiger zu Hause seien, sie wieder öfter selbst kochen und auch sparsamer leben würden, ohne dass sie sich das explizit vorgenommen hätten. Auch habe sich ihre Beziehung verändert, sie würden liebevoller miteinander umgehen, und er mehr Arbeiten im Haushalt als zuvor übernehmen. Letzteres sieht er als eine Art Ausgleich zu der körperlichen Mehrbelastung, die seine Frau aufgrund der Schwangerschaft zu tragen hat: »Von daher hat sie diesen körperlichen Aspekt, ich hab 'n bisschen mehr Arbeit.« (1/14) Herr A. erzählt, dass das Kinderzimmer weitestgehend »aufgebaut« sei und nun »auslüften« könne. Er schildert ferner, dass seine Frau und er sich um Babykleidung zu kümmern begännen und er anfange, in Gedanken durchzuspielen, wie wohl der Tagesablauf nach der Geburt des Kindes aussehen könnte. Im ersten Gespräch betont Herr A. aber auch, dass es für ihn viel schwieriger sei als für seine Frau, eine Beziehung zum Kind aufzubauen. So hätte sie ja wesentlich früher als er merken können, »dass da wirklich was ist.« (1/13) Er sei hier einfach »nicht auf dem gleichen Level wie die Partnerin.« (1/14) Seine Position beschreibt er wie folgt:

> Herr A.: »Wo ich ja eher daneben stehe und irgendwie die Auswirkung angukke und meinen Teil rausziehen muss. Und wenn ich selber nichts rausziehen wollte, würde ich auch nix rausziehen. (...) Sie kann nur anbieten. Ich kann drauf eingehen, aber ich muss das ja nicht. Dann hätte ich auch keine Chance, irgendwie 'ne Beziehung da vielleicht aufzubauen.« (1/15–16)

Herr A. setzt sich aktiv in ein Verhältnis zu seiner Frau. Während er seine Partnerin an der Quelle des Geschehens sieht, beschreibt er sich selbst als jemanden, der »eher daneben steht«. Will er näher rücken und seinerseits eine Beziehung zu dem Kind aufnehmen, dann glaubt Herr A., etwas dafür tun zu müssen. Wie sich die von ihm als notwendig erachtete Aktivität praktisch gestalten kann, davon vermittelt die folgende Äußerung einen Eindruck:

> Herr A.: »Versuch irgendwie, wenn 'ne Regung kommt aus dem Bauch, sie irgendwie, sei es mit der Hand, mit irgendwelchen Berührungen, dann zu spielen und einfach auch mitzukriegen, dass da was ist, was auf mich auch schon reagiert, wenn ich an bestimmte Stellen klopfe oder streichele. Es wird ruhiger, wenn man die Hand auflegt, bzw. wenn man dran klopft, dann kommt von unten 'ne Reaktion. Und das bin ich in dem Moment, nicht meine Partnerin, die das hervorruft. Die Reaktion kommt auf meine Reaktion, und das versuch ich halt zur Zeit zu machen, um da irgendwie.. Und das finde ich sehr schön, dass da auch so 'ne Reaktion kommt. Das findet meine Partnerin auch sehr schön, dass ich mich damit beschäftige.« (1/14)

Herr A. bemüht sich darum, Kontakt zu dem Kind aufzunehmen. Er probiert, mit seinen Berührungen Reaktionen des Kindes hervorzulocken: Legt er die Hand auf den Bauch seiner Frau, so hat das seiner Wahrnehmung nach eine beruhigende Wirkung auf das Kind, klopft er an den Bauch, so nimmt er eine »Antwort« wahr, das Kind bewegt sich. Herr A. betont, dass das Kind auf ihn und nicht auf seine Frau reagiert. Ihm scheint es wichtig zu sein, dass er in diesem Fall derjenige ist, der etwas bewegt. Dass die beschriebene Szene auch für das Paar bedeutsam ist, darauf weist der letzte Satz hin: Herr A. hebt hervor, dass es seiner Partnerin gefällt, wenn er sich in dieser Weise dem Kind zuwendet.

Im zweiten Gespräch berichtet Herr A., dass das Kind für ihn im Alltag bereits sehr präsent ist: »Also eigentlich ist es ja schon da, es ist so, als wenn es da wäre.« (2/4) Achtzig Prozent der Zeit, achtzig Prozent der Gedanken und achtzig Prozent des Geldes, so fügt er hinzu, würden mittlerweile in einem unmittelbaren Zusammenhang mit dem Kind stehen. Hätten ihn bis vor einiger Zeit eher Fragen beschäftigt, die die Ausstattung betreffen, so würde nun die Frage in den Vordergrund rücken, wie die erste Zeit mit dem Kind aussehen könnte. Herr A. hat das Gefühl, dass er als werdender Vater in der Schwangerschaft wichtig ist und gebraucht wird. Als seine Frau ins Krankenhaus musste, so berichtet er, habe er die Erfahrung gemacht, dass seine Gegenwart nicht nur auf sie, sondern eben auch auf das Kind einen beruhigenden und damit positiven Einfluss gehabt habe:

> Herr A.: »Das konnte man auch sehen auf den CTGs, wenn sie wirklich so 'ne Phase hatte, wo sie sich Sorgen gemacht hat auch oder wo sie mal wieder 'nen Tag alleine war, weil ich nicht da war (...), das konnte man auch wirklich wie-

der auf dem Wehenschreiber als Folge feststellen. (...) Und da war es schon wichtig, dass ich da bin und auch spürbar da bin, um zu sagen: ›So, jetzt ist aber mal gut, nimm das nicht alles so ernst, kümmere dich erstmal um dich, weil, wenn du nicht klarkommst, kommt das Kleine auch nicht klar.‹ (...) Die CTGs waren einfach ruhiger, wo ich da war. Das haben wir nun gesehen. Es waren die vollkommen unruhig, wo ihr Vater da war, (...) wo ich dann auch gesagt hab, der Vater kommt halt jetzt zwei oder drei oder vier Tage nicht vorbei, verbiete ich einfach. Das ist das erste Mal, dass ich ihr irgendwas verboten habe, bloß, da hatte ich auch einfach Angst.« (2/6–7)

Herr A. stellt hier einen deutlichen Zusammenhang zwischen seiner Präsenz und den sich verändernden Werten des Wehenschreibers her. Die Aufzeichnungen des Wehenschreibers sieht er als einen objektiven Beleg dafür, dass er tatsächlich besagten Einfluss hat. Vor dem Hintergrund dieser, Herrn A. vermutlich auch bestätigenden und in seinem Kompetenzgefühl bestärkenden Erfahrung verwundert es nicht, dass er im zweiten Gespräch zu der Einschätzung kommt, dass er und sein Kind bereits zu diesem Zeitpunkt eine Beziehung zueinander haben:

Herr A.: »Eigentlich ist da schon irgendwie 'ne Bindung oder Beziehung. Es ist ja nicht so, dass es keine Interaktion gibt. Das Schönste oder komisch ist eigentlich, wenn sie so richtig rumzappelt und ich leg da meine Hand drauf, denn wird es ruhiger. Also nicht irgendwie immer, aber es hat schon 'nen ziemlich hohen Prozentsatz. Und das ist dann schon eine Art von Interaktion.« (2/11)

Herr A. nennt einen Grund dafür, warum er bereits zu diesem Zeitpunkt von einer Beziehung zwischen ihm und seinem Kind spricht. Er hat das Gefühl, dass es auch jetzt schon eine für ihn auszumachende Form der Interaktion gibt. Herr A. – und das scheint mir das entscheidende Moment zu sein – hat das Gefühl, das Kind erreichen und etwas bewirken zu können: Auf eine Aktion seinerseits sieht er eine Reaktion des Kindes folgen:

Herr A.: »Wenn man an bestimmte Stellen kommt, denn wird da auch gegen gehauen. (...) Ich merke es, also wir merken es immer, wenn ich nachts nach Hause komme. Vorher ist dann immer gut Rabatz, und wenn dann alle, die kleine Familie zu Hause ist, dann ist es einfach ruhiger, auch so vom Geschehen im Bauch. Von daher nehme ich schon an, dass da irgendwo 'ne Art von Beziehung ist oder Vertrautheit. Das Kind merkt, dass irgendwas nicht stimmt, wenn irgendwie einer zu wenig ist. Ist wie beim Haustier. Meine Katze oder unsere Katze, die merkt auch irgendwie, wenn ich nicht da bin.« (2/12)

Herr A. hat den Eindruck, dass auch er vom Kind wahrgenommen wird und für dieses eine Bedeutung hat. Er scheint ferner das Gefühl zu haben, dass er ein wichtiges Element der sich entfaltenden Triade ist: Ist er nicht da, so sein Eindruck, dann sind sich seine Partnerin und das Kind nicht selbst genug, sondern bemerken seine Abwesenheit und vermissen ihn.

3.1.2. Herr O.: »Im Vordergrund steht erst einmal die Pflege der Mutter«

Im Gegensatz zu Herrn A. bringt Herr O. im zweiten Gespräch zum Ausdruck, dass er, was das Verhältnis zwischen ihm und seinem Kind betrifft, noch nicht von einer Beziehung sprechen würde. Wie er das Beziehungsdreieck von werdender Mutter, werdendem Vater und Kind erlebt, soll im Folgenden Thema werden.

Im ersten Gespräch berichtet Herr O., dass für ihn die Schwangerschaft »ganz bewusst« im Alltag eine Rolle spielen würde. Dass er Vater werden wird, sei ihm zum ersten Mal richtig klar geworden, als er seinen Eltern von der Schwangerschaft erzählt und mit ihnen darüber gesprochen habe. Ein Gefühl für die Wirklichkeit der Schwangerschaft habe er von Anfang an gehabt. Daneben beschreibt Herr O. aber auch, dass er es für sich als schwierig erlebt, eine emotionale Beziehung zu dem Kind aufzubauen:

> Herr O.: »Man versucht schon, vieles irgendwie gefühlsmäßig auf die Reihe zu kriegen. Man kann bestimmt nie die Nähe spüren, die die Mutter spürt. (...) Es ist irgendwo gefühlsmäßig natürlich schwer, da die Verbindung herzustellen.« (1/4)

Herr O. vergleicht seine eigene Beziehung zum Ungeborenen mit der seiner Frau und kommt hierbei zu der Einschätzung, dass er als werdender Vater trotz seiner Bemühungen nicht die Nähe zum Kind haben kann, die seiner Meinung nach eine werdende Mutter empfindet. Das, was er aktuell für das Kind glaubt tun zu können, sei dafür zu sorgen, dass es der Partnerin gut geht:

> Herr O.: »Das geht im Moment mehr in die Pflege der Mutter. (...) Alles gelassener zu sehen, auf die Mutter natürlich auch abgestimmt handeln. Dass sich die Mutter wohl fühlt, damit es dem Kind gut geht. So über diese Schiene, sag ich mal, über die Mutter. Mehr ist nicht drin, mehr kann man als werdender Vater nicht geben im Moment, so 'n Schutzfilm einfach.« (1/4)

Herr O. versucht zu diesem Zeitpunkt der Schwangerschaft, sein Engagement auf das zu richten, was er als »Pflege der Mutter« bezeichnet. Auf diesem Wege hofft er, Einfluss nehmen und auch dem Kind etwas Gutes tun zu können. Während die werdende Mutter dem Kind in ihrem Bauch Schutz gibt, nimmt Herr O. sich vor, seinerseits einen Schutzfilm um Mutter und Kind zu legen. Die Sorge für das Kind führt für ihn über die Mutter, nur über sie glaubt er, auch das Kind erreichen zu können. Frau O., das macht die folgende Äußerung deutlich, ist in seinem Erleben in der Position derjenigen, die zwischen Vater und Kind vermittelt:

> Herr O.: »Sie gibt ja schon preis, was das Kind macht bzw. wie sie es spürt. Und wenn sie dann auf einmal stehen bleibt und sagt: ›Oh, es zwickt‹, oder so, ist sie schon Vermittlerin in dieser Sache.« (1/18–19)

In dem ersten Gespräch wird deutlich, dass Herr O. und seine Frau dem Kind auch im Alltag einen Platz einzuräumen versuchen. Hierzu dient ein abendliches Ritual, das sich in den Augen von Herrn O. wie folgt gestaltet:

> Herr O.: »Ich darf den [Bauch] jeden Abend eincremen, ich hab da also 'ne Hauptaufgabe übernommen, das ist schon ganz schick. Es ist nicht so, dass es jetzt die Zeit über irgendwo keine Rolle spielt, sondern es wird schon mit eingebunden. Bauch wird eingecremt, und dann kommt die Spieluhr raus. Wir haben von einer Freundin so 'n Schaf bekommen mit so 'ner Spieluhr drin. Wird jeden Abend sorgfältig auf den Bauch gelegt, damit das Kind schon 'n bisschen Musik hört und so. Also wir versuchen da schon, so 'n bisschen Harmonie auch rein zu bringen.« (1/17)

Mit dieser Szene beschreibt Herr O. eine Dreiecksstruktur, innerhalb derer die Beteiligten unterschiedliche Rollen innehaben: Herr O. wendet sich zunächst seiner Frau zu und pflegt ihren Bauch, der in diesem Moment auch das gemeinsame Dritte zu repräsentieren scheint. Im Anschluss wenden sich die Eltern gemeinsam – und wieder vermittelt über den Bauch – ihrem Kind zu und bemühen sich, ihm etwas Gutes zu tun. Das Kind wiederum ist in der Wahrnehmung von Herrn O. in einer passiven Position: Es empfängt, ohne seinerseits zu »antworten«.

Zum Ende des Gespräches bringt Herr O. noch einmal zum Ausdruck, dass es für ihn schwierig, wenn nicht gar unmöglich ist, eine nähere Beziehung zum Kind herzustellen. Der Umstand, dass er in diesem Zusammenhang auf ähnliche Erfahrungen anderer Männer verweist, deutet darauf hin, dass ihn dies auch verunsichert. Geht es anderen wie ihm, so scheint sein Erleben der Norm entsprechend und somit in Ordnung zu sein:

> Herr O.: »Es ist schwer, da einen noch näheren Bezug zu bringen, ich wüsste jedenfalls nicht wie. Ich habe da halt keine Erfahrung drin, und auch im Erfahrungsaustausch mit Freunden ist das halt nicht anders rüber gekommen.« (1/19)

Im zweiten Gespräch berichtet mir Herr O., dass es ihm nicht so gut gelungen sei, wie er es sich gewünscht habe, einen »Schutzfilm« um seine Frau aufzubauen. Viel Zeit und Kraft hätte er in den letzten Wochen für den Bau des Hauses, in das die Familie nach der Geburt ziehen wolle, benötigt. Herr O. bemerkt, dass das Kind nun kommen könne, alles sei soweit vorbereitet. Er selbst habe sich hierbei stärker um das Praktische gekümmert. Was nach der Geburt des Kindes werde, das wolle er auf sich zukommen lassen, Gedanken mache er sich darüber kaum. Für Herrn O. stellt sich das, was zwischen ihm und dem Kind ist, noch nicht als eine Beziehung dar. Das Kind hat für ihn zu diesem Zeitpunkt noch kein Gesicht:

> Herr O.: »Ich sehe es noch nicht als Beziehung. Also es ist noch nicht so, dass man sich das schon bildlich vorstellt, das Kind.« (2/15)

Gegen Ende des Gespräches unterstreicht Herr O. noch einmal, dass er und seine Frau eine jeweils unterschiedliche Position innehätten. Während sie ständig mit dem Kind konfrontiert sei, wäre es für ihn möglich, sich auch einmal – wie er es formuliert – »für eine bestimmte Zeit raus zu denken«. Die Differenz, die er zwischen sich und seiner Frau ausmacht, wird auch in der folgenden Äußerung Thema. Dabei deutet sich an, dass er seine eigene Position auch schätzt:

> Herr O.: »Das ist wie mit Krankheiten auch. Wenn ich jemand 'nen Krankheitsbesuch abstatte, hab ich 'ne andere Distanz dazu als derjenige, der im Krankenbett liegt. Ich kann mich vielleicht für den Moment rein denken und sagen: ›Ach, ist das schlimm, das tut bestimmt weh‹, aber ich kann mir das erstens nicht richtig vorstellen, diese Krankheit, und zweitens hab ich 'ne gewisse Distanz.« (2/26)

Nicht zufällig, so lässt sich vermuten, fällt Herrn O. im Zusammenhang mit der Schwangerschaft seiner Frau das Thema Krankheit ein. Versteht man Metaphern als Bilder, die bestimmte Aspekte der Erfahrungswelt desjenigen zum Ausdruck bringen, der sie verwendet, so liegt die Vermutung nahe, dass Herr O. seine schwangere Partnerin auch als eine Kranke erlebt, der er sich zuwenden kann, von deren Schmerz er aber nicht wirklich betroffen ist. Wirklich nachvollziehen, wie es einer Schwangeren geht, glaubt Herr O. nicht zu können. Die psychosoziale Realität eines werdenden Vaters und die einer werdenden Mutter scheinen von ihm als grundsätzlich verschieden eingeschätzt zu werden. Herr O. unterstreicht, dass er im Prinzip mit der Rolle und der Position, die seine Frau und er jeweils innehaben, zufrieden sei.

3.1.3. Herr J.: »Ich möchte das natürlich auch gerne spüren«

Wiederum anders gestaltet sich das, was mir Herr J. im Hinblick auf das entstehende Beziehungsdreieck Vater-Mutter-Kind berichtet. Im ersten Gespräch erzählt er, dass die ersten großen Vorbereitungen mittlerweile am Laufen seien. So gelte es, die Wohnung umzugestalten und das Kinderzimmer einzurichten. Seine Frau und er hätten sich mit der Schwangerschaft intensiv auseinandergesetzt, seit sie von dieser erfahren haben. Es seien eine Menge Bücher angeschafft und auch der Austausch mit jenen Freunden gesucht worden, die bereits Kinder haben. Herr J. berichtet, dass ihm die Tatsache, dass er Vater wird, besonders gegenwärtig sei, wenn er sich um die Ausstattung des Kindes kümmere. In diesem Zusammenhang erzählt er, dass er Computerhardware gegen Babyzubehör tausche. Herr J. erzählt weiterhin, dass er schon von dem Kind geträumt habe. Dieser Traum habe sich jedoch nicht gut angefühlt und eher die möglichen Schattenseiten einer Vaterschaft thematisiert. Herr J. kommt zu der Einschätzung, dass das Kind für ihn schon jetzt sehr gegenwärtig sei; es würde sogar schon den gemeinsamen Lebensrhythmus beeinflussen: »Insofern ist das Kind schon in unser Leben getreten.« (1/2) In vielen Äußerungen betont Herr J. dasjenige, was er und seine Frau im Zusammenhang der Schwangerschaft sowie im Hinblick auf ihren sich ankündigenden Elternstatus teilen:

> Herr J.: »Und zur Zeit ist es so, dass wir halt diese gesamten Entwicklungsphasen immer etappenweise erleben.« (1/1)

Herr J. berichtet aber auch von Erfahrungen, die ihm vorenthalten bleiben. Seine Ausführungen legen nahe, dass er diesen Umstand bedauert und sich in verschiedener Hinsicht wünscht, dass auch ihm das zugänglich wäre, was seine Frau erleben kann:

> Herr J.: »Die ersten Kindsbewegungen sind inzwischen zu spüren von meiner Frau, und denn möchte ich das natürlich auch gerne spüren.« (1/1)

Schmerzhaft scheint Herrn J. an verschiedenen Stellen bewusst zu werden, dass Mutter und Kind auch etwas teilen, was sich ihm verschließt. Er ist davon überzeugt, dass Mutter und Kind im Laufe der Schwangerschaft die Möglichkeit haben, eine andere, genauer gesagt eine engere Beziehung zueinander aufbauen zu können:

> Herr J.: »Wenn wir uns unterhalten und sie einfach sagt, das Kind hat sich jetzt wieder heute Nacht irgendwann um drei oder so bewegt, und ich bin wach geworden und hab das gespürt, dann denk ich: ›Und ich kriege wieder nichts mit!‹ Ich schlafe dann einfach und bekomme von alledem überhaupt nichts mit. Da denk ich dann, dass sich da schon 'ne andere Bindung entwickelt.« (1/16)

Meine explizite Nachfrage, ob er sich in solchen Momenten auch benachteiligt fühle, bestätigt Herr J. Er ist der Auffassung, dass der Zeitraum der Schwangerschaft eine große Bedeutung für die spätere Eltern-Kind-Beziehung hat. Seine Partnerin scheint er hier im Vorteil zu sehen, zu ihr – so glaubt er – entwickele das Kind in dieser Zeit eine weitaus stärkere Bindung als an ihn.

Im zweiten Gespräch berichtet Herr J., dass in der ersten Zeit der Schwangerschaft eher praktische und organisatorische Fragen im Vordergrund gestanden hätten. Mittlerweile aber, so führt er aus, trete das Kind selbst stärker in den Vordergrund. So gebe es im Alltag häufiger Situationen, in denen er andere Eltern mit ihren Kindern wahrnehme und sich dann beispielsweise frage, wie er selbst mit dem, was er beobachtet, umgehen würde. Der Beziehungsvorsprung, den Herr J. der Mutter-Kind-Beziehung zuschreibt, sowie der Umstand, dass ihm bestimmte Erfahrungen vorenthalten bleiben, die ausschließlich seine Frau machen kann, werden auch im zweiten Gespräch Thema. Im Unterschied zum Ersten erklärt er hier jedoch, dass er sich in der Zwischenzeit mit seinem Status abgefunden habe:

Herr J.: »Ich hab das jetzt einfach so für mich abgehakt, hab diese Situation jetzt einfach so hingenommen, wie sie ist, weil ich eben weiß, das kann sich für mich nicht so darstellen, wie das bei meiner Frau ist.« (2/9)

Auch wenn Herr J. das Gefühl hat, dass ihm vieles, was sich seiner Überzeugung nach in der Schwangerschaft zwischen seiner Partnerin und dem Kind entwickelt, vorenthalten bleiben wird, so schließt dies jedoch nicht aus, dass es seinem Erleben nach durchaus vieles gibt, was er und seine Frau teilen können:

Herr J.: »Das ist für uns ähnlich, sehr ähnlich die ganze Situation und auch so die Einstellung, die man dazu jetzt so bekommt.« (2/19)

Ebenso wie die anderen Interviewpartner beschreibt Herr J. Situationen, in denen sich seine Frau und er ganz bewusst auf das Kind beziehen und dieses ansprechen. Die folgende Äußerung macht deutlich, dass Herr J. der Überzeugung ist, dass das heranwachsende Kind in gewisser Weise bereits während der Schwangerschaft am Leben seiner Eltern teilnimmt:

Herr J.: »Wir unterhalten uns auch mit dem Kind. Wir wissen ja auch, dass das Kind das schon akustisch wahrnehmen kann und unsere Stimmen hört. Und wenn ich denn da bin, denn rede ich auch mit dem Kind.« (2/13)

Wenig später korrigiert sich Herr J. Er macht deutlich, dass es sich seiner Einschätzung nach eher um einen Monolog als um ein Gespräch handelt. Mit dieser Präzisierung weist er darauf hin, dass er den Kontakt mit dem Kind eben noch nicht als einen wechselseitigen Prozess bzw. als eine wirkliche Interaktion sieht.

3.1.4. Herr S.: »Ich muss mir um genügend andere Sachen 'nen Kopf machen«

Abermals verschieden gestaltet sich das Erleben der pränatalen Triade bei Herrn S. Zu Beginn des ersten Gespräches verweist er darauf, dass eine Schwangerschaft ja die ersten Monate kaum wahrnehmbar sei und sich ihre Existenz somit für ihn als relativ unwirklich darstelle. Sich auf diese seelisch einzurichten, falle ihm schwer. Herr S. erklärt, dass für ihn weder im Alltag noch in seinen Phantasien das Kind oder seine sich ankündigende Vaterschaft eine große Rolle spielen würde. Auch mache er sich wenig Gedanken darüber, wie es einmal nach der Geburt des Kindes sein wird. Vieles, so erklärt er, würde sich später ergeben, man müsse es auf sich zukommen lassen, auch sei er nicht schlecht im Improvisieren. Herr S. hebt hervor, dass ihn aktuell seine Arbeit, die für ihn greifbarer sei, weitaus stärker beschäftige als seine Vaterschaft. Auch wenn die Existenz des Kindes für ihn durch die Ultraschallaufnahmen an Realität gewonnen habe, so stelle sich für ihn das Kind oder auch seine Vaterschaft insgesamt noch als relativ unwirklich dar. Für ihn, so erklärt er, habe sich bisher eben wenig verändert, einschränken müsse er sich noch nicht. Herr S. betont die unterschiedlichen Perspektiven, die seiner Überzeugung nach seine Frau und er im Zeitraum der Schwangerschaft haben. Sie, so führt er aus, habe »*zwangsläufig*« (1/6) von Anfang an ein anderes Verhältnis zum Kind. Auf die Frage, ob ihn die Schwangerschaft bzw. seine sich ankündigende Vaterschaft beschäftigen würde, gibt Herr S. folgende Antwort:

> Herr S.: »Eigentlich noch nicht so massiv, ist dann einfach so. Okay, man macht sich 'n paar Gedanken, welches Zimmer nehmen wir denn dann fürs Kind und so, aber dass man jetzt oder speziell ich? Meine Frau macht sich ja mehr Gedanken, muss ich auch sagen. Klar, sie trägt es ja auch rum. Aber ich persönlich, muss ich sagen, mach mir da noch nicht so viele Gedanken.« (1/6)

Im zweiten Gespräch erzählt Herr S., dass das Kind nun nicht mehr zu übersehen sei. Man sehe eine »Riesenkugel«, auch antworte das Kind, wenn er den Bauch seiner Frau streichelt:

> Herr S.: »Wenn ich da so 'n bisschen so streichel oder so 'n bisschen eben halt so tüddel, denn kommt denn gleich so 'ne Antwort.« (2/1)

Herr S. erzählt, dass das Kind mittlerweile sehr wohl einen Platz in seinen Gedanken einnehmen würde, auch plane man mittlerweile doch ein bisschen mehr. Was die nahende Geburt betrifft, so zeigt sich Herr S. ambivalent. Einerseits wünscht er sich, dass das Kind nun bald auf die Welt kommen möge: »Also ich mein, das ist ja wie Weihnachten und die Tür geht nicht auf« (2/11), andererseits befürchtet er, dass es dann beispielsweise mit seiner Nachtruhe vorbei sein wird. Unklar ist für Herrn S. auch, ob er bei der Geburt dabei sein möchte. Er erzählt, dass seine Frau aktuell einen Geburtsvorbereitungskurs besuche, der ohne die Männer stattfinde. Für ihn sei das in Ordnung, da es hier ja stärker um die »fraulichen Probleme« (2/13) gehen würde. Herr S. erzählt, dass er bisher von seinen Freunden nicht gefragt worden sei, wie es ihm als werdender Vater geht. Er seinerseits hätte dies andere werdende Väter ebenfalls noch nicht gefragt. Auch im zweiten Gespräch betont Herr S. dasjenige, was seiner Überzeugung nach seine Frau und ihn im Hinblick auf die sich ankündigende Elternschaft unterscheidet. Mögliche gemeinsame Erfahrungsbereiche werden von ihm nicht thematisiert. Mann und Frau scheinen für ihn während der Schwangerschaft in verschiedenen Welten zu leben:

> Herr S.: »Ich denke schon, dass ich das anders erlebe, weil ich ja auch damit nicht soviel zu tun habe. Meine Frau muss eben halt den ganzen Tag damit rumlaufen, sag ich jetzt mal so brutal, und hat letztendlich alles auszustehen, was da ist. (...) Hab ich ja im Prinzip nichts mit zu tun.« (2/3)

Herr S. betont vor allem die Belastungen, die mit einer Schwangerschaft einhergehen, von denen er sich weder körperlich noch psychisch betroffen sieht. Herr S., darauf weist auch die folgende Äußerung hin, scheint die Theorie zu haben, dass es einen unmittelbaren Zusammenhang zwischen der körperlichen Betroffenheit durch die Schwangerschaft und dem Grad der inneren Beteiligung an den Fragen gibt, die an diese anknüpfen:

> Herr S.: »Ich muss mir um genug andere Sachen 'nen Kopf machen und bin deswegen nicht ganz so mit diesem, ja, wie soll ich das sagen, täglich damit so intensiv zusammen. Ich hab auch nicht soviel Zeit.« (2/6)

3.1.5. Herr L.: »Man setzt sich eigentlich mehr mit seinen Ängsten auseinander«

Als eine weitere Perspektive sei im Folgenden die von Herrn L. vorgestellt. Herr L. hebt im ersten Gespräch hervor, dass er einen eigenen Zugang zum Kind vermisse. Viele Erfahrungen, so stellt er bedauernd fest, könne er nur aus zweiter Hand, eben vermittelt durch seine Freundin machen. Dies impliziere auch, dass sich ihre Perspektive auf ihn übertragen würde. Herr L. ist der Überzeugung, dass der Weg zum Kind zunächst einmal über den Körper bzw. über Körpererfahrungen führt. Dieser Zugang sei ihm als Mann verschlossen. Das Kind erlebt er als verborgen, als in den Körper seiner Freundin eingeschlossen und demzufolge als für ihn schwer zu erreichen. Herrn L. beunruhigt es, dass seine Freundin und ihn so viele Sorgen und Ängste beschäftigen. Diese hätten mit Fragen zu tun, die das spätere Zusammenleben, die Alltagsgestaltung, vor allem aber die Gesundheit des Kindes betreffen würden. Herrn L. überrascht es, dass er sich schon jetzt so stark um das Kind sorgt. Er macht sich viele Gedanken darüber, wie und ob es zu realisieren ist, dass sich im Umgang mit dem Kind eben nicht die traditionellen Geschlechterrollen einspielen werden. Herr L. wünscht sich, hier einen anderen Weg zu finden und mehr Gleichheit zwischen der väterlichen und der mütterlichen Beziehung zum Kind herstellen zu können. Ein Vater, der Distanz hält und sich nicht kümmert, so betont er, möchte er auf keinen Fall werden.

Im zweiten Gespräch berichtet Herr L., dass sich seine Wahrnehmung verändert habe. So würden ihm Erwachsene mit Kindern viel stärker auffallen, auch sei diesbezüglich ein anderes Interesse entstanden. Herr L. schildert, dass es mittlerweile auch Phantasien gebe, die sich auf die Zeit nach der Geburt beziehen. Auch erscheine ab und zu »so 'n Kind vor dem geistigen Auge« (2/4), dieses hätte jedoch noch keine persönlichen Züge. Sich so wie seine Freundin mittels Bücher auf die Zeit nach der Geburt vorzubereiten, liege ihm nach wie vor nicht. Herr L. schildert, dass er sich lieber auf andere Weise mit dem Kind beschäftige und sich um dieses kümmere. So wolle er z. B. eine Wickelkommode bauen. Die Perspektive, dass er und seine Freundin ein Kind bekommen, so betont er, sei insgesamt viel konkreter geworden. Nach wie vor wäre es für ihn jedoch schwierig, »eigene positive Vorstellungen über konkret das Kind, was wir bekommen werden« (2/20), zu entwickeln. Dies liege auch daran, dass Kindsbewegungen das Einzige seien, was er vom Kind unmittelbar mitbekommen würde. Im zweiten Gespräch schildert Herr L. darüber hinaus, dass für ihn emotional nach wie vor die Beschäftigung mit Ängsten und antizipierten Problemen im Vordergrund stehen würde:

> Herr L.: »Was wird das für 'n Kind, und wie kommen wir als Paar damit klar, und wird es 'n Junge oder 'n Mädchen, ist es gesund oder krank? – das sind Dinge, mit denen man sich so auseinandersetzt. Man setzt sich eigentlich mehr mit seinen Ängsten auseinander oder mit Problemen, die kommen könnten, und viel weniger mit einem Menschen, den es jetzt zu begrüßen gilt. Also das kommt erst noch. Ich denke der Zeitpunkt, wo es endlich da ist, (...) da kommen auch die positiven Dinge ins Spiel. Und jetzt ist erstmal so das Stirnrunzeln, wie wird es werden? Die Ungewissheit.« (2/1)

Herr L. führt mit einem selbstkritischen Unterton aus, dass er sich aktuell stärker mit seinen Befürchtungen als mit dem realen Kind auseinandersetzen würde. Er wartet auf die Geburt des Kindes, die er insofern als einen Wendepunkt imaginiert, als dann das Kind als konkretes Gegenüber in Erscheinung tritt und – so vermutlich seine Hoffnung – damit seinen Ängsten und Befürchtungen etwas entgegenzusetzen vermag. Zum Zeitpunkt des Gespräches sieht Herr L. wenig Möglichkeiten, seine Ängste zu relativieren. Er scheint zudem das Gefühl zu haben, dass es dem Kind nicht gelingt, sich gegenüber den Phantasien der Eltern oder den Phantasien der Familie zu behaupten; Herr L. erlebt es gewissermaßen als von diesen »zugedeckt«:

> Herr L.: »Es existiert noch so richtig gar nicht, es existiert nur dieses Problemfeld hätte ich fast gesagt. Was sagt die Oma dazu, und was sagt die andere Oma dazu? Das Taufkleid kommt von den Großeltern oder von den Großeltern? – das sind alles solche Sachen, mit denen man sich auseinandersetzt. Und das hat wenig mit dem Kind zu tun. Das sind so gesellschaftliche Dinge, die da 'ne Rolle spielen, das sind die eigenen Ängste, die da 'ne Rolle spielen, aber das Kind, das verschwindet dahinter.« (2/2)

Herr L. erzählt ferner, dass er positiv besetzte Vorstellungen vermisse, die sich auf die Zeit nach der Geburt beziehen. Ihn beschäftigt die Frage, wie er zu diesen kommen bzw. wie er diese finden kann.

3.1.6. Diskussion

Die hier ausgewählten und entfalteten »Portraits« sollen veranschaulichen, wie verschieden sich die Erfahrungen, Sichtweisen und Gefühle darstellen können, die im Zusammenhang mit dem sich entwickelnden pränatalen Beziehungsdreieck stehen. Die gewählte Darstellungsform ist somit auch dramaturgisch intendiert. Das, was sich jeweils in der Schwangerschaft zwischen werdender Mutter und Ungeborenem, zwischen werdendem Vater und Ungeborenem sowie zwischen werdender Mutter und werdendem Vater »abspielt«, kann sehr unterschiedlich wahrgenommen und interpretiert werden, es erfährt eine Bedeutungszuschreibung, die sich aus vielen Quellen speist. Besagte Bedeutungszuschreibung wiederum bleibt nicht folgenlos, sie stellt jeweils andere Weichen, wie an späterer Stelle deutlich werden wird. In der Vielfalt der Erlebniswelten werden aber auch Gemeinsamkeiten deutlich, die darauf hinweisen, dass es eben nicht nur um ideosynkratische Prozesse geht. Man stößt hier auf typische Erfahrungshorizonte, die ihrerseits auf einen spezifischen kulturellen Kontext verweisen, der jedoch keineswegs offen zutage treten muss. Diese imponieren dann u. U. als Selbstverständlichkeiten, die nicht weiter hinterfragt werden. Derartige Erfahrungshorizonte stellen sich somit als Tatsache und eben nicht als das Resultat einer unbewussten Bedeutungszuschreibung dar, die ihren spezifischen kulturellen und historischen Kern hat (wie beispielsweise die Annahme, dass sich durch die Schwangerschaft »natürlich« eine besonders intensive Beziehung zwischen Mutter und Kind entwickelt). Im Weiteren soll das, was hier zunächst einmal sehr abstrakt formuliert wurde, exemplarisch am Interviewmaterial entfaltet werden. Davor möchte ich jedoch noch einmal auf die vorgestellten Portraits zurückkommen und dabei einige mir zentral erscheinende Gemeinsamkeiten und Differenzen herausarbeiten.

Deutliche Unterschiede zwischen den Gesprächspartnern werden im Hinblick auf die Frage deutlich, wie präsent für sie jeweils der Umstand ist, dass ein Kind unterwegs ist und sie Vater werden. Die Spannbreite des Erlebens bewegt sich hier zwischen den Polen: »Dass ein Kind unterwegs ist und ich Vater werde, ist für mich noch relativ unwirklich« und: »Von Anfang an habe ich die Schwangerschaft als wirklich erlebt, in gewisser Weise begleitet mich das Kind schon jetzt«. Unterschiedliche Antworten gibt es auch im Hinblick auf die Frage, ob man bereits von einer Beziehung zum Kind sprechen könne. Trotz des Umstandes, dass dieser Begriff von den Gesprächsteilnehmern unterschiedlich gefüllt wird, lassen die in diesem Zusammenhang gemachten Äußerungen auf sich deutlich unterscheidende Bindungsgrade schließen. Einig scheinen sich die Interviewpartner insofern zu sein, als sie alle davon ausgehen, dass ihnen als Mann Erfahrungsbereiche verschlossen bleiben, die sie im Hinblick auf die aktuelle sowie im Hinblick auf die spätere Beziehung zum Kind als relevant bewerten. Die werdenden Väter sind davon überzeugt, dass ihre Partnerin und das Kind aufgrund der Schwangerschaft eine innigere Beziehung zueinander entwickeln. Was sich jedoch z. T. erheblich unterscheidet, ist die Bewertung dieser Annahme wie auch das, was aus dieser folgt.

Vergleicht man die sich im Erleben der werdenden Väter entfaltenden Triaden, so zeigen diese eine interessante Bandbreite: Herr A. scheint sich bereits zum Zeitpunkt des ersten Interviews emotional in einer triadische (Familien-)Struktur zu bewegen. Wenn er mit Verwunderung vermerkt, »das ist das Komische, dass man sich innerlich darauf einstellt«, dann bringt er hiermit zum Ausdruck, dass er dem Dritten einen Platz einräumt. Herr A., so lässt sich vermuten, beginnt, das Kind emotional anzuerkennen, ein Umstand, der sich eben auch im (sich verändernden) Alltagsleben niederschlägt. Herr A. spricht aber auch davon, dass er das sich entfaltende triadische Beziehungsgeflecht als asymmetrisch erlebt (er erlebt sich als nicht auf dem »gleichen Level« wie die Partnerin). Seine Ausführungen legen nahe, dass er sich darum bemüht, dieses stärker auszubalancieren. Vergleichsweise ähnlich scheint es sich bei Herrn J. zu verhalten. Dessen Äußerungen lassen vermuten, dass auch er das Kind bereits zum Zeitpunkt des ersten Interviews emotional anerkennen kann. Wenn Herr J. sagt, »insofern ist das Kind schon in unser Leben getreten«, dann teilt sich darin mit, dass in seinem Erleben die Triade bereits existent ist. Deutlich kommt in seinen Äußerungen aber auch das Erleben einer Asymmetrie zum Ausdruck: Mutter und Kind teilen seiner Überzeugung zufolge etwas, von dem er selbst sich ausgeschlossen sieht. Die von ihm im doppelten Sinne als »wachsend« erlebte Verbindung zwischen Mutter und Kind sowie das Gefühl, bestimmte Erfahrungen der Partnerin nicht teilen zu können, scheinen ihn zu beunruhigen und auch zu kränken. Herr J. spricht zugleich aber auch an vielen Stellen von dem, was seine Partnerin und er teilen (können). Spricht er in diesem Zusammenhang von »wir«, so bezieht sich dies anscheinend nicht nur auf das Paar selbst, sondern verweist darüber hinaus auf eine sich entwickelnde Elternrepräsentanz, die eine neue Verbindung schafft. Auf eine sich entwickelnde Elternrepräsentanz weist auch das von Herrn O. beschriebene abendliche Ritual hin: Er und seine Frau wenden sich hier gemeinsam dem Kind zu und versuchen, diesem etwas Gutes zu tun und es »einzubinden«. Im Unterschied zu Herrn J. scheint Herr O. seine Partnerin und das Kind jedoch in einem weitaus stärkeren Maße als Einheit wahrzunehmen. In diesen Zusammenhang gehört auch, dass er seine Partnerin als Schaltstelle erlebt, über die sich nahezu ausschließlich der »Kontakt« zwischen werdendem Vater und Kind vermittelt: Will er mit dem Kind in Kontakt kommen, dann glaubt er, dass dies nur über sie möglich ist. Für Herrn S. wiederum scheint die dritte Position der entstehenden Triade noch relativ blass und unwirklich zu sein. Sie erfährt eine geringe Besetzung, was nicht zuletzt darin zum Ausdruck kommt, dass das Kind und damit auch die Position des Dritten in seinen bewussten Phantasien wenig Raum einnimmt. Auch in den Schilderungen von Herrn

L. geht es um eine Triade, die sich jedoch nicht aus den drei Eckpunkten werdender Vater - werdende Mutter - Kind zusammensetzt. Die dritte Position scheinen hier die Fragen und Sorgen einzunehmen, die mit der sich ankündigenden Elternschaft verbunden sind; diese überschatten der Einschätzung von Herrn L. zufolge das reale Kind.

3.2. Für meine Partnerin ist es anders als für mich

Sowohl in dem ersten als auch in dem zweiten Gespräch, das ich mit meinen Interviewpartnern geführt habe, wird vielfach thematisiert, dass Mann und Frau während der Schwangerschaft sehr unterschiedliche Möglichkeiten hätten, sich auf das heranwachsende Kind zu beziehen und sich auf die nahende Elternschaft einzustellen. Der biologischen Tatsache, dass das Kind im Leib der Mutter heranwächst und mit diesem körperlich verbunden ist, wird dabei eine große Bedeutung zugesprochen. Im Folgenden wird es zum einen um die Frage gehen, was genau sich der Auffassung der werdenden Väter zufolge für ihre Partnerinnen anders darstellt als für sie selbst, und zum anderen um die Frage, welche Bedeutung sie der von ihnen wahrgenommenen Differenz zuschreiben.

Äußern sich die Interviewpartner zu ihrer sich ankündigenden Vaterschaft, so tun sie dies häufig im Vergleich oder in Abgrenzung zu der sich ankündigenden Mutterschaft ihrer Partnerinnen. Hierbei heben sie die leibliche Verbindung zwischen der werdenden Mutter und dem Ungeborenen hervor, der sie eine große Bedeutung zuschreiben:

> Herr A.: »Ich finde schon, dass es für sie anders ist, denn sie hat den körperlichen Aspekt noch dabei (...). Sie hat da schon mehr darunter zu kämpfen als ich, der eigentlich daneben sitzt und sich das alles anguckt. Dort verändert sich was, ich hab keine körperlichen Mangelerscheinungen oder Anderungen.« (1/13) »Das ist bei uns auch klar, dass sie schon den schmerzhafteren und steinigeren Weg hat als ich, der Mitläufer ist in der Beziehung.« (1/15)

Frauen, so klingt es hier an, haben zwar einerseits die Last einer Schwangerschaft zu tragen, andererseits jedoch den Vorteil, dass sie – anders als die werdenden Väter – an und in sich eine konkrete Veränderung wahrnehmen können. Hervorgehoben wird ferner, dass die Partnerin somit zu einem früheren Zeitpunkt als man(n) selbst die Existenz der Schwangerschaft realisieren könne:

> Herr A.: »Sie fing ja auch früher an, das zu merken, dass da wirklich was ist. Wesentlich früher als ich. Ich hab das ja erst gesehen, als der Bauch eben halt etwas dicker wurde.« (1/13)

Eine werdende Mutter, so eine weitere Äußerung, könne in sich »hineinhorchen« und somit in anderer Weise, als es einem werdenden Vater möglich ist, die tatsächliche Existenz des Kindes realisieren:

Herr K.: »Es antwortet nicht oder macht sich mir nicht bemerkbar, weil ich es noch nicht spüren kann. So bei meiner Partnerin ist es anders (...), die kann auch ganz anders in sich hineinhorchen.« (1/15)

Deutliche Unterschiede zwischen den Geschlechtern werden von den Interviewpartnern auch hinsichtlich der Frage wahrgenommen, für welchen der beiden Partner welcher Inhalt zu welchem Zeitpunkt relevant ist. Exemplarisch hierzu die Äußerung eines werdenden Vaters, der seine Partnerin in diesem Zusammenhang als eindeutig schneller als sich selbst und somit ihm vorauseilend wahrnimmt:

Herr L.: »Also I. hat für meine Begriffe da 'n ziemlich rasantes Tempo an den Tag gelegt. War also grade bekannt, dass sie in anderen Umständen ist, da hat sie schon die Namensbücher gewälzt. Und es ging mir denn noch – nicht vorbei, aber es war für mich irgendwie später wichtig.« (1/8–9)

In den Interviews wird weiterhin die Überzeugung zum Ausdruck gebracht, dass der werdenden Mutter ständig präsent sei, dass sie schwanger ist. Sie könne hiervon nicht Abstand nehmen und sei auch aus diesem Grund permanent mit dem Kind in Kontakt. Da einem Mann diese Form der körperlichen Bezogenheit fehle, könne er sich nicht nur räumlich, sondern eben auch psychisch weitaus einfacher von der Schwangerschaft und dem, was diese symbolisiert, distanzieren:

Herr P.: »Eine Frau spürt das ja die neun Monate von früh bis spät, in der Nacht und immer. Und wenn ich zur Arbeit gehe, dann denk ich nicht immer permanent daran.« (2/7)

Herr O.: »Die Frau ist diejenige Person, die das Kind täglich mit rum trägt, die täglich, stündlich oder auch minütlich damit konfrontiert ist. (...) Ich kann mich mal eben zwei Stunden raus denken, das kann meine Frau nicht. Sie ist immer damit verbunden.« (2/26)

Eine Frau, so die folgende Äußerung, erlebe nicht nur die Schwangerschaft, sondern auch das Kind selbst weitaus intensiver als der Mann:

Herr J.: »Sie erfährt es halt auch viel intensiver, einfach weil sie es bei sich trägt, den ganzen Ärger hat, getreten wird, und einfach die Kindsbewegungen jetzt auch schon sehr intensiv spürt.« (2/19)

Frauen, so eine weitere zum Ausdruck gebrachte Überzeugung, können sich im Laufe der Schwangerschaft körperlich auf das Kind und die sich ankündigende neue Lebenssituation einstimmen, während Männer sich hier mit vergleichsweise abstrakten Möglichkeiten begnügen müssen:

Herr F.: »Die Frau kann sich eben körperlich darauf einstellen und wächst eben mit dem Kind sehr viel intensiver und sehr viel mehr. Und der Vater oder der Mann, der kann sich halt eben nur mental darauf einstellen.« (2/15)

Im ersten Satz der genannten Äußerung werden zwei Themen in einen unmittelbaren, zwingenden Zusammenhang gestellt: Für Herrn F. scheint die Tatsache, dass das Kind im Mutterleib heranwächst, eben auch zu bedeuten, dass Mutter und Kind im übertragenen Sinne zusammenwachsen. Zwischen Mutter und Kind, diese Annahme klingt hier weiterhin an, entwickelt sich in dieser Zeit quasi naturwüchsig eine Verbindung, die eben intensiver und stärker ist als die zwischen Vater und Kind. Diese Annahme wird implizit und explizit in vielen Interviews zum Ausdruck gebracht. Im Folgenden sollen verschiedene Spielarten dieser Einschätzung dargelegt werden. Der nachstehende Interviewpartner schildert, dass er es für sich als weitaus schwieriger als für seine Partnerin erlebt, eine Beziehung zum Kind aufzubauen. Diesen Umstand erklärt er sich wie folgt:

> Herr A.: »Ich finde es schwerer, 'ne Beziehung zum Kind herzustellen, weil sich das verzögert. Man ist nicht auf dem gleichen Level wie die Partnerin. Also ich fang wesentlich später damit an als sie. Das geht so ab dem dritten, vierten Monat erst richtig los, weil da auch Veränderungen auftreten. (...) Von daher hänge ich einfach hinten dran. Von daher würde ich sagen, ich hab es schwerer, da 'ne Beziehung auch hinzukriegen und zu merken, dass da wirklich jetzt auch was ist, was schon lebt, was schon da ist.« (1/14)

Herr A. betont, dass für ihn die Schwangerschaft erst zu einem späteren Zeitpunkt als für seine Partnerin sinnlich nachvollziehbar gewesen sei. Diesem Umstand gibt er eine große Bedeutung. Herr A. sieht seine Partnerin im Vorteil; sie, so glaubt er, habe im Hinblick auf die Entwicklung einer Beziehung zum Kind einen zeitlichen Vorsprung, der zu einer Unwucht zwischen den Partnern führe. Die Überzeugung, dass es eine Korrespondenz zwischen der körperlichen Erfahrung der Schwangerschaft und dem Grad der inneren Beteiligung gibt, kommt in der folgenden Äußerung zum Ausdruck. In den sich anschließenden Zitaten teilt sich die Annahme mit, dass die körperliche Nähe zwischen der Partnerin und dem ungeborenen Kind eine emotionale Entsprechung hat:

> Herr S.: »Für sie ist es ja sowieso von Anfang an ein ganz anderes Verhältnis. Zwangsläufig, denk ich mal, körperlich bedingt.« (2/2) »Meine Frau macht sich ja mehr Gedanken, muss ich sagen. Klar, sie trägt es ja auch rum.« (1/6)
>
> Herr O.: »Man kann bestimmt nie die Nähe spüren, die die Mutter spürt.« (1/4)
>
> Herr A.: »Meine Partnerin hat 'nen besseren Draht im wahrsten Sinne dazu.« (1/15)

Die Interviewpartner sind der Meinung, dass ihre Partnerin während der Schwangerschaft eine Beziehung zum Kind entwickelt, die sich qualitativ von der, die sie selbst zum Kind entwickeln können, unterscheidet. Wie die nachstehende Äußerung verdeutlicht, wird nicht nur davon ausgegangen, dass die werdende Mutter aufgrund der körperlichen Verbundenheit eine besondere Nähe zum Kind aufbaut, sondern umgekehrt auch das Kind zur Mutter:

Herr J.: »Ich glaube, da entwickelt sich diese starke Bindung. Schon einfach der Tatsache wegen, dass die Frau das Kind zuallererst einmal neun Monate mit sich herumträgt. Das Kind da auch viel mehr die Mutter erfährt als den Vater, während man als Vater bestenfalls temporär anwesend sein kann, indem man nur von außen sich bemerkbar macht, denn die Mutter ist ja ständig dabei. Das Kind nimmt jedes Körpergeräusch der Mutter wahr (...), die Stimme der Mutter, vielleicht sogar schon den Geruch der Mutter.« (1/16)

Herr J. zeigt sich überzeugt davon, dass das Kind im Zeitraum der Schwangerschaft eine weitaus stärkere Bindung zur Mutter aufbaut als zum Vater. Mit der Mutter sei das Kind permanent zusammen, diese nehme das Kind sinnlich wahr und sei somit auch diejenige Person, mit der das Kind in erster Linie vertraut werde.

In den zitierten Überlegungen kommt die Überzeugung zum Ausdruck, dass im Zeitraum der Schwangerschaft zwischen Mutter und Kind etwas entsteht, was dem Vater vorenthalten bleibt und von dem dieser ausgeschlossen ist. Die werdenden Väter nehmen an, dass in dieser Zeit die Mutter-Kind-Beziehung aufgrund körperlich-biologischer Gegebenheiten eine nachhaltige Stärkung erfährt. Scheinbar naturwüchsig wird der Einschätzung der Interviewpartner zufolge hier ein Band zwischen werdender Mutter und Ungeborenem geknüpft, das dieser Beziehung eine andere Qualität verleiht als der entstehenden Vater-Kind-Beziehung. Fasst man zusammen, was in diesem Kontext zum Ausdruck gebracht wurde, so stellt sich die Partnerin für die Interviewpartner als diejenige Person dar:
– die den körperlichen Aspekt noch dabei hat,
– die den steinigeren und schmerzhafteren Weg hat,
– an und in der sich etwas verändert,
– die früher merken kann, dass da wirklich etwas ist und lebt,
– die in sich hineinhorchen und das Kind spüren kann,
– die die Schwangerschaft und das Kind intensiver erlebt,
– die immer mit dem Kind verbunden und mit der Tatsache der Schwangerschaft konfrontiert ist,
– der sich das Kind bemerkbar macht,
– die sich körperlich einstellen und umstellen kann,
– die einen Vorsprung hat,
– die mit dem Kind zusammenwächst,
– die eine große Nähe zum Kind spürt,
– die einen besseren Draht zum Kind hat.

Explizit und implizit weisen die genannten Äußerungen darauf hin, dass die werdenden Väter davon überzeugt sind, dass sich zwischen ihrer Partnerin und dem Kind quasi naturhaft eine Verbindung entwickelt, die nicht einfach nur anders, sondern stärker als die Vater-Kind-Beziehung ist. Keiner der Interviewpartner stellt diese Überzeugung, die auch eine kulturelle

Absicherung erfährt, in Frage. Nur andeuten möchte ich an dieser Stelle, dass die werdenden Väter mit dem Beziehungsvorsprung, den ihrer Auffassung nach Mutter und Kind haben, sehr verschieden umgehen. Zu erkennen sind hierbei folgende Grundmuster, die sowohl wechseln als sich auch ergänzen können:
– es hinnehmen und nicht in Frage stellen,
– es bedauern und betrauern,
– die Partnerin als »Vermittlerin« ansprechen,
– sich um einen (eigenen) Zugang zum Kind bemühen.
– eine »Position« aufsuchen, die sich deutlich von der der Partnerin unterscheidet.

3.3. Als werdender Vater bleibt einem vieles verschlossen

In den Gesprächen, die vor der Geburt des Kindes stattfanden, sprechen einige Interviewpartner darüber, dass sie es für sich als werdende Väter schwierig erleben, die Existenz der Schwangerschaft zu realisieren und in sich wirklich werden zu lassen. Von dem Kind selbst, so wird mehrfach betont, bekomme man als Mann zunächst wenig mit. Im Folgenden wird es um das Phänomen gehen, dass die werdenden Väter das Gefühl haben, ihnen bleibe im Unterschied zur Partnerin vieles verschlossen. Diese Einschätzung soll zunächst exemplarisch an der Äußerung eines Interviewpartners nachgezeichnet werden:

> Herr L.: »Und da hab ich so das Gefühl, dass ich in zweiter Hand erst dran bin, weil vieles ist ganz unmittelbar mit meiner Freundin verbunden. Sie trägt das Kind, sie hat die körperlichen Reaktionen, sie hat auch mehr ein Gefühl für die ganze Sache. Sie spürt innerlich die Kindsbewegungen, und ich spüre sie von außen, aber irgendwie auch ganz anders. Und da hab ich so den Eindruck, dass sich viel von ihrer Sichtweite der Dinge dann auf mich überträgt. Z. B. die erste Zeit hat sie tierisch Stress gehabt mit hormonellen Problemen, also es kam zu Zwischenblutungen. Es war also Panik angesagt. (...) Eigentlich hat das mit dem Kind nichts zu tun, aber nichtsdestotrotz bildet sie auch irgendwie mein Verhältnis in dieser Phase. (...) Das vermisse ich auch 'n bisschen, dass ich da 'nen eigenen Zugang zu kriege, (...) dass ich da nicht unabhängig von bin. Und selbst kann ich ganz wenig eigene Wahrnehmung bemerken oder einfach heranziehen, weil einfach das Ganze über den Körper führt und ich da nicht Zugang zu habe. Es ist erst einmal verborgen, im Körper drinnen und demzufolge auch weit weg.« (1/3)

Herr L. bedauert es, dass er – im Gegensatz zu seiner Partnerin – keinen »unmittelbaren« Zugang zum Kind hat. Seine Freundin beschreibt er als direkt mit dem Kind verbunden, sie spüre »innerlich« – also in sich – die Gegenwart des Kindes, während er sich als ein Außenstehender erlebt, der nur indirekt – also von außen und vermittelt über seine Freundin – einen

Zugang zu dem Kind bekommen kann. Herr L. erlebt sich in dieser Hinsicht als auf seine Partnerin verwiesen und in gewisser Weise auch von dieser abhängig. Die obige Äußerung macht deutlich, dass er gerne auch einen eigenen Zugang zu dem Kind hätte und somit in dieser Hinsicht unabhängig von seiner Partnerin wäre. Der Umstand, dass dies nicht möglich ist, scheint für ihn in verschiedener Hinsicht problematisch zu sein. Wenn er davon spricht, dass sich ihre Sichtweise auch auf ihn übertrage, dann lässt dies vermuten, dass es ihm schwer fällt, sich von der Perspektive und Stimmungslage seiner Partnerin abzugrenzen. Dies scheint insbesondere dann problematisch zu werden, wenn ihrerseits Ängste und Sorgen im Vordergrund stehen, die dann auch zu seinen werden und darüber hinaus sein Gefühl zum Kind gestalten. Herr L. befindet sich in einem Dilemma: Einen eigenen Zugang zum Kind kann er nicht ausmachen, während sich zugleich für ihn der Zugang, den er vermittelt über seine Partnerin bekommt, als problematisch darstellt.

Betonen möchte ich noch einmal, dass die interviewten werdenden Väter der leiblichen Erfahrung der Schwangerschaft und damit auch dem körperlichen Bezug zum Kind eine immense Bedeutung zusprechen. Dieser wird als ein unmittelbarer Zugang zum Kind gesehen. Dass auch hier »Übersetzungsarbeit« in dem Sinne erforderlich ist, dass die jeweiligen Körperempfindungen von den werdenden Müttern in spezifischer Weise besetzt, interpretiert und projektiv aufgeladen werden müssen, wird von keinem Interviewpartner thematisiert. Dieser Umstand lässt vermuten, dass die werdenden Väter tendenziell die Bedeutung von körperlichen Prozessen für die Bindungsgenese überschätzen und die Bedeutung von psychischen Prozessen unterschätzen. Würde sich dies anders darstellen, dann könnten sie die – wie es ein Interviewpartner ausdrückt – »mentale« Beziehung zum Kind anders wertschätzen und sich u. U. stärker, als sie es jetzt tun, den Umstand zunutze machen, dass Vorstellungsbilder und Phantasien eben auch ein Medium sind, das eine Brücke zum Kind baut. Im Folgenden möchte ich noch einmal die Äußerungen aufgreifen, mit denen die Interviewpartner sich im pränatalen Beziehungsdreieck positionieren. Ein werdender Vater wird von ihnen als jemand erlebt, der:
– eher daneben steht, sich die Auswirkungen anguckt und seinen Teil rausziehen muss,
– Mitläufer ist,
– Zuschauer in der ersten Reihe ist,
– sich auch mal »raus denken« kann, mehr Distanz hat,
– hintendran hängt,
– erst später merkt, das da wirklich was ist, was schon lebt,
– es schwerer hat, eine Beziehung zum Kind herzustellen,

– Erfahrungen aus erster Hand vermisst,
– sich einen eigenen (körperlich-sinnlichen) Zugang wünscht,
– nie die Nähe spüren kann, die die Mutter spürt,
– auch gerne spüren möchte, was die Mutter spürt,
– wenig direkte Eindrücke hat und auf die Vermittlung der Partnerin angewiesen ist,
– damit nicht so viel zu tun hat,
– sich nicht körperlich darauf einstellen kann,
– eine »Antwort« bzw. eine Reaktion des Babys hervorzurufen versucht.

3.4. Werde ich meinen Platz im postnatalen Beziehungsdreieck finden?

In den Interviews gibt es viele Äußerungen, in denen sich sowohl implizit als auch explizit Phantasien und Vorstellungen mitteilen, die sich auf die postnatale triadische Beziehungsdynamik beziehen. Die dabei mitschwingenden Wünsche und Ängste sollen im Folgenden Gegenstand werden. Beginnen möchte ich mit der Perspektive eines werdenden Vaters, die viel von dem zum Ausdruck bringt, was auch andere Interviewpartner beschäftigt. Im Weiteren werden dann die Vorstellungen und Überlegungen weiterer Gesprächspartner hinzugezogen.

Mehrfach betont Herr F. im Verlauf des zweiten Interviews, dass ein Kind in seinen Augen eine Ergänzung sei. Anfänglich, so führt er aus, würde es zwar den »absoluten Mittelpunkt« (2/1) ausmachen, später müsste jedoch klar sein, dass das Kind nur ein Drittel der Familie ist:

> Herr F.: »Ein Kind muss halt auch merken, dass es, es soll 'ne Ergänzung sein, und es nimmt letztlich nachher nur 1/3 der Familie ein.« (2/15)

Wenn Herr F. unterstreicht, dass das Kind nur ein Drittel der Familie ausmachen soll, dann verweist dies auf die Befürchtung, dass es eben auch anders kommen kann. So könnte es passieren, dass das Kind nicht nur anfänglich, sondern dauerhaft im Mittelpunkt stehen und somit weitaus mehr als den dritten Teil für sich beanspruchen würde. Den anderen beiden Familienmitgliedern käme dann jeweils ein deutlich geringerer Anteil als das von Herrn F. ins Auge gefasste Drittel zu. Verschiedene Äußerungen seinerseits weisen darauf hin, dass er verhindern möchte, dass das Kind – metaphorisch ausgedrückt – zur Sonne wird, um das sich die Eltern wie Planeten drehen. Die nachstehende Äußerung zeigt, dass Herr F. davon ausgeht, dass sich seine Partnerin nach der Geburt auf das Kind konzentrieren und sich weniger auf ihn beziehen wird. Er geht ferner davon aus, dass die frühe Mutter-Kind-Beziehung deutlich stärker als die frühe Vater-Kind-Beziehung ist:

> Herr F.: »Das Gros fragt denn auch, wie geht es euch oder fragt gleich, wie geht es I.? Also dann bin ich erstmal so außen vor, und das ist natürlich auch 'n Punkt, den hab ich auch gelesen, viele Väter haben ja das Gefühl, mit dem Kind sind sie erstmal ausgebootet, nicht. Sie sind erstmal, stehen am Rande, sind nicht mehr so wichtig. Was von der Natur auch wahrscheinlich gewollt ist und auch vernünftig ist, dass erstmal die Mutter die ganz intensive Beziehung zum Kind aufbaut. Ich denke, das ist erstmal sehr viel wichtiger, denn wenn diese Beziehung getrennt wird, das wäre sehr viel schlimmer als jetzt die Vater-Kind-Beziehung. Weil die ja so in dem Maße noch gar nicht da war wie bei der Mutter, die jetzt schon zehn Monate mit dem Kind rumgelaufen ist und eben die körperliche Nähe und die Stimme und das Herz und all solche Dinge. Und dann eben auch, dass Väter dann erstmal 'ne Nebenrolle spielen. (...) Und das muss man aber, oder nehme ich mir jedenfalls vor, dass man das eben um Gottes willen nicht persönlich nehmen darf, dass jetzt die Frau vielleicht irgendwie, ich will nicht sagen abweisend ist, aber dass man das halt merkt, sondern das eben so hinnimmt und sagt, okay, jetzt ist das Kind da, jetzt sind in diesem Moment andere Dinge wichtig.« (2/12)

Herr F. spricht hier zunächst von einer aktuellen Erfahrung: Er hat den Eindruck, dass sich sein soziales Umfeld vor allem für das Wohlergehen und für die Befindlichkeit der werdenden Mutter interessiert. Seine eigene Position beschreibt er in diesem Zusammenhang als »außen vor«. Daran anschließend kommt Herr F. auf die Zeit nach der Geburt eines Kindes zu sprechen. Er bringt die Vermutung zum Ausdruck, dass sich die Männer häufig »ausgebootet« fühlen und sich im familialen Gefüge als am Rande stehend erleben würden. Herr F. spricht es zunächst nicht aus und dennoch wird deutlich, dass er befürchtet, künftig ebenfalls den von ihm skizzierten Bedeutungsverlust zu erleiden. Seine aktuelle Erfahrung würde in dieser Perspektive etwas vorwegnehmen, was u. U. nach der Geburt des Kindes in noch stärkerem Maße auf ihn zuzukommen droht. Herr F. nimmt sich vor, die von ihm antizipierte Verhaltensänderung seiner Frau (sie konzentriert sich auf das Kind) nicht »persönlich« zu nehmen. Dieses Ansinnen kann auch als ein Versuch verstanden werden, der Gefühle Herr zu werden, die durch die Phantasie ausgelöst werden, dann womöglich nur eine Nebenrolle zu spielen und für seine Frau nicht mehr so wichtig zu sein. Die geäußerte Überzeugung, es müsse so sein, dass Mutter und Kind sich mit einer gewissen Ausschließlichkeit aufeinander beziehen und gewissermaßen ein ideales Paar bilden (es ist von der Natur gewollt), kann in diesem Zusammenhang als eine Rationalisierung interpretiert werden, die nicht zuletzt die Funktion hat, schmerzhafte Gefühle abzuwehren. Die folgende Äußerung zeigt, wie zweischneidig für Herrn F. die Phantasie ist, künftig zu dritt zu sein:

Herr F.: »Das ist so 'ne Gradwanderung. Auf der einen Seite finde ich es toll, wenn die Familien mit ihren Kinderwagen über die Straße rennen; und auf der anderen Seite ist dann aber auch, ja gut, dann musst du da dein Kind durch die Gegend schieben, um des Kindes willen. Und die Frage ist, was ist eigentlich mit uns in dem Moment? (...) Das sind eben die Ängste, weil man es noch nicht weiß oder nicht kennt. Und da muss ich mich ja auch so 'n bisschen auf das stützen, was eben aus dem Freundeskreis kommt. Die sagen, also diese Gefühle werden nachher so übermannt von den Vatergefühlen und diesen tollen Momenten, eben 'n Kind heranwachsen zu sehen.« (2/13)

Beobachtet dieser werdende Vater Familien, so scheint dies sowohl angenehme als auch unangenehme Gefühle zu evozieren. In einem solchen Zusammenhang, so beschreibt es Herr F., tauche in ihm die Frage auf, was eigentlich nach der Geburt des Kindes aus der Paarbeziehung werde. Dass hier auch die Befürchtung virulent ist, diese könne Schaden nehmen, wird nur indirekt deutlich, indem Herr F. von Ängsten spricht. Herr F., diese Vermutung liegt nahe, versucht sich zu beruhigen. Dies tut er zum einen, indem er das Gefühl der Angst mit mangelnder Erfahrung in Zusammenhang bringt, und zum anderen, indem er darauf setzt, dass potentiell schmerzliche oder negative Gefühle durch starke »Vatergefühle« kompensiert werden. Herr F. nimmt sich vor, die erste Zeit nach der Geburt ganz für Frau und Kind da zu sein. Wenn er davon spricht, dass er dazu bereit sei, hinten anzustehen, dann teilt sich damit auch die Phantasie einer zunächst asymmetrischen Dreieckskonstellation mit:

Herr F.: »Und dann mach ich drei Wochen Urlaub und werde ausschließlich für I. und für das Kind da sein und dann in dem Moment auch total hinten anstehen. Da bin ich auch bereit zu. Also das will ich auch, weil die ersten Tage und Wochen, die sind natürlich wichtig.« (2/22)

Die Überzeugung, dass die Mutter-Kind-Beziehung bereits zum Zeitpunkt der Geburt einen »Vorsprung« gegenüber der Vater-Kind-Beziehung hat, wird von vielen meiner Gesprächspartner geteilt. Mit ihr verknüpft sich z. B. die Frage, ob es als Vater möglich sein wird, besagten Vorsprung nach der Geburt wieder einzuholen:

Herr K.: Ein Vater, »der muss schon mehr in seiner Phantasie leben und sagen: ›Gut, was passiert, wenn das Kind dann da ist? Kann ich das dann wieder ausgleichen, die Zeit, oder kann ich das wieder aufholen dann?‹« (2/6)

Die Frage, ob es einem als Vater wohl gelingen wird, ebenfalls eine Bezugsperson des Kindes zu werden, teilt sich, wenn auch von anderen Voraussetzungen ausgehend, ebenfalls in der folgenden Äußerung mit:

Herr P. wünscht sich: »Dass nicht nur die Frau, die am Anfang sicherlich eher die Bezugsperson ist, aber dass ich da so schnell wie möglich rein wachse und nicht nur nebenher bin.« (2/8)

Wenn hier die Rede von »rein wachsen« ist, dann drückt sich darin implizit die Vorstellung aus, dass Mutter und Kind enger und selbstverständlicher miteinander verbunden sind als Vater und Kind. Eine ähnliche Vorstellung kommt auch in der nachstehenden Äußerung zum Ausdruck, in der ein werdender Vater darüber spricht, wie er sich nach der Geburt des Kindes im familialen Gefüge positionieren will:

> Herr O.: »Habe dann zwei Wochen Urlaub, (...) um mich um das Kind zu kümmern, die Mutter zu kümmern und bin halt eigentlich nur als Dienstleister da. So sehe ich mich dann in der Zeit, wo ich aber auch viel rausziehen kann, weil ich weiß, dass ich 'ne ganze Menge drum herum machen will und auch machen muss, damit Mutter und Kind wenigstens, diese Einheit, nicht zu stark beeinträchtigt wird. Und als Vater steht man da vielleicht doch manchmal wie Piekdoof daneben, kommt auf die Frau drauf an, wie sie mich dann einbindet in das ganze Geschehen.« (2/28–29)

Dieser Interviewpartner sieht sich zunächst als »Dienstleister«, der ganz für Mutter und Kind da sein will. Dies erachtet er als wichtig, um die Einheit, die Mutter und Kind seiner Überzeugung nach bilden (werden), zu schützen. Ob und inwiefern er Zugang zu der imaginierten Mutter-Kind-Dyade erhalten wird, scheint für ihn vor allem von der Aktivität und Bereitschaft der Partnerin abzuhängen. Die folgende Äußerung weist in eine ähnliche Richtung, auch hier wird der Partnerin der Status eines Gatekeepers zuerkannt:

> Herr P.: »Wenn die Mutter den Vater auch mit einbeziht in die Erziehung, dann ist das schon leichter für den Vater.« (2/11)

Auf die Frage, welche Wünsche er im Hinblick auf die zukünftige Vater-Kind-Beziehung hat, gibt ein weiterer Gesprächspartner die folgende Antwort:

> Herr J.: »Vielleicht auch 'n bisschen die eigentlich unvermeidliche Bindung zur Mutter 'n bisschen teilen zu können, mit teilen zu können.« (1/10)

Dieser Interviewpartner formuliert seinen Wunsch, dass das Kind auch zu ihm als Vater eine Bindung haben möge, sehr bescheiden und defensiv. Für ihn scheint schon jetzt entschieden zu sein, dass es ihm nicht möglich sein wird, eine vergleichbar intensive Beziehung zum Kind wie seine Frau aufzubauen. Herr J. erzählt in diesem Zusammenhang, dass einer seiner Freunde »Mutterschaftsurlaub« genommen und die ersten anderthalb Jahre die Betreuung des Kindes übernommen habe. Seine Frau habe »nur zum Stillen herhalten müssen« (1/10), wofür er zu ihrem Arbeitsplatz gefahren sei. Sowohl im ersten als auch im zweiten Interview kommt Herr J. darauf zu sprechen, dass das Kind dennoch eine engere Beziehung zur Mutter als zum Vater entwickelt habe. Wie er dies erlebt, das beschreibt er folgendermaßen:

Herr J.: »Ich fand das ungerecht. (...) Wenn das Kind geweint hat oder so was, dann wollte es immer zur Mutter und nicht zum Vater, und er war eigentlich immer derjenige, der ständig bei diesem Kind war, und trotz alledem hat er diese Beziehung nicht so eng zu dem Kind aufbauen können wie die Mutter, obwohl sie die meiste Zeit eigentlich nicht zu Hause war.« (2/9)

Implizit kommt hier die Überzeugung zum Ausdruck, dass Männer sich noch so viel Mühe geben können, letztlich aber doch nicht eine der Mutter-Kind-Beziehung adäquate Beziehung aufbauen bzw. doch nicht erfolgreich mit der Mutter konkurrieren können. Zum Ausdruck kommt ferner, dass nicht die konkrete Praxis (wer betreut das Kind?) als dafür maßgeblich angesehen wird, wen das Kind als Bindungsperson annimmt. Herr J. zeigt sich davon überzeugt, dass die Bindung des Kindes an die Mutter immer stärker sein wird als die an den Vater. Ein Umstand, der ihn empört und kränkt. Die nachstehende Äußerung weist darauf hin, dass er hier zugleich aber auch wenig Möglichkeiten sieht, in seinem Sinne Einfluss zu nehmen:

Herr J.: »Die Bindung ist da etwas stärker. Ganz offensichtlich. Das finde ich halt schon 'n bisschen ungerecht, dass man da so gar nicht eingreifen kann und sich so gar nicht beteiligen kann.« (2/9)

Auf meine Nachfrage, was dies für ihn bedeuten würde, antwortet Herr J.: »Man muss das Beste daraus machen.« (2/9) Auch der nachstehende Gesprächspartner beschäftigt sich mit der Frage, wie sich wohl die Mutter-Kind-Beziehung im Verhältnis zur Vater-Kind-Beziehung gestalten wird. Er erzählt, dass er als Kind stärker auf seine Mutter bezogen gewesen sei und eine solche Distanz, wie sie sein Vater zu ihm gehabt habe, zu seinem eigenen Kind nicht haben möchte. Besorgt erzählt er von den künftigen strukturellen Gegebenheiten (er arbeitet, seine Freundin bleibt zunächst zu Hause), die er im Hinblick auf die Erfüllung dieses Wunsches als kontraproduktiv erlebt. Herr L. bringt die Befürchtung zum Ausdruck, dass sich auch gegen seinen Willen die Beziehungsmuster im familialen Dreieck herstellen könnten, die er in seiner Herkunftsfamilie erlebt und gerade eben nicht wiederholen möchte (die traditionelle Geschlechtsrollenverteilung):

Herr L.: »Und das ist natürlich jetzt auch meine Angst, denn wir werden auch diese klassische Teilung zumindest in der ersten Zeit haben (...). Und ich hab natürlich auch Befürchtungen, dass sich Ähnliches einschleicht. Ganz einfach, weil das auch von der Struktur her alles so angelegt ist. (...) Das wären so Aussichten auf diese alte Rollenteilung zwischen Mann und Frau, unter der ich im Prinzip auch schon gelitten hab.« (1/12)

Die werdenden Väter machen sich Gedanken über die künftige Dreieckskonstellation. In den folgenden Äußerungen steht hierbei die Frage im Mittelpunkt, welche Auswirkungen das Kind auf die Paarbeziehung haben wird:

Herr O.: »Es ist auch sehr wichtig, finde ich, dass die Beziehung zwischen Vater und Mutter noch existiert. Dass zwar auch das Kind mit da drin 'ne Rolle spielt, aber dass man doch zusieht, dass man die Beziehung aufrecht erhält. Dass es uns wirklich noch gibt und dass wir dementsprechend auch zueinander stehen und uns noch dreimal fragen können, ob das richtig war, und immer noch zum selben Ergebnis kommen.« (2/17)

Für diesen werdenden Vater scheint es keineswegs selbstverständlich zu sein, dass die Paar- bzw. Liebesbeziehung, die er und seine Partnerin haben, auch nach der Geburt des Kindes noch bestehen wird. Wenn er davon spricht, dass es diese aufrechtzuerhalten gelte, und es für möglich erachtet, dass es das »uns« nicht mehr geben wird, dann klingt darin auch die Vorstellung an, dass die Paarbeziehung gegenüber dem Kind verteidigt werden muss. Würde dies nicht gelingen, so schwingt weiterhin mit, dann wäre zu befürchten, dass der Entschluss, Eltern zu werden, in Zukunft womöglich bereut würde. Nicht zufällig, darauf weist die folgende Äußerung hin, taucht im Zusammenhang dieses thematischen Horizontes der Begriff der »Dreierbeziehung« auf:

Herr L.: »Ich hab dann auch manchmal so Ideen so in Richtung, wir sind dann eigentlich keine Zweierbeziehung mehr, sondern wir sind 'ne Dreierbeziehung. Mit natürlich den ganzen Vorteilen. Man liebt noch eine Person mehr, und man wird auch noch von einer Person mehr geliebt. (...) Aber andererseits natürlich auch so Konkurrenzideen, die Dreierbeziehung halt. Und reibt sich das Paar nicht auch daran auf? Und wie das auch so ist mit Dreierbeziehungen, die sind ja immer ganz spannend. Es ist bestimmt noch 'was anderes, ob das nun ein Kind ist oder 'ne dritte, fremde Person, 'ne gleichwertige. Und irgendwo ist so 'ne Idee von diesen Chancen und diesen positiven Sachen, die da vielleicht drinstecken können, aber 'ne ganz vage Idee. Und die Schrecken, die sind also viel deutlicher.« (1/17)

Dieser werdende Vater fragt sich, was wohl geschehen wird, wenn sich die bestehende Paarbeziehung erweitert und eine dritte Person hinzukommt: Wird es dann auch weiterhin möglich sein, ein Liebespaar zu sein? Wird im Dreieck genügend Raum für die Zweisamkeit verbleiben? Auch wenn Herr L. darauf verweist, dass sich ein Beziehungsdreieck, innerhalb dessen ein Kind »der Dritte im Bunde« ist, ja von einem solchen unterscheide, innerhalb dessen einer erwachsenen Person diese Position zukommt, so klingt doch an, dass er sich vor der Dynamik der sich ankündigenden Dreieckskonstellation durchaus auch fürchtet. Herr L. spricht davon, dass er eine »vage Idee« davon habe, welche Chancen und Möglichkeiten mit einer Dreiecksstruktur verbunden sein könnten. Weitaus konkreter als das, was zu gewinnen ist, scheint für ihn allerdings dasjenige zu sein, was eine Dreieckskonstellation an möglichen negativen Konsequenzen mit sich bringt. Diese wiederum werden von ihm nur angedeutet: Wer schließt sich mit wem zusammen, wer wird ausgebootet, wo bilden sich libidinöse Allianzen, wo Rivalitäten? – das könnten Fragen sein, die sich für ihn stellen. Im Weiteren in diesem Zusammenhang eine Äußerung, die auf den ersten Blick einen ganz anderen Gegenstand zum Thema zu haben scheint. Als ich Herrn S. am Ende des zweiten Interviews frage, ob es noch etwas geben würde, was ihm im Hinblick auf die Leitfrage wichtig sei (Was bedeutet es für mich, Vater zu werden?), antwortet er folgendes:

> Herr S.: »Uff... Ja vielleicht, was mit der Schwangerschaft zusammenhängt. Die Frau verändert sich auch von der Form her, und da möchte man natürlich auch ganz gern, dass es nachher einigermaßen zurück sich entwickelt und nicht, dass soviel Babyspeck bei der Frau überbleibt, sag ich jetzt mal so brutal, wie das eben halt auch bei 'ner Bekannten von uns ist.« (2/18)

Herr S. bringt hier den Wunsch zum Ausdruck, dass die Schwangerschaft seiner Frau nicht dazu führen möge, dass diese dauerhaft ihre »Form« und damit eben auch ihre körperliche Attraktivität verliert. Interessanterweise spricht Herr S. in diesem Zusammenhang vom »Babyspeck«. Gemeinhin werden mit dem Begriff Babyspeck die Rundungen eines adoleszenten Mädchens bezeichnet, die nicht Folge der geschlechtlichen Reifung sind, sondern sich aus der Kinderzeit erhalten haben. Wenn Herr S. davon spricht, dass er sich wünsche, seine Frau möge ihren Babyspeck wieder verlieren, dann geht es hier anscheinend auch um den weitergehenden (unbewussten) Wunsch, die Partnerin möge wieder so sein, wie sie vor der Schwangerschaft war: Verlieren sollte sich in dieser Lesart zufolge dann nicht nur der Babyspeck, sondern eben auch das, was die Mutterschaft am Körper von Frau S. kenntlich macht. Die Sorge, dass jener Babyspeck bleibt, könnte so gesehen auch auf die Befürchtung verweisen, dass sich dieser dauerhaft zwischen ihn und seine Frau schieben könnte – gewissermaßen als Versinnbildlichung der Unlösbarkeit der Mutter-Kind-Beziehung. Dies wiederum würde implizieren, dass es keine exklusive Zweisamkeit bzw. keine körperliche/sexuelle Begegnung mehr geben würde, die das Kind definitiv ausschließt. Abschließend sei in diesem Zusammenhang die Perspektive eines weiteren Gesprächspartners genannt, in der stärker die Chancen einer Elternschaft für das Paar betont werden:

> Herr A.: »Wir haben uns irgendwie mehr aufeinander eingelassen, weil auf einmal ist was da oder es kommt was, was einen doch verbindet, mehr als irgendwie nur Liebe oder Gefallen aneinander. Sondern da ist wirklich was, was beide, wo beide zu beigetragen haben, und das kann man auch nicht mehr wegdiskutieren, wie alles andere vielleicht.« (1/1)

Dieser werdende Vater erzählt, dass sich die Schwangerschaft auch positiv auf die Beziehung zwischen ihm und seiner Frau ausgewirkt habe. Von ihm scheint das Kind als etwas Verbindendes und somit die Paarbeziehung Stärkendes erlebt und imaginiert zu werden. Im zweiten Gespräch greift Herr A. dieses Thema erneut auf. Er erzählt, dass seine Partnerin und er gerade auch im Zuge der Komplikationen, die sich im Laufe der Schwangerschaft ergeben hätten, noch stärker zusammengerückt seien. Herr A. betont, wie wichtig es ihm ist, dass das Paar auch eine eigenständige Beziehungseinheit bleibe. Darauf zu achten, nimmt er sich vor.

Auch der nachstehende Gesprächspartner sieht die gemeinsame Sorge um das Kind, das – wie er es nennt – »gemeinsame Bemuttern und Betüddeln« (2/13) als etwas Verbindendes. Er vermutet, dass es – abgesehen vom Stillen – vieles geben wird, was seine Partnerin und er werden teilen können:

> Herr J.: »Ich denk da immer, dass wir uns, also sofern wir das irgendwie zeitlich auch organisieren können, da irgendwie in erster Linie gemeinsam mit dem Kind beschäftigen werden. Wo ich halt abgemeldet bin, ist die Zeit, wo das Kind gestillt wird.« (2/13)

Herr J. erzählt jedoch auch, dass er gelesen habe, dass es nach der Geburt des Kindes zu »Eifersuchtsmomenten, die dann heftig um sich greifen« (2/8) kommen könnte. Er hofft, dass sich dies für ihn nicht so darstellen wird.

Der Gedanke an den oder die »Dritte im Bunde« löst bei den werdenden Vätern Ängste und ambivalente Gefühle aus. Neben denjenigen Phantasien, die Verlust- oder Ausschlusserfahrungen antizipieren, werden in den Interviews aber auch solche deutlich, die sich positiv auf die sich ankündigende Dreieckskonstellation beziehen. Im Kontext der Frage, ob es etwas geben würde, auf dass sie sich besonders freuen, skizzieren zwei werdende Väter jeweils eine Szene des (intimen) familialen Miteinanders, die sich dadurch auszeichnet, dass der familiale Trialog hier als harmonisches Miteinander imaginiert wird:

> Herr U.: »Ich freue mich z. B. wahnsinnig auf den Sonntagmorgen, wenn ich mit meiner Frau und dem Kind im Bett liege. Und dann wirklich wir drei zusammen kuscheln können.« (2/7)

> Herr P.: »Wenn es dann laufen kann und von alleine ankommt ins Bett.« (1/6)

Zusammenfassung und Diskussion

In vielen Äußerungen kommt die Phantasie zum Ausdruck, dass sich nach der Geburt des Kindes eine asymmetrische triadische Beziehungsstruktur entfalten wird. Die interviewten werdenden Väter gehen zunächst davon aus, dass Mutter und Kind sehr eng miteinander verbunden sein werden – so ist sogar von einer »Einheit« die Rede. Sie selbst verorten sich zunächst einmal außerhalb der imaginierten Mutter-Kind-Dyade. Wenn im Zusammenhang der vorgestellten postnatalen Triade von »aufholen«, »ausgleichen« oder »rein wachsen«[54] die Rede ist, dann teilt sich hier die Überzeugung mit, dass die Mutter-Kind-Beziehung bereits im Zeitraum der Schwangerschaft »gewachsen« ist und somit gegenüber der Vater-Kind-Beziehung einen Vorsprung hat. Ihr wird eine andere Selbstverständlichkeit, ja geradezu eine »in der Natur der Sache« liegende Zwangsläufigkeit zugeschrieben. Einzelne Äußerungen weisen weiterhin darauf hin, dass der Partnerin der Status eines Gatekeepers zuerkannt wird: Nicht der eigene Wunsch oder Wille, sondern ihr Einverständnis und ihre Bereitschaft, den Vater »einzubinden«, werden anscheinend als maßgeblich für das Schicksal der frühen Vater-Kind-Beziehung eingeschätzt.

Die werdenden Väter fragen sich, was nach der Geburt des Kindes aus der Paarbeziehung werden wird. Sie bringen in diesem Zusammenhang die Phantasie zum Ausdruck, dass sich die Partnerin dann primär dem Kind zuwenden und hier libidinös gebunden sein wird. Implizit teilt sich in den Äußerungen der Interviewpartner die Vorstellung mit, dass der hinzukommende Dritte – das Kind – die Position des Zweiten »erobern« wird, während sie selbst diese verlieren und in die Position des hinzukommenden Dritten rutschen werden. Die Ausführungen der Interviewpartner weisen darauf hin, dass sich mit der entstehenden Dreieckskonstellation gerade auch Ängste verbinden, die vor allem mit antizipierten Verlusterfahrungen zu tun haben. Die werdenden Väter rechnen damit, nach der Geburt des Kindes vergleichsweise weniger wichtig für die Partnerin zu sein und vergleichsweise weniger Aufmerksamkeit als bisher zu genießen. In diesen Zusammenhang gehört auch die Phantasie, die Partnerin als Liebesobjekt erst einmal an das Kind zu verlieren. Diese schwingt z. B. in der Frage mit: Wird es uns dann noch geben? Ein werdender Vater spricht davon, dass sich viele Männer »ausgebootet« fühlen würden. Dieser Begriff scheint mir eine anschauliche Metapher für die unbenannten und dem Bewusstsein zunächst einmal nicht zugänglichen Ängste zu sein, die in vielen Äußerungen mitschwingen: Wer ausgebootet wird, der wird vom Mutterschiff getrennt, er wird ausgesetzt und bleibt sich selbst überlassen. Festhalten möchte ich aber auch, dass sich mit dem familialen Trialog auch positive Vorstellungen verbinden. So wird der »Dritte im Bunde« nicht nur als potentieller Rivale imaginiert, sondern eben auch als ein gemeinsamer Bezugspunkt und somit als Bindeglied für das Paar. Abstrakter formuliert verknüpft sich in dieser Perspektive mit dem Kind der Wunsch, dass es das Dritte sein möge, in dem sich das Paar spiegeln und verstetigen kann.

---

[54] Der zum Ausdruck gebrachte Wunsch, möglichst schnell »rein zu wachsen«, erinnert an eine berühmt gewordene Zeile Schillers. Dieser lässt in der Bürgschaft seinen Helden Dionys die folgende Bitte äußern: »Ich sei, gewährt mir die Bitte, in eurem Bunde der Dritte.«

3.5. Triangulierungskonflikte im Übergang zur Vaterschaft

Die Geburt eines Kindes verändert die Dyade der Liebesbeziehung in spezifischer Weise, sie erweitert und trianguliert diese. Das Kind eröffnet jedoch nicht erst mit seiner Geburt die familiale Triade, eine triadische Struktur beginnt sich bereits mit dem Kinderwunsch zu entfalten. Wer sich ein Kind wünscht, der erschafft dieses in seiner Phantasie und erweckt es als bedeutsamen Dritten in seiner Vorstellungswelt zum Leben. Buchholz spricht hier in treffender Weise von der »Triade der Phantasie« (1990, S. 121). In der Schwangerschaft – das legen die Ausführungen der Interviewpartner nahe – befindet sich das Kind im Erleben der werdenden Väter in einer Art Übergangsraum: Es ist da/existent und zugleich nicht da/nichtexistent. Das Ungeborene wird für den werdenden Vater zum imaginären oder phantasmatischen Kind und zwar insofern, als sich auf dieses eine Vielzahl von bewussten und unbewussten Projektionen richten. Hierbei kann es sich – wie gezeigt – sowohl um angstbesetzte Vorstellungsbilder als auch um Wunschvorstellungen handeln. Spätestens mit der Geburt, also mit der realen Anwesenheit des Kindes, entsteht für das Paar eine neue Konstellation und Situation: »Das Kind ist ein neuer Bezugspunkt, durch den aus der polaren Achse des Paares ein Dreieck wird. Aus bisher einer sind jetzt drei Beziehungsachsen geworden, die komplex ineinanderwirken« (Kiepenheuer 1991, S. 43/44). Der Wunsch, miteinander ein Kind zu haben, verweist auf eine »Sehnsucht nach dem Dritten« (Schon 1995, S. 81). Diese wiederum kann sich aus dem Wunsch speisen, dass die gemeinsame Beziehung in dem Sinne fruchtbar sein möge, dass sie etwas Neues hervorzubringen vermag. Das Kind kann jedoch unbewusst auch als das (ideale) Amalgam beider Partner oder als Abbild des eigenen Selbst phantasiert werden, es muss also keineswegs als das im eigentlichen Sinne Dritte imaginiert werden. Neben dem Wunsch nach dem Dritten gibt es jedoch auch, wie in diesem Kapitel deutlich wurde, zahlreiche Ängste und Befürchtungen, die das Dritte bzw. die sich sukzessiv entfaltende Triade auslöst. Diese teilen sich z. T. explizit, z. T. aber auch implizit in den von den werdenden Vätern zum Ausdruck gebrachten Vorstellungen, Phantasien und Überzeugungen mit. Im Kern geht es dabei um die Sorge, womöglich in die Position des marginalen/randständigen Dritten zu kommen, sowie um die Befürchtung, die Liebe der Partnerin bzw. die Partnerin als Liebesobjekt an das Kind zu verlieren. Die werdenden Väter scheinen davon auszugehen, dass eine lebendige Paar-/Liebesbeziehung und Elternschaft in einem spannungsreichen Verhältnis zueinander stehen. An dieser Stelle einige entwicklungspsychologische Überlegungen:

Wie bereits angedeutet, leitet das Hinzukommen eines Dritten einen gedanklichen, emotionalen und faktischen Umstrukturierungsprozess der Situation der »Zweierphase« einer Paarbeziehung ein. Aus einer entwicklungspsychologischen Perspektive ist davon auszugehen, dass der Übergang zur Elternschaft und damit der Prozess, der aus der Dyade der Liebesbeziehung eine Triade entstehen lässt, in beiden Partnern auch eine Psychodynamik anstößt, die lebensgeschichtlich auf die ersten Lebensjahre bzw. auf denjenigen Prozess verweist, der als psychische Triangulierung bezeichnet wird. Als soziales Wesen ist der Mensch von Anfang an in ein Netz von Beziehungen eingebunden. Dies bedeutet jedoch nicht, dass er auch von Beginn seines Lebens an dazu in der Lage ist, differenzierte, mehrpersonale Objektbeziehungen einzugehen. Mit der psychoanalytischen Objektbeziehungstheorie lassen sich verschiedene Formen und Qualitäten der Bezogenheit auf andere unterscheiden. Es würde den Rahmen dieser Arbeit sprengen, an dieser Stelle den Versuch zu machen, die verschiedenen, miteinander konkurrierenden Konzepte nachzuzeichnen (entwickelt sich das Erleben von einer monadischen Struktur über die Dyade zur Triade, von der Dyade zur Triade oder ist es von Anfang an triadisch angelegt?). Einig ist man sich jedoch dahingehend, dass sich die »Grundstruktur *reifen* sozialen Erlebens, selbst Teil einer (Dreier-)Gruppe von Menschen zu sein, die [ihrerseits] untereinander in Beziehung stehen« (Ermann 1995, S. 200) erst im Laufe der ersten Lebensjahre entwickelt. Diese Entwicklung wird als Triangulierungsprozess bezeichnet. Prozessimmanent wird dabei zwischen der so genannten frühen (oder präödipalen) und der so genannten ödipalen Triangulierung unterschieden. Die frühe Triangulierung bereitet die ödipale vor; die in diesem Zeitraum stattfindende intrapsychische Strukturbildung kann gar als eine basale Voraussetzung für die Bewältigung der ödipalen Triangulierung eingeschätzt werden. Was ist damit gemeint? Im Verlauf der präödipalen Triangulierung ist das Kind zunehmend mehr dazu in der Lage, Vater und Mutter als eigenständige Objekte wahrzunehmen. Es erwirbt Objektkonstanz und entwickelt neben einer Objektrepräsentanz des Vaters sowie einer Objektrepräsentanz der Mutter ein immer klareres Gefühl für das eigene – vom Primärobjekt getrennte – Selbst. Im kindlichen Erleben gewinnt nun zunehmend die Beziehung zwischen den Eltern an Bedeutung. Rückt die (Paar-)Beziehung der Eltern und damit das, was zwischen Mutter (Frau) und Vater (Mann) »ist«, in den Blick, dann werden die mehr oder weniger nebeneinander herlaufenden dyadischen Beziehungen zueinander ins Verhältnis gesetzt, zum ödipalen Dreieck ausgestaltet und in die Dynamik der Triebentwicklung einbezogen (vgl. Ermann 1995, S. 206). Die Erkenntnis der Eigenständigkeit der elterlichen Beziehung sowie die Erkenntnis, dass zwischen Mutter und Vater etwas Bedeutsames stattfindet, von dem das Kind ausgeschlossen ist, kann starke Rivalitäts-, Eifersuchts- und Verlassenheitsgefühle aufbrechen lassen: »Sobald das Kind die sexuelle Beziehung der Eltern wahrzunehmen beginnt, muss es die Vorstellung aufgeben, die Mutter [oder den Vater] dauerhaft für sich alleine zu besitzen« (Britton 1998, S. 96). Die ödipale Situation impliziert ferner, dass das Kind den Unterschied zu realisieren beginnt, der zwischen derjenigen Beziehung besteht, die es selbst zu Mutter oder Vater hat, und derjenigen, die zwischen seiner Mutter und seinem Vater besteht: Während die Eltern eine genitale und prokreative Beziehung haben, ist die Mutter- bzw. Vater-Kind-Beziehung weder genital noch dient sie der Fortpflanzung. Diese Erkenntnis kann Neidgefühle hervorrufen (vgl. Britton 1998, S. 96). Das, was das Kind in der ödipalen Situation zu bewältigen hat, fasst Schon folgendermaßen zusammen: Die »Entwicklungsaufgabe im reifen Ödipuskomplex ist nicht mehr die Triangulierung der Objektbeziehungen, sondern die Integration des Themas der Sexualität in eine bereits trianguläre interpsychische Struktur. Für das Kind bedeutet dies neben anderem die Erkenntnis, dass Vater und Mutter eine sexuelle Beziehung miteinander haben, von der es ausgeschlossen ist und bleibt, dass diese sexuelle Beziehung der Eltern die Ursache für seine Existenz ist und dass seine eigenen sexuellen Bedürfnisse zunehmend von den Eltern abgezogen werden müssen mit dem Trost, eines Tages selbst eine sexuelle Beziehung zu haben und Kinder zeugen bzw. gebären zu können« (1995, S. 81). Ähnlich äußert sich in diesem Zusammenhang auch Britton (1998). Ihm zufolge löst sich die ödipale Situation, wenn das Kind die sexuelle Beziehung der Eltern anerkennt und seinem sexuellen Anspruch auf die Eltern entsagt. Den Entwicklungsschritt, den das Kind in diesem Zusammenhang macht, beschreibt er folgendermaßen: »Indem das Kind die Beziehung der Eltern anerkennt, wird seine psychische Welt zu einer einzigen, umgrenzten Welt zusammengeschlossen, die es mit beiden Eltern teilt und in der verschiedenartige Objektbeziehungen möglich sind. Die Schließung des ödipalen Dreiecks durch die Anerkennung der Verbindung, welche die Eltern miteinander vereint, ermöglicht die Abgrenzung einer inneren Welt. Sie lässt einen ›triangulären Raum‹, wie ich es nenne, entstehen – d. h. einen Raum, der von den drei Personen der ödipalen Situation und all ihren potentiellen Beziehungen umgrenzt wird. Innerhalb dieses Raumes ergibt sich infolgedessen sowohl die Möglichkeit, Teil einer Beziehung zu sein und dabei von einer dritten Person beobachtet zu werden, als auch die Möglichkeit, selbst eine Beziehung zwischen zwei Personen zu beobachten« (ebd., S. 98). In einer Triade können unterschiedliche Positionen eingenommen werden. Wechselnde Identifikationsprozesse ermöglichen, das jeweils dritte Objekt aus wenigstens

zwei unterschiedlichen Perspektiven zu betrachten. Buchholz spricht hier von der »Rotation der Triade« (1990, S. 116), durch die sich dem Kind schließlich eine Repräsentanz der »ganzen Triade« und damit auch das Konzept Familie erschließt (ebd., S. 127).
Spricht man von Triangulierung, so handelt es sich also zunächst einmal um eine kindliche Entwicklungsaufgabe, die im idealtypischen Verlauf in der ödipalen Situation ihren Höhepunkt findet. Der Ödipuskomplex stellt sich in dieser Perspektive als der Triangulierungskonflikt schlechthin dar. Um die Anforderungen der ödipalen Triangulierung bewältigen zu können, und das impliziert eben auch die Konfrontation mit sexualisierter Liebe, Eifersucht und Rivalität (vgl. Bauers 1993), ist es notwendig, dass das Kind im Zuge der präödipalen Triangulierung bestimmte Entwicklungsschritte bewältigt hat. Die Anerkennung der Beziehung, die die Eltern zueinander haben, das sei hier noch einmal hervorgehoben, ist auch insofern eine entwicklungspsychologische Leistung, als hierzu erforderlich ist, wenigstens temporär Ausschlusserfahrungen ertragen und tolerieren zu können.[55] Eine stabile dyadische Beziehung zur Mutter und zum Vater sowie die Fähigkeit zur Kreuzidentifikation machen dies dem Kind leichter. Qualitative Merkmale einer vollständigen und sich im Gleichgewicht befindenden Triade – focussiert man den Blick auf die beteiligten Subjekte, so kann man auch von einer gelungenen Triangulierung sprechen – nennt Rhode-Dachser (1987). Ihr zufolge lässt sich von einer solchen sprechen, »wenn:
1. die drei Pole der Struktur klar voneinander differenziert sind (d. h. Vater, Mutter und Kind müssen sich als voneinander getrennte Individuen wahrnehmen und erleben),
2. zwischen allen drei Polen (Vater, Mutter und Kind) reziproke Beziehungen bestehen,
3. alle Beteiligten diese Situation billigen,
4. alle drei Relationen des Dreiecks überwiegend positiv getönt sind oder doch zu diesem Zustand hin tendieren, und
5. jede der drei Relationen bei allen Beteiligten mental repräsentiert ist (d. h. A macht sich eine Phantasie über die ihn temporär ausschließende Teilbeziehung von B und C, ebenso B zu A/C und C zu A/B)« (ebd., S. 780f).
Eine solcherart gestaltete Dreieckskonstellation erlaubt Teilbeziehungen zwischen zwei Polen des Dreiecks, weil sich der ausgeschlossene Dritte aufgrund der Reziprozität der Beziehungen indirekt auch eingeschlossen

---

[55] »Die Anerkennung einer Verbindung der beiden anderen zueinander stellt ausgesprochen hohe Anforderungen an einen Akteur, der sich am liebsten im Zentrum zweier von ihm ausgehender Schenkel einrichten und das Beziehungsgeschehen des Dreiecks aus der Perspektive zweier auf ihn zulaufender bzw. von ihm ausgehender Beziehungen konzipieren möchte« (Tietel 2002, S. 274).

weiß – wendet sich beispielsweise das Kind dem Vater zu, dann bleibt die Mutter indirekt in die Teilbeziehung Vater-Kind eingebunden, wenn dieser ein Vater ist, der die Mutter liebt.

Wurde bisher das Thema Triangulierung vor allem aus der Perspektive der kindlichen Entwicklung aufgegriffen, so lässt sich nun die Frage stellen, was eigentlich geschieht, wenn sich im Übergang zur Vaterschaft eine »neue«[56] Triade zu konstituieren beginnt. Diese Frage wird insbesondere dann interessant, wenn man Triangulierungsprozesse als eine lebenslange Herausforderung sieht – eine Herausforderung, der eben auch immer wieder die Möglichkeit des (temporären) Scheiterns inhärent ist. Im Folgenden soll darum das Augenmerk noch einmal auf die Probleme und Konflikte gelenkt werden, die in diesem Zusammenhang relevant werden können.

»Drei sind einer zu viel«, lautet eine bekannte Redewendung, wobei dabei vor allem an Liebesverhältnisse gedacht wird – eine Frau zwischen zwei Männern, ein Mann zwischen zwei Frauen. Neben den benannten Konstellationen gibt es aber noch eine Vielzahl von weiteren realen, potentiellen und imaginären Dreiecksbeziehungen, mit denen wir in unserem alltäglichen Leben zu tun haben. Dieser Umstand wirft die Frage auf, ob man überhaupt von der Dyade der Paarbeziehung sprechen kann. Weiterhin lässt sich fragen, ob nicht auch ein kinderloses Paar in einer triadischen Struktur lebt bzw. ob es nicht auch hier den Platz des Dritten gibt. Die zuletzt genannte Frage lässt sich durchaus positiv beantworten. Was aber unterscheidet dann ein kinderloses Paar von einem Elternpaar? Ein eklatanter Unterschied ist m. E. der, dass in einer kinderlosen Beziehung der Platz des Dritten flexibler ist: Das Dritte – dieses muss kein Objekt sein, es kann auch eine Sache oder ein gemeinsames Projekt sein – kann hier wechseln, ausgetauscht, stärker einbezogen und besetzt werden oder auch wieder mehr in den Hintergrund treten. Eine Triade, die durch ein Kind gebildet wird, hat diese Beweglichkeit nicht – wenn doch, so hat dies wenigstens für das Kind schwerwiegende Folgen. Dreiecken scheint es zueigen zu sein, dass sie leicht in Zwei-Plus-Eins-Konstellationen zerfallen. Dieser Umstand hat nicht zuletzt damit zu tun, dass es anspruchsvoll ist, eine Triade in dem von Rhode-Dachser beschriebenen Sinne auszubalancieren. Familiale Konstellationen, die sich dadurch auszeichnen, dass der Dritte (meist handelt es sich hierbei um den Vater) ausgeschlossen ist, sind in den

---

[56] Der Begriff »neu« ist irreführend, da sich die (sich neu konstellierende) Triade ja nicht unabhängig von den biographischen Erfahrungen der Beteiligten gestaltet. Von einem dialektischen Verhältnis kann insofern gesprochen werden, als der Übergang zur Elternschaft wiederum eine Auseinandersetzung mit der Triade der Herkunftsfamilie anregt.

letzten Jahren insbesondere in einer klinischen Perspektive thematisiert worden (vgl. Buchholz 1993, Bauers 1993, Dammasch 1994). Im Zusammenhang dieser Arbeit interessiert, wie sich die werdenden Väter in der sich entfaltenden Triade positionieren, welche »Choreographie« der Beziehungsdynamik sie entwerfen. Die Interviews zeigen, dass sich schon lange vor der Geburt des Kindes im Erleben der werdenden Väter eine Triade aufzuspannen beginnt, die in »der eigenen Innenwelt auf der Bühne der Phantasmen« (Bürgin 1997, S. 52) in dem bereits skizzierten Sinne ausgestaltet wird. Wird die Realität der Schwangerschaft und damit auch der Fötus als »Dritte(r) im Bunde« wahrgenommen, dann können hierdurch auch Konflikte aktualisiert werden, die lebensgeschichtlich auf den Prozess der frühen und ödipalen Triangulierung verweisen. Der werdende Vater kann das Kind als potentiellen Rivalen, seine Partnerin und das Kind als das ideale Paar und sich selbst als den ausgeschlossenen Dritten imaginieren. Dies wiederum bedeutet, dass Eifersuchts- und Neidgefühle aufbrechen können, die es zu bewältigen gilt. In den von mir geführten Interviews stehen depressive Verarbeitungsmodi im Vordergrund (sich abfinden; sich vornehmen, es nicht persönlich zu nehmen; darauf hoffen, einbezogen zu werden; sich wünschen, dass es anders kommen wird usw.), aggressive Verarbeitungsmodi scheinen eine vergleichsweise untergeordnete Rolle zu spielen. In einem vorherigen Kapitel war bereits der Umstand Thema, dass die Interviewpartner mit einer Vaterschaft auch gravierende Verlusterfahrungen und Verzichtleistungen verbinden. Thema war weiterhin, dass dem Kind im Erleben der werdenden Väter gleichwohl keine ablehnenden Gefühle entgegengebracht werden. Diese, so die These, sind so verpönt, dass sie nur in verkleideter und damit in einer dem Bewusstsein nicht unmittelbar zugänglichen Form zum Ausdruck kommen dürfen. Betrachtet man psychoanalytische Schriften, die sich mit ödipalen Konflikten auseinandersetzen, so fällt auf, dass hier insbesondere die ödipale Konfliktdynamik des Kindes thematisiert wird (der Dritte/der Rivale möge verschwinden), kaum jedoch die der Eltern bzw. die des Vaters. Erstaunlich ist dies auch insofern, als bereits der Sophoklessche Ödipusmythos selbst deutlich macht, dass der so genannte Ödipuskomplex eine Vorgeschichte hat, die diesem den Charakter eines transgenerativen Dramas gibt: Laios, der seinen Sohn aufgrund der Weissagung verstieß, dass dieser einmal seinen Vater töten und seine Mutter heiraten würde, ist seinerseits Sohn eines Vaters, der ihn als Kleinkind verlassen hatte. Versteht man die Weissagung als die Externalisierung einer unbewussten Phantasie, dann nimmt das im eigentlichen Sinne ödipale Geschehen vor der Geburt des Kindes Ödipus seinen Ausgang. Angestoßen wird dieses nicht zuletzt durch die anscheinend massiven Ängste, die die Perspektive einer Vaterschaft in Laios auslösen. Vogt

(1989) hat auf diesen Zusammenhang in seiner Untersuchung »Psychoanalyse zwischen Mythos und Aufklärung oder: das Rätsel der Sphinx« verwiesen: »Der Todeswunsch seiner Eltern gegen ihn fällt mit dem Zeitpunkt seiner Zeugung zusammen. Das Orakel, das Laios und Jokaste warnt, ein Kind zu zeugen, weil dieses seinen Vater töten und seine Mutter ehelichen würde, ist die antizipatorische Projektion der eigenen ungelösten ödipalen Konflikte von Laios und Jokaste auf ihr Kind Ödipus« (ebd., S. 76, vgl. auch Bauriedl 1998). Die hier kurz skizzierte Interpretation stellt sich mir sehr einleuchtend dar. Fraglich ist für mich allerdings, ob die genannten Phantasien von Laios und Jokaste notwendig Ausdruck ihrer jeweils *ungelösten* ödipalen Konflikte und somit eines tendenziell pathologischen Geschehens sind. Ich möchte hier vorschlagen, von aktualisierten ödipalen Konflikten zu sprechen. Diese Terminologie scheint mir insofern hilfreich zu sein, als sie erlaubt, die auch in vielen Äußerungen der Interviewpartner zum Ausdruck gekommenen (Angst-)Phantasien, dass das Kind den Vater verdrängen (seine Beseitigung) und dieses der Partnerin u. U. wichtiger oder lieber sein wird (das neue Paar), in einem anderen Licht zu sehen. Derartige Phantasien können dann als Ausdruck einer normativen Krise im Übergang zur Vaterschaft und somit als diesem Prozess zugehörig verstanden werden. Darauf hinweisen möchte ich an dieser Stelle ferner, dass solcherart Phantasien sich keineswegs ausschließlich psychodynamisch erklären lassen. Vergegenwärtigt man sich, dass die familiale Triade in unserem Kulturkreis dazu neigt, sich als Mutter-Kind-Dyade zu definieren (vgl. Bauriedl 1994), dann wird deutlich, dass in besagte Phantasien eben auch ein gut Teil gesellschaftlicher (und, wie an späterer Stelle deutlich werden wird, auch biographischer) Realität eingeht.

4. Es ist wichtig, die Existenz des Kindes auch sinnlich wahrnehmen zu können

Im Zentrum des folgenden Kapitels wird die Bedeutung stehen, die Ultraschallaufnahmen und die ersten wahrnehmbaren Kindsbewegungen für die werdenden Väter haben. Gemeinsam ist diesen beiden Aspekten, dass sie im Zeitraum der Schwangerschaft die ersten und einzigen sinnlich nachvollziehbaren »Lebenszeichen« des Kindes sind. Thema wird weiterhin die Frage, was den Interviewpartnern ihren Aussagen zufolge die Tatsache, dass sie Vater werden, emotional näher gebracht hat.

4.1. Was das Vaterwerden gegenwärtig werden lässt

Insbesondere in den Interviews, die um die zweiundzwanzigste Schwangerschaftswoche durchgeführt wurden, wird von einigen Interviewpartnern zum Ausdruck gebracht, dass sie die Schwangerschaft und damit auch die Tatsache, dass sie Vater werden, als »unwirklich« erleben. Dies erklären sie sich vor allem durch die Tatsache, dass sich das Kind für sie einem unmittelbar sinnlichen Zugang entzieht. Die Interviewpartner heben hervor, dass das sich entwickelnde Kind ja nicht Zeugnis von sich ablege und somit für sie zunächst weder zu sehen noch zu hören oder zu fühlen sei:

> Herr L.: »Das Kind ist wenig vorstellbar für mich. Ich weiß, das ist da drin, ich hab 'n paar Ultraschallbilder gesehen. Ich hab gesehen, wie es sich bewegt, aber das ist im Prinzip alles, was ich so an direkten Eindrücken habe.« (1/2)

Wenn dieser werdende Vater bemerkt: »das ist im Prinzip alles, was ich an direkten Eindrücken habe«, dann schwingt darin sowohl ein Bedauern als auch der Wunsch nach eben diesen direkten Eindrücken mit. Dass in absehbarer Zeit das Kind auf die Welt und er Vater sein wird, ist für ihn auch zum Zeitpunkt des zweiten Interviews nur schwer vorstellbar:

> Herr L.: »Es ist ganz schwer vorstellbar überhaupt schon rein physikalisch. Wie soll das Kind da rauskommen aus der Frau? – da fängt es schon an. (...) Es ist so ganz unwirklich.« (2/2)

Im Folgenden die Perspektive eines anderen werdenden Vaters, der ebenfalls zum Ausdruck bringt, dass sich für ihn die ersten Monate der Schwangerschaft vergleichsweise unwirklich darstellen. Dass hierbei jedoch nicht nur die Schwierigkeit eine Rolle spielt, die Existenz des Kindes sinnlich nachvollziehen zu können, deutet sich in der nachstehenden Äußerung an:

> Herr S.: »Als erstes ist es relativ unwirklich, weil man sieht nichts. Es ist eben halt nichts zu sehen nach außen hin, und es steht jetzt so im Raum, es kommt ein Kind, es wächst ein Kind im Bauch der Frau. Das steht einfach so erstmal im Raume. Und dann ist es ja auch so heutzutage, dass die ersten zwei, drei Monate ja auch immer relativ gefährlich sind, eben halt durch irgendwelche Umstände, Witterungseinflüsse hätte ich bald gesagt, Umwelteinflüsse usw. Deswegen ist es am Anfang ja auch relativ unwirklich, kaum zu glauben und na ja, sich drauf einzurichten seelisch.« (1/1)

Dieser Gesprächspartner beschreibt die Existenz der Schwangerschaft als etwas, das für ihn erst einmal »so im Raume« steht. Mit dieser Metapher versucht er vermutlich zum Ausdruck zu bringen, wie schwer es ihm fällt, ein Gefühl für die Realität der Schwangerschaft zu bekommen und dieser in sich Raum zu geben. Der Umstand, dass Herr S. die Schwangerschaft als einen Prozess sieht, der die ersten Monate sehr störanfällig ist, scheint es ihm weiterhin schwer zu machen, diese emotional anerkennen zu können.

Herr S. äußert sich Mitte des fünften Monats in ähnlicher Weise; auch zu diesem Zeitpunkt erlebt er die Schwangerschaft als »relativ unwirklich«. Er vermutet, dass dies vor allem damit zusammenhängt, dass sich für ihn in seinem Alltag nichts verändert hat und die Schwangerschaft eben nicht mit Veränderungen oder gar Einschränkungen der bisherigen Lebensgestaltung korrespondiert:

> Herr S.: »Es ist noch relativ unwirklich. Das Leben ist ja auch noch nicht großartig eingeschränkt, dass man jetzt sagt: ›Das kann ich nicht tun‹, oder ›Hier muss ich zu Hause bleiben‹, oder: ›Das kann ich nicht mehr machen‹. (...) Da ist noch keine Einschränkung in dem Sinne da, und deswegen ist es auch noch nicht viel anders.« (1/14)

In den Interviews sprechen die werdenden Väter darüber, was ihnen einen inneren Zugang zu der Tatsache, dass sie Vater werden, eröffnet hat. Häufig kommt in diesem Zusammenhang die Rede auf Situationen, innerhalb derer man bedeutsamen Anderen – z. B. den eigenen Eltern – besagte Neuigkeit offenbart und mit ihnen darüber gesprochen hat:

> Herr O.: »Das waren auch schöne Momente, das den Eltern zu präsentieren. Das war so eigentlich so das Erste, wo einem das bewusst wurde, so jetzt werde ich Vater, so über die Situation zu sprechen.« (1/12)

Weiterhin scheint die Gegenwart von und die Beschäftigung mit Utensilien, die für das Baby gebraucht werden, dazu beitragen zu können, das Kind symbolisch präsent werden zu lassen:

> Herr J.: »Das waren also ganz besonders solche Momente, wo man schon begonnen hat, einfach so Utensilien sich zu besorgen. Z. B. hab ich angefangen, Computerhardware gegen Baby-Zubehör zu tauschen: (...) ›Kriegst du jetzt 'nen neuen Prozessor, und ich kriege von dir dafür 'ne Babybadewanne!‹ (...) Das ist schon sehr gegenwärtig, so betrachtet.« (1/14)

Die folgende Äußerung zeigt, dass eine solche Präsenz durchaus ambivalente Gefühle evozieren kann:

> Herr F.: »Wenn ich so mit I. durch Einkaufläden oder so gehe, (...) auf der einen Seite ist das natürlich schön und witzig und macht auch Spaß. Und auf der anderen Seite, na ja, mit jedem Teil, das man da kauft, weiß man auch für wen das dann ist und welche Bedeutung es dann für einen gewinnt.« (2/2–3)

Derselbe Interviewpartner erzählt, dass für ihn der Aufbau des Kinderzimmers eine Aktivität war, die in ihm zahlreiche, vor allen Dingen zunächst aber einmal auf praktische Fragen bezogene Überlegungen angestoßen hat, die die Zeit nach der Geburt des Kindes betreffen. Dieser Umstand wiederum hat anscheinend Phantasien angeregt sowie Gefühle ausgelöst, die sich auf sein Leben als Vater beziehen:

> Herr F.: »Ich habe jetzt fast in Eigenregie das gesamte Kinderzimmer aufgebaut. (...) Ich mein, da gehen einem natürlich tausend Sachen durch den Kopf. (...) Dass es das Kind erst einmal gut haben wird, dass eben auch alles da ist,

dass es auch für Mutter und Vater so angenehm hergerichtet ist und dass das Kind gut liegen kann und ob es denn genug Licht hat oder zu viel. (...) Ja und dann sich auch zu überlegen, dass man dann in ein paar Wochen dann da wahrscheinlich mitten in der Nacht stehen wird und dann dieses schreiende Kind versucht zu beruhigen.« (2/11)

Der werdende Vater, der in der nachstehenden Äußerung zu Wort kommt, schildert zunächst, dass er sich eigentlich noch nicht so sehr mit seiner Vaterschaft beschäftigen würde. Diese Einschätzung wird von ihm im Folgenden jedoch wieder eingeschränkt. Seine Ausführungen zeigen, dass es gerade auch zufällige Begegnungen sind, die ihm die Tatsache, nun bald Vater eines Kindes zu sein, ins Bewusstsein bringen und zu einer Beschäftigung mit diesem Thema anregen:

Herr J.: »Das tritt noch nicht so sehr in den Vordergrund, aber hin und wieder verschwendet man schon daran auch Gedanken. Ich meine, es sind einfach auch eigentlich eher banale Erlebnisse. Wenn man irgendwo im Supermarkt Eltern erlebt (...), dann denkt man sofort spontan an sich selbst und denkt: ›Wie würdest du das denn jetzt versuchen, in den Griff zu kriegen?‹ (...) Man guckt irgendwie in die Glotze, und dann entdeckt man da solche Szenen. (...) Das ist 'n ganz massiver Themenwechsel plötzlich. Man ist eigentlich mit was völlig anderem beschäftigt (...), plötzlich sieht man wieder irgendwas und denkt spontan da dran. Das ist das Einzige, wo man sich dann gelegentlich schon über die Zukunft oder das zukünftige Verhältnis Gedanken macht.« (2/18–19)

Bringen die Interviewpartner zum Ausdruck, dass sich für sie die Tatsache, dass ein Kind unterwegs ist, als unwirklich darstellt, dann betonen sie, dass ihnen eben – gerade auch im Vergleich zur Partnerin – ein sinnlicher Zugang zum Kind fehlt. Dieser wird als unmittelbar bewertet. Im Zusammenhang der Frage, was dazu beiträgt, in sich ein Gefühl für die Realität der Schwangerschaft entwickeln zu können, wird so auch der im Laufe der Monate zunehmende Bauchumfang der Partnerin, d. h. die optische Präsenz der Schwangerschaft als hilfreich empfunden:

Herr J.: »Jetzt tritt halt das Kind auch viel mehr in den Vordergrund, das ist einfach viel präsenter jetzt schon. Manifestiert sich einfach durch diesen großen Bauch.« (2/17–18)

In den Äußerungen der Interviewpartner wird deutlich, dass es gerade auch Impulse von außen sind (Szenen im Fernsehen, der direkte oder indirekte Kontakt mit anderen Eltern), die z. T. ganz unvermittelt die sich ankündigende Vaterschaft gegenwärtig werden lassen und darüber hinaus auch hiermit im Zusammenhang stehende Überlegungen und Vorstellungen anstoßen. Ein solcher Impulsgeber kann weiterhin die Konfrontation – sei sie zufällig oder intendiert – mit Dingen oder Gegenständen sein, die auf das Kind verweisen (z. B. Utensilien für das Kind).

4.2. Die subjektive Bedeutung von Ultraschallaufnahmen

Ein Thema, das immer wieder zur Sprache kommt, wenn es um die Frage geht, was den Interviewpartnern während der Schwangerschaft ihre Vaterschaft emotional näher gebracht hat, ist das Thema Ultraschallaufnahmen. Die Äußerungen von Herrn K. und Herrn D. machten bereits deutlich, dass das, was diese Technologie ermöglicht, sehr unterschiedlich bewertet werden kann: Während Herr K. zum Ausdruck brachte, dass er hier mit viel Phantasie versucht habe, etwas »rauszugucken«, hob Herr D. hervor, dass die Ultraschallaufnahmen für ihn sehr hilfreich gewesen seien. Er habe auf diese Weise emotional realisieren können, dass der Bauch seiner Frau eben nicht nur ein Bauch sei, der einfach immer dicker wird, sondern einer, der ein Kind in sich birgt. Ähnlich different sind auch die Aussagen der anderen Interviewpartner. Im Folgenden einige Äußerungen von werdenden Vätern, die von den Ultraschallaufnahmen beeindruckt waren:

> Herr U.: »Man konnte also wirklich jeden Finger, jeden Knochen von der Wirbelsäule haarscharf erkennen. (...) Und vor allen Dingen war das auch ein Arzt, der sich sehr viel Zeit genommen hat, um dann zu erklären, was man denn wo sehen kann.« (2/15)

Dieser Gesprächspartner zeigt sich beeindruckt davon, wie deutlich einzelne Gliedmaßen des Kindes zu erkennen waren. Seine Äußerung verweist jedoch auch auf die in diesem Zusammenhang als wichtig erlebte Funktion eines kompetenten Dritten (der Arzt), der das, was sichtbar ist, »übersetzt« und somit auch bedeutsam zu machen versteht. Das folgende Zitat hebt einen weiteren Aspekt hervor. Ein werdender Vater schildert hier, dass für ihn die Tatsache, dass er und seine Frau ein Kind erwarten, durch die Ultraschallaufnahme an Realität gewonnen hat:

> Herr S.: »Und letzte Woche war ich eben halt auch mit zum Ultraschall, da kann man schon richtig was sehen. So Kopf, Wirbelsäule, Füße, Arme, Beine. So alles, nicht. Dann ist das schon 'ne andere Geschichte.«
> I.: »Wird es dadurch ein bisschen wirklicher?«
> Herr S.: »Ja, auf jeden Fall. Ja, weil jetzt ist es ja irgendwie, jetzt sieht man es richtig. Jetzt ist es Wirklichkeit. Jetzt steht es nicht mehr im Raum, sondern man sieht es, und man hat es selber gesehen auf Ultraschall jetzt. Und das ist dann doch schon ein witziges Erlebnis, so 'n kleiner Mensch da drinne. Und wenn man sich vorstellt, man war selber mal so in dieser Entstehungsphase, dann ist das schon interessant.« (1/1)

Ultraschallaufnahmen vermögen etwas sichtbar zu machen, was ohne dieses technische Artefakt dem menschlichen Auge verborgen bliebe, sich also einer sinnlichen Wahrnehmung entzöge. Herr S. unterstreicht, dass er schon »richtig« etwas sehen konnte, Arme, Beine, ja die Gestalt des Fötus selbst seien für ihn erkennbar gewesen. Für ihn scheint die Existenz des

Kindes in diesem Moment eine andere Realität bekommen zu haben: Hatte er zuvor nur von der Schwangerschaft gehört, so konnte er sich hier mittels besagtem technischen Medium der Existenz des Kindes visuell versichern. Die Phantasie, selber so klein gewesen und im Mutterleib herangewachsen zu sein, scheint eine Brücke zum Fötus geschlagen zu haben, die es ihm ermöglichte, sich zu diesem in Beziehung zu setzen. Auch die folgenden Äußerungen bringen zum Ausdruck, dass Ultraschallaufnahmen werdenden Vätern dabei helfen können, sich der Realität der Schwangerschaft zu versichern. Dies wiederum kann anscheinend dazu beitragen, sie auch emotional anerkennen zu können:

> Herr F.: »Das waren sehr intensive Momente. Dass I. nun schwanger ist, ich mein, die ersten Wochen, Monate, da sieht man ja halt auch nicht viel. Da sind kaum Veränderungen (...). Aber als sie dann das erste Mal ein Foto mitbrachte und das dann ganz stolz präsentierte, das ist natürlich schon 'ne Wahnsinnssache, so 'n kleines Wesen dann. Dann sind sie auch noch so klein, dass man das als Ganzes auf dem Ultraschallbild festhalten kann. Und wenn man sich da so ein bisschen rein lesen kann und erkennt, ja, da Kopf und da die Hände und da die Füßchen, das ist schon ein spannender Moment.« (2/7)

Dass ein Kind unterwegs ist, ist in den ersten Monaten einer Schwangerschaft für diejenigen, die es nicht in ihrem Körper tragen, sinnlich nicht nachvollziehbar. Dieser Umstand scheint dazu beizutragen, dass es für die werdenden Vätern z. T. schwierig ist, die Schwangerschaft als real und wirklich zu erleben. Herr F. deutet an, dass sich dies auch für ihn so darstellte. Der Begriff »aber«, den er unmittelbar anschließt, verweist jedoch darauf, dass sich daran mit den ersten Fotos etwas verändert hat. Herr F., so wird auch in der folgenden Äußerung deutlich, hat das Gefühl, mittels der Ultraschallaufnahmen an einem Mysterium teilhaben zu können:

> Herr F.: »Das ist natürlich schon faszinierend, da ist man sehr viel näher dran. Sonst, ja wächst halt ein Kind im Bauch, und man kennt halt die Biologie, und man weiß, was da passiert, aber man sieht ja auch irgendwie nichts. Und das ist ja eine Möglichkeit mit diesem Medium, das einem näher zu bringen. Das fand ich natürlich schon ganz spannend, das zu sehen, wie es sich auch bewegt und dann mit Herztönen und so. Also, das sind schon Momente, da sag ich mal, Wunder der Erde. Das ist so, wie die Natur Kaffee kocht, das haben wir früher immer so gesagt. Dass da eben so ein Kind heranwächst und dann irgendwann einmal so in vielen Jahren eben zum Menschen wird, so wie wir. Dass da eben alles ganz klein anfängt und das so nachzuvollziehen.« (2/7)

Im weiteren Verlauf des Gespräches unterstreicht Herr F. noch einmal die von ihm erlebte Differenz zwischen kognitivem Wissen und sinnlicher Teilhabe. Um dies deutlich zu machen, kommt er auf das Thema Fliegen zu sprechen: Dass ein Flugzeug fliegen könne, dieser Umstand ließe sich in eine kurze Formel packen. Es dann aber auch tatsächlich fliegen zu sehen, so führt er aus, das wäre doch etwas anderes. Um die biologischen Vorgänge der Schwangerschaft zu wissen, das sei eines, diese visuell nachvollziehen zu können jedoch etwas ganz anderes:

> Herr F.: »Aber das dann auch zu sehen, dieser Schritt dorthin, das bewegt einen; (...) das so zu sehen, wie ein kleiner Mensch im Bauch einer Frau heranwächst.« (2/7–8)

Mit den Ultraschallaufnahmen verknüpfen sich jedoch nicht nur positive Gefühle, sondern auch, wie die folgenden Äußerungen zeigen, die der Enttäuschung:

> Herr P.: »Man sieht das nur so 'n bisschen auf dem Ultraschall. Und zuerst auf den Bildern kann man ja noch 'nicht groß was erkennen. Das soll es dann sein, so ungefähr.« (3/6)

> Herr O.: »Ich war schon mit beim Frauenarzt und hab mir das auf dem Bildschirm angeguckt und so und identifiziere mich da auch mit. Aber es ist irgendwo gefühlsmäßig natürlich schwer, da die Verbindung herzustellen. Man konnte nicht viel sehen, aber man versucht natürlich krampfhaft, da irgendwelche Züge so da. (...) Es ist schon ganz interessant, was heutzutage auch möglich ist, von der Technik her. (...) Nicht nur Konturen, man sieht ja alles, Knochen, Lungenflügel, Wirbelsäule.« (1/4)

Sowohl Herr P. als auch Herr O. bringen hier eine gewisse Enttäuschung darüber zum Ausdruck, dass die Ultraschallaufnahmen das nicht zu geben vermochten, was sich anscheinend von ihnen versprochen wurde. Während Herr P. die erlebte Differenz zwischen seiner Erwartung und der Aufnahme mit den Worten »das soll's dann sein« auf den Begriff bringt, schildert Herr O., wie er sich vergeblich darum bemüht hat, den Aufnahmen etwas anders als das, was sie konkret zeigten, zu entnehmen. Was er vermisste, bleibt unausgesprochen. Der Umstand jedoch, dass er betont, dass diese Technik sehr wohl erlaube, einzelne Organe und Gliedmaßen abzubilden, lässt vermuten, dass er nach etwas anderem als besagter Faktizität gesucht hat. Einer Antwort auf die Frage, was beide Gesprächspartner wohl vermisst haben, kann möglicherweise näher gekommen werden, wenn man das Erleben eines weiteren Interviewpartners hinzuzieht:

> Herr L.: »Das war also mehr so von oben 'ne Draufsicht, und das war alles sehr abstrakt. So 'ne Gestalt. Ich musste mir die so irgendwie im Kopf zusammensetzen. (...) Es waren Bewegungen sichtbar, aber es kamen nun nicht so die Hochgefühle in mir auf: ›Es bewegt sich, juhu!‹ So 'n bisschen beeindruckt war ich schon. (...) I. hat behauptet, das Mal vorher war wirklich 'n Superbild, 'ne Superlage. (...) Das Ultraschall wurde diesmal aber von außen gemacht, über die Bauchdecke, und damals wurde das irgendwie innerlich, ich weiß nicht, ob die Übertragung da prinzipiell besser ist. (...) Aber jetzt da so die Verbindung herzustellen, das ist irgendwann mal 'n Kind, das finde ich sehr abstrakt. Natürlich weiß ich das, aber das Gefühl dazu zu kriegen oder so ein Kind von Innen nach Draußen zu transformieren, und es läuft hier irgendwann einmal herum, das ist sehr abstrakt.« (1/20–21)

Auch dieser Interviewpartner zeigt sich enttäuscht von den Ultraschallaufnahmen; sie scheinen für ihn nur eine geringe Ausstrahlungskraft gehabt zu haben. Wenn Herr L. davon spricht, dass sich für ihn die Aufnahmen als abstrakt darstellten und weiterhin schildert, dass er sich die abgebildete »Gestalt« im Kopf hätte zusammensetzen müssen, dann drückt sich darin auch aus, dass es für ihn schwer war, zu dem, was die Aufnahmen zeigten, eine Beziehung herzustellen. Seine Worte lassen jedoch vermuten, dass er es sich gewünscht und vielleicht auch von sich erwartet hätte, von den Aufnahmen berührt zu werden (die Hochgefühle, die ausblieben). Herr L. weist ferner darauf hin, dass es zu einem früheren Zeitpunkt, als seine Freundin allein die Ultraschalluntersuchung wahrgenommen habe, vermutlich eine wohl weitaus bessere Aufnahme gegeben hätte. Er überlegt, ob sich dies aus der jeweiligen Vorgehensweise erklären lässt: Wird die Untersuchung von »innen« (also vaginal) durchgeführt, dann – so vermutet er – hat die Aufnahme eine bessere Qualität, als wenn sie von »außen« (also über die Bauchdecke) gemacht würde. Interpretiert man die genannte Überlegung im Kontext des Interviews, so bringt diese auch etwas zum Ausdruck, was nicht nur allein für die obige Situation gilt: Herr L. scheint sich nicht nur im Hinblick auf die Ultraschallaufnahme »benachteiligt« zu fühlen, sondern auch als Mann, dem die Schwangerschaft eben nicht von »innen« (also vom eigenen Körpererleben her) zugänglich ist. Er erlebt sich anscheinend als in eine Position verwiesen, in der er sich mit einem – im Vergleich zur Partnerin – undeutlicheren und abstrakteren Zugang zum Kind begnügen muss.

Ultraschallaufnahmen vermögen etwas von dem, was im Mutterleib im Verborgenen stattfindet, sichtbar zu machen. Sie können somit als ein sinnlich nachvollziehbarer Beweis für die tatsächliche Existenz des Kindes, die zu diesem frühen Zeitpunkt eben nur indirekt erfahrbar ist, erlebt werden. Dies wiederum kann werdende Väter dabei unterstützen, die Schwangerschaft auch emotional besetzen zu können. Ob die Ultraschallaufnahmen bei werdenden Vätern eher begeisterte oder eher enttäuschte Reaktionen hervorrufen, ist anscheinend nicht zuletzt davon abhängig, ob und wie diese Abbildungen mit Hilfe der eigenen Phantasietätigkeit und der Unterstützung eines kundigen »Übersetzers« phantasmatisch besetzt werden können. Ist dies nicht möglich, so scheinen die Aufnahmen als etwas erlebt zu werden, das mehr oder weniger profan ist. So gesehen eröffnen Ultraschallaufnahmen die Möglichkeit, einen ersten visuellen Kontakt herzustellen, der seinerseits die imaginäre Interaktion unterstützen kann. Weicht das auf der Aufnahme sichtbare Kind jedoch zu sehr vom inneren

(Wunsch-)Bild ab, so kann dies enttäuschend sein und sogar die weitere Entwicklung der imaginären Interaktion blockieren (vgl. Bürgin 1993).

4.3. Die subjektive Bedeutung der Kindsbewegungen

Im Zusammenhang der Frage nach Momenten oder Situationen, die von den Interviewpartnern im Zeitraum der Schwangerschaft als sehr nahe gehend erlebt wurden, werden neben den Ultraschallaufnahmen gerade auch die ersten wahrnehmbaren Bewegungen des Kindes hervorgehoben. Diese scheinen insofern als etwas ganz Besonderes erlebt zu werden, als sie die Realität der Schwangerschaft sinnlich nachvollziehbar bezeugen:

> Herr U.: »Die Kindsbewegung war natürlich schön. Wirklich zu sehen, dass da wirklich Leben im Bauch ist. Dass man das, was man schon weiß, im wahrsten Sinne begreifen kann. Das war natürlich schon so der erste Weg zum Verstehen.« (3/14)

> Herr S.: »Was hat sich verändert? Also man sieht schon 'ne Riesenkugel. Also es ist nicht mehr zu übersehen, dass das Kind da ist, und es bewegt sich auch ganz fleißig und so. Und das ist also schon ganz witzig, mit anzusehen, wie sich da im Bauch was bewegt. Und wenn man denn da streichelt und so, dass das dann so antwortet. (...) Im Prinzip ist es eben halt dadurch konkreter.« (2/1)

> Herr A.: »Aber jetzt kann ich direkt spüren, dass da noch was ist, wo reagiert wird, wenn man auf bestimmte Stellen drückt, und dann wird eben zurück gehauen. Das ist schon schön.« (1/3)

Die Sichtbarkeit der Schwangerschaft sowie die zum zweiten Interviewzeitpunkt nachvollziehbaren Bewegungen des Kindes machen es den werdenden Vätern leichter, ein Gefühl für die Realität der Schwangerschaft zu bekommen. Dies scheint insbesondere dann der Fall zu sein, wenn sie die Kindsbewegungen als eine Reaktion auf ihre Annäherungsversuche interpretieren und diese somit als eine erste Interaktion erleben können. Die Ausführungen der Interviewpartner zeigen, dass diese großen Spaß daran haben, besagte »Reaktionen« des Babys hervorzulocken. Gelingt dies, so wird das auch als eine Bestätigung der eigenen Bedeutung erfahren. Freude über die ersten Lebensäußerungen des Kindes kommt auch in der folgenden Äußerung zum Ausdruck:

> Herr P.: »Wenn es sich aber dann bewegt, (...) man die ersten Tritte hier durch die Bauchdecke sieht, spätestens dann weiß man es oder merkt man es. Da kann man 'n Glas raufstellen, das kippt dann fast runter, weil sie dagegen tritt.« (2/6)

Dieser Interviewpartner zeigte sich von den Ultraschallaufnahmen wenig beeindruckt. Verglichen mit diesen scheinen für ihn die Kindsbewegungen jedoch eine andere Qualität zu haben (»wenn es sich aber dann bewegt«). Herr P. beschreibt ein kleines Experiment, das er wohl mit einer gewissen

Faszination durchführt. Er erzählt, dass die Fußtritte seiner Tochter beinahe dazu in der Lage wären, ein Glas zum Umkippen zu bringen, welches auf dem Bauch der Partnerin steht. Besagtes Glas wirkt in diesem Experiment als ein Verstärker, der die Bewegungen des Kindes überträgt und anschaulich macht. Das Baby stellt sich somit als jemand dar, der bereits buchstäblich etwas in der Außenwelt zu bewegen vermag. Auch der folgende Interviewpartner hebt hervor, dass für ihn in der Schwangerschaft der Moment eine besondere Bedeutung hatte, als er mit seiner Hand das erste Mal fühlen konnte, dass das Kind sich bewegt:

> Herr F.: »Einer der Kernaugenblicke ist sicher, wenn man die Hand auflegen kann und das Kind tritt. Wenn man das merkt, wenn man spürt, dass da auch was ist. Also das ist sicher ein Moment, das ist so ähnlich wie am Ultraschall. Da sieht man es halt, und da spürt man es. Das ist sicher schon was, was man selber sehr intensiv erlebt. Allein zu merken, dass das Kind, wenn man die Hand auflegt, dass es sich bewegt und man das spüren kann.« (2/10–11)

Während in dieser Äußerung das Realisieren der Kindsbewegungen als ein im positiven Sinne bedeutsamer Moment beschrieben wird, schwingt in der folgenden auch eine Irritation mit:

> Herr F.: »Interessanterweise hat es das abgelegt. Weil oft genug sagt I.: ›Mensch das tritt gerade!‹, und dann wird meine Hand genommen und wird dann auf den Bauch gelegt, und dann hört es dann urplötzlich auch wieder auf. Also es muss, entweder ich bilde es mir ein, aber I. sagt es ja selber auch. Also entweder hat es eine unglaublich beruhigende Wirkung auf das Kind, keine Ahnung. Auf jeden Fall ist es dann nicht mehr da.« (2/11)

Herr F. thematisiert eine von ihm wahrgenommene Veränderung. Erlebte er es zu einem früheren Zeitpunkt der Schwangerschaft noch als relativ einfach, Bewegungen des Kindes zu fühlen oder sogar hervorzurufen, so stellt sich dies für ihn nun ganz anders dar: Legt er seine Hand auf den Bauch seiner Partnerin, so verhält sich das Kind seinem Eindruck nach »urplötzlich« ruhig. Herr F. scheint sich unsicher darüber zu sein, wie er diesen Umstand interpretieren soll. Explizit macht er die Vermutung, dass sich das Kind durch ihn beruhige. Unausgesprochen bleibt jedoch das »oder«, das er dem ausgesprochenen »entweder« gegenüberstellt. Könnte es sich hier um die Phantasie handeln, das Kind entziehe sich ihm?
Die nachstehende Äußerung zeigt, dass sich die Bedeutung der Kindsbewegungen im Laufe der Schwangerschaft auch verändern kann. Der hier zu Wort kommende werdende Vater schildert, dass er die Bewegungen des Kindes zunächst als »Highlight«, also als etwas ganz Besonderes erlebt hat. Diese Bedeutung hat sich für ihn jedoch im Laufe der Zeit relativiert:

> Herr O.: »Es war schon 'n Highlight, wenn das Kind getreten hat oder so. (...) Ich will nicht sagen, es geht zur Gewohnheit über, aber es ist 'ne Gegebenheit, die täglich kommt. (...) Das flacht nachher ab, dieses Highlight-Gefühl. Man

nimmt es wahr, man fühlt es, und man will es auch fühlen, aber es ist nicht mehr so, dass man sich so darauf stürzt.« (2/11)

Die ersten Kindsbewegungen vermögen den werdenden Vätern eindrücklich die Existenz des Kindes zu bezeugen und diese sinnlich nachvollziehbar zu machen. Einige Interviewpartner greifen die Kindsbewegungen als eine erste Gelegenheit auf, mit dem Kind in Kontakt zu treten. Sie probieren aus, ob das Kind auf sie reagiert bzw. ob es ihnen – um es mit den Worten der werdenden Väter zu formulieren – »antwortet«. Ultraschallaufnahmen wie auch die Bewegungen des Kindes scheinen zu befördern, dass das Kind als ein »eigenständiges« bzw. abgegrenztes Objekt wahrgenommen und imaginiert werden kann. Es ist zu vermuten, dass damit auch die familiale Triade eine erste Kontur bekommt. Die folgende Äußerung zeigt, dass die Wahrnehmung der Kindsbewegung jedoch keineswegs automatisch eine phantasmatische Interaktion beispielsweise in dem Sinne befördert, dass Phantasien im Hinblick auf die mögliche Persönlichkeit des Kindes angestoßen werden. Als mir ein Interviewpartner erzählt, dass das Kind reagieren würde, wenn er den Bauch seiner Frau streichelt, versuche ich ihn mit der Frage, ob er das Gefühl habe, das Kind sei eher ein lebhafter oder eher ein ruhiger Zeitgenosse, dazu einzuladen, im obigen Sinne zu spekulieren. Diesem Ansinnen entzieht er sich mit folgenden Worten:

> Herr S.: »Puh, ich hab keine Vergleichsmöglichkeit. Von daher kann ich das nicht sagen. Meine Frau fühlt sich noch recht wohl dabei und so...« (2/2)

Zusammenfassend lässt sich hier noch einmal festhalten, dass die werdenden Väter gerade auch sinnlich erfahrbare und damit objektivierbare Zeichen der Schwangerschaft suchen, um ein Gefühl für deren Realität zu bekommen. Ultraschallaufnahmen, das »Dickerwerden« des Bauches sowie das Spüren der Kindsbewegung werden in diesem Zusammenhang zwar als unterstützend erlebt, dies jedoch vermutlich nur, wenn besagte »Zeichen« auch phantasmatisch besetzt werden können.

5. Beziehungswünsche

Im folgenden Kapitel wird die Frage im Mittelpunkt stehen, wie sich die werdenden Väter die Beziehung zu ihren Kindern vorstellen. Hierbei werden sowohl Wünsche zur Sprache kommen, die positiv formuliert sind (es wäre schön, wenn...), als auch solche, die eine negative Orientierung haben (so soll es nicht sein...). Thema wird weiterhin, wie die Interviewpartner ihre Vaterrolle inhaltlich definieren und ausgestalten möchten. Erwähnen möchte ich, dass der folgende Themenkomplex in der Regel durch Nachfragen meinerseits angestoßen worden ist. Da die Vorstellungen und Wünsche, die im Hinblick auf die Vater-Kind-Beziehung geäußert wurden, über den gesamten Interviewzyklus hinweg eine erstaunliche Übereinstimmung und Kohärenz aufwiesen, erschien es mir sinnvoll, in den nachstehenden Text auch Äußerungen aus der dritten Interviewserie einzubeziehen.

So, wie es zwischen mir und meinem Vater war, soll es nicht werden...
Machen sich die Interviewpartner über die Beziehung Gedanken, die sie sich einmal zu ihrem Kind wünschen, dann kommen sie zumeist erst einmal auf ihren Vater zu sprechen. Da die Beziehung zum eigenen Vater also ein zentraler Bezugspunkt für die imaginierte Vaterrolle zu sein scheint, soll diese zuerst Thema werden. Herr D. und Herr K., die bereits ausführlich zu Wort kamen, beschrieben das Verhältnis, das sie als Kind zu ihrem Vater gehabt haben, als distanziert. Mit dieser Einschätzung stehen sie nicht alleine da: Abgesehen von zwei Interviewpartnern sprechen alle werdenden Väter davon, dass sie in ihrer Kindheit vergleichsweise wenig Kontakt zu ihren Vater gehabt und dass sie die Mutter als primäre Ansprechpartnerin und Bezugsperson erlebt hätten. Die so erfahrene Konstellation wird meistens negativ bewertet.[57] Zugleich wird an diese jedoch – wenn auch negativ – angeknüpft, wenn es um die Frage geht, welches Verhältnis sich die werdenden Väter zu ihrem Kind wünschen. Charakteristisch für diesen Zusammenhang sind beispielsweise die folgenden Äußerungen:

> Herr L.: »Mein Vater selbst hat natürlich in meiner Erziehung, in dem Kontakt zu mir eigentlich gar nicht so 'ne Rolle gespielt. (...) War auch immer auf Arbeit und nur zu den Mahlzeiten zu Hause und hat nicht so die Rolle gespielt. Und ich hab mehr mit meiner Mutter zu tun gehabt. (...) Also ich möchte nicht diese Entfernung haben zum Kind, wie mein Vater das zu mir hatte.« (1/12)
>
> Herr J.: »Das kommt dazu, dass meine Eltern sich scheiden lassen haben als ich zwölf war, und danach hab ich meinen Vater nicht mehr erlebt, bin ich quasi ohne Vater aufgewachsen. Und so möchte ich das natürlich nicht erleben und natürlich nicht weitergeben. Das sind also eher negative Erfahrungen, die man so natürlich nicht weitergeben möchte.« (1/7) »Ich hoffe, dass ich mir hinreichend viel Mühe gebe (...), dass da also auch immer 'ne Beziehung ist. Dass ich nicht irgendwie so als persona non grata betrachtet werde.« (3/21)

---

[57] Um das Thema Vatermangel geht es auch in der nachstehenden Äußerung. Der hier zu Wort kommende Interviewpartner scheint ein gutes väterliches Objekt zu vermissen, das bei der Bewältigung des Übergangs zur Vaterschaft hilft: »Das ist auch 'n Punkt, wo man eigentlich vom Staat ziemlich allein gelassen wird. Das ist also nicht so, dass da jemand steht, wenn 'n Kind geboren ist, dass irgendjemand einem zur Seite steht und sagt: ›So, ich berate dich jetzt‹, so wie die Hebamme einen berät, wenn man Probleme hat. Die kommt ins Haus, so könnte genauso gut jemand vom Staat kommen.« (3/17) »Und ich muss sagen, ich fühle mich vom Vater Staat ziemlich alleingelassen.« (Herr U. 3/18)

Herr P.: »Dass nicht nur die Frau, die am Anfang sicherlich eher die Bezugsperson ist, aber dass ich da so schnell wie möglich rein wachse und nicht nur nebenher bin. (...) Dass das Kind sich auch schon freut, wenn ich nach Hause komme. Ich weiß es bei meiner Cousine, da ist der Mann Kapitän und die Kinder hatten in den ersten Jahren gar keinen Bezug zu dem Vater. Da war das immer ein Fremder (...). Und so etwas möchte ich eigentlich nicht haben. (...) War eben früher so, der Vater hat das Geld verdient, und die Mutter hat die Kinder erzogen. Zumindest war das bei uns so.« (2/8)

Sozialpsychologisch betrachtet werden in den genannten Schilderungen unterschiedliche Sozialisationsstrukturen thematisiert. Während Herr J. seit der Scheidung seiner Eltern vaterlos aufgewachsen ist, lebten Herr L. und Herr P. in einem familialen Gefüge, in dem es eine Mutter und einen Vater gab. Auf der Ebene des subjektiven Erlebens scheint diese Differenz jedoch an Bedeutung zu verlieren: Alle drei Männer skizzieren einen Vater, den sie als für sich emotional nicht zugänglich erlebt und den sie nicht als Bezugsperson erfahren haben. Der Vater wird in den genannten Äußerungen als Fremder skizziert bzw. als jemand, der häufig fort ist und im Familiengefüge nur eine Nebenrolle spielt. Im Gegensatz dazu wird die Mutter explizit und implizit als die Person benannt, die als Gegenüber erlebt wurde. Die drei Interviewpartner stimmen darin überein, dass sie in dieser Hinsicht nicht in die Fußstapfen ihrer Väter treten wollen. Sie wollen eben nicht die von ihnen angesprochene Distanz zu ihrem Kind haben und – wie es ein Interviewpartner formuliert – nur »nebenher« laufen. Der Wunsch, *nicht so* zu sein, wie man den eigenen Vater erlebt hat, sowie der Wunsch, dass die Beziehung zum eigenen Kind *anders* als die erlebte Vater-Kind-Beziehung sein möge, scheinen die zentralen Orientierungspunkte für den Entwurf der eigenen Vaterrolle zu sein. Nachstehend die Äußerung eines weiteren Interviewpartners, der seinen Vater als eine Person skizziert, die von ihm als Gast erlebt wurde und zum inneren Kern der Familie eigentlich nicht dazugehörte:

Herr O.: »Meine ganze Kindheit eigentlich kenne ich ihn, habe ich ihn nicht so gehabt als Vater wie andere vielleicht. Er war drei Monate auf See, einen Monat zu Hause.« (1/8) »Er war zwar da, körperlich, aber es war auch nicht so der Vater, den man sich vielleicht gewünscht hätte. Der dann wirklich mit einem Lego spielt und Lego zusammenbaut und so. Er hatte schon 'n bisschen Distanz. Er hatte vielleicht auch nicht so den Bezug, (...) weil er eben halt drei Monate unterwegs war und einen Monat in der Familie. Das ist 'n Verhältnis, was einfach schlecht ist. Und da kann man auch nicht das wiedergutmachen, was man die drei Monate halt nicht leisten konnte.« (1/10)

Kritisch, jedoch nicht nur im Hinblick auf die Kindheit, sondern auch hinsichtlich der aktuellen Beziehung zum Vater, äußert sich auch der folgende Interviewpartner. Er weist auf das hohe Alter seines Vaters hin und bemerkt, dass er auch heute wenig mit ihm anzufangen wisse. Gemeinsame und somit verbindende Interessen, so fügt er hinzu, gebe es nicht:

> Herr S.: »Mein Vater 'n Vorbild? Im Berufsleben vielleicht, als Vater nicht so ganz. Eher meine Mutter. Mein Vater, der hat nicht viel übergehabt, sag ich jetzt mal so, an Liebe, die er aufteilen konnte. Er war sehr, sehr zurückhaltend, sagen wir es mal so. Vielleicht ist es auch dadurch bei mir stärker ausgeprägt, als bei anderen. (...) Es ist sehr schwierig, zu meinem Vater Zugang zu finden. Er ist ein sehr starker Ich-Mensch. Er ist auch sehr stark beruflich eingebunden gewesen, aber dass er jetzt mal gesagt hat, lass uns mal irgendwas – was weiß ich, Mensch ärgere dich nicht – zusammen spielen oder irgendwas anderes, das hat er überhaupt nicht gehabt, (...) das war nichts für ihn. So spielen und was da alles so mit dranhing, das war eben halt meine Mutter.« (1/5)

Herr S. beschreibt seinen Vater als einen Mann, zu dem es schwierig ist, einen Zugang zu bekommen. Die Enttäuschung über ihn und sein als lieblos empfundenes Verhalten schwingt in obiger Äußerung noch deutlich mit. Als ich Herrn S. im Anschluss frage, ob er sich darüber Gedanken mache, wie er sich die Beziehung zu seinem Kind vorstellt, verneint er dies mit folgenden Worten: »Also im jetzigen Stadium noch nicht, kann ich echt nicht sagen.« (1/6) Er ist der einzige der Gesprächspartner, der trotz meiner Nachfrage im Hinblick auf die Beziehung zu seinem Kind keine Vorstellungen oder Wünsche zu formulieren vermag. Für ihn, darauf weisen die beiden ersten Interviews hin, scheint es vor der Geburt des Kindes schwer zu sein, sich als Vater zu imaginieren.

Vergleicht man, wie die werdenden Väter die Beziehung skizzieren, die sie zu ihrem Vater gehabt haben, so zeigt sich, dass sich die Äußerungen von zwei Interviewpartnern deutlich von dem, was bisher geschildert wurde, unterscheiden. Gleichwohl knüpfen aber auch sie – diesmal jedoch positiv – an die Erfahrungen der eigenen Kindheit an und entwerfen vor diesem Hintergrund ihre eigene Vaterrolle. Einer dieser beiden Interviewpartner soll im Folgenden zu Wort kommen, der andere am Ende dieses Kapitels.
Mit folgenden Worten bezieht sich Herr A. auf seinen Vater und auf das Verhältnis, das er zu diesem als Kind hatte:

> Herr A.: »Wenn ich an meinen eigenen Vater denke, finde ich also sehr positiv, was der so gemacht hat. Der war halt viel da, weil er auch so 'nen ähnlichen Job hatte wie ich zurzeit.« (1/7)

Dieser Interviewpartner erläutert, dass sein Vater Musiker und aus diesem Grunde in der Regel tagsüber zu Hause und somit für ihn erreichbar gewesen sei. Er schildert weiterhin, dass die Musik zu etwas wurde, dass Vater und Sohn auch heute noch verbindet. Stolz erzählt er, dass er sich von seinem Vater – gerade was seine musikalischen Fähigkeiten betrifft – schon

früh ernst genommen und sich von diesem im gewissen Sinne auch als
»Kollege« anerkannt gefühlt hätte:

> Herr A.: »Wir haben halt auch 'n Hobby. Das war nicht irgendwie ein Hergezerre, dass man dem Vater hinterher rennen muss, weil der 'n bestimmtes Hobby hat. Also ich wurde da schon miteinbezogen. Unser Hobby war halt Musik (...), und irgendwann hab ich dann in Vaters Band mitgespielt und mit ihm sogar Geld verdient. Das fand ich sehr schön. Das war 'ne Anerkennung auch. Das war nicht so, das ist jetzt hier mein Sohn, der macht hier mal mit, und ihr seid jetzt ruhig, weil, der muss hier jetzt mitspielen. Wenn da Fehler waren, das wurde knallhart gesagt. (...) Das war nicht so, dass ich der Kleine war, sondern da wurde schon halbwegs als gleichberechtigtes Mitglied da verfahren.« (1/8)

Wenn dieser werdende Vater darüber spricht, wie er sich einmal die Beziehung zu seinem Kind vorstellt, dann wird deutlich, dass er hierbei an die positiven Erfahrungen anknüpft, die er mit seinem Vater gemacht hat. Er wünscht sich, dass sich zwischen ihm und seinem Kind ebenfalls ein Verhältnis entwickelt, das deutlich freundschaftliche Züge aufweist:

> Herr A.: »Ich möchte gerne mit meinem Kind 'ne Beziehung aufbauen, die nicht nur so dieses typische Vater-Kind-Schema aufweist, sondern wo dann irgendwie auch so 'ne Vertrauensbasis aufgebaut wird. Nicht unbedingt Vater-Kind, sondern vielleicht auch mehr in Richtung Freund.« (1/7)

Warum ist ein Vater für sein Kind wichtig...?
Die Interviewpartner sind der Meinung, dass ein Vater für ein Kind wichtig ist. Danach gefragt, was genau den Vater denn so wichtig macht, zeigt sich, dass diesem jedoch keine spezifischen Aufgaben oder Funktionen zugeschrieben werden. Exemplarisch für diese Position die Äußerung eines Gesprächspartners, der Väter und damit auch prospektiv sich selbst als Ein-Drittel-Mehr charakterisiert, das aber nur eine positive Bedeutung hat, wenn es auch ausgefüllt wird:

> Herr F.: »Ich denke, es ist halt ein Drittel mehr. (...) Ich mein, wenn ich natürlich nur nebenher laufe und arbeite, um die Familie zu ernähren und mich sonst nicht drum kümmere, dann ist es im Prinzip egal. Dann ist es wahrscheinlich besser, es gibt gar keinen Vater, weil das Kind dann eben davon nichts hat.« (2/16)

Der folgende Gesprächspartner beschreibt einen Vater dann als wichtig und in gewisser Weise auch unersetzbar, wenn er sein Kind wirklich liebt. Besagte Liebe scheint für ihn die zentrale Qualität eines guten Vaters und somit das Wichtigste zu sein, was dieser zu geben vermag:

> Herr U.: »Ich denke schon, dass ein Vater wichtig ist, aber es muss nicht unbedingt der biologische Vater sein, sondern ich denke, dass die Situation zu dem Kind da sein muss, und ich glaube, dass die in dem tatsächlichen Vater am ehesten wächst. Also die Liebe wächst mit dem Sehen, der Geburt oder mit dem Beisein und vielleicht auch schon mit dem Begleiten der Schwangerschaft. Und

ich glaube, dass das relativ schwer zu ersetzen ist. Aber ich denke, dass der Vater an sich durch jemanden, der das Kind wirklich liebt, schon zu ersetzen ist. Nur das Problem ist, ob man jetzt eine Person findet, die das Kind genauso liebt wie der Vater.« (2/16)

In den beiden nachstehenden Zitaten werden die Aufgaben und Funktionen einer Mutter und die eines Vaters als prinzipiell austauschbar beschrieben. Mögliche Differenzen in der jeweiligen Beziehung zum Kind leiten sich der Überzeugung dieser Gesprächspartner zufolge nicht aus dem Geschlecht, sondern vielmehr aus der unterschiedlichen Persönlichkeit der beiden Elternteile sowie aus ihrem jeweiligen Engagement für das Kind ab:

> Herr U.: »Ich denke, das ist von Person zu Person austauschbar. (...) Das Kind mag natürlich allein anhand der unterschiedlichen Charaktere von Vater und Mutter bestimmte Dinge lieber mit dem Vater und andere Dinge lieber mit der Mutter besprechen. (...) Ich glaube nicht, dass das wesentlich unterschiedlich ist, wenn sich beide ähnliche Mühe geben und wenn sie versuchen, sich einzufühlen in das Kind.« (2/17)

> Herr J.: »Die Eltern übernehmen immer so die Rolle des Gegenparts. Irgendwie ist immer mal einer eher der ruhende Pol. So dieses Spielchen guter Polizist, böser Polizist wird da ja auch immer wieder gespielt zwischen den Eltern.« (1/8)

In der zuletzt genannten Äußerung werden Mutter und Vater als ein gut zusammenarbeitendes Team beschrieben, das Funktionen wie Stützen oder Strafen flexibel und im Wechsel wahrzunehmen vermag. Fragt man danach, was der Vorteil einer solchen Konstellation ist, so liegt die These nahe, dass diese davor schützt, dass einer der beiden Elternteile auf den undankbaren Part des »bösen Polizisten« festgelegt wird. Auf dieses Thema werde ich im Weiteren noch ausführlicher eingehen. Abschließend eine letzte Äußerung zu der Frage, warum ein Vater für ein Kind wichtig ist:

> Herr S.: »Ich denke mal, weil es für die Kinder eigentlich auch besser ist, wenn man 'nen Vater und 'ne Mutter hat. Einfach mal um verschiedene Perspektiven kennen zu lernen (...). Oder wenn mal das Kind krank ist oder die Frau krank ist oder der Mann krank, es ist immer noch irgendwie jemand da, noch zusätzlich da.« (1/11)

Die Antwort dieses Gesprächspartners bleibt eigentümlich abstrakt; dem Vater wird keine spezifische, ihn auszeichnende Qualität zugeschrieben: Er steht für eine – wie auch immer sich gestaltende – weitere Perspektive und wird anscheinend nur insofern von Bedeutung gesehen, als er noch zusätzlich (zur Mutter) da ist.

Ich möchte ein Vater sein, der präsent ist...

Wie bereits dargelegt, ist es den Interviewpartnern wichtig, dass ihr Kind nicht nur die Partnerin/Mutter als Bezugsperson wahrnimmt und anerkennt, sondern eben auch sie. In der folgenden Äußerung wird dieser Aspekt noch einmal hervorgehoben. Deutlich wird hierbei auch, dass die Säuglingszeit für den Beziehungsaufbau als buchstäblich grundlegend angesehen wird. Dies scheint es notwendig zu machen, sich an der Pflege des Kindes zu beteiligen:

> Herr A.: »Ich möchte nicht, dass das so 'ne einseitige Geschichte wird, wo dann wirklich die Frau mit dem Kind rumtüddelt, denn in der ersten Zeit ist das ja mehr pflegen. (...) Das möchte ich auch gerne machen, einfach um schon jetzt damit anzufangen, dass das selbstverständlich ist, und nicht erst zu sagen, jetzt kann ich damit nichts anfangen, mach mal, wenn sie reden kann und ihr Abitur gemacht hat, dann können wir mal sehen. (...) Ich denke schon, dass da irgendwas zurückbleibt, wenn sich nicht gekümmert wird. Dann wird gleich 'n komisches oder 'n anderes Verhältnis aufgebaut.« (2/15)

Die Interviewpartner gehen davon aus, dass die Realisierung des Wunsches, mit dem Kind in Kontakt zu kommen und zu diesem eine Beziehung aufzubauen, eine hohe Präsenz ihrerseits voraussetzt. Diese glauben einige vergleichsweise gut, andere weniger gut mit der Eingebundenheit in berufliche Verpflichtungen in Einklang bringen zu können. Der Wunsch, Zeit zu haben und für das Kind da sein zu können, sowie der Vorsatz, sich Zeit zu nehmen, werden in vielen Interviews geäußert. Charakteristisch hierfür sind die folgenden Aussagen:

> Herr O.: »Also ich bin froh, dass ich um viertel nach drei Feierabend hab, und dass ich danach dann für meine Kinder da sein kann.« (1/8) »Da ist schon der Wunsch da, nachher viel da zu sein.« (1/9)

> Herr U.: »Auch direkt den Beruf soweit zu wählen, dass man nicht die Karriere vorne anstellt, sondern wirklich vielleicht etwas beschaulicher mit etwas geringerem Einkommen lebt und dann mehr für die Familie da ist.« (2/1)

> Herr A.: »Viel Zeit möchte ich mit dem Kind verbringen. Ich möcht mich nicht aufdrängen (...). Wenn es keine Lust hat, hat es keine Lust. Nur, ich möchte dem Kind das Angebot oder die Möglichkeit geben, das zu machen.« (2/14)

Den Interviews ist zu entnehmen, dass die werdenden Väter davon ausgehen, dass ihre Präsenz – das »Da-und-dabei-Sein« – außerordentlich wichtig ist, um die erwünschte Beziehung überhaupt aufbauen zu können. Die – wie es ein Gesprächspartner formuliert – »regelmäßige Anwesenheit« wird in vielen Äußerungen als die entscheidende Voraussetzung einer innigen Vater-Kind-Beziehung gesehen. Es ist zu vermuten, dass sich diese Überzeugung auch aus der Verarbeitung der eigenen Kindheitserfahrungen speist (die Mutter wird als die zentrale Bezugsperson der Kindheit beschrieben, als diejenige Person, die »da« war):

> Herr O.: »Das finde ich halt sehr wichtig für die Beziehung, überall dabei sein. Wenn es möglich ist, bei der Einschulung, (...) Kinderhort mit abholen und dass man irgendwo immer in Reichweite ist.« (3/25)

Herr J.: »Einfach die regelmäßige Anwesenheit. Und dass man sich viel, viel auch mit dem Kind beschäftigt. Und wenn ich sage, da ist jetzt so 'n Krakeeler, und ich bin halt der Ernährer, lass es mal wachsen, schauen wir mal, was da wird, und eigentlich ist ja die Mutter dafür verantwortlich, genau das nicht zu tun. Also eben soviel wie möglich Zeit mit dem Kind verbringen.« (1/10)

Zwei Interviewpartner äußern in diesem Zusammenhang auch die Sorge, eben nicht genügend Zeit zur Verfügung zu haben. Erwähnt sei an dieser Stelle, dass alle werdenden Väter berichten, dass zumindest für die erste Zeit geplant ist, dass die Partnerin ihre Arbeit aufgibt und sie die materielle Versorgung der Familie sicherstellen. Einige Männer erzählen, dass ihre Partnerin die Erwerbsarbeit aufgeben will, andere betonen, dass dies nur eine vorübergehende Lösung sei. Im Folgenden ein Interviewpartner, dem diese Rollenaufteilung Sorge bereitet. Er befürchtet, dass die strukturelle Gegebenheiten seinem Wunsch, für das Kind ebenfalls eine Bezugsperson zu werden, entgegenwirken und dass es für ihn trotz aller Bemühungen schwer oder sogar unmöglich sein könnte, hier gegenzusteuern:

Herr L.: »Und jetzt sind wir schon wieder am Überlegen, ob es da nicht auch Möglichkeiten gibt, das aufzuteilen? Ich hab das Gefühl, es wäre wichtig, auch so 'n bisschen so 'ne Gleichheit herzustellen. (...) Das wären so Aussichten auf diese alte Rollenteilung zwischen Mann und Frau, und man tritt natürlich an mit so Zielen: Wir machen das alles ganz anders! Und dann auf einmal zu merken, es entwickelt sich eigentlich genauso, wie man es nicht haben will.« (1/13)

Die nachstehende Äußerung verweist darauf, dass der Wunsch oder vielmehr der Anspruch, es anders bzw. deutlich besser als der eigene Vater zu machen, auch sehr belastend sein kann:

Herr L.: »Es ist tierisch anspruchsvoll geworden, das ist 'ne ganz neue Qualität. Also es ist schon fast manchmal Terror. Wir haben natürlich alle unsere alten Geschichten am Laufen, wie sich das also grade in der Rolle der Väter so gestaltet hat. Die Väter sind nie da, das ist natürlich eine Klage, die wir alle an unsere Väter gerichtet haben. Die waren halt berufstätig und waren abwesend, und die Frau hat das alles an den Hacken gehabt. Und eigentlich wollen die Männer oder viele Männer, die ich kenne, die wollen das nicht mehr.« (2/6)

Wenn dieser Interviewpartner davon spricht, dass eine Vaterschaft »tierisch anspruchsvoll« geworden sei und in diesem Zusammenhang den Begriff »Terror« verwendet, dann verweist dies auf hohe Ideale sowie auf die Befürchtung, diesen Ansprüchen nicht gerecht werden zu können. Nicht zufällig, so ist zu vermuten, kommt Herr L. dann auf die vormalige Vätergeneration zu sprechen, die er implizit als nicht »good enough« bewertet. Besagten Vätern, so schwingt es mit, sind seiner Einschätzung nach sowohl gegenüber den Kindern als auch gegenüber den Partnerinnen Versäumnisse anzulasten, aufgrund derer sie sich die (An-)Klage ihrer Söhne gefallen lassen müssen. Herr L. zeigt sich wenig versöhnt mit der Art und Weise, wie die Vätergeneration ihre Vaterrolle gestaltet hat. Er kann neben den wahrgenommenen Defiziten nicht das sehen und anerkennen, was diese als Versorger für ihre Familien auch geleistet haben. In dieser Perspektive stellt sich der Terror, von dem Herr L. spricht, als die Befürchtung dar, es trotz aller guten Vorsätze und Bemühungen auch nicht besser zu machen und somit womöglich in ähnlicher Weise »schuldig« zu werden. Die folgende Äußerung weist darauf hin, dass hierbei keineswegs nur an das Kind, sondern ebenfalls an die Partnerin gedacht wird:

> Herr L.: »Wobei ich natürlich schon das alte Modell, das tradierte Modell auch für ungerecht halte. Wenn die Frau den ganzen Tag und die ganze Nacht fürs Kind zuständig ist und ich nur acht Stunden arbeite, dann wäre das schon ungerecht. Und das ist aus diesem Aspekt heraus nicht mein Anspruch, so 'ne Ungerechtigkeit mit in die Beziehung zu bringen.« (2/14)

Abschließend eine Äußerung, die noch einmal aus einer anderen Perspektive auf den großen Anspruch hinweist, den Herr L. im Hinblick auf seine Vaterschaft hat:

> Herr L.: »Es ist auch mein Wunsch, zwei verschiedene Rollen unter einen Hut zu bringen und das auch kräftemäßig zu schaffen.« (2/7)

Mein Kind soll keine Angst vor mir haben, ich möchte ihm Freund und Vertrauter sein...

In vielen Interviews wird mehrfach der Wunsch zum Ausdruck gebracht, kein Vater zu sein, vor dem sich das Kind fürchtet bzw. mit dem dem Kind einmal Angst gemacht werden kann. In diesen Zusammenhang gehört auch die Ablehnung einer geschlechtsgebundenen Rollentrennung, die dem Mann/Vater die Funktion der Exekutive zuweist. Charakteristisch hierfür ist beispielsweise die folgende Äußerung:

> Herr U.: »Was mir sehr wichtig ist, dass es nicht die Rolle ist, die man früher häufig gehabt hat. Dass der Vater dann derjenige ist, der dann das Kind zu bestrafen hat und die Mutter dann den ganzen Tag über vielleicht damit droht: ›Du hast 'was Böses gemacht, warte bis der Papa kommt!‹ Das wäre also für mich der absolute Horrortrip. Also da möcht ich wirklich 'ne ähnliche Rolle zu dem Kind spielen, wie es meine Frau auch spielt. Also vom Vertrauen her und auch von der Liebe und auch von der Bedürftigkeit des Kindes her. Eine gleichgestellte Rolle ist für mich sehr wichtig.« (2/7-8)

Deutlich bringt dieser Gesprächspartner zum Ausdruck, dass er von dem Kind nicht als angstbesetzte, weil strafende Vaterfigur erlebt werden möchte. Er wünscht sich vielmehr, dass er für das Kind einmal eine ähnlich positive Bedeutung haben wird, wie sie seiner Vorstellung nach die Mutter hat: Auch er möchte vom Kind geliebt und gewollt werden und sein Vertrauen genießen. Besagte Qualitäten erscheinen hier als primär mit der Mutter-Kind-Beziehung verknüpft bzw. als etwas, was für die Vater-Kind-Beziehung erst noch zu erringen ist. Wenn Herr U. davon spricht, dass ihm eine gleichgestellte Rolle sehr wichtig sei, dann teilt er hiermit indirekt mit, dass er die traditionelle Rollenaufteilung als für sich nachteilig und somit wenig erstrebenswert erlebt. Auch der nachstehende Interviewpartner möchte innerfamiliär nicht die Rolle einer machtvollen, aber angstbesetzten Autoritätsperson innehaben, in deren Windschatten die Partnerin segeln kann. Er hat vielmehr den Wunsch, mit der Partnerin in einer Weise zu kooperieren, die ihn im Erleben des Kindes eben nicht zum »Buhmann« zu machen droht:

> Herr A.: »Dass der Vater eben die Autorität versprüht und die Mutter sagt: ›Wenn Vater nach Hause kommt, dann aber‹, das möcht ich nicht. Das gab es bei uns damals nicht, (...) ich fand das eigentlich ganz ausgewogen, nicht dieses Hin- und Hergeschicke zwischen Mutter und Vater.« (1/7) »Ich möchte nicht diesen Wenn-Vati-nach-Hause-kommt,-dann-gibts-aber-was-Effekt.« (2/13)

Die nachstehende Äußerung gibt Hinweise darauf, was für Herrn A. Aspekte eines idealen Vaters sind und welche Rolle er für sich entwirft:

> Herr A.: »Dass er sich halt nicht aufdrängt, machen lässt, aber doch da ist. (...) Also wir hatten früher so 'nen riesen Bernhardiner, der mit uns immer rumgetigert ist. Wir waren irgendwie so 'n Haufen von fünf, sechs Kindern, die immer gespielt haben und da war er halt immer dabei. (...) Der wuselte immer um uns rum, das fand ich eigentlich ganz nett von ihm. Er war immer solange ruhig, wie nichts passiert war. Wenn dann irgendwie 'n größerer Junge kam, uns angemacht hat, dann sträubten sich dem die Nackenhaare. Von daher hat der immer sehr prima auf uns aufgepasst und war wirklich immer nur da, wenn wir ihn brauchten oder wenn wir es auch selber vielleicht noch nicht gemerkt haben.« (2/13–14)

Ein guter Vater ist für Herrn A. jemand, der präsent ist und, wenn gewünscht, dem Kind auch zur Verfügung steht. Pate für dieses Leitbild steht hier der geliebte Bernhardinerhund, der diesem werdenden Vater in Kindertagen zur Seite stand. Dieser wurde als ein unaufdringlicher Begleiter erlebt, der Situationen einzuschätzen wusste, einen gegebenenfalls schützte und so ein Gefühl der Sicherheit zu geben vermochte. Die Metapher des Bernhardinerhundes als gutes väterliches Objekt verweist indirekt auf eine weitere Dimension der imaginierten Vaterrolle: Nicht zufällig, so lässt sich vermuten, begleitet der Hund die Kinder beim Spielen. Nimmt man diesen Umstand ernst, so drückt sich in diesem Bild auch ein weiterer Wunschaspekt der imaginierten Vaterrolle aus: Der Vater als potentieller Spielkamerad, mit dem man als Kind durch dick und dünn gehen kann.

Die Interviews zeigen, dass für nahezu alle Gesprächspartner der »Vater als Freund« ein positives und somit anzustrebendes Leitbild ist. Charakteristisch hierfür ist beispielsweise die folgende Äußerung:

> Herr O.: »Ich würde mir wünschen, dass mein oder überhaupt jedes Kind so 'ne Freundschaftsbeziehung auch zu den Eltern bekommt. Nicht nur 'ne Vaterbeziehung oder Elternbeziehung so von wegen Bestrafung, Leistungsdruck. (...)

Und keine Angst verspürt, wenn der Vater nach Hause kommt oder die Mutter und dann zusammenzuckt: ›Oh, jetzt ist der Alte wieder zu Hause.‹ Selbst bei Kleinkindern merkt man das, die dann zusammenzucken und dann in ihr Zimmer gehen so ungefähr, weil der Vater eben halt so 'ne dominante Rolle spielt und immer nur Stress mit nach Hause bringt.« (3/23)

Dieser Gesprächspartner stellt einer freundschaftlichen Beziehung zwischen Vater und Kind eine, wie er es nennt, »Vaterbeziehung« gegenüber. Eine solche scheint für ihn vor allem durch die Ausübung strafender Funktionen sowie der Einforderung von Leistung charakterisiert und somit negativ konnotiert zu sein. Was eine solche Vater-Kind-Beziehung für ihn wenig attraktiv macht, wird im Weiteren deutlich: Ein Vater, der sich so definiert, der dominant auftritt, Stress mitbringt oder sogar Angst einflößt, muss der Überzeugung von Herrn O. zufolge damit rechnen, zu Hause nicht gerne gesehen zu werden. Er droht, als ein Eindringling wahrgenommen zu werden, vor dem die Kinder sich räumlich (sie gehen in ihr Zimmer) und möglicherweise auch innerlich zurückziehen. Der Wunsch, später einmal willkommen zu sein und zu merken, dass das Kind sich freut, wenn Vater nach Hause kommt, wird von den Interviewpartnern vielfach zum Ausdruck gebracht. Dieser wie auch weitere, in eine ähnliche Richtung gehende Wünsche weisen auf ein starkes Bedürfnis hin, vom Kind geliebt zu werden. Ein partnerschaftlicher bzw. freundschaftlicher Umgang mit dem Kind scheint dabei als die beste Voraussetzung dafür angesehen zu werden, dass das Kind zu ihnen eine positive Beziehung entwickeln wird und sie das Vertrauen und die Zuneigung des Kindes gewinnen werden. In der folgenden Äußerung spricht ein Interviewpartner den Wunsch aus, dass das Verhältnis zwischen ihm und seinem Kind einmal so sein möge, dass dieses später mit allem zu ihm kommen kann. Ein solches Vertrauensverhältnis, so lässt sich vermuten, wird nicht nur aus der Perspektive des Kindes als sinnvoll und hilfreich imaginiert, sondern eben auch als ein Garant für die gewünschte innige Vater-Kind-Beziehung gesehen:

Herr U.: »Dass sie wirklich 'nen Menschen dann auch hat, wo sie immer hingehen kann, wo sie keine Angst haben muss, selbst wenn sie irgendwas Blödes gemacht hat.« (3/25) »Das würde ich schlimm finden, dass es irgendwas verschweigt aus Angst vor irgendwelchen Konsequenzen, die soll es nicht geben.« (2/15–16)

Der nachstehende Interviewpartner erzählt, dass er es ablehne, sein Kind zu »puschen« und in irgendeiner Weise unter Leistungsdruck zu setzen. Er schildert weiterhin, dass er in der Jugendarbeit die Erfahrung gemacht habe, dass Entscheidungen, die gemeinsam getroffen wurden, auch von allen getragen werden. Für seine Familie wünscht er sich die Institution eines Familienrates, in dem in diesem Sinne Probleme besprochen und Entscheidungen gefällt werden können:

Herr O.: »Wir haben bei den Pfadfindern auch immer so 'nen Rat gehabt (...), und dann wurden eben solche Probleme auch besprochen. (...) Und so stell ich mir das halt auch vor, wenn Knatsch in der Familie ist und die Kinder nicht so wollen oder die Eltern nicht so wollen wie die Kinder oder wie auch immer, dass dann der Ratsfelsen einberufen wird, und dann wird in der Familie darüber gesprochen. (...) Jeder soll seinen Standpunkt darlegen.« (3/25)

Die folgende Äußerung macht deutlich, dass sich mit der Etablierung einer solchen demokratischen Struktur in der Familie auch die Hoffnung verbindet, auf diese Weise langfristig sicherstellen zu können, dass man mit dem Kind in Kontakt bleibt und nicht den Zugang zu ihm verliert:

Herr O.: »Wenn Entscheidungen später getroffen werden, werden bestimmt auch die Eltern wieder zugezogen. Denn vorher hat man die Kinder ja auch hinzugezogen. Ja, man kriegt es vielleicht wieder.« (3/25)

Nachstehend die Position eines weiteren Interviewpartners. Nachdem Herr J. mir erzählt hat, wie er seinen Vater sieht, frage ich ihn, ob er einen Wunsch habe, was seine Tochter später einmal über ihn sagen soll. Auf diese Frage hin entspinnt sich folgender Dialog:

Herr J.: »Also eigentlich denke ich da im Moment in eher umgekehrter Richtung, was sie möglichst nicht sagen sollte.«
I.: »Und was sollte sie nicht sagen?«
Herr J.: »Achtung, Achtung, jetzt kommt mein Vater.«
I.: »Aus Angst vor Ihnen?«
Herr J.: »Ja, aus Angst, weil der ist immer derjenige, der hier sagt, wo es langgeht und ständig bestimmt, und eigentlich ist das völlig unbeliebt. Also diese Situation, in die möchte ich das nicht laufen lassen, sondern eher halt umgekehrt. Dass sie dann halt auch sich freut, wenn ich komme. Nicht wie ich das auch damals so unterm Strich erlebt hab: ›Wart 's ab bis dein Vater nach Hause kommt!‹ Und dann gab 's erstmal die Strafpredigt oder gar noch Schlimmeres. Das sind auch so Maßgaben, die man sich selber gesetzt hat. Ziele, zu sagen, also so sollte es nicht funktionieren.« (3/21–22)

Auch dieser Gesprächspartner bringt zum Ausdruck, dass er die Position desjenigen, der in der Familie den Ton angibt, als für sich nicht attraktiv erachtet. Der Umstand, dass mit einer solchen Position Macht und Gestaltungsfreiheiten verbunden sind, scheint daran wenig zu ändern. Nicht zufällig, so ist zu vermuten, fällt in diesem Zusammenhang der Begriff »unbeliebt«. Unbeliebt scheint seiner Überzeugung nach nicht nur eine solche väterliche Attitüde zu sein, sondern dann eben auch der Vater selbst. In den Ausführungen von Herrn J. schwingt mit, was nicht nur für ihn, sondern ebenfalls für andere Interviewpartner ein zentraler Wunsch ist: Der Wunsch, von seinem Kind geliebt zu werden. Dieser Wunsch ist anscheinend nur schwer offen auszusprechen, aber dennoch von großer Bedeutung. Es liegt die These nahe, dass der Entwurf der eigenen Vaterrolle untergründig von diesem bestimmt wird.

Der Vater als Ernährer und Vorbild...

Im Folgenden möchte ich noch einmal eine Perspektive vorstellen, die sich von den zuvor genannten unterscheidet und insofern aus dem Rahmen fällt. Der Gesprächspartner, um den es im Weiteren geht, erzählt, dass sein Vater für ihn eine im positiven Sinne sehr wichtige Person war und ist. Seine Ausführungen zeigen, dass dieser für ihn auch eine Identifikationsfigur ist:

> Herr F.: »Dass ich so zu meinem Vater aufschaue, das liegt aber eben halt auch an dem beruflichen Werdegang, weil er Ähnliches gemacht hat. (...) Da war jetzt auch immer die Verbindung da, und die wird jetzt auch noch mal zusätzlich geschlossen durch meinen jetzigen Freundeskreis. (...) Er ist auch auf vielen Feiern dabei. (...) Es war eben halt immer der Vater für alle Fragen und Wünsche und so. Aber immer auch in der Hinsicht, dass er eine große Bedeutung hat, und dass ich da auch stolz drauf bin, auf jeden Fall.« (2/18)

Die sich anschließende Äußerung weist darauf hin, dass Herr F. davon ausgeht, dass ein Kind Mutter und Vater anders wahrnimmt und zu ihnen auch eine sich deutlich voneinander unterscheidende Beziehung hat. Besagte Differenz sieht er vor allem durch das jeweilige Geschlecht des Elternteils bestimmt. Das Bild, das dieser Interviewpartner zeichnet, knüpft im starken Maße an Rollenbilder an, die mit traditionellen Vorstellungen der Geschlechterdifferenz konform gehen:

> Herr F.: »Das Hingucken zum Vater oder die Bedeutung des Vaters oder was sieht man in dem Vater im Vergleich zur Mutter, das ist eben oft ganz anders. Weil das ist eben ganz anders geprägt: Der Vater, der Ernährer, oder vielleicht einer, der die Vorbildfunktion übernimmt, Erfolg zu haben. Und bei der Mutter, das ist halt eben mehr so diese Gefühlsschiene: Wärme zu haben und Verständnis und jemanden, mit dem man reden kann und so. Der einen eben so 'n bisschen umschließt, der einfach da ist.« (3/12)

Dieser Interviewpartner weist Mutter und Vater differente Aufgaben und Funktionen zu. Der Vater wird als die Person bestimmt, die die Familie materiell versorgt und sich in der Außenwelt zu behaupten hat. In diesem Zusammenhang soll er auch als Modell bzw. Vorbild für das Kind dienen. Die Mutter wird mit der häuslichen Sphäre assoziiert. Sie wird für die emotionalen Belange zuständig erklärt und als eine Person beschrieben, die das Kind »umschließt« und somit vor den Ansprüchen und Zumutungen der Außenwelt schützt. Das hier beschriebene Modell von Elternschaft verweist auf die Aufgaben, die Herr F. mit seiner künftigen Vaterrolle verbindet:

> Herr F.: »Ich sag mal, diese klassische väterliche Verantwortung, einfach da zu sein und die Familie zu versorgen. (...) Und ich bin dazu nun auserkoren, da Verantwortung zu übernehmen für die Familie und auch für das Baby. Und Verantwortung auch in Sachen Erziehung, dann später auch Ausbildung, das liegt natürlich auch verantwortlich bei mir. Ich mein, es soll natürlich sich fifty-fifty gestalten und auch in Einklang mit der Mutter passieren. Aber Verant-

wortung natürlich auch, die Bedürfnisse zu decken und da auch 'nen gesunden Mittelweg zu finden. Denn ich würde meinem Kind sicherlich nicht alles erlauben, ganz klar. Ich würde ihm auch die Bedeutung von vielen Dingen klarmachen müssen, immer mit dem Hintergrund, dass du halt die Verantwortung dafür hast. Das ist ja nun auch schon so im Gesetz formuliert, und um diese Verantwortung muss man halt wissen und muss auch in der Lage dazu sein.« (2/4)

Vater zu werden scheint für diesen Gesprächspartner vor allem zu bedeuten, Verantwortung übertragen zu bekommen. Ein guter Vater ist für Herrn F. demzufolge jemand, der besagte Verantwortung übernehmen und sich bemühen würde, dieser auch gerecht zu werden. Der hier zu Wort kommende Interviewpartner sieht sich als Vater somit weniger als eine Person, die begleitet und Freund ist, sondern vielmehr als jemand, der dem Kind eine Richtung (vor-)gibt.

Zusammenfassung

Ein Großteil der interviewten werdenden Väter beschreibt die Beziehung, die sie als Kind zu ihrem Vater gehabt haben, als distanziert und ihren Vater als eine Person, die sich in der Peripherie des familialen Geschehens bewegte und von ihnen eben nicht als eine Bezugsperson erlebt wurde.[58] Geht es um die Frage, wie sie sich die Beziehung zum eigenen Kind vorstellen, so beziehen sich diese Interviewpartner negativ, d. h. im Sinne einer Abgrenzung auf besagte Erfahrungen. Es anders und besser machen zu wollen als der eigene Vater, kann hier als ein Leitmotiv für den Entwurf der eigenen Vaterrolle bestimmt werden.[59] Die beiden Interviewpartner, die von einem als positiv erlebten Vater-Kind-Verhältnis berichten, zeigen sich in dem, wie sie ihre Vaterrolle entwerfen, ebenfalls auf die Erfahrungen bezogen, die sie innerhalb ihrer Herkunftsfamilie gemacht haben. Sie orientieren sich an dem jeweils erlebten Vater-Kind-Beziehungsmodell (der Vater als Vorbild, der Vater als Freund). Insgesamt betrachtet zeigen die Äußerungen der interviewten werdenden Väter eine deutliche Präferenz für ein partnerschaftlich bzw. freundschaftlich orientiertes Vater-Kind-Verhältnis. Sie wünschen sich, ein Freund des Kindes zu sein, und imaginieren sich als eine Person, die Vertrauter ist, in heikle Angelegenheiten eingeweiht und zu Rate gezogen wird. Umgekehrt wird von den Ge-

---

[58] Grieser (2001) unterscheidet zwischen einer latenten Abwesenheit (der physisch anwesenden Väter) und einer manifesten Vaterabwesenheit. Ihm zufolge stellt die latente ein größeres Problem dar als die manifeste, da sie für ein Kind weitaus schwerer kognitiv zu erfassen, zu symbolisieren und zu verarbeiten sei.

[59] Diese Tendenz deckt sich mit den Untersuchungsergebnissen von Fthenakis und Engfer (1998), deren Studie zufolge Väter eine *andere* Form der Vaterschaft anstreben, als die, die sie bei ihrem Vater erlebt haben. Dabei bleibt gleichzeitig oft unklar, was, in welcher Weise anders sein soll.

sprächspartnern betont, dass sie auf keinen Fall möchten, dass ihr Kind einmal vor ihnen Angst haben wird. Eine Autoritätsperson in dem Sinne, dass sie als Vater die Funktion einer (strafenden) Exekutive übernehmen, möchten sie nicht sein. Die hier skizzierten Aspekte der imaginierten Vater-Kind-Beziehung verweisen auf einen Wunsch, der in den Gesprächen nicht explizit zum Ausdruck gebracht wird, gleichwohl aber zentral zu sein scheint: Der Wunsch, vom Kind angenommen zu werden und seine Liebe gewinnen zu können. Die in diesem Zusammenhang gemachten Äußerungen lassen vermuten, dass nicht davon ausgegangen wird, dass sich diese Liebe – so wie bei der imaginierten Mutter-Kind-Beziehung – selbstverständlich herstellen wird. In den Gesprächen kommt weiterhin zum Ausdruck, dass die Interviewpartner es für ein Kind prinzipiell als wichtig erachten, einen Vater zu haben. Was genau aber einen Vater wichtig macht, ist für sie anscheinend ungleich schwerer und schon gar nicht im Sinne spezifischer Aufgaben und Funktionen zu bestimmen. Fragt man danach, was in den Augen der Interviewpartner zentrale Funktionen eines Vaters sind, so stößt man insbesondere auf solche, die auf einen Funktionswandel der antizipierten Vaterrolle verweisen: Das Kind zu lieben und für es da zu sein wird von den werdenden Vätern als eine der wichtigsten Aufgaben eines Vaters beschrieben. Klassische Funktionsbereiche der Vaterrolle – der Vater als Wissensvermittler, Erzieher oder Vorbild – haben demgegenüber anscheinend an Bedeutung und Attraktivität verloren. Nahezu alle Interviewpartner streben eine aktive Vaterschaft an. Sie nehmen sich vor, viel Zeit mit dem Kind zu verbringen und für dieses präsent zu sein. In diesen Zusammenhang gehört auch, dass die meisten Interviewpartner das Elternpaar als ein Team sehen, das eben keine rigide Aufgaben- und Rollentrennung praktiziert, sondern vielmehr flexibel und im Wechsel die verschiedenen Aufgaben, die mit einer Elternschaft verbunden sind, übernehmen sollte. Abgesehen von einem Interviewpartner kann sich keiner der interviewten Männer mit der traditionellen Vaterrolle identifizieren. Diese stellt sich für sie nicht als ein positives Leitbild dar. Dieser Umstand deckt sich mit soziologischen Befunden, die von einem Zerbrechen des traditionellen Vaterbildes sprechen. Die antizipierte und gewünschte Vaterrolle scheint sich vielmehr an der Sozialfigur der (guten) Mutter zu orientieren. In diesen Zusammenhang gehört auch, dass sich die werdenden Väter wünschen, für das Kind eine zweite primäre Bezugsperson zu sein.

Auswertung ausgesuchter Themenbereiche

Teil 2: Die Zeit nach der Geburt

Gegenstand der folgenden Kapitel sind die Interviews, die ich mit meinen Gesprächspartnern nach der Geburt ihrer Kinder geführt habe. Diese waren zum Zeitpunkt der Gespräche zwischen drei und vier Monate alt. Alle Kinder sind gesund zur Welt gekommen, eine Tatsache, die mich freut und auch erleichtert hat. Bevor ich mich einzelnen Themen zuwenden werde, möchte ich vorausschickend eine Beobachtung mitteilen: In den Interviews imponiert ein hohes Maß an Beteiligung und Engagement der Väter. Alle, so scheint es mir, haben Tätigkeiten in ihr Vatersein integriert, die eine Generation zuvor primär und nicht selten auch nahezu ausschließlich dem mütterlichen Aufgaben- und Zuständigkeitsbereich zugewiesen waren. Dieser Umstand ist in seiner Bedeutung nicht zu unterschätzen. Meiner Einschätzung nach hat hier eine kleine und vor allem stille gesellschaftliche Revolution stattgefunden. »Neue Väter« finden sich keineswegs nur im alternativen Milieu, sie haben ihren Platz ebenso in der Mitte der Gesellschaft gefunden. Vorausschicken möchte ich ferner ein Datum, das die Lebenssituation der interviewten Väter betrifft: Den Schilderungen der Interviewpartner zufolge haben alle Familien eine Struktur etabliert, der zufolge der Mann arbeitet und den Unterhalt bestreitet, während die Partnerin – abgesehen von vereinzelten Honorartätigkeiten – erst einmal zu Hause bleibt und sich um das Kind kümmert. In dieser Hinsicht hat sich die traditionelle Rollenverteilung fortgesetzt. Dieses Bild differenziert sich jedoch, zieht man hinzu, wie dieser Umstand bewertet wird und in welcher Weise sich die Väter in der ihnen neben der Erwerbsarbeit zur Verfügung stehenden Zeit ihren Kindern zuwenden.
Die sich anschließenden Kapitel gliedern sich in drei Themenschwerpunkte. Der Schwerpunkt des ersten Abschnittes liegt auf der Frage, welches Selbstverständnis als Vater die interviewten Männer zum Ausdruck bringen. Die Themen »Verantwortung« und »Sorge« stehen hierbei im Mittelpunkt. Gegenstand ist ferner, wie die neue Lebenssituation erlebt wird und wie die belastenden Aspekte der frühen Vaterschaft bewältigt werden. Im zweiten Abschnitt geht es dann um die Frage, welche Erfahrungen der Interviewpartner dazu beigetragen haben, ihre Identität als Vater und somit auch ihre Bindung an das Kind zu stärken. Im Zentrum des dritten Abschnittes steht die subjektive Bedeutung eines definitiven Unterschiedes:

Männer können sich grundsätzlich in derselben Weise wie ihre Partnerinnen dem Kind nähern, sie können es jedoch nicht stillen.

1. Pflicht und Kür – das väterliche Selbstverständnis

In diesem Kapitel soll herausgearbeitet werden, in welcher Weise die interviewten Väter ihre neue Rolle und ihre Beziehung zu dem Kind ausgestalten. Dabei wird es auch darum gehen, welche Aufgaben sie ihren Schilderungen zufolge (mit-)übernehmen und wie sie sich im familialen Dreieck positionieren. Gegenstand wird ferner sein, welches Selbstverständnis sie als Vater entwickelt haben. Dem Thema »Verantwortung« sowie dem von einigen Interviewpartnern als für sie neu erlebten Gefühl der Sorge kommt hierbei eine besondere Bedeutung zu. Abschließend wird es um die Frage gehen, was die interviewten Väter im Zusammenhang ihrer Vaterschaft als belastend erleben und wie sie damit umgehen.

1.1. Die Verantwortung eines Familienvaters

Wie bereits angemerkt sind die interviewten Väter erst einmal diejenigen, die im Wesentlichen den Familienunterhalt bestreiten. Der Umstand, dass sie aus diesem Grund den größten Teil des Tages außer Haus sind, wird als mit Nach- und Vorteilen verbunden erlebt. So wird bedauert, zwangsläufig viel zu »verpassen«, d. h. gerade an der in der ersten Zeit so dynamisch verlaufende Entwicklung des Kindes nur partiell teilnehmen zu können. Exemplarisch hierfür die folgenden Äußerungen:

> Herr U.: »Das bewegt einen ziemlich, weil man sich auch sagt, dass man eigentlich die wertvollste Zeit verschenkt. Also ich versuche, am Wochenende so viel wie möglich aufzuholen.« (3/1)
>
> Herr J.: »Am schönsten war ja die Zeit, wo ich noch nicht gearbeitet habe, die drei Wochen nach der Geburt.« (3/1)

Andererseits bietet die außerhäusliche Erwerbsarbeit jedoch auch die Möglichkeit, sich zeitweise den anstrengenden und somit auch potentiell belastenden Seiten des alltäglichen Zusammenseins mit dem Kind entziehen zu können. Die Erwerbsarbeit ist in dieser Perspektive auch ein entlastender Fluchtpunkt:

> Herr L.: »Ich geh jetzt auch lieber arbeiten als vorher. Ich komm natürlich auch gern wieder nach Hause zurück, aber ich kann da so 'n bisschen noch auftanken.« (3/18)
>
> Herr S.: »Momentan, sag ich mal, bin ich manchmal ganz froh, wenn ich auf der Arbeit bin, da hab ich dann meine Ruhe.« (3/13)

Die Gesprächspartner thematisieren, dass sie als »Familienvater« jetzt eine ganz neue Verantwortung hätten (»dass dann plötzlich da zwei Leute abhängig sind«, Herr K. 3/17). Dieser Umstand wird nicht nur als eine Belastung erlebt, sondern auch als etwas, das mit verschiedenen Gratifikationen verbunden ist:

> Herr O.: »Ich kann nicht einfach so was anderes machen, sondern ich muss erst zu Hause fragen. Muss mich selber fragen, ob das mit dem, was ich zu Hause habe, konform geht bzw. akzeptabel ist. Ich hab jetzt sozusagen 'ne Familie, wo ich für sorgen muss, für Sorge tragen muss, und kann mich nicht irgendwo hineinstürzen (...). Das muss noch sicherer sein, bevor ich mich auf was einlasse.«
> I.: »Das wäre das Stichwort Verantwortung?«
> Herr O.: »Die Verantwortung ist größer geworden. Vorher hatte ich nur für meine Frau Verantwortung, jetzt hab ich für Frau und Kind.«
> I.: »Sie sagen das mit 'nem ganz heiteren Gesichtsausdruck?«
> Herr O.. »Ja, ich find es halt nicht schlimm. Ich find es toll, wo wir dann wieder bei Stolz wären. Also Stolz ist ganz klar da.« (3/21)

In der genannten Gesprächspassage wird zunächst ein Autonomieverlust beschrieben: Wenn es etwas zu entscheiden gilt, so muss und soll dies nun erst einmal mit »zu Hause« abgestimmt werden. Der hier zu Wort kommende Vater beschreibt sich als jemand, der nun in einem stärkeren Maße als zuvor auf andere verwiesen ist und gemäß seinem Selbstverständnis als Familienvater das eigene Handeln nicht nur auf sich selbst, sondern eben auch auf das System Familie auszurichten versucht. Hiermit verbunden wird der Anspruch formuliert, noch vorsichtiger und überlegter mit möglicherweise für die Familie relevanten Entscheidungen und Handlungen umzugehen. Wenn dieser Gesprächspartner im Zusammenhang von Abstimmungsfragen von »zu Hause« spricht, dann scheint sich dies nicht nur auf seine Frau oder auf Frau und Kind zu beziehen, sondern darüber hinaus auch auf etwas über konkrete Personen Hinausgehendes, dem er sich verpflichtet fühlt. Es ist zu vermuten, dass es sich hierbei um die Institution Familie handelt. Herr O. bringt deutlich zum Ausdruck, dass er sich als Vater nun stärker in der Verantwortung sieht. Er spricht von der Sorge, die er für Frau und Kind trägt. Seine weiteren Ausführungen zeigen, dass er besagte Verantwortung und Sorge (und somit vermutlich auch den damit verbundenen Autonomieverlust) aktuell nicht als belastend erlebt. Herr O. spricht vielmehr von Stolz und weist damit auf die das Selbst aufwertende Dimension des Themas Verantwortung hin (ich leiste etwas, bin wichtig und werde gebraucht). Die sich anschließende Äußerung weist in eine ähnliche Richtung. Danach gefragt, ob sich als Vater etwas in dem Selbstempfinden verändert hat, gibt ein Interviewpartner die folgende Antwort:

> Herr A.: »Irgendwie ist P. von mir wirtschaftlich abhängig, das Kind auch. D. h. zurzeit bin ich der Ernährer, und vorher war es egal, wenn ich keine Kohle

hatte, hatte ich keine Kohle, dann war es nicht so schlimm. Bloß jetzt hängen da irgendwie zwei Leute dran. (...) Das war schon 'ne teure Zeit auch die letzten sechs, sieben Monate, weil wir auch diesen ganzen Kram angeschafft haben, den man nun braucht (...), und da bin ich schon unsicherer geworden. Also stand mehr unter Druck oder stehe mehr unter Druck. Aber weiß nicht, schlimm finde ich das nicht.« (3/14)

Auch dieser Vater beschreibt einen Autonomieverlust, der mit seiner Vaterschaft verbunden ist. Partnerin und Kind sieht er als ökonomisch von sich abhängig (an ihm und seinem Handeln »hängen zwei Leute«), sich selbst in der Rolle des Ernährers. Dieser Umstand verunsichert ihn und übt einen gewissen Druck auf ihn aus. Herr A. bemerkt, dass er dies jedoch nicht als »schlimm«, also als eine Belastung erleben würde, was darauf schließen lässt, dass die von ihm genannten unangenehmen Gefühle durch etwas anderes kompensiert werden. Eher negativ (im Sinne einer Einschränkung) konnotiert ein Gesprächsteilnehmer die auch von ihm erlebte enge Verbindung von Vaterschaft und Verantwortung. Auf die Frage, ob er sich nun als Vater anders fühlen würde als vorher, antwortet er:

Herr S.: »Ja, ich denke schon. Einfach viel mehr in der Verantwortung und, na ja, man kann eben vielleicht auch nicht mehr das so tun, wie man sich das manchmal wünscht.« (3/7)

Dass der neue soziale Status als Vater nicht nur im Zusammenhang des Binnenraumes der Familie als bedeutsam erfahren wird, sondern auch im Hinblick auf das soziale Umfeld, macht die folgende Äußerung deutlich:

Herr O.: »Man wird von anderen Personen anders gesehen. (...) Dass auf der Arbeit mein Vorgesetzter mich anders sieht, weil ich jetzt ja in dem privaten Bereich sozusagen auch nicht mehr der Hottentottenjunge bin, der abends in der Disko hängt, sondern schon Verantwortung zu Hause hat, und dementsprechend akzeptiert er andere Dinge. (...) Dementsprechend guckt er schon anders, bzw. ich guck auf ihn anders. (...) Wir haben uns eigentlich immer irgendwo in manchen Dingen behakelt, was jetzt wegfällt. Er akzeptiert mich mehr, und ich akzeptiere ihn mehr in seiner Rolle und schon funktioniert es. Da ist irgendwie 'ne Zauberformel aufgegangen.« (3/19)

Dieser Gesprächspartner hat das Gefühl, als Vater anders wahrgenommen und ernst genommen zu werden.[60] Nicht zufällig, so ist zu vermuten, kommt er auf seinen männlichen Vorgesetzten zu sprechen, der ihn seinem Empfinden nach aufgrund der Tatsache, dass er jetzt ebenfalls Vater ist und so wie dieser Verantwortung trägt, in einer neuen und anderen Weise anerkennt. Hierbei schwingt mit, dass ihn die Tatsache, dass er nun ein Kind

---

[60] Die interviewten Väter berichten, dass sich das Verhältnis zu ihren Eltern verändert und in einigen Fällen sogar verbessert hat. Sie fühlen sich von diesen in einem stärkeren Maße, als dies zuvor der Fall war, ernst genommen und als Erwachsene anerkannt. Umgekehrt beschreiben sie weiterhin, dass sie ihre Eltern nun auch besser verstehen könnten.

hat, in den Augen des Vorgesetzten nicht nur zum Vater, sondern in gewisser Weise auch zum Mann gemacht hat (er ist nicht länger der »Hottentotten-Junge«). Bezogen auf die Interaktion mit dem Vorgesetzten hat er nun anscheinend nicht länger das Gefühl, dass sich hier »Chef« und »Stift« gegenüberstehen, sondern zwei Männer, die etwas verbindet und die sich in gewisser Weise ebenbürtig sind. Wenn Herr O. davon spricht, dass er nun auch für andere eine »Verantwortungsperson« (3/18) sei, dann bringt dies sowohl Stolz als auch das Gefühl einer Gratifikation zum Ausdruck.

1.2. Die Fähigkeit zur Sorge

Bezog sich das Thema Verantwortung und Sorge im letzten Abschnitt auf Aspekte, die in einem starken Maße mit der traditionellen Rolle des Vaters korrespondieren und an diese anknüpfen (die ökonomische Verantwortung), so stehen im Folgenden Aspekte des Themas Sorge im Vordergrund, die sich im engeren Sinne auf die Sorge um das Kind beziehen. Diese Seite an sich zu entdecken scheint für die Interviewpartner auch überraschend gewesen zu sein. Auf die Frage, ob es in den ersten Wochen als Vater auch etwas gegeben habe, was ganz anders gekommen sei, als er es sich vorgestellt habe, gibt ein Interviewpartner beispielsweise die folgende Antwort:

> Herr P.: »Ja, das erste Mal, als wir sie bei meiner Schwiegermutter gelassen haben, bei der Oma, hab ich ja gedacht, na, da ist sie ja gut versorgt, da kann ja nichts passieren. Aber da haben wir auch bald jede halbe Stunde angerufen, ob wohl alles in Ordnung ist. Denkt man vorher, braucht man ja nicht, da ist sie ja bestens aufgehoben. Aber dann macht man es doch.« (3/18)

Obwohl dieser Vater davon ausgehen konnte, dass seine Tochter bei den Großeltern gut aufgehoben ist, musste er seinen Schilderungen zufolge überrascht feststellen, dass ihn dieser Umstand nicht wirklich beruhigte. Stattdessen hatte er das Bedürfnis, sich in kurzen, regelmäßigen Abständen zu vergewissern, ob es seinem Kind auch tatsächlich gut geht. Von einer sie überraschenden Bezogenheit und damit verbunden auch Sorge um das Kind berichten ebenfalls andere Väter. Auch hier taucht dieses Thema im Kontext von Situationen auf, in denen es um das Alleinlassen des Kindes und damit um Trennungssituationen geht. Im Zusammenhang der Frage, was für ihn als Vater bedeutsame Momente oder Situationen gewesen sind, schildert ein Gesprächspartner, dass er in der ersten Nacht, in der seine Tochter in ihr eigenes Zimmer schlafen gelegt worden sei, selber nur schwer hätte Ruhe finden können:

> Herr P.: »Als wir sie aus unserem Schlafzimmer rausgeschmissen haben in ihr Zimmer, da konnte ich in der ersten Nacht ja kaum schlafen, weil man ja immer denkt, man hört sie nicht, wenn sie schreit.« (3/4–5)

Ein anderer Vater schildert, dass er seinem Schwager, der ebenfalls bald Vater sein wird und aktuell wohl den Vorsatz hat, das Kind nicht im Elternschlafzimmer unterzubringen, prophezeit habe, dass er froh sein werde, wenn das Kind bei ihm schlafe und er so ein Auge auf es werfen könne:

> Herr O.: »Und ich sag: ›Warte ab‹, ich sag: ›Du wirst dich freuen, wenn das Kind im Zimmer schläft und du es so 'n bisschen beäugen kannst.‹« (3/11)

Ein weiterer Gesprächspartner erzählt, dass er und seine Partnerin zunächst kein Baby-Phon gehabt und deshalb die Türen zum Kinderschlafzimmer offen gelassen hätten. Die Tiefe des nächtlichen Schlafes skizziert er folgendermaßen:

> Herr F.: »Und wir waren natürlich sofort, bei jedem ›pieps‹ standen wir natürlich schon im Bett.« (3/9)

Gewöhnt an einen bestimmten Schlaf-Wach-Rhythmus des Kindes sei in einer Nacht schließlich folgendes passiert:

> Herr F.: »Und dann bin ich um eins wach geworden, total in Hektik, total in Panik, guckte auf die Uhr, konnte das gar nicht glauben. Dachte, ich hätte verschlafen, hätte ihn nicht gehört, und dann bin ich gleich hoch, losgerannt und hab geguckt, ob er nun irgendwas hat oder ob er vielleicht nur noch liegt und, ne, war aber alles in Ordnung.« (3/9)

Der Umstand, dass sein Sohn sich nicht wie gewohnt zu einer bestimmten Zeit gemeldet hat, vermochte diesem Vater einen großen Schreck zu versetzen. Implizit klingt in der obigen Äußerung an, dass Herr F. für einen kurzen Moment auch die Phantasie hatte, dieser könne tot sein. Sich selbst so aufgeregt und von jäher Angst bestimmt zu erleben, scheint ihn einerseits überrascht zu haben. Dies schließt nicht aus, dass das Gefühl der Sorge andererseits als etwas erfahren wird, das zum Vatersein dazugehört.
Das Thema Verantwortung/Sorge wird in den Interviews in verschiedenen Zusammenhängen thematisiert. So erzählt beispielsweise ein Gesprächspartner, dass sich sein Fahrstil verändert habe:

> Herr U.: »Ich hab gemerkt, dass ich mich im Leben verändert hab, im Straßenverkehr. (...) Dass ich also extrem defensiv gefahren bin im Straßenverkehr, das war also ganz besonders schlimm, wenn die Kleine im Auto gesessen ist. (...) Man merkt auch, dass man heute, auch wenn sie nicht im Auto ist, deutlich vorsichtiger fährt, weil man immer auch das Gefühl hat, bloß nicht für die Familie auszufallen, nicht nur als Versorger, sondern auch als liebender Vater, der die Kleine beschützen kann. Das ist also auch 'n ganz, ganz wichtiger Aspekt. Früher hab ich also z. B. nie drüber nachgedacht, was sein könnte, wenn ich sterbe, (...) und denke heute drüber nach, dass es so spät wie eben möglich sein muss. Ich hab Angst, dass ich für die Kleine nicht mehr da sein kann und auch für meine Frau, die ja jetzt als Versorgerin der Kleinen zu Hause ist.« (3/3)

Dieser Vater macht bei sich einen neuen, vorsichtigeren Fahrstil aus. Als Ursache dafür sieht er seine Sorge um das Kind sowie das starke Gefühl, gebraucht zu werden und wichtig zu sein. Seine Ausführungen machen deutlich, dass er neben seiner ökonomischen Verantwortung hier vor allem an seine soziale und emotionale Funktion als Vater denkt. Für seine Tochter als »liebender Vater«, sprich als eine positive Bezugsperson da sein zu können und in diesem Sinne auch auf sich Acht zu geben, erlebt dieser Interviewpartner zufolge als ein elementares Anliegen, das genuin mit seiner neuen sozialen Rolle verbunden ist. Implizit klingt hier an, dass für ihn durch die Vaterschaft auch sein Leben eine andere Bedeutung oder einen anderen Sinn bekommen hat (ich möchte nicht sterben, weil ich auch für andere wichtig bin). Im Folgenden ein Zitat, das darauf verweist, dass auch der hier zu Wort kommende Vater das Gefühl der Sorge zunächst mit einem gewissen Erstaunen an sich festgestellt hat:

> Herr U.: »Ich fand es auch eigentlich ziemlich erstaunlich, weil ich hatte eigentlich nicht vor, mich so zu verhalten. Ich hatte zwar von vornherein immer 'n Verantwortungsgefühl und hab immer gesagt: ›Du willst doch erst 'n Kind haben, wenn du es versorgen kannst‹, aber dass sich das dann auf einmal 'n bisschen extremer rauskehrt, vom eigenen Gefühl her, vom eigenen Bedürfnis her, das fand ich erstaunlich.« (3/3–4)

So wie dieser Vater bei sich beobachtete, dass seine Vaterschaft das, was er als Verantwortungsgefühl bezeichnet, bestärkt hat, so beschreibt auch der folgende Gesprächspartner die Sorge um das Wohlergehen des Kindes als etwas, das von ihm von Anfang an als ein basaler Aspekt seiner Vaterschaft erlebt wurde. Für ihn scheint sie selbstverständlich dazuzugehören:

> Herr J.: »Klar, das ist immer die Sorge darum, dass immer alles in Ordnung ist, und man hört dann schon, man ist einfach sensibilisiert auf ihre Geräusche. Das ging aber auch schon im Krankenhaus los. Am zweiten Tag, da lagen irgendwie drei Kinder auf der Station, und (...) wenn sie dann geschrien oder geweint hat, dann hat man das auch ganz genau gehört und dann sofort realisiert, das ist jetzt aber unsere, das ist kein anderes Kind. Das weiß ich nicht, ob das so biologisch bedingt ist, aber es hat sofort funktioniert. Das war auch einfach so 'ne Beobachtung, man hat gehorcht und: ›Nee, das ist nicht wichtig, das ist nicht unser Kind‹, und dann kam noch 'n Geschrei dazu, und denn ist man sofort losgestürmt, weil, das ist jetzt ja unsere.« (3/19)

Schon einen Tag nach der Geburt hat sich dieser Vater als auf sein Kind »eingestellt« erlebt. Seine Vermutung, dass dies möglicherweise biologisch bedingt ist, weist darauf hin, dass er dieses Vermögen nicht als etwas ansieht, was durch Anstrengung oder Vorsatz begründet ist, sondern als etwas, das ihm zugefallen ist. Herr J. umschreibt hier etwas (die Stimme des eigenen Kind aus einer Vielzahl von anderen Stimmen heraushören zu können), das in der neueren Literatur mit dem Begriff der »primären Väterlichkeit« bezeichnet wird. Eine Generation zuvor wäre diese Kompetenz vermutlich ausschließlich Müttern zugeschrieben worden.

Abschließend möchte ich einem Thema vorgreifen, das an späterer Stelle noch ausführlicher behandelt werden wird. Die folgende Äußerung, in der ein Vater von der Geburt seines Kindes erzählt, bei der es zu unerwarteten Komplikationen kam, weist darauf hin, dass die Angst/Sorge um das Kind nicht nur Ausdruck einer bereits vorhandenen Beziehung ist, sondern zugleich auch zu einem konstituierenden Moment dieser werden kann:

> Herr O.: »Also der Hauptpunkt, wo ich das erste Mal so richtig 'ne Beziehung hergestellt hab, war der Moment, wo es hieß, es steht auf der Kippe mit dem Gesundheitlichen. Da war die erste richtige Beziehung da, obwohl das Kind ja noch nicht geboren war. Aber da war die erste Beziehung da, so vom Geist, vom Gefühl her, vom Herzen her. Da sprang das auf einmal über, und das war dann 'ne Beziehung. (...) Wo man selber in eine Ecke gedrängt wurde und auch Angst verspürt hat, das war für mich eigentlich der springende Punkt. Da, wo ich dann für mich entschieden hab, so und so wirst du das machen, und das war für mich der erste Kontakt so richtig. Klar, man hat auch vorher so Sachen, aber das war 'n Highlight.«
> I.: »Hatte 'ne andere Qualität?«
> Herr O.: »Ja, hatte 'n anderes Niveau auch dann. Vorher waren das alles so Glücksgefühle und solche Sachen, aber dies war 'ne richtig ernsthafte Geschichte, da musste man sich ernsthaft unter Zeitdruck damit auseinandersetzen. (...) Das waren ein, zwei Minuten, wo man das hautnah erlebt hat, wo man 'ne Beziehung aufgebaut hat.« (3/25)

Dieser Vater beschreibt den Moment, als er Angst hatte, sein Kind habe durch den laufenden Geburtsvorgang Schaden genommen, als Ausgangspunkt einer tiefen Beziehungsaufnahme seinerseits. Die besagten ein, zwei Minuten scheinen für ihn ein Zeitraum gewesen zu sein, der einerseits sehr unangenehm war (sich in die Ecke gedrängt fühlen), andererseits aber auch dazu beigetragen hat, sich emotional zu dem Kind bekennen und sich für es verantwortlich fühlen zu können. Insofern erstaunt es nicht, wenn dieser Gesprächspartner im Zusammenhang der von ihm als dramatisch erlebten Geburt auch von einem »Highlight« spricht. Die folgende Äußerung betont noch einmal den Aspekt einer aktiven Zustimmung und Entscheidung für das Kind, den dieser Vater besonders intensiv erlebte:

> Herr O.: »Es ist dein Kind, und du musst dich damit auseinandersetzen. Klar, kannst es weggeben. Aber dass man dann sagt: ›Nein, das ziehen wir dann durch, das ist jetzt unser Kind.« (3/9)

1.3. Umgang mit belastenden Aspekten der Vaterschaft

Auf die Frage, wie es ihnen jetzt als Vater geht, antworten acht Interviewpartner spontan »gut«. Zwei nennen als Erstes den Begriff »stressig«. Die sich anschließenden Erläuterungen machen deutlich, dass sich diese Einschätzung insbesondere auf Situationen bezieht, in denen das Kind als ein »schreiendes Etwas« erlebt wird, dem man mehr oder weniger hilflos gegenübersteht. Die belastenden Aspekte der neuen sozialen Situation werden auch von den anderen Vätern thematisiert, sie scheinen hier jedoch nicht so im Vordergrund zu stehen. Im Folgenden möchte ich zunächst einmal ausführen, was von den interviewten Vätern als belastend erlebt wird. Im Weiteren sollen dann die in diesem Zusammenhang deutlich werdenden Bewältigungsformen und Umgangsweisen aufgezeigt werden.

Das Zusammenleben mit einem Säugling wird von den Gesprächspartnern als ein Einschnitt erfahren, der in verschiedener Hinsicht eine Umstellung verlangt. Charakteristisch für diese Einschätzung ist beispielsweise die folgende Äußerung:

> Herr F.: »Es ist natürlich 'ne Riesenumstellung, also das ist ja ganz klar. Obwohl riesen ist eigentlich auch nicht so richtig formuliert. Es ist halt 'n anderes Leben im Moment. Es konzentriert sich halt sehr viel auf den kleinen P. oder so ziemlich alles. Und man muss erstmal mit der Umstellung klarkommen, seinen Tagesablauf darauf einstellen.« (3/1) »Das ist natürlich 'ne Riesenumstellung, dieses Setteln, eben ganz anders leben als vorher.« (3/4)

Die Väter erzählen, dass sich das Leben in einem stärkeren Maße als sie zuvor vermutet haben um das Kind und um das Bemühen, seine Bedürfnisse zu befriedigen, drehe. Nicht nur die Mutter, sondern eben auch sie als Väter seien davon betroffen. Wurde die Zeit, die nicht der beruflichen Tätigkeit vorbehalten war, zuvor als selbstbestimmt erlebt, so wird nun ein großes Maß dieser Autonomie eingebüßt. Das Leben, so beschreiben es die Interviewpartner, konzentriere sich aktuell vor allem auf den häuslichen Rahmen, Unternehmungen würden zurückgestellt und wenn sie gemacht werden, dann seien sie mit etlichen Vorbereitungen und auch mit einigen Vorbehalten verbunden. Im Folgenden einige Äußerungen, die diese Aspekte zum Ausdruck bringen:

> Herr O.: »Bisschen stressiger als vorgestellt, aber sonst ist das schon ganz in Ordnung, weil der Kleine doch mehr den Tag bestimmt, als man sich das vorgestellt hatte.« (3/10)

> Herr A.: »Na ja, man dreht sich ja, der Zeitplan, den man oder den wir so hatten, der richtet sich doch arg nach der Kleinen.« (3/1–2)

> Herr S.: »Es hat sich eben halt soviel geändert. Das fängt damit an, dass man weniger schläft, dass man nicht so weg kann, wie man will, dass die Zeiten von dem Kind da sind. (...) Also Termine einhalten wird ganz schwierig. Und eben halt dieses ganze Getüddel, das man mitschleppen muss.« (3/4)

Als ein heikler Punkt imponiert in den Interviews das Thema Schlaf. Hier nicht zu seinem Recht zu kommen, mehrfach im Schlaf gestört oder aber auch für Stunden aus diesem gerissen zu werden, wird als eine gravierende Belastung erfahren. Zum Selbstverständnis der interviewten Väter scheint jedoch auch der Anspruch zu gehören, die anstrengenden und belastenden Aspekte des Zusammenlebens mit einem Säugling mitzutragen. So beschreiben viele Gesprächsteilnehmer, dass sie nicht durchschlafen, sei es, weil ein gemeinsames Schlafzimmer genutzt wird, sei es, weil auch sie als Vater ein waches Ohr in der Nacht haben. Nur ein Vater berichtet, dass er sich separiert habe und in den Keller gezogen sei. Er erzählt dieses nicht nur, sondern rechtfertigt sich zugleich, wie die nachstehende Äußerung zeigt:

> Herr S.: »Ja, es ist sehr stressig irgendwo, weil.. Das Problem ist eben halt, das Kind (stöhnt auf) quakt, sag ich jetzt mal. Man weiß nicht genau, wie man es beruhigen kann. Es quakt auch eben halt, wenn es satt ist und das auch nachts. Und wenn man arbeiten muss, ist das schwierig, wenn man da drei-, viermal nachts geweckt wird, und bis dann die Ruhe wieder einkehrt, das zehrt. (...) Aber ich hab 'ne Lösung gefunden, ich bin in den Keller gezogen. Dass man wenigstens schlafen kann, das geht sonst einfach nicht. Ich hab es drei Wochen versucht, aber das hat niemanden geholfen, und dann hab ich mir das Bett im Keller aufgestellt.« (3/1)

Nicht alleine der Umstand, dass das Kind wach wird, sondern vielmehr das Gefühl, es nicht beruhigen zu können und nicht zu wissen, was seinen Unmut ausmacht, scheint hier der springende Punkt zu sein. Dieser Vater spricht etwas an, was auch von anderen Interviewpartnern als schwer auszuhalten beschrieben wird: Das Gefühl, einem weinenden oder gar schreiendem Baby mehr oder weniger hilflos gegenüberzustehen bzw. diesem ausgeliefert zu sein. Ist es nicht möglich, sich solchen Situationen beispielsweise durch einen partiellen Rückzug (nachts in den Keller ziehen, tagsüber arbeiten gehen, der Partnerin das Kind übergeben) auch zu entziehen, so können Aggressionen virulent werden, die von einigen Vätern explizit angesprochen und von anderen nur angedeutet werden:

> Herr D.: »Wenn er schreit und schreit, dann kriege ich auch so richtige Aggressionen manchmal.« (3/5)

> Herr F.: »Es gibt natürlich auch Momente des Vaterseins, da muss man sich zusammenreißen. Also manchmal, da will man aus der Haut fahren. Also dann ist das doch echt 'n bisschen viel. (...) Und da hab ich mich auch schon ein- oder zweimal selber ertappt, wo ich dann eben überhaupt nicht mehr diesen gefühlsmäßigen Zugang in dem Moment hatte und dann auch irgendwie das Gefühl hatte, total grob zu sein.« (3/23)

> Herr L.: »Ich hab im Scherz auch schon mal gesagt, ist erstaunlich, wie wenig Eltern ihre Kinder umbringen. (...) Oder wir bringen ihn wieder zurück in die Klinik.« (3/7)

Welche Bedeutung besagten kritischen Momenten gegeben wird und als wie bestimmend sie für das Zusammenleben wahrgenommen werden, scheint von verschiedenen Faktoren abzuhängen. So ist einmal festzuhalten, dass bereits Babys sehr verschieden und eben nicht im gleichen Maße

»pflegeleicht« sind. Nimmt ein Vater sein Kind als »stressig« wahr, so heißt dies jedoch nicht, dass auch andere zu einer solchen Einschätzung kommen würden. So schildert ein Interviewpartner an verschiedenen Stellen, wie belastend es für ihn sei, wenn das Kind über einen längeren Zeitraum schreie und sich nicht beruhigen lasse. Mir drängte sich dabei der Gedanke auf, dass es ihn aber auch hart getroffen habe und sein Kind eben sehr unruhig sei. Als nach dem Gespräch seine Frau hinzukommt und erzählt, sie sei froh, so ein pflegeleichtes Kind zu haben, bin ich erst einmal perplex. Mich hat diese Szene sehr bewegt, sie macht deutlich, wie verschieden eben ein und dasselbe Kind erlebt werden kann. Wie das eigene Kind erlebt und eingeschätzt wird, hat nicht zuletzt Konsequenzen für die Frage, wie belastend die neue Lebenssituation bewertet wird. Bezeichnenderweise nehmen die meisten Gesprächspartner ihren Sohn oder ihre Tochter in erster Linie als »liebe« Kinder wahr und die Minuten oder Stunden, die mit Weinen oder Schreien ausgefüllt sind, eher als Ausnahmesituationen. Ein solche Wahrnehmung, so lässt sich vermuten, schützt die Vater-Kind-Beziehung. Im Folgenden einige Äußerungen, die die besagte Einschätzung zum Ausdruck bringen:

> Herr U.: »Sie lacht eigentlich jeden an. Ist 'n unheimlich fröhliches und ausgeglichenes Kind und freundlich.« (3/6)
>
> Herr D.: »Doch, es gefällt mir gut. Aber wir haben auch 'n sehr pflegeleichtes Kind.« (3/1)
>
> Herr O.: »Also er ist super drauf.« (3/9) »Normal ist er auch süß, ist ja nun gut eingelebt in der Familie und ist, glaub ich, auch ganz froh, dass er bei uns ist und so liebe, nette Eltern hat.« (3/26)
>
> Herr A.: »Ich meine zurzeit ist sie recht lieb und pflegeleicht, also jedenfalls von dem, was wir so von anderen kleinen Kindern hören.« (3/17)
>
> Herr J.: »Sie ist eigentlich relativ pflegeleicht, würde ich sagen.« (3/11)

Ich gehe davon aus, dass sich der Grad der Belastung, mit dem die interviewten Väter konfrontiert sind, qualitativ und quantitativ unterscheidet. Anzunehmen ist ferner, dass sich daneben auch die jeweilige Belastungstoleranz der Einzelnen unterscheidet. Ob und inwieweit die aktuelle Lebenssituation als belastend empfunden wird, ist jedoch keineswegs nur von den genannten Faktoren abhängig. Relevant scheint mir weiterhin die Frage zu sein, welche Bedeutung dem kindlichen Verhalten bewusst und unbewusst zugeschrieben wird. Um diesen Zusammenhang deutlich machen zu können, möchte ich zunächst etwas ausführlicher auf die Ausführungen eines Vaters eingehen, der seine neue Lebenssituation als »zweigeteilt« beurteilt. Auf die Frage, wie es ihm denn nun als Vater geht, antwortet er zunächst:

> Herr L.: »Stressig. Ist bestimmt nichts Neues. (...) Es ist schon so 'n bisschen zweigeteilt, die ganzen Erfahrungen. Zum einen ist es natürlich ein ganz süßes

und niedliches Kind und zum anderen ist es auch ein sehr stressiges Kind, weil es halt ewig schreit.« (3/1)

Dieser Vater erlebt sein Kind einerseits als süß und niedlich, zugleich aber auch als anstrengend. Er schildert weiterhin, dass sein Sohn sehr schlecht einschlafen könne, viel schreie und sich nur schwer beruhigen lasse. Schätzt er sein Kind ein, so glaubt er zwar kein »Oberproblemkind« zu haben, aber eben auch nicht »so 'n super pflegeleichtes Kind wie andere Leute.« (3/7) Mittlerweile, dies führt er aus, habe er sich damit arrangiert, auch ginge es ihm viel besser, seit er sich abends nichts mehr vornehme und die Bedürfnisse, die auf etwas anderes als das Kind gerichtet seien, wie er es ausdrückt, »runterschraube«:

> Herr L.: »Zu Anfang hatte ich ja das Gefühl, heute Abend schläft das Kind ab acht, und dann könntest du dies und jenes machen. Und wenn es dann nicht schläft, ist es ärgerlich. (...) Alle anderen Bedürfnisse runterschrauben auf 'n Minimum und sich freuen, wenn man doch mal was hat. Das ist 'ne neue Erfahrung, die kannte ich nicht. Bislang konnte ich ja immer für mich verplanen.« (3/1)

Belastend, so wird hier deutlich, ist für diesen Vater ein als gravierend erlebter Verlust an Autonomie oder anders formuliert: die Erfahrung der Fremdbestimmung. Herr L. beschreibt in diesem Zusammenhang nicht nur eine massive Veränderung seines Lebensalltages, sondern auch die, wie im Weiteren deutlich wird, für ihn zuweilen schwierige Aufgabe, besagte Veränderungen anzunehmen und zu integrieren. Die folgende Äußerung zeigt, dass hierzu auch Trauerarbeit erforderlich ist:

> Herr L.: »Wenn man sich nun die Gesellschaft anguckt, wo ein Kind eigentlich nur toll ist und schön, da fühlt man sich dann wirklich wie das schwarze Schaf. Wenn man auch da drauf guckt, was sich nun alles ändert und wo man sich noch erst mit arrangieren muss, was auch erstmal schmerzhaft ist, weil man einiges auch verliert, was man vorher nun lange Jahre gepflegt hat. Klar ist das 'n Abschied.« (3/23)

Die obige Äußerung zeigt, dass es nicht nur der als notwendig empfundene Abschied von dem »alten Leben« ist, den dieser Gesprächspartner zu bewältigen versucht. Der Umstand, dass das Vatersein in ihm keineswegs nur positive Gefühle auslöst, sondern eben auch mit Bedauern, Trauer und vermutlich auch Ärger verbunden ist, gibt ihm das Gefühl, ein »schwarzes Schaf«, sprich ein Außenseiter zu sein. Im Umgang mit dem Kind, das macht das folgende Zitat deutlich, sind es nicht nur seine Unruhe oder die Schwierigkeit, es zu beruhigen, die als belastend und zuweilen auch überfordernd erlebt werden. Neben dem Gefühl der Hilflosigkeit und Ohnmacht scheint in diesem Zusammenhang auch der Frage der Schuld eine große Bedeutung zuzukommen:

Herr L.: »So 'ne Hilflosigkeit, wenn es denn schreit, und man weiß eigentlich gar nicht, warum. Fühlt man sich natürlich in irgendeiner Form verantwortlich. Die Wissenschaft streitet sich da zwar immer drüber, aber wir denken ja mittlerweile, dass wir doch einigen Einfluss haben, gerade in der ersten Zeit. Und wenn das Kind dann so komisch drauf ist, dann fragt man sich natürlich, was hab ich denn da vermurkst? Und mittlerweile kann man sich auch schon fragen, was hab ich denn in der vorgeburtlichen Phase schon vermurkst? Hab ich da u. U. ewig gestresst oder war selbst hektisch drauf? Hab ich mir Ruhe gegönnt? – weil Kinder speichern ja diese Erlebensmuster ab. Wenn immer der Herzschlag der Mutter dum, dum, dum, dum geht und so, dann kommen die irgendwie schon vor der Geburt hektisch drauf.« (3/1–2)

In dieser Ausführung teilt sich die Überzeugung mit, dass ein Baby wenig Eigenes mitbringt. Das, was es an Verhaltensweisen zeigt, wird vor allem auf den Einfluss seiner Eltern zurückgeführt. Herr L. denkt hierbei nicht nur an konkrete Handlungen (wie gehe ich mit dem Kind um?), sondern auch an die psychische Verfassung von ihm und seiner Partnerin (war ich/waren wir unruhig?). Der Umstand, dass das Kind seiner Einschätzung zufolge »so komisch drauf ist«, lastet er folglich sich selbst und seiner Partnerin an. Wenn dieser Vater überlegt, was er und seine Partnerin wohl falsch gemacht haben, so bezieht sich dies nicht nur auf die Zeit nach der Geburt des Kindes, sondern auch auf den Zeitraum der Schwangerschaft. Nicht zufällig, so lässt sich vermuten, fällt in diesem Zusammenhang der Begriff »vermurkst«. In ihm deutet sich die Phantasie und die Angst an, dem Kind nicht nur geschadet, sondern es darüber hinaus möglicherweise sogar geschädigt zu haben. Bevor ich hierauf näher eingehen werde, möchte ich jedoch noch auf eine Irritation zu sprechen kommen: Herr L. befragt zunächst sein eigenes Verhalten kritisch (»hab ich da u. U. ewig gestresst oder war selbst hektisch drauf?«). Im Folgenden ist dann jedoch unklar, aus welcher Perspektive er eigentlich spricht: Befragt er sich selbst, ob er sich genügend Ruhe gegönnt hat, oder seine Partnerin, auf die er dann indirekt zu sprechen kommt (der Herzschlag der Mutter)? Die besagte Unklarheit hat möglicherweise eine für dieses Thema relevante Bedeutung. Sie kann damit zusammenhängen, dass Herr L. in einem stärkeren Maße als er es hier deutlich macht, seine Partnerin für das vermutete Leid bzw. Unglück des Kindes[61] verantwortlich macht. Die Unklarheit der Perspektive hätte dieser Interpretationslogik zufolge dann die Funktion, die Partnerin vor der Aggression zu schützen und diese zu verschleiern. Sie kann aber auch darauf verweisen, dass Herr L. sich unbewusst mit der mütterlichen Position identifiziert. Weiterhin ist denkbar, dass er die Phantasie hat, seine Partnerin in problematischer Weise »gestresst« zu haben. Welche

---

[61] »Ich leide da auch mit, so klein und schon so 'n Frust oder so 'ne Verzweiflung, die da drinne ist.« (3/16)

Lesart auch immer die psychische Realität dieses Vaters trifft, deutlich wird, dass Schuldgefühle Herrn L. zu schaffen machen. Die folgende Äußerung macht deutlich, dass dieser Vater sich nicht nur für das von ihm wahrgenommene aktuelle Leid des Kindes verantwortlich fühlt, sondern darüber hinaus befürchtet, seiner künftigen Entwicklung und somit auch seiner Zukunft geschadet zu haben:

> Herr L.: »Wir kommen ja nun beide aus dem psychosozialen Bereich, wo wir natürlich auch dem Gedanken nachhängen, dass so die ersten Wochen und Monate schon das weitere Leben des Kindes so relativ mitbestimmen. Das ist 'n tierischer Druck. Es werden so die Anlagen gelegt, die dann später noch ausgebaut werden, sagt man ja so, und die Synapsen verkürzen sich und was weiß ich alles. Und diese drei Monate, die sind nun grade jetzt am laufen. Im Prinzip sind die jetzt schon zu Ende, und das Kind hat also die ganze Zeit nur geschrien. Und dann denk ich mir auch, was hat sich da nun für sein weiteres Leben für 'ne Weiche gestellt? Das ist 'n tierischer Druck. Und dieser Druck, der ist bei uns auch ganz, ganz stark da, und ich denke, dass der nicht gut für das Kind ist.« (3/20–21)

Herr L. trägt eine große Bürde: Er vermutet, dass die wahrgenommene aktuelle Unausgeglichenheit des Kindes (es schreit viel) auch insofern für seine Zukunft Folgen haben könnte, als hierdurch möglicherweise eine sowohl irreversible als auch negative Weiche für das weitere Leben des Kindes gestellt wird. Wenn er von einem »tierischen Druck« spricht, dann bringt er hiermit zum Ausdruck, wie belastet er im wahrsten Sinne des Wortes seine aktuelle Lebenssituation als Vater erfährt. Herr L., das zeigt sich an vielen Stellen der Interviews, möchte ein guter Vater sein. Er möchte es anders und besser als seine Eltern machen und fürchtet zugleich, dass ihm dies womöglich nicht gelingen wird. Neben Schuldgefühlen und Angst (was habe ich/was haben wir angerichtet?) löst die aktuelle Situation aber auch aggressive Strebungen bzw. einen Ärger auf das Kind aus. Dieses wird dann als rücksichtsloser Tyrann erfahren:

> Herr L.: »Manchmal bin ich richtig sauer. Dann denk ich, dieses Kind, das ist 'n richtiger Tyrann.« (3/1) »Die Kinder haben ganz einfach schon jetzt ihre Vorstellung, was sie gerne haben, und das setzen die gnadenlos unsozial durch, da nehmen die auf nichts Rücksicht. Also wenn wir so 'nen Typen in der WG früher gehabt hätten, den hätten wir rausgeschmissen. (...) Wenn das eine freiwillige Annäherung wäre, dann würde ich mir das überlegen. Mit so 'nem Menschen willst du gar nichts zu tun haben, der dich so auslutscht. Aber so stellt sich die Frage eigentlich gar nicht.« (3/3)

Deutlich bringt dieser Vater seinen Ärger zum Ausdruck. Er skizziert, dass er sein Kind zuweilen als Tyrann (also als Gewaltherrscher) sowie als rücksichts- und gnadenlos erlebt. Diese Attribute weisen darauf hin, wie zwingend sich für ihn die Unruhe sowie das Schreien oder Weinen des Kindes darstellen und wie schwer es für ihn ist, hierzu Distanz zu gewinnen. Im Laufe des Interviews frage ich Herrn L., ob sich für ihn mit dem Vatersein auch Gefühle von Stolz verbinden. Auf diese Frage hin entspinnt sich folgender Dialog:

> Herr L.: »Also nach außen hin kann ich da schon mit angeben, so Vater mit seinem Säugling. Innen drin weiß ich ja, wie es aussieht. Also meine Freundin macht nach wie vor die Hauptarbeit, die muss den nachts versorgen. In der Regel schlaf ich ja nachts durch, ich hab 'n festen Schlaf, (...) da bleibt dann nichts über von dem Stolz. Das ist 'n bisschen nach außen so.«
> I.: »Das klingt so 'n bisschen so, als müsse man sich Stolz verdienen?«
> Herr L.: »Doch. Gut, ich komm abends nun nach Hause und dann mach ich nochmal irgendwas mit dem Kind, solange wie es sich anbietet, und entlaste meine Freundin. Aber ich denke schon, dass ich nun nicht der Superpapa dadurch werde. Also ich bin auch schon den ganzen Tag fast nicht da, das ist nach wie vor so. Wie mein Vater, so ich auch.« (3/24)

Stolz, so klingt es hier an, darf nur derjenige sein, der etwas leistet oder geleistet hat, was besagten Stolz auch rechtfertigt. Herr L. legt hier die Messlatte hoch: Er spricht von einem »Superpapa«, mit dem er nicht viel gemein zu haben glaubt. Im Interview hat mich diese Gesprächssequenz sehr berührt. Ich konnte es schwer aushalten, dass Herr L. das, was er als Vater leistet (er zeigte sich als besorgter und fürsorglicher Vater), anscheinend wenig sehen und anerkennen kann. Ich hatte vielmehr den Eindruck, dass er sehr streng mit sich ist und sich das Gefühl von Stolz nur schwer zu gönnen vermag. Dies empfand ich insofern als schade, als Stolz – unabhängig von der Frage, ob er zu Recht besteht, sich auf das Vatersein, das Kind oder die Blicke anderer bezieht – den Aussagen anderer Interviewpartner zufolge auch ein Gefühl ist, das dazu beiträgt, Belastungen kompensieren zu können. Die oben genannte Äußerung lässt vermuten, dass es nicht allein das kindliche Verhalten selbst ist, durch das sich Herr L. zuweilen tyrannisiert fühlt: Bedeutsam scheint in diesem Zusammenhang vielmehr auch die Überzeugung zu sein, etwas falsch zu machen bzw. falsch gemacht zu haben, und damit an dem, was als Ausdruck von Leid oder Verzweiflung interpretiert wird, schuld zu sein. Ein Rolle spielen weiterhin die bewusstseinsfähigen und die nicht-bewusstseinsfähigen Ansprüche, die dieser Gesprächspartner an einen »guten« Vater und damit eben auch an sich selbst stellt. Tyrannisiert wird er in dieser Perspektive also nicht zuletzt von den eigenen, scheinbar nicht einzulösenden Idealen sowie den damit verbundenen Schuld- und Insuffizienzgefühlen. Herr L., das sei in dieser Stelle abschließend bemerkt, sieht ein Kind in einem sehr umfassenden Sinne als »Produkt« seiner Eltern. Dies impliziert möglicherweise auch, dass er nur sehr bedingt auf die Potentiale des Kindes setzen kann. Könnte er dem Kind mehr zutrauen und ihm mehr Eigenes zuschreiben, so wäre dies sicherlich auch eine Entlastung. An dieser Stelle möchte ich den Radius erweitern und im Folgenden auch die Perspektive anderer Väter hinzuziehen. Zunächst die Äußerung eines Vaters, der der Auffassung ist, er habe es mit seinem Sohn ganz gut getroffen:

> Herr O.: »Man weiß ja nicht, was man für ein Kind bekommt, ob ruhig oder nicht so ruhig. Aber wir haben es ganz gut getroffen, er ist eigentlich 'n ganz Lieber. Ist also nicht so, dass er ständig auf Krawall aus ist. Also die Hauptschlafphase, die der Mensch so braucht, die lässt er uns auch in Ruhe« (3/10)

Wenn dieser Vater davon spricht, dass man ja nicht wisse, was für ein Kind man bekommen wird, dann impliziert dies auch die Überzeugung, dass man selber nur bedingt Einfluss auf die »Persönlichkeit« eines Babys hat. Ist ein Säugling eher ruhig, so wäre dies einer solchen Perspektive zufolge weniger der Verdienst seiner Eltern, als eine Frage des Glücks (man hat es eben gut getroffen). Eine solche Perspektive kann etwas Entlastendes haben. Anzumerken ist ferner, dass Eltern und Kind hier als deutlicher voneinander abgegrenzt erlebt werden, als dies in der zuvor geschilderten Perspektive der Fall war. Die zuletzt genannte Äußerung zeigt weiterhin, dass einem Kind bereits sehr früh eine Intentionalität des Handelns zugeschrieben werden kann (es ist nicht auf Krawall aus). Stellt sich das kindliche Verhalten und Handeln vergleichsweise wenig positiv dar, so kann dies auch als eine gegen die eigene Person gerichtete Aggression erlebt werden (ein Kind, das auf Krawall aus ist). Im Folgenden die Äußerung eines Interviewpartners, der schildert, aus welcher Perspektive er Unmutsäußerungen des Kindes wahrzunehmen versucht:

> Herr A.: »Sie kann ja nichts dafür, weil sie weiß ja nicht mit Schmerz umzugehen. (...) Wir haben auch aufgehört zu sagen: ›Ist doch gar nicht so schlimm.‹ Wir wissen nicht, ob das für sie schlimm ist. (...) Und das sagen wir auch zu Opa oder Oma, wenn die dann kommen und sagen: ›Ist doch gar nicht so schlimm.‹ Dann sagen wir auch: ›Weißt du doch gar nicht.‹ Für sie ist das schlimm, für sie ist es das Schlimmste von der Welt. Da bricht leider 'ne Welt für sie zusammen, weil es zu hell ist, zu dunkel, zu laut, zu leise. (...) Wir müssen das tun, was das irgendwie runterspielt, wo sie denkt, das ist nicht mehr so schlimm. Und wenn ich dadurch irgendwie sechs Stunden durch die Wohnung renn, dann ist das halt so, dann renn ich halt sechs Stunden durch die Wohnung. (...) Wenn es für mich schlimm wäre, kann ich das irgendwie für mich kompensieren, sie kann das nicht. Sie kann nicht rausgehen und irgendwie sagen: ›Ich geh fünf Minuten mal raus und renn einmal um den Block.‹ (...) Sie hat da nicht so die Ausweichmöglichkeit.« (3/19)

Von diesem Vater wird ein weiterer Aspekt angesprochen, der den Umgang mit den belastenden Seiten der frühen Vater-Kind-Beziehung erleichtern kann:[62] Herr A. macht sich klar, dass seine Tochter noch nicht über die Fähigkeit verfügt, das eigene Unwohlsein auf eine Weise zum

---

[62] Auch in dieser Äußerung fällt die große Bereitschaft auf, sich auf die vermuteten Bedürfnisse des Kindes einzustellen und sich entsprechend dieser zu verhalten.

Ausdruck zu bringen und zu verarbeiten, die andere nicht in Mitleidenschaft zieht (sie kann nichts dafür). Ferner versucht er, sich vor Augen zu halten, dass sich das kindliche Erleben deutlich von dem Erleben Erwachsener unterscheidet (wir wissen nicht, was für sie schlimm ist). Diese Überlegungen sowie die Gewissheit, Kompetenzen und Möglichkeiten zu haben, die dem Kind nicht zur Verfügung stehen, scheinen dazu beizutragen, sich einerseits dem Kind zuwenden und andererseits aber auch den nötigen Abstand zum Geschehen aufrechterhalten zu können. An dieser Stelle stellt sich die Frage nach weiteren Bewältigungs- und Entlastungsstrategien. Hilfreich, das zeigen die folgenden Äußerungen, kann beispielsweise sein, sich als Vater vergegenwärtigen zu können, dass bestimmte Belastungen vermutlich nur einen begrenzten Zeitraum andauern werden:

> Herr A.: »Klar, ich hab auch nicht immer Lust, nachts aufzustehen und fünfmal den Schnuller nachzustöpseln oder dann irgendwie um vier Uhr morgens zu wickeln, wenn ich irgendwie um drei Uhr ins Bett gegangen bin. Aber mein Gott, das ist vielleicht noch irgendwie zwei, drei, vier, fünf Monate so, und dann schläft sie auch komplett durch.« (3/26–27)

> Herr S.: »Das ist 'n Zeitdenken. (...) Andere haben es auch geschafft, warum wir nicht? Ist ja eben halt so, und muss man einfach warten.« (3/15)

Der zuerst genannte Vater spricht in diesem Zusammenhang noch einen weiteren Aspekt an: Wird das eigene Handeln als wichtig und sinnvoll erfahren, dann können Belastungen eine andere Rahmung bekommen und somit als vergleichsweise weniger unangenehm erfahren werden:

> Herr A.: »Gefallen tut mir das auch nicht, aber ich weiß, warum ich das tu, für wen ich das tu. (...) Ich finde, Menschen brauchen immer irgendwie auch 'nen Sinn in ihrer Tätigkeit, weil wenn sie irgendwas tun, was sinnlos ist (...), dann wird man krank oder macht die Arbeit schlecht.« (3/27)

Sich vorher klarzumachen, dass mit einer Vaterschaft nicht nur schöne, sondern eben auch anstrengende Momente auf einen zukommen werden, kann ebenfalls dazu beitragen, potentiell kritische Situationen gelassener zu sehen. Sie treffen einen dann nicht gänzlich unvorbereitet:

> Herr A.: Das wussten wir auch vorher, von daher ist das nicht so, dass wir jetzt aus allen Wolken fallen.« (3/1–4)

Nicht zu vergessen ist auch, dass die von den Vätern als Highlights der frühen Vaterschaft wahrgenommenen Momente insofern wichtig sind, als sie dazu beizutragen vermögen, dass unbefriedigende oder sogar negativ erlebte Interaktionserfahrungen mit dem Kind kompensiert werden können:

> Herr F.: »Aber das wird natürlich dann aufgefangen, sobald er einen wieder anlächelt.« (3/1)

Wichtig ist in diesem Kontext ein weiterer Punkt: Haben die Väter das Gefühl, im Umgang mit dem Kind kompetent zu sein, so scheint dies dazu beitragen, dass sie sich in kritischen Momenten nicht so leicht irritieren lassen und in Frage stellen. Fühlen sie sich hingegen im Hinblick auf ihre Kompetenz unsicher, so kann dies eine als schwierig erlebte Situation dynamisieren. Dies wiederum kann die eigene Unsicherheit und damit auch das Gefühl der Inkompetenz verstärken:

> Herr P.: »Das ist sicherlich 'n sehr großer Unterschied, wenn man jetzt 'n Kind hat, was unausgeglichen ist und ständig schreit. Bei dem man also wirklich nicht genau weiß, was es denn jetzt hat. (...) Wenn man direkt mitbekommt, dass das Kind zufrieden ist, dann ist ja eigentlich auch nichts da, was man kompensieren müsste, und entsprechend kann man eigentlich nach seinem Gusto... Wenn sie schreit, denn kann man versuchen, sie zu beruhigen, und wenn das nicht klappt, wird man unsicherer. Das ist dann auch irgendwann 'n Teufelskreis, d. h. man wird auch immer unsicherer.« (3/7)

Das letzte Zitat, das ich in diesem Zusammenhang nennen möchte, verweist noch auf einen weiteren Bewältigungsmodus: Der Appell an die Vernunft. Die Bezugnahme auf Ansprüche, die dem Über-Ich und Ich-Ideal zuzuordnen sind, hat hier eine stabilisierende Funktion:

> Herr O.: »Irgendwo auch seine Ansprüche runter zu schrauben und einfach zu sagen, das ist jetzt so, und da musst du durch und kannst nicht irgendwas einfordern, was gar nicht geht. Wo früher die Väter oder Männer vielleicht anders drüber gedacht haben.« (3/19)

Zusammenfassung

Fragt man danach, was im Erleben der Interviewpartner ein zentrales Merkmal ihrer neuen Lebenssituation ist, so stößt man auf den Begriff der Verantwortung. Sie haben das Gefühl, nun als Vater eine Verantwortung zu haben, die sich qualitativ von den bisherigen Verantwortungsbereichen unterscheidet. Mit dem Begriff Verantwortung verbindet sich für die Interviewpartner weitaus mehr als der Umstand, aktuell für die ökonomische Versorgung der Familie zuständig zu sein. Wenn davon gesprochen wird, nun als Vater eine »Verantwortungsperson« zu sein und auch von anderen als solche wahrgenommen und angesprochen zu werden, dann impliziert dies Verschiedenes. Auf der einen Seite ist hier der Verlust an Autonomie zu nennen (die Interviewpartner glauben nun bedachter handeln zu müssen, sehen eine größere Notwendigkeit, Absprachen mit der Partnerin zu treffen) sowie die Notwendigkeit, in verschiedener Hinsicht die eigenen Wünsche und Bedürfnisse zurückzustellen. Auf der anderen Seite wird zugleich aber auch deutlich, dass besagte Verantwortung als etwas erlebt wird, was das eigene Selbst aufwertet. Die Väter erfahren sich in einer für sie qualitativ neuen Weise als jemand, der wichtig ist und gebraucht wird. In diesen

Zusammenhang gehört auch das von einigen Gesprächspartnern ebenfalls als neu und überraschend erlebte Gefühl der Sorge um ihr Kind. Diese sowie, damit verbunden, die in manchen Momenten als durchdringend erlebte Angst, dem Kind könne etwas zustoßen oder zugestoßen sein, wird von ihnen als ein basales und in gewisser Weise auch konstitutives Element der väterlichen Identität beschrieben.

Fragt man danach, wie die Interviewpartner ihre neue Lebenssituation bewerten, so zeigt sich, dass sich diese für die meisten im Großen und Ganzen positiv darstellt. Das schließt jedoch nicht aus, dass auch Situationen genannt werden oder Aspekte ihrer neuen Lebensrealität als Vater zur Sprache kommen, die zumindest punktuell als belastend erfahren werden. Hierzu gehören die Unterbrechung des Schlafes, die empfundene Präsenz und Dominanz der kindlichen Bedürfnisse im familialen Alltag, die Notwendigkeit, eigene Wünsche und Bedürfnisse hintanzustellen, sowie ein z. T. als gravierend erlebter Verlust an Handlungsautonomie. Als belastend werden insbesondere aber auch Situationen erlebt, in denen sich das Kind schlecht beruhigen lässt. Diese lösen in den Vätern Gefühle der Hilflosigkeit und Ohnmacht sowie Aggressionen aus. Ob und inwiefern potentiell belastende Aspekte der neuen Lebenssituation in den Vordergrund treten und somit für deren Bewertung bestimmend werden, hängt anscheinend nicht zuletzt davon ab, wie diese interpretiert und attribuiert werden. Folgenden Fragen kommt hierbei eine besondere Bedeutung zu: Wird das Kind als überwiegend »lieb« und im Großen und Ganzen als »pflegeleicht« oder als ein »Problemkind« wahrgenommen?[63] Stellen sich demzufolge Situationen, die als schwierig erlebt werden, subjektiv eher als Ausnahmesituationen oder als Regelfall dar? Die Ausführungen der Interviewpartner zeigen, dass die Antworten, die auf die Fragen »Wie kompetent erlebe ich mich als Vater, wie zufrieden bin ich mit meiner neuen Lebenssituation und wie ›pflegeleicht‹ erlebe ich mein Kind?« gegeben werden, in einem positiven Zusammenhang stehen. Auf dieses Thema werde ich im nachstehenden Kapitel genauer eingehen. An den Ausführungen eines Interviewpartners wurde exemplarisch deutlich, dass der Anspruch, ein guter Vater zu sein, dann zu einer großen Belastung werden kann, wenn dem Entwurf der eigenen Vaterrolle hohe Ansprüche zugrunde liegen und somit Schuld- und Insuffizienzgefühle ausgelöst werden, wenn diesen nicht entsprochen werden kann. Wichtig scheint mir auch zu sein, dass die Anstrengungen und Verzichtleistungen, die mit der neuen Lebenssituation verbunden sind, dann nicht schlicht als belastend erfahren und somit eindeutig

---

[63] Fthenakis (1999) zieht folgenden Schluss: Je unkomplizierter und pflegeleichter dem Vater das Kind erscheint, desto häufiger beschäftigt er sich mit ihm. Wird das Kind als schwierig wahrgenommen, so kann dies negative Rückkoppelungsprozesse auslösen.

negativ bewertet werden, wenn diese als sinnvoll erlebt werden können. Der Kommentar eines Vaters: »Ich weiß, warum ich das tu«, erinnert mich an einen Gedanken Winnicotts. Kinder, so führt dieser aus, seien zwar eine Last, komme diese jedoch zum richtigen Zeitpunkt, so könne sie auch erwünscht sein (vgl. Winnicott 1978, S. 64). Anders formuliert: Menschen sind anscheinend keineswegs nur auf der Suche »nach der Leichtigkeit des Seins«, sondern eben auch auf der Suche nach Lasten, die, werden sie geschultert, das Gefühl geben, wertvoll zu sein. Besagte Lasten können so auch dazu beitragen, die eigene Existenz als sinnvoll zu erfahren (vgl. Kittler 1993).

2. Was einen Vater zum Vater macht

Wer der Erzeuger eines Kindes ist, der gilt als Vater. Die Tatsache einer biologischen Vaterschaft impliziert jedoch keineswegs, dass die soziokulturelle Position des Vaters besetzt, also die Vaterschaft anerkannt und wahrgenommen wird. Beziehungen oder gar Bindungen stellen sich nicht naturwüchsig her; der Prozess ihrer Genese ist hochkomplex. Im Folgenden möchte ich einzelne Aspekte dieses Prozesses aufgreifen und zum Thema machen, was aus der Perspektive der interviewten Väter dazu beigetragen hat, ihre Identität als Vater und damit auch ihre Bindung an das Kind zu stärken. Beginnen möchte ich dabei mit den von den Interviewpartnern erlebten Highlights der frühen Vaterschaft. Weiterhin wird es um die Wichtigkeit des Gefühls der Kompetenz im Umgang mit dem Baby gehen, abschließend soll die Bedeutung der Bestätigung des neuen sozialen Status durch bedeutsame Andere aufgegriffen werden. Die Themen, um die es im vorangegangenen Kapitel ging, das sei hier noch einmal ausdrücklich betont, werde ich in diesem Zusammenhang nicht noch einmal aufgreifen, gleichwohl sind auch sie im Prozess der sozialen Konstituierung von Vaterschaft eminent wichtig.

2.1. Erste Begegnungen

Die interviewten Väter machen sehr unterschiedliche Aussagen dazu, ab wann sie sich als Vater gefühlt haben und was hierzu beigetragen hat. Einige Gesprächspartner benennen hier definierte Momente oder Situationen (z. B. das Geschehen rund um die Geburt), andere beschreiben eher einen Prozess, innerhalb dessen sich schließlich verschiedene Bausteine zu der inneren Gewissheit »ich bin Vater« zusammengefügt haben (die Geburt, das erste Lachen, das erste Mal allein mit dem Kind zu sein usw.). Unabhängig hiervon scheint jedoch für alle Gesprächspartner das Geburtsereignis eine Erfahrung gewesen zu sein, die für die Entwicklung eines Selbstverständnisses als Vater als wichtig erlebt wurde.

Die Geburt des Kindes...
Alle interviewten Väter haben die Geburt ihres Kindes miterlebt. Obwohl dieses Ereignis zum Zeitpunkt des dritten Interviews jeweils zwischen drei und vier Monaten zurücklag, nimmt es in allen Gesprächen einen großen Raum ein. Das zeigt sich quantitativ (also am Umfang der Erzählungen), aber auch qualitativ (das Thema ist sehr stark emotional besetzt). Auf die Frage, wann er angefangen habe, sich als Vater zu fühlen, antwortet ein Interviewpartner:

> Herr L.: »Ich denk schon mit der Geburt. (...) Da hatte ich auch wirklich so 'n Erlebnis als es losging, als die Fruchtblase geplatzt ist. Das war für mich der beeindruckendste Moment von dem Ganzen: ›Ja, jetzt ist es soweit!‹ Da wurde mir wirklich heiß und kalt und flau.« (3/11)

Das Platzen der Fruchtblase löste hier ein Wechselbad der Gefühle aus, das mit den Begriffen »heiß und kalt und flau« umschrieben wird. Jäh scheint dabei emotional realisiert worden zu sein, dass es jetzt kein Zurück mehr gibt (es ist soweit), hier also ein bedeutsamer Scheidepunkt erreicht wurde. An der Geburt teilgenommen zu haben, das bringen einige der Interviewpartner explizit zum Ausdruck, sei für sie als Vater wichtig gewesen. Exemplarisch hierzu drei Statements:

> Herr D.: »Und so war ich dabei, wie gemacht wird sozusagen, wie es rauskommt.« (3/15)

> Herr F.: »Die Geburt selber war natürlich 'n wichtiger Moment, das war 'n ziemliches Hammer-Ereignis. (...) Das ist natürlich 'n prägendes Erlebnis, bei der Geburt des eigenen Kindes dabei zu sein.« (3/5)

> Herr O.: »Was ich so bedeutend fand, war natürlich die Geburt.« (3/11)

Im Folgenden die Äußerung eines Gesprächspartners, der geradezu euphorisch von der Geburt berichtet:

> Herr U.: »Das hätte ich mir in keinem Fall nehmen lassen. Und das war auch 'n sehr intensives Erlebnis. Also man schwankt zwischen ganz extremen Gefühlen hin und her. (...) Ich weiß nur, als die Kleine dann wirklich da war, bin ich also heulend und vor Erschöpfung zusammengebrochen. Vor Glück, dass alles gut gegangen ist. (...) Also es war von vornherein, ich weiß, es geht sicherlich allen Eltern so, aber es war so das Empfinden: Das schönste Kind und das niedlichste Kind auf der Welt. (...) Als die Kleine dann da gebadet wurde und dann so in ihrer Decke lag und so schon mal mit einem Auge geguckt hat, das sah unheimlich niedlich aus. (...) Also ich fand es wirklich ganz toll, die Kleine auf dem Arm zu haben. Und ja, das kann man auch nicht weiter beschreiben, das ist wirklich nicht möglich, das ist einfach 'n wunderschöner Moment im Leben, den man sich wirklich nicht nehmen lassen darf. Und ich kann 'nen Vater nicht

verstehen, der sagt, ich möchte nicht dabei sein. Er hat sicherlich den Moment, wenn er dann sein Kind das erste Mal auf dem Arm hält, aber ich glaub, das ist bei weitem nicht so intensiv. Vor allen Dingen auch die Verbindung zu der eigenen Frau, die das durchgemacht hat, das sieht man nicht, und man sieht nicht, wie tapfer die sich wirklich oft verhalten hat.« (3/4–5)

Noch in dieser Schilderung teilt sich plastisch mit, dass für diesen Vater die Geburt ein Ereignis war, das ihn überwältigt hat.[64] Wenn Herr U. von den ersten Momenten mit seinem Kind spricht, dann kommen darin Stolz, Erleichterung und eine große Begeisterung zum Ausdruck. Obwohl er eine Vielzahl von Superlativen gebraucht (das schönste, das niedlichste Kind, unheimlich niedlich, ganz toll...), um das Kind und sein Erleben zu beschreiben, versichert er, dass diese, ja dass Sprache insgesamt nicht hinreiche, um die Intensität besagter Minuten einzufangen und wiederzugeben. Die Geburt, so scheint es, war für ihn ein nachhaltiges, ja ein prägendes Erlebnis, das den familialen Trialog positiv eröffnete. Als solches möchte er es nicht missen, oder wie er selbst es ausdrückt, es sich auf keinen Fall nehmen lassen. Nicht nur die Gesprächspartner, bei deren Partnerinnen die Geburt »glatt« verlief, bringen zum Ausdruck, dass sie froh sind, bei Geburt ihres Kindes dabei gewesen zu sein. Ähnlich äußern sich hier sogar die Väter, die Zeugen einer komplizierten Geburt (z. B. mit einer Überführung in einen Kaiserschnitt) wurden:

Herr J.: »Aber das war trotzdem schon ein irres Gefühl, als dieses kleine Würmchen da plötzlich einen angeguckt hat.« (3/3) »Nee, wir waren einfach erstmal glücklich, haben erstmal nur staunend das Kind angeguckt.« (3/7)

Die Magie des Lächelns...

Wenn die Gesprächspartner von Momenten sprechen, die für sie als Vater wichtig waren, dann geht es immer wieder um das Lachen/Lächeln des Kindes. Die drei folgenden Äußerungen zeigen exemplarisch, dass dieses die Interviewpartner in besonderer Weise zu berühren vermag:

Herr K.: »Wobei das Schönste ist immer, wenn er lächelt.« (3/1)

---

[64] Kontrastieren möchte ich diese Äußerung mit der eines anderen Interviewpartners, für den die Geburt ebenfalls ein überwältigendes Erlebnis gewesen zu sein scheint. Dieses ist in seiner Schilderung jedoch nicht positiv konnotiert, sondern eher von Angst und Erschrecken bestimmt. Herr S.: »Das ist ja schon irgendwo 'ne ganz interessante Sache gewesen, irgendwie. Aber das ist auch mit sehr viel Körperflüssigkeit verbunden, das ist 'ne ganz schöne Sauerei, wenn man sich das überlegt. Ich kann das jetzt in dem Moment überhaupt nicht nachvollziehen, wie man 'ne Hausgeburt macht oder so, außer in der Waschküche oder so, weil das sind ja Flüssigkeiten ohne Ende, die da fließen, und das ist schon gewaltig.« (3/2)

Herr U.: »So das erste bewusste Lächeln, das man wirklich wahrgenommen hat, vielleicht dann auf dem eigenen Arm, wo sie einen selbst angelächelt hat, das geht einem sehr nahe.« (3/6)

Herr P.: »Jedes Mal, wenn sie mich anlächelt, schmelze ich. Wenn sie mich, sag ich mal, als ihren Vater anerkennt oder erkennt. Das ist schon 'n anderes Lächeln, als wenn sie jetzt den Opa anguckt oder 'nen Nachbarn oder so.« (3/14)

Herr J.: »Wenn sie einen anlächelt so, wenn sie einen richtig angrinst und lacht und kiekst (...), das macht halt viel Spaß.« (3/11)

Herr L.: »Als es so zum ersten Mal gelächelt hat, das fand ich schon beeindruckend.« (3/13)

Ansprechend und faszinierend, so wird hier deutlich, ist nicht alleine das Lachen/Lächeln des Kindes, sondern das Gefühl, von ihm angelächelt zu werden. Die Väter erleben das Lachen/Lächeln des Kindes auch als eine Beziehungsaussage. Sie fühlen sich in einem solchen Moment anscheinend in einem tieferen Sinne gesehen und als Vater/bedeutsamer Anderer (an-)erkannt. Die Ausführungen der Interviewpartner legen nahe, dass besagtes Erleben wiederum ihre Beziehung zu dem Kind stärkt. Die beschriebene Dynamik ist nicht nur im Zusammenhang des Beziehungsaufbaus zwischen Vater und Kind bedeutsam; sie kann auch wichtig werden, wenn es darum geht, vorausgegangene belastende Situationen (z. B. eine Nacht mit zu wenig Schlaf) zu kompensieren:

Herr F.: »Aber das wird natürlich dann aufgefangen, sobald er einen wieder anlächelt.« (3/1)

Herr O.: »Und dann sind natürlich so Momente, das erste Lächeln, (...) wo man sagen kann: ›Mensch, das ist jetzt dein Sohn, der dich da morgens anlächelt!‹ (...) Das ist so der Punkt gewesen, wo man dann 'ne nähere Beziehung wiederherstellt. Und wo man dann sagt: ›Toll, einfach toll!‹« (3/26)

Das Lachen/Lächeln des Kindes, so klingt es hier an, kann auch im Sinne einer Wiedergutmachung erlebt werden. Die Formulierung, man stelle – lache einen das Kind an – dann »wieder(!) eine nähere Beziehung her«, lässt vermuten, dass diejenigen Situationen, in denen kein befriedigender Dialog oder Trialog mit dem Kind zustande kommt (das Kind lässt sich z. B. nicht beruhigen), die etablierte Beziehung auch labilisieren können. Das Lachen/Lächeln des Kindes scheint dann als ein Angebot erlebt zu werden, das die emotionale Verbindung wieder präsent werden lässt und somit stärkt. Die beiden folgenden Äußerungen zeigen noch einen weiteren Aspekt dieses Themas auf: Das Lachen/Lächeln des Kindes signalisiert den Vätern, dass es dem Kind gut geht. Dies wiederum kann als eine Form der Bestätigung erlebt werden, die einen hohen Belohnungswert hat:

Herr U.: »Und was ich auch wirklich immer wieder schön finde, ist grade so der Moment des Wickelns, weil sie dann direkt aus dem Bett kommt. Dann freut sie sich schon, dass sie irgendwo drangenommen wird. Dann heult sie nicht, sondern lacht sie direkt. Wenn man ins Zimmer kommt, oder selbst wenn man sie wach macht, dann rekelt sie sich und streckt sich und wischt sich durch die Augen. Und wenn sie einen dann erkennt und wach ist, lacht sie einen sofort an, so ganz toll. Und wenn man sie dann halt wickelt, lacht sie auch, erzählt einem was, und das finde ich dann sehr schön.« (3/7)

Herr F.: »Wenn man nach Hause kommt und spricht das Kind an, und der erkennt jetzt einen und lacht einen schon an, das macht schon viel wieder des Tages gut, wenn man weiß, Mensch, das ist dein eigen Fleisch und Blut, und ihm geht es gut, und er freut sich, einen zu sehen.« (3/5–6)

Das Lachen/Lächeln des Kindes, das sei hier noch einmal zusammenfassend bemerkt, wird von den interviewten Vätern auch als eine Beziehungsaussage wahrgenommen (das Kind erkennt mich, nimmt mich als Bezugsperson an, mag mich). Diese Wahrnehmung wiederum scheint dazu beizutragen, die väterliche Bindungsbereitschaft zu stärken. Das Lachen/Lächeln des Kindes ist also ein Verhalten, das sowohl Bindungsprozesse zwischen Mutter und Kind (Greenberg 1990) als auch die zwischen Vater und Kind zu unterstützen vermag.[65]

Einnehmende Momente...
In den Interviews, die vor der Geburt stattfanden, brachten einige werdende Väter zum Ausdruck, dass sie sich auf den Zeitpunkt freuen würden, wenn sie mit dem Kind »mehr machen« könnten. Der Umgang mit einem Säugling wurde sich als vergleichsweise weniger interessant als der mit einem Kleinkind vorgestellt. Diese Perspektive hat sich bei einigen Vätern differenziert. So korrigiert sich ein Interviewpartner: »Nee, interessant ist das auch schon jetzt.« (Herr A. 3/8) Seine vorherige Einschätzung führt dieser Gesprächspartner auf den Umstand zurück, dass er vor der Geburt seines Kindes kaum Kontakt zu Säuglingen gehabt hat. Die Ausführungen der Interviewpartner machen deutlich, dass ein Baby bzw. der Umgang mit einem Baby jedoch keineswegs automatisch als interessant erlebt wird. Ein aktiver Umgang mit dem Kind und das Gefühl, dass auch ein Säugling »spannend« sein kann, scheinen vielmehr in einem dialektischen, sich wechselseitig verstärkenden Verhältnis zu stehen: Je mehr aktive Zeit mit dem Kind verbracht wird, umso deutlicher werden von den Vätern beispielsweise auch kleinere Entwicklungsschritte registriert. Diese wiederum verfolgen zu können, wird von einigen Interviewpartnern als etwas beschrieben, das für sie als Vater sowohl schön als auch spannend ist:

Herr J.: »Ist ja doch alles ziemlich spannend. Wenn ich abends nach Hause komme, dann frag ich, ob sie heute wieder was Neues entdeckt hat.« (3/13)

---

[65] Gauda (1990) spricht hier von einem Bindungsauslösefaktor.

Herr A.: »Es ist schon schön zu sehen, dass sie bestimmte Sachen auf einmal kann. (...) Das ist schon schön zu sehen, dass sie sich da ganz stark entwickelt. (...) Auf einmal fängt sie jetzt an, was zu greifen, auch gezielt, und versucht, dann auch den Mund zu treffen, was manchmal nicht so ganz gelingt (...). Und das ist schon schön, das anzugucken. Oder dass sie auch 'n bisschen Interaktion auf einmal kann, wenn man irgendwas macht mit 'ner Rassel. Auf einmal guckt sie dann da auch hin und will die Rassel oder irgendwas auch haben und tüddelt damit rum.« (3/8–9)

Die Ausführungen des zuletzt genannten Vaters weisen darauf hin, dass er sein Kind genau beobachtet und dass es ihm Freude macht, kleine und größere Veränderungen seiner Verhaltens- und Reaktionsweisen zu erkennen. Die physische und psychische Entwicklung des Kindes zu registrieren und begleiten zu können wird auch vom folgenden Gesprächspartner als etwas beschrieben, das für ihn faszinierend und befriedigend ist:

Herr J.: »Man sieht ja auch jetzt so über die Zeit hin ihre Entwicklungsschritte.«
I.: »Und das ist auch spannend für Sie zu beobachten?«
Herr J.: »Klar, sie hebt ihren Kopf, sie kann inzwischen auch wirklich selbständig ihren Kopf halten. Zu Beginn war es ja so, sie konnte halt keinen Punkt fixieren (...). So macht sie jetzt einen Entwicklungsschritt nach dem anderen durch. Sie fixiert einen, und sie lacht und solche Sachen, und das macht Spaß. (...) Also 'n kleines Kind macht 'ne ganze Menge! Natürlich, man muss genau hinschauen, weil das sind ja keine so ausgeprägten Reaktionen, wie das bei uns üblich ist. Das sind halt auch die kleinen Dinge, die sich da bewegen.« (3/12)

Um zu realisieren, dass auch ein kleines Kind schon eine Menge »macht« (also aktiv ist), muss man sehr genau hinschauen, bemerkt dieser Vater. Würde er dies nicht tun, so lässt sich schlussfolgern, so würde sich ihm vermutlich das, was an einem kleinen Kind spannend sein kann, auch nicht so ohne weiteres erschließen. Zu einer anderen Einschätzung kommt ein weiterer Gesprächspartner. Er skizziert seine Wahrnehmung des Kindes folgendermaßen:

Herr S.: »Man kann ja mit so 'nem kleinen Wurm momentan auch noch nichts anfangen. Es ist ja wirklich: Schlafen, Essen, Schlafen, Essen, Schlafen, Essen, zwischendurch 'ne Menge Schreien, und mehr ist da ja im Prinzip nicht. Also es bedarf eben halt sehr großer Liebe, Pflege. Wie soll man das sagen? Also es kann eben halt noch nicht großartig was tun, es sind noch keine kontrollierten Greifbewegungen da oder so was, wo man jetzt sagt, man kann schon mal was üben oder irgend so was, was auch interessant ist. Oder was beizubringen, (...) das ist einfach noch nicht gegeben, und da kann ich dann ja auch nicht soviel mit anfangen. Ich bin so eher so 'n bisschen mehr der Praktiker, und es passiert ja einfach noch nichts, das ist das Problem. Man kann halt gar nicht viel machen, das ist das Problem.« (3/11)

Die Worte dieses Vaters machen deutlich, wie schwer es ihm fällt, in dem, was das Baby macht und zeigt, etwas zu entdecken, was er als interessant oder gar faszinierend erleben kann. Die Art und Weise, in der er von seinem Kind spricht, erweckt den Eindruck, als betrachte er dieses aus einer großen Entfernung und als habe er wenig mit diesem zu tun. Der Gedanke liegt nahe, dass es kein Zufall ist, dass er hier nicht von seinem Kind, sondern von einem kleinen »Wurm« spricht. Anzunehmen ist vielmehr, dass diese Metapher auch etwas von dem zum Ausdruck bringt, wie er den Säugling erlebt: Ein Wurm ist ein glattes, weiches Lebewesen, das fremd, nicht besonders hoch organisiert ist, wenig »Charakter« hat und zumeist nicht als besonders interessant erlebt wird. Dieser Vater sieht aktuell offenbar kaum eine Möglichkeit, das, was er sich wünscht und anzubieten hat, mit dem, was er an Bedürfnissen und Möglichkeiten des Kindes wahrnimmt, auf einen Nenner zu bringen. An einer späteren Stelle des Interviews frage ich Herrn S., ob es für ihn einfach ist, zu seiner Tochter einen Zugang zu finden. Er verneint dies mit folgenden Worten:

> Herr S.: »Einfach? Nein, würde ich nicht sagen. Nein, weil einfach mehr Beziehung zu meiner Frau zwangsläufig da ist, deswegen ist es dann schon 'n bisschen schwieriger. Also sie merkt das ja auch schon extrem, wenn sie jetzt, sag ich mal, so in so 'ner Dämmerphase ist oder so und dann zu mir kommt, dann wieder plötzlich hellwach ist und...« (3/15)

Dieser Gesprächspartner erlebt es als schwierig, einen Zugang zu seiner kleinen Tochter zu finden. Den zentralen Grund dafür sieht er in der engeren Beziehung, die das Kind zur Mutter habe. Wenn er erzählt, das Kind wisse genau (sie merkt es »extrem«), ob er oder seine Partnerin bei ihm sei und bei ihm hellwach werde, so klingt das so, als habe er das Gefühl, die Tochter schrecke auf, bemerke also in negativer Weise, dass es der Vater ist und nicht die Mutter, der sie hält. Herr S. spricht es nicht aus, zieht man aber weitere Äußerungen von ihm hinzu, dann liegt der Gedanke nahe, dass er anscheinend in dieser wie auch in anderen Situationen das Gefühl hat, die Tochter ziehe seiner Gegenwart die Gegenwart der Mutter vor. Im nächsten Kapitel wird deutlich werden, dass dieser Vater davon ausgeht, mit der Mutter sowieso nicht erfolgreich konkurrieren zu können bzw. als Vater vom Kind nicht in derselben Weise wie seine Partnerin angenommen zu werden. Besagte Überzeugung scheint die Motivation, sich um einen näheren Zugang zum Baby zu bemühen, zu untergraben. Im weiteren Verlauf des Gespräches wird deutlich, dass dieser Vater sich auch sehr unsicher dahingehend ist, wie er sich seiner Tochter nähern kann. Als ich anmerke, dass ein kleines Kind ja auch sehr anders als ein Erwachsener sei und man mit Babys leider eben nicht in der Weise Kontakt aufnehmen könne, wie man dies mit Erwachsenen tut, scheint sich Herr S. sehr verstanden zu fühlen. Als ich hinzufüge, dass ein kleines Kind – hat man vor allem mit Erwachsenen zu tun – doch erst einmal sehr fremd sei, antwortet er: »Ja, ja genau!« (3/15).

Die folgende Äußerung zeigt einen Vater, der fasziniert bei seinem kleinen Sohn ihm zunächst einmal fremde Verhaltensweisen entdeckt. Diese zu beobachten sowie der Versuch, die kindliche Perspektive und das kindliche Erleben nachzuvollziehen, werden von ihm als etwas beschrieben, das ihm viel Freude macht:

> Herr L.: »Ich bin auch ganz fasziniert, wenn er denn da, wir haben da so 'ne x-normale Lampe im Schlafzimmer hängen, (...) die starrt er stundenlang an. Lacht die Lampe an und ist nun ganz begeistert, was das für 'n Objekt ist. Da kann man sich denn auch freuen und denkt: ›Komisch‹ oder ›Schön‹. Also man nimmt so teil an diesen ganzen Entdeckungen und auch an dem Leben von dem Kind und versucht, sich da so rein zu denken: Was geht gerade vor, was erlebt er in dem Moment, wo er nun 'ne Lampe entdeckt?« (3/16)

Dieser Vater beschreibt, wie ihn fremde und für ihn erst einmal nicht nachvollziehbare Verhaltens- und Reaktionsweisen des Kindes in den Bann ziehen. Er, so klingt es hier an, lässt sich verführen und erlaubt, dass die Selbstverständlichkeit seiner Erwachsenenperspektive irritiert wird.

Ein anderer Vater erzählt, dass es ihm viel Spaß macht, dem Kind beispielsweise durch bestimmte »Faxen« Reaktionen zu entlocken:

> Herr A.: »Man macht sich zum Affen, aber gerne.« (3/28)

Fragt man danach, was die interviewten Väter weiterhin für ihre Kinder einnimmt, so wird deutlich, dass diese gerade auch von solchen Situationen positiv berührt werden, die eine sinnliche Qualität haben. Exemplarisch hier die Äußerung eines Vaters, der von dem ihn begeisternden Geruch seines Kindes schwärmt:

> Herr F.: »Kinder riechen ja unglaublich toll. (...) Also so ›frische‹ Kinder, also die sind unglaublich. Das kann man auch gar nicht beschreiben, das ist so 'n ganz weicher, so 'n ganz toller Geruch. Mag man gar nicht wieder weggeben. So dieses, na ja, Unberührte, Unverfälschte.« (3/8–9)

Als Erfahrungen, die nahe gehen, werden ferner solche beschrieben, die mit der Pflege und Versorgung des Kindes zu tun haben. So schildert ein Vater, dass es für ihn ein sehr schöner, ja anrührender Moment gewesen sei, »als sie [seine Tochter] das erste Mal mit mir in der Badewanne war.« (Herr P., 3/14). Das Füttern des Kindes ist eine weitere Erfahrung, die als besonders berührend beschrieben wird:

> Herr A.: »Das erste Mal Füttern, weil ich hab ja normalerweise nichts damit zu tun, weil ich ja genetisch, körperlich nicht dafür geeignet bin. Ich mein, als wir das das erste Mal gemacht haben, das war dann auch sehr schön zu sehen, wie sie einen dann anguckt mit ihren großen Augen.« (3/6)

2.2. Die Bedeutung des Kompetenzgefühls

Die Interviews zeigen, dass die Frage, wie kompetent sich die Gesprächspartner als Vater erleben, nicht nur im Hinblick auf die Bewertung der neuen Lebenssituation, sondern auch im Hinblick auf die sich entwickelnde Vater-Kind-Beziehung von zentraler Bedeutung ist. Erfährt sich ein Vater im Umgang mit seinem Kind als kompetent und fühlt er sich darin auch bestätigt (sei es durch das Kind selbst, die Partnerin oder durch andere), so scheint dies nicht nur seine Identität als Vater, sondern – damit eng verknüpft – auch seine Bindung an das Kind zu stärken. Im Folgenden sollen verschiedene Aspekte dieses Zusammenhangs beleuchtet werden. Beginnen möchte ich zunächst mit einer von einigen Vätern beschriebenen Hemmschwelle.

Die Angst, das Kind anzufassen...
Auf die Frage, was für ihn als Vater ein bedeutsamer Moment gewesen ist, gibt ein Gesprächspartner eine für mich zunächst überraschende Antwort:

> Herr A.: »Das erste Mal die Jacke richtig ankriegen! Weil die Jacke ist immer so 'n Problem, weil da gehen die Arme immer nicht so gut rein, und dann wehrt sie sich auch tierisch, weil da hat sie keine Lust zu. (...) Also einfach, na ja, das Handling vom Kind. Dass ich das irgendwie richtig hinkriege (...). Man kann nicht immer so alles: ›Hach‹, irgendwo muss man anfassen, sonst geht der Arm nie in die Jacke. Und dass ihr das natürlich nicht weh tut und dass man alle Finger auch dahin kriegt, wo sie hin sollen, und dass dieses Handling auch klappt. Dass ihr das nicht weh tut und ich das auch in einer Zeit hinbekomme, wo das dann für beide nicht nervig oder zu lang wird. Ja, dieses tägliche Umgehen, das ist schon wichtig. Einfach das Sichere damit auch.«
> I.: »Dass man das auch bewältigen kann?«
> Herr A.: »Ja, dass man keine Angst haben oder nicht nachdenken muss: ›Ach Gott, jetzt könnte sie ja runterfallen‹, oder wie auch immer. (...) Zum Anfang war das auch immer schwierig mit dem Kopf, und dann wusste man immer nicht, dann saß man da so 'ne Stunde, und alles tat einem weh, weil man sich nicht bewegen mochte. Mittlerweile geht man da ganz normal mit durch die Wohnung und tüddelt dann rum oder kocht.« (3/10)

In dieser Ausführung klingt an, dass es sich bei dem von Herrn A. als bedeutsam erlebten Moment, als es ihm zum ersten Mal gelang, dem Kind die Jacke »richtig« anzuziehen, um weit mehr als um ein schlichtes Erfolgserlebnis gehandelt hat. Verschiedene Äußerungen machen deutlich, dass dieser Vater eine große Angst hatte, dem Kind durch eine falsche oder zu grobe Berührung weh zu tun und dass diese Angst es schwer gemacht hat, sich dem Kind verhältnismäßig unbefangen zu nähern. Implizit schwingt dabei mit, dass das Kind als ein äußerst zartes, empfindsames Wesen wahrgenommen, das eigene Tun hingegen als zunächst einmal ungeschickt oder sogar das Kind gefährdend eingeschätzt wird. Das Gefühl, besagte Angst überwunden und im Umgang mit dem Kind ein »sicheres Handling« erworben zu haben, wird von diesem Gesprächspartner als bedeutsam für die Entwicklung einer positiven Vateridentität erlebt. Die Situation, als es zum ersten Mal gelang, die Jacke »richtig« anzuziehen, markiert so gesehen auch einen Wendepunkt: Sie steht für überwundene Berührungsängste und eine als neu erfahrende Sicherheit im Umgang mit dem Kind. Kurz: Für das Gefühl der Kompetenz. Um die Angst, das Baby anzufassen und ihm ungewollt zu schaden, geht es auch in der nächsten Äußerung:

> Herr F.: »Wo ich so 'n bisschen, Berührungsängste ist vielleicht nicht das richtige Wort, aber so 'n bisschen kontaktscheu war, war gleich nach der Geburt. (...) Das sind ja so kleine Wesen, die mag man ja überhaupt nicht anfassen. Weil, allein diese Haut fühlt sich ja schon ganz komisch an. Das ist ja so weich, als wenn man so 'nen kleinen Piepmatz anfasst, wo gleich denn die Knochen durchkommen und so. Da fühlt man sich 'n bisschen unsicher, und da mochte ich auch nicht sofort so zupacken. Aber als er dann so in den Tüchern lag, da funktionierte das schon. Und gut, das erste Mal wickeln, da ist man natürlich auch übervorsichtig und wagt ihn kaum anzufassen. Aber inzwischen sind wir also 'n eingespieltes Team.« (3/7)

Dieser Vater berichtet, dass er zunächst eine gewisse Scheu, wenn nicht sogar Angst hatte, sich dem Neugeborenen körperlich zuzuwenden. Auch hier galt es zunächst, ein Zutrauen zu entwickeln, dass es möglich ist, das als äußerst verletzlich erlebte Kind anzufassen, ohne es zu schädigen. Gemeinsam ist beiden Äußerungen, dass in den geschilderten Begegnungen Vater und Kind zunächst geradezu als Gegenpole erlebt werden: Nicht die Schöne und das Biest, sondern das Zarte und der Grobe scheinen hier im Erleben der Väter aufeinander zu treffen. Die nachstehende Äußerung weist darauf hin, dass die genannte Angst (bzw. die dieser zugrunde liegende Selbstwahrnehmung: ich bin ungeschickt, grob) nicht nur eine Hemmschwelle sein, sondern darüber hinaus auch dazu führen kann, dass der Umgang mit dem Kind eingeschränkt wird und Tätigkeiten wie beispielsweise Anziehen und Wickeln des Kindes vermieden werden:

> Herr U.: »Ich hatte davor also 'ne gewisse Panik, weil ich dachte, so zarte Fingerchen. Natürlich hat man sich anfangs 'n bisschen dumm angestellt, und meine Frau musste dann häufiger helfen, weil sie hat das früher schon häufig gemacht. Und ich hab mich immer 'n bisschen drum gedrückt, weil ich immer 'n bisschen Angst davor hatte. Aber das ging irgendwann dann im Schlaf, wie von selbst. Also da hatte ich überhaupt keine Angst mehr, dass ich ihr irgendwie wehtun könnte.« (3/2)

Allein mit dem Kind...
Im Zusammenhang mit der Frage, was er für sich als Vater als eine wichtige Erfahrung oder bedeutsame Situation erlebt hat, kommt ein Gesprächs-

partner zunächst auf das für ihn erste Mal zu sprechen, als er mit seiner Tochter allein war:

> Herr A.: »Wichtig war für mich eigentlich das erste Mal, wo ich mit ihr alleine war. Also sonst kann man das irgendwie, man steht dann daneben, oder als Mann steht man vielleicht daneben.« (3/5)

Besagter Vater schildert, dass seine Tochter nach der Geburt erst einmal zwei Wochen in der Klinik bleiben musste und seine Partnerin bei ihr bleiben konnte. Dies, so führt er aus, habe ihr in ganz anderer Weise als ihm die Möglichkeit gegeben, Sicherheit im Umgang mit dem Kind zu bekommen. Seine Partnerin, dies ergänzt er, habe hierdurch »wieder mal 'nen höllischen Vorsprung gekriegt.« (3/5) Herr A. schildert ferner, dass er das Anliegen seiner Partnerin, stundenweise wieder zu arbeiten, sehr begrüße. Seine Ausführungen machen deutlich, dass die Abwesenheit der Mutter und die damit verknüpfte Anforderung an den Vater, nämlich temporär an ihre Stelle zu treten, von ihm nicht nur als eine Chance wahrgenommen wurde, sondern auch eine positive Erfahrung möglich gemacht hat. Stolz berichtet er, dass er seine Feuerprobe gut bestanden hat:

> Herr A.: »Eine lustige Erfahrung, auch schöne! Hinkriegen tut man das alles. Ich hab mir natürlich irgendwie, was weiß ich: ›Wenn sie jetzt schreit? Muttern ist nicht da.‹ Aber das ging alles. Dann war sie auch quietschfidel.« (3/5)

Zu einer schönen Erfahrung, so ist zu vermuten, hat besagte Situation der Umstand werden lassen, dass es diesem Vater entgegen seiner Befürchtung gelungen ist, mit dem Kind ohne die Partnerin gut zurechtzukommen. Die Erfahrung, dass er dazu in der Lage ist und solche Situationen bewältigen kann (»dass ich das allein hinkriege« (3/6), wie er an anderer Stelle bemerkt), hat für ihn eine große Bedeutung. Das erste Mal mit dem Kind allein zu sein war anscheinend auch für andere Gesprächspartner eine Situation, die, konnte sie bewältigt werden, in besonderer Weise dazu beigetragen hat, für sich ein Selbstverständnis als Vater zu entwickeln. Im Folgenden die Äußerung eines weiteren Vaters:

> Herr P.: »Als meine Frau das erste Mal weg war (...), das hat die sofort gemerkt. Ich mein, das war auch das erste Mal, wo ich sie abends ins Bett gebracht hatte. Vorher hat sie das immer gemacht, ich weiß auch nicht warum, aber jetzt wechseln wir uns immer ab. (...) Da hat die zwanzig Minuten nur geschrien, hat sie sonst überhaupt nie gemacht. Dann kurz geschlafen und dann wieder aufgewacht, und dann hat sie sie wieder nicht gesehen, und dann war ich wieder der Schuldige, und dann hat sie wieder geschrien. Da ist man dann als Vater hilflos, nicht?« (3/3)

Dieser Interviewpartner beschreibt eine für ihn schwierige Situation. Das erste Mal bringt er seine Tochter zu Bett, diese beantwortet seinen Schritt mit einer Verhaltensweise, die Herr P. so von ihr nicht kennt: Sie schreit und schreit. Herr P. weiß zunächst dem kindlichen Unmut nichts entgegenzusetzen und fühlt sich, wie er es formuliert, »als Vater hilflos«. Der Hinweis, dass sich seine Partnerin und er mittlerweile dabei abwechseln, ihr Kind ins Bett zu bringen, weist darauf hin, dass sich Herr P. von dieser Erfahrung nicht hat entmutigen lassen. Die folgende Äußerung lässt vermuten, dass es ihm in der als durchaus kritisch erlebten Situation schließlich doch gelungen ist, das Kind zu beruhigen und damit auch aus dem Gefühl der Hilflosigkeit herauszufinden:

> Herr P.: »Ich fühlte mich eben nur das eine Mal hilflos. Als sie nur geschrien hat und meine Frau aus dem Haus war und weil ich nicht groß was machen konnte. Hab sie nur so durch die Gegend getragen, dass sie sich beruhigt hat, und was anderes konnte ich da auch nicht groß machen.« (3/18)

Einen längeren Zeitraum allein mit dem Kind zu sein wird von den Vätern gerade dann als eine potentiell heikle Situation wahrgenommen, wenn das Kind gestillt wird und somit die Mutter etwas geben kann, was ihnen als Vater nicht möglich ist. Eine solche Konstellation kann Gefühle der Ohnmacht und Hilflosigkeit hervorrufen; sie kann daneben gewahr werden lassen, in einer dyadischen Interaktion mit dem Kind von der Partnerin abhängig zu sein:

> Herr J.: »Das war auch ganz spannend, ich mein vor allem deswegen, weil ich immer gedacht hab: ›Jetzt gibt's noch nichts zu futtern, und Mama ist jetzt noch gar nicht wieder da, und wenn du mir jetzt gleich die Bude zusammen schreist, weil du Hunger hast, dann hab ich 'n Problem.‹ Ich hab dann eigentlich immer nur gedacht: ›Na Hauptsache, die Mama kommt dann rechtzeitig wieder nach Hause zum zugesagten Termin‹. Aber ansonsten, das hat immer gut geklappt.« (3/12)

Wie die sich hier andeutende Verwiesenheit auf die Partnerin von den Interviewpartnern erlebt wird und welche Reaktionsweisen durch diese angestoßen werden differiert. So erzählt beispielsweise ein Vater, dass ihm in der Öffentlichkeit auch Bemerkungen wie: »Och, da hat aber einer Hunger, dem Kind fehlt die Brust« (3/3) entgegengebracht werden, wenn er mit seinem Kind allein unterwegs sei und dieses schreie oder weine. Auf meine Nachfrage, ob dies tatsächlich so gesagt wurde, antwortet er folgendes:

> Herr L.: »Das war sogar noch, ja, das wurde gesagt: ›Dem Kind fehlt die, mir fehlt nur noch...‹ Also in der Prager-Eltern-Kind-Gruppe habe ich gehört: ›Dem Kind fehlt die Brust.‹« (3/4)

Herr L. schildert, dass er auch auf der Straße in ähnlicher Weise angesprochen worden sei: »Ach wie süß, da fehlt nur noch die Brust«, habe eine junge Frau zu ihm gesagt, worauf er ihr »sehr witzig« (3/12) hinterher geschrien habe. Besagte Frau sei dann zurückgekommen, habe versucht, ihre Bemerkung zu erklären und schließlich erzählt, dass sie sich gewünscht habe, ihr Mann wäre auch so ein engagierter früher Vater wie er gewesen. Im Interview wird deutlich, dass dieser Erklärungsversuch das

Kränkende besagter Szene nicht aufzuheben vermochte. Zieht man die obige Äußerung hinzu, so lassen sich zwei Ebenen unterscheiden, die von diesem Vater als Anwurf anderer Mütter erlebt wurden: 1. Dem Kind fehlt die Brust, es braucht also etwas, was ein Vater/er nicht hat und somit auch nicht geben kann. 2. Hätte er besagte Brust, so wäre er eine ideale Mutter. Eine solche Mitteilung kann insofern als entwertend erfahren werden, als hier u. U. mitschwingt, dass ein Mann, der einen Säugling wie eine Mutter zu betreuen vermag, seine Männlichkeit einbüßt. Die folgende Äußerung macht deutlich, dass dieser Vater auch darum ringt, sich als ein Vater zu behaupten, der in der Lage ist, temporär auf die Anwesenheit der Mutter zu verzichten und sich um sein Baby adäquat kümmern zu können:

> Herr L.: »Und so herausragende andere Momente, das ist schon diese Prager-Eltern-Kind-Gruppe, das fand ich schon ziemlich extrem. Da stand ich relativ stark unter Druck, weil ich als Mann da in einer Horde unter neun Frauen, das fand ich schon sehr belastend. A) kamen komische Sprüche von denen und b) war ich auch selbst unter Druck mit einem Kind, was auch so tendenziell übermüdet ist. (...) Und wenn ich dann in eine Situation gerate, in dieser Gruppe ganz besonders, wo man mich auch begutachtet – wie mach ich das denn so als Vater mit dem Kind, kriege ich das genauso gut hin wie die anwesenden Mütter? – denn bin ich natürlich selbst innerlich unruhig, was das Kind natürlich auch merkt. Dann wird es auch unruhig, und ich kann es definitiv nicht so beruhigen mit der Flasche, und das eskaliert irgendwie. (...) Da läuft mir schon der Schweiß von der Stirn.« (3/13–14)

Deutlich transportiert sich hier, wie belastend und anstrengend für diesen Interviewpartner die Sitzungen der Prager-Eltern-Kind-Gruppe waren, an denen er als einziger Vater im Kreise anderer Mütter teilgenommen hat. Herr L. erzählt, dass er sich von den anwesenden Müttern dahingehend begutachtet gefühlt habe, ob er als Vater ebenso gut wie sie mit dem Baby umzugehen vermag. Seine Ausführungen legen jedoch die Überlegung nahe, dass auch ihn diese Frage beschäftigt hat. Der immense Druck, unter dem Herr L. stand (der Schweiß, der von der Stirn läuft), verweist also auch auf Ansprüche, die er an sich selbst stellt. Dieser Vater, so scheint es mir, ringt darum, sich und anderen zu beweisen, dass er als Vater ebenso wie die anwesenden Mütter dazu in der Lage ist, für das Kind zu sorgen und mit ihm kompetent umzugehen. Herr L. vermutet, dass die aus seiner Sicht skeptische Haltung der Mütter ihm gegenüber auch damit zu tun hat, dass er mit seinem Verhalten in ein weibliches Hoheitsgebiet eindringt:

> Herr L.: »Man übersteigert diese Grenze in so 'nem typischen Frauenbereich und macht denen da in irgendeiner Form Konkurrenz. Weil es ist definitiv so, mit Säuglingen gehen doch weitgehend so in aller Öffentlichkeit Frauen um. Das erlebt man selten, dass nun 'n Vater mit seinem Säugling. (...) Und das ist vielleicht auch so 'n Bereich, war meine Phantasie, wo man dann einbricht. Was denn auch nicht nur immer Zustimmung findet.« (3/14)

Wenn Herr L. davon spricht, dass man/er »einbricht«, dann schwingt in diesem Begriff eine Bedeutungsebene mit, die auf einen latenten Sinngehalt verweist: Auf die Angst, dass sein Konkurrieren sich als Selbstüberschätzung darstellen könnte. Herr L. schildert weiterhin, dass schließlich seine Partnerin an seiner statt in die Gruppe gegangen sei und dadurch bestätigen konnte, dass das Kind »durch die Situation da mies drauf« (3/15) komme. Diese Einschätzung hat Herrn L. entlastet. Die Unruhe des Kindes stellt sich so nicht als etwas dar, was ihm bzw. seinem vermeintlichen Unvermögen, sondern eben einer Außenvariable anzulasten ist:

> Herr L.: »Das hat mich denn auch 'n Stück entlastet, weil ich zuerst dachte, ich mach irgendwas falsch, und deswegen ist er so komisch.« (3/15.)

In der nachstehenden Äußerung bringt dieser Vater noch einmal etwas auf den Punkt, was seiner Einschätzung zufolge eine zentrale Differenz zwischen ihm und seiner Partnerin ausmacht: Die Tatsache, dass er seinem Kind nicht die Brust zu geben vermag, impliziert für ihn auch, dass er nicht dieselben Möglichkeiten wie sie hat, das Kind zu beruhigen. Die Art und Weise, wie er diesen Zusammenhang formuliert, lässt vermuten, dass ihn dieser Umstand auch ärgert und kränkt:

> Herr L.: »Sie hat andere Möglichkeiten, den da ruhig zu stellen, hätte ich fast gesagt.« (3/15)

Auch in der nächsten Äußerung geht es um die Erfahrung, als Vater zeitweise allein für das Kind verantwortlich zu sein. Der Vater, der hier zu Worte kommt, beschreibt eine solche Situation als anstrengend und belastend:

> Herr S.: »Bei meiner Frau ist sie eben halt auch 'n bisschen ruhiger auf dem Arm und so. Und wenn sie dann zur Schwangerschaftsgymnastik war (...) und ich dann zwei Stunden mit der Kleinen alleine sitz oder bin und sie dann anfängt zu quaken, weil ich kann ihr ja auch nicht die Brust geben oder so was, das ist dann schwierig. Und sie dann zu beruhigen, ist doppelt schwierig. Also das geht schon ganz schön an meine Substanz, wenn sie dann so quakt, da bin ich nicht für geboren. Man kann nichts machen, das ist das Problem dann.«
>
> I.: »Und das kann einen ja auch hilflos machen (...), in anderen Bereichen, da hat man dann vielleicht 'ne Lösung für und...
>
> Herr S.: »Ja, ja, genau. Genau. Aber da kann man eben halt nicht so eingreifen, und es zerrt eben halt auch ganz schön an den Nerven.« (3/5)

Dieser Vater hat nicht nur das Gefühl, dass sein Kind bei der Mutter an sich ruhiger und ausgeglichener ist, sondern ist darüber hinaus auch der Überzeugung, dass ihm ein zentrales »Instrument« fehlt (die Brust), um es im Zweifelsfall beruhigen zu können. Als besonders belastend wird das Gefühl der Hilflosigkeit beschrieben (man kann nichts machen). Herr S. teilt mit, dass er sich in einer solchen Situation als ohnmächtig der Situation ausgeliefert erlebt und eben nicht als jemand, der diese aktiv und in seinem Sinne gestalten kann. »Zähne zusammenbeißen und durch« (3/5) sowie die Hoffnung, dass die Partnerin schnell nach Hause kommt, werden als die von ihm praktizierten Umgangsweisen beschrieben. An einer späteren Stelle des Interviews erzählt Herr S., dass er eher ein Praktiker sei und man mit einem kleinen Kind ja auch noch nicht soviel anfangen bzw. machen könne. Als ich ihn daraufhin frage, wie es denn z. B. mit Baden oder Wickeln sei, antwortet er folgendes:

> Herr S.: »Ja gut, das üben wir jetzt. Das ist nicht das Thema, also da guck ich dann eben halt auch schon nach und wechsel da mal. Aber meistens ist es ja so, dass sie, wenn sie stillt, dann wechselt sie ja auch zwangsläufig dann die Windel, da lauf ich dann nicht unbedingt hinterher. Aber wenn sie eben halt nicht da ist oder wenn eben irgendwelche anderen Dinge tut und sie quakt, dann guck ich auch nach und wechsele die Windel oder so. Oder (...) wenn wir sie dann mal so 'n bisschen baden und so, das ist schon interessant.«
> I.: »Haben Sie das schon mal ganz alleine gemacht?«
> Herr S.: »Nein, ganz alleine hab ich das nicht gemacht. Also ist auch 'n bisschen schwierig, sag ich mal. Also ich meine, jetzt würde es vielleicht schon gehen, weil sie jetzt schon den Kopf und so alles richtig halten kann, aber am Anfang war es ja wirklich schon schwierig, da brauchte man ja sechs Hände für, dass das Kind da nicht absäuft. Ist ja so.« (3/12)

Während das Wickeln des Kindes für Herrn S. ohne weiteres zu bewältigen zu sein scheint (wie er sagt, kein Thema ist), ist das Baden etwas, das er sich noch nicht oder nur bedingt allein zutraut. Wenn Herr S. davon spricht, dass man hierzu ja sechs Hände brauchen würde, dann bringt er damit zum Ausdruck, dass er sich dieser Aufgabe im Moment noch nicht gewachsen fühlt.

Die nachstehende Äußerung eines anderen Interviewpartners unterstreicht noch einmal, wie wichtig es für das eigene Selbstverständnis als Vater sein kann, sich im Umgang mit dem Kind als sicher und kompetent zu erleben und auch in dieser Weise von seiner Partnerin wahrgenommen zu werden:

> Herr A.: »Dass das einfach sicher ist, das find ich wichtig. Für mich erstmal, dass ich das bewältigen kann, dann für P. auch, dass die sieht, dass ich das bewältigen kann, ohne dass sie sich irgendwie Gedanken machen muss: ›Oh Gott, ich bin jetzt zwei Stunden weg, was macht der mit dem Kind?‹ So dass ich einfach weiß, wenn sie schreit, was sie dann ungefähr hat. (...) Also ich finde das schön, dass ich damit umgehen kann, dass ich das Handling mittlerweile beherrsche. Dass ich da sicher bin, genauso sicher wie P. Ja, dass das was Alltägliches geworden ist, das finde ich schön, und das finde ich auch wichtig. Das gibt ihr dann wahrscheinlich auch 'n besseres Gefühl, mit mir umzugehen, als wenn ich dann immer vollkommen unsicher bei jeder Bewegung wäre.« (3/10)

Selbstbewusst beschreibt dieser Vater die Kompetenzen, die er seiner Einschätzung nach in den vergangenen Monaten erworben hat. Stolz schwingt mit, wenn er davon spricht, dass er sich im Umgang mit dem Kind genauso sicher wie seine Partnerin erlebt. Das Gefühl, auch schwierige Situationen allein, ohne die Hilfe der Partnerin bewältigen zu können, tut anscheinend nicht nur Herrn A. gut, sondern stärkt auch seine Identität und Position als Vater. Herr A. vermutet daneben, dass die von ihm erworbene Sicherheit im Umgang mit dem Kind auch für seine Partnerin entlastend ist und es ihr leichter macht, ohne Angst Vater und Kind das Feld zu überlassen.

Die »Sprache« des Kindes verstehen...

Bereits in dem zuletzt genannten Zitat wurde deutlich, wie wichtig für den zu Wort kommenden Vater das Vertrauen darauf ist, die kindlichen Äußerungen richtig interpretieren zu können. Auch andere interviewte Väter beschreiben dies. Die Überzeugung, das Kind zu verstehen, und mit dem, was man anzubieten hat, beim Kind anzukommen und in ihm etwas bewirken zu können, scheint nicht nur mehr Sicherheit zu verleihen, sondern zugleich auch die väterliche Identität zu stärken. Die folgenden Äußerungen beschreiben Entwicklungs- und Lernprozesse, die die Väter ihrer Einschätzung nach dazu qualifizierten, die präverbalen Äußerungen ihrer Kinder zu entschlüsseln. Diese Kompetenz wird hervorgehoben, sie stellt sich als ein basales Element einer selbstbewussten väterlichen Identität dar:

> Herr J.: »Zu Beginn war man noch recht unsicher. Aber das waren zwei, drei Wochen, da wusste man eigentlich sehr genau, was welcher Laut zu bedeuten hatte. Wenn sie so 'n lautes ›A‹ von sich gab, dann wusste ich genau: So, jetzt hat sie Hunger! Und wenn das so nur undefinierbare Laute waren (...), dann ist man bis zwei Uhr in der Nacht mit ihr durch die Wohnung gerannt, und dann wusste ich halt: Ja, jetzt hat sie Bauchweh.« (3/13) »Inzwischen unterscheidet man auch sehr genau, was für 'n Geschrei da kommt.« (3/19)

> Herr A.: »Von jetzt auf heute kann sie auf einmal drei Äußerungen mehr sagen, und man weiß auch schon, welche Äußerungen für Wohlbefinden da sind und welche, wenn ihr irgendwas auf den Keks geht.« (3/8)

> Herr P.: »Für beide war das am Anfang ja unsicher. Jetzt weiß man oft auch schon, wenn sie schreit, ob sie was zu trinken will oder was sie hat.« (3/3)

2.3. Der Blick der Anderen

Die Interviewpartner erzählen, dass gerade auch die Gegenwart anderer dazu führe, sich seiner selbst als Vater bewusst zu werden. Die folgenden Zitate machen deutlich, dass in diesem Zusammenhang das Gefühl des Stolzes dazu beitragen kann, den neuen sozialen Status im eigenen Erleben zu bekräftigen. Als ich frage, ob es eine Situation gegeben hätte, in der ihm die Tatsache, dass er Vater ist, sehr bewusst geworden sei, antwortet er:

> Herr J.: »Das waren eigentlich immer so Situationen, wo Freunde oder Bekannte kamen, da wurde das doch sehr bewusst denn auch. Wo man stolz auch

seine Tochter präsentieren durfte. ›Ja, das ist jetzt meine, also die gehört jetzt erstmal uns.‹ Da ist es dann sehr präsent, aber so in den alltäglichen Situationen eigentlich nicht so sehr. Das ist immer die Sorge darum, dass immer alles in Ordnung ist.« (3/19)

Stellt sich das Vatersein in der Alltagsroutine als etwas dar, was eben einfach »ist«, so scheint sie durch die Gegenwart bedeutsamer Anderer reflexiv betont zu werden. Stolz, so beschreibt es der obige Vater, kann in einem solchen Moment das *eigene* Kind präsentiert werden, dieses verkörpert dann Aspekte des idealen Selbst. Im Alltag hingegen, so deutet es letzte Satz an, ist es das Gefühl der Sorge, das anscheinend als ein zentrales Moment der Erfahrungswelt eines Vaters erlebt wird. Auch der nachstehende Gesprächsauszug zeigt die Bedeutung der narzisstischen Bestätigung durch andere, die dabei helfen kann, sich mit dem neuen sozialen Status zu identifizieren. Auf die Frage, ob er sich an einen Moment erinnern könne, in dem er sich »so richtig« als Vater gefühlt habe, antwortet ein Interviewpartner folgendes:

> Herr S.: »Klar, man hat ja dann zum Baby-Bier eingeladen.«
> I.: »Äh, was ist das?«
> Herr S.: »Man lädt dann eben halt kurz entschlossen, solange die Frau noch im Krankenhaus ist, eben halt 'n paar Nachbarn, Freunde, Bekannte ein und trinkt dann eben 'n paar Bierchen oder 'n paar andere Sachen und macht 'n Essen. (...) Man hat ja gleich 'n Foto mitgekriegt im Krankenhaus, und alle wollten eben halt wissen, wie war es, dies und das und so, und na ja, es war schon 'n tolles Gefühl.«
> I.: »Ist da auch 'n Moment Stolz dabei?«
> Herr S.: »Ja sicher, klar, absolut!«
> I.: »Man steht ja dann auch im Mittelpunkt mal, sonst steht ja immer die Frau im Mittelpunkt.«
> Herr S.: »Ja klar, logisch, absolut. Aber die war ja im Krankenhaus.« (3/16)

Dieser Vater konnte sich besonders deutlich als Vater in einer Situation erleben, in der er nur mittelbar mit dem Kind zu tun hatte bzw. dieses räumlich gar nicht präsent war. Seine Ausführungen machen deutlich, dass für ihn das soziale Ritual des Baby-Bieres gerade auch deshalb so bedeutsam war, weil er hier das Gefühl hatte, einmal die Bühne für sich allein zu haben: Er als Vater ist der Hauptdarsteller, er ist derjenige, der die Geburt des Kindes offiziell macht, der angesprochen, gefragt wird und die Neugier der Gäste befriedigt. Um das Gefühl des Stolzes geht es auch in der nachstehenden Äußerung:

> Herr P.: »Wenn ich sie auf dem Arm hab und die lacht mal wieder, dann sagen die: ›Ja, das ist ja ganz der S.‹ Dann ist doch der Stolz irgendwo da. Obwohl ich dann immer sage: ›Ne, hör doch auf, stimmt doch gar nicht‹ und so. Aber, da ist man doch irgendwo stolz.« (3/13)

Mit einer gewissen Verlegenheit gesteht dieser Vater sich ein, dass es ihn mit Stolz erfüllt, wenn sich seine Tochter von ihrer besten Seite zeigt und andere zum Ausdruck bringen, dass sie in ihr den Vater entdecken. In dieser sozialen Szene ist das Kompliment an das Kind ein Kompliment an den Vater und umgekehrt. Das Kind wird als ein Alter Ego ausgewiesen, das die ideale Seite seines Vaters verkörpert. Die sich anschließende Äußerung hat ebenfalls die Frage zum Gegenstand, was dazu beiträgt, ein Gefühl dafür zu bekommen, dass man nun Vater ist:

> Herr F.: »Wo das natürlich deutlich wird, ist natürlich, wenn die Familie anrückt und dann in irgendeiner Form das Kind beansprucht. Wenn dann so die ersten Eifersuchtsgefühle durchkommen und man genau guckt: Was machen die da jetzt? Und so 'n bisschen schaut, ob das so alles rechtens ist, wie man sich das selber vorstellt. Klar, da fühlt man sich natürlich schon als Vater. Oder wenn man angesprochen wird (...) und dann kommt plötzlich das Gespräch auf: ›Wie ist das denn als junger Vater?‹, dann blüht man natürlich auf. (...) Und wenn er einen dann anlacht, zu wissen: Okay, das ist halt sein eigen, also da natürlich auch. Aber in solchen Momenten, wo die Sprache drauf kommt, dann wird es dann doch in dem Moment sehr sicher, sehr viel deutlicher.« (3/10)

Herr F. spricht von Eifersucht, die in ihm wach wird, wenn sich andere Familienmitglieder dem Kind zuwenden und dieses – so lässt sich vermuten – besagte Zuwendung positiv beantwortet. Seine weiteren Ausführungen machen deutlich, dass solche Situationen in ihm aber auch das Gefühl der Sorge auslösen (gehen die richtig mit dem Kind um?). Besagte Gefühle lassen Herrn F. vermutlich in besonderer Weise gewahr werden, dass ihm sein Kind wichtig ist. Sie machen erfahrbar, dass sich hier eine Beziehung entwickelt hat. Herr F. benennt zwei weitere Situationen, in denen er sich selbst als Vater erleben kann bzw. durch die ihm sein neuer Status in besonderer Weise präsent wird: Von anderen auf den neuen Status angesprochen und von seinem Kind angelacht zu werden. Deutlich wird dabei auch, dass gerade ein Kind, das sich von seiner besten Seite zeigt, zur Identifikation einlädt und Stolz auslöst (das ist mein Kind, ich bin der Vater/der Schöpfer dieses wunderbaren Wesens...). Der anerkennende Blick bedeutsamer Anderer, das zeigt die nächste Äußerung, kann auch dazu beitragen, sich der eigenen väterlichen Kompetenz zu versichern:

> Herr A.: »Schön ist es auch immer, wenn wir zum Arzt gehen, der freut sich immer. Das ist auch mein Kinderarzt (...), und er sagt immer: ›Das Mädchen ist toll‹, und damit sagt er, alles ist kerngesund.«
> I.: »Und ja auch, das machen Sie gut.«
> Herr A.: »Ja. Und das ist dann auch so 'ne Bestätigung, dass wir ja wirklich auch alles richtig [machen], wie gesagt, dieses Handling.« (3/24)

Nicht nur die Reaktionsweisen und Entwicklungsschritte des Kindes spiegeln diesem Vater, dass er seine Sache gut macht. Der anerkennende Blick des Kinderarztes, der sich zunächst auf die Tochter richtet, wird hier als eine Bestätigung erfahren, die zusätzlich Sicherheit verleiht und darüber hinaus auch stolz zu machen scheint. Dieses Moment kommt auch in der folgenden Äußerung zum Ausdruck. Begeistert erzählt hier ein Vater, wie gut es ihm gefällt, dass sein Sohn bei anderen so gut ankommt. Das positive Echo, das dieser auszulösen vermag, ist für seinen Vater anscheinend ein wichtiger Quell narzisstischer Bestätigung:

> Herr F.: »Was natürlich schön ist, ist einfach, weil er auch so gut – nicht, dass es mir wichtig wäre, aber ich find es halt schön, er kommt so total gut an überall. Allein durch sein Aussehen, durch seine Haare, also die Haare – habe ich heute schon hundertmal erwähnt – ist ungewöhnlich für Kinder, dass es so viele und vor allen Dingen, sie sind noch nicht ausgefallen. (...) Und der kommt halt überall gut an. Jeder nimmt ihn gern, weil er eben auch so 'n gute Seele ist. (...) Kommt mit allen gut aus. Also das finde ich auch schön.« (3/24)

Zusammenfassung

Die Interviewpartner machen deutlich, dass es für sie wichtig war, die Geburt ihres Kindes miterleben zu können. Sie beschreiben die Geburt als ein Ereignis, das sie stark berührte und es ihnen möglich machte, sich besonders intensiv als Vater zu fühlen. Die Ausführungen der interviewten Väter legen nahe, dass dem Geburtsereignis über das konkrete Geschehen hinaus[66] auch eine symbolische Bedeutung zukommt: Es markiert wahrnehmbar und signifikant die lebensgeschichtliche Statuspassage des Übergangs zur Vaterschaft, bringt diese gleichsam auf den Punkt. Das Geburtsereignis scheint weiterhin als eine für den familialen Trialog bedeutsame Auftaktszene erlebt worden zu sein. Nicht zuletzt aus diesem Grund ist es den Interviewpartnern wichtig, das Gefühl zu haben, in dem Moment als das Kind – und im übertragenen Sinne eben auch die Familie – geboren wurde, dabei gewesen zu sein und von Anfang an einen Platz gehabt zu haben.

Fragt man die Interviewpartner danach, was für sie als Vater wichtige Momente waren oder sind, so heben diese in besonderer Weise das Lachen bzw. Lächeln des Kindes hervor. Dieses wird als Angelachtwerden erlebt und damit als eine Form der Zuwendung, die eine positive Beziehung zum Ausdruck bringt. Von dem Lachen/Lächeln des Kindes zeigen sich die

---

[66] Greenberg und Morris (1974) beobachteten Väter und Neugeborene kurz nach der Geburt. Sie stellten eine spontane Begeisterung der Väter sowie eine tiefe emotionale Hinwendung zum Säugling fest. Greenberg und Morris nannten dieses Phänomen »engrossment«. Sie schlussfolgerten, dass eine gewisse Empfänglichkeit des Vaters für eine frühe Beziehung zum Neugeborenen besteht und vermuteten, dass hierfür - ähnlich wie bei der Mutter - der erste Anblick des Kindes und der direkte Kontakt in den ersten Lebenstagen eine wichtige Rolle spielt. Haben Väter in den ersten Tagen nach der Geburt die Möglichkeit zu einem engen Kontakt mit dem Baby, so wirkt sich das laut Greenberg positiv auf den Bindungsprozess aus.

Väter also gerade auch deshalb so berührt, weil dieses als eine Beziehungsaussage interpretiert und somit als eine narzisstische Bestätigung erlebt werden kann. Das Lachen/Lächeln des Kindes stabilisiert und stärkt die Bindung an das Kind, es vermittelt dem Vater das Gefühl, vom Kind angenommen und gemocht und darüber hinaus auch in dem auf das Kind bezogenen Tun bestätigt zu werden (Kompetenzspiegelung). Fragt man danach, was daneben von den Interviewpartnern als »Highlight« der frühen Vaterschaft erlebt wird, so stößt man insbesondere auf solche Situationen, in denen sich das Kind zufrieden zeigt bzw. in denen es den Vätern gelingt, dem Kind Reaktionen zu entlocken, die sein Wohlbefinden ausdrücken (Lachen, Juchzen).[67] Angesprochen fühlen sich die Interviewpartner weiterhin besonders von den sinnlich-emotionalen Erfahrungen, die der Umgang mit dem Säugling ermöglicht (der Geruch des Kindes, das Füttern, Baden...). Entgegen ihren Erwartungen erleben einige Väter den Umgang mit einem Säugling als interessanter, als sie es zuvor vermutet hatten. Die Aussagen der Interviewpartner legen nahe, dass eine solche Wahrnehmungskorrektur voraussetzt, dass sich dem Kind auch aktiv zugewendet wird: Ein aktiver Umgang mit dem Kind und das Interesse an bzw. die Begeisterung über die von ihm gemachten Entwicklungsschritte verstärken sich wechselseitig positiv. Umgekehrt machen es anscheinend eine Unsicherheit darüber, wie sich dem Kind zu nähern ist, sowie das Gefühl, als Vater dem Kind nicht das geben zu können, was es braucht, schwer, einen Säugling auch als faszinierend zu erleben. In den Interviews wurde deutlich, dass einige Väter zunächst Berührungsängste mit dem Säugling hatten, die mit der Phantasie zusammenhingen, das als äußerst »zerbrechlich« wahrgenommene Kind durch ein zu grobes Umgehen ungewollt zu verletzen. Die Überwindung dieser Ängste (was eine Korrektur des genannten Selbstbildes sowie das Zutrauen voraussetzt, dem Kind nicht zu schaden), wird als ein wichtiger Wendepunkt hervorgehoben. Das erste Mal mit dem Kind allein zu sein, ist eine weitere Erfahrung, die von den interviewten Vätern als in besonderer Weise bedeutsam hervorgehoben wird. Hierbei scheint es vor allem um das Gefühl zu gehen, sich in einer dyadischen Situation mit dem Kind bewähren und somit als früher Vater behaupten zu können. Ein in diesem Zusammenhang heikler Punkt ist das Thema »Stillen«; ihm soll im nächsten Unterkapitel eigens nachgegangen werden. Hervorheben möchte ich jedoch bereits an dieser Stelle den folgenden Zusammenhang: Erfährt sich ein Vater im Umgang mit dem Kind als kompetent (das betrifft das – wie es ein Vater formuliert – »Handling«, aber

---

[67] Keller (1985) zufolge bindet ein Baby die Mutter durch das Schauen, Lächeln und Vokalisieren. Besagte Aktivitäten unterstützen die Entwicklung mütterlichen Bindungsverhaltens. Es ist anzunehmen, dass dies auch für den Vater gilt.

auch das Vertrauen, die Äußerungen des Kindes »richtig« interpretieren zu können), so ist dies anscheinend nicht nur für die Entwicklung und Etablierung eines positiven Selbstverständnisses als Vater bedeutsam. Besagtes Kompetenzgefühl kann ferner wie ein Verstärker wirken, der mehr Lust auf das Vatersein und mehr Mut zu einem aktiven Umgang mit dem Kind macht. Umgekehrt scheint das Gefühl der Inkompetenz einen negativen Rückkoppelungsprozess auslösen zu können, der Rückzugstendenzen verstärken kann. Dass das Kind für die Väter eine wichtige Spiegelfunktion hat, darauf wurde bereits eingegangen. Die Funktion eines »Spiegels«, der unterstützt, sich seiner selbst als Vater bewusst zu werden, können weiterhin der Blick und die Aufmerksamkeit (nicht der Kernfamilie zugehöriger) Dritter haben. Besagte Aspekte können dazu beitragen, das Identitätsgefühl als Vater zu stärken.

3. Der erlebte postnatale Trialog

In den Interviews, die vor der Geburt des Kindes durchgeführt wurden, spielte die Sorge, zukünftig möglicherweise in die Position des randständigen Dritten zu geraten, eine große Rolle. Fragt man danach, wie sich für die Interviewpartner die Situation nach der Geburt des Kindes darstellt, so vermittelt sich der Eindruck, dass sie gegenwärtig im Großen und Ganzen mit der triadischen Beziehungsdynamik, die sich jeweils etabliert hat, zufrieden sind. Dieser Umstand hat sicherlich verschiedene Ursachen. Im Folgenden möchte ich einige mir in diesem Zusammenhang wichtig erscheinende Aspekte aufgreifen.
Die Väter, die einen positiven Trialog beschreiben, scheinen sich als kompetente Väter zu erleben. Sie bringen die Überzeugung zum Ausdruck, sowohl einen Zugang zu ihrem Kind gefunden als auch eine Beziehung zu ihm aufgebaut zu haben. Weiterhin sehen sie die genannte Einschätzung in den Reaktionen des Kindes bestätigt. In diesen Zusammenhang gehört auch, dass die Mutter-Kind-Beziehung nicht als ein abgeschlossenes, sich selbst genügendes Gefüge erlebt wird. Wird der familiale Trialog positiv erlebt, so korrespondiert dies mit dem in den Interviews geäußerten Gefühl, ebenfalls vom Kind als Bezugsperson angesprochen und gebraucht zu werden. Die subjektive Überzeugung, ein kompetenter Vater zu sein, scheint nicht nur im Hinblick auf die Beziehung zum Kind, sondern ebenfalls im Hinblick auf die Beziehung zur Partnerin wichtig zu sein. So erzählen beispielsweise die folgenden beiden Interviewpartner, dass sie ihre Partnerinnen entlasten und am Wochenende zu gleichen Lasten die Betreuung des

Kindes übernehmen. Dass sie dies tun und ihrer Einschätzung nach auch können, scheint sie auch mit Stolz zu erfüllen:

> Herr J.: »Aber am Wochenende, da teilen wir uns das. Immer, wenn sie dann Alarm schlägt, dann schnapp ich sie mir ganz schnell und verschwinde mit ihr aus dem Zimmer, damit meine Frau dann durchschlafen kann.« (3/14)
>
> Herr F.: »Und am Wochenende übernehme ich dann das Amt, dass I. dann auch 'n bisschen zur Ruhe kommen kann und so. Das ist 'ne ganz gute Teilung, und damit kommen wir auch ganz gut klar.« (3/1)

Die Väter, die sich in diesem Sinne als aktive Väter beschreiben, bejahen die Frage, ob sie den Eindruck haben, ihre Partnerin unterstütze die Beziehung zwischen Vater und Kind. Charakteristisch hierfür sind beispielsweise die beiden folgenden Äußerungen:

> Herr U.: »Ja, auf jeden Fall. Das war also von vornherein sehr wichtig auch beim Kinderwunsch, dass das also sein muss.« (3/12)
>
> Herr F.: »Das glaub ich schon, dass sie das versucht. Oder mich dann auch abends fragt: ›Möchtest du ihn jetzt ins Bett bringen?‹ oder: ›Wickelst du ihn jetzt?‹ und eben diese Fragen. Das zeigt natürlich, dass sie auch versucht, mich zu integrieren, und das Kind jetzt nicht nur an sich zieht. (...) Und sie legt ihn mir auch in den Arm, oder wenn ich komme: ›Jetzt mal bei Papa schmusen.‹« (3/16)

Ein Vater zögert mit der Antwort auf die oben genannte Frage. Nach einer längeren Pause bestätigt er zwar, dass er schon denke, dass seine Partnerin ihn einzubeziehen versuche, sein Zögern sowie andere Äußerungen vermitteln mir jedoch den Eindruck, dass er die Mutter-Kind-Beziehung als eine vergleichsweise eher abgeschlossene Dyade erlebt. Besagter Vater scheint sich damit korrespondierend – und auch im Verhältnis zu den anderen Vätern – am stärksten als »Dritter« neben einer »Zweieinheit« zu erleben.

Die Väter, die sich zufrieden damit zeigen, wie sich aktuell die Beziehungsdynamik im familialen Dreieck gestaltet, beschreiben von ihnen als positiv erlebte Situationen, in die alle drei Familienmitglieder involviert sind. Im Folgenden exemplarisch die Äußerung eines Interviewpartners, der begeistert schildert, wie seine Partnerin und er das erste Mal ihr Kind gebadet haben:

> Herr F.: »Prägnantes Erlebnis war natürlich die erste Aktion, ihn zu baden. In der Regel mögen es ja die Kinder (...), und er ist da auch total drin aufgegangen, also hat sich sauwohl gefühlt. Und das haben wir natürlich auch bewusst zu zweit gemacht und haben uns Zeit gelassen. Haben alles schön vorbereitet, mit Handtüchern und Föhn und was man da alles so braucht, und haben das so richtig genossen, so die fünf Minuten, ihn da reinzusetzen. Und er war auch total spaßig, und dann ihm die Haare zu waschen, das war richtig schön. Und dann beim Föhnen, wenn er einen dann anpinkelt und so, da denkt man auch nicht drüber nach, weil das eben total, einfach nur schön ist.« (3/8)

Derselbe Vater, der hier enthusiastisch vom ersten gemeinsamen Baderitual erzählt, skizziert an anderer Stelle weitere von ihm als positiv erlebte Situationen, die die gesamte Familie einschließen. So beschreibt er beispielsweise das Gefühl der Verbundenheit, das entsteht, wenn seine Partnerin und er gemeinsam ihr Kind betrachten, sowie Gefühle von Stolz und der Ergriffenheit, die in ihm ausgelöst werden, wenn er z. B. beobachtet, wie seine Partnerin das Kind füttert:

> Herr F.: »Wir können das zusammen auch genießen, wenn der Kleine dann da vor uns sitzt und wir dann zusammen auf dem Sofa sitzen und uns dann angukken und das einfach nur genießen, wie er denn da sitzt und vor sich hin lacht.« (3/18) »Wenn er dann bei I. auf dem Arm liegt und dann so gefüttert wird und da so ganz lieb durch die Gegend guckt und so, das ist schon so 'n erhabenes Gefühl irgendwie. Also dieser ganz intime Kreis von Mutter, Vater und Kind..., ist schon schön.« (3/5)

Im Folgenden einige Anmerkungen zu der Frage, ob und wie sich der Einschätzung der interviewten Väter zufolge die Paarbeziehung mit der Geburt des Kindes verändert hat.[68] Alle Väter sprechen von einer Veränderung, sie bewerten diese jedoch unterschiedlich. So ist zum einen die Rede davon, dass die Paarbeziehung durch das Kind strapaziert oder sogar belastet wird. Als Gründe hierfür werden genannt, dass man weniger Zeit füreinander habe, sich nicht mehr so intensiv umeinander kümmern könne wie zuvor und auch im Hinblick auf das Thema Sexualität – wie es ein Vater ausdrückt – »entbehre«. Für das Kind – so einige Interviewpartner – müsse man in persönlicher Hinsicht zurückstecken und als Paar eben auch etwas auf- bzw. abgeben. Trotzdem, das wird gleichermaßen betont, würde es aber auch vieles geben, was geblieben sei. Ein Interviewpartner formuliert dies so: Man habe »aber trotzdem noch 'ne Zweierbeziehung« (Herr P. 3/9). Ein Vater unterstreicht, dass seinem Empfinden nach die Beziehung sogar intensiver geworden sei und eine andere Verbindlichkeit bekommen habe. Die nachstehende Äußerung weist darauf hin, dass das, was im Hinblick auf die Paarbeziehung als Verlust erfahren wird, nicht so schwer wiegt, wenn das Kind gewollt ist und das Gefühl besteht, von ihm auch etwas zu bekommen:

> Herr A.: »Ja, wir haben, wie soll ich sagen, ein Ziel. R. ist nun mal da, und wir lieben die beide, und wir wissen, warum wir das tun. Wir haben da was von!« (3/12)

---

[68] Die Veränderung der Paarbeziehung im Übergang zur Elternschaft ist ein vergleichsweise gut untersuchtes Phänomen. Einen Überblick über Arbeiten, die sich mit Veränderungen im Partnerschaftsbereich befassen, gibt Werneck (1998), einen Überblick über Studien zum Thema »Paare werden Eltern« z. B. El-Giamal (1996, S. 195).

3.1. Wie sich im Erleben der Väter die Mutter-Kind-Beziehung von der Vater-Kind-Beziehung unterscheidet

Fragt man danach, ob und wie sich der Einschätzung der Interviewpartner nach die Vater-Kind-Beziehung von der Mutter-Kind-Beziehung unterscheidet, so stößt man immer wieder auf Äußerungen, die sich auf das Füttern und Stillen des Kindes beziehen. Die interviewten Väter haben den Eindruck, dass ihr Kind im Hinblick auf dieses Thema sehr genau zwischen ihrer Partnerin und ihnen zu unterscheiden weiß:

> Herr P.: »Ich mein, sie lacht mich genauso an wie meine Frau, aber irgendwie weiß sie: Da kriege ich was zu essen.« (3/8)
>
> Herr A.: »Dass einfach der Mund aufgeht, wenn sie P. sieht.« (3/7)
>
> Herr S.: »Und sie weiß eben halt auch, da kriegt sie ihr Futter.« (3/6)

Die Tatsache, dass es definitiv der Partnerin vorbehalten ist, das Kind zu stillen, sowie der Umstand, dass diese Differenz ihrer Einschätzung zufolge auch von den Babys realisiert wird, wird von den Vätern in seiner Bedeutung unterschiedlich eingeschätzt und bewertet. So haben einige Interviewpartner den Eindruck, dass das Stillen eine qualitativ andere, ihnen verwehrt bleibende Beziehungsebene eröffnet, während wiederum andere diese Differenz als nicht so gravierend einschätzen oder sogar Vorteile dieser ausmachen. Im Folgenden sollen besagte Positionen nachgezeichnet werden. Beginnen möchte ich mit einem Vater, der vermutet, dass sich die Vater-Kind-Beziehung von der Mutter-Kind-Beziehung dann unterscheidet, wenn das Kind hungrig ist. Ist es satt, so gestaltet sich seiner Wahrnehmung zufolge die Beziehung, die es zum jeweiligen Elternteil hat, ausgesprochen ähnlich:

> Herr J.: »In so 'ner Situation, wo man mit ihr umgeht und wo man sie beschäftigt, das ist sehr ähnlich. Und auch das Bedürfnis, dass sie dann auf dem Arm einfach sein möchte. Da macht sie ja auch selber keinen Unterschied, solange sie denn nur satt ist, ob sie denn bei mir oder bei meiner Frau auf dem Arm ist.« (3/18–19)

Derselbe Vater erzählt, dass ihn vor kurzem ein guter Freund besucht habe. Als dieser das Kind auf den Arm nehmen wollte, hätte seine Tochter sofort angefangen zu schreien. Als er sie dann genommen habe, sei sie aber, wie er formuliert, »augenblicklich still« (3/12–13) gewesen. Meine Nachfrage, ob ihn dies auch stolz mache, bestätigt er.

Anders stellt es sich für den folgenden Gesprächspartner dar. Er ist der Überzeugung, dass sich die Beziehung, die zwischen ihm und seinem Kind besteht, von der, die zwischen seiner Frau und dem Kind besteht, grundsätzlich unterscheidet. So sei beispielsweise das Kind auf dem Arm seiner Frau einfach ruhiger als auf seinem. Seine Ausführungen machen deutlich, dass er hierfür nicht nur die aktuelle Lebenspraxis (seine Frau verbringt mehr Zeit mit dem Kind) als ausschlaggebend erfährt:

> Herr S.: »Ich denke mal, dass ja auch 'ne ganz andere Beziehung da ist zur Mutter. Einfach dadurch, dass sie hier mal im Bauch gelebt haben, rangewachsen sind. (...) Ich denke mal, dass die auch massiver ist, einfach auch durch die lange Zeit, die die beiden schon mehr oder weniger unzertrennlich zusammen waren. Und dadurch, wenn sie stillt, hat sie ja so engen Kontakt, den ich ja niemals geben kann.« (3/10) »Jetzt, solange gestillt wird, kann ich da ja sowieso nicht soviel eingreifen, das ist dann wirklich erst, wenn es abgestillt ist, und dann muss man mal sehen.« (3/6)

Wenn dieser Vater davon spricht, dass Kinder eine andere Beziehung zur Mutter hätten, weil sie ja in ihrem Leib »herangewachsen« seien, dann scheint hier eine doppelte Bedeutung auf: Ein Kind entwickelt sich im Bauch seiner Mutter (es wächst in diesem heran) und entwickelt im Zuge dessen eine spezifische Bindung an die Mutter (Mutter und Kind wachsen im konkreten und im übertragenen Sinne zusammen). Die frühe Mutter-Kind-Beziehung stellt sich für diesen Vater als ein Gefüge dar, das nicht so ohne Weiteres aufzutrennen ist, als ein Gefüge, darauf weist die obige Äußerung hin, in dem ein Dritter nicht wirklich Platz hat. Ändern, davon scheint Herr S. überzeugt zu sein, kann sich besagte Konstellation erst, wenn das Kind abgestillt ist. Erst dann (und nicht, wie es der vorherige Interviewpartner wahrnahm, wenn das Kind satt ist) glaubt Herr S. mit dem, was er als Vater anzubieten hat, an Bedeutung gewinnen zu können.

Die nachstehenden Äußerungen markieren eine weitere Position. Die Vater-Kind- und die Mutter-Kind-Beziehung werden als nahezu austauschbar beschrieben:

> Herr A.: »Ein Mann, finde ich, kann genauso 'ne gute Mutter sein wie 'ne Mutter 'n guter Vater sein kann, wie auch immer. Kommt eben drauf an, wie der Beruf vielleicht ist und wie die Voraussetzungen. Ob nun beide immer da sind oder nicht, wie man sich halt kümmert oder kümmern möchte und auch die Zeit dafür hat oder die Möglichkeit.« (3/21)

Nicht das, was qua biologischen Geschlechtes mitgebracht wird, konstituiert der Überzeugung dieses Vaters zufolge die Beziehung zwischen dem jeweiligen Elternteil und dem Kind. Als bestimmend werden vielmehr Faktoren wie die mit dem Kind verbrachte Zeit oder die Motivation, sich mit dem Kind zu beschäftigen, angesehen. Da er im Hinblick auf diese Aspekte zwischen sich und seiner Partnerin viele Gemeinsamkeiten sieht, vermag er auch keine entscheidenden Differenzen auszumachen, die die Bindungsstruktur und Bindungsqualität betreffen, die zwischen ihm und dem Kind sowie zwischen seiner Partnerin und dem Kind bestehen:

> Herr A.: »Also bei uns, finde ich, ist es das Gleiche. (...) Erstmal sind wir da auf einer Wellenlänge, und zum anderen tüddeln wir auch gleichermaßen mit dem Kind rum.« (3/21)

Formuliert Herr A. zunächst abstrakt die These, dass ein Vater auch eine gute Mutter sein könne (und damit auch die Überzeugung, dass ein Vater/er auch Aufgaben übernehmen kann, die traditionell der mütterlichen Sphäre zugerechnet werden), so greift er dieses Thema wenig später noch einmal aus einer anderen Perspektive auf:

> Herr A.: »Also ich kann jetzt Leute verstehen, diese Frau, wie heißt die, die ihren Mörder des Kindes erschossen hat im Gerichtssaal? Ich würde das auch tun. Vorher hätte ich gesagt: ›Ja warum, der kriegt dann seine Strafe und gut.‹ Würde mir nicht reichen. (...) Und das kommt aber, glaub ich, drauf an, wie eng man mit dem Kind auch immer zu tun hat.« (3/21)

Interpretiert man diese Äußerung im Kontext des oben genannten Themas, so teilt sich hier auch mit, dass Herr A. davon ausgeht, dass ein Vater, der so wie er einen sehr engen Kontakt zu seinem Kind hat, ähnlich wie eine Mutter empfinden kann. Herr A., das zeigen auch andere Äußerungen, scheint nicht das Gefühl zu haben, mit den Möglichkeiten, die er als Mann und Vater hat, gegenüber denen, die seiner Partnerin zur Verfügung stehen, im Nachteil zu sein. Er scheint ferner nicht den Eindruck zu haben, von Seiten des Kindes in irgendeiner Weise »diskriminiert« zu werden. Geht es beispielsweise darum, das Kind zu beruhigen, so stellt sich dies für ihn wie folgt dar:

> Herr A.: »Noch ist das gleich. (...) Also es muss einer von uns in der Nähe sein. Das reicht, wenn sie das hört, dass wir im Nebenzimmer sind oder nur da rumlaufen. (...) Da hat sie schon 'ne ziemlich enge Bindung.« (3/7)

Unterscheiden, so Herr A., könne das Kind dennoch zwischen ihm und seiner Partnerin. So wisse sie genau, dass er sie eben nicht stillen wird. Das von ihm wahrgenommene Unterscheidungsvermögen seiner Tochter stellt sich für ihn jedoch nicht als etwas dar, was es ihm schwerer macht. Herr A. formuliert vielmehr den Eindruck, dass seine Tochter aus diesem Grund bei ihm ruhiger sei:

> Herr A.: »Wenn sie Hunger hat oder Bauchweh und denkt, sie hat Hunger, das ist immer das Problem, dass sie bei mir einfach ruhiger ist, weil sie ganz genau weiß, sie kriegt von mir nichts. Also da kann sie ganz gut unterscheiden.« (3/7)

Diametral entgegengesetzt ist in diesem Punkt die Wahrnehmung eines weiteren Gesprächspartners, die im Folgenden dargestellt werden soll. Der nachstehende Vater vermutet, dass seine Partnerin eine engere Beziehung als er zu dem Kind hat. Dies erklärt sich für ihn keineswegs nur dadurch, dass sie weitaus mehr Zeit mit dem Kind verbringt, sondern eben auch durch die Tatsache, dass sie das Kind stillt:

Herr L.: »Also das ist 'ne Verbindung, die kann man sich gar nicht vorstellen. Das Kind schreit, und ihr schießt die Milch ein. Also sie hat 'ne körperliche Reaktion praktisch auf das, was das Kind tut, und das hab ich nicht. Und sie hat natürlich schon von Anfang an diese körperliche Komponente, die ich nicht habe.« (3/10)

Herr L. zeigt sich davon überzeugt, dass besagte »körperliche Komponente« dann relevant wird, wenn es darum geht, das Kind zu beruhigen. Er schildert, dass er viele Parallelen sieht zwischen dem, wie er mit dem Kind und wie seine Partnerin mit dem Kind umzugehen vermag, gleichwohl hat er aber das Gefühl, im Hinblick auf ein Thema als Vater an seine Grenzen zu stoßen:

Herr L.: »Und b) hat ja an der Brust trinken auch so 'ne Beruhigungsfunktion. Und das kann ich ja nun nicht machen. Ich weiß nicht, wie ich das beschreiben soll, aber das ist praktisch so, ich gehe mit dem Kind um, ich gehe auch mit dem Kind alleine um, ich gehe auch mit dem Kind weg von der Mutter, weiß aber, dass ich so in allerletzter Konsequenz ihn nicht ruhig kriege. Dieses letzte Mittel hab ich nicht, was meistens immer wirkt, und da gehe ich schon mit 'nem Stück Unsicherheit so in die Welt.« (3/14)

Dieser Vater glaubt, dass er als jemand, der das Kind nicht zu stillen vermag, im Zweifelsfall auch nicht das Kind wird beruhigen können. Er erfährt sich hier auf seine Partnerin verwiesen, die er diesbezüglich im Vorteil sieht. Will er sich von der Kindesmutter entfernen, so ist dies seiner Erfahrung nach nur möglich, um den Preis einer nicht aufzuhebenden Unsicherheit.

Die genannten Ausführungen werfen die Frage auf, welche Gefühle bei den interviewten Vätern ausgelöst werden, wenn sie einerseits nicht stillen können, andererseits aber größtenteils davon ausgehen, dass das Stillen auch Möglichkeiten eröffnet, die sie nicht haben (so spricht ein Interviewpartner davon, dass seine Partnerin durch das Stillen ja »die Bezugsperson« (Herr P. 3/9) sei, ein anderer davon, dass die Muttermilch für das Kind »ja noch der Mittelpunkt« (Herr K. 3/5) wäre). Auf der manifesten Ebene imponiert hier eine zunächst sachliche und rationale Perspektive. So wird betont, dass dies eben so sei, dass es »natürlich« und »normal« wäre. Gefühle wie Neid oder Eifersucht werden von allen Gesprächspartnern zurückgewiesen. Typisch hierfür ist etwa die folgende Äußerung:

Herr D.: »Finde ich ganz normal und 'ne alltägliche Sache, und hab mir nie Gedanken drüber gemacht, ob er jetzt mir was von meiner Frau wegnimmt oder so. Zumal ich dann überhaupt keine Arbeit mit der Fütterung habe.« (3/18)

Untersucht man die Interviews genauer, so wird neben dem genannten manifesten Sinngehalt auch ein latenter deutlich, der die Eindeutigkeit der rationalen und pragmatischen Perspektive in Frage stellt. Nachdem ein Gesprächspartner ausgeführt hat, wie er die Beziehung zwischen Mutter und Kind wahrnimmt, frage ich ihn, wie es denn für ihn sei, eine seinem Erleben nach so enge Beziehung zu beobachten, aus der er in verschiedener Hinsicht auch ausgeschlossen ist. Auf diese Frage hin entspinnt sich folgender Dialog:

> Herr S.: »Ich denke mal, das ist natürlich, und ich sehe das als normal und nichts Beunruhigendes an. Ist eben so.«
> I.: »Also ich frag mal einfach so, man könnte sich ja auch so Gefühle von Eifersucht oder so was vorstellen?«
> Herr S.: »Nee, für mich überhaupt kein Thema, nee.« (3/10)

Meine Nachfrage lässt ahnen, dass es für mich nur schwer vorstellbar ist, dass die von diesem Vater beschriebene Situation nicht auch Gefühle wie beispielsweise Eifersucht auslöst. Herr S. verneint diese jedoch vehement. Als ich ihn an späterer Stelle frage, ob sich das Zusammenleben mit Kind auch auf die Beziehung auswirke, bestätigt er dies mit folgenden Worten:

> Herr S.: »Ja, absolut. Doch klar, bleibt ja nicht aus. Wenn das Kind weint oder schreit, das geht ja an meiner Frau auch nicht spurlos vorbei, sondern sie schaukelt sich ja auch irgendwo dann mit auf und ist dann den Tränen nahe. Oder wenn ich dann nach Hause komme und auch nicht so gut drauf bin, das geht natürlich auch auf die Beziehung. Und dann, viele Dinge bleiben einfach liegen, weil sie sich um das Kind kümmern muss, und das sind dann auch schon eben halt Dinge, die auch irgendwo indirekt die Beziehung belasten, wenn man nach Hause kommt, ich sag mal, nichts ist im Kühlschrank oder so, das ist dann schon übel.« (3/14–15)

Herr S. formuliert hier zunächst einmal negative Auswirkungen der nun existierenden Dreierkonstellation. Er kommt zuerst auf Belastungen der Partnerschaft zu sprechen, die seiner Meinung nach daher rühren, dass seine Partnerin oder auch er nicht ausgeglichen sind und Belastungen des Tages mit in die Zeit tragen, die gemeinsam noch zur Verfügung steht. Anschließend skizziert Herr S. ein weiteres und wie es scheint gravierenderes Problem: Wenn er davon spricht, dass vieles liegen bleibe, seit das Kind da ist und seine Frau es versorge, dann klingt darin an, dass Herr S. sie von dieser Tätigkeit so absorbiert sieht, dass anderes, nämlich seine Versorgung, zu kurz kommt. Der leere Kühlschrank symbolisiert dieser Lesart zufolge über das konkrete Ärgernis hinaus, nichts oder nicht das Richtige zum Essen vorzufinden, eine veränderte Beziehungskonstellation: Während seine Partnerin das Kind versorgt und diesem eine gut gefüllte Speisekammer zur Verfügung steht (die Brust), muss er sich im Hinblick auf seine Versorgung mit einem Objekt begnügen, das kalt und zudem leer ist (der Kühlschrank). Herr S. beschreibt implizit eine Konkurrenzsituation, die hier zwischen ihm und dem Kind besteht; eine Konkurrenzsituation, bei der er seinem Erleben nach den Kürzeren zieht und buchstäblich leer ausgeht. Im folgenden Dialog geht es um einen Vergleich der Mutter-Kind-

und der Vater-Kind-Beziehung und damit eben auch um potentielle Eifersuchts- oder Neidgefühle:

> Herr P.: »So eng wie zur Mutter wird sie [die Beziehung] wahrscheinlich sowieso nicht. Dadurch vielleicht schon bedingt, dass sie von ihr gestillt wird. Bis jetzt, sag ich mal, war da 'ne innigere Beziehung als zu mir.«
> I.: »Woran merken Sie das?«
> Herr P.: »Finde ich irgendwie. Wie sie auf meine Frau reagiert und wie sie auf mich reagiert. Ich mein, sie lacht mich genauso an wie meine Frau, aber irgendwie weiß sie, da kriege ich was zu essen. Aber andererseits beneidet meine Frau mich wieder um die ersten drei Stunden, die sie nicht gehabt hat, die ihr abhanden gekommen sind.« (3/8–9)

Dieser Vater stellt zunächst einmal scheinbar sachlich fest, dass seine Partnerin aufgrund der Tatsache, dass sie das Kind stillt, vermutlich »sowieso« eine erst einmal engere Beziehung zum Kind hat als er. Dass ihn dieser Umstand auch berührt, ja von ihm bedauert wird, lässt sich nur erahnen: Vermutlich nicht zufällig fällt Herrn P. in diesem Zusammenhang ein, dass seine Frau ja »andererseits« ihn um die ersten Lebensstunden beneidet, die er in der Klinik mit dem Kind zubringen konnte. Malt man das aus, was mit dem Begriff »andererseits« nur angedeutet wird, dann kommt der Neid von Herrn S. in den Blick: So wie seine Partnerin ihn seiner Einschätzung nach um die ersten Lebensstunden des Kindes beneidet, die sie nicht »gehabt« hat, so beneidet er sie vermutlich um das, was aktuell ihm entgeht, nämlich eine bestimmte Beziehungsebene, die an das Stillen geknüpft ist.

Abschließend die Äußerung eines weiteren Vaters, der ebenfalls im Hinblick auf die Mutter-Kind-Beziehung Gefühle wie Neid oder Eifersucht von sich weist. Als er erzählt, dass seiner Einschätzung nach seine Partnerin aufgrund der Tatsache, dass sie das Kind stillt, eine engere Beziehung zum Kind hat (»also das ist 'ne Verbindung, die kann man sich gar nicht vorstellen«), frage ich ihn, wie er das findet. Seine Antwort:

> Herr L.: »Ich finde das.., also nicht, dass ich jetzt neidisch wäre oder so was. Ich denk, das ist einfach so, da kann ich nicht anstinken und will ich auch nicht. Also ich denk, ich muss mit ihr auch nicht konkurrieren darum. Es wird vielleicht noch anders werden, wenn die Kinder so Phasen haben, wo sie tatsächlich auswählen. Und dann gibt's natürlich so Phasen, wo der vielleicht sagt: ›Jetzt aber die Mama‹, wo ich dann blöd dastehe. Und dann kann ich mir vorst... Oder umgekehrt, wenn es dann so sein sollte. Und da kann ich mir schon vorstellen, dass man da 'n bisschen sparsam guckt. Aber das wird auch nur phasenweise so sein. (...) Zurzeit ist es auch so, er freut sich auch, wenn ich nach Hause komme. Gut, er freut sich auch bei anderen Leuten, insofern ist das auch nichts besonderes, aber ich denke auch ganz einfach, wir sind seine Eltern, und wir sind auch schon Nummer eins. Und ob ich nun die Nummer zwei bin nach meiner Freundin, das ist mir dann auch egal.« (3/10)

Herr L. bringt zunächst zum Ausdruck, was er nicht empfindet, nämlich Neid. Mit der Partnerin zu konkurrieren, so führt er weiterhin aus, das könne und wolle er nicht (bedingt das von ihm erlebte Nicht-Können das Nicht-Wollen?). Wenn er dann überlegt, dass sich die Situation zukünftig – wählt das Kind erst einmal bewusst aus – ja auch anders gestalten könne, dann impliziert dies, dass es dann möglicherweise er sein könnte, der dann gewissermaßen die Nase vorne hätte. Diese Überlegung bleibt unausgesprochen, und wie um sie vergessen zu machen, wird dann die Mutter als Person benannt, die vom Kind favorisiert wird. Gestalte sich dies so, so räumt Herr L. ein, dann könne er sich schon vorstellen, »sparsam zu gukken«. Der hier angedeuteten Kränkung wird jedoch nicht nachgegeben: Im nächsten Halbsatz verschwindet die Differenz zwischen ihm und seiner Partnerin und damit auch die Voraussetzung für Kränkung, Eifersucht und Neid. Sie wird in eine Enttäuschung überführt, die beide Elternteile betrifft und diese somit auch zusammenführt. Herr L. führt im Folgenden implizit aus, was beiden Partnern dabei helfen kann, sich emotional nicht in einen unterschwelligen Konkurrenzkampf um die Zuneigung des Kindes zu verstricken: »Wir sind seine Eltern« bemerkt Herr L. an späterer Stelle und als solche »Nummer eins«, sprich die für das Kind wichtigsten Personen. Ob er als Vater »dann« (nur) Nummer zwei sei, so führt er aus, das wäre ihm egal. Herr L. verweist damit auf die Elternschaft, die von ihm und seiner Partnerin geteilt wird. Wer sich positiv auf diese Position (bzw. auf eine Elternrepräsentanz), die eben noch etwas anderes als die des Vaters/der Mutter ist, beziehen kann, der hat einer auf das Kind bezogenen Konkurrenzdynamik zwischen dem Paar sowie den damit verbundenen Neid- und Eifersuchtsgefühlen etwas entgegenzusetzen. Als Vater – so klingt es an – erreicht Herr L. möglicherweise »nur« den zweiten Platz. Identifiziert er sich nicht allein als Vater, sondern eben auch als Eltern(-teil), so könnte er qua dieser Identifikation an dem ersten Platz der Partnerin partizipieren und sich somit ebenfalls als Favorit bzw. Gewinner fühlen.

In einem weiteren Gespräch werden »Ausgleichsstrategien« Thema, die bisher noch nicht genannt worden sind. Bevor diese entfaltet werden, möchte ich kurz skizzieren, wie der im Folgenden zu Wort kommende Vater die Beziehung zwischen Mutter und Kind sieht: Herr J. schildert, dass er die Beziehung zwischen Mutter und Kind als stärker als die Vater-Kind-Beziehung erlebt. Dies könne man daran merken, dass das Kind, hat es Hunger, sehr genau zu unterscheiden wisse, ob es auf Mamas oder Papas Arm ist:

> Herr J.: »Da gibt's Futter, das hat sie also sehr schnell rausbekommen. Und in dem Moment bin ich dann völlig abgemeldet.«
> I.: »Und wie ist das für sie, wenn sie das merken?«
> Herr J.: »Einerseits ist es erstaunlich, dass man dann merkt, dass sie das auch so schnell realisiert hat. Also ich kann nicht sagen, dass ich mich dadurch zurückgesetzt fühle oder so. Nein, das ist auch kein Neid oder keine Eifer-

sucht, nee. Aber es ist, ich stell es einfach so mal fest, daran ändern kann ich ohnehin nichts. Aber es ist halt einfach erstaunlich gewesen, das so festzustellen, dass sie das auch selber so schnell spitz kriegt.« (3/16)

Herr J. unterstreicht, dass er weder Neid noch Eifersucht empfindet und sich auch nicht zurückgesetzt fühlt, wenn er realisieren muss, dass das hungrige Kind die Mutter und nicht ihn sucht (weiß ein Säugling, dass er hungrig ist?). Neben dem, was er nicht empfindet, benennt dieser Vater Erstaunen, und somit ein unverfängliches und sozial akzeptiertes Gefühl als die in ihm ausgelöste emotionale Reaktion. Der folgende Dialog zeigt, dass er verschiedene Möglichkeiten gefunden hat, solche Situationen, die er zunächst mit den Worten »da bin ich abgemeldet« charakterisiert hat, für sich so zu gestalten, dass er sich eben nicht als ausgeschlossen erleben muss:

> Herr J.: »Wenn ich zu Hause bin, setz ich mich eigentlich daneben. (...) Also ich sehe es halt auch so, dass sie mich dann auch anschaut, während sie dann da trinkt. Ich versuch da einfach, 'n bisschen mich einzubringen und dabei zu sein.«
> I.: »Hm. Dann ist das eher was Geteiltes?«
> Herr J.: »Dann ist das eher was Geteiltes, und wenn ich nicht zu Hause bin, bekomme ich es ja nicht mit.«
> I.: »Also das wäre auch so 'n Bemühen, also dies wäre jetzt so 'ne These (...), dass Sie schon drauf achten, dass nicht so was passiert, also da ist jetzt Mutter und Kind und der Vater hat da nichts mit zu tun?«
> Herr J.: »Ja. Oder auch wenn sie dann gestillt hat, dann nehme ich sie, und dann muss sie erstmal 'n Bäuerchen machen. Und dann darf sie mich vollsabbern. Dann versucht man so 'n bisschen, auch die Teilung da hinzukriegen.« (3/15)

Herr J. beschreibt hier, wie er das Stillen, das erst einmal nur Mutter und Kind einschließt, zuweilen so gestaltet, dass er einbezogen ist. So setzt er sich neben Mutter und Kind und sucht den Blick des Kindes. Ruht der Blick des Kindes auf ihm, so scheint Herr J. sich eingebunden zu fühlen. Weiterhin beschreibt er, wie er nach dem Stillen das Kind übernimmt. Abgesehen von diesen eher situativ bezogenen Strategien setzt Herr J. – wie die nachstehende Äußerung zeigt – auf die Zeit. Da die Stillphase klar umgrenzt ist, ist es absehbar für ihn, wann auch er im Hinblick auf das Thema Füttern zum Zuge kommen kann. Da er – wie die meisten der interviewten Väter – anscheinend der Auffassung ist, dass gerade bei einem Säugling Liebe auch durch den Magen geht, sieht er nach dem Abstillen neue Perspektiven für die Vater-Kind-Beziehung:

> Herr J.: »Ich denk mal, dass bis nun dieses halbe Jahr im Prinzip um ist und sie dann tatsächlich feste Nahrung zu sich nimmt, dass sich das relativ schnell von alleine ergeben wird. Und da komm ich dann durchaus auch wieder ins Spiel, wo ich sie dann also füttern darf oder kann.« (3/17)

Zwei Väter erzählen, dass ihre Partnerinnen abstillen bzw. mit der Flasche zufüttern mussten. Sie schildern ferner, dass dies anders geplant und insofern zunächst einmal mit Enttäuschung verbunden gewesen sei. Gleichwohl wäre aber auch schnell ein wichtiger Vorteil dieser Umstellung deutlich geworden: Das Kind mit der Flasche zu füttern, das ist auch für einen Vater, sprich für sie möglich. Die folgenden beiden Äußerungen zeigen, dass dies von den Interviewpartnern als eine Bereicherung der Vater-Kind-Beziehung erfahren wird:

> Herr U.: »Dann haben wir gesagt, dann stillen wir jetzt ab. Und eigentlich seit dem Moment ist das Ganze viel harmonischer geworden. Einmal hat es den Vorteil gehabt, dass ich auch mal die Flasche geben konnte und meine Frau dann auch nachts mal liegen bleiben konnte. (...) Sie hatten mich ja vorhin gefragt, was denn 'n intensiver Punkt gewesen wäre, und jetzt fällt es einem auch wieder ein: Also das erste Mal, als ich ihr selbst die Flasche gegeben hab, das war also auch 'n sehr schönes Erlebnis, was ich also ganz toll fand.« (3/8–9)
>
> Herr F.: »Ich kann jetzt auch viel mehr mit dem Baby machen, als wenn ich da immer nur dasitze.« (3/3) »Es ist vielleicht in einem Jahr einfacher, mich zu akzeptieren, als wenn ich im ersten Jahr gar nicht da gewesen wäre oder nur so mehr oder weniger. Deswegen ist der Vorteil, wenn man nicht stillt, eben einfach der, dass der Vater eben auch sehr viel mitmachen kann.« (3/17)

An dieser Stelle möchte ich eine These formulieren, die sich auf die Anfänge und somit auch Konstituierung der Vater-Kind-Beziehung bezieht: Gestaltet sich die frühe Mutter-Kind-Interaktion nicht selbstverständlich so innig und problemlos wie vorgestellt oder geplant, so ist das auch eine Chance für die Vater-Kind-Beziehung. Eine solche Situation kann eine Lücke entstehen lassen und somit Platz für den Vater schaffen: Das von ihm unter anderen Umständen möglicherweise als mehr oder weniger dyadisch erlebte Beziehungsgeschehen zwischen Mutter und Kind kann sich dann zu einem triadischen erweitern. Diesen Zusammenhang möchte ich im Folgenden exemplarisch anhand der Erfahrung eines Interviewpartners darstellen.

Meine Frage, ob er schon einmal über einen längeren Zeitraum mit seinem Kind allein gewesen wäre, bejaht Herr O. Als ich daraufhin nachfrage, wie er dies erlebt, antwortet er folgendes:

> Herr O.: »Ich will nicht sagen normal, das hört sich vielleicht überheblich an, aber es ist so. Es ist halt schön, man hat seine Aufgabe, man muss wickeln, man muss ihn auf Trab halten, wenn er dann schreit, man muss ihn beschäftigen, aber das macht Spaß. Ich mach das unheimlich gerne.« (3/12)

Herr O. signalisiert, dass er keine Schwierigkeiten hat, mit seinem Kind allein zurechtzukommen. Er macht deutlich, dass er sich den hierbei relevant werdenden Aufgaben und Anforderungen nicht nur gewachsen sieht, sondern deren Handhabe als selbstverständlich erlebt und auch gerne macht. Die folgende Äußerung zeigt, dass sich für ihn sein väterliches Engagement nicht als etwas darstellt, das selbstverständlich ist, sondern sich vielmehr aus spezifischen Umständen erklärt:

> Herr O.: »Ich muss noch dazu sagen, meine Frau hatte unheimlich Schwierigkeiten, O. anzunehmen als ihr Kind so ungefähr. Sie hatte die ersten Tage oder Wochen kann man sagen so: ›Ist das jetzt mein Kind, muss ich das jetzt?‹. Wo ich dann von vornherein gesagt hab: ›Das ist mein Kind, ist unser Kind‹, wo ich für einstehe, wo ich immer für da sein werde, und da hatte sie noch mehr Probleme mit. Ich hatte da also 'nen schnelleren Einstieg.« (3/13)

Dieser Vater schildert, dass seine Partnerin anscheinend zunächst große Probleme hatte, sich dem Kind zuzuwenden. Hiermit hatte er nicht gerechnet. Vergegenwärtigt man sich noch einmal, was Herr O. in dem zweiten Interview zum Ausdruck brachte, dann wird deutlich, dass er zunächst eine sehr andere Vorstellung darüber hatte, wie sich das familiale Dreieck nach der Geburt des Kindes gestalten wird. Herr O. entwarf hier ein asymmetrisches Dreieck; er selbst positionierte sich neben und außerhalb einer vorgestellten Mutter-Kind-Dyade:

> Herr O.: Ich »bin halt eigentlich nur als Dienstleister da. So sehe ich mich dann in der Zeit, wo ich aber auch viel rausziehen kann, weil ich weiß, dass ich da 'ne ganze Menge drum herum machen will und auch machen muss, damit Mutter und Kind wenigstens, diese Einheit, nicht zu stark beeinträchtigt wird. Und als Vater steht man da vielleicht doch manchmal wie Piekdoof daneben, kommt auf die Frau an, wie sie mich dann einbindet in das ganze Geschehen.« (2/29)

Herr O. imaginierte sich als »Dienstleister«, dessen zentrale Funktion ist, Mutter und Kind den Rücken freizuhalten. Das Verhältnis von Mutter und Kind bestimmt er dabei als »Einheit«. Spricht er von sich als Vater, dann sah er sich als jemand, der zuweilen etwas hilflos neben den vermuteten Hauptdarstellern steht. Ob es ihm möglich sein wird, hier eine andere Position einzunehmen, dies war seiner Vorstellung nach nicht primär von ihm, sondern vielmehr von seiner Partnerin abhängig. Betrachtet man, wie Herr O. aktuell das Beziehungsgeschehen in der familialen Triade sowie sich selbst als Vater skizziert, so klingt dies deutlich anders: Herr O. stellt sich nicht mehr bescheiden in die zweite Reihe, seine Äußerungen verweisen vielmehr darauf, dass er eine aktive und selbstbewusste Position als Vater zu entwickeln vermochte. »Wo ich dann von vornherein gesagt hab: ›Das ist mein Kind, ist unser Kind‹«, sagt Herr O. und deutet damit an, dass er infolge der Umstände (Mutter und Kind bildeten nicht die vermutete Einheit) die Position des »Dienstleisters« verwarf und sich dem Kind als Bezugsperson anbot. Seine Schilderungen zeigen, er ist stolz auf das, was er als »früher« Vater geleistet hat und leistet. Die folgende Äußerung macht deutlich, dass Herr O. auch ein von ihm wahrgenommenes Manko zu kompensieren versuchte. Die Situation, die diesem zugrunde lag, scheint hierfür jedoch nicht nur eine Notwendigkeit geschaffen, sondern dazu auch eine Erlaubnis gegeben zu haben:[69]

> Herr O.: »Ich war gleich von vornherein da schon mit involviert und wurde auch gar nicht abgeschottet von meiner Frau, sondern eher so: ›Hier, nimm du mal.‹ Weil sie eben halt auch die erste Zeit ja nun mit sich selber noch zu tun hatte, war ich sowieso der Mittelpunkt. Ich musste halt doch 'n bisschen mehr tun als vielleicht andere Väter, wo die Frau richtig gut fit ist und viele Sachen schon macht und das Kind umtüddelt. Das war bei uns gar nicht so. (...) Und dann muss ich noch dazu sagen, also das ist nicht so gewesen, dass meine Frau das Kind so einverleibt hat, sondern mehr oder weniger abgegeben hat. Auch die Verantwortung so 'n bisschen so abgegeben hat.« (3/13)

Zusammenfassung
Zum Zeitpunkt des dritten Gespräches zeigt sich ein Großteil der interviewten Väter im Großen und Ganzen zufrieden mit dem familialen Trialog. Die Schilderungen der Interviewpartner legen einen Zusammenhang zwischen besagter Zufriedenheit und dem Gefühl, ein kompetenter Vater zu sein, der einen Zugang zum Kind gefunden und eine Beziehung zu ihm aufgebaut hat, nahe. In diesen Zusammenhang gehört weiterhin die Überzeugung, *im* familialen Gefüge einen Platz zu haben. Die Väter, die einen positiven Trialog beschreiben, erleben die Mutter-Kind-Beziehung nicht als ein selbstgenügsames, in sich abgeschlossenes Subsystem, sondern bringen vielmehr das Gefühl zum Ausdruck, vom Kind gesehen und als bedeutsame Person anerkannt zu werden. Dieselben Väter sprechen auch davon, dass sie sich von ihren Partnerinnen darin unterstützt erleben, zu ihren Kindern eine eigenständige Beziehung aufzubauen. Umgekehrt scheint der subjektive Eindruck, dass das Kind grundsätzlich und eben nicht nur situativ die Mutter favorisiert, Rückzugstendenzen zu befördern und ein väterliches Engagement zu unterminieren. Die Interviewpartner, die sich vergleichsweise zufrieden mit dem familialen Trialog zeigen, beschreiben weiterhin von ihnen als sehr positiv erlebte Situationen, die alle drei Familienmitglieder einschließen. Gemeinsam ist diesen, dass alle Beteiligten als in positiver Weise aufeinander bezogen erfahren werden. Besagte Situationen zeichnet ferner ein Gefühl der Verbundenheit mit der Partnerin in der gemeinsamen Elternposition aus (so ist in diesem Zusammenhang besonders häufig von »uns« und »wir« die Rede). Die Interviewpartner berichten aber auch von Einbußen, die die Paarbeziehung betreffen. Zum Zeitpunkt des Interviews werden diese jedoch anscheinend

---

[69] Verschiedene Forscher sehen die Mutter als Weichenstellerin für die Vater-Kind-Beziehung. Greenberg (1992) zufolge sehen Männer das Baby häufig als Territorium der Frau, ein Territorium, in das sie sich scheuen, ohne ihre Erlaubnis einzudringen.

durch positive Erfahrungen mit dem Kind bzw. durch die als bereichernd erlebten Aspekte der Vaterschaft kompensiert und somit als nicht so gravierend erlebt. Setzen die Väter die Beziehung, die sie zu dem Kind haben, zu derjenigen, die ihre Partnerin zu dem Kind hat, in ein Verhältnis, so heben sie die Tatsache, dass nur die Partnerin zu stillen vermag, hervor. Fragt man, welche Bedeutung dieser Differenz zugeschrieben wird, so werden sich voneinander unterscheidende Einschätzungen deutlich. Einig sind sich die Interviewpartner dahingehend, dass sie den Babys zutrauen, hier klar zwischen Mutter und Vater unterscheiden zu können. Die meisten Interviewpartner bringen die Überzeugung zum Ausdruck, dass mit dem Stillen und Füttern des Kindes auch ein besonderer Kontakt zwischen Mutter und Kind entsteht. Dieser Umstand wird von einigen Vätern nur situativ als bedeutsam erachtet, während andere anscheinend den Eindruck haben, dass nicht zuletzt hierdurch zwischen Mutter und Kind eine Beziehung entsteht, die sich grundsätzlich von der frühen Vater-Kind-Beziehung unterscheidet. Die Väter, deren Partnerinnen ausschließlich stillen, haben – abgesehen von einem Vater – das Gefühl, dass sie dadurch in dem Sinne gegenüber ihren Partnerinnen im Nachteil sind, als sie es so im Umgang mit dem Kind schwerer haben (»mir fehlt die Beruhigungsfunktion...«). Die Interviewpartner weisen im Zusammenhang des von ihnen beobachteten intensiven und intimen Beziehungsgeschehens zwischen Mutter und Kind Gefühle wie Neid oder Eifersucht zurück. Sie bringen auf der manifesten Ebene eine betont sachliche und rationale Perspektive zum Ausdruck. Die Auswertung der Interviews machte deutlich, dass eine solche (unbewusst) auch dazu dient, die genannten Gefühle, die zum einen schmerzlich und zum anderen anscheinend verpönt sind, abzuwehren. Die Interviewpartner beschreiben aber auch aktive Bewältigungsstrategien, die dazu beitragen können, sich nicht in ein unterschwelliges Konkurrieren um die Zuwendung des Kindes zu verstricken oder besagtem Konkurrieren dadurch auszuweichen, dass der Partnerin prophylaktisch das Feld überlassen wird. Als eine solche kann insbesondere das Vermögen benannt werden, sich positiv auf eine das Paar ja auch verbindende Elternposition beziehen zu können. An den Ausführungen eines Interviewpartners wurde exemplarisch gezeigt, dass eine Mutter-Kind-Beziehung, die sich eben nicht so inniglich und problemlos gestaltet, wie vielleicht antizipiert, auch Chancen für die frühe Vater-Kind-Beziehung eröffnet. Deutlich wird hier, dass das väterliche Engagement gerade auch von situativen Bedingungen und insbesondere von dem Verhalten der Partnerin abhängig ist. Folgende Fragen sind in diesem Zusammenhang relevant: Hat ein Vater den Eindruck, dass sein Engagement gewollt/erwünscht ist? Was traut die Kindesmutter dem Vater zu bzw. glaubt dieser, dass seine Partnerin ihn im Umgang mit dem

Kind als kompetent erlebt? Und schließlich: Lässt die Mutter-Kind-Beziehung etwas offen, gibt es Platz für den frühen Vater?

Zusammenfassender Ausblick und Schlussbetrachtung

Zehn Männer haben bereitwillig darüber Auskunft gegeben, was es für sie bedeutet, Vater zu werden. Zum Zeitpunkt der Untersuchung befanden sie sich in einer psychischen und sozialen Umbruchphase, die begrifflich als Übergang zur Vaterschaft gefasst wurde. Im Mittelpunkt meiner Befragung standen die in dieser Lebensphase subjektiv relevanten Gefühle, Phantasien, Erfahrungen und Überzeugungen. Die in dieser Arbeit zu Wort kommenden Männer teilen mehr als die Tatsache, dass alle Vater geworden sind und in diesem Prozess in verschiedener Hinsicht ähnliche Erfahrungen machten sowie auf vergleichbare Fragen und Konflikte gestoßen wurden: Gemeinsam ist den Interviewten darüber hinaus, dass es sich bei allen um motivierte Väter handelt. Hierfür spricht die Bereitschaft, sich auf die Interviews und damit auch auf eine Auseinandersetzung über das Vaterwerden einzulassen, sowie der Umstand, dass alle Gesprächspartner erklärten, sich das Kind gewünscht zu haben.

Im Folgenden zunächst eine Zusammenfassung der Untersuchungsergebnisse, die sich auf den Zeitraum vor der Geburt des Kindes beziehen (1. und 2. Interviewreihe), im Weiteren eine Zusammenschau der Ergebnisse der dritten Interviewreihe. Abschließend werde ich die in den Interviews deutlich werdenden zentralen Entwicklungsaufgaben im Übergang zur Vaterschaft sowie die Faktoren, die anscheinend einen maßgeblichen Einfluss auf das frühe väterliche Engagement haben, zusammenfassen.

Fragt man nach der Genese des von den Interviewpartnern formulierten Kinderwunsches, so stößt man auf die Aussage, dass ein Kind einfach dazugehöre. Eine Vaterschaft scheint für diese Männer integraler und selbstverständlicher Bestandteil des eigenen Lebensentwurfes zu sein und somit nicht grundsätzlich zur Disposition gestanden zu haben. Andere Gesprächspartner erinnern sich, dass sie sich schon in ihrer Jugend wünschten, einmal ein Kind zu haben, und wiederum andere erklären, dass der Wunsch nach einem Kind in der aktuellen Paarbeziehung gewachsen sei. Auffällig ist, dass die Interviewpartner sich stark mit dem »Timing« der Vaterschaft beschäftigen.[70] Sie erleben es für sich als sehr wichtig, den

---

[70] Unter dem bezeichnenden Titel »Biographiemanagement und Planungschaos« setzen sich Witzel und Kühn (2001) mit dem Zusammenhang von Arbeitsmarktplazierung und der Entscheidung zur Familiengründung auseinander. Dabei wird deutlich, dass ein zentraler Taktgeber für die Familiengründung eine subjektiv als positiv bilanzierte berufliche und damit auch ökonomische Situation ist.

Schritt in die neue Lebensphase mit guten Ausgangsbedingungen machen zu können. Als zentrale Voraussetzungen werden hier die finanzielle Absicherung, eine stabile Paarbeziehung und das »richtige« Alter angesehen. Besagte Aspekte lassen sich als »haltenden Rahmen« verstehen, den die Interviewpartner sich für sich selbst und für das Kind wünschen. Die angestrebte finanzielle Sicherheit, die z. B. eine als stabil eingeschätzte berufliche Situation vermittelt, hat u. a. die Funktion, die Beziehung zum Kind zu schützen: Vorgebaut werden soll auch auf diese Weise einer Situation, in der man es bereuen könnte, ein Kind bekommen zu haben. Ist die Rede vom »richtigen Alter«, so ist hiermit ein Lebensabschnitt gemeint, in dem in privater und beruflicher Hinsicht die Weichen gestellt sind, die Männer sich zugleich aber noch als so jung erleben, dass sie sich als Spielpartner und Gefährte des Kindes imaginieren können. Das in vielen Äußerungen zum Ausdruck kommende Planungsdenken, so wurde deutlich, hat nicht zuletzt die Funktion der Angstabwehr. Es konnte als eine Angstbewältigungsstrategie verstanden werden und stellt in dieser Perspektive den unbewussten Versuch dar, wieder in eine aktive Position zu gelangen. Entgegengewirkt werden soll einem antizipierten Kontrollverlust bzw. dem Gefühl, einer offenen Zukunft ausgeliefert zu sein (was kommt als Vater auf mich zu?). Die Interviewpartner sind davon überzeugt, dass das Vaterwerden ein gravierender Einschnitt in ihr Leben sein wird (»das ganze Leben musst du umkrempeln«), die damit verbunden gesehenen Veränderungen scheinen zudem von vielen als mehr oder weniger schicksalhaft wahrgenommen zu werden. Für die werdenden Väter stellt sich das Planungsdenken als primär rational begründet dar, ihnen sind die angstbesetzten Gefühle, die dieses motiviert, nur bedingt zugänglich.

Fragt man danach, was die werdenden Väter an einem Kind reizvoll finden, so treten vor allem selbstbezogene Motive in den Blick. Weiterhin spielen paarbezogene Motive eine Rolle; normative und auf die Partnerin bezogene Motive stellen sich als vergleichsweise unbedeutend dar. Ein Kind großzuziehen, seine Entwicklung begleiten und beeinflussen zu können wird von den Interviewpartnern als eine Herausforderung gesehen. Hiermit verknüpft ist der Wunsch, in dem Kind einen sinn- und identitätsstiftenden Lebensinhalt zu finden (»das Leben fängt dann erst richtig an«). Vater zu werden ist in dieser Perspektive auch ein Versuch, sich in der Realität zu verankern und sich in das Generationenverhältnis einzuschreiben. Besonders attraktiv scheint für die interviewten Männer jedoch die Vorstellung zu sein, als Vater Aspekte der eigenen Kindheit wieder lebendig werden lassen zu können. Deutlich kommt hier der Wunsch zum Aus-

druck, dass die Vaterschaft bzw. das Zusammenleben mit dem Kind eine neue Brücke zur eigenen Kindheit schlagen möge. Dieser Wunsch hat:
- den Aspekt des Wiedererlebenwollens (das schließt die Hoffnung ein, positive Erfahrungen der eigenen Kindheit qua Identifikation mit dem Kind erneut durchleben zu können, den Wunsch, mit dem Kind, das man einmal war, wieder in Kontakt zu kommen, sowie die Erlaubnis, kindliche Leidenschaften wieder aufnehmen und leben zu dürfen),
- den Aspekt des Wiedergutmachenwollens (eine Vaterschaft enthält in dieser Perspektive das Versprechen einer zweiten Chance, die manifest und vermittelt über eine Identifizierung mit dem Kind das nachzuholen erlaubt, was man in der eigenen Kindheit versäumt oder entbehrt zu haben glaubt),
- sowie den Aspekt des Weitergebenwollens (hiermit sind vor allem positive Erfahrungen und Erlebnisse der eigenen Kindheit gemeint, die die Interviewpartner tradieren möchten).

Der Umstand, dass die werdenden Väter sich das Kind gewünscht bzw. sich für ein Kind entschieden haben, impliziert jedoch nicht, dass sie der Vaterschaft ohne Ambivalenz entgegensehen. Die Rede ist in diesem Zusammenhang von »schwankenden Gefühlen« oder auch von einem »Zwiespalt der Gefühle«. Den interviewten Männern fiel es schwer, sich diese Ambivalenzen ein- und vor allen Dingen zuzugestehen. Zwar wiesen sie das Bild des glücklichen werdenden Vaters als ein Klischee zurück, dem nicht zu entsprechen sei, gleichwohl bezogen sie sich immer wieder vergleichend auf dieses. Das wiederum spricht dafür, dass besagtes Bild für die Interviewpartner ein Ideal darstellt, das eben auch für sie eine normative Gültigkeit hat. Zu registrieren, dass eben nicht nur Vorfreude, sondern auch Angst und Bedenken in ihnen Raum einnehmen, scheint die werdenden Väter ebenso zu verunsichern und Rechtfertigungen nötig zu machen oder auch Schuldgefühle zu evozieren wie der Umstand, dass nicht so intensive Gefühle erlebt werden, wie man erwartet hatte. Vaterpflichten, so möchte ich schlussfolgern, beginnen heute – sei es in Form von Erwartungen anderer oder auch in Form von Erwartungen an sich selbst – schon lange vor der Geburt des Kindes.[71] Zu diesen gehört die Beschäftigung mit der nahenden Geburt; gefordert werden aber anscheinend auch intensive und vor allen Dingen die »richtigen«, d. h. positive Gefühle gegenüber dem Kind und der Vaterschaft.

In einigen Interviews kommt der Wunsch zum Ausdruck, dass nicht nur der schwangeren Partnerin eine besondere Aufmerksamkeit zukommen möge und nicht nur ihr ein besonderer Staus zuerkannt wird, sondern auch

---

[71] Quaiser-Pohl (1996) kommt in ihrer Untersuchung zu dem Ergebnis, dass sich Männer schon vor der Geburt des Kindes Mühe geben, dem Ideal des neuen Vaters nachzueifern.

ihnen selbst als werdender Vater. Als kränkend wird erlebt, dass dies eben oft nicht geschehe. Die Interviewpartner beschreiben den Zeitraum der Schwangerschaft als eine Umbruchphase, die aufregend und emotional bewegend ist. Gleichwohl fällt es ihnen anscheinend schwer, die Tatsache anzuerkennen, dass mit dieser neben den erwünschten Gefühlen auch Ängste, Zweifel und »negative« Gefühle verbunden sind. Dies kann nicht nur individualpsychologisch verstanden werden, sondern muss auch im gesellschaftlichen Kontext bzw. vor dem Hintergrund der bestehenden Geschlechterrollen gesehen werden. Schwankende Gefühle – oder weiter formuliert: eine regressive Position – werden der werdenden Mutter zugestanden. Dem werdenden Vater wird die Aufgabe zugewiesen, die Partnerin zu entlasten, zu stabilisieren und mit ihrer möglichen emotionalen Instabilität umgehen zu können. Die Interviewpartner sprechen es nicht offen aus und dennoch teilt sich mit, dass sie dies von sich erwarten. In einer Zeit, in der in besonderer Weise Stärke von sich gefordert und als notwendig erachtet wird, können »schwankende« oder gar »negative« Gefühle als besonders bedrohlich erlebt werden.[72] Dieser Umstand macht noch einmal auf einer anderen Ebene die zum Ausdruck gebrachte Erleichterung zweier Interviewpartner darüber, dass sie wenig Angst spüren, nachvollziehbar.

Untersucht man die in den Interviews sich mitteilenden »negativen« Gefühle, so scheinen Ängste, Sorgen und Befürchtungen noch kommunizierbar zu sein, ablehnende Gefühle der Vaterschaft oder gar dem Kind gegenüber jedoch nur sehr bedingt. Sie sind anscheinend so verpönt und damit auch tabuisiert, dass sie abgewehrt werden müssen und nur in verkleideter Form zum Ausdruck kommen können. Die Interviews zeigen, dass den werdenden Vätern die möglichen »Kosten« einer Vaterschaft sehr präsent sind. Ein werdender Vater spricht davon, dass seinem Vorstellungsvermögen die potentiell belastenden und negativen Aspekte einer Vaterschaft weitaus zugänglicher sind als mögliche positive Aspekte und bringt damit etwas auf den Punkt, was auch andere Interviewpartner zu empfinden scheinen. Eine Vaterschaft wird als eine Zäsur imaginiert, die das Leben, so wie es aktuell besteht und eingerichtet wurde, tiefgreifend verändern wird. Im Folgenden möchte ich kurz die von den werdenden Vätern antizipierten Veränderungen skizzieren:
Die Interviewpartner gehen davon aus, dass mit einer Vaterschaft auch Verlusterfahrungen, Verzichtleistungen und Einschränkungen verbunden

---

[72] Klinisch gesehen werden der werdenden Mutter regressive Tendenzen nicht nur zugestanden, sie werden für den Prozess des Hineinwachsens in die Mutterschaft sogar als notwendig erachtet (vgl. Kübber 1987). Es kann die Frage gestellt werden, ob dies für den werdenden Vater - zumal wenn er auch als dyadischer gefragt ist - nicht ebenfalls zutrifft.

sind. Hierbei denken sie besonders an den Verlust von persönlichen Freiheiten sowie an einen Verlust ihrer Unabhängigkeit (man kann nicht mehr tun, was man möchte, muss sich in neuer Weise absprechen, ist nicht mehr nur sich selbst verantwortlich). Zum Teil gravierende Abstriche glauben sie im Hinblick auf das zur Verfügung stehende persönliche Zeitbudget, im Hinblick auf mögliche Reisen, die Ausübung bestimmter Hobbys oder auch im Hinblick auf die Wahrnehmung partnerschaftsbezogener, sozialer und politischer Interessen machen zu müssen. In den Interviews werden weiterhin Veränderungen antizipiert, die sowohl mit Ängsten als auch mit Wünschen und Hoffnungen verbunden sind. Gedacht wird hier z. B. an den möglichen Umbau des bestehenden Beziehungsnetzes. Die Befürchtung, aus der Clique herauszufallen oder Freundschaften zu verlieren, wurde in diesem Zusammenhang ebenso Thema wie der Reiz möglicher neuer sozialer Bezugspunkte. Für möglich gehalten werden weiterhin Veränderungen, die sich auf die eigene Persönlichkeit beziehen. So wird die Vorstellung geäußert, dass ein Kind die »weiche« Seite eines Mannes stärken oder auch verborgene Persönlichkeitsanteile zum Leben erwecken kann. Deutlich wurde aber auch die Befürchtung, dass eine Vaterschaft dazu zwingt, in einem normativen Sinne erwachsen zu werden. Dies hat nicht zuletzt damit zu tun, dass für die Interviewpartner der Begriff des Vaters eng mit dem der Verantwortung verknüpft ist. Dieser ist einerseits positiv konnotiert (die Verantwortung eines Vaters wird als Herausforderung und Aufwertung erlebt), andererseits jedoch mit Angst besetzt (schaffe ich das, bin ich der Verantwortung auch gewachsen?). Deutlich wurde weiterhin, dass eine Vaterschaft auch als etwas imaginiert wird, das auf die Herkunftsfamilie zurückverweist, das u. U. in eine erneute Abhängigkeit führt und unbewusst mit Triebverzicht sowie der Drohung der Depotenzierung verbunden ist. Die Interviews zeigen, dass eine Vaterschaft nicht nur das Ende der Adoleszenz anmahnt, sondern darüber hinaus auf die Endlichkeit des eigenen Lebens verweist.

Die Interviews machen deutlich, dass es den werdenden Vätern schwer fällt, positive Vorstellungsbilder zu entwickeln bzw. in sich lebendig werden zu lassen, die die Säuglingszeit betreffen. Bringen die Interviewpartner positive prospektive Phantasien zum Ausdruck, so beziehen sich diese meistens auf ein älteres Kind, ein Kind, mit dem man – wie sie es ausdrükken – schon etwas »machen« kann. Für die werdenden Väter scheint es wichtig zu sein, dass sie das Kind als ein wirkliches Gegenüber imaginieren können, was für sie u. a. das Laufen- und Sprechenkönnen voraussetzt. Der Kontakt mit einem Säugling wird sich nur sehr bedingt als interessant und reizvoll vorgestellt. Dies ist keineswegs nur dem Umstand geschuldet, dass die meisten Männer kaum Erfahrungen mit Säuglingen haben. Wenden sich die werdenden Väter mit ihren Gedanken und Phantasien der Säuglingszeit zu, so steht dabei die Beschäftigung mit praktischen Fragen im Mittelpunkt (gemeint sind hiermit beispielsweise die Einrichtung des Kinderzimmers, Umgestaltungsmaßnahmen der Wohnung, zu besorgende Kleidung sowie – gerade zum zweiten Interviewtermin – Fragen, die den möglichen Tagesablauf betreffen). In diesem Kontext geht es immer wieder um das Thema Sicherheit und zwar sowohl in dem Sinne, dass über Maßnahmen nachgedacht wird, die das Kind vor möglichen Gefahren schützen sollen (z. B. die Abdeckung von Steckdosen), als auch über Maßnahmen, die all das vor dem Kind schützen, was einem selbst lieb und teuer ist. Das Kind – das teilt sich auch in diesem Zusammenhang mit – wird dabei als eine Person imaginiert, die die bestehende Ordnung sowie Handlungsroutinen zu destruieren droht. Die Beschäftigung mit den praktischen Aspekten des Zusammenlebens mit einem Baby kann als ein Versuch verstanden werden, sich im Sinne eines Probehandelns auf die neue, verunsichernde Lebenssituation vorzubereiten. Die Interviewpartner lehnen es weitestgehend ab, sich die Zeit nach der Geburt des Kindes über besagte praktische Fragen hinaus auszumalen. Dies schließt jedoch nicht aus, dass sich gerade auch Befürchtungen in Form von Phantasien und Vorstellungsbildern ins Bewusstsein drängen. Nahezu alle interviewten Männer bringen zum Ausdruck, dass sie sich weder das mögliche Aussehen des Kindes vorzustellen versuchen noch ausmalen, welches Geschlecht oder auch Wesen das Kind gegebenenfalls haben könnte. Hierzu, so wird betont, gebe es keine Bilder. Die werdenden Väter plädieren dafür, dies auf sich zukommen zu lassen, und argumentieren, dass man auf diese und andere Fragen sowieso keinen Einfluss habe. In den Gesprächen wurde deutlich, dass die werdenden Väter in einem hohen Maße von sich fordern, offen und unbefangen auf das Kind zugehen zu können. Sie befürchten anscheinend, dass die Beschäftigung mit den oben genannten Fragen Phantasien und Vorstellungsbilder lebendig werden lassen könnten, die – stimmen sie dann nicht mit der Realität überein – nur schwerlich wieder zu verabschieden sind und sich womöglich zwischen sie und das Kind schieben. Deutlich wurde in diesem Zusammenhang, dass es gerade Wünsche sind (ein Interviewpartner spricht von »Luftschlössern«), die hier als gefährlich erlebt werden. Dem Versuch oder auch Bemühen, sich besagter (Wunsch-)Phantasien und Vorstellungen zu enthalten, scheint also nicht zuletzt das Motiv zu unterliegen, die Vater-Kind-Beziehung zu schützen. Die Ablehnung solcher prospektiven Phantasien kann darüber hinaus aber auch als der Versuch einer Enttäuschungsprophylaxe interpretiert werden. Auf einer wiederum anderen Ebene möchte ich von einer Phantasieabwehr sprechen. Verschiedene Äußerungen legen weiterhin die These nahe, dass die Abwehr prospektiver Phantasien der nicht bewussten Befürchtung geschuldet ist, dass neben positiven Vorstellungsinhalten eben auch »negative«, d. h. belastende und erschreckende Szenarien an Lebendigkeit gewinnen könnten.

Das Bemühen, gegenüber prospektiven Phantasien und Wünsche abstinent zu bleiben, kommt ebenfalls zum Ausdruck, wenn es um das mögliche Geschlecht des Kindes geht. Die werdenden Väter betonen, dass sie sich gleichermaßen über ein Mädchen wie über einen Jungen freuen würden und hier keine Vorlieben hätten. Ein bestimmtes Geschlecht zu präferieren wird sich, wenn überhaupt, dann nur sehr zögerlich und andeutungsweise erlaubt. Neben dem Umstand, dass es möglicherweise nicht einfach oder auch nicht stimmig ist, eindeutig zu formulieren, was man lieber hätte (mit beiden Geschlechtern können je eigene Attraktionen und Vorteile assoziiert werden), ist davon auszugehen, dass hier auch eine soziale Norm wirksam wird, die gebietet, kein Geschlecht dem anderen vorzuziehen. Einige Väter haben zusammen mit ihren Partnerinnen beschlossen, sich überraschen zu lassen und somit die behandelnde Ärztin/den behandelnden Arzt gebeten, das vermutete Geschlecht nicht preiszugeben. Besagte Praktik habe ich zum einen als das Bestreben interpretiert, sich für beide Möglichkeiten offen zu halten. Auch in diesem Zusammenhang ist die Sorge erkennbar, dass die Mitteilung des vermuteten Geschlechtes Wünsche und Vorstellungsbilder hervorrufen könnte, die sich, erweist sich die Prognose als Irrtum, nur schwer zurücknehmen lassen. Die interviewten Väter wollen sich und das Kind vor einer potentiellen Enttäuschungsreaktion schützen (»oh, doch kein Mädchen/Junge...«). Die Ungewissheit über das mögliche Geschlecht des Kindes erlaubt zum anderen aber auch, die unbewusste Phantasie aufrechtzuerhalten, man könne ja beides haben. Zu erfahren, dass man »nur« eines – eben ein Mädchen oder einen Jungen – bekommen wird, hieße von dieser Abschied nehmen und das, was eben nicht sein wird, betrauern zu müssen. Trotz der Versicherung, dass die Frage des Geschlechtes nebensächlich sei und man sich auf ein Mädchen wie auf einen Jungen gleichermaßen freuen würde, teilen fünf Interviewpartner vorsichtig und manchmal auch nur zwischen den Zeilen mit, dass sie gerne eine Tochter hätten (nur ein Interviewpartner spricht von dem Wunsch nach einem Sohn, bei einem zweiten deutet sich dieser an). Die Gründe, die hierfür genannt werden, stellen sich zumeist negativ dar und lassen sich wie folgt zusammenfassen:

- Mit einem Jungen wird der Anspruch verbunden, ein Modell bzw. ein positives Leitbild sein zu müssen, das diesen gerade auch bei der Entwicklung der Geschlechtsidentität unterstützt. Die Vater-Tochter-Beziehung wird von dieser Anforderung entlastet gesehen.[73]
- Es wird vermutet, dass sich ein Mädchen – im Unterschied zu einem Jungen – emotional stärker zum Vater hin orientiert. Dies heißt auch, dass man als Vater dann weniger zu befürchten braucht, in die Position des marginalen Dritten zu geraten.
- Ein Mädchen wird als vergleichsweise weniger anstrengend imaginiert; dies bezieht sich sowohl auf die Säuglingszeit (weibliche Babys sind pflegeleichter) als auch auf die Adoleszenz (Mädchen greifen weniger auf aggressive Selbstbehauptungsstrategien zurück).

Insbesondere zum Zeitpunkt des ersten Interviews beklagen sich einige Männer darüber, dass für sie die Schwangerschaft und damit auch ihre sich ankündigende Vaterschaft etwas Unwirkliches hätte. Sie vermuten, dass dies daran liegt, dass sich für sie das Kind einem unmittelbaren, sinnlichen Zugang entzieht. Die Interviewpartner suchen sinnlich erfahrbare und objektivierbare Zeichen der Schwangerschaft, um diese als real erleben zu können. Den Fötus in sich lebendig werden zu lassen (die Entwicklung eines imaginären Kindes), fällt vielen schwer. Fragt man danach, was für die werdenden Väter in der Schwangerschaft wichtige Momente oder Erfahrungen waren, so ist gerade auch von den Ultraschallaufnahmen des Kindes sowie von den ersten Kindsbewegungen die Rede. Ultraschallaufnahmen scheinen insofern als etwas ganz Besonderes erlebt zu werden, als sie dabei helfen können, sich der Realität der Schwangerschaft bzw. des Kindes zu vergewissern und diese damit auch emotional anerkennen zu können (der Beweis, dass es »nicht nur der Bauch ist, der immer dicker wird«, bzw. der Beweis, dass dieser »nicht leer« ist). Im Zusammenhang von Ultraschallaufnahmen ist aber auch die Rede von einem Gefühl der Enttäuschung (»das ist alles?«). Hierzu scheint es insbesondere dann zu kommen, wenn es nicht gelingt, die Aufnahme phantasmatisch aufzuladen. Die Ultraschallaufnahme stellt sich dann als enttäuschend profan dar. Sich haptisch der Existenz des Kindes vergewissern zu können, wird von einigen Interviewpartnern als »Highlight« der Schwangerschaft beschrieben. Ein Wendepunkt sind die ersten wahrnehmbaren Kindsbewegungen insofern, als sich in diesem Moment das Kind den werdenden Vätern nicht länger nur als ein imaginäres, sondern eben auch als ein reales Objekt dar-

---

[73] Diese Argumentationsfigur weist auf eine Verunsicherung der männlichen Geschlechtsrollenidentität hin: Zunehmend schwerer ist scheinbar zu beantworten, was kann/will ich als Mann an meinen Sohn weitergeben und was überhaupt heute einen Mann ausmacht.

stellt. Sowohl Ultraschallaufnahmen als auch die Bewegungen des Kindes verstärken seinen Objektcharakter (das Kind als das Dritte), was es den werdenden Vätern anscheinend leichter macht, sich zu ihm in Beziehung zu setzen. Kann das Kind als das Dritte imaginiert werden, erhält auch die familiale Triade eine erste Kontur.

In meiner Untersuchung interessierte mich, welche Beziehung sich meine Interviewpartner einmal zu ihrem Kind wünschen und in welcher Weise sie ihre Vaterrolle entwerfen. Die in diesem Zusammenhang gemachten Äußerungen waren über den gesamten Interviewzyklus hinweg erstaunlich konstant. Der zentrale Bezugspunkt für die zum Ausdruck gebrachten Vorstellungen und Wünsche war – wenn auch in Form einer angestrebten Abgrenzung – der eigene Vater bzw. die erlebte Vater-Kind-Beziehung. Abgesehen von zwei Männern beschrieben die Interviewpartner die Beziehung, die sie zu ihrem Vater gehabt haben, als vergleichsweise distanziert und ihren Vater als eine Person, die sich in der Peripherie des familialen Geschehens bewegt hat und nicht als Bezugsperson erlebt wurde. Ansprechpartnerin, so wird betont, sei die Mutter gewesen. Es in dieser Hinsicht anders und besser machen zu wollen als der eigene Vater, »nicht nur nebenher zu laufen« wie es ein Interviewpartner ausdrückt, stellt sich als ein Leitmotiv für den Entwurf der eigenen Vaterrolle dar.[74] Deutlich wurde aber auch, dass dieser Anspruch, massiv unter Druck setzen und insofern als belastend erlebt werden kann. Im Raum steht hier die bange Frage: Was, wenn mir dies nicht gelingt?[75]

Erstaunlich ähnlich gestalteten sich die Aussagen der Interviewpartner im Hinblick auf die gewünschte Vater-Kind-Beziehung. Zentral war hier der Wunsch nach einer freundschaftlichen und partnerschaftlich orientierten Beziehung. Die interviewten Männer möchten als eine Vertrauensperson wahrgenommen werden, zu der man mit allem kommen kann und der man alles erzählen kann. Sie wünschen sich, zu Hause willkommen zu sein und nicht als störender Eindringling erlebt zu werden. Auf keinen Fall möchten sie, dass ihr Kind einmal vor ihnen Angst haben wird. Vom Leitbild des autoritären Vaters, der symbolisch das Gesetz vertritt und straft, wird sich vehement distanziert. Entscheidend scheint hier zu sein, dass ein solcher Vater zwar als machtvoll, aber eben als ungeliebt imaginiert wird. Die

---

[74] Die beiden Interviewpartner, die von einem als positiv erlebten Vater-Kind-Verhältnis berichten, zeigen sich in dem, wie sie ihre Vaterrolle entwerfen, ebenfalls auf die Erfahrungen bezogen, die sie innerhalb ihrer Herkunftsfamilie gemacht haben (der Vater als Vorbild, der Vater als Freund).

[75] Die Männer, die sich mit ihren Vätern versöhnt zeigten, machten nicht nur in diesem Zusammenhang den entspanntesten Eindruck.

Interviewpartner bringen den Wunsch zum Ausdruck, einmal eine ähnlich positive Rolle inne zu haben, wie sie sie der Mutter zuschreiben. Hierbei wird ein zentraler Wunsch deutlich: der Wunsch, vom Kind angenommen und geliebt zu werden.[76]
Die interviewten Männer vertreten die Überzeugung, dass ein Vater für ein Kind sehr wichtig ist. Fragt man danach, was einen Vater in ihren Augen so wichtig macht, so gestalten sich die Aussagen vergleichsweise vage; spezifische Aufgaben oder Funktionen des Vaters werden in der Regel nicht benannt. Als die wichtigste Aufgabe eines Vaters wird die Bereitschaft, für das Kind da zu sein und das Kind zu lieben, angesehen. Anders formuliert: Die Interviewpartner sehen die Liebe eines Vaters für sein Kind als die entscheidende Qualität eines »guten« Vaters. Die Interviewpartner imaginieren sich als aktive Väter, eine rigide geschlechtsbezogene Rollen- und Aufgabenteilung lehnen sie ebenso ab wie das, was als »einseitige Mutter-Kind-Geschichte« bezeichnet wird. Sie wünschen sich vielmehr, für das Kind eine zweite primäre Bezugsperson zu sein. Die traditionelle Vaterrolle, das sei noch einmal betont, stellt für sie kein positives Leitbild dar; der Entwurf ihrer Vaterrolle orientiert sich vielmehr an der Sozialfigur der guten Mutter. In diesen Zusammenhang gehört auch, dass sie sich wünschen, mit der Partnerin zu kooperieren. Der Wunsch, seinem Kind ein »guter« Vater zu sein, lässt sich auch als eine Transformation der eigenen Vatersehnsucht bzw. des erfahrenen Vatermangels verstehen: Das Kind soll das bekommen, was man sich für sich selber gewünscht hat und vielleicht auch weiterhin wünscht.

In den Interviews ging es auch um die Frage, wie die werdenden Väter das sich entfaltende triadische Beziehungsgeflecht wahrnehmen und erleben. Für einige Männer stellte es sich auch in der 32. Schwangerschaftswoche noch als relativ unwirklich dar, dass sie Vater werden. Dies impliziert, dass das Kind in ihrem Alltag und in den dem Bewusstsein zugänglichen Gedanken und Phantasien nur eine geringe Rolle spielt. Die dritte Position der entstehenden Triade (das Kind) ist hier noch relativ blass und erfährt eine geringe Besetzung. Andere Männer wiederum schildern, dass ihnen ihre Vaterschaft sehr gegenwärtig sei und dass das Kind, obwohl es noch nicht auf der Welt ist, in ihnen wie auch in ihrem Alltag einen Platz hat. Die Triade ist in ihrem Erleben bereits existent. In diesen Zusammenhang gehört, dass einige Interviewpartner von einer bereits vorhandenen Beziehung oder auch Bindung zum Kind sprechen, während andere eine solche nicht empfinden.

---

[76] Dies unterstützt Schüleins These (1990), Kinder seien heute ein »Beziehungsprojekt«.

Die werdenden Väter schreiben der leiblichen Erfahrung der Schwangerschaft und damit auch dem körperlichen Bezug zum Kind eine immense Bedeutung zu. Diesen sehen sie als einen unmittelbaren Zugang zum Kind. Dass auch hier »Übersetzungsarbeit« in dem Sinne erforderlich ist, dass die jeweiligen Körperempfindungen von den werdenden Müttern in spezifischer Weise besetzt, interpretiert und projiektiv aufgeladen werden müssen, kann nicht wahrgenommen werden. Dies impliziert, dass sie der »realen« Verbindung zwischen Mutter und Kind »nur« eine imaginäre oder mentale Beziehung glauben entgegensetzen zu können. Diese wird als nicht gleichwertig angesehen. Die Interviewpartner haben das Gefühl, dass sie es schwerer als ihre Partnerin haben, die Schwangerschaft zu realisieren und als »wirklich« zu erleben. Sie glauben, dass ihnen als werdender Vater vieles verschlossen bleibt. In den Interviews werden zahlreiche Metaphern verwendet, die anschaulich machen, in welcher Position sich die Männer im entfaltenden Beziehungsdreieck sehen und wie sie diese erleben. Die Rede ist hier beispielsweise vom »Mitläufer«, vom »Zuschauer in der ersten Reihe«, von dem, »der hinten dran hängt« usw. Die werdenden Väter sind ferner davon überzeugt, dass sie es schwerer haben, eine Beziehung zum Kind aufzubauen. Sie sind sich sicher, dass sie nicht die Nähe spüren können, die die werdende Mutter spürt, und vermissen einen unmittelbar sinnlichen Zugang – oder wie es ein Interviewpartner formuliert: Erfahrungen aus erster Hand. Der Weg zum Kind, so die Überzeugung, verläuft über die werdende Mutter, sie wird als eine unumgängliche Vermittlungsinstanz erlebt.

Der Tatsache, dass das Kind im Leib der Mutter heranwächst, werden weitreichende Konsequenzen zugeschrieben. Die werdenden Väter gehen davon aus, dass die Mutter-Kind-Beziehung in dieser Zeit aufgrund biologischer Gegebenheiten (also quasi naturwüchsig) eine nachhaltige Stärkung erfährt und auf diese Weise gegenüber der Vater-Kind-Beziehung einen Vorsprung gewinnt (Mutter und Kind wachsen im übertragenen Sinne zusammen). Mit dem Beziehungsvorsprung, der Mutter und Kind zugeschrieben wird, zeichnen sich in den Interviews verschiedene Umgangsweisen ab. Zu nennen sind hier beispielsweise Bedauern, es hinnehmen, Rückzugstendenzen, das Bemühen, die Partnerin als Vermittlerin anzusprechen wie auch das Bemühen um einen eigenen Zugang (mit dem Kind sprechen usw.). In den Auswertungen der Interviews wurde deutlich, dass die Überzeugung, Mutter und Kind gewinnen in der Schwangerschaft einen Beziehungsvorsprung, Auswirkungen darauf hat, wie die Zeit nach der Geburt imaginiert wird. So kommt vielfach die Phantasie einer asymmetrischen triadischen Beziehungsstruktur zum Ausdruck. Die werdenden Väter gehen davon aus, dass Mutter und Kind sehr eng miteinander verbunden sein werden – so ist sogar von einer »Einheit« die Rede. Sie selbst verorten sich zunächst einmal außerhalb der imaginierten Mutter-Kind-Dyade. In den Interviews finden sich immer wieder Hinweise auf die besorgte Frage, ob es gelingen wird, einen »guten« Platz im postnatalen Beziehungsdreieck zu finden. In diesem Zusammenhang werden Verlust- und Ausschlusserfahrungen antizipiert, die eben auch auf der Phantasie basieren, dass sich im Laufe der Schwangerschaft ein neues, gewissermaßen ideales Paar bildet. Mit dieser Phantasie verbunden ist die Befürchtung, dass das Kind womöglich die Position des Zweiten erobern, man selbst diese verlieren und in die Position des Dritten rutschen wird. Vergegenwärtigt man sich, dass die Interviewpartner zumeist ihre Mutter als die zentrale Ansprechpartnerin und Bezugsperson erlebten, den Vater der Kindheit hingegen als distanzierten, aber auch randständigen Dritten, so ist zu vermuten, dass hier auch die Sorge virulent ist, es könnte sich eine ähnliche Konstellation wie in der Herkunftsfamilie herstellen. Im Unterschied zu dieser trügen sie nun aber eben nicht den (phantasierten) ödipalen Sieg davon, sondern würden ihrerseits in die Position des randständigen Dritten geraten und somit unfreiwillig in die Fußstapfen ihres Vaters treten. Die Interviewpartner beschäftigt in diesem Zusammenhang auch die Frage, was nach der Geburt des Kindes aus der Paarbeziehung wird. Sie bringen hier die Phantasie zum Ausdruck, dass sich die Partnerin dann primär dem Kind zuwenden und hier libidinös gebunden sein wird. Untersucht man die Formulierungen, die im Hinblick auf die imaginierte postnatale Triade verwendet werden – die Rede ist vom Aufholen und Einholen des Vorsprungs bzw. vom Ausgleichen der Zeit der Schwangerschaft –, so beinhalten diese die bange Frage, ob es wohl gelingen wird, für das Kind als Vater einmal ähnlich bedeutsam zu sein wie die Mutter. Relevant ist in diesem Zusammenhang weiterhin, dass die Partnerin (bzw. Mutter) als Gatekeeper der Vater-Kind-Beziehung gesehen wird. So gehen die Interviewpartner davon aus, dass die Qualität ihrer Beziehung zum Kind nicht zuletzt von ihrer Billigung oder auch Unterstützung abhängig ist. Das Kind wird jedoch nicht nur als potentieller Rivale, sondern auch als etwas Verbindendes imaginiert (die Rede ist hier z. B. vom »gemeinsamen Betüddeln«). Abstrakter formuliert verknüpft sich in dieser Perspektive mit dem Kind der Wunsch, dass es das Dritte sein möge, in dem sich das Paar spiegeln und verstetigen kann.

Die Äußerungen der Interviewpartner zeigen, dass sich schon lange vor der Geburt des Kindes eine Triade aufzuspannen beginnt. Wird die Realität der Schwangerschaft und damit auch der Fötus als »Dritte(r) im Bunde« wahrgenommen, dann können hierdurch Konflikte aktualisiert werden, die lebensgeschichtlich auf den Prozess der frühen und ödipalen Triangulierung verweisen. Der werdende Vater kann das Kind als potentiellen Rivalen, seine Partnerin und das Kind als das ideale Paar und sich selbst als den Rand gedrängten oder ausgeschlossenen Dritten imaginieren. Dies wiederum bedeutet, dass Eifersuchts- und Neidgefühle aufbrechen können, mit denen es umzugehen gilt (das schließt die Aktualisierung von Gefühlen, die mit der Geburt eines jüngeren Geschwisterkindes zu tun haben, nicht aus).[77] Die in vielen Äußerungen der Interviewpartner zum Ausdruck kommenden (Angst-)Phantasien, dass das Kind den Vater verdrängen und der Partnerin u. U. wichtiger oder lieber sein wird (das neue Paar) können als Ausdruck einer normativen Krise im Übergang zur Vaterschaft und somit als diesem Prozess zugehörig verstanden werden. Für die werdenden Väter ist die sich ankündigende Triangulierung der Paarbeziehung durch ein Kind ein zentrales Thema. Die Bewältigung dieser Triangulierung ist eine zentrale Entwicklungsaufgabe im Übergang zur Vaterschaft, die dabei auftretenden Ängste und Konflikte sind diesem Prozess zugehörig.

Auf eine Sorge, die in den Interviews, die vor der Geburt des Kindes geführt wurden, immer wieder zur Sprache kam, möchte ich auch an dieser Stelle gesondert eingehen: Auf die Angst, dass das Kind nicht gesund sein könnte. Der Fötus scheint von den Interviewpartnern als verletzlich und leicht zu gefährden erlebt zu werden. Ein gesundes Kind wird von den werdenden Vätern inständig gewünscht, zugleich ist für sie jedoch die Möglichkeit, dass etwas schief gehen kann, sehr präsent. Das Vertrauen, ein »heiles« Kind hervorzubringen, stellt sich als eher gebrochen dar. Die Ängste, die in diesem Zusammenhang formuliert wurden, fungieren vermutlich auch als ein container für angstbesetzte Gefühle, die diffuser oder sozial weniger akzeptabel sind und darum eben nicht unmittelbar wahrgenommen und kommuniziert werden können. Die Phantasie, dass das Kind krank oder behindert zur Welt kommen könnte, wurde daneben auch als eine unbewusste Vergeltungsphantasie interpretiert. Negative und ablehnende Gefühle dem Kind oder der sich ankündigenden Vaterschaft gegenüber sind anscheinend hoch tabuisiert; sie machen Angst und erzeugen Schuldgefühle, was auch mit der unbewussten Phantasie zu tun hat, dass diese das Kind schädigen. Übermäßige Besorgtheit kann in dieser Perspektive auch eine Reaktionsbildung sein, die der Abwehr unbewusster aggressiver Impulse dient.

---

[77] Dabei kann die Entwicklung einer Elternrepräsentanz (ich werde nicht nur Vater, sondern bin dann auch ein Elternteil) helfen. Gelingt es, das Kind als das gemeinsame Dritte zu besetzen, so scheint dies Konkurrenz- und Neidgefühlen (z. B. auf die weibliche Produktivität) entgegenzuwirken.

In den Gesprächen, die mit den Männern nach der Geburt ihrer Kinder geführt wurden, kommt ein hohes Maß an Beteiligung und Engagement zum Ausdruck. Alle Väter beteiligen sich ihren Aussagen zufolge – wenn auch in unterschiedlichem Umfang – an der Pflege und Versorgung des Kindes. Neun der zehn Väter wünschen sich, für das Kind auch ein »früher« oder dyadischer Vater zu sein. Besagtes Engagement findet neben der Berufstätigkeit statt. Alle interviewten Männer haben die Rolle desjenigen übernommen, der in einigen Fällen zunächst einmal, in den meisten Fällen aber die nächsten Jahre oder sogar dauerhaft darauf eingestellt ist, den Unterhalt der Familie zu bestreiten. Aufgrund der Erwerbstätigkeit vergleichsweise viel außer Haus sein zu müssen, wird einerseits bedauert (»vieles entgeht mir«), andererseits aber auch als eine Möglichkeit gesehen, sich dem z. T. als belastend empfundenen Alltagsleben mit einem Säugling entziehen zu können. Insbesondere bei einem Interviewpartner wurde deutlich, dass die »familienfreie Zone« auch als ein Garant der männlichen Autonomie erlebt werden kann.

Insgesamt beschreibt ein Großteil der Interviewpartner die neue Lebenssituation als positiv, zwei wählen hier spontan den Begriff »stressig«. Bei einem der beiden Männer fällt auf, dass in seinem Erleben im Zeitraum der Schwangerschaft Sorgen und Ängste im Vordergrund standen. Für den anderen Vater stellte es sich vor der Geburt des Kindes – vergleicht man seine Ausführungen mit denen anderer werdender Väter – als besonders schwierig dar, einen emotionalen Zugang zu seiner sich ankündigenden Vaterschaft zu finden und die Schwangerschaft als wirklich zu erfahren.

Alle Interviewpartner sprechen von punktuellen Belastungen. Genannt werden hier die zu bewältigende Umstellung in verschiedenen Bereichen des Alltagslebens, die empfundene Präsenz und Dominanz der kindlichen Bedürfnisse,[78] Schlafdefizite, der erlebte Verlust von Handlungsautonomie und – damit korrespondierend – ein empfundener Zuwachs an Fremdbestimmung. Die Interviewpartner heben eine Situation heraus, die für sie besonders prekär ist: Dem eigenen Gefühl nach hilflos mit einem Baby konfrontiert zu sein, das sie nicht beruhigen können. Wie belastend die genannten Aspekte erlebt werden, scheint nicht zuletzt davon abzuhängen, welche »Rahmung« ihnen gegeben wird. Wird beispielsweise das eigene Kind als im Grunde lieb und unkompliziert wahrgenommen, so scheint sich eine kritische Situation als tendenziell weniger belastend darzustellen, als wenn das Kind grundsätzlich als schwierig oder besonders anspruchsvoll erlebt wird. Wichtig ist in diesem Zusammenhang weiterhin die Frage, welche Bedeutung dem kindlichen Verhalten zugeschrieben wird. Wird

---

[78] In vielen Interviews fällt ein besonders kindzentriertes Exposé auf, d. h. der Anspruch, sich an die vermuteten kindlichen Bedürfnisse anzupassen.

dieses beispielsweise im Sinne von »es will sich durchsetzen« interpretiert, so ruft dies anscheinend mehr Aggressionen hervor, als wenn eine Zuschreibung im Sinne von »es kann nicht anders« erfolgt. Die Interviews machen deutlich, dass die Erfahrung, das eigene Kind nur schwerlich oder auch gar nicht beruhigen zu können, nicht nur Gefühle wie Ohnmacht, Hilflosigkeit und Ärger bzw. Aggression, sondern auch Schuld- und Insuffizienzgefühle hervorrufen. Diese bekommen eine besondere Brisanz, wenn zum väterlichen Selbstverständnis der – nicht notwendig bewusste – Anspruch gehört, dem Kind Frustrationserfahrungen und schmerzhafte Gefühle zu ersparen. Gelingt das nicht, so wird dies als ein Versagen oder auch als ein An-dem-Kind-schuldig-Werden erlebt. Von Bedeutung ist in diesem Zusammenhang ferner, ob sich die Interviewpartner mit dem Vater ihrer Kindheit versöhnen konnten. Je weniger dies möglich ist, umso belastender werden anscheinend die Aspekte des eigenen Handelns erfahren, die vom eigenen Ideal- und Wunschbild eines guten Vaters abweichen. Belastungen (z. B. in Form von als notwendig erlebten Verzichtleistungen) bekommen aber auch eine andere Rahmung, wenn das eigene Tun als wichtig erfahren bzw. der Verzicht als sinnvoll bewertet wird und Erfahrungen gemacht werden können, die diese kompensieren helfen (die Highlights der frühen Vaterschaft). Deutlich wurde ferner, dass die Vaterschaft dann positiv bewertet wird, wenn die Interviewpartner das Gefühl haben, der Situation gewachsen zu sein. Das schließt den Aspekt der Kontrollüberzeugung sowie die Überzeugung, kompetent zu sein, ein. An dieser Stelle möchte ich noch einmal auf das Thema Verantwortung zurückkommen, ein Thema, dem – wie viele Äußerungen belegen – für die Identität und für das Selbstverständnis der Väter eine große Bedeutung zukommt. Nun auch für ein anderes Leben Verantwortung zu haben, wird keineswegs nur im Sinne einer Last oder Belastung erlebt, sondern gerade auch als etwas, was das eigene Selbst aufwertet und der eigenen Existenz Sinn verleiht. Die Interviewpartner haben das Gefühl, als Vater auf eine für sie neue und einmalige Art und Weise wertvoll zu sein und gebraucht zu werden. In diesem Zusammenhang wird weiterhin der Eindruck mitgeteilt, jetzt aufgrund des neuen sozialen Status anders ernst genommen zu werden. Die Rede ist hier von einer »Verantwortungsperson«, die man nunmehr sei. Hierbei schwingt mitunter die Phantasie mit, durch das Kind nicht nur Vater, sondern auch ein »richtiger« Mann geworden zu sein.

Die interviewten Väter entdecken z. T. mit Überraschung eine Seite an sich, die sie so von sich nicht kannten: die Fähigkeit zur Sorge. Hierzu gehört die in manchen Momenten als durchdringend erlebte Angst, dem Kind könnte etwas zustoßen bzw. zugestoßen sein. Das Moment der Sorge wird als etwas gesehen, das der väterlichen Identität inhärent ist; sie richtet sich aber auch auf die eigene Person. Vielfach wird davon gesprochen, dass man nun vorsichtiger sei und besser auf sich aufzupassen versuche. Besagtes Thema spiegelt sich in einem für Männer oft libidinös hoch besetztem Gegenstand: dem eigenen Auto. Die Interviewpartner schildern, dass sie den Eindruck haben, dass sich hier die eigenen Gewohnheiten und Vorlieben verändern würden. Gemeint ist damit der eigene Fahrstil, aber auch die Wahl der Automarke. Einige Interviewpartner haben sich für ein anderes Auto entschieden und fahren nun – wie sie es ausdrücken – ein »sicheres Familienauto«. Dieser Umstand kann als ein Anzeichen für den Umbau der Identität im Übergang zur Vaterschaft verstanden werden.

Fragt man danach, was dem Erleben und der Einschätzung der Interviewpartner zufolge dazu beigetragen hat, die väterliche Identität und die Bindung an das Kind zu stärken, so stößt man zunächst einmal auf eine Vielzahl emotional stark besetzter Äußerungen, die sich auf die Geburt des Kindes beziehen. Alle interviewten Männer haben die Geburt ihres Kindes miterlebt und machen deutlich, dass sie das Geburtsereignis tief berührt hat. Die Ausführungen der Interviewpartner legen nahe, dass ihre Anwesenheit bei der Geburt des Kindes auch eine symbolische Bedeutung hat. Das Geburtsgeschehen wird als eine für das weitere Beziehungsgeschehen bedeutsame Auftaktszene erlebt. Hier dabei gewesen zu sein und einen Platz gehabt zu haben vermittelt in dieser Perspektive nicht nur das Gefühl, dass es gelungen ist, den familialen Trialog positiv zu eröffnen, sondern wirkt auch der Angst entgegen, ausgeschlossen oder an den Rand gedrängt zu werden.
Als etwas ganz Besonderes, ja als ein Highlight der frühen Vaterschaft wird das Lachen/Lächeln des Kindes hervorgehoben. Dieses wird als ein Angelachtwerden und somit als eine positive Beziehungsaussage erlebt. Die Väter fühlen sich in einem solchen Moment gesehen und als bedeutsamer Anderer anerkannt. Das Lachen/Lächeln des Kindes vermittelt ihnen das Gefühl, vom Kind angenommen und gemocht und in dem auf das Kind bezogenen Tun bestätigt zu werden (Kompetenzspiegelung). Besagtem Komplex scheint für die Entwicklung der Bindung an das Kind sowie für deren Stabilisierung eine große Bedeutung zuzukommen. Deutlich wird hier, dass der Nährboden, der Vaterliebe »wachsen« lässt, ein empfundenes reziprokes Anerkennungsverhältnis ist. Als besonders berührend im positiven Sinne werden weiterhin Situationen beschrieben, in denen das Kind signalisiert, dass es ihm gut geht, oder in denen es gelingt, ihm Reaktionen zu entlocken, die als Ausdruck seines Wohlbefindens oder als eine positive Antwort auf die eigenen »Annäherungsversuche« interpretiert werden kön-

nen.[79] Die Väter entwickeln hier Spiele, die ihnen offensichtlich nicht nur Spaß machen, sondern daneben eben auch darauf abzielen, eine Rückmeldung zu bekommen, die ihnen das Gefühl gibt, ihre Sache gut zu machen (ein Vater bringt dies mit den folgenden Worten auf den Punkt: »Man macht sich zum Affen, aber gerne«). Von den in diesem Sinne gelungenen Interaktionssequenzen zeigen sich die Väter begeistert. Positiv hervorgehoben werden weiterhin besonders die sinnlichen Qualitäten des Kontaktes mit dem Baby (der Geruch des Kindes, die Zartheit der Haut usw.). Die Interviews zeigen, dass den Vätern der Umgang mit dem Säugling z. T. mehr Freude macht und er als interessanter erlebt wird, als sie es erwartet haben. Die Äußerungen der Männer machen deutlich, dass eine solche Wahrnehmungskorrektur voraussetzt, dass sich dem Kind auch aktiv zugewendet wird: Ein aktiver Umgang mit dem Kind und das Interesse an bzw. eine Begeisterung über die von ihm gemachten Entwicklungsschritte scheinen sich wechselseitig positiv zu verstärken. Die Interviews verweisen auf einen positiven Zusammenhang zwischen dem Ausmaß des väterlichen Engagements und der empfundenen Attraktivität des Säuglings. Als interessant erleben insbesondere die Väter ihr Kind bzw. den Kontakt mit diesem, die auch viel mit ihm zu tun haben. Besagte Wahrnehmung scheint sich wiederum positiv auf die Motivation, sich dem Kind zuzuwenden und sich mit ihm zu beschäftigen, auszuwirken. »Die Liebe wächst mit dem Dabeisein«, so formuliert es ein Interviewpartner und weist damit auf den skizzierten positiven Rückkoppelungsprozess hin.[80] Je mehr aktive Zeit mit dem Kind verbracht wird, umso deutlicher können zudem auch kleinere Entwicklungsschritte registriert werden, was wiederum die Freude an dem Kind und die Motivation, mit ihm zusammen zu sein, erhöht. Wird das Kind jedoch als vergleichsweise »langweilig« bewertet (»bis zum ersten Jahr, da ist halt nicht viel«), so korrespondiert dies mit einer verhältnismäßig größeren Distanz zum Kind. Auch hier kann von einem Rückkoppelungsprozess, allerdings von einem negativen ausgegangen werden.

---

[79] Dieses Phänomen zeigte sich bereits bei dem Thema Kindsbewegungen. Auch hier zeigten sich die Männer besonders begeistert, die das Gefühl hatten, das Kind reagiere auf sie und »antworte« ihnen. Sie nahmen ein Zusammenspiel zwischen ihren verbalen und haptischen Annäherungsversuchen und den Bewegungen des Kindes wahr und erlebten es als erste Form eines Dialoges.

[80] Für diesen Zusammenhang sprechen auch andere Untersuchungsergebnisse. So schreibt Petzold: »Solche Väter, die in der Pflege aktiv engagiert sind, haben auch eine stärkere Beziehung zum Kind« (1994, S. 72). Shapiro bemerkt: »Junge Väter, die in den ersten Tagen und Wochen nach der Geburt mit dem Kind zusammen waren, entwickelten tatsächlich eine viel intensivere Beziehung zu dem Baby, beteiligten sich mehr an den täglichen Aufgaben der Kinderpflege und -versorgung« (1992, S. 251).

Die Interviews lassen erkennen, dass das Kompetenzgefühl ein Faktor ist, der sowohl für die Entwicklung einer positiven väterlichen Identität als auch für den Aufbau der frühen Vater-Kind-Beziehung von außerordentlicher Wichtigkeit ist: Erlebt sich ein Vater als kompetent, so stärkt dies seine väterliche Identität und seine Bindung an das Kind. Einige Interviewpartner berichten von regelrechten Berührungsängsten, die sie zunächst im Umgang mit dem Säugling gehabt hätten. Diesen, so zeigt sich, lag die Phantasie zugrunde, das als zart und zerbrechlich wahrgenommene Kind[81] womöglich durch ein zu grobes Umgehen ungewollt zu verletzen.[82] Diese Ängste machten es ihnen schwer, sich dem Kind zu nähern und mit ihm umzugehen. Die Überwindung dieser Berührungsängste oder, positiv formuliert, das Zutrauen, mit dem eigenen Tun dem Kind nicht zu schaden, wird als ein wichtiger Wendepunkt für den weiteren Kontakt beschrieben. Von besonderer Bedeutung ist für das Vertrauen in die eigene Kompetenz auch die positive Erfahrung, gegebenenfalls temporär auf die Anwesenheit der Kindesmutter verzichten zu können und ohne diese zurechtzukommen. In diesen Kontext gehören die Sicherheit in Fragen, die das »Handling« mit dem Kind betreffen, wie auch das Vertrauen, die kindlichen Äußerungen richtig interpretieren zu können und mit dem, was man als Mann und Vater anzubieten hat, das Kind erreichen zu können und bei ihm anzukommen. Die Interviews machen deutlich, dass das Gefühl, im Umgang mit dem Kind sicher und kompetent zu sein – oder anders formuliert: Die Sicherheit, sich in einer dyadischen Situation bewähren und als früher Vater behaupten zu können – für den Aufbau und Ausbau der frühen Vater-Kind-Beziehung von großer Bedeutung ist. Besagtes Kompetenzgefühl macht anscheinend nicht nur mehr Lust auf das Vatersein und mehr Mut zu einem aktiven Umgang mit dem Kind (Verstärkerfunktion), sondern hat daneben auch eine Aussagekraft für den Grad der Zufriedenheit mit der neuen Lebenssituation. Das Gefühl der Kompetenz ist darüber hinaus für die Entwicklung und Etablierung eines positiven Selbstverständnisses als Vater wichtig. Umgekehrt sind in diesem Zusammenhang aber auch negative Rückkoppelungsprozesse zu beobachten. Die Unsicherheit darüber, wie sich dem Kind zu nähern ist, das Gefühl, als Vater dem Kind nicht das geben zu können, was es braucht, und vor allem das Gefühl der Inkompetenz machen es anscheinend nicht nur schwer, einen Säugling auch als faszinierend zu erleben, sondern können weiterhin Rückzugstendenzen befördern.

---

[81] Ein Vater betont, wie gut er es findet, dass sein Kind größer und kräftiger als andere Kinder seines Alters ist. Dieser Umstand scheint es ihm leichter zu machen, mit dem Körper des Kindes umzugehen.
[82] Vermutlich spielte hier auch das Selbstbild, ein vergleichsweise »grober Klotz« zu sein, eine Rolle.

Erwähnt sei in diesem Zusammenhang ferner, dass der interessierte Blick bzw. die Aufmerksamkeit und Gegenwart anderer dazu beitragen kann, die väterliche Identität zu stärken. Diese wird durch den sozialen Spiegel reflexiv betont.

Die Interviews machen aber auch deutlich, dass der Kontakt mit einem Säugling keineswegs harmlos ist. Er kann nicht nur als fremd und ungewohnt erlebt werden, sondern darüber hinaus auch als irritierend erfahren werden. Sich auf den Kontakt mit einem Baby und damit auch auf eine adaptive Regression einzulassen, kann insofern beängstigend sein, als hier u. U. die Angst entsteht, dass das erwachsene, männliche Selbst unterhöhlt wird. Neugierig zum Baby hingezogen scheinen sich die Väter auch dann nicht zu fühlen, wenn ihnen die wahrgenommene Hilflosigkeit und Abhängigkeit des Babys Angst macht. Es ist zu vermuten, dass dies insbesondere dann zutrifft, wenn unbewusst befürchtet wird, dass die Identifikation mit dem Kind einen auf das Kleine, Hilflose und Abhängige in einem selbst verweist. Das Fremde des Kindes ist in dieser Perspektive auch das abgewehrte Eigene. Jungen bilden ihre primäre Identität in der Regel in der Beziehung zu Frauen aus. In ihrer weiteren Entwicklung sind sie genötigt, einen grundlegenden Orientierungswechsel im sozialen Raum vorzunehmen. Sie müssen sich von der Mutter distanzieren und ihre frühen Identifikationen aufgeben, um ihre Maskulinität ausbilden zu können. Der Umgang mit einem Baby aktiviert diese frühen Identifikationen. Belebt werden Aspekte des eigenen Umsorgtwerdens wie auch Aspekte der frühen Identifikation mit dem Objekt, das einen versorgt, genährt und umsorgt hat. Bei meinen Interviewpartnern scheint dies vor allem und nahezu ausschließlich die Mutter gewesen zu sein. Der Umgang mit einem Säugling reaktiviert in diesem Fall dann die – wie an anderer Stelle bereits ausgeführt – verdrängten weiblichen Identifikationen. Dies wiederum kann die männliche Geschlechtsidentität bedrohen. Um für den Säugling als frühe Bezugsperson zur Verfügung zu stehen und empathisch mit ihm umgehen zu können, müssen die Väter also ihre – aufgrund des biographischen Hintergrundes »weiblichen« Identifikationen (die fürsorgliche, haltende und nährende Qualität eines männlichen Objektes haben sie zumeist ja nicht kennen gelernt) mobilisieren und sich mit ihrer »Weiblichkeit« versöhnen (vgl. auch Badinter 1997). Aus diesem Umstand lässt sich die These ableiten, dass ein fürsorglicher früher Vater nur derjenige Mann sein kann, dessen männliche Identität so gefestigt ist, dass »weibliche« Identifizierungen wiederbelebt und integriert werden können, ohne allzu viel Angst auszulösen. Negativ formuliert ist es das Schicksal der frühen Identifizierungen, das es einem Mann möglicherweise so schwer macht, das umzusetzen, was er sich bewusst vornimmt, nämlich ein engagierter und aktiver früher Vater zu sein. Die Interviewpartner bezogen sich vor der Geburt des Kindes in ihren Phantasien auf ein älteres Kind. Sie brachten ihre Präferenz für ein Kind zum Ausdruck, das dem Säuglingsalter schon entwachsen war. Wahrscheinlich hat dieser Umstand auch damit zu tun, dass sie sich hier weniger als Vater-als-Mutter gefragt sahen. Unklar war zu diesem Zeitpunkt der Befragung vermutlich noch, ob man es dem Kind tatsächlich erlauben kann, die »Mütterlichkeit« im männlichen Selbst zu beleben.

Die Interviews machen deutlich, dass die meisten Väter im Großen und Ganzen mit der sich jeweils etablierten familialen Triade zufrieden sind. Die Interviewpartner, die einen positiven Trialog beschreiben, erleben sich zugleich auch als kompetente Väter. Sie bringen die Überzeugung zum Ausdruck, einen Zugang zum Kind gefunden und eine Beziehung zu ihm aufgebaut zu haben. In dieser Einschätzung sehen sie sich durch die Reaktionen des Kindes bestätigt. Auffallend ist hier weiterhin, dass die Mutter-Kind-Beziehung nicht als abgeschlossenes, selbstgenügsames Gefüge erlebt wird. Besagte Väter haben nicht das Gefühl, Dritter neben einer Zweieinheit zu sein, sondern zeigen sich davon überzeugt, ebenfalls für das Kind wichtig zu sein, von ihm angesprochen und gesucht zu werden. Sie teilen weiterhin den Eindruck mit, dass die Partnerin die Beziehung zwischen Vater und Kind bejaht bzw. den Aufbau einer eigenständigen Vater-Kind-Beziehung unterstützt. Auffallend ist hier weiterhin das zum Ausdruck kommende Gefühl der Verbundenheit mit der Partnerin in der gemeinsamen Elternposition. Besteht hingegen umgekehrt die Überzeugung, das Kind bevorzugt die Mutter, so befördert dies anscheinend Rückzugstendenzen und eine Zurücknahme des väterlichen Engagements.
Die interviewten Männer kommen aber auch auf einen definitiven Unterschied zu sprechen, der im Hinblick auf das Kind zwischen ihnen und ihrer Partnerin besteht: Ihr bleibt es vorbehalten, das Kind zu stillen. Die Väter sind sich sicher, dass diese Differenz vom Baby realisiert wird. Unterschiedliche Wahrnehmungen werden im Hinblick auf die Frage deutlich, was dieser Umstand bedeutet. Einige Väter glauben, dass besagte Differenz nur relevant wird, wenn das Kind Hunger hat, andere vermuten, dass das Kind die Mutter aufgrund ihrer Fähigkeit zu stillen grundsätzlich bevorzugen würde. Abgesehen von einem Vater bringen alle Männer die Überzeugung zum Ausdruck, dass sie es infolge der Tatsache, dass sie nicht stillen können, im Umgang mit dem Kind schwerer hätten und hier im Nachteil seien. Hervorgehoben wird, dass ihnen in kritischen Situationen das zentrale Instrument fehlen würde, um das Kind zu beruhigen: Die Brust. Diese Interviewpartner erleben sich auf ihre Partnerin verwiesen und z. B. in dem Sinne von ihr abhängig, dass es ihnen nur sehr bedingt möglich ist, sich mit dem Kind über

einen längeren Zeitraum eigenständig bewegen zu können. Neid oder Eifersucht auf die wahrgenommene innige und in Teilen als exklusiv erlebte Beziehung zwischen Mutter und Kind werden vehement zurückgewiesen. Die Analyse der in diesem Zusammenhang gemachten Äußerungen weist jedoch darauf hin, dass besagte Gefühle sehr wohl eine Rolle spielen, aber abgewehrt werden müssen. In den Interviews werden verschiedene Strategien deutlich,[83] die den Vätern helfen, sich weder in ein unterschwelliges Konkurrieren um die Zuneigung des Kindes zu verstricken noch das Gefühl, das Kind favorisiert die Mutter, mit Rückzugstenzenden zu beantworten. Hilfreich ist hier die Fähigkeit, sich positiv auf die vom Paar geteilte Elternposition beziehen zu können. Aufkommende Eifersuchts- und Neidgefühle können so »abgefedert« werden. Hervorheben möchte ich noch einmal, dass die in den ersten beiden Interviews zum Ausdruck gekommene Sorge, durch das Kind womöglich in die Position des randständigen Dritten verwiesen zu werden, nach der Geburt an Bedeutung verloren hatte. Dies traf in besonderer Weise bei den Männern zu, die sich stark zu dem Säugling hingezogen fühlten und sich als frühe Väter engagierten. Eine Ursache dieser Veränderung ist hier vermutlich das Gefühl, mit der Partnerin in der gemeinsamen Sorge um das Kind verbunden zu sein.[84] Wie sich das Erleben der Triade in Zukunft gestalten wird, dies wäre interessant weiterzuverfolgen. Deutlich wurde an einem Beispiel, dass sich das väterliche Engagement nicht nur erhöht, sondern auch qualitativ anders gestalten kann, wenn die Mutter gewollt oder auch ungewollt (z. B. aufgrund einer Erkrankung) dem frühen Vater Platz macht.

Die Väter beobachten sehr genau, wie sich die familiale Triade gestaltet und ob sich eine Asymmetrie herausbildet. Diejenigen, die sich zufrieden mit ihrer neuen Lebenssituation zeigen, haben anscheinend das Gefühl, sich – oft im Unterschied zu ihrem Vater – im familialen Gefüge behaupten zu können.

Der Umstand, dass das Erleben des werdenden Vaters lange vergleichsweise wenig wissenschaftliche Beachtung fand, scheint mir kein Zufall zu sein. In ihm spiegelt sich eine auch heute noch verbreitete Sichtweise, die in einem zu einem geflügelten Wort gewordenem Reim von Wilhelm Busch prägnant zum Ausdruck kommt: »Vater werden ist nicht schwer, Vater sein dagegen

---

[83] Der Versuch, triangulierend einzugreifen, kann als eine andere Strategie verstanden werden, mit Ausschlussgefühlen umzugehen. So versuchte ein Vater, der darüber gekränkt ist, dass sich das Kind vermeintlich stärker auf die Mutter bezieht und zu ihr eine engere Bindung als zu ihm hat (»ich existiere für ihn nur neben der Mutter«), Mutter und Kind voneinander zu »entwöhnen«.

[84] Zu einer ähnlichen Einschätzung kommen Greenberg und Morris: Der »engrossed father is unlikely to feel excluded and pushed out by the infant« (1974, S. 529).

sehr«. Es folgen die Zeilen: »Steht dann eines Morgens da als ein Vater und Papa«. Besagter Reim verweist auf ein Vorurteil: Vater werden ist nicht schwer, es passiert fast von allein. Dass dem keineswegs so ist, es sich beim Vaterwerden vielmehr um einen komplexen und konfliktträchtigen Aneignungsprozess handelt, dies belegen die Aussagen meiner Interviewpartner eindrücklich.

Der Übergang zur Vaterschaft kann als eine soziale und psychische Umbruchphase sowie als ein bedeutsamer Angelpunkt der allgemeinen und differentiellen Entwicklung im Erwachsenenalter verstanden werden. Der Übergang zur Vaterschaft ist eine kritische Lebensphase, da habitualisierte Handlungs- und Verhaltensabläufe, kurz der eingespielte Alltag aufstört wird. Von einer Umbruchphase kann insofern gesprochen werden, als im Prozess des Vaterwerdens weitreichende Veränderungen eingeleitet werden. Diese beziehen sich auf den intrapsychischen und interpersonellen Raum und können als bedrohlich erfahren werden wie auch mit Wünschen und Hoffnungen verbunden werden. Die interviewten Männer beschreiben auf vier Ebenen Veränderungen: Veränderungen in der Partnerschaft, Veränderungen im intergenerativen Verhältnis, Veränderungen im Verhältnis zur Außenwelt (Umbau des familialen und sozialen Bezugssystems) sowie Veränderungen, die sich auf die eigene Person beziehen. Der Prozess der psychischen und sozialen Umorganisation, so wurde deutlich, wird bereits in der Schwangerschaft eingeleitet. Mit dem Übergang zur Vaterschaft sind verschiedene Entwicklungsaufgaben verbunden. Hervorheben möchte ich hier noch einmal die folgenden drei; ihnen kam in den Interviews eine besondere Bedeutung zu:

1. Entwicklungsaufgabe »Neudefinition der Identität«,[85]
2. Entwicklungsaufgabe »Abschied von der Adoleszenz«,
3. Entwicklungsaufgabe »Triangulierung der Paarbeziehung«[86]

Die Lebensphase des Übergangs zur Vaterschaft hat Merkmale einer Krise; sie gibt zugleich aber auch Anstöße für Reifung und Wachstum. Dass Vorhandenen intrapsychischer und interpersoneller Konflikte steht hierzu nicht im Widerspruch, sondern ist dafür möglicherweise sogar eine Voraussetzung (vgl. auch Cowan 1988). Der Übergang zur Vaterschaft, so wurde deutlich,

---

[85] So gilt es ein Selbstverständnis als Vater zu entwickeln, das in das bestehende Selbstkonzept integriert werden kann.
[86] Konflikte mit der sich ankündigenden triadischen Struktur können auf verschiedene Weise abgewehrt werden (das Kind als Selbstobjekt phantasieren, Leugnen der Schwangerschaft) und sich anhand verschiedener Symptome zeigen. Fällt es einem werdenden Vater schwer, das Kind vor der Geburt als real wahrzunehmen und seine Existenz emotional anzuerkennen, so kann dies auch mit der unbewussten Bedrohung der Triangulierung zusammenhängen.

stößt eine (erneute) Auseinandersetzung mit der eigenen Kindheit und damit auch mit den Protagonisten der Herkunftsfamilie sowie der Beziehungsstruktur der Herkunftsfamilie an. Im Kontakt und in der Auseinandersetzung mit ihren Kindern begegnen Väter ihren eigenen ungelösten (Entwicklungs-)Konflikten. Diese können bereits in der Schwangerschaft, also auf dem Weg in die Vaterschaft aufgestört werden. Neben den schmerzhaften und bedrohlichen Momenten ist damit auch die Chance verbunden, sich diesen Konflikten noch einmal zu stellen und für sie eine bessere »Lösung« zu finden. Spricht man im Zusammenhang der Entwicklungsdynamik der Adoleszenz von einer zweiten Chance, so spricht vieles dafür, dass die psychische Entwicklung mit einer Vater-/Elternschaft eine weitere Chance bekommt.

Die Interviews legen die These nahe, dass die zu Wort gekommenen Väter eine alltäglichere und zugleich intensivere Beziehung zu ihren Kindern haben, als dies bei ihren Vätern der Fall war. Insofern kann man sie durchaus als »neue Väter« bezeichnen. Abschließend möchte ich noch einmal die in den Interviews deutlich gewordenen Punkte herausheben, die einen maßgeblichen Einfluss auf das frühe väterliche Engagement haben:
– die Überzeugung, dass ein Vater für sein Kind eine bedeutsame Person ist und für seine Entwicklung eine wichtige Rolle spielt (diese Überzeugung wirkt sich positiv auf das Engagement aus),
– das wahrgenommene Verhalten der Partnerin bzw. das Gefühl, die Kindesmutter macht dem Vater auch Platz (die Männer achten anscheinend sehr genau darauf, ob die Partnerin ein väterliches Engagement erlaubt und wünscht. Der Partnerin wird hier die Position eines Gatekeepers zugestanden. Die Väter glauben, dass ihre »Erlaubnis« nicht zuletzt von dem Zutrauen abhängig ist, das sie in die Kompetenzen des Partners hat[87]),
– die wahrgenommene eigene väterliche Kompetenz (diejenigen Interviewpartner, die sich im Umgang mit dem Kind als kompetent erleben[88] und

---

[87] Dieser Aspekt wird in verschiedenen Studien hervorgehoben. Greenberg (1992) merkt an, dass viele Männer das Baby als Territorium der Frau betrachten und sich scheuen, in dieses einzudringen. Fthenakis (1999) bezeichnet die Partnerin als Weichenstellerin. Männer, so die These dieser Autoren, sind soweit involviert, wie es die Frau zulässt; ihr Engagement bindet sich an die Erlaubnis der Partnerin.

[88] Erwähnen möchte ich in diesem Zusammenhang, dass es nicht einfach ein »natürlicher« Kompetenzvorsprung der Mutter ist, der im Umgang mit dem Säugling zu einer traditionellen Arbeitsteilung zwischen Mann und Frau führt. Maßgeblich hierfür kann auch der Umstand sein, dass Mutter und Vater von Anfang an so handeln, als ob es eine natürliche Kompetenz bzw. einen Kompetenzvorsprung der Mutter gebe. Diese oft auch unbewusste Überzeugung kann sich im Sinne einer sich selbst erfüllenden Prophezeiung bestätigen (vgl. auch Matzner 1998, S. 83).

sich davon überzeugt zeigen, dass auch Männer fähig sind, angemessen mit einem kleinen Kind umzugehen, zeigen das größte Engagement),
– das Vertrauen, als Mann und Vater einen guten Platz im familialen Trialog zu finden und nicht in die Position des randständigen Dritten zu geraten,
– das Gefühl, vom Kind angenommen, bestätigt und gemocht zu werden (dieses Gefühl hat anscheinend einen positiven Effekt auf das frühe väterliche Engagement; der Eindruck hingegen, das Kind bevorzugt grundsätzlich die Mutter, scheint Rückzugstendenzen zu befördern),
– die wahrgenommenen Eigenheiten des Kindes (hierzu gehört z. B. die Frage, als wie unkompliziert bzw. schwierig/anstrengend das Kind eingeschätzt wird. In diesen Zusammenhang gehört weiterhin die wahrgenommene Attraktivität des Kindes sowie die Frage, ob es positive Gefühle in einem auszulösen vermag),
– das vorhandene Engagement (die aktiv mit dem Kind verbrachte Zeit erhöht die väterliche Sicherheit und Kompetenz sowie die wahrgenommene Attraktivität des Kindes, dies wiederum die Motivation, sich zu engagieren. Die Interviews legen die Hypothese nahe, dass das väterliche Engagement und die Bindung an das Kind Prozesse sind, die sich wechselseitig verstärken),
– das Schicksal der frühen Identifizierungen (ist die männliche Identität so stabil, dass frühe weibliche/mütterliche Identifizierungen wieder belebt und integriert werden können, ohne allzu viel Angst auszulösen?),
– Merkmale der aktuellen Lebenssituation und Kontextbedingungen (wie fordernd oder auch belastend gestaltet sich z. B. die berufliche Situation, welche Leitbilder sind im Freundeskreis im Hinblick auf das erwünschte Verhalten eines Vaters maßgeblich?)
– das Erleben der sowie das Engagement in der Schwangerschaft (derjenige werdende Vater, dem es in der Schwangerschaft besonders schwer fiel, sich zu dem Kind und seiner Vaterschaft in Beziehung zu setzen, zeigte sich auch nach der Geburt des Kindes vergleichsweise distanziert).[89]

---

[89] Ein Vater sieht einen deutlichen Zusammenhang zwischen dem Verhalten, das ein werdender Vater in der Schwangerschaft und dem Verhalten, das er nach der Geburt des Kindes zeigt. Er empfiehlt werdenden Vätern: »Nicht unbeteiligt daneben stehen, sondern sich mit in das Geschehen einbinden und einbinden lassen. Und wenn man das beherzigt, dann, denk ich, kommt der Rest von ganz alleine. (...) Das ist auch einfach schon so 'ne Vorbereitungsphase, wenn man sich selber damit auseinandersetzt. Und wenn man da selber dann immer unbeteiligt daneben steht, dann wird man auch später da nur schwer Fuß fassen können, wenn das Kind geboren ist.« (Herr J. 3/23)

Bibliographie

Abelin, E.L. (1986/1971): Die Theorie der frühkindlichen Triangulation. Von der Psychologie zur Psychoanalyse. In: Stork, J. (Hg.): Das Vaterbild in Kontinuität und Wandel. Stuttgart (Frommann-Holzboog), S. 45–72.

Aigner, J.Ch. (2001): Der ferne Vater. Zur Psychoanalyse von Vatererfahrung, männlicher Entwicklung und negativem Ödipuskomplex. Gießen (Psychosozial).

Badinter, E. (1997): Die Identität des Mannes. Seine Natur, seine Seele, seine Rolle. München (Piper).

Badinter, E. (1984): Die Mutterliebe. Geschichte eines Gefühls vom 17. Jahrhundert bis heute. München (dtv).

Bauer, M. (1992): Übergang zur Elternschaft: Erlebte Veränderungen. In: Psychologie in Erziehung und Unterricht, Jg. 39, S. 96–108.

Bauers, B. (1993): Die ›dritte Beziehung': Triangulierende Funktion in der analytischen Kinder- und Jugendlichenpsychotherapie. In: Praxis der Kinderpsychologie und Kinderpsychiatrie 42, S. 124–131.

Bauriedl, Th. (1998): Die Triangularität menschlicher Beziehungen und der Fortschrittsglaube in der psychoanalytischen Entwicklungstheorie. In: Bürgin, D. (Hg.): Triangulierung: der Übergang zur Elternschaft. Stuttgart (Schattauer), S. 123–140.

Bauriedl, Th. (1994): Auch ohne Couch: Psychoanalyse als Beziehungstheorie und ihre Anwendungen. Stuttgart (Verl. Internat. Psychoanalyse).

Beck, U. (1986): Risikogesellschaft: Auf dem Weg in eine andere Moderne. Frankfurt/M. (Suhrkamp).

Beck-Gernsheim, E. (1998): Was kommt nach der Familie?: Einblicke in neue Lebensformen. München (Beck).

Benedek, Th. (1960/1): Elternschaft als Entwicklungsphase. Ein Beitrag zur Libidotheorie. In: Jahrbuch der Psychoanalyse, S. 35–61.

Benjamin, J. (1990): Die Fesseln der Liebe. Psychoanalyse, Feminismus und das Problem der Macht. Frankfurt/M. (Stroemfeld/Roter Stern).

Bleibtreu-Ehrenberg, G. (1994): Vaterschaft im Kulturvergleich. In: Psychosozial, 17. Jg., Hf. 4, S. 25–36.

Blos, P. (1990): Sohn und Vater. Diesseits und jenseits des Ödipuskomplexes. Stuttgart (Klett-Cotta).

Bopp, J. (1984): Die Mamis und die Mappis. Zur Abschaffung der Vaterrolle. In: Kursbuch 76, S. 53–74.

Borens, R. (1993): »...Vater sein dagegen sehr«. In: Zeitschrift für psychoanalytische Theorie und Praxis VIII, Hf. 1, S. 19–31.

Bovensiepen, G. (1987): Väter – Fragen nach der Identität. In: Analytische Psychologie 18 (1), S. 49–58.

Bowlby, J. (1975/1969): Bindung: Eine Analyse der Mutter-Kind-Beziehung. München (Kindler).

Bräutigam, W. (1976): Gebärneid. Beobachtungen zur Psychodynamik der Geburt aus der Sicht des Mannes. In: Psyche 30/1, S. 217–227.

Brandes, H. (1990): Die männliche Matrix. Überlegungen zu männlicher Identität, männlichen Beziehungsformen und therapeutischen Männergruppen. In: Brandes, H.; Franke, Ch. (Hg.): Geschlechterverhältnisse in Gesellschaft und Therapie. Münster (Lit), S. 155–177.

Brazelton, B.T.; Cramer, B.G. (1994): Die frühe Bindung. Die erste Beziehung zwischen dem Baby und seinen Eltern. Stuttgart (Klett-Cotta).

Britton, R. (1998): Die fehlende Verbindung: die Sexualität der Eltern im Ödipuskomplex. In: Britton, R.; Feldman, M.; O' Shaughnessy, E.: Der Ödipuskomplex in der Schule Melanie Kleins. Stuttgart (Klett-Cotta), S. 95–115.

Buchholz, M.B. (1991): Die Regression der Triade. Zur Bedeutung des Vaters bei der Magersucht. In: Forum der Psychoanalyse, Bd. 7, S. 47–61.

Buchholz, M.B. (1990): Die Rotation der Triade. In: Forum der Psychoanalyse, Bd. 6, S. 116–134.

Buchholz, M.B. (1993): Dreiecksgeschichten. Eine klinische Theorie psychoanalytischer Familientherapie. Göttingen (Vandenhoeck & Ruprecht).

Bürgin, D. (1999): Am Anfang sind es drei – Vortrag vom 5.9.1999, verfügbar über: http://www.wuppertal.de/region/soziales/am-anfang/vortrag-buergin.html

Bürgin, D. (Hg.) (1998): Triangulierung: der Übergang zur Elternschaft. Stuttgart (Schattauer).

Bürgin, D. (1997): Drei- und Vielsamkeit als ursprüngliche Beziehungsform. In: Analytische Kinder- und Jugendlichen-Psychotherapie, 28. Jg., Hf. 93, S. 31–55.

Bürgin, D. (1993): Eltern werden... Anmerkungen zu einer normativen Entwicklungskrise. In: Kinderanalyse, Jg. 1, Heft 3, S. 273–302.

Bullinger, H. (1983): Wenn Männer Väter werden. Schwangerschaft, Geburt und die Zeit danach im Erleben von Männern. Überlegungen, Informationen, Erfahrungen. Reinbek (Rowohlt).

Cohn, R. (1978/1975): Von der Psychoanalyse zur Themenzentrierten Interaktion. Stuttgart (E. Klett).

Cremerius, J. (1979): Gibt es zwei psychoanalytische Techniken? In: Psyche 33, Hf. 7, S. 577–599.

Cowan, Ph.A. (1988): Becoming a Father. A Time of Change, An Opportunity for Development. In: Bronstein, P., Cowan C. P. (Ed.): Fatherhood Today.

Men's Changing Role in the Family. New York (J. Wiley & Sons), S. 13–35.

Dammasch, F. (1994): Zwischen Mutterland und Vaterland. Die triangulierende Funktion des Therapeuten in der Behandlung eines vaterlosen Mädchens. In: Analytische Kinder- und Jugendlichen-Psychotherapie, 25. Jg., Hf. 84, S. 309–340.

Delaisi de Parseval, G. (1985): Was wird aus den Vätern? Künstliche Befruchtung und das Erleben der Vaterschaft. Weinheim (Beltz).

Diamond, M.D. (1991): Der werdende Vater: Psychoanalytische Ansichten über den vergessenen Elternteil. In: Friedman, R.M. & Lerner, L. (Hg): Zur Psychoanalyse des Mannes. Berlin (Springer), S. 39–63.

Döhring, B.; Kreß, B. (1986): Zeugungsangst und Zeugungslust. Gespräche mit Männern über Fruchtbarkeit und Vaterschaft. Darmstadt (Luchterhand).

Dornes, M. (1997): Der kompetente Säugling. Die präverbale Entwicklung des Menschen. Frankfurt/M. (Fischer).

Dunde, S.R. (Hg.) (1986): Neue Väterlichkeit: Von Möglichkeiten und Unmöglichkeiten des Mannes. Gütersloh (Mohn).

El-Giamal, M. (1996): Die Analyse von Übergängen im Lebenslauf. Methodische Aspekte der Untersuchung von Streß und Coping bei Erstelternschaft. In: Braehler, E.; Unger, U.: Schwangerschaft, Geburt und der Übergang zur Elternschaft. Empirische Studien. Opladen (Westd. Verl.), S. 192–212.

Ermann, M. (1989): Das Dreieck als Beziehungsform. In: Praxis der Psychotherapie und Psychosomatik 34, S. 261–269.

Ermann, M. (1985): Die Fixierung in der frühen Triangulierung. Zur Dynamik der Löslösungsprozesse bei Patienten zwischen Dyade und Ödipuskonstellation. In: Forum der Psychoanalyse 1, S. 93–110.

Ermann, M. (1995): »Frühe« Triangulierung. In: Mertens, W. (Hg.): Schlüsselbegriffe der Psychoanalyse. Stuttgart (Verl. Internat. Psychoanal.), S. 200–208.

Fascher, R. (2002): Auf(ge)wachsen in der vaterlosen Gesellschaft – Zur sozialpsychologischen Bedeutung des Vaters. Dissertation Freie Universität Berlin (Manuskriptfassung).

Federn, P. (1988/1919): Zur Psychologie der Revolution: Die vaterlose Gesellschaft. In: Luzifer-Amor. Zeitschrift zur Geschichte der Psychoanalyse, 1. Jg., Hf. 2, S. 13–33.

Flick, U. (1995): Qualitative Forschung. Theorie, Methoden, Anwendung in Psychologie und Sozialwissenschaft. Reinbek (Rowohlt).

Freud, S. (1975/1909): Analyse der Phobie eines fünfjährigen Knaben. S.A., Bd. 8, Frankfurt/M. (Fischer), S. 9–122.

Freud, S. (1975/1919): »Ein Kind wird geschlagen« (Beitrag zur Kenntnis der Entstehung sexueller Perversionen). S.A., Bd. 7, Frankfurt/M. (Fischer), S. 229–254.
Freud, S. (1975/1908): Über infantile Sexualtheorien. S.A., Bd. 5, Frankfurt/M. (Fischer), S. 169–184.
Frick-Bruder, V.; Schütt, E. (1992): Zur Psychologie des männlichen und weiblichen Kinderwunsches. Entwicklungsbedingungen narzißtischer, depressiver und kreativer Anteile. In: Psychotherapie, Psychosomatik und medizinische Psychologie, Jg. 42, S. 221–227.
Frodi, A.M.; Lamb, M.E. (1978): Sex differences in responsiveness to infants: A Developmental Study of Psychophysiological and Behavioral Responses. In: Child Development, Vol. 49, S. 1182–1188.
Frodi, A.M.; Lamb, M.E. (1980): Child abusers' Responses to Infant Smiles and Cries. In: Child Development, Vol. 51, S. 238–241.
Fthenakis, W.E. u.a. (1999): Engagierte Vaterschaft: die sanfte Revolution in der Familie/LBS-Inititiative Junge Familie. Opladen (Leske & Budrich).
Fthenakis, W.E. (1994): Neue Väter? – Einige Anmerkungen zur gegenwärtigen Vaterforschung. In: Soziologische Revue, Jg. 17, Sonderheft 3, S. 170–178.
Fthenakis, W.E. (1985): Väter. Bd. I u. II, München (dtv).
Fthenakis, W.E. (1992): Zur Rolle des Vaters in der Entwicklung des Kindes. In: Praxis der Psychotherapie und Psychosomatik 37, S. 179–189.
Gambaroff, M. (1984): Utopie der Treue. Reinbek (Rowohlt).
Gauda, G. (1990): Der Übergang zur Elternschaft: eine qualitative Analyse der Entwicklung von Mutter- und Vateridentität. Frankfurt/M. (Lang).
Giddens, A. (1995): Konsequenzen der Moderne. Frankfurt/M. (Suhrkamp).
Gloger-Tippelt, G. (1988): Schwangerschaft und erste Geburt. Psychologische Veränderungen der Eltern. Stuttgart (Kohlhammer).
Gottschalch, W. (1987): Der Neid der Männer auf die Frauen. In: Dunde, S. (Hg.): Geschlechterneid – Geschlechterfreundschaft..., Frankfurt/M. (Fischer).
Greenberg, M. (1992): Ein Vater wird geboren. Die Entfaltung der Vater-Kind-Beziehung. Frankfurt/M. (Fischer).
Greenberg, M.; Morris, N. (1974): Engrossment: The Newborn's Impact upon The Father. In: American Journal of Orthopsychiatry, 44 (4), S. 520–531.
Greenacre, Ph. (1966): Probleme der Überidealisierung des Analytikers und der Analyse. In: Psyche, Jg. 20, 8, S. 611–628.
Grieser, J. (1998): Der phantasierte Vater: Zur Entstehung und Funktion des Vaterbildes beim Sohn. Tübingen (Ed. Diskord).

Grieser, J. (2001): Vater, Mutter, Kind und Therapeut. Die therapeutische Funktion des Dritten in der Behandlung depressiver Zustände. In: Forum der Psychoanalyse, Hf. 1, S. S. 64–83.

Groddeck, G. (1989): Das Buch vom Es. Psychoanalytische Briefe an eine Freundin. Frankfurt/M. (Ullstein).

Gurwitt, A.R. (1976): Aspects of Prospective Fatherhood: A Case Report. In: Psychoanalytic Study of the Child 31, S. 237–271.

Hagemann-White, C. (1987): Macht und Ohnmacht der Mutter. In: Rommelspacher, B. (Hg.): Weibliche Beziehungsmuster. Frankfurt/M. (Campus), S. 15–30.

Hagemann-White, C. (1984): Sozialisation: Weiblich – männlich. Opladen (Leske & Budrich).

Heinemann, E.; Rauchfleisch, U.; Grüttner, T. (1993): Gewalttätige Kinder. Psychoanalyse und Pädagogik in Schule, Heim und Therapie. Frankfurt/M. (Fischer).

Herzog, J.M. (1998): Frühe Interaktionen und Repräsentanzen: Die Rolle des Vatersin frühen und späten Triaden; der Vater als Förderer der Entwicklung von der Diade zur Triade. In: Bürgin, D. (Hg.): Triangulierung: der Übergang zur Elternschaft. Stuttgart (Schattauer), S. 162–178.

Herzog, J.M. (1982): On father hunger: The father's role in the modulation of aggressive drive and fantasy. In: Cath, S.H.; Gurwitt, A.R.; Ross, J.M. (eds.): Father and Child: Developmental and Clinical Perspectives. Boston (Little, Brown), S. 163–174.

Herzog, J.M. (1982b): Patterns of expectant fatherhood: A study of the fathers of a group of premature infants. In: Cath, S.H.; Gurwitt, A.R.; Ross, J.M. (eds.): Father and Child: Developmental and Clinical Perspectives. Boston (Little, Brown), S. 301–314.

Horkheimer, M. (1985/1947): Autorität und Familie in der Gegenwart. In: ders.: Gesammelte Schriften, Bd. 5, Frankfurt/M. (Fischer).

Jacobson, E. (1950): Development of the wish for a child in boys. In: Psychoanalytic Study of the Child 5, S. 139–152.

Jahoda, M. (1986): Wieviel Arbeit braucht der Mensch? Weinheim (Beltz).

Jarvis, W. (1962): Some effects of Pregnancy and childbirth on men. In: Journal of the Americ. Psychoanal. Association, S. 689–700.

Jettmar, K. (1979): Das Vaterbild als Thema der Ethnologie. In: Tellenbach, H. (Hg.): Vaterbilder in Kulturen Asiens, Afrikas und Ozeaniens. Religionswissenschaft – Ethnologie. Stuttgart (Kohlhammer), S. 134–152.

Jürgens, H.W.; Pohl, K. (1978): Partnerbeziehung und generatives Verhalten. Ergebnisse einer Longitudinaluntersuchung. In: Zeitschrift für Bevölkerungswissenschaft, 4. Jg., Heft 3, S. 247–268.

Kallenbach, K. (1996): Zur Vater-Kind-Beziehung heute. In: Psychosozial, 19. Jg., Nr. 66, Hf. IV, S. 77–98.

Kapfhammer, H.-P.; Mayer, Ch. (1996): Der Übergang zur Vaterschaft. Entwicklungsaufgabe, Krise und Reifungsschritt. Anmerkungen zum Couvade-Syndrom. In: Braehler, E.; Unger, U.: Schwangerschaft, Geburt und der Übergang zur Elternschaft. Empirische Studien. Opladen (Westd. Verl.), S. 71–89.

Keller, H.; Chasiotis, A. (1991): Die Rolle des Vaters für die frühe Entwicklung des Kindes. In: Psychosozial, 14. Jg., Hf. 2, Nr. 46, S. 67–75.

Kiepenheuer, K. (1991): Kinder verändern Eltern. In: Kind und Umwelt. Beiträge zur psychoanalytischen Kinder- und Jugendlichen-Psychotherapie, Hf. 72, S. 41–52.

Kittler, E. (1993): ...Eltern sein. In: Kinderanalyse, 1. Jg., Heft 3, S. 303–327.

Klein, M. (1979): Die Psychoanalyse des Kindes. München (Reinhardt).

Kübber, S. (1987): Vaterwerden als Chance in der Entwicklung des Mannes. In: Fedor-Freyberch, P.G. (Hg.): Pränatale und perinatale Psychologie und Medizin. Schweden (Saphir), S. 61–65.

Kühler, Th. (1989): Zur Psychologie des männlichen Kinderwunsches: ein kritischer Literaturbericht. Weinheim (Deutscher Studien Verlag).

Lamb, M.E. (1977): Father-infant and mother-infant interaction in the first year of life. In: Child Development 48, S. 16–181.

Lamnek, S. (1993): Qualitative Sozialforschung, Bd. 1, Methodologie. Weinheim (Beltz).

LBS-Initiative Junge Familie (Hg.): LBS-Familien-Studie »Übergang zur Elternschaft«, Report 3/1997 und Report 2/1998, Münster (Projektleitung: Fthenakis, W.; Engfer, A.).

Leithäuser, Th.; Volmerg, B. (1979): Anleitung zur empirischen Hermeneutik. Psychoanalytische Textinterpretation als sozialwissenschaftliches Verfahren. Frankfurt/M. (Suhrkamp).

Leithäuser, Th.; Volmerg, B. (1988): Psychoanalyse in der Sozialforschung. Eine Einführung am Beispiel einer Sozialpsychologie der Arbeit. Opladen (Westd. Verl.).

Löchel, E. (1997): Inszenierungen einer Technik: Psychodynamik und Geschlechterdifferenz in der Beziehung zum Computer. Frankfurt/M. (Campus).

Mahler, M.; Pine, F.; Bergman, A. (1993/1975): Die psychische Geburt des Menschen. Symbiose und Individuation. Frankfurt/M. (Fischer).

Mangold, W. (1960): Gegenstand und Methode des Gruppendiskussionsverfahrens: aus der Arbeit des Instituts für Sozialforschung. Frankfurter Beiträge zur Soziologie, Bd. 9, Frankfurt/M. (Europäische Verl.-Anst.).

Matzner, M. (1998)Vaterschaft heute: Klischees und soziale Wirklichkeit. Frankfurt/M. (Campus).

Mead, M. (1965): Leben in der Südsee. Jugend und Sexualität in primitiven Gesellschaften. München (Szczesny).

Mead, M. (1985): Mann und Weib. Das Verhältnis der Geschlechter in einer sich wandelnden Welt. Reinbek (Rowohlt).

Mertens, W. (1994): Entwicklung der Psychosexualität und der Geschlechtsidentität. Stuttgart (Kohlhammer).

Mertens, W. (1996): Psychoanalyse. Stuttgart (Kohlhammer).

Mertens, W. (1998): Psychoanalytische Theorien und Forschungsbefunde. In: Hurrelmann, K.; Ulich, D. (Hg.): Handbuch der Sozialisationsforschung. Weinheim (Beltz), S. 77–97.

Metzger, H.-G. (2000): Zwischen Dyade und Triade. Psychoanalytische Familienbetrachtungen zur Bedeutung des Vaters im Triangulierungsprozeß. Tübingen (edition diskord).

Mitscherlich, A. (1992/1963): Auf dem Weg zur vaterlosen Gesellschaft. Ideen zur Sozialpsychologie. München (Piper).

Modena, E. (1986): Der Gebärneid des Mannes. In: Psychologie Heute, Hf. 12, S. 40–47.

Molinski, H. (1978): Schwangerschaft als Konflikt. In: Koschorke, M.; Sandberger, J. (Hg.): Schwangerschaftskonfliktberatung: Ein Handbuch. Göttingen (Vandenhoeck & Ruprecht), S. 97–104.

Nickel, H.; Köcher, E. (1986): Väter von Säuglingen und Kleinkindern. Zum Rollenwandel in der Bundesrepublik Deutschland. In: Psychologie in Erziehung und Unterricht 33 (3), S. 171–184.

Olivier, Christiane (1991): Jokastes Kinder. Die Psyche der Frau im Schatten der Mutter. München (dtv).

Oshersen, S. (1996): Und auf einmal bist Du Vater: Männer in der spannendsten Beziehung ihres Lebens. Frankfurt/M. (Campus).

Osofsky, J.D.; Osofsky H.J. (1985): Psychological and Developmental Perspectives on Expectant and New Parenthood. In: Parke, R.D. (Ed.): The family, Review of child developmental research Bd. VII. Chicago (The Univ. of Chikago Pr.), S. 372–397.

Papousek M.; Papousek H. (1981): Intuitives elterliches Verhalten im Zwiegespräch mit dem Neugeborenen. In: Sozialpädiatrie in Praxis und Klinik, Jg. 3, S. 229–238.

Papousek, M. (1985): Umgang mit dem schreienden Säugling und sozialpädiatrische Beratung. In: Sozialpädiatrie in Praxis und Klinik, Jg. 7, S. 294–300 u. S. 352–357.

Papousek, M. (1987): Die Rolle des Vaters in der frühen Kindheit. Ergebnisse der entwicklungspsychobiologischen Forschung. In: Kind und Umwelt, Hf. 54, S. 29–49.
Pedrina, F. (1992): Psychotherapien mit Säuglingen und Eltern. Gedanken zu den frühen Symbolisierungsprozessen. In: Kinderanalyse (0), S. 46–67.
Petzold, M. (1994): Der Vater im Übergang zur Elternschaft. In: Psychosozial, Jg. 17, Hf. 4, S. 60–73.
Parke, R. D. (1996): Fatherhood. Cambridge (Harvard Univ. Press).
Pollock, F. (1955): Gruppenexperiment: Ein Studienbericht. Frankfurter Beiträge zur Soziologie, Bd. 2, Frankfurt/M. (Europäische Verl.-Anst.).
Quaiser-Pohl, C. (1996): Übergang zur Elternschaft und Familienentwicklung in Deutschland und Südkorea. Eine interkulturelle Untersuchung. Münster (Waxmann).
Radebold, H. (2000): Abwesende Väter. Folgen der Kriegskindheit in Psychoanalysen. Göttingen (Vandenhoeck & Ruprecht).
Reik, Th. (1928): Die Couvade und die Psychogenese der Vergeltungsfurcht. In: ders.: Das Ritual – Psychoanalytische Studien, Leipzig (Internat. Psychoanalyt. Verl.), S. 14–81.
Rhode-Dachser, Ch. (1987): Ausformungen der ödipalen Dreieckskonstellation bei narzißtischen und bei Borderline-Störungen. In: Psyche, Jg. 41, Hf. 9, S. 773–799.
Rhode-Dachser, Ch. (1990): Weiblichkeitsparadigmen in der Psychoanalyse. In: Psyche 44, S. 30–52.
Richter, H.E. (1992/1963): Eltern, Kind und Neurose, Reinbek: Rowohlt
Ross, J.M. (1982): In Search of Fathering: A Review. In: Cath, S.H.; Gurwitt, A.R.; Ross, J.M. (eds.): Father and Child. Developmental and Clinical Perspectives. Boston (Little, Brown), S. 21–32.
Ross, J.M. (1982b): The Roots of Fatherhood: Excursions into a lost Literature. In: Cath, S.H.; Gurwitt, A.R; Ross, J.M. (eds.): Father and Child. Developmental and Clinical Perspectives. Boston (Little, Brown), S. 3–20.
Rotmann, M. (1978): Über die Bedeutung des Vaters in der »Wiederannäherungs-Phase«. In: Psyche 32, Hf. 12, S. 1105–1147.
Rubin, J.Z.; Provenzano, Frank J.; Luria, Zella (1974): The Eye Of The Beholder: Parents' View On Sex Of Newborns. In: American Journal of Orthopsychiatry 44 (4), S. 512–519.
Schleske, G. (1993): Wechselspiel bewußter und unbewußter Phantasien schwangerer Frauen über ihr Kind unter besonderer Berücksichtigung der transgenerationalen Perspektive. In: Kinderanalyse, Hf. 4, S. 341–374.
Schmauch, U. (1987): Anatomie und Schicksal. Zur Psychoanalyse der frühen Geschlechtersozialisation. Frankfurt/M. (Fischer).

Schmidbauer, W. (1986): Neue Väter – alte Väter. In: Dunde, S.R. (Hg.): Neue Väterlichkeit: Von Möglichkeiten und Unmöglichkeiten des Mannes. Gütersloh (Mohn), S. 60–74.

Schneider, W. (1989): Die neuen Väter – Chancen und Risiken: zum Wandel der Vaterrolle in Familie und Gesellschaft, Augsburg: AV-Verlag

Schon, L. (1995): Entwicklung des Beziehungsdreiecks Vater-Mutter-Kind. Stuttgart (Kohlhammer).

Schon, L. (2000): Sehnsucht nach dem Vater. Die Dynamik der Vater-Sohn-Beziehung. Stuttgart (Klett-Cotta).

Schon, L. (2000): Triangulierung. In: Mertens, W.; Waldvogel, B. (Hg.): Handbuch der Psychoanalyse. Stuttgart (Kohlhammer), S. 732–736.

Schorn, A. (2000, Juni): Das »themenzentrierte Interview«. Ein Verfahren zur Entschlüsselung manifester und latenter Aspekte subjektiver Wirklichkeit [20 Absätze]. Forum Qualitative Sozialforschung/Forum: Qualitative Social Research [On-line Journal], 1 (2). Verfügbar über: http://qualitative-research.net/fqs/fqs.htm

Schorn, A. (1996): Scham und Öffentlichkeit. Genese und Dynamik von Scham- und Identitätskonflikten in der Kulturarbeit. Regensburg (S. Roderer).

Seiffge-Krenke, I. (2001): Väter in der Psychoanalyse. Väter und Söhne, Väter und Töchter. In: Forum der Psychoanalyse, Hf. 1, S. 51–63.

Schülein, J.A. (1990): Die Geburt der Eltern: Über die Entstehung der modernen Elternposition und den Prozeß ihrer Aneignung und Vermittlung. Opladen (Westd. Verl.).

Schülein, J.A. (1977): Von der Studentenrevolte zur Tendenzwende oder der Rückzug ins Private. In: Kursbuch 48, S. 101–118.

Shapiro, J.L. (1992): Vater werden ist nicht leicht. Ängste, Sorgen und Bedürfnisse werdender Väter. München (mvg-verl.).

Sohni, H. (1991): Mutter, Vater, Kind – Zur Theorie dyadischer und triadischer Beziehungen. In: Praxis der Kinderpsychologie und Kinderpsychiatrie 40, S. 213–221.

Spitz, R.A. (1996/1965): Vom Säugling zum Kleinkind. Naturgeschichte der Mutter-Kind-Beziehungen im ersten Lebensjahr. Stuttgart (Klett-Cotta).

Stein, R. (2000): Familiensoziologische Skizzen über die ›Vaterlose Gesellschaft‹. In: Zeitschrift für Familienforschung, 12. Jg., Hf. 1, S. 49–71.

Stork, J. (1983): Frühe Triangulation. In: Mertens, W. (Hg.): Psychoanalyse – Ein Handbuch in Schlüsselbegriffen. München (Urban & Schwarzenberg), S. 66–72.

Stern, D.N. (1996): Die Lebenserfahrung des Säuglings. Stuttgart (Klett-Cotta).

Streeck-Fischer, A. (1992): »Geil auf Gewalt«. Psychoanalytische Bemerkungen zu Adoleszenz und Rechtsextremismus. In: Psyche 46, S. 745–768.
Trethowan, W.H; Conlon, M.F. (1965): The Couvade Syndrom. In: Brit. Journal of Psychiatry, Vol. 111, S. 57–66.
Tietel, E. (2000, Juni): Das Interview als Beziehungsraum [20 Absätze]. Forum Qualitative Sozialforschung/Forum: Qualitative Social Research [Online Journal], 1 (2). Verfügbar über: http://qualitative-research.net/fqs/fqs.htm
Tietel, E. (2002): Trianguläre Kulturen in Organisationen. Eine organisationswissenschaftliche Studie zur sozio-emotionalen Dynamik in Organisationen. Habilitationsschrift Universität Bremen.
Trepp, A.-Ch. (1996): Männerwelten privat: Vaterschaft im späten 18. und beginnenden 19. Jahrhundert. In: Kühne, Th. (Hg.): Männergeschichte – Geschlechtergeschichte. Männlichkeit im Wandel der Moderne. Frankfurt/M. (Campus), S. 31–50.
Vogt, R. (1986): Psychoanalyse zwischen Mythos und Aufklärung oder: Das Rätsel der Sphinx. Frankfurt/M. (Edition Qumran).
Van Rhaden, T. (2001): Das tägliche Gebet. Ein Überblick über die neuere historische Forschung zu Männlichkeit und Vaterschaft (Teil I u. Teil 2). In: Frankfurter Rundschau Nr. 181 und Nr. 187, S. 20.
Von Klitzing, K. (1998): »Wenn aus zwei drei werden...« Ergebnisse einer prospektiven Studie zur Entstehung der Eltern-Kind-Beziehung. In: Bürgin, D. (Hg.): Triangulierung: der Übergang zur Elternschaft. Stuttgart (Schattauer), S. 104–115.
Werneck, H. (1998): Übergang zur Vaterschaft: Auf der Suche nach den »Neuen Vätern«. Wien (Springer)
Werneck, H. (1997): Belastungsaspekte und Gratifikationen beim Übergang zur Vaterschaft. In: Erziehung und Unterricht 44, S. 276–288.
Winnicott, D.W. (1997): Von der Kinderheilkunde zur Psychoanalyse. Frankfurt/M. (Fischer).
Winnicott, D.W. (1978): Familie und individuelle Entwicklung. München (Kindler).
Witzel, A. (1989): Das problemzentrierte Interview. In: Jüttemann, G. (Hg.): Qualitative Forschung in der Psychologie. Grundfragen, Verfahrensweisen, Anwendungsfelder. Heidelberg (Asanger), S. 227–255.
Witzel, A.; Kühn, Th. (2001): Biographiemanagement und Planungschaos. Arbeitsmarktplazierung und Familiengründung bei jungen Erwachsenen. In: Born, C.; Krüger, H. (Hg.): Individualisierung und Verflechtung. Geschlecht und Generation im deutschen Lebenslaufregime. Weinheim (Juventa), S. 55–82.

Ulla Roberts
Starke Mütter – ferne Väter
Über Kriegs- und Nachkriegskindheit einer Töchtergeneration

2003 · 205 Seiten
Broschur
EUR (D) 24,90 · SFr 42,30
ISBN 3-89806-207-4

Frauen der Jahrgänge 1933–1945 erinnern sich an ihre Kindheitserlebnisse in den Kriegs- und Nachkriegsjahren: an Flucht und Trennung. Die veränderte Rollenverteilung in den Familien machte die Mütter für die Kinder zu Vermittlerinnen zwischen dem inneren Raum der Familie und der fremden Welt draußen. Während die fernen Väter in der Phantasie der Töchter einen Platz behielten, ließ ihr tatsächlicher Einfluß nach. Ulla Roberts setzt die Erfahrungen der Generation der Mütter und Väter im NS-Staat in Beziehung zu den offenen Fragen der Töchter. Diese erkennen mit dem zeitlichen Abstand, daß anfangs für Trauer und Schuldeingeständnis kein psychischer Raum war und vermissen die Aufarbeitung des Vergangenen.

P V
Psychosozial-Verlag

Heinz Walter (Hg.)
Männer als Väter
Sozialwissenschaftliche Theorie und Empirie

Psychosozial-Verlag

2002
861 Seiten · gebunden
EUR (D) 49,90 · SFr 87,–
ISBN 3-89806-140-X

Deutschsprachige sozialwissenschaftliche Väterforschung ist gerade erst 20 Jahre alt. Der vorliegende Band gibt einen repräsentativen Einblick in ihre aktuellen Fragen und die über Theoriebildung und verschiedene Untersuchungsmethoden gesuchten Antworten. Es geht um den Mann, der Vater ist; die Vater-Kind- und die Vater-Mutter-Dyade; die Vater-Mutter-Kind-Triade; die gesellschaftliche Rahmung von Vaterschaft – heute und in einer mehrtausendjährigen Geschichte.

P V
Psychosozial-Verlag

Publik-Forum:
»Ein Meisterwerk politischer Psychoanalyse«

Besondere Empfehlung für die Sachbuch-Bestenliste der Süddeutschen Zeitung, des NDR und des BuchJournals

2002
439 Seiten · gebunden
EUR (D) 24,90 · SFr 42,30
ISBN 3-89806-044-6

»Die Fallstudien, die Wirth auf Grund genauer Recherchen zur Barschel-Affäre, zu Helmut Kohl (mit zurückhaltendem Einbezug des Freitods von Hannelore Kohl), zur 68er Generation und zu Joschka Fischers stupenden Metamorphosen sowie zu Slobodan Milosevics Paranoia vorlegt, sind sehr ergiebig, besonders eindrucksvoll im Falle Uwe Barschels.«

Ludger Lütkehaus, NZZ

»Harte Bandagen also, die – so Wirth – dennoch nicht zu Politikverdrossenheit verleiten sollten: Erst wenn Bürger und Wähler den ›Einfluss unbewusster psychischer Konflikte auf Entscheidungen höchster Tragweite‹ erkennen würden, könnten ihnen Politik und Politiker wieder ›ein Stückchen näher‹ rücken.«

Der Standard

»Hans-Jürgen Wirth hat die Plattform erreicht, auf der eine allgemeine Psychoanalyse der Politik errichtet werden kann. Der Schritt war unerlässlich.«

Paul Parin

»Wirth erreicht eine Anschaulichkeit, die man in der psychoanalytischen Literatur höchst selten findet.«

Martin Altmeyer in der taz

**P V
Psychosozial-Verlag**

www.ingramcontent.com/pod-product-compliance
Ingram Content Group UK Ltd.
Pitfield, Milton Keynes, MK11 3LW, UK
UKHW041946230426